中华人民共和国
质量监督检验检疫规范性文件汇编
动植物检疫分册

国家质量监督检验检疫总局法规司　编

中国质检出版社
中国标准出版社
北京

图书在版编目(CIP)数据

中华人民共和国质量监督检验检疫规范性文件汇编.动植物检疫分册/国家质量监督检验检疫总局法规司编.—北京:中国标准出版社,2012(2012.9重印)
ISBN 978-7-5066-6494-3

Ⅰ.①中… Ⅱ.①国… Ⅲ.①动物-检疫-文件-汇编-中国②植物检疫-文件-汇编-中国 Ⅳ.①F279.23②R185

中国版本图书馆CIP数据核字(2012)第015609号

中国质检出版社
中国标准出版社 出版发行
北京市朝阳区和平里西街甲2号(100013)
北京市西城区三里河北街16号(100045)
网址:www.spc.net.cn
总编室:(010)64275323 发行中心:(010)51780235
读者服务部:(010)68523946
中国标准出版社秦皇岛印刷厂印刷
各地新华书店经销

*

开本 880×1230 1/32 印张 29.875 字数 855 千字
2012年3月第一版 2012年9月第二次印刷

*

定价 86.00 元

序

党的十七大提出要全面落实依法治国基本方略，加快建设社会主义法治国家。2010年召开的全国依法行政工作会议明确提出，要加快建设法治政府。温家宝总理强调，贯彻依法治国基本方略，推进依法行政，建设法治政府，是我们党治国理政从理念到方式的革命性变化，是我国政治体制改革迈出的重要一步，具有划时代的重要意义。

质检总局作为国务院职能机构，也是人民政府的一部分，建设法治政府，我们责无旁贷。按照党中央国务院的要求，根据质检事业自身发展的需要，2010年，总局新的党组郑重提出了全面建设法治质检的目标要求。在今年全国质检系统工作会议上，总局党组进一步明确了全面建设法治质检、科技质检、和谐质检的目标。当前，质检系统全面建设法治质检已经具备了一定基础。一是以质检法律、行政法规为主干，以部门规章为基础，以地方法规规章为补充的质检法规体系已经初步建立。二是行政许可、行政执法等行政行为进一步规范。三是行政监督机制逐步健全，行政复议工作质量不断提高。四是法制工作为日常监管、行政执法、应对突发事件和解决法律纠纷提供法制保障的作用不断增强。五是全系统依法行政意识和能力不断提高。但是严格要求，质检部门依法行政还存在着薄弱环节和不足，与建设法治政府、建设法治质检还有差距。全面建设法治质检，任重道远，要求更高。

为更好地贯彻落实建设法治质检目标任务，总局下发了《关于全面加强法治质检建设的指导意见》，从 8 个方面提出了 36 点具体工作措施，其核心就是要做到“有为必有据，有为必有序，有为必有责，有为必有果”。这“四有”分别从决策、执行、监督、评价层面阐述了法治质检内涵，环环相扣，相辅相成。在我们行政管理、行政许可、行政执法、行政监督等各个方面都要坚持这四个原则。这是保证我们各项工作依法有序开展，实现建设法治质检目标的基本原则和要求。

“四有”的第一条就是“有为必有据”，做好这一条首先要求有法可依、有章可循。健全的法规制度体系是建设法治质检的重要基础和必要条件。2010 年总局开展了自成立以来规模最大的一次规范性文件清理工作，并以总局第 71号公告的形式公布了清理结果，截至 2010 年 12 月底，质检有效规范性文件为 1 085 件，同时废止文件 353 件。这是完善质检制度管理，推动全面建设法治质检的重要举措。在清理工作的基础上，总局对现行有效规范性文件进行了梳理并汇编成册，印发全系统。各级质检部门要认真组织干部职工学习现有的程序制度，认真贯彻实施。特别是要进一步加大行政执法人员学习培训力度，改进行政执法水平，做到行政执法严格规范、公正文明；要进一步提高技术机构人员法律素质，确保技术机构依法依规施检，程序合法，数据公正。

各级质检部门要进一步加强面向企业、面向消费者、面向全社会的普法宣传活动，让全社会了解我们的质检制度，理解我们的执法行为，支持我们依法行政，为全面建设法治质检营造良好氛围。

2011年是“十二五”规划开局之年，也是全面加强法治质检建设的第一年，任务更加艰巨、责任更加重大、使命更加光荣。“船到中流击水处，正是高歌猛进时”。在新的历史起点上，全系统要扎实工作，团结奋进，确保全面建设法治质检取得实实在在的成效！

2011年8月

编 辑 说 明

规范性文件涉及行政相对人的权利义务，是对国家法律政策的细化补充，对于行政机关实施行政管理、落实国家方针政策起到了重要作用。为建设法治质检、更好地履行职责，国家质检总局于2010年以第125号令的形式发布《国家质量监督检验检疫总局规范性文件管理办法》，同时按照《国务院办公厅关于做好规章清理工作有关问题的通知》（国办发[2010]28号）的要求开展了规章规范性文件清理工作并以国家质检总局2011年第71号公告的形式向社会公布规范性文件清理结果。

为便于质检系统工作人员及其他国家机关、社会团体、企事业单位和全体公民及时、准确查阅，我们依据清理结果，将现行有效的质量监督检验检疫规范性文件汇编成册，包括从1978年到2010年发布的质检规范性文件1 085件。共分为通关业务、卫生检疫、动植物检疫、检验监管、进出口食品监管、质量管理和监督、计量、特种设备安全监察、食品监管、纤维检验、认证认可和标准化12个分册，本册为动植物检疫分册。

我们将根据情况，及时更新汇编内容。

国家质量监督检验检疫总局法规司

2011年8月

目　　录

1　国务院批转农业部关于严防地中海实蝇传入国内的紧急报告的通知　（国发[1981]167 号）

3　关于进一步加强进口烟叶检疫管理的通知
（[1989]农(检疫)字第 3 号）

4　关于严防口蹄疫从香港传入内地的紧急通知
（[1990]农(检疫)字第 1 号）

5　关于从毗邻国家进口动物及动物产品检疫问题的通知
（[1990]农(检疫)字第 6 号）

6　关于严防牛海绵状脑病传入我国的通知
（[1990]农(检疫)字第 8 号）

7　关于下发《进境动物检疫管理办法》等五个动物检疫规章的通知　（总检动字[1992]第 10 号）

17　关于公布《中华人民共和国进境动物一、二类传染病、寄生虫病名录》和《中华人民共和国禁止携带、邮寄进境的动物、动物产品和其他检疫物名录》的通知　（[1992]农(检疫)字第 12 号）

23　关于从蒙古进口动物产品有关检疫问题的通知
（总检动字[1992]21 号）

24　关于印发《中华人民共和国动植物检疫总所关于进出境植物检疫监督管理办法》的通知　（总检植字[1993]8 号）

27　关于加强对进境观赏动物实施检疫管理的通知
（总检动字[1993]5 号）

28　关于实施《关于旅客携带伴侣犬、猫进境的管理规定》的通知
（[1993]农(检疫)字第 3 号）

30　关于进口美国华盛顿州苹果有关具体问题的通知
（总检植字[1994]10 号）

32 关于禁止从扎伊尔进口猴子、猩猩等灵长类动物的通知 （农检疫发[1995]8号）

32 关于禁止缅甸偶蹄动物、动物产品和动物源性饲料进境的紧急通知 （农检疫发[1996]2号）

33 关于重申严防牛海绵状脑病传入我国的通知 （农检疫发[1996]3号）

34 关于暂停从博茨瓦纳进口牛及牛产品的紧急通知 （动植检动字[1996]30号）

35 关于加强有关废旧物品进口检疫管理的通知 （农检疫发[1996]4号）

36 关于严防口蹄疫从以色列国传入我国的通知 （农检疫发[1996]6号）

37 关于严防痒病传入我国的通知 （农检疫发[1996]7号）

38 关于严防痒病传入我国有关问题的通知 （动植检动字[1996]78号）

39 关于印发《航行港澳小型船舶动植物检疫管理办法》的通知 （动植检动字[1996]88号）

41 关于印发“进境旅客携带《中华人民共和国进出境动植物检疫法》管制物品名单”的通知 （动植检植字[1996]26号）

42 关于严防痒病传入我国的补充通知 （农检疫发[1997]1号）

43 关于同意美国加利福尼亚州 Kings 县鲜食葡萄输华的通知 （动植检植字[1998]5号）

43 关于出口退回的动物产品检疫审批有关问题的通知 （动植检动函[1998]43号）

45 关于禁止从俄罗斯疫区进口牛及其产品的规定 （农业部令 1998 年第 2 号）

45 关于禁止从哈萨克斯坦共和国进口偶蹄动物及其产品的规定 （农业部令 1998 年第 6 号）

46 关于严防口蹄疫从泰国传入我国的通知 （国检动函[1998]273号）

47 关于印发《熏蒸消毒监督管理办法(试行)》及《帐幕、集装箱、简易熏蒸库熏蒸操作规程》的通知 (国检动[1998]121号)

68 关于禁止从缅甸联邦进口偶蹄动物及其产品的规定 (农业部令1999年第7号)

68 关于禁止从科威特、马拉维、巴林、以色列输入偶蹄动物及其产品的公告 (国家检验检疫局1999年第2号公告)

69 关于禁止从马达加斯加输入猪及其产品的公告 (国家检验检疫局1999年第4号公告)

70 关于禁止从巴西输入偶蹄动物及其产品的公告 (国家检验检疫局1999年第5号公告)

71 关于禁止从马来西亚、吉尔吉斯斯坦输入偶蹄动物及其产品的公告 (国家检验检疫局1999年第6号公告)

71 关于禁止从塞内加尔输入猪及其产品的公告 (国家检验检疫局1999年第7号公告)

72 关于禁止从以色列、巴西、马来西亚、吉尔吉斯斯坦和阿尔及利亚进口偶蹄动物及其产品的规定 (农业部1999年第9号公告)

73 关于禁止从马来西亚进口猪及其产品的规定 (农业部1999年第11号公告)

73 关于禁止从阿根廷和意大利两国进口猪及其产品的规定 (农业部1999年第17号公告)

74 关于禁止阿尔及利亚、突尼斯、摩洛哥输入偶蹄动物及其产品的公告 (国家检验检疫局1999年第8号公告)

75 关于禁止从约旦输入偶蹄动物(包括猪、牛、羊等)及其产品的公告 (国家检验检疫局1999年第9号公告)

76 关于禁止从南非输入马属及其产品的公告 (国家检验检疫局1999年第10号公告)

76 关于禁止从几内亚输入偶蹄动物及其产品的公告 (国家检验检疫局1999年第11号公告)

77 关于进一步加强国外引种检疫审批管理工作的通知 (农农发[1999]7号)

82 关于禁止从津巴布韦输入马属动物及其产品的公告
(国家检验检疫局 1999 年第 12 号公告)

83 关于禁止从土库曼斯坦进口偶蹄动物及其产品的规定
(农业部 1999 年第 19 号公告)

84 关于对比利时等国二恶英污染事件处理意见的补充通知
(外经贸部等七部委 1999 年第 7 号公告)

89 关于禁止从博茨瓦纳输入猪、野猪及其产品的公告
(国家检验检疫局 1999 年第 16 号公告)

90 关于禁止从津巴布韦、秘鲁输入偶蹄动物及其产品的公告
(国家检验检疫局 1999 年第 17 号公告)

90 关于禁止从克罗地亚输入猪、野猪及其产品的公告
(国家检验检疫局 1999 年第 18 号公告)

91 关于禁止从土耳其、保加利亚和希腊三国进口羊和牛及其产品的规定 (农业部 1999 年第 21 号公告)

92 关于禁止从赞比亚输入偶蹄动物及其产品的公告
(国家检验检疫局 1999 年第 19 号公告)

93 关于禁止从伊朗输入偶蹄动物及其产品的公告
(国家检验检疫局 1999 年第 21 号公告)

93 关于禁止从菲律宾、哈萨克斯坦输入偶蹄动物及其产品的公告 (国家检验检疫局 1999 年第 22 号公告)

94 关于解除对比利时部分产品进口禁令的通知
(外经贸部等七部委 1999 年第 9 号公告)

97 关于禁止从加纳输入猪及其产品的公告
(国家检验检疫局 1999 年第 24 号公告)

98 关于禁止从伊朗、土耳其、秘鲁和菲律宾进口偶蹄动物及其产品的规定 (农业部 1999 年第 25 号公告)

99 关于禁止从土耳其输入偶蹄动物及其产品的公告
(国家检验检疫局 1999 年第 25 号公告)

99 关于贯彻实施国家局第 3、4、5、6 号令有关问题的通知
(国检动函[1999]500 号)

102 关于禁止从意大利输入禽鸟及其产品的公告
(国家检验检疫局 2000 年第 3 号公告)

103 关于禁止从葡萄牙共和国进口猪及其产品的规定
(农业部 2000 年第 28 号公告)

104 关于禁止从法国、卢森堡输入禽鸟及其产品的公告
(国家检验检疫局 2000 年第 4 号公告)

104 关于允许自美国全境进口各种类型的小麦的公告
(农业部、外经贸部、国家检验检疫局 2000 年第 114 号公告)

105 关于同意美国部分州柑桔输华的公告
(农业部、外经贸部、国家检验检疫局 2000 年第 115 号公告)

106 关于加拿大输华马铃薯种薯有关事项的公告
(国家检验检疫局 2000 年第 8 号公告)

106 关于入境木制品货物检疫问题的通知
(国检动函[2000]211 号)

107 关于执行进出口粮食饲料检验方法标准问题的通知
(国检动函[2000]213 号)

110 关于禁止从蒙古国输入偶蹄动物及其产品的公告
(国家检验检疫局 2000 年第 10 号公告)

110 关于禁止从保加利亚输入猪、野猪及其产品的公告
(国家检验检疫局 2000 年第 12 号公告)

111 关于禁止从墨西哥输入禽鸟及其产品的公告
(国家检验检疫局 2000 年第 13 号公告)

112 关于禁止从俄罗斯输入偶蹄动物及其产品的公告
(国家检验检疫局 2000 年第 14 号公告)

113 关于对供港澳活畜检验检疫单证签证兽医官备案的通知
(国检动函[2000]263 号)

115 关于恢复从法国进口禽鸟及其产品的公告
(国家检验检疫局 2000 年第 15 号公告)

115 关于禁止从阿根廷和塔吉克斯坦输入偶蹄动物及其产品的公告 (国家检验检疫局 2000 年第 20 号公告)

116 关于重申严防疯牛病传入我国的紧急通知
（国检发明电[2000]55 号）
116 关于贯彻实施《供港澳活禽检验检疫管理办法》有关问题的通知 （国检动函[2000]697 号）
117 关于加强肉骨粉等动物性饲料产品管理的通知
（农牧发[2000]21 号）
119 关于严格执行《关于加强肉骨粉等动物性饲料产品管理的通知》有关问题的通知 （国检明发[2001]4 号）
119 关于调整进口原木检疫要求的公告 （国家检验检疫局、海关总署、国家林业局、农业部、外经贸部 2001 年第 2 号公告）
120 关于取消从乌拉圭东岸共和国进口偶蹄动物及其产品的禁止措施的公告
（农业部、国家检验检疫局 2001 年第 142 号公告）
121 关于防止疯牛病传入我国的公告
（农业部、国家检验检疫局 2001 年第 143 号公告）
122 关于防止疯牛病和痒病传入我国的公告
（农业部、国家检验检疫局 2001 年第 144 号公告）
123 关于防止瑞典新城疫传入我国的公告
（农业部、国家检验检疫局 2001 年第 146 号公告）
124 关于防止以色列新城疫传入我国的公告
（农业部、国家检验检疫局 2001 年第 148 号公告）
125 关于防止法国、阿根廷、沙特阿拉伯和印度口蹄疫传入我国的公告 （农业部、国家检验检疫局 2001 年第 149 号公告）
126 关于允许进口美国烟叶的公告
（农业部、国家检验检疫局 2001 年第 151 号公告）
127 关于暂停从有椰心叶甲发生的国家及地区进口棕榈科植物种苗的公告
（农业部、林业局、国家检验检疫局 2001 年第 154号公告）
127 关于防止疯牛病传入我国的公告
（卫生部、国家检验检疫局 2001 年第 1 号公告）

128 关于加强对暗褐断眼天牛检疫的通知
（质检办动函[2001]2 号）

128 关于防止蒙古口蹄疫传入我国的公告
（农业部、国家质检总局 2001 年第 156 号公告）

129 关于严防口蹄疫从蒙古国传入我国的紧急通知
（国质检函[2001]46 号）

130 关于印发《进出境邮寄物检疫管理办法》的通知
（国质检联[2001]34 号）

134 关于执行进口原木检疫要求（2001 年第 2 号公告）有关问题的通知 （国质检联[2001]43 号）

135 关于印发《中国进境原木除害处理方法及技术要求》的通知
（国质检函[2001]202 号）

137 关于加强对进口培养基检疫管理的通知
（国质检联[2001]48 号）

137 关于恢复从法国、爱尔兰进口偶蹄动物及其产品的公告
（农业部、国家质检总局 2001 年第 167 号公告）

138 关于恢复从荷兰进口偶蹄动物及其产品的公告
（农业部、国家质检总局 2001 年第 173 号公告）

138 关于严防炭疽传入我国-加强进境邮寄物、快件和旅客携带物检验检疫的紧急通知 （国质检动联[2001]154 号）

139 关于同意法国有关地区的苹果果实按照议定书确定的检疫条件输华的公告 （国家质检总局 2001 年第 29 号公告）

140 关于进一步加强进境检疫审批管理的通知
（国质检动函[2001]575 号）

141 关于日本、斯洛伐克和斯洛文尼亚发生疯牛病的通知
（国质检动函[2001]576 号）

142 关于对进口加拿大烤烟有关要求的公告
（国家质检总局 2001 年第 37 号公告）

143 关于对供港食用动物及动物产品药物残留控制的公告
（国家质检总局、外经贸部 2001 年第 44 号公告）

144 关于做好供港食用动物药物残留检验监测工作的通知
（国质检动函[2001]638 号）
149 关于芬兰、奥地利发生疯牛病的通知
（国质检动函[2001]643 号）
150 关于禁止从加蓬输入灵长类动物及其产品的公告
（国家质检总局 2001 年第 45 号公告）
151 关于公布须办理检疫审批的进境动植物、动植物产品和其他检疫物名录的公告 （国家质检总局 2002 年第 2 号公告）
152 关于防止科索沃兔热病传入我国的公告
（国家质检总局 2002 年第 8 号公告）
153 关于对菲律宾凤梨、香蕉种苗等采取临时紧急检疫措施的公告 （国家质检总局、农业部、林业局 2002 年第 10 号公告）
154 关于防止疯牛病传入我国的公告
（卫生部、国家质检总局 2002 年第 1 号公告）
154 关于印发《出入境动植物检验检疫风险预警及快速反应管理规定实施细则》的通知 （国质检动[2002]80 号）
159 关于韩国实施进口谷物杂草检疫新规定的通知
（国质检动函[2002]368 号）
160 关于严防蒙古国口蹄疫传入我国的通知
（国质检动函[2002]527 号）
160 关于恢复从巴西联邦共和国进口禽鸟及其产品的公告
（农业部、国家质检总局 2002 年第 212 号公告）
161 恢复从巴西 12 个州进口偶蹄动物及其产品的公告
（农业部、国家质检总局 2002 年第 213 号公告）
161 关于进境动植物检疫审批有关问题的通知
（国质检动函[2002]559 号）
163 关于从巴拉圭进口喷干牛血细胞粉、喷干牛血浆蛋白粉的通知 （国质检动函[2002]777 号）
164 关于对供港动物及其产品的生产、经营和检验检疫的有关要求的公告 （国家质检总局 2002 年第 118 号公告）

165 关于同意新疆边境地区进口中亚五国偶蹄动物皮毛的函
(国质检动联函[2002]871号)
168 关于严防食人鲳等有害生物传入的通知
(国质检动函[2002]897号)
169 关于印发日本新修订的进口中国产稻草动植物检疫要求的通知 (国质检动函[2002]900号)
177 关于防止芬兰痒病传入我国的公告
(农业部、国家质检总局2003年第240号公告)
178 关于对荷兰香蕉穿孔线虫寄主植物及栽培介质采取临时紧急检疫措施的公告
(国家质检总局、农业部、林业局2003年第8号公告)
179 关于启用《进境动植物检疫许可证管理系统》开通检疫许可证网上审批的公告 (国家质检总局2003年第36号公告)
180 关于自2003年6月1日起取消玉米淀粉、马铃薯淀粉等8类植物产品的进境动植物检疫审批规定的公告
(国家质检总局2003年第43号公告)
181 关于防止疯牛病从加拿大传入我国的紧急通知
(农牧发[2003]11号)
182 关于加强进口大豆小麦等散装农产品定点加工监管的通知
(国质检动[2003]465号)
183 关于禁止从美国和非洲进口草原犬鼠、冈比亚大鼠、松鼠等啮齿动物、野兔及其产品的公告
(农业部、国家质检总局2003年第285号公告)
184 关于允许直接或间接从英国进口等合我国法律法规规定的偶蹄动物及其产品的公告
(农业部、国家质检总局2003年第286号公告)
184 关于进口饲料级混合油管理有关事宜的公告
(农业部、国家质检总局2003年第287号公告)
185 关于对供港澳活鸡实施禽流感免疫措施的通知
(国质检动[2003]228号)

191 关于保证供应香港的动物、动物产品药物残留符合香港特别行政区最高限量的食品安全要求的公告
（国家质检总局 2003 年第 85 号公告）

192 关于严防周边国家小反刍兽疫传入我国的警示通报
（国质检动函[2003]817 号）

193 关于从日本和印度尼西亚进口鲤科鱼类的风险警示通报
（国质检动函[2003]917 号）

194 关于防止韩国禽流感传入我国的公告
（农业部、国家质检总局 2003 年第 323 号公告）

195 关于暂行禁止来自美国的牛及其相关产品入境的紧急通知
（农牧发[2003]23 号）

196 关于防止越南禽流感传入我国的公告
（农业部、国家质检总局 2004 年第 333 号公告）

197 关于防止韩国古典猪瘟传入我国的公告
（农业部、国家质检总局 2004 年第 334 号公告）

198 关于防止塔吉克斯坦口蹄疫传入我国的公告
（农业部、国家质检总局 2004 年第 335 号公告）

199 关于防止日本禽流感传入我国的公告
（农业部、国家质检总局 2004 年第 337 号公告）

200 关于加强进口活禽和种蛋检验检疫工作的通知
（国质检动函[2004]71 号）

201 关于加强监管检疫做好高致病性禽流感防治工作的紧急通知 （国质检动联[2004]54 号）

204 关于进一步做好当前动物及其产品检验检疫工作的通知
（国质检动[2004]66 号）

206 关于印发《进境动物预检人员管理办法》的通知
（国质检动[2004]111 号）

207 关于允许从澳大利亚维多利亚州进口符合中国相关法律法规规定的有关禽鸟及其产品的公告
（农业部、国家质检总局 2004 年第 371 号公告）

207 关于向乌拉圭出口荔枝和龙眼有关问题的公告
（国家质检总局 2004 年第 51 号公告）
208 关于向澳大利亚出口龙眼、荔枝有关问题的公告
（国家质检总局 2004 年第 53 号公告）
209 关于对智利输华猕猴桃、苹果实施新的植物检疫要求的通知
（国质检动[2004]235 号）
209 关于允许从法国进口符合中国相关法律法规规定的有关家猪及其产品的公告
（农业部、国家质检总局 2004 年第 383 号公告）
210 关于进一步规范和明确进境大中动物检验检疫工作程序及要求的通知 （国质检动函[2004]440 号）
216 关于允许印度芒果进口的公告
（国家质检总局 2004 年第 70 号公告）
217 关于办理进境动植物检疫审批有关事项的公告
（国家质检总局 2004 年第 73 号公告）
218 关于向韩国出口灵长类实验动物有关问题的通知
（国质检动[2004]295 号）
225 关于防止越南禽流感传入我国的公告
（国家质检总局 2004 年第 108 号公告）
226 关于取消部分动植物产品的进境检疫审批的公告
（国家质检总局 2004 年第 111 号公告）
227 关于对 2004 年 5 月 1 日欧盟新增加的 10 个成员国的木质包装暂不实行 2002 年第 58 号公告的公告
（国家质检总局 2004 年第 122 号公告）
227 关于取消从牛海绵状脑病国家或地区进口有关动物及其产品的禁令的公告
（农业部、国家质检总局 2004 年第 407 号公告）
228 关于允许从荷兰进口符合中国相关法律法规规定的有关禽类及其产品的公告 （农业部、国家质检总局 2004 年第 416 号公告）
228 关于进口乌拉圭大豆的通知 （国质检动函[2004]883 号）

234 关于严防境外禽流感疫情传入等事项的通知
（国质检动函[2004]897 号）
235 关于解除此前农业部与国家质量监督检验检疫总局联合公告第 241、253、269 和 344 号关于禁止从美国有关地区进口禽鸟及其产品的措施的公告
（农业部、国家质检总局2004 年第 422 号公告）
235 关于输智利水果有关要求的公告
（国家质检总局 2004 年第 175 号公告）
236 关于输阿根廷苹果和梨有关要求的公告
（国家质检总局 2004 年第 176 号公告）
237 关于输泰国水果有关要求的公告
（国家质检总局 2004 年第 193 号公告）
238 关于允许佛罗里达州部分 4 县的柑橘输往中国的公告
（国家质检总局 2004 年第 208 号公告）
238 关于公布出境货物木质包装有关要求的公告
（国家质检总局 2005 年第 4 号公告）
239 关于公布进境货物木质包装有关要求的公告
（国家质检总局 2005 年第 11 号公告）
241 关于输秘苹果有关要求的公告
（国家质检总局 2005 年第 26号公告）
241 关于输墨苹果有关要求的公告
（国家质检总局 2005 年第 27号公告）
242 关于公布确认的木质包装检疫除害处理方法及标识要求的公告 （国家质检总局 2005 年第 32 号公告）
244 关于实施出境木质包装检疫管理办法有关问题的通知
（国质检动函[2005]90 号）
246 关于贯彻实施《进境牛羊临时隔离场建设的要求》标准的通知 （质检办动函[2005]48 号）
247 关于防止朝鲜禽流感传入我国的公告
（农业部、国家质检总局 2005 年第 486 号公告）

248 关于允许从比利时进口符合中国相关法律法规规定的家猪及其产品的公告
（农业部、国家质检总局 2005 年第 489 号公告）

249 关于向毛里求斯出口水果有关要求的公告
（国家质检总局 2005 年第 93 号公告）

250 关于做好《进境水果检验检疫监督管理办法》实施有关工作的通知 （国质检动函[2005]478 号）

251 关于印发《进出境重大动物疫情应急处置预案》的通知
（国质检动[2005]205 号）

266 关于防止哈萨克斯坦禽流感传入我国的公告
（农业部、国家质检总局 2005 年第 531 号公告）

267 关于输墨梨有关要求的公告
（国家质检总局 2005 年第 142号公告）

268 关于动物和动物产品出口日本有关事项的公告
（国家质检总局 2005 年第 143 号公告）

268 关于防止巴西 O 型口蹄疫传入我国的公告
（农业部、国家质检总局 2005 年第 565 号公告）

270 关于中国苹果、梨向墨西哥出口的公告
（国家质检总局 2005 年第 154 号公告）

270 关于批准莆田进口木材检疫除害处理区投入使用的函
（国质检动函[2005]871 号）

271 关于印发《进出境高致病性禽流感疫情应急处置实施方案》的通知 （国质检动[2005]438 号）

282 关于同意进口尼日利亚木薯干的通知
（国质检动[2005]442 号）

286 关于中国苹果获准输往秘鲁、斐济的公告
（国家质检总局 2005 年第 174 号公告）

286 关于印发《进口大豆期货交割检验检疫监督管理要求（试行）》的通知 （国质检动函[2005]1004 号）

295 关于启用向南非出口狗咬胶（源自猪皮、牛皮）兽医卫生证书

的通知 （国质检动函[2006]57 号）
302 关于认可中检集团澳门有限公司对经澳门中转内地水果实施预检验的通知 （国质检动函[2006]58 号）
305 关于暂停从伊拉克进口禽类及其产品的紧急通知
（国质检明发[2006]11 号）
306 关于禁止从沙特 尼日利亚进口禽类及其产品的紧急通知
（国质检明发[2006]12 号）
307 关于暂停从印度进口禽类及其产品的紧急通知
（国质检明发[2006]15 号）
308 关于防止埃及口蹄疫传入的公告
（农业部、国家质检总局 2006 年第 618 号公告）
309 关于有关国家爆发禽流感疫情的公告
（农业部、国家质检总局 2006 年第 619 号公告）
311 关于斯洛伐克 匈牙利 波黑 瑞士 格鲁吉亚 塞尔维亚发现野生候鸟感染高致病性禽流感的紧急通知
（国质检明发[2006]20 号）
312 关于瑞典发生疯牛病的警示通报
（国质检动函[2006]147 号）
313 关于进一步加强进境皮毛检验检疫工作的通知
（国质检动函[2006]156 号）
315 关于防止喀麦隆、缅甸禽流感传入的公告
（农业部、国家质检总局 2006 年第 628 号公告）
316 关于防止约旦禽流感传入的公告
（农业部、国家质检总局 2006 年第 633 号公告）
317 关于防止人感染高致病性禽流感的公告
（国家质检总局 2006 年第 46 号公告）
318 关于印发《进出境重大植物疫情应急处置预案》的通知
（国质检动[2006]134 号）
331 关于捷克 英国发现野生禽鸟感染高致病性禽流感的紧急通知 （国质检动函[2006]201 号）

332 关于布基纳法索 德国发生高致病性禽流感的公告
（农业部、国家质检总局 2006 年第 639 号公告）

333 关于对英国新城疫解禁的公告
（农业部、国家质检总局 2006 年第 640 号公告）

334 关于扩大台湾水果、蔬菜和水产品准入种类的公告
（国家质检总局 2006 年第 58 号公告）

334 关于允许美国水果从深圳蛇口、盐田港入境的通知
（国质检动函[2006]259 号）

335 关于科特迪瓦发生高致病性禽流感的公告
（农业部、国家质检总局 2006 年第 648 号公告）

336 关于英国发生 H7N3 亚型低致病性禽流感疫情的紧急通知
（国质检动函[2006]297 号）

337 关于严防越南、缅甸口蹄疫传入我国的紧急通知
（国质检动函[2006]301 号）

339 关于印发阿根廷输华非人类食用鱼粉鱼油兽医卫生证书样本的通知 （国质检动函[2006]309 号）

344 关于博茨瓦纳发生口蹄疫的公告
（农业部、国家质检总局 2006 年第 651 号公告）

345 关于同意进口法国水洗羽绒羽毛和宠物食品及接受相关卫生证书的通知 （国质检动函[2006]363 号）

352 关于吉布提发生禽流感的公告
（农业部、国家质检总局 2006 年第 669 号公告）

353 关于苏丹、匈牙利发生禽流感的公告
（农业部、国家质检总局 2006 年第 674 号公告）

354 关于同意进口阿根廷宠物食品、法国种猪、南非生牛皮及接受相关卫生证书的通知 （国质检动函[2006]451 号）

367 关于西班牙发现野生候鸟感染高致病性禽流感的紧急通知
（国质检明发[2006]51 号）

368 关于调整进出境货物木质包装溴甲烷熏蒸处理技术要求的公告 （国家质检总局 2006 年第 105 号公告）

369 关于允许巴基斯坦芒果、柑橘从广州、深圳口岸入境等问题的通知 （国质检动函[2006]566 号）

370 关于上网公布进出口水果果园、包装厂名单的通知
（国质检动函[2006]604 号）

371 关于受理进口荷兰牛精液申报及启用相关卫生证书的通知
（国质检动函[2006]617 号）

376 关于对出口食品、农产品试行免验制度的公告
（国家质检总局 2006 年第 150 号公告）

381 关于同意进口乌拉圭活牛牛精液牛胚胎及下发相关卫生证书样本的通知 （国质检动函[2006]840 号）

421 关于沪台海上小额贸易有关水果检验检疫问题的批复
（国质检动函[2006]867 号）

421 关于部分稻草产品恢复输日和强化检验检疫管理的通知
（国质检动函[2006]904 号）

423 关于允许南非柑橘从广州、深圳口岸入境的通知
（国质检动函[2007]8 号）

423 关于恢复进口美国加州 Fresno 县柑橘的通知
（国质检动函[2007]50 号）

424 关于防止人高致病性禽流感疫情传播的公告
（国家质检总局 2007 年第 37 号公告）

425 科威特高致病性禽流感公告
（农业部、国家质检总局2007 年第 823 号公告）

426 希腊口蹄疫解禁令
（农业部、国家质检总局 2007 年第 828 号公告）

426 关于防止旅客携带玉米种子等禁止进境物入境的警示通报
（国质检动函[2007]215 号）

427 关于印发《进境集装箱装运粮谷现场检验检疫操作规程(试行)》的通知 （国质检动[2007]162 号）

431 孟加拉国发生 H5N1 亚型高致病性禽流感
（农业部、国家质检总局 2007 年第 849 号公告）

432 加纳发生 H5N1 亚型高致病性禽流感
(农业部、国家质检总局 2007 年第 859 号公告)

433 关于允许从巴西部分州进口禽类及其产品的公告
(农业部、国家质检总局 2007 年第 860 号公告)

433 关于智利第三区突发地中海实蝇的警示通报
(国质检动函[2007]346 号)

434 关于允许从匈牙利进口禽类及其产品的公告
(农业部、国家质检总局 2007 年第 861 号公告)

435 关于做好《进境植物检疫性有害生物名录》实施工作的通知
(国质检动函[2007]516 号)

463 关于启用向新加坡出口宠物食品新兽医卫生证书的通知
(国质检动函[2007]526 号)

472 关于防止捷克禽流感传入我国的公告
(农业部、国家质检总局 2007 年第 884 号公告)

473 关于防止美国禽流感传入我国的公告
(农业部、国家质检总局 2007 年第 885 号公告)

474 关于防止格鲁吉亚非洲猪瘟传入我国的公告
(农业部、国家质检总局 2007 年第 886 号公告)

475 关于防止德国禽流感传入我国的公告
(农业部、国家质检总局 2007 年第 887 号公告)

476 关于做好出口粮食检验检疫工作的通知
(国质检动函[2007]660 号)

477 关于做好稻草恢复对日出口检验检疫工作的通知
(国质检动[2007]405 号)

496 关于进一步加强进出境水果检验检疫工作的通知
(国质检动函[2007]699 号)

498 关于防止高致病性禽流感传入的公告
(国家质检总局 2007 年第 122 号公告)

499 关于同意在大连长兴岛建立进口木材检疫除害处理区的函
(国质检动函[2007]718 号)

500 关于防止亚美尼亚非洲猪瘟传入我国的公告
（农业部、国家质检总局 2007 年第 906 号公告）

501 关于印发《贯彻落实全国质量工作会议精神 做好进出口农产品质量安全专项整治工作的意见》的通知
（国质检动[2007]436 号）

507 关于允许从巴西进口偶蹄动物及其产品的公告
（农业部、国家质检总局 2007 年第 918 号公告）

507 关于加强进出境种苗花卉检验检疫工作的通知
（国质检动函[2007]831 号）

516 关于中国苹果、梨出口南非的公告
（国家质检总局 2007 年第 157 号公告）

516 关于做好当前出境水果检验检疫工作有关问题的通知
（国质检动函[2007]890 号）

518 关于防止越南霍乱疫情传入我国的公告
（国家质检总局 2007 年第 163 号公告）

519 关于防止旅客携带日本牛肉入境的警示通报
（国质检动函[2007]941 号）

520 关于加强出口动物和非食用动物产品企业注册管理的通知
（国质检动[2007]529 号）

530 关于允许从南非进口家禽及家禽产品的公告
（农业部、国家质检总局 2007 年第 933 号公告）

530 关于防止塞浦路斯 O 型口蹄疫传入我国的公告
（农业部、国家质检总局 2007 年第 934 号公告）

531 关于允许从阿根廷无口蹄疫地区进口偶蹄动物及其产品的公告 （农业部、国家质检总局 2007 年第 935 号公告）

532 关于印发《进出境农产品和食品质量安全突发事件应急处置预案》的通知 （国质检动[2007]586 号）

542 关于防止纳米比亚口蹄疫传入我国的公告
（农业部、国家质检总局 2007 年第 939 号公告）

543 关于允许从德国进口家猪及其相关产品的公告

（农业部、国家质检总局 2007 年第 963 号公告）

543 关于从法国进口有关生物制品检验检疫问题的通知
（国质检动函[2007]1063 号）

544 关于新增西班牙、埃及和墨西哥水果入境口岸的通知
（国质检动函[2007]1064 号）

545 关于防止人感染高致病性禽流感疫病疫情传播的公告
（国家质检总局 2008 年第 6 号公告）

546 关于进一步加强出境竹木草制品检验检疫监管工作的通知
（国质检动函[2008]69 号）

572 关于加强出口植物产品企业注册登记管理的通知
（国质检动函[2008]106 号）

581 关于允许从法国德塞夫勒省进口家禽及家禽产品的公告
（农业部、国家质检总局 2008 年第 999 号公告）

581 关于允许从丹麦进口禽类及其产品的公告
（农业部、国家质检总局 2008 年第 1000 号公告）

582 关于防止土耳其高致病性禽流感传入我国的公告
（农业部、国家质检总局 2003 年第 1010 号公告）

583 关于做好重点产品质量专项整治有关木制品检疫工作的通知 （国质检动函[2008]207 号）

584 关于同意天津原木处理区采用真空熏蒸处理方法的批复
（国质检动函[2008]212 号）

585 关于加强熏蒸除害处理检疫监管工作的通知
（国质检动函[2008]262 号）

586 关于允许从美国部分州进口禽类及其产品的公告
（农业部、国家质检总局 2008 年第 1055 号公告）

586 关于防止美国低致病性禽流感传入我国的公告
（农业部、国家质检总局 2008 年第 1056 号公告）

587 关于同意在岚山口岸建立进口木材检疫除害处理区的函
（国质检动函[2008]497 号）

588 关于印发《出口农产品免验工作规范》的通知

（国质检动[2008]356 号）

610 允许从英国进口符合相关规定的偶蹄动物及其产品的公告
（国家质检总局、农业部 2008 年第 89 号公告）

610 关于加强进境木材检验检疫监管工作的意见
（国质检动函[2008]620 号）

613 关于加强进出口饲料三聚氰胺监控的紧急通知
（国质检动函[2008]644 号）

614 关于批准太仓进口木材检疫除害处理区投入使用的函
（国质检动函[2008]647 号）

614 关于防止美国禽流感传入我国的公告
（国家质检总局、农业部 2008 年第 110 号公告）

615 关于防止多哥禽流感传入我国的公告
（国家质检总局、农业部 2008 年第 115 号公告）

616 关于防止俄国猪瘟传入我国的公告
（国家质检总局、农业部 2008 年第 125 号公告）

618 关于进一步做好进出口饲料三聚氰胺监控有关问题的通知
（国质检动函[2008]810 号）

620 关于加强进出口饲料和饲料添加剂二恶英监控的紧急通知
（国质检动函[2008]825 号）

622 关于印发《进口美国苜蓿饲草卫生与植物卫生要求》的通知
（国质检动函[2008]868 号）

627 关于同意进口摩洛哥柑橘的函 （国质检外函[2009]7 号）

628 关于同意深圳湾和大铲湾为进口水果指定入境口岸的批复
（国质检动函[2009]9 号）

628 关于防止菲律宾雷斯顿埃博拉病毒传入我国的公告
（国家质检总局、农业部 2009 年第 6 号公告）

630 关于防止尼泊尔高致病性禽流感传入我国的公告
（国家质检总局、农业部 2009 年第 13 号公告）

631 关于印发《马拉维烟叶进境植物检疫要求》的通知
（国质检动函[2009]62 号）

636 关于防止加拿大低致病性禽流感传入我国的公告
（国家质检总局、农业部 2009 年第 14 号公告）

637 关于防止法国低致病性禽流感传入我国的公告
（国家质检总局、农业部 2009 年第 15 号公告）

638 关于加强和规范凭祥口岸进境水果检验检疫工作的通知
（国质检动函[2009]113 号）

640 关于向韩国出口水生动物有关事项的通知
（质检办动函[2009]180 号）

641 关于印发加拿大对华出口食用活水生动物卫生证书样本的通知 （国质检动函[2009]130 号）

644 关于泰国启用新版植物检疫证书的通知
（国质检动函[2009]131 号）

654 关于防止美国肯塔基州低致病性禽流感传入我国的公告
（国家质检总局、农业部 2009 年第 28 号公告）

655 关于下发意大利输华牛皮和绵羊、山羊生皮兽医卫生证书样本的通知 （国质检动函[2009]193 号）

658 关于印发澳大利亚输华食用水生动物卫生证书样本的通知
（国质检动函[2009]198 号）

663 关于进一步加强进出境猪甲型 H1N1 流感检验检疫工作的通知 （国质检动[2009]178 号）

697 关于防止荷兰新城疫传入我国的公告
（国家质检总局、农业部 2009 年第 45 号公告）

699 关于印发西班牙输华原羊毛卫生证书样本的通知
（国质检动函[2009]264 号）

705 关于修订加拿大输华贝类兽医卫生证书及相关事宜的通知
（国质检动函[2009]401 号）

705 关于解除对波兰高致病性禽流感禁令的公告
（国家质检总局、农业部 2009 年第 63 号公告）

706 关于印发《泰国水果过境第三国输往中国检验检疫要求》的通知 （国质检动函[2009]432 号）

711 关于印发哥斯达黎加输华牛皮卫生证书的样本的通知
（国质检动函[2009]455 号）
718 关于从栎树猝死病发生国家或地区进口寄主植物检疫要求的公告 （国家质检总局 2009 年第 70 号公告）
721 关于印发英国输华食用螃蟹等水生动物卫生证书样本的通知 （国质检动函[2009]458 号）
721 关于印发芬兰输华生牛皮卫生证书样本的通知
（国质检动函[2009]481 号）
726 关于印发加拿大输华种用鳗鲡卫生证书样本的通知
（国质检动函[2009]555 号）
732 关于印发《试进口菲利普莫里斯公司混配烟片植物检疫要求》的通知 （国质检动函[2009]563 号）
733 关于印发意大利输华牛精液健康证书样本的通知
（国质检动函[2009]564 号）
744 关于印发爱尔兰输华牛精液卫生证书样本的通知
（国质检动函[2009]567 号）
755 关于发布进出口饲料和饲料添加剂风险级别及检验检疫监管方式的公告 （国家质检总局 2009 年第 79 号公告）
758 关于印发《秘鲁柑橘进境植物检疫要求》的通知
（国质检动函[2009]596 号）
763 关于印发《中国柑橘输往秘鲁植物检疫要求》的通知
（国质检动函[2009]610 号）
768 关于允许进口秘鲁柑橘的函 （国质检外函[2009]612 号）
769 关于印发新西兰输华牛卫生证书样本的通知
（国质检动函[2009]615 号）
784 关于印发《进出境水生动物质量安全监测工作规范》的通知
（国质检动[2009]387 号）
795 关于印发芬兰输华牛精液卫生证书样本的通知
（国质检动函[2009]674 号）
802 关于解除巴西部分地区口蹄疫禁令的公告

（国家质检总局、农业部 2009 年第 123 号公告）
802 关于同意试进口法国猕猴桃的函 （国质检外函[2009]712 号）
803 关于进口油菜籽实施紧急检疫措施的公告
（国家质检总局 2009 年第 101 号公告）
805 关于印发瑞典输华牛精液卫生证书样本的通知
（国质检动函[2009]714 号）
814 关于解除对英国高致病性禽流感与新城疫禁令的公告
（国家质检总局、农业部 2009 年第 109 号公告）
814 关于防止英国汉普郡低致病性禽流感传入我国的公告
（国家质检总局、农业部 2009 年第 110 号公告）
815 关于修订中智水果植物检疫要求的通知
（国质检动函[2009]763 号）
816 关于防止西班牙新城疫传入我国的公告
（国家质检总局、农业部 2009 年第 121 号公告）
817 关于《进境动物隔离检疫场使用监督管理办法》配套文件的公告 （国家质检总局、农业部 2009 年第 116 号公告）
839 关于防止法国德塞夫勒省低致病性禽流感传入我国的公告
（国家质检总局、农业部 2009 年第 122 号公告）
840 关于印发《法国猕猴桃进境植物检疫要求》的通知
（国质检动函[2009]847 号）
844 关于解除对智利第五区高致病性禽流感禁令的公告
（国家质检总局、农业部 2009 年第 124 号公告）
845 关于解除对泰国高致病性禽流感禁令的公告
（国家质检总局、农业部 2009 年第 139 号公告）
845 关于采取进口植物种苗指定入境口岸措施的公告
（国家质检总局 2009 年第 133 号公告）
847 关于防止美国宾夕法尼亚州、德克萨斯州低致病性禽流感传入我国的公告
（国家质检总局、农业部 2010 年第 6 号公告）
848 关于防止韩国口蹄疫传入我国的公告

（国家质检总局、农业部 2010 年第 7 号公告）
849 关于印发荷兰牛胚胎健康证书样本的通知
（国质检动函[2010]28 号）
858 关于同意青岛保税区开展境外烟叶仓储转运业务的批复
（国质检动函[2010]75 号）
858 关于启用丹麦输华食用水生动物和水貂卫生证书的通知
（国质检动函[2010]92 号）
874 关于解除对墨西哥、美国和加拿大甲型 H1N1 流感禁令的公告 （国家质检总局、农业部 2010 年第 12 号公告）
874 关于同意桂林两江国际机场作为进境水果指定口岸的批复
（国质检动函[2010]125 号）
875 关于防止不丹高致病性禽流感传入我国的公告
（国家质检总局、农业部 2010 年第 27 号公告）
877 关于印发加拿大输华猴和狐猴卫生证书样本的通知
（国质检动函[2010]126 号）
880 关于实施进口植物种苗指定入境口岸措施有关事项的通知
（国质检动函[2010]146 号）
883 关于印发匈牙利输华日龄鸭、鹅及其种蛋卫生证书样本的通知 （国质检动函[2010]160 号）
889 关于解除对比利时低致病性禽流感禁令的公告
（国家质检总局、农业部 2010 年第 41 号公告）
889 关于下发新的加拿大输华动物皮张、羊毛、非食用明胶和加工猪血产品卫生证书样本的通知
（国质检动函[2010]200 号）
906 关于下发加拿大输华活猪甲型 H1N1 流感临时卫生证明式样的通知 （国质检动函[2010]204 号）
908 关于印发《摩洛哥柑橘进境植物检疫要求》的通知
（国质检动函[2010]207 号）
915 关于防止日本口蹄疫传入我国的公告
（国家质检总局、农业部 2010 年第 45 号公告）

916 关于防止荷兰低致病性禽流感传入我国的公告
（国家质检总局、农业部 2010 年第 61 号公告）

917 关于有条件恢复进口疯牛病国家牛油脂的公告
（国家质检总局、农业部 2010 年第 73 号公告）

917 关于允许从口蹄疫国家进口相关产品的公告
（国家质检总局、农业部 2010 年第 99 号公告）

918 关于进口罗汉松植物检疫措施要求的公告
（国家质检总局 2010 年第 132 号公告）

920 关于解除对美国爱达荷州、肯塔基州低致病性禽流感禁令的公告 （国家质检总局、农业部 2010 年第 140 号公告）

920 关于解除对希腊禽流感禁令的公告
（国家质检总局、农业部 2010 年第 147 号公告）

920 关于防止加拿大马尼托巴省低致病性禽流感传入我国的公告 （国家质检总局、农业部 2010 年第 148 号公告）

921 关于批准山东青岛流亭机场等为进口植物种苗指定入境口岸的公告 （国家质检总局 2010 年第 157 号公告）

国务院批转农业部
关于严防地中海实蝇传入国内的紧急报告的通知

（1981年11月14日国务院国发[1981]167号）

各省、市、自治区人民政府，国务院各有关部委、直属机构：

现将农业部《关于严防地中海实蝇传入国内的紧急报告》转发给你们，请研究执行。

地中海实蝇是果树的毁灭性害虫，去年美国从国外传入此害虫，已造成数十亿美元的损失。我国尚无此害虫，一旦传入，将直接影响我国水果生产、人民生活和对外贸易。为此，必须迅速采取有力的植物检疫措施。望有关部门加强领导，互相配合，共同做好防止地中海实蝇传入国内的工作。

关于严防地中海实蝇传入国内的紧急报告

国务院：

据我驻美国旧金山总领事馆七月十三日电告，危害水果生产的毁灭性害虫——地中海实蝇正在美国蔓延，美国加州州长布朗已宣布南加州圣何塞地区方圆六百英里为地中海实蝇虫害检疫区，在各要道设置检查点，严禁从该区运出水果、蔬菜，并大面积喷洒化学杀虫剂控制疫情继续发展。该领事馆已告我访美人员不要携带水果回国，并要求通知国内有关单位采取相应措施。据香港《国际经济行情》报导，美国农业部八月二十八日发出警告，地中海实蝇正在美国西部加州蔓延，有可能成为美国农业历史上最大害虫的入侵。仅加州一地已使美国损失数十亿美元。

地中海实蝇是国际上十分重要的检疫性害虫，此虫危害柑桔、苹果、葡萄、梨、芒果等水果，还危害蕃茄、茄子等蔬菜，寄主植物达一百二十多种。此虫原产于非洲热带地区，现已传播到四十多个国家和地区。我国尚未发生此虫，是对外植物检疫对象之一。我部得知美发生地中海实蝇的疫情后，已立即发出紧急通知，要求各口岸动植物检疫所加强对地中海实蝇的检疫检验工作，严防该虫传入国内，并提请有关部门给予关注。

目前，已有一定数量的美国水果进入我国，据北京、广州、深圳等动植物检疫所反映，来华旅客经常携带水果入境，其中美国柑桔和苹果占很大的比例。又据中国粮油进出口总公司反映，去年以来，我广东，上海、北京等地已经或正在开展以香港进口甜橙和苹果的寄售业务。大量进口疫区的水果，对我国水果的生产威胁很大。世界上有些国家如美国、日本、苏联等国早已规定禁止一切旅客从国外携带水果入境。美国发生地中海实蝇的疫情后，日本，南朝鲜、我国台湾地区均已禁止进口美国鲜果。最近，中国粮油食品进出口总公司建议应暂停进口美国水果的寄售业务和禁止来华旅客携带美国的水果、蔬菜入境。我们认为这一建议很好。

为了确保我国水果的生产安全和出口贸易，严防地中海实蝇等危险性病虫传入我国，决定采取以下措施：

一、禁止美国生产的水果、蔬菜(仅限蕃茄、茄子、辣椒等，下同)进口。如需从其他国家进口水果、蔬菜，应事先征得农业部的同意，在签订贸易合同时，应对外提出检疫要求。口岸植物检疫机关要认真做好进口检疫。

二、来华的旅客(包括归国侨胞、外国旅客、访华代表团、外国驻华机关工作人员、我出访回国人员等)不得携带水果、蔬菜入境。供途中食用的少量水果应在入境前自行处理完毕，入境检查发现带有水果、蔬菜者，由口岸植物检疫人员没收销毁处理。请海关人员予以协助，发现入境旅客携带水果，蔬菜立即通知植物检疫人员处理。

三、在国际航线上工作的机组人员、船员、列车员，在飞机、轮船、国际列车抵达我国机场、港口码头、火车站后，不得将水果、蔬菜带离飞机、轮船、列车。烂果、果皮等垃圾应妥善处理，不准任意抛弃。

四、为了更好地执行上述规定，必须加强宣传工作。可在港口码头、车站、机场等入境通道张贴通告(通知内容与有关部门另商定)，在旅客检查现场，口岸植物检疫人员要对入境旅客做好宣传解释工作。

做好植物检疫工作，防止地中海实蝇传入国内，直接关系到我国水果生产、人民生活和对外贸易，除口岸植物检疫人员要坚守职责，严格把关外，要求外贸、外交、交通、铁道、民航、海关、旅游等有关部门大力支持，密切配合，共同做好这一工作。

以上报告，如无不妥，请批转各省、市、自治区人民政府及国务院有关部门执行。

关于进一步加强进口烟叶检疫管理的通知

（1989年9月1日农业部[1989]农（检疫）字第3号）

各省、自治区、直辖市农业（农牧渔业、农林、农牧）厅（局），各口岸动植物检疫机关：

烟草霜霉病是我国进口植物检疫对象，是烟草上一种为害严重、流行迅速、防治和处理都十分困难的病害，烟叶是其病菌的主要载体。据现有资料，世界上有50多个国家发生此病。过去，由于我国严格控制从疫区国家进口烟叶取得成效，我国目前尚未发现此病。

近年来，不听检疫部门意见，盲目从疫区国家进口烟叶的单位越来越多，进口烟叶中带有烟草霜霉病的事屡有发生，使我国的烟草生产面临严重威胁。为严防此病传入，确保我国烟草生产安全，须采取如下措施：

1. 根据《中华人民共和国进出口动植物检疫条例》第二章第十五条规定，重申禁止进口烟草霜霉病疫区国家生产的烟叶，如因特殊需要必须进口的，从1989年10月1日起，须事先向中华人民共和国动植物检疫总所办理特许审批手续。获得批准后，方准进口。

2. 口岸动植物检疫机关要加强对进口烟叶的检疫检验和处理监督工作。经验查发现带有烟草霜霉病的烟叶，应严格按照检疫规定处理。

3. 对近年来有进口烟叶加工和使用的烟草生产区，要进行疫情调查，重点调查有无烟草霜霉病发生。

关于严防口蹄疫从香港传入内地的紧急通知

（1990年9月20日农业部[1990]农（检疫）字第1号）

各省、直辖市、自治区农牧厅（局）、各口岸动植物检疫所、动物检疫所：

据香港报界、电台、电视台近日连续报导，香港地区自今年一月以来爆发了猪的严重传染性疾病——口蹄疫。至二月十三日止，“全港九成的农场饲养的猪只受感染，估计死亡达一万多头”，损失十分严重，目前尚未定型。为严防该病传入，特通知如下：

一、立即暂停从港澳地区或途经港澳地区进口各种偶蹄动物，包括猪、牛（黄牛、奶牛、水牛）、羊（绵、山羊等）；

二、禁止任何单位和个人（包括外交官及各种交通工具上的工作人员）以任何形式将港、澳地区屠宰、加工的猪、牛、羊等偶蹄动物的肉类（罐头产品除外）运入或带入内地；

三、由香港进口饲料、原料的加工企业要采取措施，防止污染。销往内地的严格审查、监测；

四、从其他国家或地区进口而途径港、澳地区运入内地的偶蹄动物的肉类，必须经动植物检疫机关批准；

五、对经动植物检疫机关批准从港澳或途径港澳地区进口的其他动物产品，口岸动植物检疫机关应进行严格的检疫及消毒工作；

六、对来自港澳地区的运输工具，各口岸动植物检疫所要进行严格的消毒处理；

七、有供港澳活畜任务的省（市、区）应加强产地检疫工作和进一步加强对运输工具的消毒工作；

八、请海关、边检有关部门给予配合。

邻近港澳边境各市、县畜禽防疫部门和口岸动植物检疫机关要紧密配合，密切注视疫情动态，提高警惕，严加防范。一旦发生疫情，要及时采取紧急措施，就地扑灭并及时上报我部。

关于从毗邻国家进口动物及动物产品检疫问题的通知

（1990 年 5 月 9 日农业部[1990]农(检疫)字第 6 号）

各省、自治区、直辖市人民政府、国务院有关部门、军委总后勤部：

签于毗邻国家苏联、阿富汗、巴基斯坦、尼泊尔、印度、不丹、缅甸、老挝、越南、蒙古及港澳地区都有口蹄疫发生，在印度、越南、尼泊尔还有牛瘟发生。为防止口蹄疫、牛瘟等严重传染病通过进口的动物及动物产品传入我国，确保日益活跃的对外贸易及边民互市贸易的顺利进行，经国务院同意，现将从毗邻国家进口动物及动物产品的有关检疫问题通知如下：

一、进口动物，应从与我国政府或农业部签订过有关动物检疫条款的国家或地区进口。

二、进口动物产品前，由中华人民共和国动植物检疫总所根据需要派遣动物检疫技术人员赴输出国或地区进行产地考察。根据产地的动物疫情、检疫情况，决定其能否进口。

进口动物产品，应具有不漏出、不渗出液体的完好包装。

三、凡对外签订动物和动物产品的贸易合同或科技合作、赠送、交换、援助等协议之前，进口者必须按照《中华人民共和国进出口动植物检疫条例实施细则》第十四条的规定和《进口动物产品检疫审批管理试行办法》办理检疫审批手续，经审批同意后方可对外签约。

四、禁止以任何形式进口上述国家或地区生产的偶蹄类动物(含家养的和野生的)的肉类。

禁止从印度、缅甸、越南、尼泊尔以互市贸易形式进口偶蹄动物及其产品。对偷运入境的偶蹄动物就地扑杀无害处理，偶蹄动物产品严格消毒后，限在当地利用。

五、当地政府要加强对边民互市贸易的领导。进出境动物及动物产品的检疫及其管理工作由口岸动植物检疫机关负责。

（一）边民入境进行动物和动物产品互市贸易的，只限在设有口岸动植物检疫机关，并在其管辖范围内指定的场所进行，不得到出开口，如在未设立口岸动植物检疫机关而边民活动又集中的地区开设边民互市贸易点前，须征求口岸动植物检疫机关的意见，经政府批准后进行贸易的，由口岸动植物检疫机关对入境的动物及其产品进行检疫和管理，严防疫病传入。

（二）边民互市贸易进口的动物及动物产品仅限于本地使用，不得擅自运往内地。经检疫合格后，在本地饲养半年以上的动物，确需运往内地的，按《家畜家禽防疫条例》及有关兽医卫生规定办理。

六、请海关、边防、公安、工商行政管理等部门予以积极配合。

七、本通知未尽事宜，仍按有关检疫法规的规定执行。

关于严防牛海绵状脑病传入我国的通知

（1990 年 6 月 1 日农业部[1990]农（检疫）字第 8 号）

各省、自治区、直辖市农（牧、渔）业厅（局）、各口岸动植物检疫所、动物检疫所：

1985 年在英国首次发现了一种新的牛传染病——牛海绵状脑病（Bovine Spongiform Encephalopathy，简称 BSE）。本病的症状主要表现为步态不稳、共济失调、全身麻痹、搔痒、烦躁不安等症状。病程为 14～90 天，潜伏期长达 4～6 年，多发生于 4 岁左右的成年牛。已知的传染性海绵伏脑病还有羊的痒病、水貂传染性脑炎、人的克-雅氏病，其共性是都具有很长的潜伏期，主要破坏中枢神经系统，使脑灰质部发生海绵状变性，致死率很高。据英国农业部 1989 年 5 月公布的材料表明，为防本病的扩散而用于扑杀病牛的补贴费达 160 万英镑，经济损失严重。

牛海绵状脑病在英国发生后，英政府对此十分重视，并责成有关机构深入研究此病，扑杀烧毁患病牛只，同时严禁屠宰患牛供食用或在市场上销售、限制向欧洲经济共同体其它国家出口牛等防范措施。

美国、新西兰等国家亦采取了相应的防范措施。由于目前尚无有效的诊断和防治办法,为了防止牛海绵状脑病传入我国,确保我国畜牧业的安全发展,特通知如下:

一、在英国未消灭牛海绵状脑病之前禁止从英国进口牛、牛精液及牛胚胎。

二、已从英国进口的牛精液和胚胎应立即停止使用,进行检疫。

三、禁止从英国进口牛肉及其肉粉、骨粉。

四、请有关口岸动植物检疫机关配合当地农牧部门加强对已从英国进口的牛、牛精液、牛胚胎及其繁殖后代进行牛海绵状脑病的监测。发现疫情,及时报我部。

关于下发《进境动物检疫管理办法》等五个动物检疫规章的通知

(1992年4月25日动植物检疫总所总检动字[1992]第10号)

各口岸动植物检疫局、动物检疫所:

为了更好地贯彻实施《中华人民共和国进出境动植物检疫法》,现将《进境动物检疫管理办法》、《出境动物检疫管理办法》、《出境动物产品检疫管理暂行规定》、《过境动物和动物产品检疫管理办法》及《进境动物产品检疫管理办法》发给你们,请遵照执行。

附件:1. 进境动物检疫管理办法

2. 出境动物检疫管理办法

3. 出境动物产品检疫管理暂行规定(略)

4. 过境动物和动物产品检疫管理办法

5. 进境动物产品检疫管理办法

附件 1

进境动物检疫管理办法

第一条 根据《中华人民共和国进出境动植物检疫法》有关规定,制定本办法。

第二条 本办法所指的动物为饲养、野生的活动物。

第三条 大中动物是指黄牛、水牛、牦牛、马、骡、驴、骆驼、象、斑马、猪、绵羊、山羊、鹿、狮、虎、豹、狐狸等。小动物是指犬、兔、貂;鸡、鸭、鹅、鸽等禽类、鸟类;鱼、蟹、虾等水生动物以及蜂、蚕、蛤蚧等其他动物。

第四条 输入动物,货主或其代理人须按《进境动物审批管理办法》办理审批手续。

第五条 根据中国与输出国政府签订的动物检疫条款或检疫要求,在输入动物前,国家动植物检疫机关派遣动物检疫人员赴输出国执行检疫任务,所需费用由输入动物的货主或代理国承担。

第六条 输入大中饲养动物,货主或其代理人应在动物抵达口岸前 60 天向口岸动植物检疫机关报检。输入其他动物,货主或其代理人应在动物抵口岸前 15 天报检。

第七条 输入的大中饲养动物须在国家动植物检疫机关指定的进口动物隔离检疫场隔离检疫,输入其他动物须在口岸动植物检疫机关认可的隔离检疫场所隔离检疫。边境地区及国家批准的经济特区,从毗邻国家或地区输入的大中动物限在当地的饲养的,在口岸动植物检疫机关认可的"隔离检疫场"隔离检疫。

第八条 进境口岸动植物检疫机关在动物运抵时实施现场检疫:

1. 登机、登轮、登车进行临床检查。

2. 对所有动物接触的运输工具和装卸器具,在卸运前作有效消毒。

3. 对上下动物运载工具的人员,作防疫消毒。

4. 审核货证及询问运输情况。

第九条 现场检疫未发现动物传染病、寄生虫病的,经审核各种单证合格后，出具“检疫调离通知单”。

第十条 动物卸运后，装载动物的运输工具、饲具、笼具、铺垫材料、装卸器具、现场及废弃物，均须消毒处理。

第十一条 现场检疫时，发现动物有一类传染病、寄生虫病迹象的要立即封锁现场，停止卸运，采取紧急防疫措施并以最快的速度报告国家动植物检疫机关，同时向地方人民政府报告。

第十二条 在进境口岸动植物检疫机关管辖范围外隔离检疫的动物，由进境口岸动植物检疫机关按本办法第六条进行现场检疫，出具“检疫调离通知单”，并监督运输到认可的隔离检疫场所。货主或其代理人凭“检疫调离通知单”办理运递手续，运输部门凭“检疫隔离通知单”承运进境动物。国内检疫部门凭“检疫调离通知单”放行，到达地口岸动植物检疫机关对进境动物实施隔离检疫，并出具检疫证书。

装载动物的运输工具作有效消毒处理并出具“消毒处理证书”。

第十三条 动物在隔离检疫期间按口岸动物检疫隔离场及临时隔离场的有关规定管理。

第十四条 进境动物的隔离检疫期，大、中饲养动物为 45 天，其他动物为 30 天。

因检疫需要延长隔离检疫时间的，需经国家动植物检疫机关批准，书面通知货主或其代理人。

第十五条 隔离检疫期间的实验室检疫项目，依照中国与输出国政府间签订的协议、检疫条款或国家动植物检疫机关的审批意见执行。

在隔离检疫期间，发现上述检疫项目以外的动物传染病、寄生虫病可疑迹象的，应进一步实施检疫。

第十六条 动物在隔离检疫期间，口岸动物检疫机关要有专人负责。临床记录、检疫的原始记录、文字记载和影像资料等要按时归档。实验材料、血清、菌种、毒种、病理材料等要妥善保存。

第十七条 经检疫合格的进境动物，口岸动物检疫机关在隔离期满当天向货主或其代理人签发“检疫放行通知单”。

第十八条 进境动物经检疫不合格的，签发“检疫处理通知单”，并作下列处理并报国家动植物检疫机关：

1. 检出一类传染病、寄生虫病的动物，连同其同群动物全群退回或者全群扑杀并销毁尸体。

2. 检出二类传染病、寄生虫病的动物，退回或扑杀。同群其他动物在指定地点隔离观察，由当地畜禽防检疫机构负责监管。

3. 检出名录之外，对畜牧业、水产业有严重危害的传染病、寄生虫病的，国家动植物检疫机关根据其危害程度作相应的处理。

第十九条 经检疫不合格的动物在口岸动植物检疫机关做出处理决定后，货主或其代理人要立即执行。

第二十条 进境作短期停留的演艺动物、竞技动物、展览观赏动物，由口岸动植物检疫机关检疫和检疫监督管理。

第二十一条 进境的鱼、虾等水生动物，两栖类、爬行类动物，分别按相应的检疫办法办理。

第二十二条 本办法自发布之日起施行。

附件 2

出境动物检疫管理办法

第一条 根据《中华人民共和国进出境动植物检疫法》的有关规定，制定本办法。

第二条 本办法所指的动物为饲养、野生的活动物。

第三条 口岸动植物检疫机关根据输入国政府与我国政府签定的双边协定、检疫条款、贸易合同（或信用证、供货协议）和我国有关的规定实施检疫。

第四条 货主或其代理人在与我国无动物检疫双边协定或检疫条款的国家或地区进行贸易签约前，应向国家动植物检疫机关提交输入国提出的动物检疫要求，审核认可后方可签约。

第五条 货主或其代理人应在动物计划离境前 60 天向出境口岸动植物检疫机关预报，并提交与该批动物有关的资料；出境动物的货主或其代理人应在口岸隔离检疫前周报检。

第六条 出境动物需要进行产地检疫的，可由县级或县级以上畜禽检疫部门（含口岸动植物检疫机关）按输入国家的要求和我国的有关规定实施检疫并出具检疫证书。出境口岸动植物检疫机关视需要到产地了解有关情况，货主或其代理人，当地畜禽检疫部门应予配合。

第七条 出境前需要进行隔离检疫的动物，必须在口岸动植物检疫机关认可的隔离场所隔离检疫。货主或其代理人提供符合输入国的要求和兽医卫生要求的隔离场所。

第八条 由货主或其代理人负责对隔离场所及用具和设施等进行有效消毒。

第九条 动物到达出境口岸隔离场所时，口岸动植物检疫机关应派员进行现场检疫监督，对有产地检疫要求的应收取产地检疫证书；临床检查不合格的动物不准进场，发现死亡动物应查明原因并对尸体作销毁处理。

第十条 口岸隔离检疫时间按输入国要求确定；没有要求的按照我国规定检疫项目确定隔离检疫时间。

第十一条 动物在隔离检疫期间，口岸动植物检疫机关可派员驻场监督。对动物的免疫接种、药物处理须征得口岸动植物检疫机关的同意。

第十二条 经检疫合格的动物，签发动物检疫证书，货主凭证书向海关办理动物出境手续。

第十三条 装运动物出境的运输工具、装运场地必须经口岸动植物检疫机关消毒处理后方准装载。运输途中所用饲料、饲草及铺垫材料必须来自非疫区，并符合兽医卫生要求。

第十四条 口岸动植物检疫机关必要时派员随押运人员一起了解运输途中动物的健康状况及输入国的检疫情况，所需费用由货主或其代理人提供。

第十五条 输入国官方兽医需来华考察了解检疫情况的，货主或其代理人应事先征得国家动植物检疫机关的同意。

第十六条 口岸动植物检疫机关应将临床记录、实验数据、文字、声像等资料归档，并对试验材料、血清、菌种、毒种、病理材料等妥善保存。

第十七条 对出境水生、两栖、爬行类等动物，分别按其相应的检疫办法实施。

第十八条 本办法自公布之日起实施。

附件 4

过境动物和动物产品检疫管理办法

第一条 根据《中华人民共和国进出境动植物检疫法》有关规定，制定本办法。

第二条 凡经陆路、水上、航空运输动物和动物产品过境的，必须依照本办法实施检疫和检疫监督管理。

第三条 本办法所指动物和动物产品见《进出境动植物检疫物种类表(动物检疫部分)》。

第四条 要求运输动物过境的，货主或其代理人必须事先商得中国国家动植物检疫机关同意，并按照指定的口岸和路线过境。

第五条 经批准过境的动物，其承运人或者押运人应当在动物进境前或进境时，持过境动物检疫审批单、货运单和输出国家或者地区政府动植物检疫机关出具的动物检疫证书，向进境口岸动植物检疫机关报检。

过境的动物产品，其承运人应当在动物产品进境前或进境时，持货运单和输出国家或者地区政府动物或兽医检疫机关出具的兽医卫生证书，向进境口岸动植物检疫机关报检。

第六条 装载过境动物的运输工具、笼具必须完好并能防止渗漏。动物在吸血昆虫活动季节过境，其运输工具、装载笼具还须具有效的防护设施。

过境动物的饲料和铺垫材料必须未受病虫害污染，并有输出国家或者地区政府动物或兽医检疫机关出具的来自非疫区证书。

过境的动物产品必须具有能防止液体渗漏的严密包装。

第七条 过境动物和动物产品的运输工具抵达进境口岸时，口岸动植物检疫机关对运输工具、接近动物和动物产品的人员，以及被污染的场地作防疫消毒处理。

第八条 动物和动物产品过境期间，未经口岸动植物检疫机关同意，任何人不得开拆包装或者卸离运输工具。

第九条 口岸动植物检疫机关对过境动物在进境口岸实施检疫，并对其在中国境内的运输全过程实施检疫监督管理，过境动物的承运人或者押运人必须配合。

第十条 过境动物经检疫合格的准予过境，发现有《中华人民共和国进出境动植物检疫法》第十八条规定的名录所列动物传染病、寄生虫病的，全群动物不准过境。过境途中发现上述动物传染病、寄生虫病的，按有关规定及时就地处理。

第十一条 口岸动植物检疫机关经检查过境动物产品的运输工具或者包装完好的准予过境，发现有《中华人民共和国进出境动植物检疫法》第十八条规定的名录所列病虫害的，作除害处理或者不准过境。

第十二条 过境动物的饲料受病虫害污染的，作除害或者销毁处理。需要在中国境内添装饲料、铺垫材料时，应予先征得中国口岸动物检疫机关同意，所填装的饲料、铺垫材料应来自非疫区并符合兽医卫生要求。

第十三条 过境动物的押运人必须在中国口岸动植物检疫机关的监督管理下，按照动植物检疫机关的规定对过境途中死亡动物的尸体、动物排泄物、铺垫材料及其他废弃物作无害化处理，不得擅自抛弃。

第十四条 上下过境动物运输工具的人员须经中国口岸动植物检疫机关允许，并接受必要的防疫消毒处理。

第十五条 本办法自发布之日起施行。

附件 5

进境动物产品检疫管理办法

第一条 根据《中华人民共和国进出境动植物检疫法》的有关规定，制定本办法。

第二条 本办法所指的动物产品见《进出境动植物检疫物种类表(动物检疫部分)》。

第三条 国家和口岸动植物检疫机关依照本办法,对进境动物产品及其装载容器、包装物、铺垫材料、运输工具实施检疫及检疫处理;对进境动物产品的装卸、运输、加工、存放等环节实施检疫监督制度;对加工、存放进境的来源于动物未经加工或者虽经加工但仍有可能传播疫病的产品如生皮张、毛类、肉类、脏器、油脂、动物水产品、奶制品、蛋类、血液、精液、胚胎、骨、蹄、角、蜂蜜、蚕蛹、蚕茧、蚕卵等动物产品的工厂、公司、饭店、宾馆、专用仓库等,实行注册登记制度。

第四条 输入动物产品,货主或代理人必须事先办理检疫审批手续。

在签订贸易合同或协议时,要订明中国法定的检疫要求。

第五条 货主或其代理人应当在动物产品进境前提前3～7天向进境口岸动植物检疫机关预报其重量、运输工具种类、启运时间、启运港口、途径国家或地区、进境时间等,并提供有关和约、协议副本等资料,口岸动植物检疫机关据此做好有关检疫、消毒器械的准备工作。

动物产品到达口岸时,货主或其代理人须填具报检单,并持《进境动物产品检疫审批单》、和约或协议、货运单、输出国家或地区及过境国家或地区兽医官签发的检疫证书等单证,向进境口岸动植物检疫机关报检。

第六条 口岸动植物检疫机关对上述单证进行审核,确认无误后,接受报检。

未经口岸动植物检疫机关检疫或同意,任何单位和个人不得将动物产品卸离运输工具。

第七条 口岸动植物检疫机关依据下属规定进行现场检疫:

1. 查询动物产品的启运时间、港口、途径国家或地区,查看运行日志等。

2. 核对单证与货物的名称、重(数)量、产地、包装、唛头标记是否相符。

3. 查验动物产品有无腐败变质,容器、包装是否完好。发现散包、容器破裂者,应令货主或其代理人负责整理。

4. 现场检疫人员对上述查验符合要求者,允许卸离运输工具,并及时对运输工具的有关部位及动物产品的容器、包装外表、铺垫材料、污染场地等进行消毒处理。

第八条 经现场检疫合格的动物产品,进境口岸动植物检疫机关,按如下规定处理:

1. 对蓝湿皮、洗净毛、碳化毛、毛条等,签发《检疫放行通知单》。

2. 对需要调离进境口岸海关监管区而运往国家动植物检疫机关或口岸动植物检疫机关指定地点进行检疫及监督加工、使用、贮存的动物产品,签发《检疫调离通知单》。

3. 对上述1、2规定以外的动物产品,根据有关规定采取样品,进行实验室检疫。经检疫合格的签发《检疫放行通知单》,不合格的签发《检疫证书》及《检疫处理通知单》。

4. 货主或其代理人凭上述单证向海关申请验放,运输部门凭上述单证承运,国内畜禽防疫检疫及监督机构凭上述单证放行。

第九条 进境动物产品在从进境运输工具上卸离转运过程中,货主或其代理人必须采取措施,防止动物产品的容器、包装破损,防止其渗漏、散落。口岸动植物检疫机关可对其国内运输过程进行检疫监督管理。

动物产品运抵指定地点后,口岸动植物检疫机关、货主或其代理人须对运输工具、污染场地实施防疫消毒处理。

第十条 进境动物产品存放、加工的地点,在进境口岸动植物检疫机关管辖范围内的,由进境口岸动植物检疫机关实施检疫、处理或监督货主进行检疫处理工作。

第十一条 进境动物产品从进境口岸调往进境口岸动植物检疫机关管辖范围以外的指定地点进行检疫、处理及存放、加工的,货主或其代理人应向指定地的口岸动植物检疫机关预报到达时间。货物离开进境口岸时,进境口岸动植物检疫机关通知指定地的口岸动植物检疫机关。在进境动物产品运抵时,货主或其代理人应持进境口岸动植物检疫机关签发的《检疫调离通知单》或《检疫处理通知单》等单证,向指定地口岸动植物检疫机关报检。

第十二条 指定地的口岸动植物检疫机关按《进境动物产品检疫审批单》、《检疫调离通知单》或《检疫处理通知单》等单证的内容，核对进境动物产品的名称、重(数)量、产地、包装、唛头标记等，并按规定采样检疫、检疫处理或监督货主进行检疫处理。

第十三条 进境动物产品运抵指定地点后，指定地口岸动植物检疫机关须及时向进境口岸动植物检疫机关出具《进境动物产品检疫监督回执单》。

第十四条 口岸动植物检疫机关对各自管辖范围内的进境动物产品的存放、加工单位实施检疫监督制度。任何单位和个人不得阻挠、干扰。口岸动植物检疫机关有权查询有关人员、查阅有关单证、报表、发票等。

第十五条 存放、加工进境动物产品的单位，必须做到：

1. 建立以单位领导和部门负责人参加的动物卫生防疫领导小组，负责进境动物产品存放、加工过程中的动物卫生防疫工作，制定防疫制度和落实制度的措施，指定专人负责及时报检和填报报表等。

2. 进境动物产品须专仓堆放、未经检疫的或检疫不合格的产品，不得与经检疫合格的产品混合堆放。有专人负责保管，并有可供查核的进境动物产品入、出库单和相应的统计材料等。

3. 根据不同的加工工艺流程，对进境动物产品分别采取有效方法，进行消毒或杀虫处理。

4. 在存放、加工进境动物产品场所的进出通道、门前设置适于人和车辆消毒的消毒槽(垫)，并定期更换消毒药水，以对进出人员鞋(靴)、车辆实施消毒处理。

5. 对存放、加工进境动物产品的场所、工作台、搬运工具等及时消毒处理。

6. 接触进境动物产品的工作人员须按照国家有关职业病防治的规定定期体检及预防接种疫苗。上下班要洗手消毒更衣换鞋，工作服定期消毒处理。

7. 对进境动物产品内外包装物，存放、加工过程中产生的下脚料、废弃物等进行无害化处理或予以销毁，污水进行消毒处理。

8. 未经国家动植物检疫机关或口岸动植物检疫机关批准的进

境动物产品不得接收，未经检疫、检疫不合格、未经加工或消毒、除虫处理的不得转移。

第十六条 出境动物产品重新进境时，须经国家动植物检疫机关批准，并由口岸动植物检疫机关按本办法进行检疫、检疫监督管理。

第十七条 来料加工的动物产品出境时，由加工企业所在地的口岸动物检疫机关根据输入国的要求出具有关单证；输入国无要求的，一律签发《兽医卫生证书》。如非离境口岸动植物检疫机关出证的，货主或其代理人须向出境口岸动植物检疫机关报检。出境口岸动植物检疫机关按如下办法处理：

1. 查验来料加工企业所在地口岸动植物检疫机关签发的证书与货物是否相符。

2. 对货证相符的验证放行或换证放行。

第十八条 在中国保税仓储后原包装出境的进境动物产品，国外无检疫要求的，由离境口岸动植物检疫机关签发《检疫放行通知单》；国外有要求的，按要求出证，海关凭出境口岸动植物检疫机关签发的有关检疫单证放行。

第十九条 本办法自发布之日起施行。

关于公布《中华人民共和国进境动物一、二类传染病、寄生虫病名录》和《中华人民共和国禁止携带、邮寄进境的动物、动物产品和其他检疫物名录》的通知

（1992 年 6 月 8 日农业部[1992]农（检疫）字第 12 号）

各省、自治区、直辖市农（牧、渔）业厅（局），各口岸动植物检疫局、动物检疫所：

为进一步加强进出境动物检疫工作，防止动物传染病、寄生虫病传入，保护我国农林牧渔业生产和人体健康，根据《中华人民共和国进出境动植物检疫法》第五条、第十八条和第二十九条的规定，我们

制定了《中华人民共和国进境动物一、二类传染病、寄生虫病名录》和《中华人民共和国禁止携带、邮寄进境的动物、动物产品和其他检疫物名录》。现将这两个“名录”发给你们,请遵照执行。

附件:1.《中华人民共和国进境动物一、二类传染病、寄生虫病名录》

2.《中华人民共和国禁止携带、邮寄进境的动物、动物产品和其他检疫物名录》

附件 1

中华人民共和国进境动物一、二类传染病、寄生虫病名录

List A and List B Diseases for the Animals Imported form other Countries into the People Republic of China

Ⅰ. 一类传染病、寄生虫病

Ⅰ. List A Diseases

口蹄疫	Foot-and-Mouth-Disease
非洲猪瘟	African Swine Fever
猪水包病	Swine Vesicular Disease
猪瘟	Swine Fever
牛瘟	Rinderpest
小反刍兽疫	Peste des Petits Ruminants
兰舌病	Bluetongue
痒病	Scrapie
牛海绵状脑病	Bovine Spngiform Encephalopathy
非洲马瘟	African Horse Sickness
鸡瘟	Fowl Plague

新城疫 Newcas Cle Disease
鸭瘟 Duck Plague
牛肺疫 Contagious Bovine Pleuropneumonia
牛结节疹 Lumpy Skin Disease

Ⅱ. 二类传染病、寄生虫病

Ⅱ. List B Diseses

共患病(Multiple Specise Diseases):

炭疽 Anthrax
伪狂犬病 Aujeszky's Disease
心水病 Heartwater
狂犬病 Rabies
Q热 Q Fever
裂谷热 Rift Valley feyer
副结核病 Paratuberculosis (John's Disease)
巴氏杆菌病 Pasteurellosis
布氏杆菌病 Brucellosis
结核病 Tuberculosis
鹿流行性出血热 Epizootic Haemorrhagic Disease of Deer
细小病毒病 Parvovirus Infection
梨型虫病 Piroplasmosis

牛病(Cattle Diseases):

锥虫病 Trypanosomiasis
边虫病 Anaplasmosis
牛地方流行性白血病 Enzootic Bovine Leukosis
牛传染性鼻气管炎 Infectious Bovine Rhinotracheitis
牛病毒性腹泻——黏膜病 Bovins Viral Diarrhea—Mucosal Disease
牛生殖道弯曲杆菌病 Bovine Genital Campylobacteriosis
赤羽病 Akabane Disease
中山病 Chuzan Disease
水泡性口炎 Vesicular Stomatitis

牛流行热 Bovine Ephemeral Fever
茨城病 Ibaraki Disease

绵羊和山羊病（Sheep and Goat Diseases）：

绵羊痘和山羊痘 Sheep Poxand Goat Pox
衣原体病 Enzootic Aboutionof Ewes
梅迪——维斯纳病 Maedi—Visna Disesse
边界病 Border Disease
绵羊肺腺瘤病 Sheep Pulmonary Adenomatosis
山羊关节炎/脑炎 Caprine Arthritis/Encephalitis

猪病（Pig Diseases）：

猪传染性脑脊髓炎 Teschen Disease
猪传染性胃肠炎 Transmissible Gastroenteritis of Swine
猪流行性腹泻 Porcine Epizootic Diarrhea
猪密螺旋体痢疾（猪血痢） Swine Dysentery
猪传染性胸膜肺炎 Infectious Pleuropneumonia of Swine
猪生殖和呼吸系统综合症（兰耳病） Swine Reproductive and Respiratory Syndrome (Blue-eared Disease)

马病（Horse Diseases）：

马传染性贫血 Equine Infectious Anaemia
马脑脊髓炎 Equine Encephalomyelitis
委内瑞拉马脑脊髓炎 Venezuelan Equine Encephalormyelitis
马鼻疽 Glanders
马流行性淋巴管炎 Epizootic Lymphangitis
马沙门氏杆菌病（马流产沙门氏杆菌）Salmonellosis (S. abortus equi)
类鼻疽 Melioidosis
马传染性动脉炎 Infectious Arteritis of Horses

马鼻肺炎	Equine Rhinopneumonius

禽病(Poultry Diseases)：

鸡传染性喉气管炎	Avian infectious Laryngotracheitis
鸡传染性支气管炎	Avian Infectious Bronchitis
鸡传染性囊病(甘保罗病)	Infecuous Bursal Disease
鸭病毒性肝炎	Duck Viral Hepatius
鸡伤寒	Fowl Typhoid
禽痘	Fowl Pox
鹅螺旋体病	Spirochaetosis in Goose
马立克氏病	Marek's Disease
住白细胞原虫病	Leucocytozoosis
鸡白痢	Pullorum Disease
家禽支原体病	Avian Mycoplasmosis
鹦鹉热(鸟疫)	Psittacosis and Ornithosis
鸡病毒性关节炎	Avian Viral Arthritis
禽白血病	Avian Leukosis(祖代以上需作血清学试验)

啮齿动物病(Rodent Diseases)：

兔病毒性出血症(兔瘟)	Viral Haemorrhagic Disease of Rabbits
兔粘液瘤病	Myxomatosis
野兔热	Tularaemia

水生动物病(Aquatic Animal Diseases)：

鲑鱼传染性胰脏坏死	Infectious Pancreatic Necrosis in Trout
鱼传染性造血器官坏死	Infectious Haematopoietic Necrosis of Fish
鲤春病毒病	Spring Viremia of Carp
鲑鳟鱼病毒性出血性败血症	Haemorrhagic Septicaemia of Salmonids
鱼鳔炎症	Swim Bladder Inflammation of Fish

鱼眩转病	Whirling Disease of Fish
鱼鳃霉病	Branchiomycosic of Fish
鱼疖疮病	Furunculosis of Fish
异尖线虫病	Disease of Anisakis
对虾杆状病毒病	Disease of Baculovirus Penaei
斑节对是杆状病毒病	Disease of Penaeus Monodon Type Baculovirus

蜂病(Bee Diseases):

美洲蜂幼虫腐臭病	American Foul Brood
欧洲蜂幼虫腐臭病	European Foul Brood
蜂螨病	Acariasis of Bees
瓦螨病	Varroasis
蜂孢子虫病	Nosemosis of Bees

其他动物疾病(Diseases of Other Animal Species):

蚕微粒子病	Pebrine Disease of Chinese Silkworm
水貂阿留申病	Aleutian Diseae of Mink
犬瘟热	Canine Distemper
利什曼病	Leishmaniasis

附件 2

中华人民共和国禁止携带、邮寄进境的动物、动物产品和其他检疫物名录

类别	名　　称
动物	鸡、鸭、鹅、锦鸡、猫头鹰、鸽、鹌鹑、鸟、兔、大白鼠、小鼠、豚鼠、松鼠、蛙、蛇、龟、鳖、蜥蜴、鳄、蚯蚓、蜗牛、鱼虾、蟹、猴、穿山甲、猞猁、蜂蜜、蚕等

续表

类别	名　　称
动物产品	精液、胚胎、受精卵、蚕卵、生肉类、腊肉、香肠、火腿、腌肉、熏肉、蛋、水生动物产品、鲜奶、奶酪、黄油、奶油、乳清粉、皮张、鬃毛类、蹄骨角类、血液、血粉、油脂类、脏器等
其他检疫物	菌种、毒种、虫种、细胞、血清、动物标本、动物尸体、动物废弃物以及可能被病原体污染的物品

注：通过携带或邮寄方式进境的动物、动植物产品和其他检疫物，经过国家动植物检疫机关特许批准的，并具有输出国或地区官方出具的检疫证书，不受此名录的限制。

关于从蒙古进口动物产品有关检疫问题的通知

（1992 年 12 月 11 日动植物检疫总所总检动字[1992]21 号）

乌鲁木齐、兰州、二连、满州里动植物检疫局、呼和浩特动物检疫所：

根据蒙古共和国目前已无口蹄疫、牛瘟等动物传染病流行的情况及有关动植物检疫法规的规定，现就从蒙古进口动物产品的有关问题通知如下：

一、进口要求：

1. 所有动物产品，均须来自在蒙古境内的非疫区饲养一年以上的健康动物，须有蒙古国家兽医总局出具的兽医卫生证书（用蒙英或蒙中文字同时写成）一式两份。其他任何机关出具的任何证书均无效。进口肉脏类，其兽医卫生证书中须注明动物产地及屠宰场全称。

2. 进口动物产品尚需满足如下要求：

（1）肉脏类：目前只限从蒙古乌兰巴托肉联厂进口其自行屠宰加工的生肉、内脏、肠衣及其制品。进境后，除肠衣外，均须在集宁肉联厂进行熟制加工。肉脏类须有清洁卫生的完整包装物或装载容器，须用经过消毒处理的冷藏、冷冻或保温车（车皮）运输进境。

（2）杂骨类：进境时间从每年 10 月 1 日至次年 4 月 30 日，其他时间不准进境。

(3) 进口干皮、鹿角，应尽可能有完整的包装，确实无法包装者，须用绳捆扎成数量相同、易于般动的捆。其他动物产品，均须有完整的包装。

二、国内要求：

1. 除已列明生肉、内脏须在集宁肉联厂加工外，进口生皮（含毛皮）、生骨、原毛、肠衣及来料加工的水生动物产品均需在经总所批准的定点加工厂加工。

2. 进口二、1 以外的动物产品，在进境口岸（转关货物在指运地）检疫合格后放行，不限定具体流向。

3. 口岸动植物检疫机关对离开口岸放行至内地动物产品，均应按一个运输工具（火车为一个车皮）签发一个《放行通知单》。

三、关于检疫审批问题：

进口肉脏类动物产品，一律由总所审批。进口其他动物产品，仍按总所[88]总检(动)字第 21 号文执行。

对外签约单位须在签约前按规定的审批范围到总所或口岸局(所)办理检疫审批手续。

四、本通知未尽事宜，按其他有关检疫法规办理。总所[1992]总所动字第 1 号函同时废止。

为认真贯彻执行《中华人民共和国进出境动植物检疫法》及支持边境省、区对蒙贸易的发展，请各有关局、所在认真检疫把关的同时，做好有关检疫法规的宣传工作，并主动介绍进口动物产品的报审及报检程序，从而使有关部门和单位主动掌握，自觉遵守有关检疫法规及本通知精神，使我国的对蒙贸易在健康的道路上迅速发展。

关于印发《中华人民共和国动植物检疫总所关于进出境植物检疫监督管理办法》的通知

(1993 年 2 月 19 日动植物检疫总所总检植字[1993]8 号)

各口岸动植物检疫局、植物检疫所、植物检疫实验所：

现将《中华人民共和国动植物检疫总所关于进出境植物检疫监

督管理办法》印发给你们，请遵照执行。

附件：中华人民共和国动植物检疫总所关于进出境植物检疫监督管理办法

附件

中华人民共和国动植物检疫总所关于进出境植物检疫监督管理办法

第一条 为做好进出境植物、植物产品和其他检疫物的检疫管理工作，依法实施检疫监督，根据《中华人民共和国进出境动植物检疫法》第一章规定，制定本办法。

第二条 口岸动植物检疫机关对进境植物、植物产品和其他检疫物，分别下列情况实行检疫监督管理：

1. 进境植物、植物产品和其他检疫物，未经口岸动植物检疫机关同意不得卸离运输工具。因口岸条件限制等原因，经国家动植物检疫机关或授权的口岸动植物检疫机关批准，运往指定地点检疫、处理或改变用途的，在运输装卸过程中要符合植物检疫要求，货主或其代理人必须采取防疫措施，防止撒漏；存放、加工、处理和隔离种植场所，应当符合植物检疫的规定，以免造成植物疫情扩散。进境口岸动植物检疫机关和到达地口岸动植物检疫机关要互相配合，共同做好检疫监督管理工作。

2. 进境植物种子、种苗和其他繁殖材料需要隔离检疫的，在口岸动植物检疫机关指定的植物检疫隔离场（圃）或隔离种植地种植。隔离种植的场（圃）应当符合植物检疫的规定。植物在隔离种植期间，未经口岸动植物检疫机关同意，不得擅自调离、处理或使用。隔离种植过程中发现植物危险性病、虫、杂草的，应按照口岸动植物检疫机关的要求作除害或销毁处理；同时，对发现疫情的场（圃）及其设施和使用工具也需进行除害处理。隔离检疫结束后，证明不带植物危险性病、虫、杂草的，方可调离隔离场(圃)。

3. 因科学研究等特殊需要，经国家动植物检疫机关特许审批同意引进的禁止进境物，在使用过程中，口岸动植物检疫机关要对其进行严格的监督管理。

4. 经国家动植物检疫机关特许审批同意，使用进口水果、蔬菜(限茄科类，下同)作配餐食用的涉外宾馆、饭店和外籍人员集中的单位，不得将上述水果、蔬菜转让给其他单位，口岸动植物检疫机关对这些水果、蔬菜的使用进行监督；对使用后废弃的烂果、果皮(核)等垃圾要监督使用单位进行无害化处理，不准任意抛弃。

5. 在中国境内举办展览用的进境植物、植物产品和其他检疫物，在进境时应实施检疫。在展览期间，须接受口岸动植物检疫机关监管，未经同意，不得移作他用。展览结束后，如要移交中国有关部门使用的，需经口岸动植物检疫机关同意并办理有关手续；遗弃的植物性展品要在口岸动植物检疫机关监督下处理。

6. 对进境运输工具上的植物性废弃物，口岸动植物检疫机关要监督有关单位对其进行无害化处理，不得擅自抛弃。

7. 对进入保税区、保税库的贸易性保税进境植物、植物产品和其他检疫物，口岸动植物检疫机关应进行检疫监督管理。

第三条 口岸动植物检疫机关对出境植物、植物产品和其他检疫物的生产、加工、存放过程，实施检疫监督制度：

1. 生产、加工、存放出境植物、植物产品和其他检疫物的场所，应符合植物检疫和防疫要求，存放出境检疫物的专用库、场，须经口岸动植物检疫机关审核同意。

2. 口岸动植物检疫机关对经检疫合格的出境植物、植物产品和其他检疫物，在出境口岸装运时可实行监管。查验货证是否相符，运输、装卸工具是否符合检疫和防疫要求。对不符合要求的，可责令其停装或停卸。经处理符合要求后，方可继续装卸。

第四条 过境植物、植物产品和其他检疫物及其运输工具，在过境期间应接受口岸动植物检疫机关的监督、检查，发现疫情时，必须按植物检疫的要求处理。未经口岸动植物检疫机关同意，不得开拆包装或卸离运输工具。植物性废弃物不得擅自抛弃。

第五条 从事进出境植物、植物产品和其他检疫物熏蒸消毒业务的单位,必须经口岸动植物检疫机关考核认可,并发给《技术考核合格证》,方可从事熏蒸消毒业务,并接受口岸动植物检疫机关的监督管理。口岸动植物检疫机关负责熏蒸消毒效果的检测,定期对熏蒸消毒人员进行技术培训和考核。

第六条 口岸动植物检疫机关应对植物危险性病、虫、杂草进行疫情监测调查。

口岸动植物检疫机关可在有关车站、码头、国际机场、仓库(含保税仓库)、保税区、中转场地、加工厂、农场等场所,或在口岸动植物检疫机关管辖范围内进行疫情监测调查,根据需要定点设置监测器具,有关部门应给予配合。进境植物、植物产品和其他检疫物,根据检疫需要,经国家动植物检疫机关批准,口岸动植物检疫机关可以选派检疫人员到输出国或地区进行初检、验货、监装或疫情监测,其费用可由货主安排。

第七条 凡承担进出境植物、植物产品和其他检疫物的生产、加工、存放和隔离种植的单位,应按照植物检疫要求并结合本单位的业务特点,制定具体的防疫措施,口岸动植物检疫机关定期进行监督检查。

第八条 进出境植物、植物产品和其他检疫物在检疫监管期间,口岸动植物检疫机关在货物运输工具、装载容器等上加封的标记,任何单位和个人不得擅自撕拆、损毁。

第九条 经营进出境植物、植物产品和其他检疫物的企事业单位,需按《中华人民共和国进出境动植物检疫报检单位注册登记和报检员管理试行办法》的规定执行。

关于加强对进境观赏动物实施检疫管理的通知

(1993 年 4 月 14 日动植物检疫总所总检动字[1993]5 号)

各口岸动植物检疫局、动物检疫所:

近年来,随着我国经济的发展,人民生活水平的提高,国内市场对观赏动物的需求量日益增多，各种违章携带或走私进境的观赏动物的情况也随之发生，因而给国内观赏动物饲养业的健康发展和人体健康构成了潜在的威胁。为了防止危险性动物疫病的传入，确保人体健康，各口岸动植物检疫机关必须严格贯彻执行《进出境动植物检疫法》及有关法规，切实加强对入境观赏动物的检疫管理工作。

一、进境观赏动物，货主或其代理人必须按规定事先办理检疫审批手续；

二、加强对旅客违章携带观赏动物进境的查处工作。对违章携带入境的观赏动物，请按[92]总所（动）字第066号函的精神处理；

三、各口岸动植物检疫机关，应积极争取海关等部门的配合，严格执法，尤其要采取有力措施，有效地制止观赏动物的走私活动。

四、各口岸动植物检疫机关，还应根据本地区的具体情况，制订出有效的管理措施，尤其对走私进境的观赏动物，一经发现，应严格查处。

特此通知。

附件：[92]总所（动）字第066号函（略）

关于实施《关于旅客携带伴侣犬、猫进境的管理规定》的通知

（1993年12月12日农业部、海关总署[1993]农（检疫）字第3号）

各口岸动植物检疫局、动物检疫所；广东海关分署、各直属海关：

近年来，随着国内饲养犬、猫等宠物热的兴起，进境旅客（含运输工具服务人员，下同）从境外带进犬、猫愈来愈多。为了加强管理，防止狂犬病等恶性传染病传入我国，保障农牧业生产和人体健康，农业部、海关总署联合制订了《关于旅客携带伴侣犬、猫进境的管理规定》，请于一九九四年一月一日由各口岸动植物检疫机关和海关分别对外公布实施。现将执行中的有关问题通知如下：

一、旅客携带伴侣犬、猫进境，每人限一只。

二、海关接受旅客带进伴侣犬、猫的申报后，应验明有关证书，并通知口岸动植物检疫机关将有关犬、猫进行隔离检疫。口岸动植物检疫机关向旅客出具“截留检疫凭证”。检疫时间一律为三十天。

三、旅客申报携带进境伴侣犬、猫，不能交验输出国（或地区）官方出具的检疫证书和狂犬病免疫证书或超出规定限量的，海关通知口岸动植物物检疫机关将有关犬、猫暂时扣留，旅客应在口岸动植物检疫机关规定的期限内办理退运境外手续。逾期未办理或旅客声明自动放弃的，视同无人认领物品，由口岸动植物检疫机关进行检疫处理。

四、旅客携带伴侣犬、猫不向海关申报者，海关将按照《中华人民共和国海关法》、《中华人民共和国海关法行政处罚实施细则》对当事人予以处罚。对没收的犬、猫，由海关移交给口岸动植物检疫机关实施隔离检疫。检疫合格的，由动植物检疫机关作拍卖处理，所得价款扣除检疫、预防接种、海关监管、动物饲养、管理及其他有关费用后，余款上缴国库；检疫不合格或检疫期间死亡的，由动植物检疫机关按有关规定处理；对按规定处罚后准予退运的犬、猫，按本通知第三条处理。

五、各口岸海关和动植物检疫机关要相互配合，加强对旅客带进伴侣犬、猫的监管和检疫，共同做好把关工作。执行中有何问题请及时上报。

附件：关于旅客携带伴侣犬、猫进境的管理规定

附件

关于旅客携带伴侣犬、猫进境的管理规定

第一条 为防止狂犬病等恶性传染病传入我国，保障农牧业生产和人体健康，根据《中华人民共和国进出境动植物检疫法》、《中华人民共和国海关法》，制定本规定。

第二条 旅客携带伴侣犬、猫进境，须持有输出国（或地区）官方兽医检疫机关出具的检疫证书和狂犬病免疫证书向海关申报，并由海关通知口岸动植物检疫机关对旅客所携带的动物实施隔离检疫。没有上述证书者，一律不准携带伴侣犬、猫入境。

第三条 口岸动植物检疫机关对有关伴侣犬、猫在指定场所进行为期三十天的隔离检疫。经检疫合格的犬、猫，凭口岸动植物检疫机关签发的检疫证书准予进境；检疫不合格的由检疫机关按有关规定处理。

第四条 隔离检疫期内有关伴侣犬、猫的饲养管理由物主负责，或由物主委托口岸动植物检疫机关代理。检疫、饲养、管理等所涉费用，由物主向动植物检疫机关缴纳。

第五条 旅客携带伴侣犬、猫进境违反本规定者，动植物检疫机关和海关将依照《中华人民共和国进出境动植物检疫法》、《中华人民共和国海关法》及其他有关法规予以处理。

第六条 本规定自一九九四年一月一日起实施。

关于进口美国华盛顿州苹果有关具体问题的通知

（1994 年 6 月 28 日国家动植物检疫局总检植字[1994]10 号）

各有关口岸动植物检疫局：

关于进口美国华盛顿州苹果的检疫问题，农业部[1994]农（检疫）字第 1 号文作了原则规定。经过中美双方检疫部门进一步合作，目前已完成了指定包装厂、统一包装标志等后续工作，现将有关问题具体通知如下：

一、从 1994 年 6 月 10 日起允许符合条件的美国华盛顿州苹果输入中国。

二、进口单位在签订购货合同之前要向中华人民共和国动植物检疫总所办理检疫审批手续。合同中要列入我国的检疫要求，即输入的水果必须符合中国的植物检疫规定和“美国华盛顿州苹果输华的植物卫生条件”。

三、进口的苹果必须经指定的包装厂（附件 1）包装，从北京、天津、大连、上海、广州等指定口岸直接进口，不得从香港或其它国家或地区转口输入。进口时必须带有美国农业部动植物检疫局（APHIS）

出具的植物检疫证书。

四、目前同意输入的华盛顿州苹果仅限 Red Delicious 和 Golden Delicious 二个品种。

五、口岸动植物检疫机关对进口的美国华盛顿州苹果的检疫程序如下：

1. 核对封箱标志；

2. 核对包装厂名及注册号；

3. 核对品种；

4. 开箱常规检疫。

附件 1:美华盛顿州输华苹果包装厂名单(略)

附件 2:进口华盛顿苹果的包装标志及说明

附件 2

进口华盛顿苹果的包装标志及说明

关于禁止从扎伊尔进口猴子、猩猩等灵长类动物的通知

（1995 年 6 月 13 日农业部农检疫发[1995]8 号）

各省、自治区、直辖市农（牧、渔）业厅（局）、各直属口岸动植物检疫局、动物检疫所：

最近，扎伊尔暴发了烈性传染病——埃博拉病。世界卫生组织 5 月19 日发布的新闻公报说，扎伊尔西南部的“埃博拉”病毒感染者已达 124 人，其中 89 人已死亡。埃博拉病是由埃博拉病毒引起的传染病，死亡率达 50％～90％，可感染猴子和猩猩等。

为防止埃博拉病传入我国，禁止从扎伊尔进口猴子、猩猩等灵长类动物。

特此通知。

关于禁止缅甸偶蹄动物、动物产品和动物源性饲料进境的紧急通知

（1996 年 2 月 15 日农业部农检疫发[1996]2 号）

各直属口岸动植物检疫局、各省自治区、直辖市农业、畜牧厅（局）、动物检疫所：

根据有关方面报道，缅甸北部地区正在发生口蹄疫，并经病原分离确定为亚洲Ⅰ型。

口蹄疫为我国法定禁止进境一类动物传染病，根据《中华人民共和国进出境动植物检疫法》第五条第一款和第四款的规定，为防止该病传入我国，特紧急通知如下：

一、从即日起，禁止缅甸的任何偶蹄动物、动物产品和动物源性

饲料通过任何途径(包括以边民互市贸易形式)进境,违者一律作退回或销毁处理;

二、进一步加强对来自或途径缅甸的任何运输工具(航空器、各种车辆、船舶、集装箱等)的检疫和防疫消毒工作;

三、加强对来自缅甸的旅客携带、邮寄物的检疫工作,发现上述禁止进境物一律作退回或销毁处理;

四、请海关及运输部门等各有关单位予以支持配合。

请通知各有关单位并加强宣传工作。

关于重申严防牛海绵状脑病传入我国的通知

(1996年2月29日农业部农检疫发[1996]3号)

各直属口岸动植物检疫局、动物检疫所,省、自治区、直辖市农业(畜牧、水产)厅(局):

1985年在英国首次发现了牛海绵状脑病(又名“疯牛病”)。该病的症状主要为步态不稳、共济失调、全身麻痹、搔痒、烦燥不安等。病程为14~90天,潜伏期长达4~6年,多发生于4岁左右的成年牛。目前,对活牛尚无诊断和防治方法。为防止牛海绵状脑病传入我国,我部曾发布《关于严防牛海绵状脑病传入我国的通知》[1990]农(检疫)字第8号。

牛海绵状脑病的发生,给英国的经济和对外贸易造成很大损失,相继有26个国家对英国发布了有关限制措施。英国政府有关部门认为人体患的克罗伊茨费尔特-雅各布病很可能与牛海绵状脑病有关。继英国之后,法国、爱尔兰、瑞士、德国、葡萄牙、意大利、阿曼、丹麦等国也相继报道发生牛海绵状脑病。为严防牛海绵状脑病传入我国,保护我国畜牧业生产和人体健康,特重申通知如下:

一、禁止从发生牛海绵状脑病的国家进口(包括直接进口和转口)牛、牛胚胎、牛肉及其制品、骨粉等动物饲料;

二、加强旅、邮检工作,严禁邮寄或旅客携带牛及其制品入境;

三、来自牛海绵状脑病疫区国家的航行船舶，在我国停留期间，要对船舶上的牛肉及其制品做封存处理；

四、如发现牛海绵状脑病病例或可疑病例，必须及时向我部报告；

五、请各有关单位密切配合，并做好有关宣传解释工作。

关于暂停从博茨瓦纳进口牛及牛产品的紧急通知

（1996年5月16日国家动植物检疫局动植检动字[1996]30号）

各口岸动植物检疫局、动物检疫所：

根据有关部门的消息，最近在博茨瓦纳的恩加米兰区发生了一种“牛肺病”。该病具有较强的传染性。博茨瓦纳政府决定将这一地区的20万头牛全部扑杀，以消除传染源。目前扑杀工作正在进行，每天扑杀3 000头，估计扑杀工作将在2个月内完成。该国已投入大量人力物力，并拟拨款1.5亿普拉，用于对牧民进行补偿，提供粮食、生活必需品及其他有关费用。该国领导人指出，该病的发生给博经济造成了重大影响，将会使博的经济增长率下降。

为防止该病传入我国，经研究决定现采取临时措施如下：

一、各口岸动植物检疫局、动物检疫所从即日起暂停受理从博茨瓦纳进口牛及牛产品的检疫审批；

二、对已到岸的和即将到岸的来自博茨瓦纳的牛及牛产品一律不予放行，并责成进口单位或其代理人在海关监管区内妥善保存，未经口岸动植物检疫机关批准不得调离海关监管区。

国家局正在积极与博茨瓦纳兽医当局取得联系，进一步弄清疫情。届时将以农业部或国家局名义发文决定从博茨瓦纳进口牛及牛产品的检疫政策和在此期间到岸的牛及牛产品的处理措施。

关于加强有关废旧物品进口检疫管理的通知

（1996 年 6 月 5 日农业部农检疫发[1996]4 号）

各口岸动植物检疫局、植物检疫所：

为防止动植物危险性病虫害和“洋垃圾”随有关废旧物品进入我国，保护农、林、牧、渔业生产和人体健康，现将有关事宜通知如下：

一、各口岸动植物检疫机关对《中华人民共和国进出境动植物检疫法》规定须实施检疫的有关废旧物品的进口检疫管理应予以高度重视，要认识到它不但能传带危害农、林、牧、渔业生产的有害生物，而且还可能给人体健康和我国的环境带来危害，对其必须实施严格的检疫管理措施。

二、口岸动植物检疫机关在接受报检时应要求有关废旧物品的货主或其代理人不仅要提供输出国官方检疫机关出具的植物检疫证书、贸易合同或信用证等单证，同时，还须提供我国环保等主管机关签发的进口许可证，否则，不得接受报检。

三、有关废旧物品的检疫和处理，应在入境口岸进行，一般不得转到内地，如因特殊情况确须转到内地进行检疫和处理的，必须事先报经农业部动植物检疫局批准。

四、要按规定程序认真对有关废旧物品实施检疫，不得仅凭直观或感觉。要在现有检查基础上，加大抽样检查比例：船（车）装运的，每舱（车）均须取样检查；集装箱装运的，开箱检查率不得低于60％，并要进行必要的掏箱检查。

五、经检疫发现动植物疫情的，检疫处理合格后方可放行；无处理方法或属我检疫法规定的禁止进境物的，须作退货或销毁处理。经检查发现为“洋垃圾”的，予以扣留，立即将有关情况通告海关、环保等有关部门，并配合做好处理工作。

六、要进一步加强和海关等有关部门的联系，及时交流情况，防止漏报漏检。

关于严防口蹄疫从以色列国传入我国的通知

（1996年6月26日农业部农检疫发[1996]6号）

各口岸动植物检疫局、动物检疫所：

根据以色列国农业和乡村发展部兽医服务和动物健康局通报的消息，1996年3月和5月以色列爆发了口蹄疫，受感染的动物有牛、绵羊和山羊。

为严防该病传入我国，保护我国畜牧业生产和人体健康，根据《中华人民共和国进出境动植物检疫法》第五条的有关规定，从即日起禁止以任何形式、通过任何渠道从以色列国输入偶蹄动物、偶蹄动物精液和胚胎、偶蹄动物产品、偶蹄动物源性产品。现将有关事项通知如下：

一、各口岸动植物检疫机关要加强对入境旅客携带检疫物的查验工作。禁止旅客携带（托运）来自或途经以色列国的家养及野生的偶蹄动物及其产品入境。一经发现，一律作销毁处理。

二、加强对入境交通运输工具的检疫工作。所有进境的交通运输工具，凡使用上述禁止进境物的，以及来自或途经以色列国的交通运输工具上使用有偶蹄动物产品的（国际航班上在我国配给食品的除外），一律将其尚未使用部分封存在入境运输工具上，在运输工具离开中国国境前不得启封；来自或途经以色列国的交通运输工具（船舶、航空器、集装箱）到达我国口岸时，由口岸动植物检疫机关对其做防疫消毒处理；其垃圾、泔水及其他动植物性废弃物由口岸动植物检疫机关作消毒处理，不能在交通运输工具上消毒处理的，承运人应用密封的容器盛装，密封完好，未经口岸动植物检疫机关许可不准卸离运输工具，或卸离运输工具运至口岸动植物检疫机关指定或认可的地点，在口岸动植物检疫机关监督下作消毒或销毁处理。

三、禁止来自以色列国的带有偶蹄动物产品的邮包入境，一经发现，一律作销毁处理并按规定签发《入境邮件处理通知单》，由邮局负责转交寄件人。

四、凡由打私部门截获的来自以色列国的偶蹄动物及其产品，一律由就近的口岸动植物检疫机关作销毁处理。

五、凡违反上述规定者，由口岸动植物检疫机关依照《中华人民共和国进出境动植物检疫法》及其《行政处罚实施办法》的有关规定予以处罚。

六、请海关、工商、公安、交通、民航、邮电、外经贸、旅游等部门大力支持和密切配合。

在执行过程中有何问题，请及时上报国家动植物检疫局。

关于严防痒病传入我国的通知

（1996 年 7 月 12 日农业部农检疫发[1996]7 号）

各直属口岸动植物检疫局、动物检疫所，各省、自治区、直辖市农业（畜牧、水产）厅（局）：

痒病是一种由非常规的病原引起的侵害绵羊和山羊（以下简称羊）中枢神经系统的一种潜隐性、退行性疾病，是与疯牛病相类似的具有传染性的亚急性海绵状脑病。250 年前，在英国的绵羊中首先发现，之后，又在美国、加拿大、德国、法国、巴西、荷兰、瑞士、比利时、爱尔兰、挪威、日本、南非、瑞典、哥伦比亚、加纳、捷克、冰岛、以色列、塞浦路斯等国发生。痒病潜伏期可长达 8 年，且不引起机体免疫应答反应，目前尚无血清学诊断方法。研究结果表明，疯牛病是因为给牛饲喂含有痒病患羊的蛋白的饲料引起的。今年 3 月份，英国政府又正式承认人类的克罗伊茨费尔特-雅各布很可能与疯牛病有关。世界上包括我国在内的 20 多个国家禁止从英国进口牛肉等有关产品。为严防痒病传入我国，保护我国畜牧业生产和人体健康，特通知如下：

一、禁止从上述有痒病的国家进口（包括直接进口和转口）羊、羊胚胎、羊精液、羊内脏（含肠衣）及其制品、肉骨粉、骨粉、羊脂（油）

以及含有羊蛋白的动物饲料等。

二、加强旅、邮检工作，禁止邮寄或旅客携带上述禁止进境物入境。

三、对使用来自有痒病的国家的羊肉及其制品的国际航行船舶、飞机和火车，在我国停留期间，一律封存其上。

四、请与各有关部门密切配合，并做好有关宣传解释工作。

关于严防痒病传入我国有关问题的通知

（1996 年 8 月 13 日国家动植物检疫局动植检动字[1996]78 号）

各直属口岸动植物检疫局、动物检疫所：

痒病是一种由非常规致病因子引起的侵害绵羊和山羊中枢神经系统的亚急性海绵状脑病。为严防痒病传入我国，保护我国畜牧业生产和人体健康，根据《中华人民共和国进出境动植物检疫法》的有关规定，我部下发了农检疫[1996]7 号“关于严防痒病传入我国的通知”（以下简称“通知”）。

新华社已根据我部的通知精神向所有新闻单位发了通稿，人民日报等新闻媒介都相继作了报道，现就该通知中的有关未尽事宜通知如下：

一、除通知中列举的 20 个有痒病的国家外，其他有痒病的国家和地区也属于禁止之列。

二、我国尚未发现有痒病，我们将一如继往地密切注视本病的疫情和动态。

三、目前尚无证据表明痒病会传给人类，但为了慎重起见，不要食用被痒病感染的羊肉等有关产品。

四、痒病和疯牛病一样，具有很长的潜伏期，病原因子的抵抗力很强，目前对活动物既无有效的防治措施，也没有诊断方法，许多有痒病的国家因此而失掉国际市场，严重影响国民经济的发展和出口创汇，为控制和消灭本病而耗费了大量的人力、物力和财力，结果收效甚微。因此，严防痒病传入我国，应引起社会各界的高度重视。

以上通知精神可供对外宣传报道，在执行中有何问题，请及时上报国家局。

关于印发《航行港澳小型船舶动植物检疫管理办法》的通知

（1996年8月29日国家动植物检疫局动植检动字[1996]88号）

广州、深圳、拱北、汕头、湛江、江门、梧州、防城、北海、桂林、海口、厦门、福州动植物检疫局：

现将《航行港澳小型船舶动植物检疫管理办法》发给你们，并将有关问题通知如下：

1. 对航行港澳小型船舶注册登记，不得收取费用；各局对其他局注册的船舶认可，不得重复注册。

2.《航行港澳小型船舶申报簿》由国家局委托广州局统一印制。请各局将所需数量告广州局。

（联系人：吴飞辉　联系电话：020-86663803）

附件：航行港澳小型船舶动植物检疫管理办法

附件

航行港澳小型船舶动植物检疫管理办法

第一条　根据《中华人民共和国进出境动植物检疫法》和《国际航行船舶进出中华人民共和国口岸检查办法》规定，为便利航行港澳小型船舶进出口岸，实行有效检疫监督，制定本办法。

第二条　对航行港澳小型船舶实行检疫注册登记制度，船方或其代理人在所在地或就近口岸动植物检疫检疫机关办理船舶检疫注册登记和年审手续。

第三条 港务部门或船舶代理人应在船舶抵口岸前将船名、预计抵达时间、装载物情况等向口岸动植物检疫机关预报。口岸动植物检疫机关应在船舶抵达口岸前，通知船方或其代理人船舶在锚地或靠泊后等待检疫或直接靠泊装卸货物。

第四条 船方或其代理人在船舶抵达口岸时向口岸动植物检疫机关申报，办理进入口岸手续，最迟须在抵达口岸 12 小时内办妥。

申报时船方或其代理人须准确填写《总申报单》、《船用物品申报单》、《货物申报单》或《航行港澳小型船舶申报簿》，并提供载货清单等有关资料。

第五条 动植物检疫机关对装载动植物、动植物产品或其他检疫物的船舶、进境修理船舶及动植物疫情爆发或流行期间进境的船舶登船检疫，其他船舶视情况抽查。

对船舶进行现场检疫的检查场所主要是：货舱、食品舱、冷藏室、厨房、生活区以及动植物性废弃物和泔水的存放处等。对进境船舶进行现场检疫的重点是船员自用的非货物性质的动植物、动植物产品、动植物残留物、废弃物、泔水和害虫等。

第六条 对办妥进入口岸手续的船舶，动植物检疫机关出具《船舶动植物检疫通知单》或在《申报簿》上加盖船检专用章。

第七条 检疫处理原则：

1. 对发现有《中华人民共和国进出境动植物检疫法》第十八条规定的病虫害或一般生活害虫超标准的物品或场所，必须作除害处理，并出具《船舶动植物检疫处理通知单》通知船方按规定处理。

2. 发现有国家规定禁止或限制进境物的，视情况作封存或者销毁处理。

3. 对船上的猫、狗等宠物，限船上指定区域隔离，并检查检疫证书和预防接种证书，如发现无证或证书过期的则禁止将宠物带离船舶，并应注射疫苗并出具预防接种证书。

4. 对船上的泔水和动植物性废弃物，要求船方放在指定的地方，并进行防疫处理。

5. 对装载活动物进出境的船舶，按动物检疫有关规定进行检疫和处理。

6. 对船舶装载物的植物性铺垫材料，按植物检疫有关规定进行检疫和处理。

第八条 船舶驶离口岸前，船方或其代理人到动植物检疫机关办理出口岸手续。输出口岸手续时，须准确填写《总申报单》、《船用物品申报单》、《货物申报单》或《航行港澳小型船舶申报簿》，并提供载货清单以及装载的动植物、动植物产品和其他检疫物的检疫放行凭证。

对符合规定的，动植物检疫机关在《船舶出口岸手续联系单》上签注或在《申报簿》上加盖船检专用章。

第九条 对定航线、装载非动植物、动植物产品或其他检疫物，并在24小时往返一个或一个以上航次的船舶，动植物检疫机关允许办理定期进出口岸手续。

关于印发“进境旅客携带《中华人民共和国进出境动植物检疫法》管制物品名单”的通知

（1996年8月29日国家动植物检疫局动植检植字[1996]26号）

各口岸动植物检疫局、动物检疫所、植物检疫所：

为了进一步做好对进境旅客携带动植物、动植物产品的检疫工作，依照《中华人民共和国进出境动植物检疫法》和海关总署1995年第55号令，国家局制定了“进境旅客携带《中华人民共和国进出境动植物检疫法》管制物品名单”，现发给你们，从一九九六年十月一日起试行。在试行过程中如有问题，请及时向国家局反映。

附件：进境旅客携带《中华人民共和国进出境动植物检疫法》管制物品名单（试行）

附件

进境旅客携带《中华人民共和国进出境动植物检疫法》管制物品名单(试行)

一、动植物病原体(包括菌种、毒种等)、害虫及其他有害生物、动物病理组织(含切片)、动物尸体、土壤。

二、饲养、野生的活动物,如鸟、蛇、猴、畜禽、蟹、贝、蚕、蜂、犬、猫、鼠、蛙、蚯蚓、蜗牛等。

三、精液、胚胎、种蛋、受精卵等动物繁殖材料。

四、动物肉类、内肚及其制品、蛋品、乳品、动物水产品、动物油脂、动物粉、皮张、鬃毛、骨蹄角、动物性药材,以及来源于动物未经加工或虽经加工但仍有可能传播疾病的产品。

五、各种粮食、棉麻、油料、蔬菜、花卉、林木等栽培植物、野生植物的种子、种苗以及其它繁殖材料。

六、粮食、豆类、棉麻类、烟叶、果类、籽仁、蔬菜、植物性药材、木制品、饲料、切花、竹藤柳草制品等来源于植物未经加工或虽经加工仍有可能传播病虫害的产品。

七、动物疫苗、血清、诊断液、细胞、植物分子生物材料、动植物标本等其他检疫物。

关于严防痒病传入我国的补充通知

(1997年2月21日农业部农检疫发[1997]1号)

各直属口岸动植物检疫局、动物检疫所,各省、自治区、直辖市畜牧(农牧)厅(局):

为防止痒病传入我国,1996年我部下发了农检疫发[1996]7号文《关于严防痒病传入我国的通知》。该通知中第一条规定:禁止从有痒病的国家进口(包括直接进口和转口)羊、羊胚胎、羊精液、羊肉

脏(含肠衣)及其制品、肉骨粉、骨粉、羊脂(油)以及含有羊蛋白的动物饲料等。现将该条规定修改如下:

禁止从有痒病的国家进口(包括直接进口和转口)羊、羊胚胎、羊精液、羊肉脏(含肠衣,但不包括痒病发病地点周围半径 50 公里以外地区的肠衣)及其制品,羊肉骨粉、骨粉、羊脂(油)以及含有羊蛋白的动物饲料等。

特此通知。

附件:农检疫发[1996]7 号"关于严防痒病传入我国的通知"(略)

关于同意美国加利福尼亚州 Kings 县鲜食葡萄输华的通知

(1998 年 2 月 24 日国家动植物检疫局动植检植字[1998]5 号)

各直属口岸局、植物检疫所、农业部植物检疫实验所:

根据专家对美国加利福尼亚州 Kings 县葡萄输华的有害生物风险评估结果,经中美双方检疫部门协商,我国同意美加州 Kings 县葡萄出口我国。具体进口检疫要求按国家动植物检疫局动植检植字[1997]23 号文件执行。

附件:加利福尼亚州 Kings 县鲜食葡萄输华果园和冷藏库名单(略)

关于出口退回的动物产品检疫审批有关问题的通知

(1998 年 3 月 27 日国家动植物检疫局动植检动函[1998]43 号)

各直属口岸动植物检疫局、动物检疫所:

自国家动植物检疫局动植检动字[1996]5 号文件《关于向俄罗

斯出口的肉类产品必须经国家动植物检疫局批准方准退回国内的通知》下发以来，国家局动检处对从中国出口到其它国家和港、澳、台地区被退回的动物产品进境进行检疫审批，通过审批，对从中国出口到其它国家和港、澳、台地区的动物产品被退回情况有了基本了解。为方便货主，促进外贸事业的发展，经研究决定，授权直属口岸动植物检疫局、动物检疫所对从中国出口到其它国家和港、澳、台地区被退回的动物产品进行检疫审批。现阶段将有关问题通知如下：

1. 原出口单位向进境口岸动植物检疫局提出局面申请，列明输入国家或地区名称，出口的动物产品名称、数量/重量、生产厂家、出境口岸、出境日期、货物所到达输入国家（或地区）的具体地点及退货原因。

2. 原出口单位须提供原出口报关、检疫、检验等单证原件或复印件，并提供输入国家对该种动物产品的检疫要求及官方检疫机关要求退货的文件。

3. 对向缔约国家出口的动物产品因检疫原因而被要求退货。口岸动植物检疫机关向国家动植物检疫局请示，经同意后方可办理审批手续。

4. 口岸动植物检疫机关视情况作出准予退运或不予进境决定。

5. 口岸动植物检疫机关需将退回的动物产品进境审批列入单项管理。

6. 口岸动植物检疫机关要做好统计，每半年向国家局动检处报一次退货情况，用表格形式写清货主单位、地址、联系电话以及货物名称、件数/重量、退货日期和原因，输入国家对各类产品的检疫要求等。

7. 本通知自 1998 年 4 月 1 日起生效。

在执行中若出现问题，及时报国家局动检处。

关于禁止从俄罗斯疫区进口牛及其产品的规定

(1998年9月1日农业部令第2号)

根据联合国粮农组织通报,近期与我国毗邻的俄罗斯阿穆尔省希马诺夫斯克地区爆发牛瘟,为防止该地区的牛瘟传入我国,保护我国养牛业安全,根据有关法律法规,特规定如下:

一、禁止直接或间接从俄罗斯阿穆尔省输入牛(包括牛的胚胎和精液)及其产品。

二、禁止邮寄和游客携带俄罗斯阿穆尔省的牛产品及牛的胚胎和精液入境,一经发现,一律做销毁处理。

三、各级动物防疫监督机构和口岸动植物检疫机关,凡截获来自俄罗斯阿穆尔省的牛(包括牛的胚胎和精液)及其产品,一律就近销毁处理。

四、请各有关单位密切配合,通力合作,做好对俄罗斯阿穆尔省输入牛(包括牛的胚胎和精液)及其产品的查禁工作。

五、加强疫情监督,密切注视与俄罗斯阿穆尔省毗邻地区的疫情动态,发现疑点,即严格采取措施,防止疫情扩散。

六、凡违反上述规定者,各级动物防疫监督机构应依照《中华人民共和国动物防疫法》等有关规定处理。

关于禁止从哈萨克斯坦共和国进口偶蹄动物及其产品的规定

(1998年11月3日农业部令第6号)

根据国际兽疫局通报,近期哈萨克斯坦共和国的南哈萨克斯坦、江布尔、克孜勒奥尔达和阿拉木图地区爆发牛口蹄疫,病毒毒型为

O型。为防止哈萨克斯坦共和国的口蹄疫传入我国，保护我国畜牧业安全，根据有关法律法规，特规定如下：

一、禁止直接或间接从哈萨克斯坦共和国输入偶蹄动物（包括偶蹄动物的胚胎和精液）及其产品。

二、禁止邮寄和游客携带哈萨克斯坦共和国的偶蹄动物产品及偶蹄动物的胚胎和精液入境，一经发现，一律做销毁处理。

三、各级动物防疫监督机构和口岸动植物检疫机关，凡截获来自哈萨克斯坦共和国的偶蹄动物（包括偶蹄动物的胚胎和精液）及其产品，一律就近销毁处理。

四、请各有关单位密切配合，通力合作，做好对从哈萨克斯坦共和国输入偶蹄动物（包括偶蹄动物的胚胎和精液）及其产品的查禁工作。

五、加强疫情监督，密切注视与哈萨克斯坦共和国毗邻地区的疫情动态，发现疑点，严格采取措施，防止疫情扩散。

六、凡违反上述规定者，各级动物防疫监督机构和口岸动植物检疫机关应依照《中华人民共和国动物防疫法》和《中华人民共和国进出境动植物检疫法》等有关规定处理。

关于严防口蹄疫从泰国传入我国的通知

（1998年12月3日国家检验检疫局国检动函[1998]273号）

各地“三检”临时协调小组、青海、宁夏商检局、西宁、银川动物检疫所：

据香港养猪联合总社、香港畜禽业联会反映，泰国冰鲜猪肉已在香港出售，并有可能流入大陆，因泰国为有口蹄疫国家，希望我主管部门采取措施，防止口蹄疫传入我国，保护我国畜牧业生产安全。为此，根据我国的法律规定，现将有关问题通知如下：

一、禁止泰国的偶蹄动物产品进口（包括直接进口和转口），对来自泰国的偶蹄动物产品一律作退回或销毁处理。

二、禁止邮寄或旅客携带来自泰国的偶蹄动物产品进境。一经发现,一律作销毁处理。凡截获非法进境的来自泰国的偶蹄动物产品,一律在就近口岸动植物检疫机关监督下作销毁处理。

三、对途经我国或在我国停留的国际航行船舶、飞机和火车等,如发现有来自泰国的偶蹄动物产品,不得卸下运输工具,一律作封存处理;对其生活垃圾、泔水等由口岸动植物检疫机关作无害化处理。

四、请通知各有关单位并做好宣传解释工作。

本通知执行中有何问题,请及时报国家局。

关于印发《熏蒸消毒监督管理办法(试行)》及《帐幕、集装箱、简易熏蒸库熏蒸操作规程》的通知

(1998年12月24日国家检验检疫局国检动[1998]121号)

各地"三检"临时协调小组,青海、宁夏商检局:

为加强出入境检验检疫熏蒸消毒监督管理工作,保证我国货物顺利出口,根据《进出境动植物检疫法》及其有关规定,国家局制定了《熏蒸消毒监督管理办法(试行)》、《帐幕熏蒸操作规程》、《集装箱熏蒸操作规程》和《简易熏蒸库熏蒸操作规程》。现印发你们,请遵照执行。

附件:1. 熏蒸消毒监督管理办法(试行)

2. 帐幕熏蒸操作规程

3. 集装箱熏蒸操作规程

4. 简易熏蒸库熏蒸操作规程

附件1

熏蒸消毒监督管理办法(试行)

第一条 为加强对出入境检验检疫熏蒸消毒工作的监督管理,

确保熏蒸消毒质量和操作安全，根据《中华人民共和国进出境动植物检疫法》以及《中华人民共和国进出境动植物检疫法实施条例》等有关规定，制定本办法。

第二条 凡需从事出入境检验检疫熏蒸消毒业务的单位，应向当地出入境检验检疫机构（各地出入境检验检疫机构改革完成前，指口岸动植物检疫机构，下同）提出书面申请，并具备以下条件：

（一）持有工商营业执照、税务登记证以及公安部门颁发的危险品运输、储存、使用许可证；

（二）具备合格有效、符合熏蒸消毒处理操作规程要求的熏蒸消毒器材和检测仪器设备，以及安全防护器具和急救措施；

（三）具有从事熏蒸消毒作业的技术人员；

（四）具有熏蒸消毒工作程序和安全操作等方面的规章管理制度。

第三条 出入境检验检疫机构接到申请后，按上述条件对申请单位进行审查和现场考核，符合要求的颁发熏蒸消毒资格证书。

申请承担大船随航熏蒸业务的单位，经当地出入境检验检疫机构审查、考核后，还须报请国家出入境检验检疫局批准。

未取得熏蒸消毒资格证书的单位，不得从事出入境检验检疫熏蒸消毒工作。

第四条 熏蒸消毒单位的现场操作人员须经出入境检验检疫机构技术培训，经考核合格后发给熏蒸消毒作业证，持证上岗作业。

第五条 熏蒸消毒资格证书有效期为五年，出入境检验检疫机构对熏蒸消毒单位每年审核一次，因情况变化而不再符合条件的，提前撤销熏蒸消毒资格证书。

第六条 熏蒸消毒单位在实施熏蒸消毒前应事先向出入境检验检疫机构提交熏蒸消毒方案，经出入境检验检疫机构认可后，严格按照方案和操作规程进行熏蒸消毒处理。

第七条 熏蒸期间，熏蒸单位应当在现场设置明显的熏蒸警示标志。

第八条 熏蒸消毒单位对熏蒸消毒过程进行记录，熏蒸消毒完毕，应准确填写“熏蒸消毒结果报告单”，交出入境检验检疫机构。

第九条 出入境检验检疫机构对熏蒸消毒工作进行指导、监督，检查各种仪器设备的准确可靠性、药剂的有效性以及安全防护措施，检测熏蒸消毒效果，验证“熏蒸消毒结果报告单”，根据货主或其代理人申请，出具熏蒸消毒证书。

第十条 熏蒸消毒单位和人员弄虚作假，擅自减少投药或缩短处理时间等不按照规定进行熏蒸消毒处理的，出入境检验检疫机构视情节予以通报、停业整顿直至取消熏蒸消毒资格。

第十一条 “熏蒸消毒资格证书”、“熏蒸消毒结果报告单”格式见附件。

第十二条 本办法由国家出入境检验检疫局负责解释。

第十三条 本办法自发布之日起实施，原动植物检疫总所1991年4月23日印发的《口岸植物检疫熏蒸处理工作管理试行办法》同时废止。

附件A

中华人民共和国出入境检验检疫
熏蒸消毒资格证书

编号：

________________：

经审查考核，你单位符合熏蒸消毒技术要求，允许从事：

□出入境检验检疫一般熏蒸消毒业务

□大船随航熏蒸业务

特发此证。

有效期：

中华人民共和国出入境检验检疫局

年　月　日

附件 B

熏蒸消毒结果报告单

编号：

出入境检验检疫局：

熏蒸消毒单位			
委托单位			
被处理物名称		数量和体积	
标记麦码		熏蒸消毒场所	
处理方法		药剂及浓度	
施药时间 散气时间		处理时间及温度	
现场负责人		收费总值	
备注			

熏蒸消毒单位(盖章)

年　月　日

注：本单一式两联，一联交出入境检验检疫机构，一联熏蒸消毒单位备查。

附件 2

帐幕熏蒸操作规程

1　适用范围

本操作规程适用于出入境植物、植物产品、木制品及木包装材料等的帐幕熏蒸处理。

2　药剂

帐幕熏蒸使用的常用药剂有：溴甲烷、硫酰氟、磷化氢或环氧乙烷与二氧化碳混合制剂等。熏蒸剂的产品质量必须达到国家标准，其生产厂家必需三证(生产许可证、农药登记证和工商营业执照)齐全。

3 器材

3.1 帐幕

聚乙烯帐幕:厚度0.15 mm以上,最多可以重复使用6次;

聚氯乙烯帐幕:厚度0.19 mm以上,最多可以重复使用6次;

双面挂胶帐幕:如外观无破损,可多次重复使用。

3.2 熏蒸剂气体检漏及浓度检测仪器

XK系列熏蒸气体浓度检测仪或国外同类热导式气体浓度检测仪器(灵敏度不低于1 g/m^3);卤素检漏仪;磷化氢或环氧乙烷检测管。

3.3 气化器

气化器出口的熏蒸剂气体温度不低于20℃。

3.4 电风扇

溴甲烷熏蒸种子、苗木或鲜活植物产品时,必须使用电风扇,以便在短时间内将熏蒸剂气体与空气混匀。每分钟循环风量应等同于熏蒸总体积。单个电风扇的风量以不大于70 m^3/min为宜;如果熏蒸体积大于70 m^3,则相应地增加电风扇的数量。

3.5 其他器材

磷化铝盛药盘或盛药罐、投药管、钢瓶接嘴、测毒采样管、测温仪(温度计)、计算器、卷尺、磅秤、沙袋或水袋(直径不小于15 cm)、粘胶带、剪刀、支架和防毒面具等。

4 熏蒸场所

通风良好的库房或背风的露天场地,是合适的熏蒸场所。风力大于5级以上的地方不能进行熏蒸。必须具备平整无缝干净的水泥、三合土或沥青地面;其它地面如平整的泥土地面应进行六面封。

种苗、水果和蔬菜等鲜活货物,其熏蒸场所应避免30 ℃以上的高温和阳光直接照射。

熏蒸场所和工作区以及生活区之间要完全隔离开,并要保证间隔50米以上的距离。固定的熏蒸场所离工作区或生活区的距离应该更远。

熏蒸场所不能有明火。

5 准备工作

5.1 拟定熏蒸方案

了解熏蒸场所是否适宜熏蒸；了解货物种类、品名、数(重)量、体积、包装及堆垛情况；了解当日天气情况，估计熏蒸时的大气温度；查阅相关技术要求(了解合同、信用证的有关要求、国外植物检疫部门的熏蒸要求，或向当地检验检疫机关咨询)。根据前述情况和查阅的技术要求拟定熏蒸方案，报当地出入境检验检疫机关批准。

如果熏蒸场所或货物种类不适宜熏蒸，应拒绝熏蒸。

5.2 检查药剂和器材

根据拟定的熏蒸方案准备熏蒸药剂和器材，确认所需药剂和器材已经备齐，有关仪器设备运转正常，防毒面具的滤毒罐种类正确且有效。

5.3 测定温度及确定熏蒸方案

用数字测温仪分别测定货物内部和大气温度。将感温头插入货物内部或水果、蔬菜的内部中央，并停留 10 分钟以上，以便准确测定其内部温度。如果气温低于货物内部温度 5 ℃以内或高于货物内部温度，以货物内部温度作为熏蒸温度；如果气温低于货物内部温度 5 ℃以上，则以货物内部温度和气温的平均值为准。

熏蒸温度确定后，对拟定的熏蒸方案进行修正，最终确定剂量和密闭熏蒸时间。

5.4 检查货物包装

如果被熏蒸货物使用不透气或透气性不好的包装材料，应卸下不透气或透气不好的包装材料，或者采取其他措施，能够确保熏蒸剂气体比较容易地扩散穿透进入被熏蒸货物的内部。

5.5 安放电风扇

如果进行种子、苗木、水果或蔬菜等鲜活货物的熏蒸，一定要安放电风扇。总堆垛小于 70 m^3 的，可以根据其体积大小选择一个风量合适的电风扇，安放于堆垛一端顶部面朝堆垛的另一端。如果要安放两个电风扇，则堆垛一端顶部安放一个电风扇面朝堆垛的另一端，堆垛另一端地面上安放另外一个电风扇面朝堆垛，从而使这两个电风扇吹出的风能够在帐幕内形成循环气流。电风扇要固定牢固。

5.6 安放投药管

根据堆垛的大小和长度,在垛顶均匀放置投药管。堆垛长 8 m 以下的,用溴甲烷或硫酰氟熏蒸,放置 1 根投药管;环氧乙烷与二氧化碳混合气熏蒸,放置 2 根投药管。超过 8 m 的,用溴甲烷或硫酰氟熏蒸时,每增加 6 m 多放置一根投药管;环氧乙烷和二氧化碳混合气熏蒸时,每增加 3 m,多放置一根投药管。

投药管端部应固定牢固。在没有进行气化投药的情况下,投药管端部要包裹固定数层麻袋片,并在端部上方覆盖一块塑料布。

种苗、水果及蔬菜等鲜活货物的熏蒸,一定要气化投药。堆垛要规范,货堆之间要流有足够的空间。垛顶要平整,而且还要安放支架,使其货物的体积不能超过帐幕覆盖后堆垛总体积的 3/4。投药管要牢固安放在垛顶风扇的正前方。

投药管安放好后,将投药管同钢瓶嘴进行紧密连接。

5.7 安放测毒采样管

100 m^3 以下的堆垛,在垛前面中部固定 1 根采样管;100 m^3 以上的堆垛,在垛前面上下对角线上均匀固定 3 根采样管,其中上下 2 根采样管分别距顶端或地面 0.5 m。测毒采样管应准确标记。

5.8 苫盖和密封帐幕

将帐幕苫盖在堆垛上,要保证帐幕四周留出 0.5 m 左右的裙边。帐幕裙边应尽量展平,四角处要折叠规整。用双排沙袋交错重叠地沿着垛四周将帐幕平整压实;两个沙袋之间最少重叠 10～20 cm。在堆垛四角和有测毒采样管及投药管等引出的地方,两排沙袋上还要另外再压一个沙袋。

磷化铝熏蒸时,应先将帐幕苫盖好,然后测量苫盖帐幕后堆垛的体积,并计算总投药量。将磷化铝片剂平均分盛于盛药盘或盛药罐中。每个盛药盘或盛药罐中的磷化铝片数不能超过 26 片。将已盛好磷化铝片剂或丸剂的盛药盘或盛药罐沿堆垛底部四周均匀放置于帐幕内。为了避免雨水可能进入盛药盘中,应将盛药盘垫高并离地 10～20 cm。按上述方法用沙袋压封熏蒸帐幕。

种苗、水果或蔬菜等鲜活货物熏蒸时,帐幕苫盖过程中要避免被支架划破。帐幕苫盖好后，要保证堆垛四周有 20 cm 以上的空间，以利于气体的循环。

5.9 测量体积并计算投药量

用卷尺精确测量苫盖帐幕后堆垛的长、宽、高；屋脊形尖顶堆垛，还应测量起脊处距地面的高度。分别计算屋脊形部分的体积和下部长方体的体积，两者相加则为整个堆垛的体积。用熏蒸方案中的剂量乘以堆垛的总体积再除以 1 000，就是所需投药的总公斤数。

5.10 隔离熏蒸区

用绳索等将熏蒸区同周围隔离开，设立警戒区并张贴或悬挂明显的熏蒸警戒标志。

5.11 投药前的最后检查

5.11.1 开启 XK 系列熏蒸气体浓度检测仪，检查是否工作正常。

5.11.2 检查所有的测毒采样管是否正确标记；是否有弯折或破损的地方。

5.11.3 检查熏蒸帐幕是否有孔洞和撕裂的地方，如有要及时修补。

5.11.4 检查熏蒸警戒标志是否张贴或悬挂正确。

5.11.5 检查防毒面具是否准备妥当。

5.11.6 如需气化投药，此时应开启气化器（气化器水温不能低于 65 ℃）。

5.11.7 检查钢瓶瓶嘴是否同投药管进行了牢固紧密的连接，熏蒸钢瓶是否放在了磅秤上。环氧乙烷熏蒸时，检查投药系统是否接地良好。

5.11.8 如果是进行种苗、水果或蔬菜等鲜活货物的熏蒸，此时应开启电风扇，检查是否工作正常；帐幕内空气是否循环畅通。

5.11.9 要求无关人员离开熏蒸现场。

6 投药熏蒸及浓度检测

6.1 投药

钢瓶称重后，减去所需投入的熏蒸剂公斤数，然后在磅秤上重新定位好。投药人员戴好防毒面具和防护手套。将钢瓶阀门慢慢打开，过几秒钟后重新关上。用 XK 系列熏蒸气体浓度检测仪（可用卤素检漏仪检查溴甲烷的泄漏）检查投药管所有接头处，看是否有泄漏发生。无泄漏就可以正式开始投药，投药速度掌握在每分钟 1～2 kg 左右。投药完毕，及时关闭钢瓶阀门，并准确记录投药结束时间，即熏蒸正式开始时间。

气温低于 15 ℃或投药量大于 3 kg 或进行种苗等鲜活货物熏蒸时，应气化投药。进行种苗、水果或蔬菜等鲜活货物熏蒸时，应先开启电风扇然后再开始投药。投药结束后，电风扇继续开启 15～30 分钟，直到帐幕内各点熏蒸剂气体浓度差小于 4 g/m^3 为止。电风扇开启时间过长，会增大熏蒸剂气体的泄漏。

6.2 检漏

检漏人员戴好防毒面具，手拿卤素检漏仪（或 XK 系列熏蒸气体浓度检测仪）围绕堆垛四周仔细检查。重点检查堆垛四角、投药管和测毒采样管引出处等帐幕与地面之间的地方。一旦发现泄漏，要立即采取措施封堵。

6.3 浓度测定

用 XK 系列熏蒸气体浓度检测仪按下列时间检测垛内溴甲烷或硫酰氟气体浓度及其分布。

30 分钟的浓度检测：此时的浓度检测结果能够说明堆垛的气密性、渗漏和吸附情况、不正确的药量计算和不当的投药方法。所有上述情况应引起高度重视。此时垛内平均浓度应在投药剂量的 78%以上（在非气化投药及没有风扇帮助药剂气体混匀的情况下，不能达到如此高的初始浓度）。

2 小时的浓度检测：此次浓度检测结果进一步说明是否有严重的渗漏；货物是否强烈吸附熏蒸剂气体。此时垛内平均浓度应不低于投药剂量的 65%。如果浓度检测值比投药剂量的 65%还要小很多，则说明泄漏或吸附严重，可以考虑采取补救措施（在非气化投药及没有风扇帮助药剂气体混匀的情况下，不能达到如此高的浓度）。

熏蒸结束前的浓度检测：24～48 小时的浓度值应为投药剂量的 50%～30%左右。

6.4 熏蒸补救措施

溴甲烷、硫酰氟常压熏蒸，散气前规定的最低浓度值一实际浓度检测值＜5 g/m^3，延长熏蒸时间 8～12 小时；＞5 g/m^3 的，须补充投药，并延长熏蒸时间12～24小时。补充投药前，应重新查补漏洞。

补充投药量计算公式：补充投药公斤数＝低于所要求的最低浓度数(g/m^3)×1.6(木包装2.0)×熏蒸体积(m^3)÷1 000。

种苗、水果或蔬菜等鲜活货物的溴甲烷熏蒸，不能采用上述熏蒸补救措施，更不能随意增加投药量或延长熏蒸时间。要严格按照有关技术要求或经CT值计算后采用相应的补救措施。

磷化氢熏蒸，如果散气前的浓度检测值与规定的最低浓度值相差不大，可以延长熏蒸时间24小时加以补救，如果散气前的浓度检测值大大低于规定的最低浓度值时，则应重新熏蒸。

7 通风散气

检测并记录散气前的浓度检测结果。如果散气前的浓度检测结果大于或等于规定的最低浓度值，则可以结束熏蒸，并进行通风散气。通风散气时，熏蒸人员戴好防毒面具，先将堆垛两端的熏蒸帐幕揭起，进行通风。2小时以后，熏蒸人员佩戴防毒面具，将熏蒸帐幕全部揭下，彻底通风。12～24小时以后，货物方可搬动。通风不良的地方或水果等鲜活货物熏蒸后的散气，应采用排风设备进行通风散气。

结束通风散气，撤除熏蒸警戒区和警戒标志，按有关规定妥善处理磷化铝残渣和其他废弃物。

填写熏蒸结果报告单，报当地出入境检验检疫机关。

8 中毒症状及基本救护

熏蒸人员中毒后，会出现头晕、目眩、无力、恶心、呕吐、嗜睡、神经麻木、呼吸困难和昏迷等症状；中毒严重的，甚至会死亡。发现头晕等轻度中毒症状后，应立即停止熏蒸作业，并移至空气新鲜场所休息，除去污染衣物，大量饮用茶水。中毒严重的，应立即送医院抢救。

9 不宜熏蒸的货物

9.1 不宜用溴甲烷熏蒸的货物

汽车；

精密电子仪器设备；

黄油、猪油、脂肪(除非保存于密封的铁罐内)；

发酵粉、骨粉、木炭、硅藻土；

羽毛、毛毯、马毛制品、羽绒枕头、毛毯衬料、牦牛毛毯；

含硫量高的纸张、专业用纸和新闻用纸；

碘盐、含硫或硫化物盐块；

含镁制品；

皮货特别是小山羊皮、皮制家具；

照相药品（不包括胶卷和 X-光胶片）、印相纸、制图用纸和银光纸；

橡胶制品，特别是发泡橡胶、海绵和再生橡胶等；

大豆粉、全麦面粉和其他蛋白质含量高的面粉；

毛料制品，特别是安哥拉呢，软毛绒线、毛衣、人造纤维布等。

9.2 不宜用磷化氢熏蒸的货物

含铜、铜合金、黄铜、金和银的一切仪器设备、装饰品、衣物及某些复写纸和未经冲洗的照相胶片等。

9.3 不宜用硫酰氟熏蒸的货物

所有食用或饲料用货物。

附件 3

集装箱熏蒸操作规程

1 适用范围

本操作规程适用于出入境植物、植物产品、木制品及木包装材料等在集装箱中的熏蒸处理，但不适用于种子、苗木、水果及蔬菜等鲜活货物的熏蒸处理。

2 药剂

溴甲烷、硫酰氟、磷化氢是集装箱熏蒸的常用熏蒸剂。其质量必须达到国家标准，生产厂家必需三证（生产许可证、农药登记证和工商营业执照）齐全。

3 器材

3.1 气化器

气化器出口的熏蒸剂气体温度不低于 20 ℃。

3.2 熏蒸剂气体检漏及浓度检测仪器

XK 系列熏蒸气体浓度检测仪或国外同类热导式气体浓度检测仪器(灵敏度不低于 1 g/m³);卤素检漏仪;磷化氢检测管。

3.3 其他器材

磷化铝盛药盘或盛药袋(用无纺布制成)、投药管、集装箱专用投药插针、钢瓶接嘴、测毒采样管、测温仪(温度计)、计算器、磅秤、粘胶带、剪刀和防毒面具等。

4 熏蒸场所

集装箱熏蒸场所应选择在背风且风力不能大于 5 级的露天场地,与生活和工作区的距离不少于 50 m。熏蒸场所应固定。被熏蒸集装箱应单层平放于地,熏蒸期间不能挪动。

5 准备工作

5.1 拟定熏蒸方案

了解货物种类、品名、数(重)量、体积、包装等情况;了解当日天气情况,估计熏蒸时的大气温度;查阅相关技术要求(了解合同、信用证的有关要求、国外植物检疫部门的熏蒸要求,或向当地检验检疫机关咨询)。根据前述情况和查阅的技术要求拟定熏蒸方案,报当地出入境检验检疫机关批准。

如果熏蒸场所或货物种类不适宜熏蒸,应拒绝熏蒸。

5.2 检查药剂和器材

根据拟定的熏蒸方案准备熏蒸药剂和器材,确认所需药剂和器材已经备齐,有关仪器设备运转正常,防毒面具的滤毒罐种类正确且有效。

5.3 检查货物包装

如果被熏蒸货物使用不透气,或透气性不好的包装材料,应卸下不透气或透气不好的包装材料,或者采取其他措施,能够确保熏蒸剂气体比较容易地扩散穿透进入被熏蒸货物的内部。

5.4 测定温度及确定熏蒸方案

用数字测温仪分别测定货物内部和大气温度。如果气温低于货物内部温度 5 ℃以内或高于货物内部温度,以货物内部温度作为熏蒸温度;如果气温低于货物内部温度 5 ℃以上,则以货物内部温度和气温的平均值为准。

熏蒸温度确定后，对拟定的熏蒸方案进行修正，最终确定剂量和密闭熏蒸时间。

5.5 密封集装箱

如果用磷化氢进行熏蒸，此时应先将所需磷化铝平均分装于数个盛药盘或盛药袋中（每个盛药盘或盛药袋中装磷化铝片不超过26片为好），然后将这些盛药盘或盛药袋均匀地布放于货物的表面或粘挂于集装箱内前后壁上。完成上述过程后，才开始密封集装箱。

对集装箱进行密封，首先应用粘胶带密封集装箱的前后通气孔，然后再关闭集装箱门。检查集装箱门的密封条是否完好，门的四角及中缝是否压封严实；如果不严实，应用粘胶带密封。

5.6 插入集装箱投药专用插针

集装箱密封完成后，在门中缝顶部插人投药专用插针，插入深度应尽量大。如果中缝处不能插入，可选择门边缝顶角处插入。投药专用插针插入后，要检查插针处的密封情况，如果密封不好，要用粘胶带堵封。将投药管同钢瓶嘴进行紧密连接。

5.7 张贴警戒标志

在集装箱前后等明显处张贴熏蒸警戒标志。

5.8 投药前的最后检查

5.8.1 开启 XK 系列熏蒸气体浓度检测仪，检查是否工作正常。

5.8.2 检查集装箱是否密封完整。

5.8.3 检查熏蒸警戒标志是否张贴或悬挂正确。

5.8.4 检查防毒面具是否准备妥当。

5.8.5 气温低于 15 ℃或投药量大于 3 kg，应气化投药。如需气化投药，此时应开启气化器（气化器水温不能低于 65 ℃）。

5.8.6 检查钢瓶瓶嘴是否同投药管进行了牢固紧密的连接，钢瓶是否放在磅秤上。

5.8.7 要求无关人员离开熏蒸现场。

6 投药熏蒸及浓度检测

6.1 投药

钢瓶称重后，减去所需投人的熏蒸剂公斤数，然后在磅秤上重新定位好。投药人员戴好防毒面具和防护手套。将钢瓶阀门慢慢打开，过几秒钟后重新关上。用 XK 系列熏蒸气体浓度检测仪（可用卤素检漏仪检查溴甲烷的泄漏）检查投药管所有接头处，看是否有泄漏发生。无泄漏就可以正式开始投药，投药速度掌握在每分钟1～2 kg左右。投药完毕，及时关闭钢瓶阀门，并迅速抽出集装箱投药专用插针。准确记录投药结束时间，即熏蒸正式开始时间。

6.2 检漏

检漏人员戴好防毒面具，手拿卤素检漏仪（或 XK 系列熏蒸气体浓度检测仪）。集装箱门缝，一旦发现泄漏，要立即采取措施封堵。

6.3 浓度测定

用 XK 系列熏蒸气体浓度检测仪按下列时间检测垛内溴甲烷或硫酰氟气体浓度及其分布。

30 分钟的浓度检测：此时的浓度检测结果能够说明集装箱的气密性、渗漏和吸附情况，不正确的药量计算和不当的投药方法。所有上述情况应引起高度重视。此时箱内浓度应在投药剂量的 78%以上（在非气化投药及没有风扇帮助药剂气体混匀的情况下，不能达到如此高的初始浓度）。

2 小时的浓度检测：此次浓度检测结果进一步说明是否有严重的渗漏；货物是否强烈吸附熏蒸剂气体。此时垛内平均浓度应不低于投药剂量的 65%。如果浓度检测值比投药剂量的 65%还要小很多，则说明泄漏或吸附严重，可以考虑采取补救措施（在非气化投药及没有风扇帮助药剂气体混匀的情况下，不能达到如此高的浓度）。

熏蒸结束前的浓度检测：24～48 小时的浓度值应为投药剂量的 50%～30%左右。

6.4 熏蒸补救措施

溴甲烷、硫酰氟常压熏蒸，散气前规定的最低浓度值－实际浓度检测值≤5 g/m^3，延长熏蒸时间 8～12 小时；>5 g/m^3 的，须补充投药，并延长熏蒸时间 12～24 小时。补充投药前，应重新查补漏洞。

补充投药量计算公式：补充投药公斤数＝低于所要求的最低浓度数（g/m^3）×1.6（木包装 2.0）×熏蒸体积（m^3）÷1 000。

磷化氢熏蒸，如果散气前的浓度检测值与规定的最低浓度值相差不大，可以延长熏蒸时间 24 小时加以补救，如果大大低于规定的最低浓度值时，应重新熏蒸。

7 通风散气

检测并记录散气前的浓度检测结果。如果散气前的浓度检测结果大于或等于规定的最低浓度值，则可以结束熏蒸，并进行通风散气。通风散气时，熏蒸人员戴好防毒面具，将集装箱门打开。集装箱门打开后，应有专人值守，严防人员进入集装箱内，并保证集装箱门外 20 m 范围内无人员停留。待 12～24 小时以后，货物方可搬动。

结束通风散气，撤除熏蒸警戒区和警戒标志，按有关规定妥善处理磷化铝残渣和其他废弃物。

填写熏蒸结果报告单，报当地出入境检验检疫机关。

8 中毒症状及基本救护

熏蒸人员中毒后，会出现头晕、目眩、无力、恶心、呕吐、嗜睡、神经麻木、呼吸困难和昏迷等症状；中毒严重的，甚至会死亡。发现头晕等轻度中毒症状后，应立即停止熏蒸作业，并移至空气新鲜场所休息，除去污染衣物，大量饮用茶水。中毒严重的，应立即送医院抢救。

9 不宜熏蒸的货物

9.1 不宜用溴甲烷熏蒸的货物

汽车；

精密电子仪器设备；

黄油、猪油、脂肪（除非保存于密封的铁罐内）；

发酵粉、骨粉、木炭、硅藻土；

羽毛、毛毯、马毛制品、羽绒枕头、毛毯衬料、牦牛毛毯；

含硫量高的纸张、专业用纸和新闻用纸；

碘盐、含硫或硫化物盐块；

含镁制品；

皮货特别是小山羊皮、皮制家具；

照相药品（不包括胶卷和 X-光胶片）、印相纸，制图用纸和银光纸；

橡胶制品，特别是发泡橡胶、海绵和再生橡胶等；

大豆粉、全麦面粉和其他蛋白质含量高的面粉；

毛料制品，特别是安哥拉呢，软毛绒线、毛衣、人造纤维布等。

9.2 不宜用磷化氢熏蒸的货物

含铜、铜合金、黄铜、金和银的一切仪器设备、装饰品、衣物及某些复写纸和未经冲洗的照相胶片等。

9.3 不宜用硫酰氟熏蒸的货物

所有食用或饲料用货物。

附件4

简易熏蒸库熏蒸操作规程

1 适用范围

本操作规程适用于出入境植物、植物产品、木制品及木包装材料等在简易熏蒸库内的熏蒸处理。

2 药剂

溴甲烷、硫酰氟、磷化氢是简易熏蒸库熏蒸的常用熏蒸剂。其质量必须达到国家标准，生产厂家必需三证（生产许可证、农药登记证和工商营业执照）齐全。

3 器材

3.1 气化器

气化器出口的熏蒸剂气体温度不低于 20 ℃。

3.2 熏蒸剂气体检漏及浓度检测仪器

XK 系列熏蒸气体浓度检测仪或国外同类热导式气体浓度检测仪器（灵敏度不低于 1 g/m^3）；卤素检漏仪；磷化氢检测管。

3.3 电风扇

单个电风扇的风量以不大于 60 m^3/分钟为宜。如果熏蒸体积大于 60 m^3，则相应地增加电风扇的数量。总之，所有电风扇每分钟的总风量应等同于熏蒸总体积。最好使用吊扇，将其吊装于熏蒸库的天花板上。

3.4 其他器材

磷化铝盛药盘或盛药袋（用无纺布制成》、投药管、钢瓶接嘴、测毒采样管、测温仪(温度计)、计算器、磅秤、粘胶带、浆糊、牛皮纸或废报纸、剪刀和防毒面具等。

4 简易熏蒸库

简易熏蒸库与生活和工作区的距离不少于50 m,其墙壁、天花板和地面均无裂缝,通往库房外的一切管线在穿墙处都已封堵严密,否则应用浆糊和牛皮纸进行彻底糊封。库房门窗必须能在外面进行有效密封。库房内有电源供电风扇使用并能在外面控制。简易熏蒸库不能太大,其体积一般不超过120 m^3,否则应按正规熏蒸库进行设计,熏蒸库门等能够进行有效的密封,照明灯等能够防爆,并有良好的气化投药、循环、通风排毒、浓度检测和半衰期测试系统等。

5 准备工作

5.1 拟定熏蒸方案

了解货物种类、品名、数(重)量、体积、包装等情况;了解当日天气情况,估计熏蒸时的大气温度;查阅相关技术要求(了解合同、信用证的有关要求、国外植物检疫部门的熏蒸要求,或向当地检验检疫机关咨询)。根据前述情况和查阅的技术要求拟定熏蒸方案,报当地出入境检验检疫机关批准。

如果货物种类不适宜熏蒸,应拒绝熏蒸。

5.2 检查药剂和器材

根据拟定的熏蒸方案准备熏蒸药剂和器材,确认所需药剂和器材已经备齐,有关仪器设备运转正常,防毒面具的滤毒罐种类正确且有效。

5.3 检查货物包装

如果被熏蒸货物使用不透气或透气性不好的包装材料,应卸下不透气或透气不好的包装材料,或者采取其他措施,能够确保熏蒸剂气体比较容易地扩散穿透进入被熏蒸货物的内部。

5.4 堆放货物

一般货物,可以堆放在熏蒸库房的两侧,中间流一个60 cm左右的通道。货堆和天花板之间的距离不少于50 cm。种苗、水果或蔬菜等鲜活货物,应堆放成长2 m宽1.2 m左右的小堆垛,每层货物之间用垫仓板隔开,以保证熏蒸气体的扩散。堆垛之间应留有50 cm左右的通道。货物总体积不能超过熏蒸库体积的 70%，或堆垛顶部与天花板之间的距离保持在 1 m 左右为宜。

5.5 测定温度及确定熏蒸方案

用数字测温仪分别测定货物内部和大气温度。将感温头插入货物内部或水果、蔬菜的内部中央，并停留 10 分钟以上，以便准确测定其内部温度。如果气温低于货物内部温度 5 ℃以内或高于货物内部温度，以货物内部温度作为熏蒸温度；如果气温低于货物内部温度 5 ℃以上，则以货物内部温度和气温的平均值为准。

熏蒸温度确定后，对拟定的熏蒸方案进行修正，最终确定剂量和密闭熏蒸时间。

5.6 安放电风扇、测毒采样管及投药管

种苗等鲜活货物的熏蒸，必须安放电风扇。电风扇可以吊装在天花板上或固定在货堆顶部。投药管出口端也可以固定在天花板上或货堆顶部电风扇的前方。电风扇安放完毕后，应接通电源，进行试运转。

对于一般货物的熏蒸，在货堆中部安放一根测毒采样管就可以了；对于种苗等鲜活货物的熏蒸，应在货堆中下部和顶部各安放一根测毒采样管。

将门或墙壁钻一个孔，把测毒采样管和投药管引出库房外。每根测毒采样管应作好标记。将投药管同熏蒸剂钢瓶连接。

5.7 密封熏蒸库

如果用磷化氢进行熏蒸，此时应先将所需磷化铝平均分装于数个盛药盘或盛药袋中（每个盛药盘或盛药袋中装磷化铝片不超过 26 片为好），然后将这些盛药盘或盛药袋均匀地布放于货物的表面。当完成上述过程后才开始密封熏蒸库。

对熏蒸库进行密封比较简单。从外面关闭门窗，然后用浆糊和牛皮纸或废报纸条进行糊封。

5.8 张贴警戒标志

在熏蒸库门上等明显处张贴熏蒸警戒标志。

5.9 投药前的最后检查

5.9.1 开启 XK 系列熏蒸气体浓度检测仪，检查是否工作正常。

5.9.2 检查熏蒸库是否密封严密。

5.9.3 检查熏蒸警戒标志是否张贴或悬挂正确。

5.9.4 检查防毒面具是否准备妥当。

5.9.5 气温低于 15 ℃或投药量大于 3 kg 或进行种苗等鲜活货物熏蒸时，应气化投药。如需气化投药，则应开启气化器（气化器水温不能低于 65 ℃）。

5.9.6 检查钢瓶瓶嘴是否同投药管进行了牢固紧密的连接，钢瓶是否放在磅秤上。

5.9.7 要求无关人员离开熏蒸现场。

6 投药熏蒸及浓度检测

6.1 投药

钢瓶称重后，减去所需投入的熏蒸剂公斤数，然后在磅秤上重新定位好。投药人员戴好防毒面具和防护手套。将钢瓶阀门慢慢打开，过几秒钟后重新关上。用 XK 系列熏蒸气体浓度检测仪（可用卤素检漏仪检查溴甲烷的泄漏）检查投药管所有接头处，看是否有泄漏发生。无泄漏就可以正式开始投药，投药速度掌握在每分钟 1～2 kg 左右。投药完毕，及时关闭钢瓶阀门。准确记录投药结束时间，即熏蒸正式开始时间。

进行种苗、水果或蔬菜等鲜活货物熏蒸或需要气化投药时，电风扇开启后才能开始投药。投药结束后，电风扇继续开启 15～30 分钟，直到熏蒸库内各点熏蒸剂气体浓度差小于 4 g/m^3 为止。电风扇开启时间过长，会增大熏蒸剂气体的泄漏。

6.2 检漏

检漏人员戴好防毒面具，手拿卤素检漏仪（或 XK 系列熏蒸气体浓度检测仪）检查集装箱门缝，一旦发现泄漏，要立即采取措施封堵。

6.3 浓度测定

用 XK 系列熏蒸气体浓度检测仪，按下列时间检测垛内溴甲烷或硫酰氟气体浓度及其分布。

30 分钟的浓度检测：此时的浓度检测结果能够说明集装箱的气密性、渗漏和吸附情况、不正确的药量计算和不当的投药方法。所有上述情况应引起高度重视。此时箱内浓度应在投药剂量的 78％以上

(在非气化投药及没有风扇帮助药剂气体混匀的情况下,不能达到如此高的初始浓度)。

2 小时的浓度检测:此次浓度检测结果进一步说明是否有严重的渗漏;货物是否强烈吸附熏蒸剂气体。此时垛内平均浓度应不低于投药剂量的 65%。如果浓度检测值比投药剂量的 65%还要小很多,则说明泄漏或吸附严重,可以考虑采取补救措施(在非气化投药及没有风扇帮助药剂气体混匀的情况下,不能达到如此高的浓度)。

熏蒸结束前的浓度检测:24~48 小时的浓度值应为投药剂量的 50%~30%左右。

6.4 熏蒸补救措施:溴甲烷、硫酰氟常压熏蒸,散气前规定的最低浓度值－实际浓度检测值<5 g/m^3,延长熏蒸时间 8~12 小时;>5 g/m^3 的,须补充投药,并延长熏蒸时间 12~24 小时。补充投药前,应重新查补漏洞。

补充投药量计算公式:补充投药公斤数＝低于所要求的最低浓度数(g/m^3)×1.6(木包装 2.0)×熏蒸体积(m^3)÷1 000。

种苗、水果或蔬菜等鲜活货物的溴甲烷熏蒸,不能采用上述熏蒸补救措施,更不能随意增加投药量或延长熏蒸时间。要严格按照有关技术要求或经 CT 值计算后采用相应的补救措施。磷化氢熏蒸,如果散气前的浓度检测值与规定的最低浓度值相差不大,可以延长熏蒸时间 24 小时加以补救,如果大大低于规定的最低浓度值时,则应重新熏蒸。

7 通风散气

检测并记录散气前的浓度检测结果。如果散气前的浓度检测结果大于或等于规定的最低浓度值,则可以结束熏蒸,并进行通风散气。通风散气时,熏蒸人员戴好防毒面具,将熏蒸库门打开。熏蒸库门打开后,应有专人值守,严防人员进入熏蒸库内,并保证熏蒸库门外 5 m 范围内无人员停留。待 12~24 小时以后,货物方可搬动。

结束通风散气,撤除熏蒸警戒区和警戒标志,按有关规定妥善处理磷化铝残渣和其他废弃物。填写熏蒸结果报告单,报当地出入境检验检疫机关。

8 中毒症状及基本救护

熏蒸人员中毒后，会出现头晕、目眩、无力、恶心、呕吐、嗜睡、神经麻木、呼吸困难和昏迷等症状；中毒严重的，甚至会死亡。发现头晕等轻度中毒症状后，应立即停止熏蒸作业，并移至空气新鲜场所休息，除去污染衣物，大量饮用茶水。中毒严重的，应立即送医院抢救。

9 不宜熏蒸的货物

9.1 不宜用溴甲烷熏蒸的货物

汽车；

精密电子仪器设备；

黄油、猪油、脂肪（除非保存于密封的铁罐内）；

发酵粉、骨粉、木炭、硅藻土；羽毛、毛毯、马毛制品、羽绒枕头、毛毯衬料、牦牛毛毯；

含硫量高的纸张、专业用纸和新闻用纸；

碘盐、含硫或硫化物盐块；

含镁制品；

皮货特别是小山羊皮、皮制家具；

照相药品（不包括胶卷和 X 光胶片）、印相纸、制图用纸和银光纸；

橡胶制品，特别是发泡橡胶、海绵和再生橡胶等；

大豆粉、全麦面粉和其他蛋白质含量高的面粉；

毛料制品，特别是安哥拉呢，软毛绒线、毛衣、人造纤维布等。

9.2 不宜用磷化氢熏蒸的货物

含铜、铜合金、黄铜、金和银的一切仪器设备、装饰品、衣物及某些复写纸和未经冲洗的照相胶片等。

9.3 不宜用硫酰氟熏蒸的货物

所有食用或饲料用货物。

关于禁止从缅甸联邦进口偶蹄动物及其产品的规定

(1999 年 1 月 20 日农业部令 1999 年第 7 号)

根据国际兽疫局紧急通报，近期缅甸联邦爆发牛和绵羊口蹄疫。为防止缅甸联邦的口蹄疫传入我国，保护我国畜牧业安全，根据有关法律法规，特规定如下：

一、禁止直接或间接从缅甸联邦输入偶蹄动物(包括偶蹄动物的胚胎和精液)及其产品。

二、禁止邮寄和游客携带缅甸联邦的偶蹄动物产品及偶蹄动物的胚胎和精液入境，一经发现，一律做销毁处理。

三、各级动物防疫监督机构和口岸动植物检疫机关，凡截获来自缅甸联邦的偶蹄动物(包括偶蹄动物的胚胎和精液)及其产品，一律就近销毁处理。

四、请各有关单位密切配合，通力合作，做好对从缅甸联邦输入偶蹄动物(包括偶蹄动物的胚胎和精液)及其产品的查禁工作。

五、加强疫情监督，密切注视与缅甸联邦毗邻地区的疫情动态，发现疑点，严格采取措施，防止疫情扩散。

六、凡违返上述规定者，各级动物防疫监督机构和口岸动植物检疫机关应依照《中华人民共和国动物防疫法》和《中华人民共和国进出境动物检疫法》等有关规定处理。

关于禁止从科威特、马拉维、巴林、以色列输入偶蹄动物及其产品的公告

(1999 年 2 月 4 日国家检验检疫局 1999 年第 2 号公告)

1998 年 12 月和 1999 年 1 月 14 日，科威特、马拉维、巴林、以色

列等国家相继爆发了口蹄疫。为防止该病传入我国，保护我国的畜牧业安全，根据《中华人民共和国进出境动植物检疫法》第五条，特公告如下：

一、自公告之日起，禁止直接或间接从上述国家输入偶蹄动物（包括猪、牛、羊等）和偶蹄动物产品。

二、禁止邮寄或旅客携带来自上述国家的偶蹄动物及其产品进境，一经发现，一律作没收销毁处理。

三、对途经我国或在我国停留的国际航行船舶、飞机和火车等，如发现有来自上述国家的偶蹄动物及其产品，一律作封存处理；对上述运输工具上的动物性废弃物、泔水等作无害化处理。

四、凡截获的走私入境的来自上述国家的偶蹄动物及其产品，一律在就近口岸动植物检疫机关监督下作销毁处理。

五、凡违反上述规定者，由口岸动植物检疫机关依照《中华人民共和国进出境动植物检疫法》等有关规定处理。

关于禁止从马达加斯加输入猪及其产品的公告

（1999年2月3日国家检验检疫局1999年第4号公告）

1999年1月11日马达加斯加爆发非洲猪瘟。为防止该病传入我国，保护我国的畜牧业安全，根据《中华人民共和国进出境动植物检疫法》第五条，特公告如下：

一、自公告之日起，禁止直接或间接从马达加斯加输入猪及其产品。

二、禁止邮寄或旅客携带来自马达加斯加的猪及其产品进境，一经发现，一律作没收销毁处理。

三、对途经我国或在我国停留的国际航行航舶，飞机和火车等，如发现有来自马达加斯加的猪及其产品，一律作封存处理；对上述运输工具上的动植物性废弃物，泔水等到由口岸动植物检疫机关作无害化处理。

四、凡截获的走私入境的来自马达加斯加的猪及其产品，一律在就近口岸动植物检疫机关监督下作销毁处理。

五、凡违反上述规定者，由口岸动植物检疫机关依照《中华人民共和国进出境动植物检疫法》等有关规定处理。

关于禁止从巴西输入偶蹄动物及其产品的公告

（1999年2月23日国家检验检疫局1999年第5号公告）

1999年1月18日和28日巴西爆发了口蹄疫。为防止该病传入我国，保护我国的畜牧业安全，根据《中华人民共和国进出境动植物检疫法》第五条，特公告如下：

一、公告之日起，禁止直接或间接从巴西输入偶蹄动物（包括猪，牛，羊等）及其产品。

二、禁止邮寄或旅客携带来自巴西的偶蹄动物及其产品进境，一经发现，一律作没收销毁处理。

三、对途经我国或在我国停留的国际航行航舶，飞机和火车等，如发现有来自巴西的偶蹄动物及其产品，一律作封存处理；对上述运输工具上的动植物性废弃物，泔水等到由口岸动植物检疫机关作无害化处理。

四、凡截获的走私入境的来自巴西的偶蹄动物及其产品，一律在就近口岸动植物检疫机关监督下作销毁处理。

五、凡违反上述规定者，由口岸动植物检疫机关依照《中华人民共和国进出境动植物检疫法》等有关规定处理。

关于禁止从马来西亚、吉尔吉斯斯坦输入偶蹄动物及其产品的公告

（1999 年 3 月 5 日国家检验检疫局 1999 年第 6 号公告）

1999 年 1 月 29 日和 2 月 10 日，马来西亚、吉尔吉斯斯坦相继爆发了口蹄疫。为防止该病传入我国，保护我国的畜物业安全，根据《中华人民共和国进出境动植物检疫法》第五条，特公告如下：

一、自公告之日起，禁止直接或间接从马来西亚、吉尔吉斯斯坦输入偶蹄动物（包括猪、牛、羊等）及其产品。

二、禁止邮寄或旅客携带来自在马来西亚、吉尔吉斯斯坦的偶蹄动物产品进境，一经发现，一律作销毁处理。

三、对途经我国或在我国停留的国际航行船舶、飞机和火车等，如发现有来自马来西亚、吉尔吉斯斯坦的偶蹄动物及其产品，一律作销毁、封存处理；对上述运输工具上的动植物性废弃物、泔水等作无害化处理。

四、凡截获的走私入境的来自马来西亚、吉尔吉斯斯坦的偶蹄动物及其产品，一律在就近口岸动植物检疫机关监督下作销毁处理。

五、凡违反上述规定者，由口岸动植物检疫机关依照《中华人民共和国进出境动植物检疫法》等有关规定处理。

关于禁止从塞内加尔输入猪及其产品的公告

（1999 年 3 月 5 日国家检验检疫局 1999 年第 7 号公告）

1999 年 1 月，塞内加尔爆发了非洲猪瘟。为防止该病传入我国，保护我国的畜牧业安全，根据《中华人民共和国进出境动植物检疫法》第五条，特公告如下：

一、自公告之日起，禁止直接或间接从塞内加尔输入猪及其产品。

二、禁止邮寄或旅客携带来自塞内加尔的猪产品进境，一经发现，一律作销毁处理。

三、对途经我国或在我国停留的国际航行航舶，飞机和火车等，如发现有来自塞内加尔的猪及其产品，一律作销毁，封存处理；对上述运输工具上的动植物性废弃物，泔水等作无害化处理。

四、凡截获的走私入境的来自塞内加尔猪及其产品，一律在就近口岸动植物检疫机关监督下作销毁处理。

五、凡违反上述规定者，由口岸动植物检疫机关依照《中华人民共和国进出境动植物检疫法》等有关规定处理。

关于禁止从以色列、巴西、马来西亚、吉尔吉斯斯坦和阿尔及利亚进口偶蹄动物及其产品的规定

（1999年3月23日农业部1999年第9号公告）

根据国际兽疫局通报，近期以色列、巴西、马来西亚、吉尔吉斯斯坦和阿尔及利亚5国暴发牛、羊和猪口蹄疫，病毒毒型均为O型。为防止这些国家的口蹄疫传入我国，保护我国畜牧业安全，根据有关法律法规，特规定如下：

一、禁止直接或间接从以色列、巴西、马来西亚、吉尔吉斯斯坦和阿尔及利亚5国输入偶蹄动物（包括偶蹄动物的胚胎和精液）及其产品。

二、禁止邮寄和游客携带以色列、巴西、马来西亚、吉尔吉斯斯坦和阿尔及利亚5国的偶蹄动物（包括偶蹄动物的胚胎和精液）及其产品入境，一经发现，一律做销毁处理。

三、各级动物防疫监督机构和口岸动植物检疫机关，凡截获来自以色列、巴西、马来西亚、吉尔吉斯斯坦和阿尔及利亚5国的偶蹄动物（包括偶蹄动物的胚胎和精液）及其产品，一律就近销毁处理。

四、请各有关单位密切配合，通力合作，做好对从以色列、巴西、马来西亚、吉尔吉斯斯坦和阿尔及利亚5国输入偶蹄动物（包括偶蹄动物的胚胎和精液）及其产品的查禁工作。

五、加强疫情监督，密切注视我国与吉尔吉斯斯坦毗邻地区的

疫情动态，发现疑点，立即按规定采取严格措施处理。

六、凡违反上述规定者，各级动物防疫监督机构和口岸动植物检疫机关应依照《中华人民共和国动物防疫法》和《中华人民共和国进出境动植物检疫法》等有关规定处理。

关于禁止从马来西亚进口猪及其产品的规定

（1999 年 4 月 5 日农业部 1999 年第 11 号公告）

根据有关消息，近期马来西亚暴发猪的日本脑炎。为防止马来西亚的日本脑炎传入我国，保护我国畜牧业安全，根据有关法律法规，特规定如下：

一、禁止直接或间接从马来西亚输入猪（包括猪的胚胎和精液）及其产品。

二、禁止邮寄和游客携带马来西亚的猪（包括猪的胚胎和精液）及其产品入境，一经发现，一律做销毁处理。

三、各级动物防疫监督机构和口岸动植物检疫机关，凡截获来自马来西亚的猪（包括猪的胚胎和精液）及其产品，一律就近销毁处理。

四、请各有关单位密切配合，通力合作，做好对从马来西亚输入猪（包括猪的胚胎和精液）及其产品的查禁工作。

五、凡违反上述规定者，各级动物防疫监督机构和口岸动植物检疫机关应依照《中华人民共和国动物防疫法》和《中华人民共和国进出境动植物检疫法》等有关规定处理。

关于禁止从阿根廷和意大利两国进口猪及其产品的规定

（1999 年 4 月 5 日农业部 1999 年第 17 号公告）

根据国际兽疫局通报，近期阿根廷和意大利两国暴发猪瘟。为防止这两个国家的猪瘟传入我国，保护我国养猪业安全，根据有关法

律法规,特规定如下:

一、禁止直接或间接从阿根廷和意大利两国输入猪(包括猪的胚胎和精液)及其产品。

二、禁止邮寄和游客携带阿根廷和意大利两国猪的产品及猪的胚胎和精液入境,一经发现,一律做销毁处理。

三、各级动物防疫监督机构和口岸动植物检疫机关,凡截获来自阿根廷和意大利两国的猪(包括猪的胚胎和精液)及其产品,一律就近销毁处理。

四、请各有关单位密切配合通力合作,做好对从阿根廷和意大利两国输入猪(包括猪的胚胎和精液)及其产品的查禁工作。

五、凡违反上述规定者,各级动物防疫监督机构和口岸动植物检疫机关应依照《中华人民共和国动物防疫法》和《中华人民共和国进出境动植物检疫法》等有关规定处理。

关于禁止阿尔及利亚、突尼斯、摩洛哥输入偶蹄动物及其产品的公告

(1999 年 4 月 6 日国家检验检疫局 1999 年第 8 号公告)

1999 年 2 月,3 月份,阿尔及利亚,突尼斯,摩洛哥相继爆发了口蹄疫。为防止该病传人我国,保护我国的畜牧业安全,根据《中华人民共和国进出境动植物检疫法》第五条,特公告如下:

一、自公告之日起,禁止直接或间接从阿尔及利亚,突尼斯,摩洛哥输入偶蹄动物(包括猪,牛,羊等)及其产品。

二、禁止邮寄或旅客携带来自阿尔及利亚,突尼斯,摩洛哥的偶蹄动物及其产品进境,一经发现,一律作没收销毁处理。

三、对途经我国或在我国停留的国际航行航舶,飞机和火车等,如发现有来自阿尔及利亚,突尼斯,摩洛哥的偶蹄动物及其产品,一律作封存处理;对上述运输工具上的动植物性废弃物,泔水等由口岸动植物检疫机关作无害化处理。

四、凡截获的走私入境的来自阿尔及利亚，突尼斯，摩洛哥的偶蹄动物及其产品，一律在就近口岸动植物检疫机关监督下作销毁处理。

五、凡违反上述规定者，由口岸动植物检疫机关依照《中华人民共和国进出境动植物检疫法》等有关规定处理。

关于禁止从约旦输入偶蹄动物（包括猪、牛、羊等）及其产品的公告

（1999 年 5 月 12 日国家检验检疫局 1999 年第 9 号公告）

1999 年 1 月至 2 月，约旦相继爆发口蹄疫、小反刍兽疫、绵羊痘和山羊痘等动物疫病。为防止这些疫病传入我国，保护我国的畜牧业安全，根据《中华人民共和国进出境动植物检疫法》第五条，特公告如下：

一、自公告之日起，禁止直接或间接从约旦输入偶蹄动物（包括猪、牛、羊等）及其产品。

二、禁止邮寄或旅客携带来自约旦的偶蹄动物产品进境，一经发现，一律作没收销毁处理。

三、对途经我国或在我国停留的国际航行船舶、飞机和火车等，如发现有来自约旦的偶蹄动物及其产品，一律作封存处理；对上述运输工具上的动植物性废弃物、泔水等由口岸动植物检疫机关作无害化处理。

四、凡截获的走私入境的来自约旦的偶蹄动物及其产品，一律在就近口岸动植物检疫机关监督下作销毁处理。

五、凡违反上述规定者，由口岸动植物检疫机关依照《中华人民共和国进出境动植物检疫法》等有关规定处理。

关于禁止从南非输入马属及其产品的公告

(1999年5月12日国家检验检疫局1999年第10号公告)

1999年3月,南非爆发了非洲马瘟。为防止这些疫病传入我国,保护我国的畜牧业安全,根据《中华人民共和国进出境动植物检疫法》第五条,特公告如下:

一、自公告之日起,禁止直接或间接从南非输入马属动物及其产品。

二、禁止邮寄或旅客携带来自南非的马属动物产品进境,一经发现,一律作没收销毁处理。

三、对途经我国或在我国停留的国际航行船舶、飞机和火车等,如发现有来自南非的马属动物及其产品,一律作封存处理;对上述运输工具上的动植物性废弃物,泔水等由口岸动植物检疫机关作无害化处理。

四、凡截获的走私入境的来自南非的马属动物及其产品,一律在就近口岸动植物检疫机关监督下作销毁处理。

五、凡违反上述规定者,由口岸动植物检疫机关依照《中华人民共和国进出境动植物检疫法》等有关规定处理。

关于禁止从几内亚输入偶蹄动物及其产品的公告

(1999年5月12日国家检验检疫局1999年第11号公告)

1999年3月15日,几内亚爆发口蹄疫。为防止该病传入我国,保护我国的畜牧业安全,根据《中华人民共和国进出境动植物检疫法》第五条,特公告如下:

一、自公告之日起,禁止直接或间接从几内亚输入偶蹄动物(包括猪、牛、羊等)及其产品。

二、禁止邮寄或旅客携带来自几内亚的偶蹄动物产品进境，一经发现，一律作没收销毁处理。

三、对途经我国或在我国停留的国际航行船舶、飞机和火车等，如发现有来自几内亚的偶蹄动物及其产品，一律作封存处理；对上述运输工具上的动植物性废弃物、泔水等由口岸动植物检疫机关作无害化处理。

四、凡截获的走私入境的来自几内亚的偶蹄动物及其产品，一律在就近口岸动植物检疫机关监督下作销毁处理。

五、凡违反上述规定者，由口岸动植物检疫机关依照《中华人民共和国进出境动植物检疫法》等有关规定处理。

关于进一步加强国外引种检疫审批管理工作的通知

（1999 年 6 月 3 日农业部、国家检验检疫局农农发[1999]7 号）

各省（自治区、直辖市）农业厅（局）、各地“三检”临时协调小组：

近年来，随着对外开放的进一步扩大，我国从国外引进农作物种子、苗木的种类和数量不断增多，促进了农业生产和经济贸易的发展。但是也出现了一些新情况新问题：一些引种单位事先未办检疫审批手续，即对外签定贸易合同、开出付款信用证或让对方发货，致使货物到港时仍未获得进口许可，种苗压船、压港，造成不必要的经济损失；少数省级审批部门违规越权审批，超限量或超范围审批，给审批管理带来混乱；由于生产性引种批次多，数量大，引进渠道复杂，种植地点分散，检疫风险增大；出入境检验检疫机构多次截获小麦矮腥黑穗病菌（TCK）、地中海实蝇、番茄环斑病毒等一类危险性检疫病虫，在国内也相继发现苜蓿黄萎病、蔗扁蛾、灰豆象、芒果象甲等一些新的危险性病虫，对农业生产构成严重威胁。为了适应扩大开放和加快经济发展的需要，进一步做好国外引种检疫审批管理工作，特作如下通知：

一、严格控制从国外大批量引种。国内需要的生产用种应立足于国内自繁自育，原则上不从国外大量引种，尤其是粮、棉、油、糖等对国内生产影响较大的大宗作物和国外疫情不清、引进后传播危险性病虫害可能性大的种苗更要严格控制。如因救灾备荒等特殊需要从国外超限量引种的，应由省级农业厅（局）植物检疫机构审核提出意见，报农业部植物检疫机构审批；凡因科学研究等特殊需要，须从国外引进禁止入境的品种资源的，由国家出入境检验检疫局办理特许审批。

二、适当调整省级检疫审批限量。根据《国外引种检疫审批管理办法》第七条第二款的规定，结合目前我国农业生产用种需求和国内外植物疫情的变化，对 1993 年农业部确定的“生产种苗引种检疫审批限量”作出适当调整（详见附件 1），超过审批限量，应由省级农业厅（局）植物检疫机构签署审核意见后，报农业部植物检疫机构审批。

三、严格审批，科学管理。检疫审批是一项政策性和技术性都很强的工作，各省（区、市）必须按规定的程序和权限进行审批，严禁越权审批、超限量审批或化整为零审批；检疫审批单位不得为引种单位说情和严禁代办审批手续。违者视情节吊销其检疫审批权，取消责任人专职检疫员资格，追究主要领导责任。

为了便于口岸检疫把关监管和计算机单证管理，将现行《引进种子、苗木检疫审批单》五联单改为一式三联一回执（详见附件 2），由全国农业技术推广服务中心统一制发，原五联单延用至 1999 年 9 月 30 日。各省（区、市）植物检疫机构出具的检疫审批单加盖审批省植物检疫专用章；全国农业技术推广服务中心出具的审批单加盖“中华人民共和国农业部植物检疫专用章”。

全国农业技术推广服务中心要加快检疫审批软件的研制开发，加强对国外引种疫情的收集和风险分析，尽早实现检疫审批计算机网络管理，使审批工作更加规范化、科学化。

四、关于农林检疫及其检疫审批的分工。请各出入境检验检疫机构根据国务院办公厅下发的《国务院办公厅关于水果、花卉、中药材等植物检疫工作分工问题的函》（国办函[1997]19 号）的规定（见附件 3）验单和接受报检。

五、严格申报程序，严禁先进口后报批。各引种单位和代理进口单位必须严格遵守国家有关引种检疫规定，在对外签定贸易合同、协议 30 日前办理审批手续。对于未办审批手续就对外签定合同而造成的后果及经济损失由有关引种单位自负。

为了避免经济损失和便于对外索赔，各引种单位在对外签订贸易合同时，一定要严谨慎重，合同中应单独注明检疫条款，列入审批提出的检疫要求，并要求附有输出国官方出具的植物检疫证书。

六、加强口岸检疫和隔离试种疫情监测。引进种苗隔离试种疫情监测是国外引种检疫的一项重要的基础性工作。为了及时准确掌握审批种苗口岸检疫和引进情况，请各出入境检验检疫机构按季度将检疫审批单回执统一返回全国农业技术推广服务中心植物检疫处，如在检疫中发现重大疫情时，须及时反馈。各地农业植检部门和检验检疫部门应密切配合，切实做好进境检疫、种苗引进后隔离试种期间的疫情监测工作和检疫处理，确保种苗的安全引进。

附件：1. 国外引进生产用种省级检疫审批限量

2. 引进种子、苗木检疫审批单

3. 国务院办公厅关于水果、花卉、中药材等植物检疫工作分工问题的函

附件 1

国外引进生产用种省级检疫审批限量

类　别	作　　物	限　量
种子类	粮食作物：稻、麦、玉米、谷类、高粱、豆类、薯类	100 公斤
	经济作物：油菜、花生、油葵、甜菜、棉、麻、茄科、烟草、芦笋、花椰菜、芹菜、甘蓝、洋葱、白菜、菠菜、胡萝卜、瓜类、菜豆类、西瓜、空心菜、草本花卉等	500 公斤
	草坪草、牧草	1 000 公斤
苗木类（含种球）	果树：苹果、梨、桃、李、杏、梅、荔枝、葡萄、柑橘等	100 株
	木本花卉：巴西木、发财树等	500 株
	草本（水果）花卉：草莓、郁金香、康乃馨等	5 000 株（头）

附件 2

引进种子、苗木检疫审批单

有效期至：　　年　月　日　　　　　　审批编号：

申请单位		法人代表	
联系人		联系电话	
植物中名		植物部位	
植物学名		引进用途	
品种名称		原产地	
种植地区		引进数量	
检疫要求：			
审批意见	（植物检疫专用章） 检疫员：　　　审批日期：　　年　月　日		

注：本审批单一式三联一回执，第一联为白色，第二联为黄色，第三联为粉色，回执为白色。申请单位凭第一联和回执单向口岸检验检疫机关报验，第二联由审批单位留存，第三联交试种地检疫机关。

引进种子、苗木检疫审批单回执

审批单位(盖章):

审批单编号:

审批日期:

<table>
<tr><td>审批种苗名称</td><td></td><td>审批数量(大写)</td><td></td></tr>
<tr><td>种苗进境日期</td><td></td><td>进境数量(大写)</td><td></td></tr>
<tr><td>口岸检疫结果和处理意见</td><td colspan="3">口岸检疫单位(盖章)
年　　月　　日</td></tr>
<tr><td>备注</td><td colspan="3"></td></tr>
</table>

注:本回执在口岸检疫检验后,由口岸检验检疫机关按季统一返回全国农业技术推广服务中心植物检疫处。

通讯地址:北京市朝阳区麦子店街 20 号　100026

附件 3

国务院办公厅关于水果、花卉、中药材等植物检疫工作分工问题的函

(1997 年 3 月 10 日国务院办公厅国办函[1997]19 号发布)

农业部、林业部:

为了保证《植物检疫条例》的贯彻实施,经国务院领导同意,现将水果、花卉、中药材等植物检疫的工作分工通知如下:

一、水果(核桃、板栗等干果除外)、花卉(野生珍贵花卉除外)、中药材由农业部门的植物检疫机构负责检疫;但是,省级人民政府已经规定由林业部门植物检疫机构检疫的,可以按其规定执行。

二、在植物检疫工作中,各地方农业、林业部门的植物检疫机构应当密切配合,相互承认检疫证明,不得重复检疫,重复收费。

关于禁止从津巴布韦输入马属动物及其产品的公告

(1999 年 6 月 16 日国家检验检疫局 1999 年第 12 号公告)

1999 年 5 月 10 日,津巴布韦农业部向 OIE 报告了津巴布韦于 1999 年 2 月爆发了非洲马瘟。为防止该病传入我国,保护我国的畜牧业安全,根据《中华人民共和国进出境动植物检疫法》第五条,特公告如下:

一、自公告之日起,禁止直接或间接从津巴布韦输入马属动物及其产品。

二、禁止邮寄或旅客携带来自津巴布韦的马属动物产品进境,一经发现,一律作没收销毁处理。

三、对途经我国或在我国停留的国际航行航舶，飞机和火车等，如发现有来自津巴布韦的马属动物及其产品，一律作封存处理；对上述运输工具上的动植物性废弃物，泔水等由口岸动植物检疫机关作无害化处理。

四、凡截获的走私入境的来自津巴布韦的马属动物及其产品，一律在就近口岸动植物检疫机关监督下作销毁处理。

五、凡违反上述规定者，由口岸动植物检疫机关依照《中华人民共和国进出境动植物检疫法》等有关规定处理。

关于禁止从土库曼斯坦进口偶蹄动物及其产品的规定

（1999 年 6 月 24 日农业部 1999 年第 19 号公告）

根据国际兽疫局通报，近期土库曼斯坦暴发口蹄疫。为防止该国的口蹄疫传入我国，保护我国畜牧业安全，根据有关法律规定，特规定如下：

一、禁止直接或间接从土库曼斯坦输入偶蹄动物（包括偶蹄动物的胚胎和精液）及其产品。

二、禁止邮寄和旅客携带土库曼斯坦的偶蹄动物产品及偶蹄动物的胚胎和精液入境，一经发现，一律做销毁处理。

三、各级动物防疫监督机构和口岸动植物检疫机关，凡截获来自土库曼斯坦的偶蹄动物（包括偶蹄动物的胚胎和精液）及其产品，一律就近销毁处理。

四、请各有关单位密切配合，通力合作，做好对从土库曼斯坦输入偶蹄动物（包括偶蹄动物的胚胎和精液）及其产品的查禁工作。

五、凡违反上述规定者，各级动物防疫监督机构和口岸动植物检疫机关应依照《中华人民共和国动物防疫法》和《中华人民共和国进出境动植物检疫法》等有关规定处理。

关于对比利时等国二恶英污染事件处理意见的补充通知

（1999 年 7 月 2 日外经贸部等七部委 1999 年第 7 号公告）

1999 年 6 月 11 日，对外贸易经济合作部、卫生部、海关总署、国家环境保护总局、国家出入境检验检疫局、国家国内贸易局、国家工商行政管理局七部（署、局）联合发布《关于暂停进口和禁止经销比利时等国受二恶英污染食品的紧急通告》（以下简称《紧急通告》）以来，各地有关部门采取积极措施，有效地保证了人民身体健康和生命安全。根据欧盟委员会及其有关成员国和有关进口国家（地区）调查和检测的最新情况，现就《紧急通告》补充通知如下：

一、《紧急通告》中所列暂停进口动物限定为：牛、猪、禽、兔和鱼，暂停进口和通过邮寄、携带等途径进入我国市场及暂停销售的产品限定为：动物饲料（不包括饲料添加剂）、肉类（牛、猪、禽、兔、鱼）及其制品、蛋及蛋制品、奶及奶制品及以上述产品为原料的其它可供人类食用的产品。产品具体范围按照本补充通知所附产品目录执行。

二、对 1999 年 1 月 15 日以后 6 月 1 日之前德国、法国、荷兰生产已按《紧急通告》在市场封存的产品，凭以下文件中的任何一种予以解封：

（一）出口产品生产国政府授权的权威检测机构出具的该产品二恶英含量检测报告及生产国政府主管部门出具该产品未被二恶英污染的相关官方证明文件；

（二）产品生产国政府允许该产品 1999 年 6 月 1 日以后在本国销售的证明文件；

（三）欧盟有关机构 1999 年 6 月 1 日以后允许该产品在其成员国销售的证明文件。

上述文件须由出口国驻华使馆确认后，报卫生部批准。

对在口岸封存的产品（《中华人民共和国进出境动植物检疫法》

规定禁止进口的产品除外)，提供上述文件后，经国家出入境检验检疫局审查并经卫生部批准后放行。

三、对1999年1月15日以前德国、法国、荷兰、比利时生产已按《紧急通知》在市场和口岸封存的产品予以解封，海关和检验检疫部门予以验放。

四、在恢复从比利时进口上述产品之前，对按照《紧急通知》已在市场和口岸封存的原产于比利时1月15日以后的产品(《中华人民共和国进出境动植物检疫法》规定禁止进口的产品除外)须由出口商提供由欧盟委员会认可的检测机构出具的未被二恶英污染的检测报告及该国政府主管部门出具的未被二恶英污染的证明文件。上述文件须由欧盟驻华使团认证，关于在市场封存产品的文件报卫生部批准；关于在口岸封存产品的文件经国家出入境检验检疫局审查并经卫生部批准。符合条件的产品准予按程序验放入关和恢复销售。

恢复从比利时进口上述动物(指牛、猪、禽、兔、鱼)和上述产品的决定待另行通知。

五、对已封存的可能受二恶英污染的上述产品，如超过保质期限仍不能提供上述证明文件，将被作为不合格产品按照环保标准和要求予以处理，由此产生的经济损失由产品经营者向出口商索赔。

六、对1999年6月1日以后由德国、法国、荷生生产的被《紧急通告》列入封存名单的产品(《中华人民共和国进出境动植物检疫法》规定禁止进口的产品除外)，凭生产国政府主管部门出具的无二恶英污染的有效官方证明文件或者生产国(或欧盟)有关机构允许销售的文件(公告)，按正常程序报验放行。

七、除《中华人民共和国进出境动植物检疫法》规定禁止进口的有关动物外，德国、法国和荷兰的动物，符合下列条件的允许进口：由出口国政府主管部门在其出口动物的证书中证明出口动物没有饲喂过可能被二恶英污染的饲料。

八、根据上述原则对自德国、法国、荷兰和比利时进口附件所列各类产品，海关在接受申报后以手工操作方式，交检验检疫部门检验，符合进口条件，海关予以办理征税验放手续；如条件不符，由检验检疫部门予以封存、处理。

特此通知,请遵照执行。执行中有何问题,请立即上报。

附件 1

本通知涉及的自比利时、德国、法国、荷兰进口的商品目录

商品编号	商品名称
01020000	牛
01020000	猪
01050000	家禽,即鸡、鸭、鹅、火鸡及珍珠鸡
01060029	其它活动物:兔
02010000	鲜、冷牛肉
02020000	冻牛肉
02030000	鲜、冷、冻猪肉
02061000	鲜、冷牛杂碎
02062000	冻牛杂碎
02063000	鲜、冷猪杂碎
02064000	冻猎杂碎
02070000	税号 01.05 所列家禽的鲜、冷、冻肉及食用杂碎
02081000	家兔或野兔的鲜、冷、冻肉及食用杂碎
02090000	未炼制或用其他方法提取的不带瘦肉的肥猪肉、猪脂肪及家禽脂肪,鲜、冷、冻、干、熏、盐腌或盐渍的
02100000	肉及食用杂碎,干、熏、盐腌或盐渍的;可供食用的肉或杂碎的细粉、粗粉
03010000	活鱼
03020000	鲜、冷鱼,但税号 03.04 的鱼片及其他鱼肉除外
03030000	冻鱼,但税号 03.04 的鱼片及其他鱼肉除外
03040000	鲜、冷、冻鱼片及其他鱼肉(不论是否绞碎)
03050000	干、盐腌或盐渍的鱼;熏鱼,不论是否在熏制前或熏制过程中是否烹煮;适合供人食用的鱼的细粉、粗粉及团粒

03074000	墨鱼及鱿鱼
03075000	章鱼
03079110	活、鲜或冷的其它鱼种苗
03079190	活、鲜或冷的其它鱼
03079910	其它鲍鱼
03079990	其它鱼
04010000	未浓缩及未加糖或其他甜物质的乳及奶油
04020000	浓缩、加糖或其他甜物质的乳及奶油
04030000	酪乳、结块的乳及奶油、酸乳、酸乳酒及其他发酵或酸化的乳和奶油
04040000	乳清
04050000	黄油及乳脂、乳酱
04060000	乳酪及明乳
04070000	带壳禽蛋
04080000	去壳禽蛋及蛋黄
04100090	其他税号未列名的猪、牛、兔、禽产品
05040011	盐渍猪肠衣
05040014	盐渍猪大肠头
05040019	猪、牛、禽的其他肠、膀胱及胃
05050000	禽的羽毛、羽绒等
05061000	猪、牛、禽、兔的骨胶原及骨
05070000	猪、牛、兔的牙、蹄及其粉末及废料
15010000	猪及家禽脂肪
15020000	牛脂肪
15030000	猪油硬脂、液体猪油
15041000	鱼肝油及分离品
15042000	鱼肝油以外的鱼油、脂及其分离品
15060000	兔、禽的油、脂及其分离品
15161000	氢化的牛、猪、兔的油、脂及其分离品
15179000	牛、猪、兔的油、脂制
15180000	牛、猪、兔的油、脂制及其分离品的制品

15220000	牛、猪、兔的油鞣回收脂等
16010000	牛、猪、兔、禽的肉、食用杂碎等
16020000	其他方法保藏的牛、猪、兔、禽的肉、食用杂碎等
16030000	牛、猪、兔、禽肉、鱼的精及汁
16040000	制作或保藏的鱼、鱼卵及酱
18060000	巧克力及其他含巧克力的食品
第19章	谷物、粮食粉、淀粉的含乳或乳的制品，糕饼点心
21050000	冰激淋及其他冰制食品
23010000	不适于人食用的牛、猪、兔、禽、鱼的肉、杂碎等
23090000	配置的动物饲料(不包括23099010的无动物产品成分的饲料添加剂)

附件2

外经贸部关于解释外经贸部等七部(署、局)一九九九年第七号公告相关条款的函

(1999年7月29日外经贸部[99]外经贸欧四发函字第060号)

海关总署：

1999年7月2日，外经贸部等七部(署、局)发出《关于对比利时等国二恶英污染事件处理意见的补充通知》(一九九九年第七号公告)，就进口和经销德国、法国、荷兰、比利时等四国可能受二恶英污染产品做出规定。经商卫生部和国家出入境检验检疫局等部门同意，针对上述公告执行中出现的问题，现对公告第二条做出如下解释：

对1999年1月15日以后6月1日之前德国、法国、荷兰生产的、在公告发布之日尚在运输途中未抵达我国口岸的公告附录列名产品的进口，按公告第二条之规定执行，即：

此类产品凭以下文件中的任何一种予以解封：

(一) 出口产品生产国政府授权的权威检测机构出具的该产品二恶英含量检测报告及生产国政府主管部门出具该产品未被二恶英污染的相关官方证明文件；

（二）产品生产国政府允许该产品1999年6月1日以后在本国销售的证明文件；

（三）欧盟有关机构1999年6月1日以后允许该产品在其成员国销售的证明文件。

上述文件须由出口国驻华使馆确认后，经国家出入境检验检疫局审查并经卫生部批准后放行。

请贵署协助将上述解释通知有关口岸海关遵照执行。

关于禁止从博茨瓦纳输入猪、野猪及其产品的公告

（1999年8月4日国家检验检疫局1999年第16号公告）

1999年7月，博茨瓦纳爆发了非洲猪瘟。为防止该病传入我国，保护我国的畜牧业生产，根据《中华人民共和国进出境动植物检疫法》第五条的规定，特公告如下：

一、自公告之日起，禁止直接或间接从博茨瓦纳输入猪、野猪及其产品。

二、禁止邮寄或旅客携带来自博茨瓦纳的猪和野猪的产品进境，一经发现，一律作退回或销毁处理。

三、对途经我国或在我国停留的国际航行船舶、飞机和火车等，如发现有来自博茨瓦纳的猪、野猪及其产品，一律作封存处理；对上述运输工具上的动植物性废弃物、泔水等一律在出入境检验检疫机构的监督下作无害化处理，不得擅自抛弃。

四、凡截获的走私入境的来自博茨瓦纳的猪、野猪及其产品，一律在就近出入境检验检疫机构监督下作无害化处理。

五、凡违反上述规定者，由出入境检验检疫机构依照《中华人民共和国进出境动植物检疫法》等有关规定处理。

关于禁止从津巴布韦、秘鲁输入偶蹄动物及其产品的公告

（1999 年 8 月 4 日国家检验检疫局 1999 年第 17 号公告）

1999 年 7 月津巴布韦、秘鲁相继爆发了口蹄疫。为防止该病传入我国，保护我国的畜牧业生产，根据《中华人民共和国进出境动植物检疫法》第五条的规定，特公告如下：

一、自公告之日起，禁止直接或间接从津巴布韦、秘鲁输入偶蹄动物（包括猪、牛、羊等）及其产品。

二、禁止邮寄或旅客携带来自津巴布韦、秘鲁的偶蹄动物产品进境，一经发现，一律作退回或销毁处理。

三、对途经我国或在我国停留的国际航行船舶、飞机和火车等，如发现有来自津巴布韦、秘鲁的偶蹄动物及其产品，一律作封存处理；对上述运输工具上的动植物性废弃物、泔水等一律在出入境检验检疫机构的监督下作无害化处理，不得擅自抛弃。

四、凡截获的走私入境的来自津巴布韦、秘鲁的偶蹄动物及其产品，一律在就近出入境检验检疫机构监督下作无害化处理。

五、凡违反上述规定者，由出入境检验检疫机构依照《中华人民共和国进出境动植物检疫法》等有关规定处理。

关于禁止从克罗地亚输入猪、野猪及其产品的公告

（1999 年 8 月 4 日国家检验检疫局 1999 年第 18 号公告）

1999 年 7 月，克罗地亚爆发了古典猪瘟。为防止该病传入我国，保护我国的畜牧业生产，根据《中华人民共和国进出境动植物检疫

法》第五条的规定，特公告如下：

一、自公告之日起，禁止直接或间接从克罗地亚输入猪、野猪及其产品。

二、禁止邮寄或旅客携带来自克罗地亚的猪、野猪的产品进境，一经发现，一律作退回或销毁处理。

三、对途经我国或在我国停留的国际航行船舶、飞机和火车等，如发现有来自克罗地亚的猪、野猪及其产品，一律作封存处理；对上述运输工具上的动植物性废弃物、泔水等一律在出入境检验检疫机构的监督下作无害化处理，不得擅自抛弃。

四、凡截获的走私入境的来自克罗地亚的猪、野猪及其产品，一律在就近出入境检验检疫机构监督下作销毁处理。

五、凡违反上述规定者，由口岸动植物检疫机构依照《中华人民共和国进出境动植物检疫法》等有关规定处理。

关于禁止从土耳其、保加利亚和希腊三国进口羊和牛及其产品的规定

（1999 年 8 月 30 日农业部 1999 年第 21 号公告）

根据世界动物卫生组织通报，近期土耳其、保加利亚和希腊三国发生绵羊蓝舌病。为防止这些国家的蓝舌病传入我国，保护我国畜牧业安全，根据有关法律法规，特规定如下：

一、禁止直接或间接从土耳其、保加利亚和希腊三国进口羊和牛（包括羊和牛的胚胎和精液）及其产品。

二、禁止邮寄和旅客携带土耳其、保加利亚和希腊三国的羊和牛产品（包括羊和牛的胚胎和精液）入境，一经发现，一律做销毁处理。

三、各级动物防疫监督机构和口岸动植物检疫机关，凡截获来自土耳其、保加利亚和希腊三国的进口羊、牛（包括羊和牛的胚胎和精液）及其产品，一律就近销毁处理。

四、请各有关单位密切配合，通力合作，做好对从土耳其、保加利亚和希腊三国输入羊和牛(包括羊和牛的胚胎和精液)及其产品的查禁工作。

五、凡违反上述规定者，各级动物防疫监督机构和口岸动植物检疫机关应依照《中华人民共和国动物防疫法》和《中华人民共和国进出境动植物检疫法》等有关规定处理。

关于禁止从赞比亚输入偶蹄动物及其产品的公告

(1999 年 9 月 14 日国家检验检疫局 1999 年第 19 号公告)

1999 年 8 月赞比亚爆发了口蹄疫。为防止该病传入我国，保护我国的畜牧业生产，根据《中华人民共和国进出境动植物检疫法》第五条，特公告如下：

一、自公告之日起，禁止直接或间接从赞比亚输入偶蹄动物(包括猪、牛、羊等)及其产品；已运抵口岸的来自赞比亚的偶蹄动物及其产品一律作退回或销毁处理。

二、禁止邮寄或旅客携带来自赞比亚的偶蹄动物及其产品进境，一经发现，一律作没收销毁处理。

三、对途经我国或在我国停留的国际航行船舶、飞机和火车等，如发现有来自赞比亚的偶蹄动物及其产品，一律作封存处理；对上述运输工具上的动植物性废弃物，泔水等一律在出入境检验检疫机构的监督下作无害化处理，不得擅自抛弃。

四、凡截获的走私入境的来自赞比亚的偶蹄动物及其产品，一律在就近的出入境检验检疫机构监督下作无害化处理。

五、凡违反上述规定者，由出入境检验检疫机构依照《中华人民共和国进出境动植物检疫法》等有关规定处理。

关于禁止从伊朗输入偶蹄动物及其产品的公告

（1999 年 9 月 15 日国家检验检疫局 1999 年第 21 号公告）

1999 年 9 月 8 日伊朗爆发了口蹄疫。为防止该病传入我国，保护我国的畜牧业生产，根据《中华人民共和国进出境动植物检疫法》第五条的规定，特公告如下：

一、自公告之日起，禁止直接或间接从伊朗输入偶蹄动物（包括猪、牛、羊等）及其产品。已运抵口岸的来自伊朗的偶蹄动物及其产品一律作退回或销毁处理。

二、禁止邮寄或旅客携带来自伊朗的偶蹄动物产品进境，一经发现，一律作退回或销毁处理。

三、对途经我国或在我国停留的国际航行船舶、飞机和火车等，如发现有来自伊朗的偶蹄动物及其产品，一律作封存处理；对上述运输工具上的动植物性废弃物、泔水等一律在出入境检验检疫机构的监督下作无害化处理，不得擅自抛弃。

四、凡截获的走私入境的来自伊朗的偶蹄动物及其产品，一律在就近出入境检验检疫机构监督下作无害化处理。

五、凡违反上述规定者，由出入境检验检疫机构依照《中华人民共和国进出境动植物检疫法》等有关规定处理。

关于禁止从菲律宾、哈萨克斯坦输入偶蹄动物及其产品的公告

（1999 年 9 月 29 日国家检验检疫局 1999 年第 22 号公告）

1999 年 9 月菲律宾、哈萨克斯坦相继爆发了口蹄疫。为防止该病传入我国，保护我国的畜牧业生产，根据《中华人民共和国进出境

动植物检疫法》第五条的规定，特公告如下：

一、自公告之日起，禁止直接或间接从菲律宾、哈萨克斯坦输入偶蹄动物（包括猪、牛、羊等）及其产品。已运抵口岸的来自菲律宾、哈萨克斯坦的偶蹄动物及其产品一律作退回或销毁处理。

二、禁止邮寄或旅客携带来自菲律宾、哈萨克斯坦的偶蹄动物产品进境，一经发现，一律作退回或销毁处理。

三、对途经我国或在我国停留的国际航行船舶，飞机和火车等，如发现有来自菲律宾、哈萨克斯坦的偶蹄动物及其产品，一律作封存处理；对上述运输工具上的动植物性废弃物、泔水等一律在出入境检验检疫机构的监督下作无害化处理，不得擅自抛弃。

四、凡截获的走私入境的来自菲律宾、哈萨克斯坦的偶蹄动物及其产品，一律在就近出入境检验检疫机构的监督下作退回或销毁处理。

五、凡违反上述规定者，由出入境检验检疫机构依照《中华人民共和国进出境动植物检疫法》等有关规定处理。

关于解除对比利时部分产品进口禁令的通知

（1999 年 10 月 25 日外经贸部等七部委 1999 年第 9 号公告）

1999 年 6 月 11 日，对外贸易经济合作部、卫生部、海关总署、国家环境保护总局、国家出入境检验检疫局、国家国内贸易局、国家工商行政管理局七部（署、局）联合发布了《关于暂停进口和禁止经销比利时等国受二恶英污染食品的紧急通告》（公告 1999 年第 6 号）；7 月 2 日，七部（署、局）又发布了《关于对比利时等国二恶英污染事件处理意见的补充通知》（公告 1999 年第 7 号）。上述两公告要求暂停进口并禁止经销原产于比利时的部分可能受二恶英污染的食品。最近，根据欧盟委员会及比利时政府对事件的调查结果和比驻华使馆向我提供的最新情况，经我主管部门专家进一步研究，并参照其它进口国家（地区）的做法，现决定部分解除对已被暂停进口和禁止经销的比利时产品的禁令，具体规定如下：

一、自发文之日起，对比利时生产的鱼及其制品、兔及其制品、奶及奶制品、巧克力产品及以上述产品为原料的其它可供人类食用的产品，凭比利时政府授权的权威检测机构出具的该产品二恶英含量检测报告及比政府主管部门出具的该产品不含二恶英的声明准予进口；对比利时生产的羽毛或羽绒制品准予进口。海关根据《补充通知》第八条的规定办理征税验放手续。上述产品的具体范围按照本通知所附产品目录执行。

二、除本通知第一条所列的解禁产品之外，对原七部（署、局）1999年第6、7号公告规定暂停进口的原产于比利时的其它产品，仍按照原规定执行。

特此通知，请遵照执行。执行中有何问题，请立即上报。

附件：解除自比利时进口禁令产品目录

附件

解除自比利时进口禁令产品目录

商品编码	商品名称
01060029	其他活动物：兔
01060090	其他活动物：兔
02081010 02081020 02081090	家兔或野兔的鲜、冷、冻肉及食用杂碎
02109000	兔的肉及食用杂碎，干、熏、盐腌或盐渍的；可供食用的肉或杂碎的细粉、粗粉
0301 项下全部编码	活鱼
0302 项下全部编码	鲜、冷鱼，但0304的鱼片及其他鱼肉除外
0303 项下全部编码	冻鱼，但0304的鱼片及其他鱼肉除外
0304 项下全部编码	鲜、冷、冻鱼片及其他鱼肉（不论是否绞碎）
0305 项下全部编码	干、盐腌或盐渍的鱼；熏鱼，不论在熏制前或熏制过程中是否烹煮；适合供人食用的鱼的细粉、粗粉及团粒

续表

商品编码	商品名称
03079110	活、鲜或冷的其他鱼种苗
03079199	活、鲜或冷的其他鱼
03079990	其他鱼
0401 项下全部编码	未浓缩及未加糖或其他甜物质的乳及奶油
0402 项下全部编码	浓缩、加糖或其他甜物质的乳及奶油
0403 项下全部编码	酪乳、结块的乳及奶油、酸乳、酸乳酒及其他发酵或酸化的乳和奶油，不论是否浓缩、加糖、加其他甜物质、加香料、加水果、加坚果或加可可
0404 项下全部编码	乳清，不论是否浓缩、加糖或其他甜物质；其他税号未列名的含天然乳的产品，不论是否加糖或其他甜物质
0405 项下全部编码	乳清，不论是否浓缩、加糖或其他甜物质；其他税号未列名的含天然乳的产品，不论是否加糖或其他甜物质
0406 项下全部编码	乳酪及凝乳
04100090	其他税号未列名的兔产品
0505 项下全部编码	禽的羽毛、羽绒等
05061000	兔的骨胶原及骨
05071000	兔的牙，牙的粉末及废料
15041000	鱼肝油及其分离品
15042000	除鱼肝油以外的鱼油、脂及其分离品
15060000	兔的油、脂及其分离品，不论是否精制，但未经化学改性
15161000	兔的油、脂及其分离品，全部或部分氢化、相互酯化、再酯化或反油酸化，不论是否精制，但未经进一步加工
15179000	兔的油、脂及其分离品混合制成的食用油、脂或制品，但税号15.16的食用油、脂及其分离品除外
15180000	兔的油、脂及其分离品，经过熟炼、氧化、脱水、硫化、吹制或在真空、惰性气体中加热聚合及用其他化学方法改性的，但税号15.16的产品除外

续表

商品编码	商品名称
15220000	兔的油鞣回收脂等
16010000	兔的肉、食用杂碎等
16021000 16022000 16029010 16029090	其他方法制作或保藏的兔的肉、食用杂碎或兔血
16030000	兔肉、鱼的精、汁
16040000	制作或保藏的鱼;鲟鱼子酱及鱼卵制的鲟鱼子酱代用品
1806 项下全部编码	巧克力及其他含巧克力的食品
第 19 章	含乳或乳制品的谷物、粮食粉、淀粉制品、糕饼点心
21050000	冰淇淋及其他冰制食品

关于禁止从加纳输入猪及其产品的公告

(1999 年 11 月 2 日国家检验检疫局 1999 年第 24 号公告)

1999 年 10 月,加纳爆发了非洲猪瘟。为防止该病传入我国,保护我国的畜牧业生产,根据《中华人民共和国进出境动植物检疫法》第五条的规定,特公告如下:

一、自公告之日起,禁止直接或间接从加纳输入猪及其产品;已运抵口岸的来自加纳的猪及其产品一律作退回或销毁处理。

二、禁止邮寄或旅客携带来自加纳的猪产品进境,一经发现,一律作退回或销毁处理。

三、对途经我国或在我国停留的国际航行船舶、飞机、火车等,如发现有来自加纳的猪及其产品,一律作封存处理;对上述运输工具上的动植物性废弃物、泔水等一律在出入境检验检疫机构的监督下作无害化处理，不得擅自抛弃。

四、凡截获的走私入境的来自加纳的猪及其产品，一律在就近出入境检验检疫机构的监督下作销毁处理。

五、凡违反上述规定者，由出入境检验检疫机构依照《中华人民共和国进出境动植物检疫法》等有关规定处理。

关于禁止从伊朗、土耳其、秘鲁和菲律宾进口偶蹄动物及其产品的规定

（1999 年 11 月 10 日农业部 1999 年第 25 号公告）

根据世界动物卫生组织通报，近期伊朗、土耳其、秘鲁和菲律宾 4 国暴发牛、羊和猪口蹄疫，病毒毒型分别为亚洲-1、A 和 O 型。为防止这些国家的口蹄疫传入我国，保护我国畜牧业安全，根据有关法律法规，特规定如下：

一、禁止直接或间接从伊朗、土耳其、秘鲁和菲律宾 4 国输入偶蹄动物（包括偶蹄动物的胚胎和精液）及其产品。

二、禁止邮寄和游客携带伊朗、土耳其、秘鲁和菲律宾 4 国的偶蹄动物产品及偶蹄动物的胚胎和精液入境，一经发现，一律做销毁处理。

三、各级动物防疫监督机构和口岸动物植检疫机关，凡截获来自伊朗、土耳其、秘鲁和菲律宾 4 国的输入偶蹄动物（包括偶蹄动物的胚胎和精液）及其产品，一律就近销毁处理。

四、请各有关单位密切配合，通力合作，做好对从伊朗、土耳其、秘鲁和菲律宾 4 国输入偶蹄类动物（包括偶蹄动物的胚胎和精液）及其产品的查禁工作。

五、凡违反上述规定者，各级动物防疫监督机构和口岸动植物检疫机关应依照《中华人民共和国动物防疫法》和《中华人民共和国进出境动植物检疫法》等有关规定处理。

关于禁止从土耳其输入偶蹄动物及其产品的公告

(1999年11月11日国家检验检疫局1999年第25号公告)

1999年10月22日土耳其爆发了口蹄疫。为防止该病传入我国,保护我国的畜牧业生产,根据《中华人民共和国进出境动植物检疫法》第五条的规定,特公告如下:

一、自公告之日起,禁止直接或间接从土耳其输入偶蹄动物(如猪、牛、羊等)及其产品;已运抵口岸的来自土耳其的偶蹄动物及其产品一律作退回或销毁处理。

二、禁止邮寄或旅客携带来自土耳其的偶蹄动物产品进境,一经发现,一律作退回或销毁处理。

三、对途经我国或在我国停留的国际航行船舶、飞机、火车等,如发现有来自土耳其的偶蹄动物及其产品,一律作封存处理;对上述运输工具上的动植物性废弃物、泔水等一律在出入境检验检疫机构的监督下作无害化处理,不得擅自抛弃。

四、凡截获的走私入境的来自土耳其的偶蹄动物及其产品,一律在就近出入境检验检疫机构的监督下作退回或销毁处理。

五、凡违反上述规定者,由出入境检验检疫机构依照《中华人民共和国进出境动植物检疫法》等有关规定处理。

关于贯彻实施国家局第3、4、5、6号令有关问题的通知

(1999年12月17日国家检验检疫局国检动函[1999]500号)

各直属出入境检验检疫局:

国家局第3、4、5、6号令已经颁布,将于2000年1月1日起在全

国施行，并要求在2000年3月1日之前保证各项措施全部到位。为保证此项工作的顺利完成，现就实施过程中须注意的几个问题通知如下：

一、有关表格、证单的印制问题。

四个管理办法中都附有一定量的表格和证单，这些表格和证单暂由各直属局根据办法中规定的式样，自行印制。

二、供港澳活牛羊注册单位所需耳牌及配套用品，请各局按照国家局《关于由国家局统一组织供应供港澳活牛羊耳牌及配套用品的通知》(国检动函[1999]501号)的规定联系购置。

三、供港澳活牛羊《动物卫生证书》的评语。

供港澳活牛羊《动物卫生证书》使用下列证书评语：

兹证明：

1. 上述动物来自检验检疫机构注册的育肥场/中转场，注册场名称：

注册编号：　　　　　动物耳牌号见备注。

2. 经检查，上述动物健康状况良好，未发现狂犬病、口蹄疫、炭疽、结核病、布氏杆菌病及其他动物传染病、寄生虫病的临床症状。

3. 上述动物未饲喂或使用氯霉素、庆大霉素等禁用药品。

备注：(填写动物耳牌号)

*出境数量：　　　　　*出境日期：

*检疫官员：　　　　　*出境局签章：

证书评语中带*号的由出境口岸的检验检疫局填写，并将在出境口岸剔除的动物的耳牌号从证书上划去。

四、对四个令实施的意见。

(一) 各局要严格按照办法中规定的条件，对申请注册登记的单位进行认真考核。本着便于管理、鼓励规模经营的原则，兼顾市场拥有量，注册企业的数量要严格控制，不符合条件的坚决不予注册，同时也要防止垄断经营。

(二)《出口食用动物饲用饲料检验检疫管理办法》的适用范围

是对供人类食用的出口动物在国内饲养过程中及从饲养场至进口国家(地区)运输途中所用的饲料及相应的饲料生产、出口食用动物饲养、以及出口动物运输押运单位的管理。因此,本办法规定检验检疫的对象是我国出口(含供台港澳)的供人类食用的活动物在国内饲养及从注册场至进口国家或地区运输途中所用的饲料,而不是指所有的出口饲料,各局在实施该办法的过程中不能随意扩大范围。

目前该办法只在供港澳活猪饲用的饲料管理上实施。

(三)供港澳活牛羊检验检疫管理办法实施过程中应注意的几个问题。

1. 加强供港澳活羊产地疫情监测。由于供港澳活羊在注册中转场停留时间短,没有隔离观察的时间,只能从临床上对动物进行检查,具有较大风险性。所以,办法中要求注册的中转场必须与供货单位签订供货合同或协议,检验检疫机构根据该协议,可以初步了解活羊的产地,从而有针对性地开展疫情调查和监测,降低供港澳活羊传带疾病的风险。

2. 坚持活牛进出育肥场的隔离检疫制度。进场的活牛羊必须附有产地县级以上动物防疫检疫机构出具的有效动物检疫证书。持空白证书、涂改证书、填写不全的证书的,不准进场。各局应加强对各场收购牛只进场前的检疫监督管理工作。

3. 积极实行认可兽医制度,发挥认可兽医在所在注册场动物防疫检疫工作中的作用以及在检验检疫监督管理中的辅助作用。各注册场必须配备经检验检疫机构培训、考核认可的兽医。各局暂可根据实际情况,探讨对认可兽医的管理,为国家局明年展开有关调研和制定相关管理办法积累经验。

4. 坚持动物的免疫接种。免疫接种是动物防疫的重要手段,尤其是目前复杂的动物疫情形势下,一定要做好供港澳动物 W 病的免疫工作。对供港澳活牛,在育肥期内要免疫两次,一次在动物进入育肥场时进行,一次在动物出场前 10～15 天接种。要使用农业部批准的高效、多价、浓缩苗。请各局与当地防 W 病指挥部密切联系,保证各注册场使用疫苗的供应和质量。

5.加强运输工具和场地的消毒工作。活牛羊装运前,必须对运载工具进行消毒。广东、深圳、珠海局要加强对回空车辆(船舶)的消毒工作,使用国家防W病总指挥部办公室推荐使用的消毒试剂。

6. 坚持动物的监装。在目前严峻的动物疫情形势下,坚持供港澳活牛羊的监装是非常必要的,以确保供港澳的活牛羊来自检验检疫机构注册的企业,确保动物出场前及装车时临床健康、确保运输工具在装运前后经彻底清洗及用指定药物进行彻底消毒。

7. 各单位要做好业务干部统筹安排工作,尽可能选调相关专业技术人员充实检验检疫第一线,并须将对注册场的日常检疫监督、出场前检疫及监装工作责任到具体的处、分支机构及科室和人员,并实行层层负责制,以确保有关办法的落实。

各局要按照办法的规定,将注册登记和备案情况及时报国家局动植司备案。同时,要将办法实施过程中出现的问题及有关建议及时报国家局动植司。

关于禁止从意大利输入禽鸟及其产品的公告

(2000年1月21日国家检验检疫局2000年第3号公告)

1999年12月,意大利爆发高致病性禽流感。为防止该病传入我国,保护我国的畜牧业安全,根据《中华人民共和国进出境动植物检疫法》第五条,特公告如下:

一、自公告之日起,禁止直接或间接从意大利输入禽鸟及其产品;已运抵口岸的来自意大利的禽鸟及其产品一律作退回或销毁处理。

二、禁止邮寄或旅客携带来自意大利的禽鸟及其产品进境。一经发现,一律作退回或销毁处理。

三、对途经我国或在我国停留的国际航行船舶、飞机和火车等，如发现有来自意大利的禽肉及其制品，一律作封存处理；其交通员工自养自用的禽鸟，必须装入完好的笼具中，不得放在露天或甲板上；其废弃物、泔水等由出入境检验检疫机构作无害化处理。

四、凡截获的走私入境的来自意大利的禽鸟及其产品，一律在就近的出入境检验检疫机构监督下作销毁处理。

五、凡违反上述规定者，由出入境检验检疫机构依照《中华人民共和国进出境动植物检疫法》等有关规定处理。

关于禁止从葡萄牙共和国进口猪及其产品的规定

（2000 年 1 月 21 日农业部 2000 年第 28 号公告）

根据世界动物卫生组织通报，近期葡萄牙共和国暴发非洲猪瘟。为防止该国的非洲猪瘟传入我国，保护我国养猪业安全，根据有关法律法规，特规定如下：

一、禁止直接或间接从葡萄牙共和国输入猪（包括猪的胚胎和精液）及其产品。

二、禁止邮寄和游客携带葡萄牙共和国猪的产品及猪的胚胎和精液入境，一经发现，一律做销毁处理。

三、各级动物防疫监督机构和口岸动物检疫机关，凡截获来自葡萄牙共和国的猪（包括猪的胚胎和精液）及其产品，一律就近销毁处理。

四、请各有关单位密切配合，通力合作，做好对从葡萄牙共和国输入猪（包括猪的胚胎和精液）及其产品的查禁工作。

五、凡违反上述规定者，各级动物防疫监督机构和口岸动物检疫机关应依照《中华人民共和国动物防疫法》和《中华人民共和国进出境动植物检疫法》等有关规定处理。

关于禁止从法国、卢森堡输入禽鸟及其产品的公告

（2000 年 1 月 21 日国家检验检疫局 2000 年第 4 号公告）

1999 年 12 月，法国、卢森堡相继发生新城疫。为防止该病传入我国，保护我国的畜牧业安全，根据《中华人民共和国进出境动植物检疫法》第五条，特公告如下：

一、自公告之日起，禁止直接或间接从法国、卢森堡输入禽鸟及其产品；已运抵口岸的来自上述国家的禽鸟及其产品一律作退回或销毁处理。

二、禁止邮寄或旅客携带来自上述国家的禽鸟及其产品进境。一经发现，一律作退回或销毁处理。

三、对途经我国或在我国停留的国际航行船舶、飞机和火车等，如发现有来自上述国家的禽肉及其制品，一律作封存处理；其交通员工自养自用的禽鸟，必须装入完好的笼具中，不得放在露天或甲板上；其废弃物、泔水等由出入境检验检疫机构作无害化处理。

四、凡截获的走私入境的来自上述国家的禽鸟及其产品，一律在就近的出入境检验检疫机构监督下作销毁处理。

五、凡违反上述规定者，由出入境检验检疫机构依照《中华人民共和国进出境动植物检疫法》等有关规定处理。

关于允许自美国全境进口各种类型的小麦的公告

（2000 年 3 月 20 日农业部、外经贸部、
国家检验检疫局 2000 年第 114 号公告）

根据《中华人民共和国进出境动植物检疫法》及其实施条例以及中美两国政府签署的《中美农业合作协议》的有关规定，在保证美国

小麦不对中国小麦生产造成任何威胁的前提下，从即日起允许自美国全境进口各种类型的小麦。有关要求如下：

一、美国输往中国的小麦，在出口前，美国官方检验检疫部门须对小麦进行检验检疫，出具检验检疫证书。

二、美国输往中国的小麦，如含有 TCK，其孢子数量不得超过《中美农业合作协议》规定的数量。

三、在过渡期内，中美双方将开展 TCK 孢子允许量合作研究，如取得成果，今后将根据合作研究确定的孢子允许量执行。

关于同意美国部分州柑桔输华的公告

（2000 年 3 月 20 日农业部、外经贸部、
国家检验检疫局 2000 年第 115 号公告）

根据《中华人民共和国进出境动植物检疫法》及其实施条例以及中美两国政府签署的《中美农业合作协议》的有关规定，在有害生物风险评估的基础上，我国专家对美佛罗里达、得克萨斯、亚利桑那和加利福尼亚州输华柑桔进行了预检，认为预检结果符合有关规定。

因此，从即日起同意来自得克萨斯州、亚利桑纳州、佛罗里达州（目前仅限 Indian River，St. Lucie，Martin，Palm Beach，Collier，Hendry，Lee7 个县）、加利福尼亚州（目前仅限 Fresno，Tulare，Kern，Madera，Ventura，Monterey6 个县）由中国国家出入境检验检疫局和美国农业部共同指定的果园、承运人/包装厂、储藏库的柑桔在一定的检疫条件下输华。

关于进口的具体检疫要求和指定的果园、承运人/包装厂、储藏库名单请向国家出入境检验检疫局咨询（http://www.ciq.gov.cn）。

关于加拿大输华马铃薯种薯有关事项的公告

（2000年3月24日国家检验检疫局2000年第8号公告）

根据中华人民共和国国家出入境检验检疫局对加拿大输华马铃薯种薯的有害生物风险分析结果，中加双方于2000年3月16日签署了《中华人民共和国国家出入境检验检疫局和加拿大食品检验署关于加拿大马铃薯种薯输华植物卫生条件的议定书》，该议定书从签字之日起生效，加拿大输华马铃薯种薯必须符合该议定书的要求。

有关加拿大马铃薯种薯输华的具体检疫要求和相关信息，请向当地出入境检验检疫局或直接向国家出入境检验检疫局咨询（http://www.ciq.gov.cn）。

关于入境木制品货物检疫问题的通知

（2000年4月26日国家检验检疫局国检动函[2000]211号）

各直属检验检疫局：

据进口商和外方反映，我不同的检验检疫局在入境木制品货物检疫上做法不一致，有的要求输出国出具热处理证书、有的要求出具植物检疫证书。考虑到木制品在制作过程中一般都经过了加热或加压的程序，故携带有害生物的风险较小。为进一步规范入境木制品货物检疫工作，现将有关事宜通知如下：

凡进口经加热或加压等深加工程序制作的木制品货物，如木门、木窗、木镜框、画框、木质工具、木质家具、胶合板等，可不要求输出国（地区）官方检疫部门出具热处理证书，对不能提供官方植物检疫证书的，也可接受报检，各局可视其材种、加工程度和输出国家（地区）的疫情等具体情况按规定实施检疫。

关于执行进出口粮食饲料检验方法标准问题的通知

（2000年4月26日国家检验检疫局国检动函[2000]213号）

各直属检验检疫局：

《进出口粮油饲料检验名词术语》等56项检验方法标准(以下简称新方法标准)将于2000年5月1日起开始实施。其中，编号从SN/T 0789—1999～SN/T 0800.19和SN/T 0803.1～SN/T 0803.10共32项标准系进出口粮食饲料的检验方法标准。

为落实好新方法标准的实施，明确进出口粮食饲料的检验方法依据，继续做好进出口粮食饲料的检验检疫，现将有关事项通知如下：

一、请各局注意及时获取新方法标准的发行文本，组织有关人员研究学习，并将理解或执行中发现的有关问题及解决建议汇总整理后报动植物监管司(有关获取新方法标准的文本问题可与国家局标准法规研究中心联系)。

二、进出口粮食饲料检验的方法依据按以下要求依次确定：

1. 我国国家法律、行政法规规定的强制性检验方法标准或其他必须执行的检验方法标准(其必须高于进出口合同或信用证或其他有效贸易文件规定的检验方法标准或方法，否则，按下面第二款执行)；

2. 进出口合同或信用证或其他有效贸易文件规定的检验方法标准或方法；

3. 检验方法国家标准、检验检疫行业的方法标准；

4. 生产国检验方法标准、国际检验方法标准；

5. 符合规定的指定方法。

三、凡没有第二条中的2、4款的方法标准或检验方法的，各局可要求贸易方负责提供，或按照进出口粮食饲料检验方法资料收集分工方案(附件1)向有关局联系索取。

四、各局应将第三条对贸易方的要求及时通知各有关外贸单位。

五、承担收集检验方法资料任务的局要重视此项工作,提供必要的条件,组织做好检验方法资料的收集和整理,并按照各局的需要及时提供收集的方法资料。

六、请新方法标准的起草单位安排做好标准的答疑及宣贯准备。

附件:1. 进出口粮食饲料检验方法资料收集分工方案

2. 部分国家粮食饲料检验机构的联系资料

附件1

进出口粮食饲料检验方法资料收集分工方案

局名	国别
上海	加拿大
深圳	美国
天津	南美国家
河北	澳大利亚
山东	其他欧洲国家
广东	东南亚国家
江苏	法国和英国
辽宁	上述国家以外的其他国家及有关国际标准

附件2

部分国家粮食饲料检验机构的联系资料

美国农业部谷物检验、包装和饲料管理局

U. S Department of Agriculture's Grain Inspection,

Packers and Stockyards Admisistration

USDA,GIPSA,FGIS

1 400 Independence Ave. ,SW

Washington,DC 20250

联系人：

International Monitoring Staff

Fax:202-720-1015

John B. Pitchford Chief

202-720-0226 jpitchfo@gipsadc. usda. gov

Diane Blunt

202-720-0226 dsblunt@gipsadc. usda. gov

Standards and Procedures Branch

Fax:202-720-1015

John C. Giler Chief

202-720-0252 jgiler@gipsadc. usda. gov

Susan Mahon Secretary

202-720-0252 smahon@gipsadc. usda. gov

加拿大谷物委员会

Canadian Grain Commission

600-303 Main Street,Winnipeg MB R3C 3G8

Telephone:(204) 983-2770 or Fax:(204) 983-2751

Web site:www. cgc. ca

联系人:Mr. Len Seguin

Chief Grain Inspector for Canada

Industry Service

900-303 Main Street,Winnipeg MB R3C 3G8

Tel:204 983-2780 Fax:(204)983-7550

Email:lseguin@cgc. ca

澳大利亚小麦局

Australia Wheet Board-Limited

Web site:www. awb. com. au

关于禁止从蒙古国输入偶蹄动物及其产品的公告

（2000年5月7日国家检验检疫局2000年第10号公告）

近日，我局获悉蒙古国东戈壁省乌兰巴德拉赫县爆发了口蹄疫。为防止该病传入我国，保护我国的畜牧业生产，根据《中华人民共和国进出境动植物检疫法》第五条的规定，特公告如下：

一、自公告之日起，禁止直接或间接从蒙古国输入偶蹄动物（如猪、牛、羊等）及其产品；已运抵口岸的来自蒙古国的偶蹄动物及其产品一律作退回或销毁处理。

二、禁止邮寄或旅客携带来自蒙古国的偶蹄动物产品进境，一经发现，一律作退回或销毁处理。

三、对途经我国或在我国停留的国际航行船舶、飞机、火车等，如发现有来自蒙古国的偶蹄动物及其产品，一律作封存处理；对上述运输工具上的动植物性废弃物、泔水等一律在出入境检验检疫机构的监督下作无害化处理，不得擅自抛弃。

四、凡截获的走私入境的来自蒙古国的偶蹄动物及其产品，一律在就近出入境检验检疫机构的监督下作退回或销毁处理。

五、对来自蒙古国的飞机、列车、汽车等运输工具实施防疫消毒处理。

六、凡违反上述规定者，由出入境检验检疫机构依照《中华人民共和国进出境动植物检疫法》等有关规定处理。

关于禁止从保加利亚输入猪、野猪及其产品的公告

（2000年5月11日国家检验检疫局2000年第12号公告）

2000年4月，保加利亚爆发了猪瘟。为防止该病传入我国，保护我国的畜牧业安全，根据《中华人民共和国进出境动植物检疫法》第

五条的规定，特公告如下：

一、自公告之日起，禁止直接或间接从保加利亚输入猪、野猪及其产品；已运抵口岸的来自保加利亚的猪、野猪及其产品一律作退回或者销毁处理。

二、禁止邮寄或旅客携带来自保加利亚的猪、野猪及其产品进境，一经发现，一律作退回或者销毁处理。

三、对途经我国或在我国停留的国际航行船舶、飞机和火车等，如发现有来自保加利亚的猪、野猪及其产品，一律作封存处理；对上述运输工具上的动植物性废弃物、泔水等一律在出入境检验检疫机构的监督下作除害处理。

四、凡截获的走私入境的来自保加利亚的猪、野猪及其产品，一律就近在出入境检验检疫机构监督下作销毁处理。

五、凡违反上述规定者，由出入境检验检疫机构依照《中华人民共和国进出境动植物检疫法》等有关规定处理。

关于禁止从墨西哥输入禽鸟及其产品的公告

（2000 年 5 月 11 日国家检验检疫局 2000 年第 13 号公告）

2000 年 4 月，墨西哥爆发了新城疫。为防止该病传入我国，保护我国的畜牧业安全，根据《中华人民共和国进出境动植物检疫法》第五条的规定，特公告如下：

一、自公告之日起，禁止直接或间接从墨西哥输入禽鸟及其产品；已运抵口岸的来自墨西哥的禽鸟及其产品一律作退回或者销毁处理。

二、禁止邮寄或旅客携带来自墨西哥的禽鸟及其产品进境，一经发现，一律作退回或者销毁处理。

三、对途经我国或在我国停留的国际航行船舶、飞机和火车等，如发现有来自墨西哥的禽肉及其制品，一律作封存处理；其交通员工自养自用的禽鸟，必须装入完好的笼具中，不得放在露天或甲板上；其废弃物、泔水等在出入境检验检疫机构的监督下作除害处理。

四、凡截获的走私入境的来自墨西哥的禽鸟及其产品，一律在就近的出入境检验检疫机构监督下作销毁处理。

五、凡违反上述规定者，由出入境检验检疫机构依照《中华人民共和国进出境动植物检疫法》等有关规定处理。

关于禁止从俄罗斯输入偶蹄动物及其产品的公告

（2000 年 5 月 15 日国家检验检疫局 2000 年第 14 号公告）

近日，我局获悉俄罗斯普里莫尔斯基地区乌苏里斯克区爆发了口蹄疫。为防止该病传入我国，保护我国的畜牧业生产，根据《中华人民共和国进出境动植物检疫法》第五条的规定，特公告如下：

一、自公告之日起，禁止直接或间接从俄罗斯输入偶蹄动物（如猪、牛、羊等）及其产品；已运抵口岸的来自俄罗斯的偶蹄动物及其产品一律作退回或销毁处理。

二、禁止邮寄或旅客携带来自俄罗斯的偶蹄动物产品进境，一经发现，一律作退回或销毁处理。

三、对途经我国或在我国停留的国际航行船舶、飞机、火车等，如发现有来自俄罗斯的偶蹄动物及其产品，一律作封存处理；对上述运输工具上的动植物性废弃物、泔水等一律在出入境检验检疫机构的监督下作无害化处理，不得擅自抛弃。

四、凡截获的走私入境的来自俄罗斯的偶蹄动物及其产品，一律在就近出入境检验检疫机构的监督下作退回或销毁处理。

五、对来自俄罗斯的飞机、火车、汽车等运输工具实施防疫消毒处理。

六、凡违反上述规定者，由出入境检验检疫机构依照《中华人民共和国进出境动植物检疫法》等有关规定处理。

关于对供港澳活畜检验检疫单证签证兽医官备案的通知

（2000年5月26日国家检验检疫局国检动函[2000]263号）

各直属检验检疫局：

为保证供港澳活畜禽各项检验检疫法规的贯彻实施，从而保证供港澳活畜禽的健康和食用安全，并应港澳特区政府有关主管部门的要求，国家局曾要求各局将正式或临时的供港澳活猪、活牛和活羊的检验检疫单证的签证兽医官报国家局和离境口岸局备案，并由离境口岸局负责汇总后向特区政府有关部门备案。根据工作需要和机构改革后人员变动的实际情况，国家局决定，对负责签发供港澳活畜禽检验检疫单证的签证兽医官的资格进行统一备案，现将有关事宜通知如下：

一、自2000年7月1日起，供港澳活畜禽的检验检疫单证均须由符合本文第二条规定资格并经国家局和离境口岸局备案的兽医官签发。自7月2日起，凡无备案兽医官签发的检验检疫证书，运抵离境口岸的活畜禽一律不准出境，由此对企业造成的一切损失，由单证出具局承担；对伪造、变造备案签证兽医官签名的；除禁止有关畜禽出境外，并追究有关责任单位和责任人的法律责任。

二、港澳活畜禽签证兽医官须具备如下资格：

1. 具有高度的责任心，遵纪守法，坚持原则，热爱检验检疫工作；

2. 熟悉有关进出境动物检疫的法规、尤其供港活畜禽检验检疫的有关法规与要求；

3. 具备大学本科及以上兽医专业学历；

4. 具有兽医师或以上的技术职称或行政副科级（含副科级）以上行政职务，有较高的出入境动物检疫管理和技术水平：

5. 从事兽医临床工作3年以上，有一定的临床检疫经验；

6. 在直属局或分支局直接从事动物检疫工作及管理的公务员。

三、选择签证兽医官须严格标准，控制数量。请各直属检验检疫局以文件形式并附《供港澳活畜禽检验检疫单证签证兽医官备案表》一式8份(国家局3份、深圳局3份、珠海局2份)于6月31日前报国家局并抄深圳局和珠海局备案。在备案表中和有关检验检疫证书上签证兽医官须用蓝色或蓝黑墨水钢笔或签字笔签名，其他颜色无效。

今后，因工作需要，对符合上述第二条规定资格的签证兽医官进行变更时，各直属局至少提前2个月将变更情况按上述要求及时报国家局并抄深圳局和珠海局备案。

四、过去已正式或临时报国家局及离境口岸局备案的签证兽医官资格自2000年7月1日一律注销。自2000年7月1日起，凡未按此通知规定报送国家局及离境口岸局备案的人员一律不得签发供港澳活畜禽检验检疫单证。

五、深圳局和珠海局须及时将各局抄送的备案签证兽医官的有关情况及签名笔迹分别送港澳特区政府有关主管部门，并将以后有关变更情况及时送港澳特区政府有关主管部门。

附件：供港澳活畜禽检验检疫单证签证兽医官备案表

附件

供港澳活畜禽检验检疫单证签证兽医官备案表

备案单位(公章)： 填报时间：

姓名	性别	出生年月	毕业学校	所学专业	最高学历	参加工作时间	工作岗位(具体到科室)	职务	职称	直接从事动物检疫时间	签名

注：签证兽医官必须用蓝色或蓝黑色钢笔或签字笔签名，其他颜色无效。

关于恢复从法国进口禽鸟及其产品的公告

（2000 年 6 月 2 日国家检验检疫局 2000 年第 15 号公告）

自 1999 年 11 月 17 日法国发生最后一例新城疫并采取严格扑杀控制措施后，迄今未再发生新的新城疫疫情。因此，从公告之日起恢复从法国进口禽鸟及其产品。

关于禁止从阿根廷和塔吉克斯坦输入偶蹄动物及其产品的公告

（2000 年 8 月 31 日国家检验检疫局 2000 年第 20 号公告）

近日，我局获悉，2000 年 8 月阿根廷和塔吉克斯坦相继爆发口蹄疫。为了防止该病传入我国，保护我国的畜牧业生产，根据《中华人民共和国进出境动植物检疫法》的规定，特公告如下：

一、自公告之日起，禁止直接或间接从阿根廷和塔吉克斯坦输入偶蹄动物（如猪、牛、羊等）及其产品；已运抵口岸的来自阿根廷和塔吉克斯坦的偶蹄动物及其产品一律作退回或销毁处理。

二、禁止邮寄或旅客携带来自阿根廷和塔吉克斯坦的偶蹄动物及其产品进境，一经发现，一律作退回或销毁处理。

三、对途经我国或在我国停留的国际航行船舶、飞机和火车等，如发现有来自阿根廷和塔吉克斯坦的偶蹄动物及其产品，一律作封存处理；对上述运输工具上的动植物性废弃物、泔水等一律在出入境检验检疫机构的监督下作无害化处理，不得擅自抛弃。

四、凡截获的走私入境的来自阿根廷和塔吉克斯坦的偶蹄动物及其产品，一律在就近出入境检验检疫机构监督下作销毁处理。

五、凡违反上述规定者，由出入境检验检疫机构依照《中华人民共和国进出境动植物检疫法》等有关规定处理。

关于重申严防疯牛病传入我国的紧急通知

（2000年12月13日国家检验检疫局国检发明电[2000]55号）

各省、自治区、直辖市检验检疫局，深圳、厦门、宁波、珠海检验检疫局：

最近，疯牛病事件在整个欧洲越演越烈，已成为世界各国关注的焦点，为进一步防止疯牛病传入我国，现将有关问题重申如下：

1. 继续严格执行农业部农检疫发[1996]3号“关于重申严防牛海绵状脑病传入我国的通知”等规定，禁止进口发尘疯牛病国家的相关动物、动物产品。目前发生疯牛病的国家和地区有：英国、爱尔兰、法国、瑞士、德国、意大利、阿曼、丹麦、荷兰、比利时、西班牙、卢森堡、葡萄牙、列支敦士登和福克兰群岛。

2. 加强口岸查验工作，确保货证相符，严防禁止进境物进境。

3. 进口的动物和动物产品必须按规定办理检疫审批手续，准许进口的动物和动物产品必须有输出国或地区政府动植物检疫机关按照中国的检疫要求出具的有效检疫证书，检疫证书中必须注明动物或动物产品的品种，没有依法办理检疫审批手续或无有效检疫证书的，一律不准入境。

4. 执行中有何问题，请及时报国家局。

关于贯彻实施《供港澳活禽检验检疫管理办法》有关问题的通知

（2000年12月13日国家检验检疫局国检动函[2000]697号）

各直属检验检疫局：

《供港澳活禽检验检疫管理办法》已经国家局2000年第26号令

颁布。现就贯彻实施该办法有关事项通知如下：

一、各局要认真组织学习，并严格按照办法的规定，加强对供港澳活禽注册饲养场的监督管理和检验检疫工作。

二、鉴于目前供港澳注册禽场都位于广东省和广西自治区境内，而且现有注册禽场养殖的活禽数量已经供大于求，因此，如果没有特殊情况，该管理办法目前只在广东、深圳、珠海、广西局组织实施，不扩大范围进行禽场注册。

三、根据该办法对供港澳活禽饲养场的条件和动物卫生基本要求，各有关局要对目前注册的供港澳活禽饲养场进行全面清理整顿，按照规定的条件和要求严格考核，对不符合条件的，要限期整改或取消注册资格，严格控制注册场的数量，注册场的数量以能满足供港澳家禽的配额为限。有关注册场清理整顿的结果（名称、2000 年饲养量、2000 年供港澳数量）于 2001 年 1 月底前报国家局。

四、对禽流感（H5）血凝抑制试验检测结果大于 1∶8 的，视为阳性，同群活禽不准供港澳。

五、关于供港澳活禽饲养场注册编号原则，管理办法中附件 5 已经做了规定。注册证的印制暂由各局按照管理办法中附件 3 的格式自行印制。

关于加强肉骨粉等动物性饲料产品管理的通知

（2000 年 12 月 30 日农业部、外经贸部、
国家检验检疫局农牧发[2000]21 号）

各省、自治区、直辖市畜牧（农业、农牧）厅（局、办），外经贸委（厅、局），各直属检验检疫局：

为了加强肉骨粉等动物性饲料产品（包括肉骨粉、骨粉、肉粉、血粉、血浆粉、动物下脚料、动物脂肪、干血浆及其他血液产品、脱水蛋白、蹄粉、角粉、鸡杂碎粉、羽毛粉、油渣、鱼粉、磷酸氢钙、骨胶，以及用上述原料加工制作的各类饲料，下称动物性饲料产品）的管理，防止使用禁用的动物性饲料产品，保护我国畜牧业生产安全和人民身

体健康，现将有关问题通知如下：

一、根据《饲料和饲料添加剂管理条例》（简称《条例》）和《进口饲料和饲料添加剂登记管理办法》（农业部 38 号令，简称《办法》）的规定，外国企业生产的饲料首次向中华人民共和国境内销售的，应当向中华人民共和国农业部申请登记，取得产品登记证；未取得产品登记证的饲料不得在中国境内销售、使用。上述动物性饲料产品属于《条例》调整的“单一饲料”范畴，必须按照《办法》的规定办理登记。

二、要高度重视对动物性饲料产品的管理，严防“疯牛病”等疫病传入。要严格遵守国务院有关部门自 1990 年以来陆续发布的有关防止“疯牛病”和“痒病”传入的规定。

三、各省级饲料管理部门要对本辖区的动物性饲料产品的经营、使用情况进行一次全面检查。凡擅自经营和使用禁止使用的动物性饲料产品，要立即就地销毁，并依法追究当事人的责任；凡未取得登记证的非疫病国家的动物性饲料产品要立即予以查封，限期补办有关手续，并依据《条例》实施处罚；省级饲料行政管理部门要加强对该类产品经营、使用的监控。

四、输入动物性饲料产品，须事先向出入境检验检疫部门提出申请，办理检疫审批手续。从现在起，出入境检验检疫部门凭农业部颁发的产品登记证受理进境动植物检疫许可证申请。对已办理有关进境检疫审批手续的动物性饲料产品，必须有出口国官方出具的符合进境检疫许可证要求的检疫证书，证明其来源的动物品种。凡不符合规定的或没有办理有关进境检疫审批手续的动物性饲料产品，一律做退回处理。各出入境检验检疫部门要依法严格对允许进口的动物性饲料产品实施检验检疫。

五、省级饲料质量监测机构应依据同类动物不得饲用同类动物性饲料产品的原则，加强对动物性饲料产品的监督检测。要组织一次专项检测，防止该类产品扩大应用范围，并将检测结果报送当地省级饲料行政管理部门。

六、从 2001 年 1 月 1 日起，禁止从欧盟国家进口动物性饲料产品，各有关单位要认真严格执行。今后，农业部、国家出入境检验检疫局和对外贸易经济合作部将根据我国禁止进口发生重大疫情国家动物及其产品的有关规定对该类产品的管理作相应调整。

关于严格执行《关于加强肉骨粉等动物性饲料产品管理的通知》有关问题的通知

（2001年1月22日国家检验检疫局国检明发[2001]4号）

各省、自治区、直辖市检验检疫局，宁波、厦门、深圳、珠海检验检疫局：

为有效防止疯牛病传入我国，农业部、对外贸易经济合作部、国家出入境检验检疫局联合下发了《关于加强肉骨粉等动物性饲料产品管理的通知》，禁止从欧盟国家进口动物性饲料产品。为防止欧盟国家的动物性饲料产品通过其他国家转口至我国，现将有关问题通知如下：

1. 加强对动物性饲料产品的检疫审批管理工作，进口公司须凭农业部颁发的产品登记证办理进境检疫许可证。

2. 加强对进境动物性饲料产品有关单证的审核工作，确保进境检疫许可证、输出国检疫证书等单证中产地国家的一致性。

3. 加强对进境动物性饲料产品的查验工作，确保货证相符。

4. 加强对进境动物性饲料产品的检验检疫工作。

5. 在执行《关于加强肉骨粉等动物性饲料产品管理的通知》中有何问题，请及时报国家局。

关于调整进口原木检疫要求的公告

（2001年2月6日国家检验检疫局、海关总署、国家林业局、农业部、外经贸部2001年第2号公告）

近年来，我国出入境检验检疫机构在进口原木中截获大量的林木有害生物，根据我国专家进行的有害生物风险分析，其中多数是检疫性有害生物。为防止林木有害生物随进口原木传入我国,保护我国森林、生态环境及旅游资源,根据《中华人民共和国进出境动植物检疫法》及其实施条例的规定,现对进口原木的检疫要求公告如下:

一、进口原木须附有输出国家或地区官方检疫部门出具的植物检疫证书,证明不带有中国关注的检疫性有害生物或双边植物检疫协定中规定的有害生物和土壤。

二、进口原木带有树皮的,应当在输出国家或地区进行有效的除害处理,并在植物检疫证书中注明除害处理方法、使用药剂、剂量、处理时间和温度;进口原木不带树皮的,应在植物检疫证书中作出声明。

三、进口原木未附有植物检疫证书的,以及带有树皮但未进行除害处理的,不准入境。出入境检验检疫机构对进口原木进行检疫,发现检疫性有害生物的,监督进口商进行除害处理,处理费用由进口商承担。无法作除害处理的,作退运处理。

四、进口商应将上述检疫要求列入贸易合同中。

五、各入境口岸海关要加强对进口原木的监管力度,对经检疫合格的原木,凭出入境检验检疫机构签发的“入境货物通关单”办理手续。

六、本公告自 2001 年 7 月 1 日起施行。

关于取消从乌拉圭东岸共和国进口偶蹄动物及其产品的禁止措施的公告

(2001 年 2 月 21 日农业部、国家检验检疫局 2001 年第 142 号公告)

2000 年 10 月乌拉圭东岸共和国暴发口蹄疫后,该国采取严格的控制和扑灭措施,及时扑灭了疫情。2001 年 1 月 25 日世界动物卫生组织经评估已经重新确认乌拉圭东岸共和国为不注苗无口蹄疫国家。鉴于上述情况,自本公告发布之日起,取消从乌拉圭东岸共和国进口偶蹄动物及其产品的禁止措施,农业部 2000 年第 43 号令同时停止执行。

关于防止疯牛病传入我国的公告

（2001 年 3 月 1 日农业部、国家检验检疫局 2001 年第 143 号公告）

为防止疯牛病传入，保护我国畜牧业安全和人体健康，根据《中华人民共和国进出境动植物检疫法》等有关法律法规的规定，现公告如下：

一、禁止直接或间接从发生疯牛病的国家或地区进口牛、牛胚胎、牛精液、牛肉类产品（包括牛内脏）及其制品、反刍动物源性饲料（包括牛、羊等的肉骨粉、骨粉、肉粉、血粉、血浆粉、干血浆及其它血液制品、脱水蛋白、蹄粉、角粉、油渣、磷酸氢钙、明胶，以及用上述原料加工制作的各类饲料）。

二、禁止从欧盟成员国进口动物源性饲料产品，严格执行农业部、对外贸易经济合作部和国家出入境检验检疫局联合下发的《关于加强肉骨粉等动物性饲料产品管理的通知》（农牧发[2000]21 号）。

三、禁止从欧盟成员国进口牛、牛胚胎、牛精液、牛肉类产品（包括牛内脏）及其制品。

四、禁止携带、邮寄上述所列物品进境。

五、凡截获的走私进境的上述物品，一律在就近的出入境检验检疫机构监督下作销毁处理。

六、对途经我国或在我国停留的国际航行船舶、飞机和车辆等，如发现有来自疯牛病国家或地区的上述物品，一律作封存处理。

七、截止目前发生疯牛病的国家为：英国、爱尔兰、瑞士、法国、比利时、卢森堡、荷兰、德国、葡萄牙、丹麦、意大利、西班牙、列支敦士登。今后，凡有新发生疯牛病的国家，将自动列入上述名录。

八、凡违反上述规定者，由出入境检验检疫机构依照《中华人民共和国进出境动植物检疫法》有关规定处理。

九、各出入境检验检疫机构、各级动物防疫监督机构要分别依照《中华人民共和国进出境动植物检疫法》和《中华人民共和国动物防疫法》的有关规定，密切配合，做好检疫、防疫和监督工作。

关于防止疯牛病和痒病传入我国的公告

（2001年3月1日农业部、国家检验检疫局2001年第144号公告）

为防止疯牛病和痒病传入，我国禁止从疯牛病和痒病疫区国家或地区进口动物性饲料产品，并已从2001年1月1日起禁止从欧盟进口动物性饲料产品。为加强对进口动物性饲料的管理，防止被我国禁止的动物性饲料产品通过第三国转口或混入第三国的饲料进口到我国，现公告如下：

一、进口动物性饲料产品必须按《进口饲料和饲料添加剂登记管理办法》的规定，向农业部申请登记，取得产品登记证。

二、进口单位进口动物性饲料产品，在签定贸易合同前必须凭产品登记证复印件向出入境检验检疫机构申请，取得《中华人民共和国进境动植物检疫许可证》。

三、进口的动物性饲料产品，必须符合中国的检验检疫要求：

（一）必须随附出口国家或地区官方检验检疫机构出具的卫生证书正本；

（二）卫生证书中必须声明动物性饲料产品是用来源于本国动物的原料生产的，不含有第三国的动物性饲料产品并且没有受到第三国动物性饲料产品的污染；

（三）卫生证书中必须注明动物性饲料产品来源的动物种类；

（四）进境的动物性饲料产品必须货证相符；

（五）进境的动物性饲料产品必须经出入境检验检疫机构检疫合格或经处理合格。

四、对在此公告发布前已装运的动物性饲料产品，如出口国家或地区出具的卫生证书中没有注明本公告第三条（二）、（三）款内容的，出口国家或地区检验检疫机构必须补充书面声明，证明该批动物性饲料产品符合本公告第三条(二)、(三)款的要求。

五、对不符合上述要求的,一律做退回或销毁处理。

六、本公告所称动物性饲料产品是指源于动物或产自于动物的产品经工业化加工、制作的供动物食用的饲料。

关于防止瑞典新城疫传入我国的公告

(2001年3月1日农业部、国家检验检疫局2001年第146号公告)

2001年2月6日,瑞典暴发新城疫(Newcastle Disease)。为防止该病传入我国,保护我国畜牧业安全,根据《中华人民共和国进出境动植物检疫法》等有关法律法规,特公告如下:

一、公告之日起,禁止直接或间接从瑞典输入禽鸟及其产品;已运抵口岸的来自瑞典的禽鸟及其产品一律作退回或者销毁处理。

二、禁止邮寄或旅客携带来自瑞典的禽鸟及其产品进境,一经发现,一律作退回或销毁处理。

三、对途经我国或在我国停留的国际航行船舶、飞机和火车等,如发现有来自瑞典的禽鸟及其产品,一律作封存处理;对上述运输工具上的动植物性废弃物、泔水等一律在出入境检验检疫机构的监督下作无害化处理,不得擅自抛弃。

四、凡截获的走私入境的来自瑞典的禽鸟及其产品,一律在就近的出入境检验检疫机构监督下作销毁处理。

五、凡违反上述规定者,由出入境检验检疫机构依照《中华人民共和国进出境动植物检疫法》有关规定处理。

六、各出入境检验检疫机构、各级动物防疫监督机构要分别依照《中华人民共和国进出境动植物检疫法》和《中华人民共和国动物防疫法》的有关规定,密切配合,做好检疫、防疫和监督工作。

关于防止以色列新城疫传入我国的公告

（2001年3月12日农业部、国家检验检疫局2001年第148号公告）

2001年2月4日，以色列暴发新城疫（Newcastle Disease）。为防止该病传入我国，保护我国畜牧业安全，根据《中华人民共和国进出境动植物检疫法》等有关法律法规，特公告如下：

一、禁止直接或间接从以色列输入禽鸟及其产品；已运抵口岸的来自以色列的禽鸟及其产品一律作退回或者销毁处理。

二、禁止邮寄或旅客携带来自以色列的禽鸟及其产品进境，一经发现，一律作退回或销毁处理。

三、对途经我国或在我国停留的国际航行船舶、飞机和火车等，如发现有来自以色列的禽鸟及其产品，一律作封存处理；其交通员工自养自用的禽鸟，必须装入完好的笼具中；其废弃物、泔水等，在出入境检验检疫机构的监督下作无害化处理。

四、凡截获的走私入境的来自以色列的禽鸟及其产品，一律在就近的出入境检验检疫机构监督下作销毁处理。

五、凡违反上述规定者，由出入境检验检疫机构依照《中华人民共和国进出境动植物检疫法》有关规定处理。

六、各出入境检验检疫机构、各级动物防疫监督机构要分别依照《中华人民共和国进出境动植物检疫法》和《中华人民共和国动物防疫法》的有关规定，密切配合，做好检疫、防疫和监督工作。

七、本公告自发布之日起执行

关于防止法国、阿根廷、沙特阿拉伯和印度口蹄疫传入我国的公告

（2001年3月15日农业部、国家检验检疫局2001年第149号公告）

继英国发生口蹄疫后，近日法国、阿根廷、沙特阿拉伯和印度也相继发生了口蹄疫（Foot and Mouth Disease）。为防止该病传入我国，保护我国畜牧业安全，根据《中华人民共和国进出境动植物检疫法》等有关法律法规，特公告如下：

一、禁止直接或间接从法国、阿根廷、沙特阿拉伯和印度输入偶蹄动物及其产品；已运抵口岸的来自法国、阿根廷、沙特阿拉伯和印度的偶蹄动物及其产品一律作退回或者销毁处理。

二、禁止邮寄或旅客携带来自法国、阿根廷、沙特阿拉伯和印度的偶蹄动物产品进境，一经发现，一律作退回或销毁处理。

三、对途经我国或在我国停留的国际航行船舶、飞机和车辆等，如发现有来自法国、阿根廷、沙特阿拉伯和印度的偶蹄动物及其产品，一律作封存处理；对上述运输工具上的动植物性废弃物、泔水等一律在出入境检验检疫机构的监督下作无害化处理，不得擅自抛弃。

四、凡截获的走私入境的来自法国、阿根廷、沙特阿拉伯和印度的偶蹄动物及其产品，一律在就近的出入境检验检疫机构监督下作销毁处理。

五、凡违反上述规定者，由出入境检验检疫机构依照《中华人民共和国进出境动植物检疫法》有关规定处理。

六、各出入境检验检疫机构、各级动物防疫监督机构要分别依照《中华人民共和国进出境动植物检疫法》和《中华人民共和国动物防疫法》的有关规定，密切配合，做好检疫、防疫和监督工作。

七、本公告自发布之日起执行。

关于允许进口美国烟叶的公告

（2001年3月19日农业部、国家检验检疫局2001年第151号公告）

根据《中华人民共和国进出境动植物检疫法》及其实施条例，以及中美双方达成的《关于美国烟叶输往中国的植物检疫议定书》的有关规定，在保证美国烟叶不对中国烟草生产安全造成任何威胁的前提下，自本公告发布之日起允许进口美国烟叶，有关要求如下：

一、美国烟叶是指产于美国，并在美国经过调制和加工（打叶和复烤）后的烤烟和白肋烟。

二、国家检验检疫部门将派检疫人员随中国烟叶采购团，赴美国对拟采购的烟叶实施境外预检，经预检合格的美国烟叶方可输往中国。

三、美国输往中国的烟叶不得带有烟草霜霉菌卵孢子或者活的孢囊孢子、菌丝以及其他检疫性有害生物。美国官方检疫部门对输往中国的烟叶监督加工并进行严格检疫，对符合检疫要求的烟叶出具植物检疫证书，并在证书上注明烟叶的批次编号（合同编号）及烟草种植的州和县。没有上述植物检疫证书的美国烟叶不得入境。

四、美国输往中国的烟叶应密封包装，并在包装箱上标明烟叶类型、批次编号（合同编号）、收获年份、等级及加工厂等信息。

五、各出入境检验检疫机构、各级农业植物检疫机构分别依照《中华人民共和国进出境动植物检疫法》和《植物检疫条例》的有关规定，密切配合，做好疫情监测工作。

六、其他要求按《关于美国烟叶输往中国的植物检疫议定书》的规定执行。

关于暂停从有椰心叶甲发生的国家及地区进口棕榈科植物种苗的公告

（2001年3月26日农业部、林业局、国家检验检疫局
2001年第154号公告）

根据《中华人民共和国进出境动植物检疫法》等有关法律法规的规定，以及椰心叶甲[*B. Longissima*（*Gestro*）]等植物疫情的最新变化情况，特公告如下：

一、自本公告发布之日起，暂停从有椰心叶甲发生的国家及地区，包括印度尼西亚、澳大利亚、巴布亚新几内亚、所罗门群岛、新喀里多尼亚、萨摩亚群岛、法属波利尼西亚、新赫布里第群岛、俾斯麦群岛、社会群岛、塔西提岛及中国台湾和香港进口棕榈科植物种苗。

二、请各省、自治区、直辖市、计划单列市农业、林业部门自本公告发布之日起暂停办理有关检疫审批手续。

三、对于在本公告发布前已办完检疫审批手续的进境棕榈科植物种苗，有关检验检疫部门要针对椰心叶甲采取严格的检疫和监管措施，防止疫情传入。

关于防止疯牛病传入我国的公告

（2001年3月27日卫生部、国家检验检疫局
2001年第1号公告）

为防止疯牛病传入我国，保障我国人民身体健康和生命安全，根据《中华人民共和国食品卫生法》和《中华人民共和国进出境动植物检疫法》的规定，公告如下：

一、自公告之日起，禁止进口和销售来自发生疯牛病国家的以

牛肉、牛组织、脏器等为原料生产制成的食品(乳与乳制品除外)。

二、禁止邮寄或旅客携带来自发生疯牛病国家的上述物品或产品入境,一旦发现,即行销毁。

特此公告。

关于加强对暗褐断眼天牛检疫的通知

(2001年4月13日国家质检总局质检办动函[2001]2号)

各直属检验检疫局:

自去年4月北京检验检疫局在进口法国的木质包装中截获暗褐断眼天牛(*Tetropium fuscum*)后,今年3月23日江苏检验检疫局再次在法国木质包装中发现此天牛。1999年暗褐断眼天牛通过木质包装传入加拿大,造成大片云杉树死亡。该天牛分布于欧洲和亚洲的土耳其、日本,我国无分布。主要为害云杉、冷杉、松树及落叶松。此外,上海检验检疫局日前在来自欧洲国家的木质包装中还截获到光胸断眼天牛成虫。

为防止暗褐断眼天牛等检疫性林木害虫传入我国,请各局高度重视木质包装检疫工作,进一步加强对来自法国等暗褐断眼天牛疫区国家的木质包装、原木、板(方)材的检疫,严防暗褐断眼天牛传入我国。如发现此天牛,应立即采取除害处理措施,并报告总局。

关于防止蒙古口蹄疫传入我国的公告

(2001年4月2日农业部、国家质检总局2001年第156号公告)

即蒙古国东部苏赫巴托、东方和肯特三省发生口蹄疫(Foot and Mouth Disease)后,近期该国首都乌兰巴托又爆发了口蹄疫。为防止该病传入我国,农业部和国家出入境检验检疫总局分别于2000年5月发布第36号农业部令和第19号国家出入境检验检疫局公告,禁止蒙古的偶蹄动物及其产品入境。鉴于这次蒙古国发生口蹄疫十分严重并由继续蔓延的趋势，为保护我国畜牧业安全，根据《中华人民共和国进出境动植物检疫法》等有关法律法规，特公告如下：

一、禁止直接或间接从蒙古国输入偶蹄动物及其产品；已运抵口岸的来自蒙古国的偶蹄动物及其产品一律作退回或者销毁处理。

二、禁止邮寄或旅客携带来自蒙古国的偶蹄动物产品进境，一经发现，一律作退回或销毁处理。

三、对途经我国或在我国停留的国际航行船舶、飞机和车辆等，如发现有来自蒙古国的偶蹄动物及其产品，一律作封存处理；对上述运输工具上的动植物性废弃物、泔水等一律在出入境检验检疫机构的监督下作无害化处理，不得擅自抛弃。

四、凡截获的走私入境的来自蒙古国的偶蹄动物及其产品，一律在就近的出入境检验检疫机构监督下作销毁处理。

五、凡违反上述规定者，由出入境检验检疫机构依照《中华人民共和国进出境动植物检疫法》的有关规定处理。

六、各出入境检验检疫机构、各级动物防疫监督机构要分别依照《中华人民共和国进出境动植物检疫法》和《中华人民共和国动物防疫法》的有关规定，密切配合，做好检疫、防疫和监督工作。

七、本公告自发布之日起执行。第 36 号农业部令和国家出入境检验检疫局 2000 年第 19 号公告同时停止执行。

关于严防口蹄疫从蒙古国传入我国的紧急通知

（2001 年 5 月 10 日国家质检总局国质检函[2001]46 号）

内蒙古、新疆检验检疫局：

继蒙古国东部赫巴托、东方和肯特三省发生口蹄疫后，该国首都乌兰巴托也爆发了口蹄疫。为防止该病传入我国，保护我国的畜牧业安全和人体健康，2001 年 4 月 2 日农业部和原国家出入境检验检疫局联合发布了第 156 号公告，禁止蒙古国的偶蹄动物及其产品入境。目前中蒙边境境外一侧囤积了大量偶蹄动物产品，走私进入我国的情况时有发生，检疫把关的形势非常严峻。在我国把关禁令解除之前，为防止疫区可能携带口蹄疫的产品流入我国，现将严防口蹄疫传入的有关措施再次通知如下：

一、严格认真执行第156号公告的各项规定，进一步强化检疫和防疫措施，严格依法把关。

二、加强口岸查验，确保货证相符，防止禁止进境物随允许进境物入境。

三、各局在依法把关的同时，要认真做好宣传和解释工作，防止进口商盲目将禁止进境物运至口岸堵塞通道的情况发生。

四、加强与有关部门的配合，防止禁止进境物通过非法途径进境。

执行中如有问题，请及时报告总局。

关于印发《进出境邮寄物检疫管理办法》的通知

（2001年6月15日国家质检总局、国家邮政局国质检联[2001]34号）

各直属检验检疫局，各省、自治区、直辖市邮政局：

进出境邮寄物的检疫工作是出入境检验检疫工作的重要组成部分。随着国际交往的增多，应实施检疫的进出境邮寄物也相应增加。为做好对进出境邮寄物的检疫工作，防止传染病、寄生虫病、危险性病虫杂草及其他有害生物随邮寄物传入、传出国境，保护我国农、林、牧、渔业生产安全和人民健康，国家质量监督检验检疫总局与国家邮政局联合制定了《进出境邮寄物检疫管理办法》，现印发你们，请认真贯彻执行。在执行中有何问题，请及时报国家质量监督检验检疫总局和国家邮政局。

附件：进出境邮寄物检疫管理办法

附件

进出境邮寄物检疫管理办法

第一章 总 则

第一条 为做好进出境邮寄物的检疫工作，防止传染病、寄生虫病、危险性病虫杂草及其他有害生物随邮寄物传入、传出国境，保护我国农、林、牧、渔业生产安全和人体健康，根据《中华人民共和国进出境动植物检疫法》及其实施条例、《中华人民共和国国境卫生检疫法》及其实施细则、《中华人民共和国邮政法》及其实施细则等有关法律、法规的规定，制定本办法。

第二条 本办法适用于通过邮政进出境的邮寄物（不包括邮政机构和其他部门经营的各类快件）的检疫管理。

第三条 本办法所称邮寄物是指通过邮政寄递的下列物品：

（一）进境的动植物、动植物产品及其他检疫物；

（二）进出境的微生物、人体组织、生物制品、血液及其制品等特殊物品；

（三）来自疫区的、被检疫传染病污染的或者可能成为检疫传染病传播媒介的邮包；

（四）进境邮寄物所使用或携带的植物性包装物、铺垫材料；

（五）其他法律法规、国际条约规定需要实施检疫的进出境邮寄物。

第四条 国家质量监督检验检疫总局（以下简称国家质检总局）统一管理全国进出境邮寄物的检疫工作，国家质检总局设在各地的出入境检验检疫机构（以下简称检验检疫机构）负责所辖地区进出境邮寄物的检疫和监管工作。

第五条 检验检疫机构可根据工作需要在设有海关的邮政机构或场地设立办事机构或定期派人到现场进行检疫。邮政机构应提供必要的工作条件，并配合检验检疫机构的工作。

检验检疫机构对邮寄物的检疫应结合海关的查验程序进行，原则上同一邮寄物不得重复开拆、查验。

第六条 依法应实施检疫的进出境邮寄物，未经检验检疫机构检疫，不得运递。

第二章 检疫审批

第七条 邮寄进境植物种子、苗木及其繁殖材料，收件人须事先按规定向有关农业或林业主管部门办理检疫审批手续，因特殊情况无法事先办理的，收件人应向进境口岸所在地直属检验检疫局申请补办检疫审批手续。

邮寄进境植物产品需要办理检疫审批手续的，收件人须事先向国家质检总局或经其授权的进境口岸所在地直属检验检疫局申请办理检疫审批手续。

第八条 因科研、教学等特殊需要，需邮寄进境《中华人民共和国禁止携带、邮寄进境的动物、动物产品和其他检疫物名录》和《中华人民共和国进境植物检疫禁止进境物名录》所列禁止进境物的，收件人须事先按有关规定向国家质检总局申请办理特许检疫审批手续。

第九条 邮寄《中华人民共和国禁止携带、邮寄进境动物、动物产品和其他检疫物名录》以外的动物产品，收件人须事先向国家质检总局或经其授权的进境口岸所在地直属检验检疫局申请办理检疫审批手续。

第十条 邮寄物属微生物、人体组织、生物制品、血液及其制品等特殊物品的，收件人或寄件人须向进出境口岸所在地直属检验检疫局申请办理检疫审批手续。

第三章 进出境检疫

第十一条 邮寄物进境后，由检验检疫机构实施现场检疫。

第十二条 现场检疫时，检验检疫机构应审核单证并对包装物进行检疫。需拆包查验时，由检验检疫机构的工作人员进行拆包、重封，邮政工作人员应在场给予必要的配合。重封时，应加贴检验检疫封识。

第十三条 检验检疫机构需作进一步检疫的进境邮寄物，由检验检疫机构同邮政机构办理交接手续后予以封存，并通知收件人。封存期一般不得超过45日，特殊情况需要延长期限的，应当告知邮政机构及收件人。

邮寄物在检验检疫机构查验和封存期间发生部分或全部丢失，或因非工作需要发生损毁的，由检验检疫机构按照有关规定负责赔偿或处理。

第十四条 出境邮寄物中含有微生物、人体组织、生物制品、血液及其制品等特殊物品的，寄件人应当向所在地检验检疫机构申报，并接受检疫。

第十五条 对输入国有要求或物主有检疫要求的出境邮寄物，由寄件人提出申请，检验检疫机构按有关规定实施检疫。

第四章 检疫放行与处理

第十六条 检验检疫机构对来自疫区或者被检疫传染病污染的进出境邮寄物实施卫生处理，并签发有关单证。

第十七条 进境邮寄物经检疫合格或经检疫处理合格的，由检验检疫机构在邮件显著位置加盖检验检疫印章放行，由邮政机构运递。

第十八条 进境邮寄物有下列情况之一的，由检验检疫机构作退回或销毁处理：

（一）未按规定办理检疫审批或未按检疫审批的规定执行的；

（二）单证不全的；

（三）经检疫不合格又无有效方法处理的；

（四）其它需作退回或销毁处理的。

第十九条 对进境邮寄物作退回处理的，检验检疫机构应出具有关单证，注明退回原因，由邮政机构负责退回寄件人；作销毁处理的，检验检疫机构应出具有关单证，并与邮政机构共同登记后，由检验检疫机构通知寄件人。

第二十条 出境邮寄物经检验检疫机构检疫合格的，由检验检疫机构出具有关单证，由邮政机构运递。

第五章　附　　则

第二十一条　对违反本办法的，依照有关法律法规规定予以处罚。

第二十二条　本办法由国家质检总局负责解释。

第二十三条　本办法自2001年8月1日起施行。

关于执行进口原木检疫要求（2001年第2号公告）有关问题的通知

（2001年6月28日国家质检总局、海关总署、国家林业局、农业部、外经贸部国质检联[2001]43号）

各省、自治区、直辖市林业（农林）厅（局），农业（农牧）厅（局），外经贸委（厅、局），海关总署广东分署、各直属海关，各直属检验检疫局：

为贯彻落实原国家出入境检验检疫局、海关总署、国家林业局、农业部、对外贸易经济合作部联合发布的2001年第2号公告，有效防止林木检疫性有害生物随进口原木传入，保护我国森林、生态环境及旅游资源，并使调整后的检疫要求对原木进口贸易的影响尽可能减小，现就执行上述公告中的有关问题通知如下：

一、进口原木不带树皮的不要求在境外进行除害处理，但输出国官方检疫部门须出具植物检疫证书。单根原木带树皮表面积不超过5%，且整批原木带树皮表面积不超过2%的，该批原木可视为不带树皮原木。

二、对于带树皮的进口原木，在输出国植物检疫机构不健全或除害处理达不到我国要求的情况下，经当地出入境检验检疫机构报经国家质量监督检验检疫总局（以下简称国家质检总局）同意，可在原木进口量比较大的口岸地区一定区域内建立“木材加工区”或“木材检验检疫区”。进口时，海关仍凭《入境货物通关单》办理原木的进境手续。原木进境后在该区内进行初加工、深加工或除害处理，经加工或除害处理合格的，可运往内地。出入境检验检疫机构对场区实施检验检疫监管和疫情监测，发现疫情立即采取防疫措施。

三、对于来自周边国家同一生态区的原木，国家质检总局在输出国检疫部门提供原木发生有害生物名单的基础上，可根据情况组织开展境外疫情调查和预检工作。结合公告规定可采取以下措施：

1. 境外预检未发现检疫性有害生物的原木，准许入境。经境外预检的原木以入境口岸检验检疫结果为准。

2. 对于寒带地区冬季(10 月至翌年 4 月)采伐并在本季节内入境的原木，经入境口岸检验检疫合格的予以放行；进境后经检疫仍发现检疫性有害生物的，应在指定的"木材加工区"或"木材检验检疫区"进行初加工、深加工或进行除害处理。

四、对于输出国检疫部门已经出具植物检疫证书的进口原木，经入境口岸检验检疫仍发现检疫性有害生物的，由国家质检总局向输出国通报，连续多次发现问题的，将暂停接受该检疫机构出具的检疫证书，直到其采取措施并符合中方检疫要求为止。

五、出入境检验检疫机构对信誉好、管理规范、符合检疫要求、进口量大的企业，要重点扶持和指导，鼓励木材进口企业将木材加工、除害处理工作向境外延伸。

六、各有关单位要与出入境检验检疫机构密切配合，认真做好进口原木的检验检疫工作，切实防止检疫性有害生物的传入。工作中遇有新的问题请及时向主管部门报告。

七、自 2001 年 7 月 1 日起对离开输出国的原木开始施行第 2 号公告和本通知规定。2001 年 7 月 1 日以前启运的，不受第 2 号公告和本通知限制。

关于印发《中国进境原木除害处理方法及技术要求》的通知

(2001 年 6 月 29 日国家质检总局国质检函[2001]202 号)

各直属检验检疫局：

为便于 2001 年第 2 号公告的实施，现将《中国进境原木检疫除害处理方法及技术要求》印发给你们。该除害处理方法及技术要求可供原木输出国检疫部参考选用，亦可作为我对进出口原木进行除害处理时采用。执行中如有问题，请及时向总局报告。

附件：中国进境原木检疫除害处理方法及技术要求

附件

中国进境原木检疫除害处理方法及技术要求

进境原木带树皮的，或经检疫发现检疫性有害生物须作检疫处理的，可采用下列推荐的除害处理方法进行处理。所采用的以下任何一种除害处理方法都要确保能杀灭原木携带的有害生物。

一、熏蒸处理

熏蒸处理可在船舱、集装箱、库房或帐幕内进行。

1. 溴甲烷常压熏蒸

环境温度在 5 ℃～15 ℃时，溴甲烷的剂量起始浓度达到 120 g/m^3，密闭时间至少 16 小时。

环境温度在 15 ℃以上时，溴甲烷的剂量起始浓度达到 80 g/m^3，密闭时间至少 16 小时。

2. 硫酰氟常压熏蒸

环境温度在 5 ℃～10 ℃，硫酰氟的剂量起始浓度达到 104 g/m^3，密闭时间至少 24 小时。

环境温度在 10℃以上，硫酰氟的剂量起始浓度达到 80 g/m^3，密闭时间至少 24 小时。

二、热处理

热处理可采用蒸汽、热水、干燥、微波等方式。处理时原木的中心温度至少要达到 71.1℃并保持 75 分钟以上。

三、浸泡处理

有条件的地方，可将原木完全浸泡于水中 90 天以上杀灭所携带的有害生物。

四、其他经输出国官方植物的检疫部门批准使用的有效的除害处理方法。

关于加强对进口培养基检疫管理的通知

（2001 年 7 月 13 日国家质检总局、农业部、
海关总署国质检联[2001]48 号）

各省、自治区、直辖市畜牧（农业、农牧）厅（局、办）、广东分署、各直属海关、各直属检验检疫局：

为防止疯牛病传入，保护我国畜牧业的安全和人体健康，农业部和原国家出入境检验检疫局于 2001 年 3 月联合发布了 143 号公告，禁止直接或间接输入欧盟的牛及其产品（包括牛血液制品）。为防止通过进口培养基传播疯牛病的病原，现通知如下：

1. 禁止直接或间接从发生疯牛病的国家和欧盟各成员国进口含反刍动物源性物质的培养基。

2. 从其他国家或地区进口的培养基，要求输出国或地区出具官方检疫证书，说明培养基中是否含有反刍动物源性物质；如果培养基含反刍动物源性物质，应说明是否来自非疯牛病国家的健康动物。

3. 进口培养基到货时，凭出入境检验检疫机构出具的“通关单”办理有关海关手续。

关于恢复从法国、爱尔兰进口偶蹄动物及其产品的公告

（2001 年 7 月 25 日农业部、国家质检总局 2001 年第 167 号公告）

2001 年 3 月，法国、爱尔兰相继发生口蹄疫。两国均采取了严格的控制和扑杀措施，及时扑灭了疫情，至今未发生新的疫情。根据世界动物卫生组织（OIE）有关无口蹄疫国家的规定，法国、爱尔兰现已具备恢复为非免疫无口蹄疫国家的条件。鉴于上述情况，自本公告

发布之日起，恢复从法国、爱尔兰进口偶蹄动物及其产品，农业部和原国家出入境检验检疫局联合发布的第149号、152号公告中针对法国、爱尔兰的禁止措施同时废止。以上两公告中对其他国家的禁止措施继续有效。

关于恢复从荷兰进口偶蹄动物及其产品的公告

（2001年9月29日农业部、国家质检总局2001年第173号公告）

2001年3月22日，荷兰发生口蹄疫。疫情发生后，该国采取了严格的扑杀和紧急预防接种等控制措施，自5月25日扑杀最后一头紧急接种动物后至今未发生新的疫情。根据世界动物卫生组织(OIE)的有关规定，荷兰已具备恢复为非免疫无口蹄疫国家的条件。鉴于上述情况，自本公告发布之日起，恢复从荷兰进口偶蹄动物及其产品，进口的有关动物产品应是在本公告发布日后生产和加工的。农业部和原国家出入境检验检疫局联合发布的第152号公告同时废止。

关于严防炭疽传入我国 加强进境邮寄物、快件和旅客携带物检验检疫的紧急通知

（2001年10月17日国家质检总局、国家邮政局
国质检动联[2001]154号）

各直属检验检疫局，各省、自治区、直辖市邮政局，各快件公司：

炭疽是一种严重危害人类和动物健康的人畜共患病，为了严防炭疽的传入，保护我国人体健康和农牧业生产安全，特紧急通知如下：

一、继续严格执行国家质检总局和国家邮政局联合发布的《进

出境邮寄物检疫管理办法》(国质检联[(2001]34 号)和国家质检总局令第 3 号《出入境快件检验检疫管理办法》和旅客携带物检验检疫的有关规定,加大对进境邮寄物、快件和旅客携带物的检验检疫力度。

二、对来自炭疽高危险国家或地区的邮寄物、快件和旅客携带物,必须进行严格检验检疫。

三、对发现有白色粉末等可疑物品的邮寄物、快件和旅客携带物,应立即封存,并迅速报告上级部门。

四、各检验检疫局接到报告后,要严格按照规程采样并做好炭疽病实验室检验工作。

五、有关工作人员要做好自身防护,防止被炭疽感染。

六、各有关单位要密切配合,共同做好该项工作。

七、各地发现疫情,要立即采取措施并向国家质检总局和国家邮政局报告。

关于同意法国有关地区的苹果果实按照议定书确定的检疫条件输华的公告

(2001 年 11 月 2 日国家质检总局第 29 号公告)

根据对法国苹果果实输华有害生物风险评估结果,经中法两国检验检疫部门协商,双方于 2000 年 10 月签署了《中华人民共和国国家出入境检验检疫局和法兰西共和国农业渔业部关于中国从法国输入苹果果实的植物检疫卫生条件议定书》。鉴于至 2001 年 10 月该议定书规定的有关要求已得到落实,从即日起,同意法国有关地区的苹果果实按照议定书确定的检疫条件输华。

具体检疫要求,请向国家质量监督检验检疫总局咨询。

关于进一步加强进境检疫审批管理的通知

（2001年11月29日国家质检总局国质检动函[2001]575号）

各直属检验检疫局：

为进一步加强进境动植物检疫工作，防止境外动植物疫情传入我国，保护我国农牧业生产安全和人民的身体健康，现就加强进境检疫审批管理工作的有关规定通知如下：

一、严格执行我国与有关国家签署的双边检疫议定书，注册厂、果园、入境口岸等不能超出议定书规定的范围。对来自己注册的国外肉类加工厂的货物，要与该厂的生产能力相符，如发现来自非注册厂的产品以注册厂名义对华输出的，或超出注册厂生产能力的，不予审批；已经审批的，一经查出，吊销其许可证和取消注册厂资格。

二、所有进境动植物及其产品需要审批的，从2002年1月1日起，均由总局办理（在西藏自治区内销售使用的，除偶蹄动物产品外的边境小额贸易，可由西藏检验检疫局审批）。为便于统计，许可证有效期原则上不跨年度（活动物除外）。每年12月下旬开始办理翌年1月份进境检疫审批手续。

三、检疫审批手续应当在贸易合同或协议签订前办妥。对已到货没有办理检疫审批的，不予补办（邮寄植物种子、苗木及繁殖材料事先无法办理的除外），并按照有关规定处理。

四、从2002年1月1日起，凡需办理检疫审批的，申请单位必须到进境口岸直属检验检疫局进行初审，加工、使用地非进境口岸直属局管辖又需要监管的货物，还需到使用地直属检验检疫局初审。部分入境后需要对生产、加工过程实施检疫监督的进口动植物产品（如大豆、小麦、大麦、肉类、原皮、原毛、生骨、蚕茧等），各直属检验检疫局首先要审核企业是否属定点企业，并考察企业的加工能力、核定进口数量,结合上述考核,检查工厂落实防疫措施情况,加盖公章后将书面考核报告报总局。

五、按规定可以核销的产品,同一进口公司第二次申请时,必须附前一次检疫许可证的核销表或由直属局将原件检疫许可证复印并加盖公章后附上。经确认上一次进境检疫许可证进口核销完或即将核销完或退回原证后,方可办理下一批进口许可证。同一进口公司、同一品种、来自同一国家的,一次只能办理一份检疫许可证。

六、自本通知发布之日起,不再批准新的进境肉类定点加工企业。要严格核定定点企业的数量和加工能力,对已批准的定点企业进行一次全面清查,发现不符合检验检疫要求或改变用途等违规的企业取消其定点加工资格,并依法进行处罚。

七、从美国进口的肉类产品必须符合《中美农业合作协议》所附美国肉类证书(中英文版)的格式要求(见附件)。

附件:美国肉类证书(中英文版)样本(略)

关于日本、斯洛伐克和斯洛文尼亚发生疯牛病的通知

(2001 年 11 月 30 日国家质检总局国质检动函[2001]576 号)

各直属检验检疫局:

根据世界动物卫生组织(OIE)的通报,日本、斯洛伐克、斯洛文尼亚已证实发生了疯牛病(BSE)。为了保护我国畜牧业安全和人体健康,根据农业部和原国家出入境检验检疫局 2001 年 143 号公告,现将日本、斯洛伐克和斯洛文尼亚列入发生疯牛病的国家,请各局认真执行该公告,严防疯牛病传入我国。

特此通知。

关于对进口加拿大烤烟有关要求的公告

（2001年12月7日国家质检总局2001年第37号公告）

根据《中华人民共和国进出境动植物检疫法》及其实施条例，以及中国与加拿大双方质检部门达成的《加拿大烤烟输往中国的植物检疫议定书》的有关规定，在保证加拿大烤烟不对中国烟草生产安全造成任何威胁的前提下，自本公告发布之日起允许进口加拿大烤烟。有关要求如下：

一、加拿大烤烟是指产于加拿大安大略省，并在加拿大经过调制和加工（烤制和复烤）后的烤烟。加拿大其他省的烤烟如果满足同样的条件，经中加两国检疫部门认可，也可向中国出口。

二、中国质检部门将派检疫人员随中国烟叶采购团，赴加拿大对拟采购的烤烟实施境外预检，经预检合格的加拿大烤烟方可输往中国。

三、加拿大输往中国的烤烟不得带有烟草霜霉菌卵孢子，不得被活的烟草霜霉菌孢囊孢子或菌丝感染，以及不得带有其他检疫性有害生物。加拿大官方检疫部门对输往中国的烤烟监督加工并进行严格检疫，对符合检疫要求的烤烟出具植物检疫证书，并在证书上注明烤烟的合同编号（批次编号）及烤烟生产的省。没有上述植物检疫证书的加拿大烤烟不得入境。

四、加拿大输往中国的烤烟应密封包装，并在包装箱上标明烤烟类型、合同编号（批次编号）、生产年份、等级及加工厂等信息。

五、加拿大烤烟抵达中国入境口岸后，中国出入境检验检疫机构将查验有关单证及包装箱上的标签内容，并实施检验检疫。烤烟入境后，应在中国出入境检验检疫机构的监督下加工和使用。

六、其他要求按《加拿大烤烟输往中国的植物检疫议定书》的规定执行。

关于对供港食用动物及动物产品药物残留控制的公告

（2001年12月20日国家质检总局、外经贸部2001年第44号公告）

香港特别行政区政府日前颁布了新的《公众卫生（动物及禽鸟）（化学物残余）规例》和《食物内有害物质规例》（详情请查阅国家质检总局网址 www.aqsiq.gov.cn），要求所有供港的食用动物（包括猪、牛、羊、禽、贝类、爬行动物类）及动物产品不得含有盐酸克伦特罗等7种禁用药物，其他37种抗生素和化学药物不得超过规定的最高残留限量；所有进口的食用动物卫生证书必须证明符合上述规定；违反规定的饲养场、经营企业须承担相应的法律责任。为了保证供港食用动物及动物产品的安全卫生质量，现就供港食用动物及动物产品药物残留控制的有关规定公告如下：

一、经与香港特别行政区政府环境食物局协商，《公众卫生（动物及禽鸟）（化学物残余）规例》和《食物内有害物质规例》将分阶段实施，从2001年12月31日起首先对7种禁用药物和10种允许使用的药物（详情请查国家质检总局网址 www.aqsiq.gov.cn）进行管制。有关监测方案由国家质检总局制订并组织实施。

二、各注册供港动物养殖场及用于屠宰、加工供港肉（脏）类的动物养殖场所用饲料（含运输途中饲喂的饲料）必须符合《出口食用动物饲用饲料检验检疫管理办法》（原国家出入境检验检疫局令1999年第5号）的有关规定，严禁在饲料或饲料添加剂中添加上述7种禁用药物。

三、禁止在各注册供港养殖场及用于屠宰、加工供港肉（脏）类的动物养殖场存放或使用上述7种禁用药物，其他药物的使用必须符合《兽药管理条例》等的规定。各注册养殖场必须按照供港活动物检验检疫管理规定，建立健全药物购买、存放、使用登记管理制度，严格遵守国家有关药物使用、残留限量标准和停药期的规定。

四、各出入境检验检疫机构要做好对相关养殖场和进出口公司的宣传工作，加强对各养殖场使用饲料和药物的监督管理。

五、各地外经贸主管部门要密切配合当地出入境检验检疫、畜牧兽医主管部门，了解和掌握国家有关兽药管理的各项规定，密切跟踪本地区供港产品的卫生质量状况，并加强对本地区出口企业的核查。

六、驻港澳代理机构要主动与两地检验检疫主管部门保持密切联系，及时向两地主管部门、出口企业和供货企业反馈内地供港澳商品的卫生质量状况，并提出改进建议。

七、对违反本规定的饲料生产、经营企业、养殖场、加工厂和进出口公司，国家质检总局和对外经贸部将依据有关规定予以处罚。

八、对供澳门食用动物及动物产品的药物残留控制和监测，参照本公告执行(另有规定的除外)。

关于做好供港食用动物药物残留检验监测工作的通知

(2001年12月21日国家质检总局国质检动函[2001]638号)

各直属检验检疫局：

为贯彻落实总局与外经贸部联合发布的2001年第44号公告规定，做好供港食用动物药物残留检验监测工作，现就有关事项通知如下：

一、各局要高度重视供港食用动物药物残留的控制和检验监测工作，于近期深入广泛地开展一次学习宣传活动，提高广大养殖和进出口企业对此项工作的认识。

二、对照香港提出的7种禁用药物名单及第一阶段实施管制的10种药物名单，对所有供港食用活动物的注册或登记备案的饲养场的药物使用情况进行一次彻底检查和清理，严禁供港食用动物注册或登记备案的饲养场存放和使用上述7种禁用药品，其他药物的使用必须符合有关管理规定，并在有关检验检疫监管手册中登记。同时在检验检疫监管手册关于药物使用情况中添加“停药时间”一栏，以便监督各养殖企业执行停药期的规定。

三、严格按照《出口食用动物饲用饲料检验检疫管理办法》（原国家出入境检验检疫令第 5 号）的规定，对所有供港食用动物饲用饲料、饲料添加剂进行登记备案管理。只有符合要求的饲料、饲料添加剂方可用于饲喂供港食用动物。

四、严格执行总局《供港澳食用动物药物残留检验监测方案》（见附件 1）。在新规定实施初期，各局应在对本地区饲养场调查了解的基础上，有针对性地加大抽样的数量和抽样频率，尤其是对 7 种禁用药品的检验和监测；要加紧购置检验监测所需设备和试剂，保证检验监测工作的正常开展。尚不具备对某些项目检测条件的检验检疫局，可以委托中国商检研究所和广东、深圳等局进行检验。各局应将每年供港动物的药物残留检验监测报告于当年 12 月 31 日前报送总局动植物检疫监管司。

五、总局已经就供港食用动物的卫生证书与香港特别行政区政府有关部门达成一致意见，请各局按照所附证书格式及评语（见附件 2，水生动物的证书评语正在与港方协商之中）出证。

六、供澳门食用动物检验检疫和药物残留监测参照供港食用动物的规定执行。

附件：1. 供港澳食用动物药物残留检验监测方案

2. 供港澳食用动物（猪、牛、羊、禽、爬行动物）动物卫生证书格式及评语（略）

附件 1

供港澳食用动物药物残留检验监测方案

一、目的

为确保供港澳食用动物的安全卫生，根据《中华人民共和国进出口商品检验法》、《中华人民共和国食品卫生法》等法律法规的规定和香港特别行政区政府颁发的《公共卫生（动物及禽鸟）（化学物残余）

规例》(第139章)的要求,制定本检验监测方案。

二、本检验监测方案适用于所有供港澳食用动物。

三、检验监测的药物

(一)禁止使用的7种药物:盐酸克伦特罗 Clenbuterol、沙丁胺醇 Salbutamol、氯霉素 Chloramphenicol、阿伏霉素 Avoparcin、己二烯雌酚 Dienoestrol、己烯雌酚 Diethylstilboestrol、己烷雌酚 Hexoestrol。

(二)限制使用的37种药物:羟氨苄青霉素 Amoxycillin、氨苄青霉素 Ampicillin、杆菌肽 Baci tracin、苄青霉素 Benzylpenicillin、卡巴氧 Carbadox、头孢噻林 Ceftiofur、金霉素 Chlortetracycline、邻氯青霉素 Cloxacillin、多粘菌素 E Colstin、丹奴氟沙星 Danofloxacin、双氯青霉素 Dicloxacillin、二氢链霉素 Dihydrotreptomycin、二甲硝咪唑 Dimetridazole、强力霉素 Doxycycline、恩诺沙星 Enrofloxacin、红霉素 Erythromycin、氟甲喹 Flumequine、呋喃他酮 Furaltadone、呋喃唑酮 Furazolidone、庆大霉素 Gentamicin、伊维菌素 Ivermectin、交沙霉素 Josamycin、柱晶白霉素 Kitasamycin、林可霉素 Lincomycin、甲硝基羟乙唑 Metronidazole、新霉素 Neomycin、恶喹酸 Oxolinicacid、土霉素 Oxytetracycline、沙拉氟沙星 Sarafloxacin、大观霉素 Spectinomycin、链霉素 Steptomycin、硫酰胺 Sulfonamides、四环素 Tetracycline、硫粘菌素 Tiamulin、甲氧苄氨嘧啶 Trimethoprim、泰乐菌素 Tylosin、维及霉素 Virginiamycin。

第一阶段(从2001年12月31日起)检验监测其中10种:磺胺类 Sulfonamides、四环素 Tetracycline、土霉素 Oxytetracycline、金霉素 Chlortetracycline、强力霉素 Doxycycline、羟氨苄青霉素 Amoxycillin、氨苄青霉素 Ampicillin、苄青霉素 Benzylpenicillin、邻氯青霉素 Cloxacillin、双氯青霉素 Dicloxacillin。

四、检验监测方法:

(一)初筛方法

ELISA(酶联免疫吸附试验)或 CHARM Ⅱ System(RIA,放射性受体免疫分析系统)。

(二)确证方法

HPLC、GC-MS等。

表1 7种禁用药物的检测方法及判定标准

药物名称 中文名称	初筛方法	初筛方法判定标准(μg/kg)	确定检测方法	确证方法判定标准(μg/kg)	标准物质参考来源
盐酸克伦特罗	ELISA	10(猪尿样)	GCMS	≤1	EU Ref. Lab/Sigma
沙丁胺醇	ELISA	10(猪尿样)	GCMS	≤1	EU Ref. Lab/Sigma
氯霉素	ELISA	20(猪尿样)	RIA,HPLC	≤5~10	Sigma
阿伏霉素	无	无	无	无	Fort-Dodge
己二烯雌酚	ELISA	2(猪尿样)	GCMS	≤1	EU Ref. Lab
己烯雌酚	ELISA	2(猪尿样)	GCMS	≤1	EU Ref. Lab
己烷雌酚	ELISA	2(猪尿样)	GCMS	≤1	EU Ref. Lab

注:筛选试剂可选用Randox公司产品或其他等效的试剂。

表2 10种限制使用药物的检测方法及判定标准

药物名称	筛选方法	最高残留限量(μg/kg)	确定检测方法	检测组织	最高限量	标准物质参考来源
羟氨苄青霉素	CHARM Ⅱ/Micro	1000(猪尿)2000(禽血清)	HPLC/UV/Fluoresence	所有动物:肌肉、肾羊肝牛、羊:奶	50504	Sorensen LK(1999)
氨苄青霉素	CHARM Ⅱ/Micro	1000(猪尿)200(禽血清)	HPLC/UV/Fluoresence	所有动物:肌肉、肾羊肝牛、羊:奶	50504	Sorensen LK(1999)
苄青霉素	CHARM Ⅱ/Micro	1000(猪尿)200(禽血清)	HPLC/UV/Fluoresence	所有动物:肌肉、肾羊肝牛、羊:奶	50504	Sorensen LK(1999)
邻氯青霉素	CHARM Ⅱ	1000(猪尿)200(禽血清)	HPLC/UV/Fluoresence	所有动物:肌肉、肾羊肝牛、羊:奶	3003 0030	lto Y etal (2000)
双氯青霉素	CHARM Ⅱ	1000(猪尿)200(禽血清)	HPLC/UV/Fluoresence	所有动物:肌肉、肾牛、羊:奶	30030	lto Y etal (2000)
金霉素	RIA/ELISA	3000(猪尿)200(禽血清)	HPLC/DAD/Fluores-ence	所有动物:肌肉肾牛、羊:奶羊肝	1006 0010 0300	l. Mc Crackan R (1995)

续表 2

药物名称	筛选方法	最高残留限量($\mu g/kg$)	确定检测方法	检测组织	最高限量	标准物质参考来源
强力霉素	CHARM Ⅱ/ELISA	3000(猪尿) 200(禽血清)	HPLC/DAD/Fluoresence	所有动物:肌肉 猪、牛、羊:肾	1006 00	2. Malisch. etal (1998)
土霉素	CHARM Ⅱ/ELISA	3000(猪尿) 200(禽血清)	HPLC/DAD/Fluoresence	所有动物:肌肉、猪、牛、羊:肾羊肝牛、羊:奶	1006 0030 0100	2. Malisch. etal (1998)
四环素	RIA/ELISA	3000(猪尿) 200(禽血清)	HPLC/DAD/Fluoresence	所有动物:肌肉、猪、牛、羊:肾羊肝牛、羊:奶	1006 0030 0100	2. Malisch. etal (1998)
磺胺嘧啶	CHARM Ⅱ/ELISA	1250(猪尿) 400(禽血清)	HPLC/DAD	所有动物:肌肉 猪、牛、羊:肾羊肝牛、羊:奶	1001 0010 0100	H. P. Application Note (1997)

五、检验监测频率

(一)活牛:以育肥场为单位,每场每年至少监测2次,每次按存栏数的1%比例抽取尿样,最少2头,最多6头。

(二)活羊:以中转场为单位,每场每年至少监测2次,每次按存栏数的1%比例抽取尿样,最少2只,最多6只。

(三)活猪:以注册饲养场为单位,每年监测4次,每次每场至少采取2头尿样;B兴奋剂的检验仍按原规定执行。

(四)活禽:以注册饲养场为单位,每年监测4次,每次每场抽取4个血样。

(五)水生动物:以注册养殖场为单位,每年监测4次,每次抽取2份肉样,每份样品不少于200克;大闸蟹等季节性出口的水生动物,每年监测1次。

(六)爬行及两栖类动物

以注册养殖场为单位,每年监测4次,每次抽取2份肉样,每份样品不少于200克。

上述所有监测样品应于出口前5天内抽取。

六、检验监测中发现问题的处理

检验监测中确证养殖场使用了禁用药品的，按照规定取消其供港澳资格，吊销其注册证。

检验监测中发现药物残留超过最高限量标准的，应暂停养殖场供港澳资格，并调查了解饲料、药物使用与管理情况，提出整改措施。经整改并抽样检测合格后，可以恢复其供港澳资格。对同一注册养殖场，连续两次以上或一年中发现两次以上检测结果超过最高限量标准的，取消其供港澳资格，吊销其注册证。

七、检验监测数据的保存和监测报告

检验监测的数据必须完整保存，具体数据应包括采样记录、检验的实验室记录。采样记录内容需涵盖采样时间、样品名称、样品数量、样品编号、样品来源农场名称、农场注册编号、采样人和农场兽医的签名；检验实验室记录需包括接受样品的时间、样品数量、样品名称、样品编号、检测项目、检测方法、检测结果、接送样品人的签名等。

各直属检验检疫局应在每年的 12 月 20 日至 12 月 31 日将本年度的检验监测情况书面报告总局动植物检疫监管司，报告除包括上述有关数据外，还应当包括对数据信息的分析。

关于芬兰、奥地利发生疯牛病的通知

（2001 年 12 月 21 日国家质检总局国质检动函[2001]643 号）

各直属检验检疫局：

根据世界动物卫生组织（OIE）的通报，芬兰和奥地利已证实发生了疯牛病（BSE）。为了保护我国畜牧业安全和人体健康，根据农业部和原国家出入境检验检疫局 2001 年 143 号公 告，现将芬兰和奥地利列入发生疯牛病的国家，请各局认真执行该公告，严防疯牛病传入我国。

特此通知。

关于禁止从加蓬输入灵长类动物及其产品的公告

（2001 年 12 月 28 日国家质检总局 2001 年第 45 号公告）

据世界卫生组织（WHO）12 月 20 日报告，加蓬暴发埃波拉病毒出血热。截止 12 月 19 日，发现 27 例疑似病人，其中 15 人死亡。该病是一种急性出血性传染病，病死率高达 50%～90%，通过接触病人的血液或其他体液，经皮肤、呼吸道或结膜而感染，潜伏期为 5～14 天。发病症状为突然起病，表现为发热、头痛、肌痛、结膜充血等。几天后可出现呕吐、腹痛、腹泻、咽痛，严重病例可出现无黄疸型肝炎和胰腺炎。数日后可出现轻重不一的出血倾向。目前对埃波拉病毒尚无有效治疗药物和预防疫苗。为防止埃波拉病毒传入我国，保护有关人员的健康安全，现公告如下：

一、来自疫区的旅客，如发现有上述症状的，要立即向口岸检疫人员如实反映情况。检疫人员要对可疑病人实施隔离留验，对病人的分泌物、排泄物以及病人接触过的其它物品应实施严格的消毒等卫生处理。在采取有效控制措施的同时，要及时上报主管部门。

二、各检验检疫机构和旅行保健中心对前往上述疫区的人员，要提供有关疫情信息和国际旅行卫生保健咨询服务，告知必要的个人防护措施：避免接触灵长类动物，如猴和猿类等；避免与可疑病人密切接触；旅行中或回国后一旦发现有发热等症状，应尽快就医，并详述有关旅行情况，便于诊断；在疫区就医时，尽可能使用一次性医疗器具；尽可能携带必要的防护工具，如口罩、手套、眼镜、帽子、防护服等。

三、禁止直接或间接来自加蓬的灵长类动物及其产品输入我国或从我国过境。已运抵口岸的来自加蓬的灵长类动物及其产品一律作退回或销毁处理。

关于公布须办理检疫审批的进境动植物、动植物产品和其他检疫物名录的公告

（2002 年 1 月 8 日国家质检总局 2002 年第 2 号公告）

为进一步规范进境动植物检疫审批工作，根据《中华人民共和国进出境动植物检疫法》及其实施条例和其他有关规章的相关规定，现将须办理检疫审批的进境动植物、动植物产品和其他检疫物名录予以公布（见附件）。有关事项公告如下：

一、凡名录中规定须办理检疫审批的动植物、动植物产品和其他检疫物，进口单位均须按照有关进境动植物检疫审批的规定，到国家质量监督检验检疫总局（以下简称国家质检总局）办理进境检疫审批手续。

二、西藏自治区与邻近国家开展的边境小额贸易并在西藏自治区内销售使用的进境动植物产品，除偶蹄动物产品外，由西藏检验检疫局审批。

三、对名录中规定须办理检疫审批的动植物、动植物产品和其他检疫物，口岸检验检疫机构必须凭《中华人民共和国进境动植物检疫许可证》正本接受报检。

四、2001 年各直属检验检疫局已经发放的《中华人民共和国进境动植物检疫许可证》至 2002 年 2 月 28 日全部废止。

五、引进植物种子和苗木的进境审批办法，按农业部、国家林业局的相关规定执行。

附件：进境动植物检疫审批名录

附件

进境动植物检疫审批名录

一、动物检疫审批

（一）活动物：动物（指饲养、野生的活动物如畜、禽、兽、蛇、龟、虾、蟹、贝、蚕、蜂等）、胚胎、精液、受精卵、种蛋及其他动物遗传物质；

（二）食用性动物产品：肉类及其产品（含脏器）、动物水产品、蛋类及其制品、奶及其制品；

（三）非食用性动物产品：皮张类、毛类、骨蹄角及其产品、明胶、蚕茧、动物源性饲料及饲料添加剂、饲料用乳清粉、鱼粉、肉粉、骨粉、肉骨粉、油脂、血粉、血液等，含有动物成分的有机肥料。

二、植物检疫审批

（一）果蔬类：新鲜水果、番茄、茄子、辣椒果实；

（二）烟草类：烟叶及烟草薄片；

（三）粮谷类：小麦、玉米、稻谷、大麦、黑麦、燕麦、高粱等及其加工产品，如大米、麦芽、面粉等；

（四）豆类：大豆、绿豆、豌豆、赤豆、蚕豆、鹰嘴豆等；

（五）薯类：马铃薯、木薯、甘薯等及其加工产品；

（六）饲料类：麦麸、豆饼、豆粕等；

（七）其他类：植物栽培介质。

三、特许审批

动植物病原体（包括菌种、毒种等）、害虫以及其他有害生物，动植物疫情流行国家和地区的有关动植物、动植物产品和其他检疫物，动物尸体，土壤。

植物检疫特许审批名录按《中华人民共和国进境植物检疫禁止进境物名录》执行。

四、过境动物检疫审批

过境动物。

关于防止科索沃兔热病传入我国的公告

（2002年2月1日国家质检总局2002年第8号公告）

根据世界卫生组织（WHO）报告，自2001年11月1日科索沃暴发兔热病以来，截止到2002年1月17日，共发现疑似病人282例，其中59例已确诊。为防止兔热病传入我国，保护前往疫区人员的健康安全，现公告如下：

一、来自疫区的旅客，如发现有发热，淋巴结肿大，皮肤溃疡，眼结膜充血、溃疡等症状的，要立即向出入境检疫检验机构申明。检验检疫人员对病人或疑似病人要采取必要的控制措施，并及时报告。

二、入境检疫检验机构对来自上述疫区的交通工具、货物、集装箱、邮包等加强检疫查验，必要时可依法实施消毒、除虫。如带有动物皮毛、肉制品时，需经检验检疫合格后方可卸下，必要时可对其实施卫生处理。

三、对前往上述疫区的人员，出入境检疫检验机构和旅行保健中心，可提供有关疫情信息和国际旅行卫生保健咨询服务。

关于对菲律宾凤梨、香蕉种苗等采取临时紧急检疫措施的公告

（2002 年 2 月 19 日国家质检总局、农业部、林业局 2002 年第 10 号公告）

今年 1 月，出入境检验检疫部门在对自菲律宾进口的凤梨种苗实施检疫时，截获一类危险性有害生物——香蕉穿孔线虫（*Radopholus similis* (Cobb) Thorne）。为防止疫情传入，保护我国农林业生产安全，根据《中华人民共和国进出境动植物检疫法》及其实施条例的有关规定，决定对菲律宾凤梨、香蕉种苗等香蕉穿孔线虫寄主植物进口采取临时紧急检疫措施。

一、从公告发布之日起，暂停直接或间接（包括邮寄或旅客携带）从菲律宾进口凤梨、香蕉种苗等香蕉穿孔线虫寄主植物。一经发现，一律作退回或销毁处理。

二、暂停办理进口菲律宾凤梨、香蕉种苗等香蕉穿孔线虫寄主植物及其栽培介质的检疫审批。

三、凡违反规定者，将依照《中华人民共和国进出境动植物检疫法》及其实施条例的有关规定进行处理。

关于防止疯牛病传入我国的公告

（2002年3月4日卫生部、国家质检总局2002年第1号公告）

为防止牛海绵状脑病（以下简称“疯牛病”）传入我国，保障我国人民身体健康和生命安全，根据《中华人民共和国进出境动植物检疫法》、《中华人民共和国进出口商品检验法》和《化妆品卫生监督条例》的规定，公告如下：

一、自公告之日起，禁止进口（包括采用携带、邮寄等方式进口）和销售含有发生“疯牛病”国家或地区牛、羊的脑及神经组织、内脏、胎盘和血液（含提取物）等动物源性原料成分（以下简称“牛羊动物源性原料成分”）的化妆品。

二、对于已进入我国的含有发生“疯牛病”国家或地区牛羊动物源性原料成分的化妆品，自公告之日起，有关企业应自行从市场上全部召回，最迟不得晚于2002年4月20日，同时将召回的产品名称、产品数量及其生产企业和代理商名称报所在地的省级卫生行政部门和直属出入境检验检疫机构。

三、截止目前，发生“疯牛病”的国家为：英国、爱尔兰、瑞士、法国、比利时、卢森堡、荷兰、德国、葡萄牙、丹麦、意大利、西班牙、列支敦士登、阿曼、日本、斯洛伐克、芬兰、奥地利。今后，再有新发生“疯牛病”的国家或地区，将自动列入此疫区名录。

关于印发《出入境动植物检验检疫风险预警及快速反应管理规定实施细则》的通知

（2002年3月20日国家质检总局国质检动[2002]80号）

各直属检验检疫局：

现将《出入境动植物检验检疫风险预警及快速反应管理规定实

施细则》印发给你们，请遵照执行。

出入境动植物检验检疫风险预警及快速反应管理规定实施细则

第一章 总 则

第一条 为保护农林牧渔业生产和人体健康，促进我国经济和对外贸易的发展，根据《中华人民共和国进出境动植物检疫法》及其实施条例、国家质量监督检验检疫总局（以下简称国家质检总局）《出入境检验检疫风险预警及快速反应管理规定》的有关规定，制定本细则。

第二条 本细则适用于出入境（含过境）动植物、动植物产品及其他应检物的检验检疫风险预警及快速反应的管理。

本细则所称“风险预警及快速反应”是指为使人体健康和农林牧渔业生产免受出入境动植物、动植物产品及其他应检物中可能存在的风险而采取的预防性安全保障措施。

本细则的风险预警及快速反应对象是指出入境动植物、动植物产品和其他应检物携带的可能对人体健康、农林牧渔业生产和生态环境造成危害的病虫害、有害生物及有毒有害的物质。

第三条 国家质检总局动植物检疫监管司（以下简称动植物检疫监管司）统一管理出入境动植物、动植物产品及其他应检物的风险预警及快速反应工作。

第四条 国家质检总局设在各地的出入境检验检疫机构（以下简称各地检验检疫机构）应指定相应的部门负责所辖地区的动植物、动植物产品及其他应检物的风险预警及快速反应工作。

第二章 风险预警信息收集

第五条 风险预警信息是指与动物传染病、寄生虫病、植物病、虫、杂草和其他有害生物，化学物质残留、重金属、放射性物质、生物毒素等化学物质残留、重金属、放射性物质、生物毒素等有毒有害物

质(以下简称病虫害和有毒有害物质)有关的信息及检验检疫中发现的可能引起危害的相关信息,主要包括:

(一)进出境检验检疫中检出的、境内外发生的病虫害和有毒有害物质;

(二)截获非法入境的动植物及其产品等违规事件;

(三)出口产品被输入方检出病虫害或有毒有害物质;

(四)输入国家或地区对进口动植物及其产品采取新的检验检疫政策;

(五)与动植物检验检疫有关的可造成经济、社会和生态方面危害的信息。

第六条 风险预警信息可以从以下渠道获得:

(一)各出入境检验检疫机构;

(二)世界贸易组织(WTO)、联合国粮农组织(FAO)、世界动物卫生组织(OIE)、国际植物保护公约(IPPC)秘书处、世界卫生组织(WHO)、食品法典委员会(CAC)等国际组织;

(三)区域性组织、各国或地区政府;

(四)国内外社会团体、企业、消费者;

(五)国内外学术刊物、文献资料、国际交流、互联网和广播电视等新闻媒体;

(六)其他与动植物及其产品有关的各种渠道。

第七条 动植物检疫监管司负责组织和协调风险预警信息收集、整理、汇总、筛选和审核工作。

第八条 各直属检验检疫机构和有关部门负责收集风险预警信息,对风险预警信息进行初步整理和分析,提出建议,上报动植物检疫监管司。

重大的或突发的风险预警信息应在24小时内上报动植物检疫监管司;其他风险预警信息可在一周内上报动植物检疫监管司。

珠海出入境检验检疫局负责对国际动物疫情的收集、翻译和整理,动植物检疫实验所负责对国际植物疫情的收集、翻译和整理。

第九条 鼓励任何单位或个人将获得的信息向国家质检总局动植物检疫监管司或各地检验检疫机构报告。

第三章 风险分析

第十条 动植物检疫监管司根据收集到的风险预警信息和出入境检验检疫机构反馈的信息，组织有关专家，开展风险分析工作。

第十一条 风险分析依据有关国际组织制定的准则和中国风险分析程序进行。进境动植物及其产品的风险分析分别依据《进境动物和动物产品风险分析办法》和《进境植物和植物产品有害生物风险分析办法》进行。

第十二条 动植物检疫监管司根据风险分析的结果，提出风险警示通报或快速反应措施，以国家质检总局的名义发布执行。

第四章 风险警示通报

第十三条 风险警示通报的对象：

（一）相关国家或地区的检验检疫主管部门、驻华使馆；

（二）各直属检验检疫机构；

（三）国内外相关部门和生产、经营厂商，社会公众及消费者。

第十四条 风险警示通报的方式：

（一）以国家质检总局的名义向相关国家或地区的政府、驻华使领馆或其检验检疫主管部门发出照会；

（二）以国家质检总局领导或动植物检疫监管司领导的名义致函相关国家或地区动植物检验检疫部门的负责人；

（三）以国家质检总局或动植物检疫监管司的名义向有关直属检验检疫机构发出通知或通报；

（四）以国家质检总局的名义向国内外相关部门，生产、加工、存放、销售及进出口单位发出警示通报；

（五）以国家质检总局的名义通过新闻媒体向国内公众和消费者发出警示通报。

第十五条 警示通报的内容

警示通报的内容：

（一）要求输出国家或地区官方检验检疫部门采取相应的风险

管理措施，保证输往中国的动植物、动植物产品符合中国的检验检疫要求；

（二）对有关进境动植物、动植物产品或其他应检物加大抽样比例；

（三）制订或采用新的检验检疫标准；

（四）加强后期监管，限定使用用途或目的地；

（五）对境外生产、加工、存放单位的条件进行审核，对不符合条件的取消对华出口资格。

第五章　快速反应措施

第十六条　当境外发生重大的动植物疫情或有毒有害物质污染事件，并可能传入我国时，采取紧急控制措施，发布禁止动植物、动植物产品或其他应检物入境的公告，必要时，报请国务院下令封锁有关口岸。

对已入境的上款动植物及其产品，立即跟踪调查，加强监测和监管工作，并视情况采取封存、退回、销毁或无害化处理等措施；

在有关科学依据不充分的情况下，可根据对已有信息的分析，采取临时性紧急控制措施。

第十七条　当确认动植物疫情或有毒有害物质随进境动植物及其产品传入的风险已消除时，解除禁令、取消限制。

第六章　监督管理

第十八条　国家质检总局对各地直属检验检疫机构执行风险预警实施细则的情况进行定期或不定期检查并通报检查结果。

第十九条　各地检验检疫机构应及时向动植物检疫监管司反馈执行有关措施的情况和问题。

第二十条　对于虚报、隐瞒、延误风险预警信息和对执行本细则不利的，将视情况进行批评、通报批评直至追究当事人及领导的责任。对于造成重大经济损失和不良社会影响的，将根据有关法律、法规予以处理。

第七章　附　　则

第二十一条　本实施细则由国家质检总局负责解释。

第二十二条　本实施细则自发布之日起施行。

关于韩国实施进口谷物杂草检疫新规定的通知

（2002 年 6 月 18 日国家质检总局国质检动函[2002]368 号）

各直属检验检疫局：

最近，韩国国立植物检疫所发布了一项进口谷物杂草检疫新规定，自今年 7 月 1 日起正式实施。韩国是我国玉米、小麦等谷物出口的主要市场，此项新规定将给我国农产品出口带来一定影响。目前，总局正向韩方交涉。为有针对性地及时采取必要措施，现将该法规有关要求摘录如下：

一、该法规涉及货物种类为玉米、小麦、大豆、大麦、高粱等进口谷物（包括食用和饲用）。

二、进口谷物发现以下有害杂草，要求在储存、运输过程实施有关安全防疫措施（在我国有发生的用“＊”号标出）：

Cuscuta spp	菟丝子（＊）
Centaurea repens	匍匐矢车菊（＊）
Cirsium arvense	丝路蓟
Xanthhium spinosum	刺苍耳
Picris echioides	刺缘毛莲菜
Cirsium vulgare	欧洲蓟（又名：翼蓟）（＊）
Cenchrus longispinus	长刺蒺藜草
Geranium dissectum	多裂叶老鹳草
Conum maculatum	毒参（＊）
Myosotois arvensis	田野勿忘草

三、进口谷物发现以下有害杂草，除对货物储存、运输过程实施

安全防疫措施外，要将谷物中的杂草清除并进行销毁处理；或者对谷物进行加工，限作特种饲料用；或者对货物实施退货或销毁处理。

Sheradia arvensis	田野茜草
Silene noctiflora	麦瓶草
Amsinckia intermidea	中间型琴瓶草

请各有关局及时了解该规定所涉及的杂草种类在辖区内的发生情况，并采取必要措施，避免影响我国输韩农产品贸易。如遇问题，请及时报总局动植司和食品局。

关于严防蒙古国口蹄疫传入我国的通知

（2002年8月2日国家质检总局国质检动函[2002]527号）

各直属检验检疫局：

蒙古国继2000年4月和2001年5月发生口蹄疫后，今年7月21日在其西部科布多省又发生羊、羊O型口蹄疫，并波及巴彦乌勒盖省。

鉴于蒙古国的口蹄疫疲情连年发生，且有蔓延之势，为保护我国畜牧业的安全，请各局严格执行总局与农业部2001年4月联合发布的156号公告，严防蒙古国的口蹄疫传入我国。

特此通知。

关于恢复从巴西联邦共和国进口禽鸟及其产品的公告

（2002年8月9日农业部、国家质检总局2002年第212号公告）

巴西联邦共和国于2001年12月27日向世界动物卫生组织(OIE)通报已扑灭新城疫疫情，迄今未再发生新的新城疫疫情。自本公告发布之日起，恢复从巴西联邦共和国进口禽鸟及其产品，进口的有关动物产品应是在本公告发布日后生产和加工的。农业部1999年第22号令和原国家出入境检验检疫局1999年第20号公告中对巴西禽鸟及其产品采取的所有措施同时废止。

恢复从巴西12个州进口偶蹄动物及其产品的公告

（2002年8月9日农业部、国家质检总局第213号公告）

世界动物卫生组织（OIE）已于2002年5月31日确认巴西的Bahia、Espirito Santo、Goias Mato Grosso、Mato Grosso do Sul、Minas Gerais、Paran、Rio de Janeiro、Sao Paulo、Sergipe、Tocantins和the Federal District等12个州为口蹄疫免疫无疫区。自本公告发布之日起，恢复从巴西上述12个州进口偶蹄动物及其产品，进口的动物产品应是在本公告发布之日后生产和加工的。从巴西其他地区进口偶蹄动物及其产原品仍遵照原国家出入境检验检疫局1999年第5号公告和农业部1999年第9号部令执行。

关于进境动植物检疫审批有关问题的通知

（2002年8月14日国家质检总局国质检动函[2002]559号）

各直属检验检疫局：

为进一步做好进境动植物检疫审批工作，促进对外贸易发展，现将有关事项通知如下：

一、各直属检验检疫局不再对蓝干/湿皮、已鞣制毛皮、洗净毛、毛条、炭化毛、水洗羽毛、水洗羽绒、蚕丝等进行进境许可初审（季节性开放口岸除外)，申请单位可将《进境动植物检疫许可证申请表》寄至总局直接办理检疫审批手续。

二、对入境后不需要实施隔离检疫和检疫监管的进境动植物及其产品，如动物源性饲料、动植物源性饲料添加剂、冷冻薯条等，经入境口岸直属检验检疫局初审后，将《进境动植物检疫许可证申请表》寄至总局审批，不再需要使用地各直属检验检疫局初审。

三、对入境后需实施隔离检疫和检疫监管的进境动植物及其产品，各地检验检疫局要加强对其申请隔离、加工、存储场所的隔离/加工存储条件、仓容量、防疫措施及除害处理设施的考核，并出具临时隔离场许可证或生产加工存放单位考核报告，对不具备条件的，不予办理检疫初审。入境口岸直属检验检疫局在进境检疫验放后，应及时将货物流向通知使用地直属检验检疫局。

（一）对活动物、原皮、原毛、原羽毛/绒、生骨、生蹄、生角、明胶、蚕茧、烟草类、植物栽培介质、特许审批类等，如入境口岸与使用地不一致，须经使用地直属检验检疫局初审后，将《进境动植物检疫许可证申请表》寄至总局审批，不必再经过入境口岸直属检验检疫局初审。

（二）对大豆、玉米、大麦、小麦、木薯类（仅指未经加工或经初加工）、植物性饲料等，须使用地直属检验检疫局和入境口岸直属检验检疫局都初审合格后，再将《进境动植物检疫许可证申请表》寄至总局审批。其中小麦、玉米等国家实行进口配额管理的农产品，各直属检验检疫局要加强对进口关税配额证中所指定加工企业的考核、使用期间的监管等工作，未经发证主管部门许可，配额证不得转让。

请各直属检验检疫局将通知要求告知相关企业。执行中如遇问题，请及时报总局动植司。

关于从巴拉圭进口喷干牛血细胞粉、喷干牛血浆蛋白粉的通知

(2002 年 11 月 6 日国家质检总局国质检动函[2002]777 号)

各直属检验检疫局:

经对巴拉圭兽医服务体系、动物卫生状况进行问卷调查和加工工艺分析,中方同意从巴拉圭进口喷干牛血细胞粉、喷干牛血浆蛋白粉。中巴双方就有关《兽医卫生证书》内容达成一致,巴拉圭农业畜产部将对输华喷干牛血细胞粉、喷干牛血浆蛋白粉出具《兽医卫生证书》(见附件)。

自即日起,巴拉圭输华喷干牛血细胞粉、喷干牛血浆蛋白粉必须随附上述证书。请各地检验检疫机构在受理报检时,对随附证书进行确认。

附件:巴拉圭出具的《兽医卫生证书》(略)

关于对供港动物及其产品的生产、经营和检验检疫的有关要求的公告

（2002 年 11 月 18 日国家质检总局 2002 年第 118 号公告）

根据香港《公众卫生（动物及禽鸟）（化学物残余）规例》和《食物内有害物质规例》，继 2001 年开始实施对“7＋10”种药物残留管制以来，香港特别行政区政府将从 2003 年 1 月 31 日起增加对卡巴氧（carbadox）、二氢链霉素（dihydrostreptonmycin）、二甲硝咪唑（dimetridazole）、呋喃他酮（furazolidone）、呋喃唑酮（furazolidone）、交沙霉素（josamycin）、甲硝唑（metronidazole）、链霉素（streptomycin）、甲氧苄氨嘧啶（trimethoprim）等 9 种药物残留的管制。为了保证供应香港的动物、动物产品药物残留符合其最高限量的食品安全要求，现将对供港动物及其产品的生产、经营和检验检疫的有关要求公告如下：

一、各供港动物及其产品的生产、加工、经营企业和检验检疫机构要在“7＋10”管理经验的基础上，从 2003 年 1 月 31 日起将上述 9 种药物纳入管理范畴。

二、各供港动物养殖场（含用于屠宰、加工供港肉（脏）类的动物养殖场，下同）要加强对药物的管理，严禁在养殖场使用、存放内地和香港规定禁止使用的药物，对其他有限量要求的 19 种药物的使用，要严格遵照药物停药期、用量和用药方法的规定。

三、各供港动物养殖场及饲料生产企业必须遵守《出口食用动物饲用饲料检验检疫管理办法》（原国家出入境检验检疫局令 1999 年第 5 号）的有关规定，严禁在饲料或饲料添加剂中添加内地和香港规定禁止使用的药物。各养殖场要加强对动物饲料的管理，对添加限用药物的饲料要科学地把握添加剂量和停止饲喂的时间，防止药物残留超标。

四、各出入境检验检疫机构要加强对供港动物及其产品生产、经营环节的药物、饲料使用的监督管理，从源头上控制药物残留。

五、各地外经贸主管部门要密切配合当地出入境检验检疫机构，了解和掌握国家有关兽药管理的各项规定，密切跟踪本地区供港产品的卫生质量状况，并加强对本地区出口企业的监督。

六、驻港澳代理机构要主动与两地检验检疫主管部门保持密切联系，及时向两地主管部门、出口企业和供货企业反馈内地供港澳商品的卫生质量状况，提出改进建议。

七、对违反规定的饲料生产、经营企业、养殖场、加工厂和出口企业，国家质检总局和外经贸部将依据有关规定予以处罚。

八、对供澳门食用动物及动物产品的药物残留控制和监测，参照本公告执行（另有规定的除外）。

特此公告。

关于同意新疆边境地区进口中亚五国偶蹄动物皮毛的函

（2002 年 12 月 12 日国家质检总局、
农业部国质检动联函[2002]871 号）

新疆维吾尔自治区人民政府：

你府《关于邀请农业部国家质检总局来我区调查国检动函[2000]13 号文件执行情况的函》（新政函[2001]84 号）及国务院办公厅转来的《关于恳请恢复我区从中亚五国进口皮张、羊毛的请示》（新政发[2002]23 号）收悉。经调查研究，同意在严格执行农业部、国家质检总局有关规定，确保我国畜牧业生产安全和人民身体健康的前提下，新疆边境地区有条件地从中亚五国进口偶蹄动物皮毛（指未经加工至蓝湿皮或熟制裘皮的原料皮、未经加工至洗净毛的原料毛，以下简称皮毛）。现就有关问题通知如下：

一、允许从中亚五国进口皮毛的口岸为吐尔尕特、霍尔果斯和阿拉山口。每个口岸必须有与进口业务相适应的符合兽医卫生要求的封闭货场和管理制度。

二、离霍尔果斯、阿拉山口口岸30公里，离吐尔尕特口岸80公里范围内为隔离区，进口皮毛必须限制在隔离区内的企业就地加工。所在地出入境检验检疫机构负责对口岸货场、隔离区内企业及进口皮毛的生产、加工、存放过程实施检验检疫和监督管理。动物防疫监督机构负责对口岸货场和隔离区内加工企业进行动物防疫条件审核。

三、隔离区外20公里范围内为缓冲区。经自治区人民政府批准，地方动物防疫监督机构可在缓冲区内设立公路(铁路)动物防疫监督检查站，负责调出皮毛的查证验物和缓冲区的动物防疫监督管理。

四、口岸货场和加工企业必须符合下列条件：

1. 具备相对封闭的原料仓库；

2. 设有适用于进口皮毛的消毒设施；

3. 原料区、加工区、成品区和生活区必须严格分离；

4. 有企业的防疫消毒制度；

5. 有防鸟、灭鼠、虫、蚊、蝇的措施；

6. 有严格的原料、辅料、成品出入库管理制度；

7. 有固形废弃物的无害化处理措施；

8. 有人员卫生防护措施(包括淋浴设施)；

9. 有符合兽医卫生要求的防疫条件；

10. 加工企业污水排放必须达到国家二级以上排放标准，并有地、市级以上环保部门出具的污水排放许可证明。

五、各有关地、州人民政府负责推荐符合上述条件的口岸货场和加工企业名单，由新疆畜牧厅组织动物防疫监督机构进行动物防疫条件审核，合格的发给《动物防疫合格证》。取得《动物防疫合格证》的口岸货场和加工企业，由新疆出入境检验检疫局进行初审，核定口岸货场的仓储能力和加工企业的年加工能力，并报国家质检总局备案同意后，方可从事进口皮毛加工业务。国家质检总局将口岸货场和加工企业的备案情况通报农业部。

六、从中亚五国进口皮毛须在对外签署合同之前办妥《进境动植物检疫许可证》。在办理检疫许可证时，申请单位必须提交《进境检疫许可证申请表》及与加工企业签定的加工协议（正本），经新疆出入境检验检疫局初审后，报质检总局审批。出入境检验检疫机构在受理报检时，核对许可证申请单位与外贸合同的中方签约方一致，严禁倒卖许可证。

七、皮毛入境时，出入境检验检疫机构必须在入境口岸对运输工具实施防疫消毒，在口岸货场对皮毛实施防疫消毒，从口岸调运皮毛到加工企业的运输工具必须采取防漏、防渗、防散落措施，入境口岸检验检疫机构对运输工具加施铅封并出具调离通知单，皮毛运抵加工企业时，由所在地出入境检验检疫机构监督进入原料库，并给入境口岸检验检疫机构出具调离通知单回执。加工企业必须做好皮毛生产、加工、存放过程中的防疫消毒工作。调运到加工企业的皮毛，制革皮张须加工至蓝湿皮、制裘皮张须加工至熟制皮、原毛须加工至洗净毛方可调离出厂。

八、加工企业须按照核定的年加工能力对外承揽加工业务，签署加工协议，超过年加工能力的，不予审批。

九、进口公司必须切实履行加工协议，如进口公司违背加工协议，违规倒卖原料皮毛，将取消其从中亚五国进口皮毛的资格。如加工企业不按规定进行加工，擅自将原料皮毛运出加工企业或对进口公司违规倒卖原料皮毛的行为知情不报，将取消其加工中亚五国皮毛的资格。

十、新疆农牧厅组织动物防疫监督机构对上述口岸货场和加工企业实施动物防疫条件年度审查制度。对年审不合格的，吊消其《动物防疫合格证》，并通报新疆出入境检验检疫局。

十一、出入境检验检疫机构对从事皮毛进口、存放、加工等相关业务的进口公司、口岸货场和加工企业实行年度审查制度。对被动物防疫监督机构吊销《动物防疫合格证》、严重违反检验检疫监管规定等未通过年度审查的企业，报国家质检总局取消其从事皮毛进口、存放、加工等相关业务的资格。

十二、新疆出入境检验检疫机构、新疆畜牧兽医行政主管部门和动物防疫监督机构要分别按照《中华人民共和国进出境动植物检疫法》和《中华人民共和国动物防疫法》的有关规定，依法把关，密切配合，做好从中亚五国进口皮毛的检疫、防疫和监督工作。

请你府高度重视从中亚五国进口皮毛的检疫防疫问题，加强组织、领导和协调工作，在防止国外动物疫情传入的基础上，促进边境少数民族地区经济建设和对外贸易的持续、稳定、健康发展。

关于严防食人鲳等有害生物传入的通知

（2002 年 12 月 27 日国家质检总局国质检动函［2002］897 号）

各直属检验检疫局：

最近，在市场上发现有非法入境、养殖、经营食人鲳活动。食人鲳（serrasalmus）是源产于南美洲的肉食性淡水鱼。该属动物共有 20 多个品种，常见的主要有：红腹食人鲳（s. nattereri）、白食人鲳（s. niger）、黑食人鲳（s. rhombeus）。由于食人鲳异常凶猛，在适宜的环境中形成一定的种群后，将会严重威胁其他生物的生存，破坏生态平衡和生物多样性。各局务必对此予以高度重视，加强检验检疫工作，有效防止食人鲳等有害生物的传入，保护我国农牧渔业生产安全、生态环境和人体健康，促进国民经济可持续发展。现就有关问题通知如下：

一、各局要继续做好水生动物等进境动植物的审批工作，禁止食人鲳等有害生物入境。各局在办理《进境动植物检疫许可证申请表》初审时，要严肃认真地审查，从严控制野生水生动物及其繁殖材料的进境。

二、强化生物和生态安全意识，完善引进水生动物的风险分析工作。对从某一国家或地区首次引进水生动物或新的品种，必须开展风险分析，要综合考虑输出国家的水生动物疫情、疾病控制体系、兽医服务体系、检验检疫能力、引进水生动物的生长特性、对生态环境的影响等因素，客观、科学地评估其传播疫病的风险大小和危害程度，根据风险分析结果，研究制定检验检疫措施，将风险和危害降低到最低。在开展风险分析工作的过程中，要听取渔政、环保等部门及专家的意见，保证检验检疫措施能够满足国家所需品种资源的引进，又能防止外来有害生物的传入。

三、严格检验检疫和监督管理，积极配合有关部门，打击非法入境、养殖、经营食人鲳活动。根据调查了解，检验检疫系统从未批准过食人鲳的进口，口岸检验检疫机关也未受理过报检，目前市场上的食人鲳都是以非法途径流入我国。各局要进一步严格入境水生动物的检验检疫，加强对水生动物品种的鉴别，从源头上防止有害生物的传入，对隐瞒不报、夹带食人鲳等有害生物入境的企业和个人，要从严处罚；要积极配合海关打击食人鲳等有害生物的走私贩私活动，要支持和配合渔政、工商、环保等部门对非法养殖、经营食人鲳活动的整治工作。

四、各局应以此次打击非法经营食人鲳活动为契机，广泛开展以“安全、卫生、环保”为主题的讨论和宣传活动，增强全民对防止外来有害生物传入和对生物、生态保护的意识，提高对进出境检验检疫工作重要性的认识，知法、守法，为维护我国农牧渔业生产安全和自然界的和谐发展做出贡献。

关于印发日本新修订的进口中国产稻草动植物检疫要求的通知

（2002 年 12 月 30 日国家质检总局国质检动函[2002]900 号）

辽宁检验检疫局：

今年 4 月，日本因在我输日稻草中发现活虫而暂停进口中国稻草。经过交涉，日本同意恢复进口中国稻草，并公布了新修订的《关于进口中华人民共和国产稻草的植物检疫实施细则》和《中华人民共和国向日本出口饲用秸杆和草料的动物卫生要求》。现将日方新要求（中文译本）印发你局，请组织研究并按照新要求做好输日稻草动植物检验检疫监管工作。

关于进口中华人民共和国产稻草的植物检疫实施细则

（参考译本）

（平成11年7月30日　农产第4566号农产园艺局长通知修订于平成14年12月16日农产第7046号）

植物防疫法实施规则（1950年农林省令第73号，以下简称“规则”）附表2第29条，规定了进口中华人民共和国产稻草、稻草垫的植物检疫要求。依照1996年2月5日农林水产省告示第142号（简称“告示”）的规定，制定以下实施细则。

一、消毒处理设施

告示第4条所述的产地稻草消毒设施（以下简称“消毒设施”），要得到中国植物检疫机关的认可，应采取防止感染日本未发生的各种检疫性有害生物的措施，并满足以下条件：

（一）干热消毒处理设施

1. 干热消毒处理设施的温度管理系统应设置独立的自动温度记录仪；

2. 自动温度记录仪应具备上锁加封的装置；

3. 自动温度记录仪，能够测定12处以上稻草垫中心测温点及3处以上处理设施空间测温点的温度。

（二）蒸热消毒处理设施

1. 蒸热消毒设施的温度管理系统应设置独立的自动温度记录仪；

2. 自动温度记录仪应具备上锁加封的装置；

3. 自动温度测定，在不超过45立方米的热处理设施空间内，要设置4处稻草中心测温点和1处设施空间测温点。超过45立方米的热处理设施，每增加10立方米追加1个测温点。

二、消毒设施的安全指导

为确保稻草在消毒处理、临时保管、运输各环节安全有效地运作，从事稻草消毒业务的职员必须通过中国植物检疫机关的认可。

三、检查及消毒确认

（一）检查确认

1. 告示第 5 条所述的检查确认，原则上，由日本检疫官与中国植物检疫官员同时现场检查，抽查比例为 1% 以上，检查有无检疫性有害生物，特别是寄生水稻但在日本没有发生的各种检疫性有害生物。

2. 对抽取的稻草，进行敲打、开包等方法检查。

3. 如检查发现水稻寄生性病虫害，从而认为热处理消毒不充分时，植物检疫官将采取以下(1)～(3)项措施：

(1) 当发现稻草带有寄生性病虫害，并认为消毒效果不充分时，如有理由判定不合格原因只与该消毒设施有关，则暂停对该消毒设施出口稻草植物检疫证书的确认签名；

(2) 当发现稻草带有寄生性病虫害，并认为消毒效果不充分时，如判定不合格原因除与该设施有关外，还与其它设施有关系时，则暂停对其他消毒设施出口稻草植物检疫证书的确认签名；

(3) 当发现稻草带有寄生性病虫害，并认为消毒效果不充分时，则判定该产品不合格，日方将与中国植物检疫机关共同调查原因；

(4) 上述暂停出口稻草植物检疫证书的确认，将一直延续到原因查明并采取适当措施时为止。

（二）消毒确认

告示第 5 条消毒确认要求内容如下，原则上与中国植物检疫机关进行的消毒确认同时进行。

1. 稻草垫的消毒确认

(1) 确认干热处理设施内的稻草垫中心温度达到 80 ℃以上，至少持续 2 小时；确认蒸热处理设施内稻草垫中心温度达到 86 ℃以上，至少持续 4 分钟；

(2) 稻草垫温度测定，原则上选择最难升温的部位；

(3) 温度计插入稻草垫时，应采用避免温度计损坏或故障的办法；

(4) 确认热处理设施内的稻草垫摆放得当，稻草垫中心温度测温点正确。

2. 稻草的消毒确认

(1) 确认蒸热处理设施内的稻草中心温度达到 86 ℃以上，至少持续 4 分钟；

(2) 稻草温度测定，原则上选择最难升温的部位；

(3) 温度计插入稻草时，应采用避免温度计损坏或故障的办法；

(4) 确认蒸热处理设施内的稻草，摆放适当，稻草中心温度测定点正确。

(三) 植物检疫证书

1. 当上述检查确认、消毒确认合格后，检查没有发现检疫性有害生物，则日方植物检疫官在植物检疫证书空白处签书盖章；

2. 植物检疫证书要注明消毒处理设施名称及处理日期；

3. 植物检疫证书中要注明盛装稻草的集装箱号及封印号，如果用专用船装运，则要注明船名和封印号。

四、临时保管设施

1. 告示第 6 条所述的临时保管设施，是保管根据告示第 4 条消毒合格后稻草的专用设施，要得到中国检验检疫机关的认可，要采取防止稻草感染日本未发生的寄生水稻的各种检疫性有害生物，并符合以下条件：

(1) 临时保管设施与稻草原料库、热处理消毒库之间，要用墙壁等完全隔离；

(2) 临时保管设施出入口及装运集装箱出口，要确保已消毒稻草不受日本未发生的检疫性有害生物的再次污染；

(3) 临时保管设施的出入口要设置上锁结构，并接受中国检验检疫机关的监管。

2. 对于消毒合格的每批稻草，要在临时保管库分别保管存放，并用标签分别标出干热或湿热消毒处理设施名称、处理日期、稻草规格及数量等信息。

3. 临时保管设施要及时清扫，保持清洁，并用杀虫剂消毒。

五、消毒设施及临时保管设施的调查

1. 日本植物检疫官要对消毒设施和临时保管设施进行调查，以确认是否满足本细则规定的条件。

2. 原则上，本调查应与中国植物检疫机关共同进行。

3. 原则上，本调查每月至少 1 次，在植物检疫官认为必要时，可以随时开展调查。

4. 检查包括对蒸热消毒设施和干热消毒设施温度计的校正，确认温度显示是否正确。

干热消毒设施温度校正要用 80 ℃的油，蒸热消毒设施温度校正要用 86 ℃的油。确定油温的温度计采用标准水银温度计。

六、稻草管理状况报告

中国植物检疫机关要对消毒设施及临时保管设施实施监管，对原料稻草装入数量、消毒稻草数量、临时保管库稻草数量及装入海运集装箱稻草数量进行登记管理，并向日本检疫官通报。

七、装货、封英、标识的确认

由日方植物检疫官与中国植物检疫官员对稻草装箱或装船进行现场监管，并对集装箱或船舱加施封印和标识。

八、运输过程中的措施

告示第 7 条明确运输中的措施如下：

1. 按照告示第 4 条消毒合格的稻草，在由临时保管库到装入船舶或飞机的运输过程时，要采取避免感染日本未发生的寄生水稻的检疫性有害生物的措施；

2. 将按照告示 4 消毒合格的稻草运往日本时，必须符合以下条件之一：

(1) 装入密闭的海运集装箱或空运集装箱；

(2) 装入稻草专用船。

九、消毒设施运作及管理状况的检查

日方检疫官与中国植物检疫官员对稻草消毒运作及管理状况进行每年 1 次以上的检查，以确定是否满足上述第一至八条的规定。

十、标识

告示第8条的标识样式如下：

输　往　日　本　国 出入境检验检疫局　经处理

十一、进口检查措施

1. 实施进口检查，植物检疫官员要查验稻草及附带植物检疫证书；

2. 如无植物检疫证明书，或无告示第5条所述的日本植物检疫官员的确认，或无告示第8条所述的标识和告示第6条所述的封印，则该批稻草将作退货或销毁处理；

3. 上述1及2项以外的进口检查程序及方法，参照"进口植物检疫规程"(1950年7月8日农林省告示第206号)；

4. 如发现稻草带有日本未发生的寄生水稻的检疫性有害生物，或发现有害生物并认定消毒效果不充分或未经消毒时，应采取以下措施：

(1) 对该批稻草全部作退货或销毁处理；

(2) 如有理由判定不合格原因只与该消毒设施有关系，则暂停该消毒设施处理稻草的进口检查；

(3) 如不能判定不合格原因只与该设施有关，或者有理由判定也有可能与其它设施有关时，则暂停其它相关消毒设施处理稻草的进口检查；

(4) 向中国植物检疫机关通报上述措施；

(5) 与中国植物检疫机关联系，协商有关暂停签发植物检疫证书、组织调查事故原因、采取改善措施等事宜；

(6) 与中国植物检疫机关共同调查事故原因。

5. 上述第(2)、(3)条所述的停止进口检查时间，是指查明事故原因并采取必要改善措施之前的一段时间。

中华人民共和国向日本出口饲用秸杆和草料的动物卫生要求

（参考译本）

（修订于平成 14 年 12 月 11 日　牲畜第 5881 号）

中华人民共和国向日本出口饲用秸杆和草料（以下简称“秸杆和草料”）的动物卫生要求如下：

一、秸杆和草料必须原产于中华人民共和国。

二、秸杆和草料必须在半径 50 公里内至少 3 年没有口蹄疫、牛瘟和非洲猪瘟发生的地区生产、加工和储存。

※口蹄疫、牛瘟和非洲猪瘟是申报性传染病，中国动物检疫部门应实施持续、有效的监测和控制。

三、秸杆和草料必须清洁，且没有被偶蹄类动物的排泄物、分泌物及其它物污染。

四、秸杆和草料必须在密闭的容器中，经至少 10 分钟不低于 80 ℃的蒸热处理。

五、用于处理输日秸杆和草料的蒸热设施必须经过日本农林水产省大臣的认可，并符合以下条件：

（一）原料库和成品库必须完全隔离，与二者相连的密封蒸热设施设有两个隔离门，其中一个门朝向原料库，另一个门朝向成品库，两扇门不能同时开启。

在 2007 年 12 月 31 日之前，已认可的蒸热设施如果无法满足上述条件，则必须符合以下条件。在 2007 年 12 月 31 日前，必须按照上述条件完成有关设施改造，否则在宽限期后不能继续处理输日秸杆和草料。

1. 原料库、蒸热处理库和成品储存库应相互隔离，蒸热处理库与原料库及成品储存库之间分别以通道隔离区相连，通道隔离区两侧设有两扇不能同时开启的隔离门，以防止尘埃等物质进入。

2. 在中国动物检疫官员的监督下，每次原料搬入消毒设施实施蒸热处理后，要对消毒库进行清扫、消毒，然后方可将处理合格的秸杆和草料运往成品储存库。

※蒸热处理库应设置自动温度记录仪等检查仪器。

（二）为防止再次污染，原料库、蒸热处理库、成品储存库要分别安排不同作业人员，并设有独立的出入口、更衣室、厕所等设施，不同区域的作业人员要穿着不同颜色的统一工作服。

（三）从原料库到成品储存库，加工流程必须单向进行。

（四）设施地面、墙壁及天花板应光滑、易清扫，地板采用防浸透性材料，且具有适当的坡度和排水设施，以便实施消毒处理（如没有天花板，须按照日本动物检疫官员的指导意见，对横梁、屋顶镶板等进行清扫和消毒）。

六、当接到中方检验检疫机关关于认可消毒设施的申请时，日方将指派动物检疫官员按照上述第五条要求对这些设施进行检查确认。对于已认可的设施，日本动物检疫官员将定期调查，如发现不符合有关动物卫生要求，日本农林水产省大臣可取消对该设施的认可。

已认可的设施需要扩建或改造时，应当向日本动物检疫部门提出申请并获得批准后方可进行。设施扩改完成后，经日本动物检疫官员现场确认满足第五条要求，将允许该设施处理的饲草向日本出口。

如果已认可设施改变名称、地址，中国动物检疫部门要立即向日本动物检疫部门通报。

七、日本动物检疫官员可依照第四条要求，确认认可设施是否进行有效的消毒处理。中国检验检疫机关应予以协助与配合。

八、经确认已实施蒸热处理过的秸杆和草料，在运抵日本之前要采取适当的保管、存放措施，确保不受动物传染病感染，避免接触未消毒过的秸杆和草料。

九、在认可设施不同区域，包括原料库、蒸热处理库、成品储存库，要分别作好秸杆和草料种类、数量、产地、处理或保管日期等信息的原始记录。该原始记录至少保存两年。日本动物检疫官员在实施对认可设施的检查时，可要求提交该原始记录。

十、向日本出口的秸杆和草料，应在中日动物检疫官员监督下装入密闭的集装箱，并加施易识别的封识。封识格式应事先得到日本动物检疫部门的认可。当集装箱到达日本后，如检查发现封识脱落或破损等，该批秸杆和草料将不准入境。在秸杆和草料搬入集装箱前，应在中国动物检疫部门监督下对集装箱进行清扫，并用中方认可的消毒剂进行彻底消毒。

※密封的集装箱是指柜门能紧闭的，例如符合国际标准化机构(ISO)规定的普通货柜或干货柜。

十一、中国动物检疫部门负责签署输日秸杆和草料的检验证书，并在证书上用英文注明以下事项：

1. 第一、二、三、四、八条的要求。

2. 第十条所述的集装箱编号及封印号。

3. 秸杆和草料的种类、重量、商标、国家和产地(具体表述)，用途，目的地，发货人及收货人的名称及地址，启运时间及地址，船名或航班号。

4. 认可设施名称、地址及注册编号。

5. 消毒处理日期。

关于防止芬兰痒病传入我国的公告

(2003年1月16日农业部、国家质检总局2003年第240号公告)

芬兰农村乡村发展部和罗马尼亚农业食品林业部分别于2002年11月1日和12月24日向世界卫生组织(OIE)通报，其境内发现痒病病例。为防止痒病传入我国，保护我国畜牧业安全，根据《中华人民共和国进出境动植物检疫法》等有关规定，公告如下：

一、禁止直接或间接从芬兰、罗马尼亚输入羊及其产品，已运抵口岸的一律作退回或销毁处理。

二、禁止邮寄或旅客携带来自芬兰、罗马尼亚的羊及其产品进境，一经发现，一律作退回或销毁处理。

三、对途经我国或在我国停留的国际航行船舶、飞机和火车等，如发现有来自芬兰、罗马尼亚的羊及其产品，一律作封存处理；对上述运输工具上的动植物性废弃物、泔水等，一律在出入境检验检疫机构的监督下作无害化处理，不得擅自抛弃。

四、凡截获的走私入境的来自芬兰、罗马尼亚的羊及其产品，一律在就近的出入境检验检疫机构监督下作销毁处理。

五、凡违反上述规定者，由出入境检验检疫机构依照《中华人民共和国进出境动植物检疫法》有关规定处理。

六、各出入境检验检疫机构、各级动物防疫监督机构要分别依照《中华人民共和国进出境动植物检疫法》和《中华人民共和国动物防疫法》的有关规定，密切配合，做好检疫、防疫和监督工作。

七、本公告自发布之日起执行。

关于对荷兰香蕉穿孔线虫寄主植物及栽培介质采取临时紧急检疫措施的公告

（2003 年 2 月 14 日国家质检总局、农业部、林业局 2003 年第 8 号公告）

2002 年 12 月，上海出入境检验检疫局在自荷兰进口的肖竹芋花卉种苗实施检疫时，截获一类检疫性有害生物——香蕉穿孔线虫[*Radopholus similes*（Cobb） Thorne]。为防止疫情传入，保护我国农林业生产安全，根据《中华人民共和国进出境动植物检疫法》及其实施条例的有关规定，决定对荷兰香蕉穿孔线虫寄主植物及栽培介质采取临时紧急检疫措施。

一、自公告发布之日起，暂停进口荷兰 Hilverda Bloemen b. v. 公司生产的肖竹芋、凤梨等香蕉穿孔线虫寄主植物和栽培介质。一经发现，一律作退运或销毁处理。

二、暂停办理进口荷兰 Hilverda Bloemen b. v. 公司生产的肖竹芋、凤梨等香蕉穿孔线虫寄主植物和栽培介质的检疫审批。

三、各出入境检验检疫机构要加强对来自荷兰花卉种苗的检疫工作，发现香蕉穿孔线虫，一律作退运或销毁处理。

四、凡违反规定者，将依照《中华人民共和国进出境动植物检疫法》及其实施条例的有关规定进行处理。

关于启用《进境动植物检疫许可证管理系统》开通检疫许可证网上审批的公告

（2003 年 4 月 16 日国家质检总局 2003 年第 36 号公告）

为加强进境动植物检疫许可证审批的有效监管，方便企业申请，提高审批工作效率，减轻企业负担，国家质检总局决定于 2003 年5 月 1 日起启用《进境动植物检疫许可证管理系统》，开通检疫许可证网上审批。为方便企业办理申请，现就启用该系统及办理电子申请的有关事项公告如下：

一、《进境动植物检疫许可证管理系统》于 2003 年 5 月 1 日起在全国开通使用，电子申请与书面申请并行三个月，在此期间可采用一种方式。2003 年 8 月 1 日起停止接受书面申请，只接受电子申请。

二、需要办理进境动植物检疫许可证的企业可通过互联网用浏览器登录信城通网站（www. itown. net. cn），点击“动植物检疫许可证”即可进入《进境动植物检疫许可证管理系统》企业申请主界面。

三、企业上网办理进境动植物检疫许可证申请需具备下列两个条件，才能有效地使用本系统中的各项功能。

1. 在当地直属检验检疫局办理进境动植物检疫许可证申请业务的电子注册。

2. 具备信城通发放的数字证书（IKEY）。

当地直属检验检疫局注册方法、数字证书的申领和使用方法、企业用户使用手册等可登录信城通网站下载。

四、对于使领馆、科研单位及国际援助的项目，在得到当地直属检验检疫局确认的情况下，可直接在当地直属检验检疫局办理进境动植物检疫许可证申请。

五、在过渡期内，企业不得以电子申请和书面申请同时办理同一进境动植物检疫许可证，一经发现将依据有关规定予以终止已签发的检疫许可证的使用或其他处罚。

六、在使用中如遇技术问题，可与当地直属检验检疫局联系，或与国家质检总局技术支持部门联系。

七、国家质检总局技术支持电话：010-65887788 转 8011（或 8037）电子信箱：capq@aqsiq.gov.cn

特此公告。

关于自 2003 年 6 月 1 日起取消玉米淀粉、马铃薯淀粉等 8 类植物产品的进境动植物检疫审批规定的公告

（2003 年 5 月 8 日国家质检总局 2003 年第 43 号公告）

为完善进境动植物检疫审批工作，经过风险分析，确定玉米淀粉、马铃薯淀粉、木薯淀粉及其他淀粉、变性及改性淀粉、冷冻马铃薯条（包括冷冻马铃薯球、冷冻马铃薯饼、冷冻马铃薯坯、冷冻油炸马铃薯条）、陶瓷土粉、植物生长营养液（不含动物成分或未经加工的植物成分和有毒有害物质）等 8 类植物产品系进口前已经加工处理，其携带有害生物风险较低。自 2003 年 6 月 1 日起，取消上述 8 类植物产品的进境动植物检疫审批规定。有关企业在进口上述 8 类植物产品前不需办理进境动植物检疫许可证，但在入境时应主动向检验检疫机构报检，接受检验检疫。

各地检验检疫机构要继续加强对上述 8 类植物产品的检验检疫工作，确保其符合我国检验检疫要求。

特此公告。

附件：取消进境检疫审批规定的植物产品名录

附件

取消进境检疫审批规定的植物产品名录

商品编码	商品名称及备注	海关监管条件	检验检疫类别
11081200	玉米淀粉	A/B	P.R/Q.S
11081300	马铃薯淀粉	A/B	P.R/Q.S
11081400	木薯淀粉	A/B	P.R/ Q.S
11081900	其他淀粉	A/B	P.R./Q.S
35051000	变性淀粉、改性淀粉(包括马铃薯、甘薯、木薯、玉米的变性淀粉、改性淀粉)	无	无
20041000	冷冻马铃薯条(包括冷冻马铃薯球、冷冻马铃薯饼、冷冻马铃薯坯、冷冻油炸马铃薯条)	A/B	P.R/Q.S
25070000	陶瓷土粉	无	无
31010090	植物生长营养液(不含动物成分或未经加工的植物成分和有毒有害物质)	无	无

注:1. 海关监管条件:A—实施进境检验检疫;B—实施出境检验检疫;

2. 检验检疫类别:P—进境动植物、动植物产品检疫;R—进口食品卫生监督检验;Q—出境动植物、动植物产品检疫;S—出口食品卫生监督检验。

关于防止疯牛病从加拿大传入我国的紧急通知

(2003 年 5 月 25 日国家质检总局、农业部农牧发[2003]11 号)

各直属出入境检验检疫局,各省、自治区、直辖市农业(畜牧、水产)厅(局):

5 月 21 日,加拿大食品检验署向我国通报,在加拿大阿尔伯塔省发生一例疯牛病。根据农业部和原国家出入境检验检疫局第 143 号公告,现将加拿大列入发生疯牛病的国家。为了保护我国畜牧业安全和人体健康,请各机构认真执行第 143 号公告,严防疯牛病传入我国。

关于加强进口大豆小麦等散装农产品定点加工监管的通知

（2003年6月18日国家质检总局国质检动[2003]465号）

各直属检验检疫局：

近日，个别企业违反检验检疫规定，擅自转卖进口大豆等农产品，且未在指定的加工厂监管加工，给我国农业生产安全带来很大的风险和隐患，同时也扰乱了正常的市场秩序。为规范管理，严肃执法，现就做好对进口大豆、小麦、大麦等散装农产品定点加工监管工作有关要求通知如下：

一、各局要高度重视，严格按照《出入境粮食和饲料检验检疫管理办法》和《进境动植物检疫审批管理办法》的有关规定，在进口企业办理检疫审批初审时，准确核定进口加工企业的生产加工和仓储能力，严格审核接卸、运输、储存、加工及除害处理等环节的防疫条件和措施，实施有效监管。

二、进口大豆、小麦、大麦等农产品应当在进境检疫许可证上列明的加工厂存放、加工，不得转卖其他企业。因特殊原因不能去指定加工厂的，应当向所在地直属检验检疫局申请并报国家质检总局批准。入境口岸检验检疫局要与指运地检验检疫局密切配合，认真做好核销记录，严格实施监管。

三、上述农产品运抵指定加工厂后，加工企业应及时向所在地检验检疫局申报，接受监管和进行数量核销。企业再次申请进境检疫许可证时，应在申请材料中随附上一批进口农产品的进境口岸、加工厂所在地检验检疫局的核销单，以备核查。

四、发现私自倒卖上述农产品，违反监管规定的企业，各局要依照相关法律法规的规定予以处罚并暂停受理新的进口申请，同时将有关情况报告总局。

关于禁止从美国和非洲进口草原犬鼠、冈比亚大鼠、松鼠等啮齿动物、野兔及其产品的公告

(2003年7月2日农业部、国家质检总局2003年第285号公告)

据美国疾病预防与控制中心(CDC)报告,2003年6月初,美国因草原犬鼠(PRAIRIE DOG)等野生啮齿动物传染引发人的猴痘(MONKEY POX)疫情。为防止猴痘传入我国,保护我国畜牧业安全和人体健康,根据《中华人民共和国进出境动植物检疫法》及其实施条例的有关规定,现公告如下:

一、禁止从美国和非洲进口草原犬鼠、冈比亚大鼠、松鼠等啮齿动物、野兔及其产品。已运抵口岸的来自美国和非洲的上述动物及其产品一律作退回或销毁处理。

二、来自美国和非洲的实验鼠等饲养啮齿动物以及猴等灵长类动物、家兔及其产品,须经输出国官方检疫部门进行猴痘检疫,并出具检疫证书,运抵我国口岸时,由出入境检验检疫机构进行猴痘检疫,发现阳性的动物或产品,一律作退回或销毁处理。

三、各出入境检验检疫机构要严格执行《中华人民共和国禁止携带、邮寄进境的动物、动物产品和其他检疫物名录》的规定,禁止来自美国和非洲的旅客携带野生和饲养的啮齿动物、灵长类动物、家兔和野兔及其产品入境,一经发现,一律作退回或销毁处理。

四、对途经我国或在我国停留的国际船舶、飞机和火车等,如发现有来自美国和非洲的野生和饲养的啮齿动物、灵长类动物、家兔和野兔及其产品,一律作封存处理;其废弃物、泔水等,一律在出入境检验检疫机构的监督下作无害化处理,不得擅自抛弃。

五、凡海关、边防等部门截获的走私入境的来自美国和非洲的野生和饲养的啮齿动物、灵长类动物、家兔和野兔及其产品,一律在出入境检验检疫机构监督下作销毁处理。

六、凡违反上述规定者,由出入境检验检疫机构依照《中华人民

共和国进出境动植物检疫法》有关规定处理。

七、各出入境检验检疫机构、各级动物防疫监督机构要分别依照《中华人民共和国进出境动植物检疫法》和《中华人民共和国动物防疫法》的有关规定，密切配合，做好检疫、防疫和监管工作。

八、本公告自发布之日起执行。

关于允许直接或间接从英国进口符合我国法律法规规定的偶蹄动物及其产品的公告

（2003 年 7 月 9 日农业部、国家质检总局 2003 年第 286 号公告）

世界动物卫生组织（OIE）已于 2002 年 1 月 22 日恢复英国非免疫无口蹄疫国家地位，根据我国对英国口蹄疫疫情状况进行的风险分析结果，决定自本公告发布之日起，允许直接或间接从英国进口符合我国法律法规规定的偶蹄动物及其产品。进口的有关动物产品应是在本公告发布日后生产和加工的。

农业部与原国家出入境检验检疫局 2001 年 3 月 1 日联合发布的第 145 号公告同时废止。

关于进口饲料级混合油管理有关事宜的公告

（2003 年 7 月 23 日农业部、国家质检总局 2003 年第 287 号公告）

为加强饲料产品质量安全管理，保护养殖业生产，维护人民身体健康，根据《中华人民共和国进出境动植物检疫法》和《饲料和饲料添加剂管理条例》的有关规定，现就进口饲料级混合油（含作饲料用的使用过的混合植物油）管理的有关事宜公告如下：

一、凡向我国出口饲料级混合油的境外企业，必须按照《进口饲料和饲料添加剂登记管理办法》（农业部第 38 号令）的要求进行登记，取得登记许可证后方可进口。

二、饲料级混合油生产企业申请进口登记时，须提供生产国检测权威机构出具的安全检测数据，其产品质量必须符合《饲料卫生标准》(GB 13078—2001)的要求。未提供安全检测数据，样品复核检验结果与质量标准、卫生指标不符的，不予登记。

三、进口饲料级混合油必须用洁净、无污染的金属或塑料容器分装，不得用盛装过化学药品和其他可能被有毒有害物质污染的容器分装。分装饲料级混合油的容器上必须按照《饲料标签标准》(GB 10648—1999)的要求加贴中文标签，并明确标注“不得供人食用”字样。

四、进口饲料级混合油的货主或其代理人向出入境检验检疫机构报检时，必须提供农业部颁发的《登记许可证》复印件和生产国权威机构的安全检测数据等单证，否则，不予受理报检。各检验检疫机构要严格按照有关法律法规、《饲料卫生标准》(GB 13078—2001)以及《登记许可证》的要求实施检验检疫。经检验检疫合格的，予以放行；不合格的，作退回或销毁处理。

五、各级饲料管理部门和各出入境检验检疫机构要依据有关法律法规，密切配合，加强对进口饲料级混合油的监管。各级饲料管理部门要将饲料级混合油纳入饲料质量跟踪检测范围，严格监控其使用，防止其被有毒有害物质污染。严禁将饲料级混合油用于除饲料以外的其他用途。饲料级混合油经营和使用企业要强化自身管理，发现问题要及时向所在地饲料管理部门报告。

关于对供港澳活鸡实施禽流感免疫措施的通知

（2003 年 7 月 31 日国家质检总局国质检动[2003]228 号）

广东、深圳、珠海、广西出入境检验检疫局：

2002 年 4 月，香港特别行政区政府对本港活鸡实施了注射禽流感疫苗的免疫措施。经与香港食物环境卫生署和澳门民政总署协商，为了确保内地供港澳活鸡与香港产活鸡处于同等保护水平，保护内地养禽业的安全和内地活鸡抵港澳后的健康，保证供港澳活鸡质量，总局决定，从2003年8月中旬起对供港澳活鸡注射禽流感疫苗，实施禽流感免疫措施。现就有关要求通知如下：

一、疫苗选用

为满足香港特别行政区政府对H5N1禽流感病毒检测的需要，供港澳活鸡使用的疫苗须为农业部批准的H5N2禽流感灭活疫苗。现指定使用哈尔滨兽医研究所生产的H5N2禽流感油性佐剂灭活疫苗。

二、疫苗供应方式

为保证供港澳活鸡注册场使用统一的H5N2灭活疫苗，由广东、深圳、珠海、广西检验检疫局分别从哈尔滨兽医研究所统一代购，提供给本辖区的供港澳活鸡注册场并作详细记录。

三、免疫程序

（一）时间和剂量：7～10日龄时，首次免疫，用0.3 mL剂量；30～35日龄时，第二次免疫，用0.5 mL剂量。

（二）途径：首次免疫皮下或肌肉注射，第二次免疫肌肉注射。

四、免疫范围

供港澳活鸡（包括竹丝鸡、雉鸡、石鸡和珍珠鸡，不包括鸽子）。

五、免疫效果监测

出场前5～10天内，每群随机抽取14只鸡，用血凝抑制试验检测，最少10只鸡的H5抗体滴度≥1∶16为有效免疫。

如H5抗体滴度≥1∶16的鸡少于10只或H5抗体滴度＜1∶16的鸡超过5只，视为没有达到免疫效果，需暂停向香港、澳门市场供应，同时调查疫苗质量、保存温度、免疫程序等，向注册场提出相关建议，必要时增加一次禽流感疫苗注射。确保供港澳活鸡达到有效免疫后，方可恢复向港澳供应。

六、疫情监测

（一）每个饲养场每批养殖鸡群中，选出60只不注射禽流感疫苗，作哨兵鸡。哨兵鸡佩戴翼牌或脚环，以示区别。

检验检疫机构定期检查哨兵鸡的健康状况。哨兵鸡出现任何疾病症状，饲养场必须立即向检验检疫机构报告；饲养场不得随意处理哨兵鸡，如发现哨兵鸡缺少，检验检疫机构须进行调查，并将追究饲养场的责任。

（二）出场前5～10天内，随机抽取14只哨兵鸡，用血凝抑制试验检测，H5抗体滴度≤1∶8为合格。

如发现哨兵鸡检测不合格，暂停该饲养场向港澳供应活鸡，并做进一步确诊试验，证实没有禽流感后，方可恢复向港澳供应。

（三）各直属局根据供港澳鸡场的地理分布，按本辖区供港澳养殖场总数的1/3随机选择养殖场，每年分两次分别在秋末冬初和初春季节，每场每次随机抽取30只禽（包括死禽）的泄殖腔拭子，同场的每5个或者10个拭子混做一个样品，进行病毒分离试验。如分离出禽流感病毒，则进一步做抗原性、致病力鉴定。

从2004年起，每年1月31日前，请各局将上一年度的监测情况报总局动植物检疫监管司。监测中发现疫情请随时向总局动植司报告。

七、保障措施

（一）除哈尔滨兽医研究所生产的H5N2禽流感疫苗，供港澳注册禽场不得存放、使用其他禽流感疫苗。禽场必须在《供港澳活禽监管手册》中详细记录疫苗进场、保存、使用情况。

（二）检验检疫人员要定期检查禽场《供港澳活禽监管手册》和疫苗的保存、使用情况，定期检查哨兵鸡的健康状况。

（三）供港澳前5天内，对供港澳禽实施隔离，并临床检查活禽的健康状况。

（四）检验检疫机构认为必要时，在供港澳活鸡出境前，由检验检疫人员监督装车。

八、特别说明事项

（一）由于禽流感灭活疫苗矿物油佐剂，注射疫苗后30天，方能消除矿物油残留，不影响人类食用。所以，活鸡注射禽流感疫苗至少35天后，方能向港澳供应；饲养日龄不足70日的供港澳鸡，只注射一次禽流感疫苗，注射剂量为0.5 mL。

（二）香港特别行政区政府每天抽取不多于10个样品（主要抽

取病鸡、死鸡样品),用 RT-PCR 检测禽流感抗原,如检出阳性,整车鸡将退回内地,并进一步做病毒分离试验。总局与香港特别行政区卫生福利及食物局商定,对 RT-PCR 阳性的,最终判定以病毒分离试验为准。如果香港方面从样品中分离到禽流感病毒,立即暂停该场向香港供应活鸡,并对该场进行疫情调查。

(三)对供港澳活鸡注射禽流感疫苗后,给予 2 个月的过渡期,在过渡期间允许既有注射疫苗又有没注射疫苗的活鸡供应港澳,各局要按照免疫程序安排好过渡期间的活鸡免疫。在此期间,没有注射禽流感疫苗的供港澳活鸡,按现行的要求检疫管理,出具检疫证书;注射禽流感疫苗的供港澳活鸡,按新的要求检疫管理,出具新的检疫证书(见附件)。

附件:证书样本

附件

中华人民共和国出入境检验检疫

ENTRY-EXIT INSPECTION AND QU ARANTINE OF

THE PEOPLE'S REPUBLIC OF CHINA

编号 No. ________________

动物卫生证书

Animal Health Certificate

发货人名称及地址

Name and Address of Consignor ________________________

收货人名称及地址

Name and Address of Consignee ________________________

动物种类　　　　　　动物学名　　　　　　（不填）

Spceies of Animals ________ Scientific Name of Animals ________

动物品种　　　　产地　　　　××省(市)××市(区)××县

Breed of Animals ______________ Place of Origin ______________

报检数量（应填实际装运数量,例:500 只）××××年××月××日

Quantity Declared _____________ Date of Inspection _____________

启运地　　　　　　××省(市)××市(区)××县

发货日期　　　××××年××月×××日

Place of Despatch ____________ Date of Despatch ______________

到达国家/地区　　　香港(或澳门)　　　运输工具　　（从注册场至离境口岸的运输车辆牌照

Country/Region of Destination ____ Means of Conveyance 号。双牌照者,双牌照号均应填写）

兹证明上述动物:

1. 来自检验检疫机构注册的饲养场,注册场名称:________,注册编号:________,运输车辆铅封号(指从注册场至离境口岸):________。

2. 健康状况良好，没有发现动物疾病的临床症状。
3. 在过去180天内，没有血清学或病毒学证据证明该养殖场感染过H5型禽流感病毒。
4. 输出前，经过了5天隔离检疫。
5. 养殖期间已接种了农业部批准生产和使用的H5禽流感灭活疫苗。经H5禽流感免疫抗体测试，抗体滴度令人满意。
6. 存整个饲养期间，与上述禽鸟一同饲养的哨兵鸡也没有血清学或病毒学上的证据证明感染了H5型禽流感病毒。在输出前5天内，对哨兵鸡进行了H5禽流感抗体检测，结果为阴性。
7. 日常监督管理及抽样监测表明，上述动物未饲喂或使用氯霉素、阿伏霉素、盐酸克伦特罗、沙丁胺醇、己二烯雌酚、己烷雌酚、己烯雌酚等药品，其他允许使用的药物符合香港（或澳门）特别行政区政府关于停药期的要求，没有证据表明动物体内的药物残留超过了规定的最高残留限量。

该证书自签发之日起三天内有效。

＊出境日期： ＊出境动物数量：
＊运输车辆牌照号（指离境口岸至港澳运输车辆）： ＊铅封号：
＊检疫官员： ＊出境局签章：

印章
Official Stamp

签证地点 Place of Issue ＿＿＿＿＿签证日期 Date of Issue××××年××月××日

官方兽医 Official Veterinarian（姓名印刷体）

签名 Signature ＿＿＿＿＿

中华人民共和国出入境检验检疫机关及其官员或代表不承担签发本证书的任何财经责任。No financial liability shall attach to the entry-exit inspection and quarantine authorities of the P. R. of China or to any officer or representative of the authorities with respect to this certificate.

印刷流水号位置 C 4-1(2000.1.1)

关于保证供应香港的动物、动物产品药物残留符合香港特别行政区最高限量的食品安全要求的公告

（2003 年 9 月 16 日国家质检总局 2003 年第 85 号公告）

根据香港《公众卫生（动物及禽鸟）（化学物残余）规例》和《食物内有害物质规例》，并商香港特别行政区政府卫生福利食物局，决定从 2003 年 12 月 31 日起，将“7＋37”种药物残留控制项目中剩余的 18 种药物（即杆菌肽 Bacitracin、头孢噻呋 Ceftiofur、多粘菌素 E Colistin、丹奴氟沙星 Danofloxacin、英氟沙星 Enrofloxacin、红霉素 Erythromycin、氟甲喹 Flumequine、庆大霉素 Gentamicin、伊维菌素 Ivermectin、柱晶白霉素 Kitasamycin、林可霉素 Lincomycin、新霉素 Neomycin、恶喹酸 Oxolinic acid、沙拉氟沙星 Sarafloxacin、大观霉素 Spectinomycin、替尔谋宁 Tiamulin、泰乐菌素 Tylosin、维及霉素 Nirginiamycin）纳入供港动物及其产品药物残留控制管理范围进行管制。为了保证供应香港的动物、动物产品药物残留符合香港特别行政区最高限量的食品安全要求，现将对供港动物及其产品的生产、经营和检验检疫的有关要求公告如下：

一、各供港动物及其产品的生产、加工、经营企业和检验检疫机构要在“7＋19”管理经验的基础上，从 2003 年 12 月 31 日起将上述 18 种药物纳入管理范畴。

二、各供港动物养殖场[含用于屠宰、加工供港肉（脏）类的动物养殖场，下同]要加强对药物的管理，严禁在养殖场使用、存放内地和香港规定禁止使用的药物，对有限量要求的其他 37 种药物的使用，要严格遵照药物停药期、用量和用药方法的规定。

三、各供港动物养殖场及饲料生产企业必须遵守国家质检总局关于《出口食用动物饲用饲料检验检疫管理办法》的有关规定，严禁在饲料或饲料添加剂中添加内地和香港规定禁止使用的药物。各养殖场要加强对动物饲料的管理，对添加限用药物的饲料要科学地把

握添加剂量和停止饲喂的时间，防止药物残留超标。

四、各出入境检验检疫机构要加强对供港动物及其产品生产、经营环节的药物、饲料使用的监督管理，从源头上控制药物残留，在充分掌握各养殖场药物使用情况的基础上，有重点地开展药物残留检测监测工作。

五、各地外经贸主管部门要密切配合当地出入境检验检疫机构，了解和掌握国家有关兽药管理的各项规定，密切跟踪本地区供港产品的卫生质量状况，并加强对本地区出口企业的监督。

六、驻港澳代理机构要主动与两地检验检疫主管部门保持密切联系，及时向两地主管部门、出口企业和供货企业反馈内地供港澳商品的卫生质量状况，提出改进建议。

七、对违反规定的饲料生产、经营企业、养殖场、加工厂和出口企业，国家质检总局和商务部将依据有关规定予以处罚。

八、对供澳门食用动物及动物产品的药物残留控制和监测，参照本公告执行（另有规定的除外）。

特此公告。

关于严防周边国家小反刍兽疫传入我国的警示通报

（2003 年 10 月 10 日国家质检总局国质检动函[2003]817 号）

各直属出入境检验检疫局：

据悉，近期我国周边的老挝、孟加拉国、印度、俄罗斯、巴基斯坦、缅甸等国家大规模暴发小反刍兽疫，并进一步蔓延，对我国畜牧业生产安全构成严重威胁。小反刍兽疫（peste des petits ruminants，PPR）是由小反刍兽疫病毒引起的、主要感染绵羊、山羊、鹿等小反刍动物，以发热、口炎、腹泻、肺炎为主要特征一种急性传染病，是我国规定的一类动物传染病，国际动物卫生组织（OIE）规定必须申报的 A 类传染病。

为了防止该病传入我国，保护我国畜牧业生产安全，现发布紧急警示通报如下：

一、请各直属局加强对来自上述国家相关动物及产品、旅客携带物的检疫，做好交通工具的消毒处理工作，严防小反刍兽疫的传入。

二、对有临床症状的动物应及时隔离，并采样送实验室确诊。

三、各有关直属局应密切关注上述周边国家小反刍兽疫的发生动态。

四、一经发现可疑病例或周边疫情变化，请立即报总局动植物检疫监管司。

关于从日本和印度尼西亚进口鲤科鱼类的风险警示通报

（2003 年 11 月 26 日国家质检总局国质检动函[2003]917 号）

各直属检验检疫局：

日本从今年 10 月份以来爆发并流行锦鲤疱疹病毒病（Koi Herpes Virus，KHV），到 11 月份已造成近千吨的鲤鱼和锦鲤死亡。印度尼西亚自 2002 年 6 月发生该病以来，疫情进一步扩散。

锦鲤疱疹病毒病是近四年来才被人们所认识的一种严重危害水产养殖安全的水生动物疾病，其发病死亡率高达 80％到 100％，在适宜的温度下，能迅速传播。该病临床症状主要表现为鱼皮肤出现苍白斑块和水泡，大量分泌黏液，鳃出血，游动减缓甚至停止，临床症状出现后很快死亡。

为了防止该病传入我国，保护我国渔业生产安全，根据《出入境检验检疫风险预警及快速反应管理规定》（总局 2001 年第 1 号令）的规定，现发布关于从日本和印度尼西亚进口水生动物的检疫风险警示通报：

一、暂停从日本、印度尼西亚进口锦鲤和鲤鱼。

二、加强对从其他国家或者地区进口的锦鲤和鲤鱼的检疫，要将KHV作为检疫项目，抽样检疫，防止疫病的传入。对目前尚无不具备检测KHV能力的单位，请与深圳局水生动物疾病检测实验室联系。

三、进一步完善水生动物疫病监测体系，加强对出口水生动物养殖场KHV的监测。

关于防止韩国禽流感传入我国的公告

（2003年12月22日农业部、国家质检总局2003年第323号公告）

2003年12月17日，韩国农林部向世界动物卫生组织（OIE）报告其中部Chungcheong-buk省的Eumsung地区一个养鸡场、一个养鸭场发生高致病性禽流感（H5N1）。为防止该病传入我国，保护我国畜牧业安全，根据《中华人民共和国进出境动植物检疫法》等有关规定，特公告如下：

一、禁止直接或间接从韩国输入禽鸟及其产品；已从韩国运抵我国口岸的禽鸟及其产品一律作退回或者销毁处理。

二、禁止邮寄或旅客携带来自韩国的禽鸟及其产品进境。一经发现，一律作退回或销毁处理。

三、对途经我国或在我国停留的国际航行船舶、飞机、火车等运输工具，如发现有来自韩国的禽鸟及其产品一律作封存处理；其交通员工自养自用的禽鸟，必须装入完好的笼具中；其废弃物、泔水等，一律在出入境检验检疫机构的监督下作无害化处理，不得擅自抛弃。

四、对海关、边防等部门截获的走私入境的来自韩国的禽鸟及其产品，一律在出入境检验检疫机构的监督下作销毁处理。

五、凡违反上述规定者，由出入境检验检疫机构依照《中华人民共和国进出境动植物检疫法》有关规定处理。

六、各出入境检验检疫机构、各级动物防疫监督机构要分别依照《中华人民共和国进出境动植物检疫法》和《中华人民共和国动物防疫法》的有关规定，密切配合，做好检疫、防疫和监督工作。

七、本公告自发布之日起执行。

关于暂行禁止来自美国的牛及其相关产品入境的紧急通知

（2003 年 12 月 25 日农业部、国家质检总局农牧发[2003]23 号）

各省、自治区、直辖市农业（畜牧、农牧）厅（局），各直属出入境检验检疫局：

2003 年 12 月 23 日，美国农业部长召开新闻发布会，向媒体通报在美国华盛顿州发现一头怀疑患疯牛病的牛。为防止疯牛病传入我国，现紧急通知如下：

一、自本通知发布之日起暂行禁止来自美国的牛及其产品（不包括牛奶和奶制品、皮张、照相用明胶）入境。请各出入境检验检疫机构、各级动物防疫监督机构严格按照《中华人民共和国出入境动植物检疫法》及其实施条例和《中华人民共和国动物防疫法》的有关规定，密切配合，做好检疫、防疫和监督工作，严防疯牛病传入我国。

二、各级动物防疫监督机构要按照农业部《牛海绵状脑病检测方案》和全国疯牛病风险因子调查结果，立即对近年来从美国进口的牛（包括胚胎）及其后代（包括杂交后代）进行重点监测。

三、各级动物防疫监督机构、出入境检验检疫机构发现异常情况，要立即向农业部畜牧兽医局和国家质检总局动植物检疫监管司报告，对疑似病例要立即采样送农业部动物检疫所国家外来动物疫病诊断中心或北京出入境检验检疫局疯牛病检测实验室确诊。

关于防止越南禽流感传入我国的公告

（2004年1月14日农业部、国家质检总局2004年第333号公告）

2004年1月9日，越南农业和乡村发展部动物健康局向世界动物卫生组织(OIE)报告，2003年12月27日，其Long An省和Tien Giang省发生高致病力禽流感（病毒亚型为H5）。为防止该病传入我国，保护我国畜牧业安全，根据《中华人民共和国进出境动植物检疫法》等有关法律法规的规定，公告如下：

一、禁止直接或间接从越南输入禽鸟及其产品；已运抵口岸的一律作退回或销毁处理。

二、禁止邮寄或旅客携带来自越南的禽鸟及其产品进境。一经发现，一律作退回或销毁处理。

三、对途经我国或在我国停留的国际航行船舶、飞机和火车等运输工具，如发现有来自越南的禽鸟及其产品，一律作封存处理；其交通员工自养自用的禽鸟，必须装入完好的笼具中；其废弃物、泔水等，一律在出入境检验检疫机构的监督下作无害化处理，不得擅自抛弃。

四、对海关、边防等部门截获的走私入境的来自越南的禽鸟及其产品，一律在出入境检验检疫机构的监督下作销毁处理。

五、凡违反上述规定者，由出入境检验检疫机构依照《中华人民共和国进出境动植物检疫法》有关规定处理。

六、各出入境检验检疫机构、各级动物防疫监督机构要分别依照《中华人民共和国进出境动植物检疫法》和《中华人民共和国动物防疫法》的有关规定，密切配合，做好检疫、防疫和监督工作。

七、本公告自发布之日起执行。

关于防止韩国古典猪瘟传入我国的公告

（2004年1月14日农业部、国家质检总局2004年第334号公告）

近日韩国庆尚南道发生了古典猪瘟。为防止该病传入我国，保护我国畜牧业安全，根据《中华人民共和国进出境动植物检疫法》及其实施条例等有关法律法规的规定，公告如下：

一、禁止直接或间接从韩国输入猪、野猪及其产品；已运抵口岸的一律作退回或销毁处理。

二、禁止邮寄或旅客携带来自韩国的猪、野猪及其产品进境。一经发现，一律作退回或销毁处理。

三、对途经我国或在我国停留的国际航行船舶、飞机和火车等运输工具，如发现有来自韩国的猪、野猪及其产品，一律作封存处理；其废弃物、泔水等，一律在出入境检验检疫机构的监督下作无害化处理，不得擅自抛弃。

四、对海关、边防等部门截获的走私入境的来自韩国的猪、野猪及其产品，一律在出入境检验检疫机构的监督下作销毁处理。

五、凡违反上述规定者，由出入境检验检疫机构依照《中华人民共和国进出境动植物检疫法》及其实施条例有关规定处理。

六、各出入境检验检疫机构、各级动物防疫监督机构要分别依照《中华人民共和国进出境动植物检疫法》及其实施条例和《中华人民共和国动物防疫法》的有关规定，密切配合，做好检疫、防疫和监督工作。

七、本公告自发布之日起执行。

关于防止塔吉克斯坦口蹄疫传入我国的公告

（2004年1月14日农业部、国家质检总局2004年第335号公告）

2003年12月30日，塔吉克斯坦农业部向世界动物卫生组织(OIE)紧急通报，12月22日以来，戈尔诺-巴达赫尚自治共和国(Gorno-Badakhshan Autonomous Region)发生了3起A型口蹄疫，经检验，病原为A型口蹄疫病毒。为防止该病传入我国，保护我国畜牧业安全，根据《中华人民共和国进出境动植物检疫法》等有关法律法规的规定，公告如下：

一、禁止直接或间接从塔吉克斯坦输入偶蹄动物及其产品；已运抵口岸的一律作退回或销毁处理。

二、禁止邮寄或旅客携带来自塔吉克斯坦的偶蹄动物及其产品进境。一经发现，一律作退回或销毁处理。

三、对途经我国或在我国停留的国际航行船舶、飞机和火车等运输工具，如发现有来自塔吉克斯坦的偶蹄动物及其产品，一律作封存处理；其废弃物、泔水等，一律在出入境检验检疫机构的监督下作无害化处理，不得擅自抛弃。

四、对海关、边防等部门截获的走私入境的来自塔吉克斯坦的偶蹄动物及其产品，一律在出入境检验检疫机构的监督下作销毁处理。

五、凡违反上述规定者，由出入境检验检疫机构依照《中华人民共和国进出境动植物检疫法》及其实施条例有关规定处理。

六、各出入境检验检疫机构、各级动物防疫监督机构要分别依照《中华人民共和国进出境动植物检疫法》及其实施条例和《中华人民共和国动物防疫法》的有关规定，密切配合，做好检疫、防疫和监督工作。

七、本公告自发布之日起执行。

关于防止日本禽流感传入我国的公告

（2004 年 1 月 14 日农业部、国家质检总局 2004 年第 337 号公告）

2003 年 1 月 12 日，日本农林水产省向世界动物卫生组织（OIE）紧急通报，在其境内发生高致病性禽流感（病毒亚型为 H5）。为防止该病传入我国，保护我国畜牧业安全，根据《中华人民共和国进出境动植物检疫法》等法律法规的规定，公告如下：

一、禁止直接或间接从日本输入禽鸟及其产品；已运抵口岸的一律作退回或销毁处理。

二、禁止邮寄或旅客携带来自日本的禽鸟及其产品进境。一经发现，一律作退回或销毁处理。

三、对途经我国或在我国停留的国际航行船舶、飞机和火车等运输工具，如发现有来自日本的禽鸟及其产品，一律作封存处理；其交通员工自养自用的禽鸟，必须装入完好的笼具中；其废弃物、泔水等，一律在出入境检验检疫机构的监督下作无害化处理，不得擅自抛弃。

四、对海关、边防等部门截获的走私入境的来自日本的禽鸟及其产品，一律在出入境检验检疫机构的监督下作销毁处理。

五、凡违反上述规定者，由出入境检验检疫机构依照《中华人民共和国进出境动植物检疫法》有关规定处理。

六、各出入境检验检疫机构、各级动物防疫监督机构要分别依照《中华人民共和国进出境动植物检疫法》和《中华人民共和国动物防疫法》的有关规定，密切配合，做好检疫、防疫和监督工作。

七、本公告自发布之日起执行。

关于加强进口活禽和种蛋检验检疫工作的通知

（2004年2月6日国家质检总局国质检动函[2004]71号）

各直属检验检疫局：

为了进一步做好进口活禽和种蛋的检验检疫工作，防止疫情的传入和进口活禽感染高致病性禽流感，现就有关事项紧急通知如下：

一、各局要严格按照总局有关公告的规定，严禁从高致病性禽流感疫区进口活禽。对公告发布之日起已运抵口岸、来自高致病性禽流感疫区的活禽或者种蛋作退回或销毁处理；对已经进境并处于隔离检疫的活禽或者种蛋，要增加对高致病性禽流感（H5和H7）的检测项目，经检疫合格后方可放行。

二、严格进口活禽和种蛋临时隔离检疫场的审批。严禁在高致病性禽流感疫区（疫点周围3公里）及其受威胁区（距疫区周边5公里）内设置临时隔离检疫场，要求临时隔离检疫场选择在疫点周围50公里外。在发生高致病性禽流感疫情地区临时隔离检疫场设立的审批，必须在有关政府部门解除对疫区的控制措施并确认无高致病性禽流感疫情后方可恢复申请。

三、根据目前国内高致病性禽流感疫情，对临时隔离场位于高致病性禽流感疫区周围50公里内、近期可能进境的，各局要立即通知有关企业暂停进口；已经启运或已经抵达口岸的，各局要帮助企业重新选择符合条件的临时隔离设施，并做好防疫、隔离检疫等各项工作。

对隔离检疫场虽未在高致病性禽流感疫区周围50公里内，但原审批进境口岸位于或者境内运输路线经过高致病性禽流感疫区，尚未进口的，要立即通知企业重新办理《进境动植物检疫许可证》。对重新办理《进境动植物检疫许可证》确有困难的，必须通知企业更改进境口岸或者运输路线，并及时通知目的地检验检疫机构。

四、通知企业在申请办理进境活禽和种蛋《进境动植物检疫许可证》时，进境口岸和境内运输路线不得位于或者经过高致病性禽流感疫区，境内长途运输必须采取入境口岸直接飞机转运的方式，降低进境活禽和种蛋感染高致病性禽流感的风险。

五、要加强对进口活禽和种蛋的境内运输管理，加强运输工具和包装材料的防疫消毒处理，必要时应实施检验检疫人员监运措施，确保动物运输安全。

六、加强隔离期间检验检疫管理，确保隔离活禽的健康安全。当前要对所有进口活禽或者种蛋增加对高致病性禽流感（H5 和 H7）的检测项目，有关检测方法按照《高致病性禽流感诊断技术》（GB/T 18936—2003）或者国际动物卫生组织（OIE）推荐的方法。按规定对进口活禽在隔离期间实施免疫，严防进口活禽在隔离检疫期间发生高致病性禽流感。

关于加强监管检疫做好高致病性禽流感防治工作的紧急通知

（2004 年 2 月 6 日国家质检总局、国家工商总局、海关总署、公安部、商务部、农业部、铁道部、交通部、民航总局国质检动联[2004]54 号）

各直属检验检疫局，海关广东分署、天津、上海特派办、各直属海关，各铁路局，民航各地区管理局，各省、自治区、直辖市工商、质量技术监督、公安、商务、外经贸、农业、交通厅（局、委、办）：

根据党中央、国务院关于高致病性禽流感防治工作的部署，国务院决定成立全国防治高致病性禽流感指挥部，由质检总局、海关总署、工商总局、农业部、商务部、公安部、交通部、铁道部、民航总局、武警总部组成监管检疫组。为了进一步加强市场监管、边境贸易管理和检验检疫把关，维护市场秩序和社会稳定，做好防治高致病性禽流感工作，促进国民经济持续快速健康协调发展，现就有关要求紧急通知如下：

一、提高认识，加强领导

当前，国内一些地区和周边一些国家高致病性禽流感疫情形势十分严峻，各地工商、检验检疫、质量技术监督、海关、农业、商务、公安、交通、铁道、民航、武警部队等单位要充分认识做好高致病性禽流感防治工作的重要性、紧迫性和艰巨性，认真贯彻党中央、国务院的部署，在当地党委和政府的统一领导下，紧急行动起来，严格履行职责，加强协作配合，及时沟通信息，周密部署，沉着应对，切实加强对防治高致病性禽流感的组织领导，制订各项措施和应急预案，全力以赴做好高致病性禽流感的防治工作。

二、加强监管，维护稳定

各有关部门要按照国务院"加强领导，密切配合，依靠科学，依法防治，群防群控，果断处置"的要求，进一步加强监督管理和检查的力度，切实保障各项措施的落实，维护市场正常秩序和社会稳定。

工商部门要加强市场监督管理，负责关闭疫区内的禽类及其产品市场，加大对违法经营畜禽及其产品的打击力度。

商务、质量技术监督部门要加强对禽类屠宰、加工和冷库的监管力度，严防疫区产品进入屠宰、加工和储存环节，严防进入市场。

各部门密切配合，立即组织开展对冷库、禽类及其产品屠宰、加工等场所和集贸市场进行全面检查，查明进货渠道，严厉打击非法入境和非法屠宰、加工、储存、销售疫区禽类及其产品的不法行为。

农业部门要加强对非疫区的禽类及其产品加工厂、屠宰和交易市场的疫情疫病检测工作，加强动物防疫监督力度，保证进入屠宰和国内市场的禽类及其产品来自非疫区且符合健康、安全要求。

工商、质量技术监督、公安等部门要把涉及禽流感防治物资和与人民生活密切相关的商品质量，作为当前的检查重点，加大对违法经营畜禽及其产品的打击力度。

铁道、交通和民航部门要加强对承运货物的管理，严禁将疫区的禽类及其产品运离疫区，运输非疫区的禽类及其产品途经地不得拦截，到达地不得拒收。为保证铁路运输畅通，装运动物的铁路货车在疫区停车的，应对车辆采取消毒措施。

在县级以上人民政府统一领导下，公安部门和武警部队要协助农业等部门做好疫区封锁、强制扑杀等工作，维护正常交通和社会秩序，做好疫区安全保卫和社会治安管理。

各部门要积极开展宣传活动，正确引导群众认识和预防禽流感，严厉打击借机哄抬物价等扰乱市场秩序和造谣惑众等违法犯罪活动，维护社会稳定。

三、严格把关，严防疫情扩散

出入境相关管理部门要切实加强对出入境人员、货物、物品和运输工具的管理工作，防止疫情传入与传出。

检验检疫部门要会同海关、公安、商务部门进一步加强对出入境货物，尤其是来自疫区的货物的检验检疫，严禁疫区禽类及其产品出入境。海关要加强查验工作，防止在允许出入境的货物、物品中夹带疫区的禽类及其产品。严厉打击非法进口畜禽及其产品活动，进一步加强对边境贸易、边民互市和边境通道的管理，防止疫区禽类及其产品进出境。

检验检疫部门要会同海关等部门加强对旅客携带物品和邮寄物品的检验检疫工作。对来自疫区的入境旅客携带物、邮寄物，要通过X光机、检疫犬和现场抽查等多种手段，强化查验措施，禁止禽类及其产品入境。同时要加强对来自非疫区旅客携带物品和邮寄物品的检验检疫工作。

检验检疫部门要严格出入境旅客的健康申报制度，每位出入境旅客必须检测体温、填报健康申明卡。对发现染病的人员和疑似病例，按照规定进行处理。

农业、检验检疫和商务部门要加强配合，按照各自职能，做好供港澳活禽的疫情监测、强制免疫、检疫防疫和监督管理等工作，确保供港澳禽类及其产品的质量卫生与安全。

检验检疫部门要会同铁路、交通、民航、农业等部门加强对来自境内外疫区的列车、船舶、汽车、航空器等运输工具的防疫消毒："三趟快车"不得装运禽类及其产品，不得挂运其他装运禽类及其产品的车辆，不得在高致病性禽流感疫区内装运和卸载供港澳鲜活商品，回空车辆必须在深圳北站按规定消毒，农业部门要切实加强对"三趟快车"沿线动物防疫和免疫措施的监督管理，确保"三趟快车"正常安全运行。

农业部门要会同交通、铁道、民航、公安部门加强对进出国内疫区的运输工具的防疫消毒工作，防止疫情通过运输工具扩散和传播。要加强对非法设卡阻断正常交通情况的监督与检查，确保交通的安全和通畅，保证正常的社会和经济活动。

关于进一步做好当前动物及其产品检验检疫工作的通知

（2004 年 2 月 15 日国家质检总局国质检动[2004]66 号）

各直属检验检疫局：

目前，我国周边许多国家和地区高致病性禽流感疫情严重，越南、蒙古国相继暴发了口蹄疫，疫情形势十分严峻。为了继续做好高致病性禽流感防治工作，防止重大动物疫病的传入传出，保护我国农牧业生产安全和促进外贸发展，现就进一步做好动物及其产品检验检疫工作通知如下：

一、各单位要对当前境内外动物疫情形势保持清醒的认识，要切实做好防治高致病性禽流感工作，同时不能放松对其他重大动物疫病的检验检疫，尤其是当前正值春季动物疾病高发季节，要把对各种动物疫病的检验检疫和防疫工作放到与防治禽流感工作同等重要位置上，严格把关，坚决防止重大动物疫情传入传出。

二、根据目前在越南、蒙古国发生的口蹄疫疫情，各局要严格按照农业部 1990 年下发的《关于从毗邻国家进口动物及动物产品检疫问题的通知》（[1990]农[检疫]字第 6 号）、原国家检验检疫局2000 年第 10 号公告和农业部、国家质检总局 2001 年第 156 号联合公告等规定，加强对入境货物的查验，严禁直接或者间接从越南、蒙古国等口蹄疫疫情发生国家和地区（详见总局网站上公布的名单）输入偶蹄动物及其产品（不包括已经通过加工杀灭口蹄疫病毒、符合国家标准的蓝湿皮、蓝干皮、洗净毛、炭化毛等），对已运抵口岸来自上述国家和地区的偶蹄动物及其产品一律作退回或销毁处理。加强入境旅客携带物和邮寄物品的查验，禁止旅客携带或邮寄来自上述国家和地区的偶蹄动物产品进境，一经发现，一律作退回或销毁处理。加强对来自上述国家和地区的运输工具的检疫和防疫消毒，对途经我国或在我国停留的国际航行船舶、飞机和车辆等，如发现有来自上述国家和地区的偶蹄动物及其产品，一律作封存处理；监督对上述运输工具上的动植物性废弃物、泔水的无害化处理。对上下运输工具的人员和入境旅客要采取防疫消毒措施。

三、继续按照防治高致病性禽流感的要求，加强与海关、公安、边防等部门的配合，严厉打击边境地区走私动物及其产品等非法活动，监督对截获来自国外禽流感疫区禽类及其产品和来自越南、蒙古国等口蹄疫疫区国家和地区的非法入境偶蹄动物及其产品的销毁处理；积极配合与上述国家和地区接壤的地方政府及畜牧兽医主管部门，加强受疫情威胁的边境地区动物免疫工作和对边贸、边民互市市场的管理，做好疫情监测、疫情动态分析和疫情监控工作。

四、加强对供港澳动物及其产品的检验检疫，确保供港澳动物及其产品的安全卫生质量。在内地暂停活禽和部分禽产品供港澳后，香港、澳门市场对其他食用屠宰动物及其产品的需求增加，要配合有关单位认真组织货源供应，决不能因为市场需求增大而降低对动物及其产品的安全卫生质量要求。要以周边国家发生的动物疫情作为警示，进一步落实各项供港澳动物的检验检疫管理措施，加强养殖场、中转站的防疫工作和疫情监测，加强出场前和出境前的查验和监装，严格运输工具及回空车辆、中转站的消毒和动物运输途中的管理，对强制免疫的项目要保证免疫效果，确保供港澳动物检验检疫工作的有效性。对违反有关规定的单位和个人，要严厉查处。

五、提高应对重大动物疫情的应急处理能力。各局要按照总局下发的《进出境重大动物疫情应急处理预案》和《高致病性禽流感疫情进出境检验检疫应急预案》（试行）的规定，制定具体应对方案，提高应急处理能力。对在出入境检验检疫工作中发现的重大动物疫情，必须按照规定及时报告，并在有关部门的配合下，即时采取有效控制、扑灭措施。

六、在进出口动物及其产品检验检疫工作中，既要严格把关，又要做好服务，保证正常进出口贸易的开展。要努力促进农产品的出口，对允许出口并符合进口国家或地区要求的动物及其产品，要从源头加强全过程检验检疫监督管理，保证产品符合标准要求，同时要积极为企业出口创造便利条件，方便和促进出口。

关于印发《进境动物预检人员管理办法》的通知

（2004 年 3 月 17 日国家质检总局国质检动[2004]111 号）

各直属出入境检验检疫局：

进境动物预检是进境动物检疫工作中一项非常重要的措施和手段，对防止动物疫病等有害生物传入，保护我国畜牧业、渔业生产安全和生物安全起到了非常积极、有效的作用。近年来，我国每年都从国外引进大量优良品种资源，派出执行动物预检任务的人员也显著增加，为规范预检人员的管理，进一步明确预检人员工作程序和职责，保证预检工作质量，总局制定了《进境动物预检人员管理办法》，现印发你们，并就执行中有关事项通知如下：

一、各局要充分认识这项工作的重要性和现实意义，积极做好派出人员的推荐工作。要严格按照《进境动物预检人员管理办法》的规定和条件，及时向总局推荐合格人员。

二、要做好推荐派出预检人员的出国前培训和教育工作。除总局组织的有关培训外，各局应有计划地组织派出预检人员学习《进境动物预检人员管理办法》，使他们了解派出人员的职责、预检工作程序、处理各种问题的原则等；要有针对性地让派出预检人员进一步熟悉相关动物检疫法规和业务，使之具备独立完成预检工作的能力；要加强派出预检人员的出国前外事纪律和思想教育工作。

三、有关派出预检人员的出境手续按照总局国际合作司印制的

《因公出国手续办理须知》办理。派出预检人员的境外费用及国际旅费原则上由申请进口的企业或者境外相关政府部门承担。

关于允许从澳大利亚维多利亚州进口符合中国相关法律法规规定的有关禽鸟及其产品的公告

（2004年4月30日农业部、国家质检总局2004年第371号公告）

鉴于澳大利亚维多利亚州已符合世界动物卫生组织（OIE）关于无新城疫的要求，自本公告发布之日起，允许从澳大利亚维多利亚州进口符合中国相关法律法规规定的有关禽鸟及其产品。进口的有关动物产品应是在本公告发布日后生产和加工的。

农业部与国家质量监督检验检疫总局2002年联合发布的第201号公告同时废止。

关于向乌拉圭出口荔枝和龙眼有关问题的公告

（2004年5月14日国家质检总局2004年第51号公告）

乌拉圭于近日正式同意进口中国产荔枝和龙眼。现将乌方的具体要求公告如下：

一、输乌荔枝和龙眼不得带有乌方关注的4种有害生物，即桔小实蝇（*Bactrocera dorsalis*）、拟小黄卷蛾（*Adoxophyes cyrtosema*）、黑点褐卷叶蛾（*Crytophlebia ombrodelta*）和双线盗毒蛾（*Porthesia scintillans*）。

二、出口荔枝和龙眼的产地、包装厂、储存库应在中国检验检疫机构注册，并采取有害生物管理措施。

三、中国检验检疫机构对输乌荔枝和龙眼应实施出口前检验检疫，并出具官方植物检疫证书。

四、荔枝和龙眼抵达乌拉圭后，乌拉圭植物检疫机构将按1%抽样实施进境检验检疫，并对不符合要求的货物采取转口、销毁等措施，情况严重时将暂停该项目。

五、其他要求将按照《为确保中国出口乌拉圭的荔枝和龙眼不含桔小实蝇的植物检疫合作备忘录》及乌方有关法规执行。

关于向澳大利亚出口龙眼、荔枝有关问题的公告

（2004年5月18日国家质检总局2004年第53号公告）

2004年4月30日，中澳双方正式签署了《中华人民共和国鲜龙眼荔枝果实输往澳大利亚植物检疫程序规范》，自双方签署之日起，澳方同意按照上述植物检疫要求进口中国的龙眼、荔枝。主要要求如下：

一、出口龙眼、荔枝产自中国，不得携带土壤、叶片、枝条、杂草种子及其他植物残体，不得带有澳方关注的23种检疫性有害生物。带枝龙眼的枝条不得超过10至15厘米，直径不得超过3至4毫米。

二、出口果园、加工厂须在中国检验检疫机构注册，并按照有关标准要求采取严格的病虫害控制措施。

三、出口龙眼、荔枝须在出口前或运输过程中，采取针对实蝇等有害生物的冷处理或蒸热处理，冷处理指标为1 ℃或以下处理15天、1.39 ℃或以下处理18天，蒸热处理指标47 ℃或以上处理15分钟、46 ℃或以上处理20分钟（上述温度均指果心温度）。

四、出口龙眼、荔枝包装箱需标出果园、包装厂注册号等信息，以便追溯货物来源。包装与储运过程应符合有关检疫卫生要求。

五、中国出入境检验检疫机构应对出口龙眼、荔枝实施严格的出境前检验检疫，并对检疫合格的货物出具植物检疫证书。

六、龙眼、荔枝抵达澳大利亚后，澳大利亚检验检疫机构将实施入境检疫，对不符合要求的货物采取退货、转口、销毁、除害处理等措施。

七、其他要求按《中华人民共和国鲜龙眼荔枝果实输往澳大利亚植物检疫程序规范》的规定执行。

特此公告。

关于对智利输华猕猴桃、苹果实施新的植物检疫要求的通知

（2004年6月1日国家质检总局国质检动[2004]235号）

各直属检验检疫局：

2004年5月27日，总局和智利农业部在北京草签了新修订的《智利猕猴桃输华植物检疫要求的议定书》、《智利苹果输华植物检疫要求的议定书》，并将择机正式签署。从即日起，智利猕猴桃、苹果输华将试行新的议定书。现将上述文本印发你们，请组织研究并按照有关要求做好智利水果输华的检验检疫及监管工作。如在执行中发现问题，请及时与总局动植司联系。

关于允许从法国进口符合中国相关法律法规规定的有关家猪及其产品的公告

（2004年6月3日农业部、国家质检总局2004年第383号公告）

鉴于法国已符合世界动物卫生组织（OIE）关于无古典猪瘟国家的要求，自本公告发布之日起，允许从法国进口符合中国相关法律法规规定的有关家猪及其产品。进口的有关动物产品应是在本公告发布日后生产和加工的。

农业部与国家质量监督检验检疫总局联合公告第200号中对家猪及其产品的相关限制措施同时废止。

关于进一步规范和明确进境大中动物检验检疫工作程序及要求的通知

（2004 年 6 月 7 日国家质检总局国质检动函[2004]440 号）

各直属检验检疫局：

为进一步规范进口动物和加强进境大中动物临时隔离检疫场的使用与管理工作，维护正常的工作秩序，确保引进动物的顺利进行，现将进口动物和临时隔离检疫场管理工作有关要求通知如下：

一、各直属检验检疫局要认真贯彻落实《关于加强进口动物临时隔离检疫场管理的通知》（国质检动函[2004]106 号）和进境动物隔离检疫与管理工作会议的精神，确保隔离检疫场各项管理措施到位、有效，使进境动物检验检疫工作规范、有序。

二、临时隔离检疫场的使用条件和要求。

（一）隔离检疫场基础设施应符合隔离检疫场的建设标准。

（二）隔离检疫场的管理须符合质检总局关于进口动物临时隔离检疫场管理的有关规定。

（三）隔离检疫场的拥有者和使用者须遵守有关规定并签订租用协议。

（四）所在地检验检疫局须具备承担检疫任务的基本能力要求[进境大中动物（牛、羊、猪）检疫实验室基本能力要求见附件 1]。

（五）隔离场基础设施建设符合国家有关规定并具有合法的土地使用证明文件。

（六）入境口岸具备停靠、装卸动物的条件和能力。

（七）首次使用的须经总局组织验收合格，再次使用的须经直属检验检疫局考核，并报总局审核批准。

三、进境动物检疫程序规定如下：

（一）批准使用隔离检疫场。首次使用须凭总局批准使用的文件办理有关手续。再次使用的，使用单位向所在地直属检验检疫局提交关于使用隔离检疫场的申请表(见附件2),所在地检验检疫机构应根据企业申请和有关规定,对隔离场设施的维护、防疫和检验检疫管理措施落实情况进行检查。根据隔离检疫场与使用单位的合作情况、各项隔离饲养和检验检疫准备工作情况及对存在问题的整改情况,提出初审意见,并附隔离检疫场的所有者与使用者的租用协议(协议内容包括双方的权利与义务并注明租用费用),报总局审核。

(二)选派预检官员出国检疫。隔离检疫场获得批准使用后,总局根据进口单位或代理人提交的派出检疫人员的邀请函,选派出国预检官员并办理出国有关手续。

(三)办理进境动物检疫审批手续。获得出国检疫人员出国签证后,根据进口单位或代理人提交的《进境动植物检疫许可证申请表》,总局签发《进境动植物检疫许可证》。

(四)进口企业或者代理人应在取得《进境动植物检疫许可证》后,正式对外签订贸易合同,并将检疫要求写入贸易合同。

(五)总局向出口国有关部门书面通知签发的《进境动植物检疫许可证》和派出兽医的名单,以便出口国有关部门根据两国政府签署的议定书要求,凭《进境动植物检疫许可证》开始实施检疫工作。

(六)入境的动物必须按《进境动植物检疫许可证》指定的运输方式、路线和入境口岸,经入境口岸现场检疫,确认符合要求后方可调运到批准的隔离场进行为期45天的隔离检疫,隔离检疫合格后予以放行。

(七)所在地直属出入境检验检疫局在动物检疫结束放行后一周内,向总局提交隔离检疫总结报告和动物流向表。同时,将动物流向表函告目的地检验检疫局,便于跟踪了解有关情况。

(八)各检验检疫局应妥善保存各种检验检疫原始记录和样品。总局将随时抽查检疫情况,并抽调样品送往其它实验室进行复核性试验。

四、各出入境检验检疫机构和有关企业应按照规定的程序开展工作和组织经营活动,共同维护工作秩序。

五、请各局将上述要求通知有关单位并遵照执行。执行过程中有何问题和建议,请及时报送总局。

附件 1

进境大中动物(牛、羊、猪)检疫实验室基本要求

动物种类	疫病名称	检测方法
牛	粘膜病	ELISA
		病毒分离
	结核病	皮内变态试验
	副结核病	皮内变态试验
		补体结合试验
		ELISA
	牛鼻气管炎	血清中和试验
		ELISA
		病毒分离
	布氏杆菌病	试管凝集试验
		补体结合试验
	赤羽病	血清中和试验
		ELISA
	蓝舌病	琼脂扩散试验
		ELISA
	鹿流行性出血症	琼脂扩散试验
	地方流行性白血病	琼脂扩散试验
		ELISA
	弓形体病	间接血凝试验/显微镜查虫体
	滴虫病	培养检查
	胎儿弯曲杆菌病	细菌分离
	边虫病	补体结合试验/显微镜查虫体
羊	结核病	皮内变态反应
	副结核病	皮内变态反应
		补体结合试验
		ELISA

续表

动物种类	疫病名称	检测方法
羊	边界病	ELISA
		血清病毒分离
	布氏杆菌病	试管凝集试验
		补体结合试验
	羊衣原体病	补体结合试验
		ELISA
	鹿流行性出血症	琼脂扩散试验
	梅迪-维士纳病 山羊关节炎脑炎	琼脂扩散试验
		ELISA
	蓝舌病	ELISA
		琼脂扩散试验
	赤羽病	血清中和试验
		ELISA
猪	布氏杆菌	试管凝集试验
		补体结合试验
	结核病	皮内变态试验
	传染性胃肠炎	血清中和试验
		ELISA
		病毒分离
	传染性胸膜肺炎	补体结合试验
		ELISA
	伪狂犬病	血清中和试验
		ELISA/PCR
	猪蓝耳病	间接免疫荧光抗体试验
		ELISA
		病毒分离
		免疫过氧化物酶单层细胞(IPMA)试验
	细小病毒病	ELISA
		血凝抑制

续表

动物种类	疫病名称	检测方法
猪	猪流行性腹泻	血清中和试验
	猪水泡病	血清中和试验
		反向间接血凝
	血凝性脑脊髓炎	血凝抑制试验
	弓形体病	显微镜镜检
	猪痢疾	粪拭子病原分离
	布氏杆菌	试管凝集试验
		补体结合试验
	结核病	皮内变态反应

附件 2

中华人民共和国
进境动物隔离检疫场使用申请表

一、申请单位

<table>
<tr><td colspan="4">名称：</td><td rowspan="4">本表所填内容真实。保证严格遵守进境动物隔离检疫的有关规定，特此声明。

申请单位签字盖章：
申请日期：　年　月　日</td></tr>
<tr><td colspan="4">地址：</td></tr>
<tr><td colspan="2">邮编：</td><td>法人代码：</td><td>联系人：</td></tr>
<tr><td>电话</td><td></td><td>传真</td><td></td></tr>
</table>

二、申请使用的隔离检疫场

<table>
<tr><td>名称</td><td colspan="3"></td><td>法人</td><td></td></tr>
<tr><td>地址</td><td colspan="5"></td></tr>
<tr><td>联系人</td><td></td><td>电话</td><td></td><td>传真</td><td></td></tr>
<tr><td colspan="6">本隔离场上批动物隔离检疫情况</td></tr>
<tr><td>动物名称</td><td colspan="3"></td><td>数量</td><td></td></tr>
<tr><td>隔离起止时间</td><td></td><td>使用单位</td><td colspan="3"></td></tr>
</table>

三、隔离动物

<table>
<tr><td>名称</td><td></td><td>品种</td><td colspan="2"></td><td>数量</td><td colspan="2"></td></tr>
<tr><td>产地</td><td></td><td>输出国家</td><td></td><td>进境时间</td><td></td><td>进境口岸</td><td></td></tr>
<tr><td>目的地</td><td></td><td>用途</td><td></td><td>运输路线及方式</td><td colspan="3"></td></tr>
</table>

四、审批意见（以下由出入境检验检疫机关填写）

<table>
<tr><td>初审机关意见：

签字盖章：
日期：　年　月　日</td><td>审批机关意见：

经办：　审核：　签发：
经办日期：　年　月　日</td></tr>
</table>

中华人民共和国国家质量监督检验检疫总局印制

关于允许印度芒果进口的公告

（2004 年 6 月 9 日国家质检总局 2004 年第 70 号公告）

根据《中华人民共和国国家质量监督检验检疫总局和印度共和国农业部关于印度芒果输华植物卫生条件的议定书》，经中方专家对印度芒果实地考核，现决定自即日起允许印度芒果进口。主要检验检疫要求如下：

一、印度芒果的果园和包装厂应在印度检验检疫部门注册登记，经中国检验检疫部门考核认可（详见国家质检总局公告），并按议定书要求采取病虫害控制措施。

二、出口前，芒果须在包装厂经过 48 ℃持续 1 小时的热水处理，以杀死检疫性实蝇等中方关注的有害生物。

三、印度芒果的包装箱上应标有“本产品输往中华人民共和国”的中文字样以及可以识别芒果的品种、产地、包装厂等英文信息，并在托盘装载的货物上贴有检疫标识。

四、印度检验检疫部门应对芒果实施检验检疫，保证不带有中方关注的检疫性有害生物。经检验检疫合格的，出具官方植物检疫证书，并在证书的附加声明中注明“该植物检疫证书所证明的芒果符合中国和印度 2003 年 6 月 23 日签署的关于印度芒果输华植物卫生条件的议定书要求”。

五、印度芒果到达中国入境口岸时，中国检验检疫机构应对芒果实施检验检疫，合格的准予入境。对不符合议定书要求的，采取销毁、退运、转口或除害处理等措施。

六、印度芒果从中国北京、大连、天津、青岛、上海和南京口岸入境。

七、其他要求按照《关于印度芒果输华植物卫生条件的议定书》规定执行。

特此公告。

关于办理进境动植物检疫审批有关事项的公告

（2004 年 6 月 16 日国家质检总局 2004 年第 73 号公告）

根据《中华人民共和国进出境动植物检疫法》及其实施条例和其他有关规定，现将办理进境动植物检疫审批的有关事项公告如下：

一、凡规定须办理检疫审批的进境动植物、动植物产品和其他检疫物（详见国家质检总局公告），进口单位或代理单位均须在贸易合同签订前，按照进境动植物检疫审批的有关规定，办理审批手续。

二、《进境动植物检疫许可证》自签发之日起有效期为六个月。

三、国家有关主管部门依法发布有关禁止进境的公告、禁令或警示通报后，已签发的有关《进境动植物检疫许可证》自动废止和失效。

四、进口单位在签订贸易合同时，应将检疫许可证列明的检验检疫要求载入合同中，并规定进口货物须符合中国的法律法规及食品安全规定。

五、规定须办理检疫审批的动植物、动植物产品和其他检疫物入境时，检验检疫机构须凭《进境动植物检疫许可证》正本接受报检，进口转基因产品还须查收农业部颁发的《农业转基因生物安全证书（进口）》、《农业转基因生物标识审查认可批准文件》正本。

六、申请进口大豆须在《进境动物检疫许可证申请表》中注明境外出口商及供货商名称。

七、本公告自二○○四年七月一日起生效。

关于向韩国出口灵长类实验动物有关问题的通知

（2004年6月29日国家质检总局国质检动[2004]295号）

各直属检验检疫局：

经征求有关检验检疫机构、养殖企业及其协会的意见，目前中国向韩国出口灵长类实验动物的各项工作已经进入实施阶段，韩国已经同意经过考核的6家养殖企业自即日起允许向韩国出口灵长类实验动物。现将《韩国进口非人灵长类动物的卫生要求》正式印发给各局，并就执行中的有关事项通知如下：

一、各有关局要组织从事此项工作的检验检疫人员和企业相关人员认真研究《韩国进口非人灵长类动物卫生要求》（附件1），同时结合世界动物卫生组织（OIE）《国际动物卫生法典》对灵长类动物的卫生要求（2.10.1），对照当前检验检疫管理和注册企业生产现状，研究制订具体改进措施，确保卫生要求中的各项措施落实到位。

二、各单位要在学习研究的基础上，制订和完善适合我国国情和当地实际的灵长类养殖、防疫、检验检疫等方面的管理制度，提高我国灵长类动物的生产、动物防疫、动物卫生和检验检疫管理水平，促进我国灵长类实验动物出口的国际市场稳定和竞争力的提高。

三、各单位要加强对灵长类动物疫病检测能力的建设，加强人员培训和防护，确保检验检疫各项工作适应此项贸易发展的需要。

四、韩国已经同意广西灵长类实验动物研究中心、中国实验动物云南灵长类中心、广州从化市华珍动物养殖场、华南灵长类研究开发中心、广东省肇庆市实验动物科技研究中心、广西雄森灵长类实验动物养殖开发有限公司向韩国出口动物。

五、军事医学科学院实验动物中心（需要进一步改进设施）及其他5家申请企业，韩国将在适当的时候再派员进行考查，具体时间和安排另行通知。

六、向韩国出口灵长类实验动物要按照总局与韩国农林部协商一致的证书格式和评语出具《动物卫生证书》(附件 2)。

附件：1. 韩国进口非人灵长类动物卫生要求

2. 向韩国出口灵长类动物的《动物卫生证书》格式及其评语(略)

附件 1

韩国农业渔业部 2002-5 公告

根据家畜流行病预防与控制法第 23 条和该法令第 16 条规定，发布关于进口非人灵长类动物卫生要求的公告。

2002 年 1 月 15 日

韩国进口非人灵长类卫生要求

1. 名词定义

a) 非人灵长类：属于国际野生濒危物种贸易公约(CITEC)附件 1 和 2 除人以外的灵长类动物。

b) 出口国检疫兽医官：出口国兽医行政机构的兽医官或者取得出口国家兽医行政机构授权的兽医。

c) 无疫病情况：没有发生疫病。

d) 出口检疫设施：

——符合 OIE 动物卫生法典附录第 3.5.1 条的规定，经出口国政府机构批准的检疫设施。需要由出口国政府机构提供给韩国政府机构有关出口检疫设施的名单，并经过韩国政府机构的现场检查或者其他方法考核批准后，才能向韩国出口灵长类动物。

——出口检疫设施应当保存有 2 年以上如下情况的资料档案：动物品种、数量、产地国家或者捕获地区、引进动物的时间和进口国家名称。

2. 出口韩国的非人灵长类动物必须来自兽医机构监督控制下的养殖场，在该饲养场饲养两年以上或者在饲养场饲养两年以上种猴的后代。

3. 灵长类动物应当具有独立的标识。使用编码或者电码标识的，其说明应当随附在动物卫生证书之后。

4. 出口国家没有挨博拉(Elobra Hemorrhagic Fever)和马尔堡病(Marburg disease)。如果出口国家发生上述疾病，疾病扑灭需要得到韩国官方的认可。

5. 出口灵长类动物的养殖场在动物出口前24个月内没有麻疹Measles、甲肝HepatitisA、乙肝HepatitisB、猴痘Monkey Pox、结核病Tuberculosis(人型和牛型)，包括临床的、血清学、病原学的检查结果。没有对上述疾病实施免疫。

6. 出口国应当每年向韩国提供这些疾病的详细信息(英文文件)。如果出口国确认在出口检疫设施发生挨博拉、马尔堡病，或者发生乙肝和结核病确诊或者疑似病例，应当暂停向韩国出口，并提供韩方相关信息。在恢复向韩国出口前，出口国应当与韩国政府部分协商。

7. 动物出口前，应当在出口国政府部门批准的出口检疫设施中隔离检疫30天以上。在隔离检疫期间，按照附件A所列方法和标准逐头检验，检验结果为阴性。

8. 如果出口动物证明是出生或者饲养在无特定病原(SPF)或者无病毒抗体(VAF)的环境中，且与外界严格隔离，第5款的要求可以免除。

9. 隔离期间和出口前，没有任何疾病的临床症状。

10. 动物出口前5天内应当做驱除体内外寄生虫的处理。

11. 运输箱应当是新的，所有容器、运输工具、储存地、飞行器在使用前应当使用出口国批准使用的消毒剂进行消毒处理。

12. 动物运输应当符合OIE和国际航空运输协会(IATA)推荐的方法，能够防止动物感染非人灵长类疾病，动物运输途中不与其他非人灵长类动物及其产品接触。

13. 动物隔离检疫和运输期间所用的干草、挚草、饲料未被动物传染性疾病污染，是卫生的。

14. 韩国兽医行政部门对进口动物隔离检疫期间发现不符合该卫生要求时，可以将动物退回或者销毁。

15. 出口国兽医行政部门签发动物卫生证书，证书包含下列内容：

1) 第2、5、7、13条要求的有关信息。

2) 第7条要求检验的样品采集、检测时间，测试内容、方法、结果。

3）根据第10条要求，提供杀虫剂的有效成分、剂量、驱虫日期。

4）如果实施免疫，注明免疫日期、疫苗的名称和有效期。

5）饲养场的名称和地理位置。

6）出口检疫设施的名称、地址和检疫期。

7）动物品种、标识号码、性别和年龄。

8）装运日期，出口口岸名称、运输工具名称。

9）进出口商的名称和地址。

10）动物卫生证书签发日期、签发人姓名及签字、签字人所属机构。

16. 韩国兽医行政管理机构可以现场检查出口检疫设施和相关材料。有关检查所需费用由出口国承担。

17. 出口动物应当具有政府机构根据国际濒危物种国际贸易公约规定出具的允许出口的证书或者许可证。

附实施时间：

公告发布后3个月实施。

附件A　检测方法和标准

疾病/病原	种类	检测时间	检测方法及标准
乙型肝炎	长臂猿、大短尾猴	自隔离检疫开始起第1周至少1次	抗乙肝核心抗原、乙肝表面抗原的血清学检验及其他常规标准
肺结核（Mycobacteriumhomis和Mycobacteriumbovis）	所有灵长类动物	自隔离检疫开始起第1周至少1次	皮试、血清学检验、X-光透视
体内、外寄生虫	所有灵长类动物	至少两次：第一次在隔离检疫初期，第二次在接近隔离检疫末期	用适宜的方法和处理进行种类和杀虫剂实验
沙门氏杆菌、志贺杆菌、耶尔森菌（Yersinia spp）、及其它有必要检验的病原	所有灵长类动物	至少两次：第一次在隔离检疫初期，第二次在第一次检验后1周	粪便培养试验，新鲜粪便或肛拭子立即培养或者立即保存在运输培养基中

MAF Notification NO. 2002-5

This is to notify the" Health Requirements for the Import of Non-human Primates into the Republic of Korea"in accordance with Article 23 of the Livestock Epidemics Prevention and Control Act and Article 16 of the Ministrial Ordinance of the same Act.

15 Jan,2002

Ministry of Agriculture and Forestry

Health Requirements for the Import of Non-human Primates into the Republic of Korea Health requirements for the import of Non-Human primates into the Republic of Korea(hereinafter referred to as"Korea")are as follow.

1. Definitions used in this document are as follow.

a) Non-Human Primates: Non-Human Primates which belong to Annex Ⅰ and Ⅱ of the CITES(Convention on International Trade in Endangered Species of Wild Fauna and Flora) except human beings.

b) Veterinary quarantine Officer of the exporting country: Official veterinarian who works for the veterinary authority of the exporting country or veterinarian with qualifications who is authorized by the veterinary authority of the exporting country.

c) Free-status: When no case of disease is reported.

d) The export quarantine facility:

—The export quarantine facilities shall be in accordance with the OIE Animal Health Code Appendix Clause 3. 5. 1 and approved by the government of the exporting country. The government of the exporting country shall provided the Korean government with a list of the approved export quarantine facilities and among them only those facilities which are approved by the Korean government through an on-site inspection or other methods shall be eligible.

—The export quarantine facilities shall maintain the documentation about the species, numbers, country of origin or region of capture, date of introducing new animals into facilities, and name of the importing country fro at least 2 years.

2. Non-Human Primates which are exported to Korea shall be proge-

ny of the female raised in a permanent veterinary control facility for more than 2 years or animals raised in such a facility for more than 2 years.

3. Non-Human Primates shall be accompanied by individual identity tag and if code or electronic chips are used, the explanation shall be attached to the health certificate.

4. The exporting country shall be free from Elobra Hemorrhagic Fever(Elobra virus reston strain) and Marburg disease. If these diseases occur in the exporting country, the exporting country must receive approval for the eradication of these diseases from the Korean government.

5. Facilities where Non-human Primates to be exported to Korea are born and raised shall be clinically. serologically and pathologically free from Measles, Hepatitis A, Hepatitis B, Monkey Pox and Tuberculosis(by Mycobacterium homis and Mycobacterium bovis)for at least 24 months prior to export and the animals for export shall not be vaccinated against those disease.

6. The exporting country shall annually forward to the Korean government a detailed information on the diseases of Non-human Primates(in written English documents). In case Ebola Hemorrhagic Fever(Ebola virus reston strain) and Marburg disease are confirmed in the country or Hepatitis B and Tuberculosis are confirmed or suspected in the export quarantine facilities prior to export, the exporting country shall immediately suspend the export of the No-human Primates to Korea and provide the Korean government with pertinent information. The exporting country shall consult with the Korean government about the health requirements, etc. prior to the resumption of export.

7. The animals for export shall be isolated for a period of at least 30 days prior to shipment for export inspection by the government veterinarians at the export quarantine facilities approved by the exporting government. The result of the test conducted individually during this period, according to the test method and standard of Appendix Ⅰ, must be negative.

8. If the imported Non-human Primates are certified as animals

which were born and raised as Specific Pathogen Free or Virus Antibody Free in a special environment which is blocked from the outside, the requirement of Clause 5 may be exempted.

9. There shall be no clinical evidence of any diseases during the isolation period and prior to shipment.

10. The animals for export shall be treated with insecticide to eradicate ectoparasites and endoparasites at least 5 days prior to the date of their shipment.

11. Crates for the transportation of the animals for export shall not have been used before and all containers, storage areas of vehicles, vessels, and aircrafts shall be disinfected by using disinfectants approved by the government of exporting country prior to use.

12. The animals for export shall be shipped and transported not only by methods that prevent the contamination of non-human primates' disease pathogen but also by methods which are in accordance with the recommendations of the international organizations including OIE and IATA (International Air Transportation Association) without any contacts with other non-human primates and their products from departure to arrival in Korea.

13. All materials like hay, bedding and fodder, etc. , supplied for the animals for export during export quarantine period and transportation, shall be produced in regions which are not affected by communicable animal disease pathogens and shall be sanitary.

14. The veterinary authority of the Korean government may return the animals for export to the place of their origin or destroy them if there are any discrepancies with the health requirements of Korea during the quarantine inspection.

15. The veterinary authority of the exporting country shall issue the health certificate which holds the following information in details.

1) The information required in Clause 2, 5, 7and 13.

2) The date of sample collection and test, and the name of testing agency, testing method, test results according to Clause 7.

3) Name of the active component of insecticides, dose and date of treatment according to Clause 10.

4) The date of vaccination, name and expiratory date of vaccine (if vaccinated).

5) Name and location of origin or raised facilities.

6) Name and address of the export quarantine facilities and duration of quarantine.

7) Species, breed, individual identification number, sex and age.

8) Date of shipment, name of shipped port and name of the vessel or aircraft.

9) Address and names of consignor and consignee.

10) Date of issue of the health certificate, name and signature of the issuer and the organization to which he/she belongs.

16. The veterinarv authority of the Korean government may conduct an on-site sanitary inspection on auarantine facilities and check the related documentations. In the case of on-site sanitary inspection. the exporting country may bear the expense.

17. In the case of the export, export permission or certificate issued by government authority on animals regulated by CITES shall be attached with health certificate of Clause 15.

—addendum(enforcement date)

this notification shall enter into the force after 3 months from the date of notification.

关于防止越南禽流感传入我国的公告

（2004 年 8 月 20 日国家质检总局 2004 年第 108 号公告）

据世界卫生组织（WHO）报道，7 月份以来，越南又有 3 人感染禽流感病毒死亡，至今越南共有 15 人死于禽流感。为防止禽流感传入我国，保护前往越南人员的健康安全，现公告如下：

一、来自越南的人员，如有发热、咳嗽、肌痛等症状的，入境时应当向出入境检验检疫机构申明。检验检疫机构要加强对入境人员体温检测、健康申报、医学巡查，对申报或现场查验发现有上述症状的人员要仔细排查，做到及时发现、及时报告、及时控制。

二、前往越南的人员，可向检验检疫机构及其国际旅行卫生保健中心了解有关禽流感的疫情信息和预防措施；旅行中或旅行后发现禽流感相关症状者，应立即就医。

三、检验检疫机构及其国际旅行卫生保健中心，要及时提供有关禽流感疫情信息和预防禽流感建议（见附件）。

附件

推荐人间禽流感预防措施

1. 尽量避免接触禽流感患者、染病家禽及其粪便或沾染了粪便的灰土、泥土。

2. 避免食用活的未经煮熟的禽类。

3. 在疫情爆发点、禽类养殖、销售、屠宰、加工场所要戴口罩。

4. 勤洗手。

5. 发现有呼吸困难、流感样症状要及时就诊。

关于取消部分动植物产品的进境检疫审批的公告

（2004 年 8 月 30 日国家质检总局 2004 年第 111 号公告）

为了进一步完善进境动植物检疫审批工作，经过风险评估，决定自 2004 年 9 月 1 日起，取消以下动植物产品的进境检疫审批规定：

动物产品：蓝湿（干）皮、已鞣制皮毛、洗净羽绒、洗净毛、碳化毛、毛条、贝壳类、水产品、蜂产品、蛋制品（不含鲜蛋）、奶制品（鲜奶除外）、熟制肉类产品（如香肠、火腿、肉类罐头、食用高温炼制动物油脂）；

植物产品：粮食加工品（大米、面粉、米粉、淀粉等）、薯类加工品（马铃薯细粉等）、植物源性饲料添加剂、乳酸菌、酵母菌。

有关企业在进口上述动植物产品前不需办理进境动植物检疫许可证。但在上述货物入境时应按规定向检验检疫机构报检，依法进行检验检疫。

来（进）料加工复出口的肉类改为按年度审批，各直属检验检疫局根据企业的《中华人民共和国海关进料加工登记手册》或《中华人民共和国海关来料加工登记手册》或《中华人民共和国海关对外商投资企业履行产品出口合同所需进口料件加工复出口》和企业的实际加工能力进行核销。

特此公告。

关于对2004年5月1日欧盟新增加的10个成员国的木质包装暂不实行2002年第58号公告的公告

（2004年9月6日国家质检总局2004年第122号公告）

为保护我国森林、生态环境及旅游资源，防止危险性林木有害生物传入，2002年6月28日，国家质检总局、国家林业局、海关总署及原外经贸部联合发布2002年第58号公告，对来自欧盟的木质包装采取紧急检疫措施，提出了具体检疫要求。鉴于我国按照国际木质包装检疫标准正在拟定新的进境货物木质包装检疫管理办法，决定对2004年5月1日欧盟新增加的10个成员国的木质包装暂不实行2002年第58号公告。请各地出入境检验检疫机构和海关仍按一般规定办理相关检验检疫和通关手续。

特此公告。

关于取消从牛海绵状脑病国家或地区进口有关动物及其产品的禁令的公告

（2004年9月28日农业部、国家质检总局2004年第407号公告）

为防止牛海绵状脑病传入，保护我国畜牧业安全和人体健康，农业部和国家质量监督检验检疫总局曾先后发布公告禁止从牛海绵状脑病国家或地区进口有关动物及其产品。根据最新的科学证据和世界动物卫生组织《国际陆生动物卫生法典》的建议，从即日起取消因牛海绵状脑病而对下列产品采取的禁止进口措施：

牛精液、牛胚胎（出口国须证明胚胎符合国际胚胎移植协会的规定）、无蛋白油脂（不含有蛋白成分且不溶性杂质含量不超过0.15%）及其产品、骨制磷酸氢钙（不含蛋白或油脂）、完全由皮革或皮张加工的工业用明胶和胶原、照相用明胶、非反刍动物源性饲料及产品（出口国家或地区禁止使用的除外）。

上述产品必须符合我国有关法律、法规的规定，不符合要求的不得入境。

特此公告。

关于允许从荷兰进口符合中国相关法律法规规定的有关禽类及其产品的公告

（2004年10月25日农业部、国家质检总局2004年第416号公告）

鉴于荷兰已符合世界动物卫生组织（OIE）关于无高致病性禽流感国家的要求，自本公告发布之日起，允许从荷兰进口符合中国相关法律法规规定的有关禽类及其产品。进口的有关动物产品应是在本公告发布日后生产和加工的。

农业部与国家质量监督检验检疫总局联合公告第258号同时废止。

关于进口乌拉圭大豆的通知

（2004年10月26日国家质检总局国质检动函[2004]883号）

各直属检验检疫局：

在有害生物风险分析的基础上，经与乌拉圭畜牧、农业和渔业部协商，目前中乌双方已确定进口乌拉圭大豆的检验检疫条件（见附件），并同意从即日起进口乌拉圭大豆。请你局按照上述条件和有关规定，认真核对乌方的植物检疫证书，做好进境乌拉圭大豆的检验检疫和后续监管工作，确保进口大豆的安全卫生。如发现问题，请及时报总局。

附件：1. 进口乌拉圭大豆的检验检疫条件

2. 乌拉圭输华大豆植物检疫证书样本

附件 1

进口乌拉圭大豆的检验检疫条件

一、中方关注的检疫性有害生物：

大豆疫病菌（*Phytophthora megasperma*）

烟草环斑病菌（Tobacco ringspot virus）

番茄环斑病菌（Tomato ringspot virus）

南方菜豆花叶病毒（Southern bean moasic virus）

鹰嘴豆象（*Callosobruchus analis*）

灰豆象（*Callosobruchus phaseoli*）

假高粱（*Sorghum halepense*）

黑高粱（*Sorghum almum*）

菟丝子属（*Cuscuta* spp）

二、乌拉圭官方检验检疫部门应对输华大豆实施检疫，合格后出具植物检疫证书，并在证书中注明不带有中方关注的检疫性有害生物和土壤。

三、在收获、储运和出口期间，乌方应采用除杂设备对大豆进行过筛清杂等加工处理，防止土块、植物病残体、杂草籽等混入输华大豆。

四、在大豆生长期间，乌方应建立病虫害调查和监测体系，针对中方关注的检疫性有害生物采取有效的控制措施，并及时向中方通报新发生的疫情。

五、中方将根据疫情发生及截获情况，调整检疫性有害生物名单及相应检疫措施。

附件2

畜牧、农业和渔业部MGAP

CERTIFICADO FITOSANITARIO
植物检疫证明

PAIS DE ORIGEN: URUGUAY　　CERTIFICADO N° XXXX
来源国家：乌拉圭　　证明编号：

1. DE: Organización de Protección Fitosanitaria de Uruguay – D.G.SS.AA. 来源于乌拉圭植物检疫保护组织 D.G.SS.AA. AL SERVICIO DE PROTECCIÓN VEGETAL DE: REPÚBLICA POPULAR CHINA 为中华人民共和国 植物保护服务	
2. Exportador: Nombre y Dirección: 出口商：名称和地址： XXXXXXXXXXXXX XXXXXXXX	3. Destinatario: Nombre y Dirección: 收货人：名称和地址： XXXXXXXXXXXXX XXXXXXXXX

DESCRIPCIÓN DEL ENVIO 发货描述	
4. Número y Descripción de Bultos o Equipos: 包裹或设备名称和描述： **SOJA A GRANEL** 散装大豆	5. Marcas Distintivas: 唛头： **S/M S/N**

6. Nombre (Botánico) del producto: 产品（的生物）名称： **GLYCINE MAX**	7. Cantidad Declarada: 申报数量： **XXX TONS**
8. Lugar de Origen: 原产地： **XXXXXX - URUGUAY**	9. Punto de Entrada: 进入地点： **XXXXXX – CHINA**
10. Medio de Transporte: 运输方式： **MARÍTIMO 海运 - VAPOR "XXXXXXXXXX"**	

11. Por el presente se certifica que las plantas, productos vegetales u otros artículos reglamentados descriptos aquí han sido inspeccionados y/o analizados, de acuerdo con procedimientos oficiales adecuados y se consideran libres de plagas cuarentenarias especificadas por la parte importadora y que cumplen con los requisitos fitosanitarios exigidos por ésta, incluyendo los relativos a plagas no cuarentenarias reglamentadas.
兹证明：本证明中描述的植物、植物产品或其他规定的产品已按适宜的正式程序经过检查和/或分析，并被认定为不含进口方明确指出的检疫病虫害，符合进口方的检疫规定，包括对不在检疫规定范围内病虫害的规定。

<table>
<tr><td colspan="3">TRATAMIENTO DE DESINFECTACIÓN O DESINFECCIÓN
消毒或杀菌处理</td></tr>
<tr><td>12. Fecha:
日期：
XXXXXXXXXXXXXX</td><td colspan="2">13. Tratamiento:
处理：
XXXXXXXXXXXXXXXXXXXX</td></tr>
<tr><td>14. Producto (Ingrediente Activo):
产品（活性成份）：
XXXXXXXXXXX</td><td>15. Concentración:
浓度：
XXXXX</td><td>16. Duración y Temperatura:
持续时间和温度：
XXXXXX</td></tr>
</table>

17. Declaración Adicional:
其他申明：

Phytophthora megasperma; **Tobacco ringspot virus; Tomato ringspot virus; Southern bean mosaic virus;** ***Callosobruchus analis; Callosobruchus phaseoli*** **y** ***Sorghum almum*** **no están presentes en el Uruguay (乌拉圭未出现). La partida está libre de (该批发货没有):** ***Cuscuta*** **spp. y** ***Sorghum halepense.*** ——————————

Partida libre de tierra. 该批发货没有携带泥土——————————

18. Nombre del Oficial Autorizado: 授权官员姓名： XXXXXXXXXXXXX	19. Registro de COSAVE N°: 植物健康委员会(COSAVE) 编号： XXXXXXX

Sello de la Organización 组织机构盖章	20. Firma del Oficial Autorizado: 授权官员签字：	
	21. Lugar de Emisión: 签发地点： XXXXXXX - **URUGUAY**	22. Fecha: 日期： XXXXXXXXXX

COSAVE–COMITÉ DE SANIDAD VEGETAL DEL CONO SUR: **ARGENTINA, BRASIL, CHILE, PARAGUAY, URUGUAY**
南锥体植物健康委员会 COSAVE 阿根廷 巴西 智利 巴拉圭 乌拉圭

*La Dirección General de Servicios **Agrícolas**, sus **funcionarios** y **representantes**, declinan toda responsabilidad económica **y/o comercial resultante de este certificado**. **Cualquier adulteración** o uso indebido de este **documento es penado por la ley**.* ——————

农业服务总局及其官员和代表不对本证明产生的经济和/或商务责任负责。——————

任何对本文件的作假和非法使用将受到法律惩罚。——————

关于严防境外禽流感疫情传入等事项的通知

(2004年11月2日国家质检总局国质检动函[2004]897号)

各直属检验检疫局：

目前，正值高致病性禽流感高发季节，泰国等周边国家不断有新的禽流感疫情出现，并且在泰国发现人感染禽流感的病例和死亡病例。为了防止境外禽流感的传入，现就有关事项通知如下：

一、各局要对当前境外发生的疫情高度重视，采取措施，加强对入境货物、人员的查验，加强对来自疫区运输工具、包装容器等的防疫消毒，加强边境和口岸周围的疫情监测，严防境外疫情的传入。

二、要同海关、边防、卫生、农牧等部门密切合作，严厉打击动物及其产品等进口非法活动。

三、对境内出口及供应港澳地区的禽类及其产品生产、加工企业，要加强监测、检测和监督检查，强化免疫和防疫消毒制度，健全疫情报告制度。

四、要采取预防措施，进一步加强对人员的防护，预防禽流感感染人。所有从事禽类检验检疫工作的人员，应当采取佩戴口罩、护目镜等防护措施，从事实验室工作的人员要严格按照有关生物安全要求和规范程序进行操作。同时，要督促相关生产、经营企业也要采取必要的人员防护措施。

五、检验检疫工作中一旦发现疫情，要按照总局下发的《高致病性禽流感疫情进出境检验检疫应急预案》和有关技术规范的要求，及时予以处置，防止疫情的扩散。

关于解除此前农业部与国家质量监督检验检疫总局联合公告第241、253、269和344号关于禁止从美国有关地区进口禽鸟及其产品的措施的公告

（2004年11月9日农业部、国家质检总局2004年第422号公告）

鉴于美国已符合世界动物卫生组织（OIE）关于无新城疫和高致病性禽流感国家的要求，自本公告发布之日起，解除此前农业部与国家质量监督检验检疫总局联合公告第241、253、269和344号关于禁止从美国有关地区进口禽鸟及其产品的措施。进口的有关动物产品应是在本公告发布日后生产和加工的，并符合中国相关法律法规规定。

关于输智利水果有关要求的公告

（2004年12月3日国家质检总局2004年第175号公告）

2004年11月17日，中国与智利正式签署了《中国苹果输智植物检验检疫要求的议定书》、《中国梨输智植物检验检疫要求的议定书》、《中国新疆香梨输智植物检验检疫要求的议定书》、《中国荔枝输智植物检验检疫要求的议定书》、《中国龙眼输智植物检验检疫要求的议定书》，议定书自双方签署之同起正式生效。主要要求如下：

一、输智水果应不得带有智方关注的检疫性有害生物，出口水果产区、果园、加工厂应采取有效的病虫害预防控制措施。输智苹果应产自中国山东、陕西、山西、河南、河北、辽宁、甘肃、宁夏、北京。

二、中国输智苹果、梨应实施果实套袋措施。输智香梨果园应进行针对桔小实蝇等的实蝇监测。

三、输智水果果园、包装厂应在检验检疫机构注册，并由中智双方共同指定。

四、输智水果包装箱应用英文标出产地、果园、包装厂。

五、检验检疫机构应对输智水果实施出口前检验检疫，合格后出具植物检疫证书。

六、在项目开始前，智方将派检疫官员来华考察，并根据考察情况确定项目是否实施。智方考察相关费用由中方产业界承担。

其他要求按议定书规定执行。

特此公告。

关于输阿根廷苹果和梨有关要求的公告

（2004 年 12 月 3 日国家质检总局 2004 年第 176 号公告）

2004 年 11 月 16 日，中国与阿根廷正式签署了《中国苹果和梨输阿植物卫生要求的议定书》，该议定书自双方签署之日起正式生效。主要要求如下：

一、输阿苹果和梨必须符合阿根廷有关检疫法律和法规，不带有阿方关注的桔小实蝇等 12 种检疫性有害生物。

二、输阿苹果和梨应来自桔小实蝇非疫区，并在产区实施针对桔小实蝇的监测。

三、输阿苹果和梨应来自梨锈病的非疫生产点（或果园）。产地 1 公里范围内不得有梨锈病的转主寄主（桧柏）。

四、除新疆香梨外，输阿苹果和梨应实施果实套袋措施。

五、输阿苹果和梨的果园、包装厂应在检验检疫系统注册，并由中阿双方共同指定。果园、包装厂应采取有效的病虫害综合防治措施。

六、输阿苹果和梨包装箱应用英文标出产区（省）、果园或其注册号、包装厂或其注册号，并在出口货品托盘上标出输往阿根廷的英文字样。

七、检验检疫机构应按 2％抽样比例对输阿苹果和梨实施出口前检验检疫，合格后出具植物检疫证书。

八、在项目开始前，阿方将派检疫官员来华考察，并根据考察情况确定项目是否实施。阿方考察相关费用由中方产业界承担。

其他要求将按《中国苹果和梨输阿植物卫生要求的议定书》的规定执行。

特此公告。

关于输泰国水果有关要求的公告

（2004 年 12 月 24 日国家质检总局 2004 年第 193 号公告）

为规范中泰水果贸易，确保质量安全，2004 年 10 月 29 日，中国国家质检总局与泰国农业与合作部签署了《中华人民共和国国家质量监督检验检疫总局与泰王国农业与合作部关于中国水果输泰检验检疫条件的议定书》。按照议定书的要求，自 2005 年 4 月 29 日起，中国输往泰国的苹果、梨、柑橘、葡萄和枣等水果（以下简称水果）必须符合以下条件：

一、水果必须来自出入境检验检疫机构注册的果园和包装厂。

二、水果不得携带泰方关注的限定性有害生物、枝、叶和土壤。

三、柑橘如果来自桔大实蝇（*Bactrocera minax*）、蜜柑大实蝇（*Bactrocera tsuneonis*）或番石榴实蝇（*Bactrocera correcta*）的发生地区，须经过有效的除害处理。

四、水果包装应使用干净和未使用过的包装材料。水果包装箱上须用英文或泰文标出果园、包装厂和出口商以及“输往泰王国”的信息。

五、出入境检验检疫机构对每批水果按 3% 抽样比例进行检验检疫，合格的水果出具植物检疫证书。

六、水果到达泰国入境口岸时，泰国检验检疫机构将对证书、标识、货物等进行查验，对不符合议定书要求的水果将采取除害处理、退货、转口、销毁等措施。

有关详细要求请向各地出入境检验检疫机构咨询。

特此公告。

关于允许佛罗里达州部分4县的柑橘输往中国的公告

（2004年12月31日国家质检总局2004年第208号公告）

根据对美国佛罗里达州Charlotte、Polk、Pasco和Orange4县柑橘的有害生物风险评估结果，经中美双方检验检疫部门协商，自即日起允许佛罗里达州上述4县的柑橘在符合《美国佛罗里达州柑橘输华植物卫生条件议定书》和《美国佛罗里达州柑橘输华的工作计划》的条件下输往中国。具体进口检疫要求请向各地检验检疫机构咨询。

关于公布出境货物木质包装有关要求的公告

（2005年1月13日国家质检总局2005年第4号公告）

为防止林木有害生物随货物使用的木质包装在国际间传播蔓延，2002年3月，国际植物保护公约组织（IPPC）公布了国际植物检疫措施标准第15号《国际贸易中的木质包装材料管理准则》，要求货物使用的木质包装应在出境前进行除害处理，并加施IPPC确定的专用标识。目前，欧盟、加拿大、美国、澳大利亚等国家已采纳该标准并将于2005年3月1日陆续开始实施，将来会有更多的国家采用该国际标准。对于不符合国际标准的木质包装，进口国家或地区将在入境口岸采取除害处理、销毁、拒绝入境等措施。为使我国出境货物使用的木质包装符合进口国家或地区的检疫规定，避免经济损失，现将出境货物木质包装的有关要求公告如下：

一、本公告所称木质包装是指用于承载、包装、铺垫、支撑、加固货物的木质材料，如木板箱、木条箱、木托盘、木框、木桶、木轴、木楔、垫木、枕木、衬木等。

以下除外：

经人工合成或经加热、加压等深度加工的包装用木质材料，如胶合板、刨花板、纤维板等。

薄板旋切芯、锯屑、木丝、刨花等以及厚度等于或者小于 6 mm 的木质材料。

二、出境货物使用的木质包装，应按规定的检疫除害处理方法进行处理，并加施专用标识。除害处理方法、标识要求及监管规定由国家质检总局另行通知。

三、出入境检验检疫机构对出境货物使用的木质包装实施抽查检疫，不符合规定的，不准出境。

四、各地出入境检验检疫机构、海关及商务、林业主管部门应加强对出口企业的宣传工作，提高服务意识，帮助出口企业做好相关工作，避免因木质包装不符合国外要求而造成经济损失。

五、本公告自 2005 年 3 月 1 日起实施，原有关出境货物木质包装检疫规定同时废止。

特此公告。

关于公布进境货物木质包装有关要求的公告

（2005 年 1 月 31 日国家质检总局 2005 年第 11 号公告）

为防止林木有害生物随进境货物木质包装传入我国，保护我国森林、生态环境及旅游资源，根据《中华人民共和国进出境动植物检疫法》及其实施条例，参照国际植物保护公约组织（IPPC）公布的国际植物检疫措施标准第 15 号《国际贸易中木质包装材料管理准则》，现将进境货物使用的木质包装检疫要求公告如下：

一、本公告所称木质包装是指用于承载、包装、铺垫、支撑、加固货物的木质材料，如木板箱、木条箱、木托盘、木框、木桶、木轴、木楔、垫木、枕木、衬木等。

以下除外：

经人工合成或经加热、加压等深度加工的包装用木质材料，如胶合板、刨花板、纤维板等。

薄板旋切芯、锯屑、木丝、刨花等木质材料以及厚度等于或小于6 mm的木质材料。

二、进境货物使用的木质包装应当由输出国家或地区政府植物检疫机构认可的企业按中国确认的检疫除害处理方法处理，并加施政府植物检疫机构批准的 IPPC 专用标识。检疫除害处理方法由国家质检总局另行公布。

三、进境货物使用木质包装的，货主或其代理人应当向出入境检验检疫机构报检，并配合出入境检验检疫机构实施检疫。对未报检的，出入境检验检疫机构依照有关法律规定进行处罚。

四、出入境检验检疫机构对进境货物使用的木质包装检疫实施分类管理，加强与港务、船代、海关等部门的信息沟通，通过审核货物载货清单等信息对经常使用木质包装的货物实施重点检疫。

五、列入《出入境检验检疫机构实施检验检疫的进出境商品目录》(以下简称目录)的进境货物使用木质包装的，检验检疫机构签发《入境货物通关单》并对木质包装实施检疫。未列入目录的进境货物使用木质包装的，出入境检验检疫机构可在海关放行后实施检疫。

六、经检疫发现木质包装标识不符合要求或截获活的有害生物的，出入境检验检疫机构监督货主或其代理人对木质包装实施除害处理、销毁处理或联系海关连同货物作退运处理，所需费用由货主承担。需实施木质包装检疫的货物，未经检疫合格的，不得擅自使用。

七、来自中国香港、澳门特别行政区和中国台湾地区的货物使用的木质包装适用本公告的规定。

八、本公告自 2006 年 1 月 1 日起止式实施，原进境货物木质包装检疫规定的有关公告同时废止。正式实施前，已经符合本公告第二条规定的进境货物木质包装，出入境检验检疫机构应当接受报检。

特此公告。

关于输秘苹果有关要求的公告

（2005 年 2 月 18 日国家质检总局 2005 年第 26 号公告）

2005 年 1 月 27 日，中国国家质检总局与秘鲁农业部正式签署了《中国苹果输秘植物检疫要求的议定书》，该议定书自双方签署之日起正式生效。主要要求如下：

一、输秘苹果应产自中国山东、陕西、山西、河南、河北、辽宁、甘肃、宁夏和北京等 9 省、区（市）。

二、输秘苹果应在生长期间采取果实套袋措施。

三、输秘苹果果园、包装厂应在出入境检验检疫机构注册，并由中秘双方共同指定。果园、包装厂应采取有效的病虫害综合防治措施，以避免和控制秘方关注的 8 种检疫性有害生物的发生。

四、输秘苹果包装箱应用英文标出产地（省、区、市）、果园或其注册号、包装厂或其注册号及输往秘鲁共和国等信息。

五、出入境检验检疫机构应按 2% 抽样比例对输秘苹果实施出口前检验检疫，合格后出具植物检疫证书。2 年后，如果未发现检疫问题，则抽样比例降低到 1%。

六、在项目开始前，秘方将派检疫官员来华考察，并根据考察情况批准本项目的实施。秘方考察相关费用由中方产业界承担。

其他要求按《中国苹果输秘植物检疫要求的议定书》的规定执行。

特此公告。

关于输墨苹果有关要求的公告

（2005 年 2 月 18 日国家质检总局 2005 年第 27 号公告）

2005 年 1 月 24 日，中国国家质检总局与墨西哥农牧业农村发展渔业和食品部正式签署了《中国苹果输墨植物检疫要求的议定书》，该议定书自双方签署之日起正式生效。主要要求如下：

一、输墨苹果应产自中国山东、陕西、山西、河南、河北、辽宁、甘肃、宁夏和北京等9个省、区(市)。

二、输墨苹果应符合墨西哥植物检疫法律法规，不带有墨方关注的9种检疫性有害生物。

三、输墨苹果应在生长期间采取果实套袋措施。

四、输墨苹果果园、包装厂应在出入境检验检疫机构注册，并由中墨双方共同指定。果园、包装厂应采取有效的病虫害综合防治措施，以避免和控制墨方关注的检疫性有害生物发生。

五、加工后的输墨苹果应在0 ℃±0.5 ℃下专库存放40天。如果出口第一年没有发现食心虫害虫，该冷藏措施将取消。

六、输墨苹果包装箱应用英文标出产地(省、区、市)、果园或其注册号、包装厂或其注册号及输往墨西哥等信息。

七、出入境检验检疫机构应按2%抽样比例对输墨苹果实施出口前检验检疫，合格后出具植物检疫证书。2年后，如果未发现检疫问题，则抽样比例降低到1%。

八、输墨苹果进境口岸为：Manzanillo，Veracruz，Tuxpan 和 Lazaro Cardenas.

九、在项目开始前，墨方将派检疫官员来华考察，并根据考察情况批准本项目的实施。墨方考察相关费用由中方产业界承担。

其他要求按《中国苹果输墨植物检疫要求的议定书》的规定执行。

特此公告。

关于公布确认的木质包装检疫除害处理方法及标识要求的公告

(2005年2月22日国家质检总局2005年第32号公告)

为防止林木有害生物随进境货物木质包装传入我国，保护我国森林、生态环境及旅游资源，根据《中华人民共和国进出境动植物检疫法》及其实施条例，参照国际植物保护公约组织(IPPC)公布的国际植物检疫措施标准第15号《国际贸易中木质包装材料管理准则》，国家质检总局、海关总署、商务部和国家林业局联合发布了2005年第11号公告，要求进境货物木质包装应在输出国家或地区进行检疫除害处理，并加施专用标识。现将确认的木质包装检疫除害处理方法及标识要求公告如下：

一、检疫除害处理方法

（一）热处理（HT）。

1. 必须保证木材中心温度至少达到56 ℃，并持续30分钟以上。

2. 窑内烘干（KD）、化学加压浸透（CPI）或其他方法只要达到热处理要求，可以视为热处理。如化学加压浸透可通过蒸汽、热水或干热等方法达到热处理的技术指标要求。

（二）溴甲烷熏蒸处理（MB）。

1. 常压下，按下列标准处理：

温度	剂量（g/m³）	最低浓度要求（g/m³）			
		0.5小时	2小时	4小时	16小时
≥21 ℃	48	36	24	17	14
≥16 ℃	56	42	28	20	17
≥11 ℃	64	48	32	22	19

2. 最低熏蒸温度不应低于10 ℃，熏蒸时间最低不应少于16小时。

3. 来自松材线虫疫区国家或地区的针叶树木质包装暂按照以下要求进行溴甲烷熏蒸处理：

温度	溴甲烷剂量（g/m³）	24小时最低浓度要求（g/m³）
≥21 ℃	48	24
≥16 ℃	56	28
≥11 ℃	64	32
注：最低熏蒸温度不应低于10 ℃，熏蒸时间最低不应少于24小时。松材线虫疫区为：日本、美国、加拿大、墨西哥、韩国、葡萄牙及中国台湾、香港地区。		

待IPPC对溴甲烷熏蒸标准修订后，按照其确认的标准执行。

（三）国际植物检疫措施标准或国家质检总局认可的其他除害处理方法。

（四）依据有害生物风险分析结果，当上述除害处理方法不能有效杀灭我国关注的有害生物时，国家质检总局可要求输出国家或地区采取其他除害处理措施。

二、标识要求

（一）标识式样：

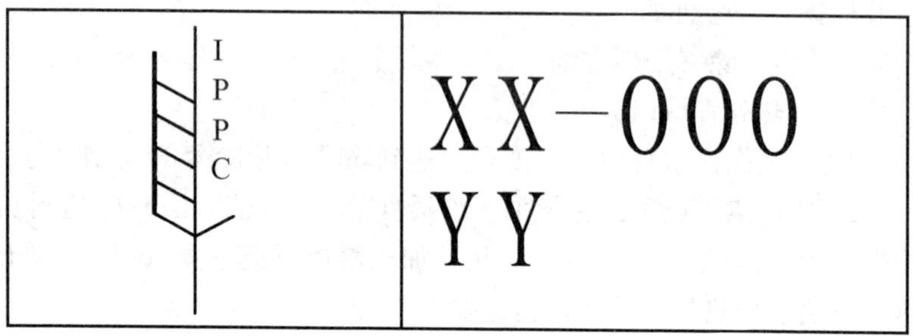

其中：

IPPC 为《国际植物保护公约》的英文缩写；

XX 为国际标准化组织（ISO）规定的 2 个字母国家编号；

000 为输出国家或地区官方植物检疫机构批准的木质包装生产企业编号；

YY 为确认的检疫除害处理方法，如溴甲烷熏蒸为 MB，热处理为 HT。

（二）输出国家或地区官方植物检疫机构或木质包装生产企业可以根据需要增加其他信息，如去除树皮以 DB 表示。

（三）标识必须加施于木质包装显著位置，至少应在相对的两面，标识应清晰易辨、永久且不能移动。

（四）标识避免使用红色或橙色。

关于实施出境木质包装检疫管理办法有关问题的通知

（2005 年 2 月 26 日国家质检总局国质检动函［2005］90 号）

各直属检验检疫局：

为防止林木有害生物随货物使用的木质包装传出，规范出境货物木质包装检疫管理，参照木质包装国际标准，总局会同海关总署、商务部、国家林业局联合发布了2005年第4号公告，并制定了《出境货物木质包装检疫处理管理办法》（质检总局令第69号，以下简称管理办法），于2005年3月1日起施行。为确保管理办法的有序实施，避免我出口企业遭受经济损失，现将有关问题通知如下：

一、各局要高度重视木质包装公告和管理办法的实施工作，组织相关人员认真学习，做好对木质包装生产加工除害处理企业、使用单位及物流公司等的宣传工作，并按照管理办法要求，尽快对辖区木质包装标识加施企业进行考核，合格的予以公布并报总局备案。

二、请各局按照有关国家或地区实施木质包装国际标准时间表（见附件）适时做好木质包装检疫监管工作。总局将及时在网站上公布和补充各国实施木质包装国际标准的情况。

三、各局可接受标识加施企业对待进行除害处理的木质包装集中报检，并要求在出境货物报检单上注明企业名称、木质包装种类、规格、数量及处理方法等信息，同时做好监管核销工作。

四、各局在实施管理办法中遇有问题，请及时向总局动植司报告。联系人：高志方，电话82261905，传真82260157，电子邮件：gaozf@aqsiq.gov.cn。

特此通知。

附件

有关国家或地区实施木质包装国际标准（ISPM15号）时间表

国家	实施时间	备注
新西兰	2003年4月16日	可按照ISPM15号要求处理并加施标识，也可按新西兰要求处理，并出具证书
澳大利亚	2004年9月1日	可按照ISPM15号要求处理并加施标识（溴甲烷熏蒸时间须不少于24小时），也可按澳大利亚要求处理，并出具证书

续表

国家	实施时间	备注
土耳其	2005年1月1日	除须符合ISPM15号规定外，木质包装不得带有树皮
南非	2005年3月1日	
欧盟	2005年3月1日	除须符合ISPM15号规定外，木质包装不得带有树皮，且在标识中加注DB。(all WPM must be made from debarked wood is expected to be suspended for one year and WILL NOT be enforced)
加拿大	2005年4月1日	
菲律宾	2005年6月1日	
韩国	2005年6月1日	按ISPM15号要求处理并加施标识，针叶木质包装须按ISPM15号要求进行热处理
智利	2005年6月1日	
墨西哥	2005年7月1日	
哥伦比亚	2005年9月1日	
美国	2005年9月16日	
哥斯达黎加	2005年9月16日	

注：1. 实施时间均为到港日期。

2. 巴西、瑞士、印度、斐济、斯理兰卡也已采纳ISPM15号国际标准，但具体实施时间尚未确定。

3. 本表将在总局网站：http://www.aqsiq.gov.cn动植物检验检疫栏目中公布，并将及时修订。

关于贯彻实施《进境牛羊临时隔离场建设的要求》标准的通知

(2005年3月7日国家质检总局质检办动函[2005]48号)

各直属检验检疫局：

为了加强和规范引进动物临时隔离检疫场的管理，总局组织制定了《进境牛羊临时隔离场建设的要求》(SN/T 1491—2004)检验检疫标准。现将该标准印发,并将相关要求通知如下:

一、请有关局认真组织对该标准的学习,做好标准的宣传贯彻工作。不仅要使有关工作人员和相关企业了解标准,而且要让企业按照标准要求申请、建设和管理好临时隔离检疫场。对标准施行后企业新申请建设牛羊临时隔离检疫场的,要按照新标准进行考核和验收。

二、有关局要根据标准的要求,认真组织对已经批准使用的临时隔离检疫场进行对照检查清理和整改。

三、各局要继续严格贯彻执行总局 2004 年下发的《关于进口奶牛临时隔离检疫场建设有关问题的通知》(质检动函[2004]354 号)和《关于进一步规范和明确进境大中动物检验检疫工作程序及要求的通知》(国质检动函[2004]440 号),充分管理好、利用现有临时隔离检疫场资源,促进动物的引进,确保进境动物的安全。

四、请有关局将临时隔离检疫场对照检查清理和整改情况(一是符合标准的;二是整改后可以符合标准的;三是经过整改后仍然不符合标准的)、承担引进动物检验检疫并符合标准要求的实验室名单(包括具体检测项目)一并于 4 月 1 日前报送总局动植司。

在标准贯彻执行过程中有何问题或建议,请及时反映,以便进一步修改和完善该标准。

关于防止朝鲜禽流感传入我国的公告

(2005 年 4 月 1 日农业部、国家质检总局 2005 年第 486 号公告)

最近,朝鲜国家兽医紧急防疫委员会对外公布,朝鲜下塘养鸡场等几个养鸡场发生了禽流感并造成数十万只鸡死亡。为防止该病传入我国,保护我国畜牧业安全,根据《中华人民共和国进出境动植物检疫法》等有关法律法规的规定,公告如下:

一、禁止直接或间接从朝鲜输入禽类及其产品,停止签发从朝鲜进口禽类及其产品的《进境动植物检疫许可证》,撤销已经签发的

《进境动植物检疫许可证》。

二、已运抵口岸尚未报检的，一律作退回或者销毁处理；已经接受报检的，增加禽流感检测项目，检验结果合格方可放行。

三、禁止邮寄或旅客携带来自朝鲜的禽类及其产品进境，一经发现，一律作退回或销毁处理。

四、对途经我国或在我国停留的国际航行船舶、飞机和火车等运输工具，如发现有来自朝鲜的禽类及其产品，一律作封存处理；其交通员工自养自用的禽类，必须装入完好的笼具中；其废弃物、泔水等，一律在出入境检验检疫机构的监督下作无害化处理，不得擅自抛弃。

五、对海关、边防等部门截获的走私入境的来自朝鲜的禽类及其产品，一律在出入境检验检疫机构监督下作销毁处理。

六、凡违反上述规定者，由出入境检验检疫机构依照《中华人民共和国进出境动植物检疫法》及其实施条例的有关规定处理。

七、各出入境检验检疫机构、各级动物防疫监督机构要分别依照《中华人民共和国进出境动植物检疫法》和《中华人民共和国动物防疫法》的有关规定，密切配合，做好检疫、防疫和监督工作。

八、本公告自发布之日起执行。

关于允许从比利时进口符合中国相关法律法规规定的家猪及其产品的公告

（2005 年 4 月 14 日农业部、国家质检总局 2005 年第 489 号公告）

鉴于比利时已符合世界动物卫生组织（OIE）关于家猪无古典猪瘟国家的要求，自本公告发布之日起，允许从比利时进口符合中国相关法律法规规定的家猪及其产品。进口的有关动物产品应是在本公告发布日后生产和加工的。

农业部与国家质量监督检验检疫总局联合公告第 234 号中对猪及其产品的相关限制措施同时废止。

关于向毛里求斯出口水果有关要求的公告

（2005年6月17日国家质检总局2005年第93号公告）

经协商，国家质检总局近日与毛里求斯共和国农业部就我国苹果、梨和柚子（以下简称水果）出口的检疫条件达成一致，要求如下：

一、苹果、梨须产于陕西、山东、河北、辽宁、山西、新疆、安徽产区的注册果园和包装厂。柚子须产于湖南、湖北、江西、四川产区的注册果园和包装厂。

二、水果产区应没有以下有害生物发生：樱桃绕实蝇（Rhagoletis cerasi）、墨西哥按实蝇（Anastrepha ludens）、南美按实蝇（Anastrepha fraterculus）、西印度按实蝇（Anastrepha mombinpraeoptans）、苹果实蝇（Rhagoletis pomonella）、西花蓟马（Frankliniella occidentalis）、梨树火疫病（Erwinia amylovora）。

三、在水果生长期，必须对果园进行有效的检查管理，以保证不发生香梨优斑螟（Euzophera pyriella）、桔小实蝇（Bactrocera dorsalis）和其他具有检疫意义的实蝇；并在苹果、梨果园中采取措施避免和控制下列有害生物的发生：

（一）Monilinia fructigena　苹果褐腐病

（二）Alternaria gaisen　梨黑斑病

（三）Venturia nashicola　梨黑星病

（四）Gymnosporangium asiaticum　梨锈病

（五）Gymnosporangium yamadae　苹果锈病

（六）Botryosphaeria berengeriana f. sp. piricola　苹果轮纹病

（七）Nectria galligena　苹果树枝溃疡病

（八）Quadraspidiotus perniciosus　梨笠圆盾蚧

四、水果包装材料必须是干净、未使用过的，并且不是植物源性的。

五、每批水果包装箱上必须明确标记批号、注册果园和包装厂的名称或号码。

六、水果必须不带有任何活的检疫性昆虫和螨类、树叶、树枝、土壤。

七、水果须在冷藏条件下运输。

八、水果到达毛里求斯入境口岸时将接受毛方的检验检疫，如果发现不符合上述条件，该批水果将被退回或销毁。

从即日起我国的苹果、梨和柚子可按以上检疫条件向毛里求斯出口，详细情况请向当地出入境检验检疫部门咨询。

特此公告。

关于做好《进境水果检验检疫监督管理办法》实施有关工作的通知

（2005 年 6 月 24 日国家质检总局国质检动函[2005]478 号）

各直属检验检疫局：

2005 年 7 月 5 日，新修订的《进境水果检验检疫监督管理办法》将正式实施。为确保该办法顺利实施，现将有关事项通知如下：

一、各局要组织相关业务人员认真学习该办法，重点了解新修订的内容，并严格按照新办法规定，对进境水果实施检验检疫。

二、总局已认可中国检验有限公司（简称中检公司）对经香港中转进入内地的水果实施预检验。中检公司在香港将对水果种类、产地以及“三原”（原集装箱、原包装、原证书）进行确认。对经确认合格的集装箱加施封识（样本见附件 1），出具确认证明书（样本见附件 2），并注明所加封识号、原证书号、原封识号及集装箱号码等，及时传送至入境口岸检验检疫机构。

经香港中转内地水果是指在香港特别行政辖区内转换运输工具进入内地的水果。

三、水果经香港中转到达内地口岸时，各局应先核查由中检公司出具的确认证明书及所注信息，以及封箱标识是否完好。核查合格后方可实施检验检疫。

四、各局要根据新办法第十六条规定，要求企业进口水果前在入境口岸附近落实冷藏设施，确保检验检疫过程不会影响水果的质量。

五、各局要做好新办法实施的宣传工作，主动向辖区内水果进口企业解释和说明进境水果检验检疫新规定，并要求其向水果出口方通报有关情况，确保进境水果符合我国进境检验检疫要求。

新办法实施中如遇问题，请及时报总局。

关于印发《进出境重大动物疫情应急处置预案》的通知

（2005 年 6 月 30 日国家质检总局国质检动[2005]205 号）

各直属检验检疫局：

《进出境重大动物疫情应急处置预案》已经国务院批准，现予印发。请各单位结合实际，认真贯彻执行。

进出境重大动物疫情应急处置预案

1　总则

1.1　目的

（1）预防口岸发生重大动物疫情。

（2）在进出境检验检疫工作中检出或发现重大动物疫情或疑似重大动物疫情时，质检系统能够采取有效紧急处置措施，保障畜牧业生产安全，保护人民身体健康。

（3）在境内外发生或流行重大动物疫情时，防止通过我国口岸传出、传入。

1.2　工作原则

统一指挥，分级管理，各司其职；

反应灵敏，高效处置，规范有序；

资源整合，分工协作，信息共享。

1.3　编制依据

根据《中华人民共和国进出境动植物检疫法》及其实施条例、《中华人民共和国动物防疫法》和《国家突发重大动物疫情应急预案》等其他法律、法规和规定。

1.4 适用范围

本预案适用于对境内外发生或流行以及进出境检验检疫工作中检出或发现重大动物疫情、疑似重大动物疫情的应急处置。

2 组织指挥体系及职责

2.1 组织指挥体系

进出境重大动物疫情应急指挥体系由质检总局、事发地直属出入境检验检疫局(以下简称直属局)和事发地分支出入境检验检疫机构(以下简称分支机构)三级指挥中心组成,由总局指挥中心统一领导。

2.1.1 总局指挥中心及办公室

质检总局成立总局进出境重大动物疫情应急指挥中心(简称总局指挥中心),由质检总局主要领导担任总指挥,各有关司局负责人任成员,在总指挥的统一领导下实施紧急预防、应对和应急行动,总局指挥中心办公室设在质检总局动植物检疫监管司。

2.1.2 直属局指挥中心

直属局成立直属局进出境重大动物疫情应急指挥中心(简称直属局指挥中心),组长由直属局主要领导担任。

2.1.3 现场指挥中心

分支机构成立分支机构进出境重大动物疫情应急指挥中心(简称现场指挥中心),组长由分支机构主要领导担任。

2.2 职责分工

2.2.1 总局指挥中心

负责贯彻执行党中央、国务院关于重大动物疫情防治工作的有关指示、会议和文件精神;制订进出境重大动物疫情应急实施方案;指导各直属局指挥中心的工作,领导和指挥进出境重大动物疫情应急处置工作,采取措施对进出境动物、动物产品和其他相关货物及运输工具等实行应急防控;决定启动和终止本预案;研究确定对外口径和相关重大科研课题;协调各部门应对进出境重大动物疫情应急力量和相关资源；监督检查各直属局的应急处置工作。

2.2.2 总局指挥中心办公室

负责承办总局指挥中心的具体工作事宜，指导组建直属局指挥中心；收集、整理有关境内外疫情动态及相关信息，向指挥中心报告全系统重大动物疫情应急工作情况。

组织实施质检总局进出境重大动物疫情应急实施方案；协调本系统应对进出境重大动物疫情相关设备、试剂的配备及使用；培训本系统进出境重大动物疫情应急专业技术力量。

2.2.3 直属局指挥中心

负责组织协调有关部门实施辖区内进出境重大动物疫情应急工作；决定预案在辖区内的启动和终止；负责传达总局指挥中心下达的指令，组织落实有关实施方案；指导现场指挥中心的工作；组织、协调、调动辖区内应对进出境重大动物疫情的人力和物力资源，开展应急处置工作；随时向总局指挥中心汇报情况和提出有关工作建议。

2.2.4 现场指挥中心

具体落实上级指挥中心下达的各项指令和任务；组织、协调、配合当地政府有关部门做好各项应急工作；随时向上级指挥中心汇报有关情况，特殊情况下可直接向总局指挥中心报告情况和提出建议。

3 信息报告、疫情分析与通报、预警

3.1 信息报告

质检总局建立对涉及进出境重大动物疫情的应急报告制度和信息报告网络，通过网络系统及时向上级报告；质检总局通过网络系统及时通报情况，发布指令。

质检总局指定的出入境检验检疫局和中国检验检疫科学研究院负责国际和全国范围内重大动物疫情信息的收集、整理、分析、上报，填写《进出境重大动物疫情信息预警表》(附件1)，在信息收集整理后1小时内报质检总局。

各直属局应指定本单位重大动物疫情信息员，负责收集、整理和上报本辖区内出入境检验检疫工作中发现的重大动物疫情信息，并在发现疫情1小时内填写《进出境重大动物疫情信息预警表》报质检总局。在重大动物疫情严重流行时，各直属局指挥中心应当按照总

局指挥中心的要求，积极参与或者协调本地区的防治工作，每日上报本地防治工作及疫情情况。

各出入境检验检疫分支机构工作中发现重大或者疑似重大动物疫情的，应当填写《进出境重大动物疫情信息预警表》，并在发现疫情2小时内将疫情逐级上报至直属局。

疫情信息统一由质检总局对外发布。质检总局对影响严重的进出境重大动物疫情，应当在4小时内向国务院报告，同时通报国务院有关部门和省级人民政府。

3.2 疫情分析与通报

质检总局组织对疫情信息进行分析，并根据分析结果向有关国家，境内外生产、加工和存放企业以及出入境检验检疫机构发布进出境重大动物疫情警示通报(附件2)，或者发布禁止相关动物及其产品出入境的公告。

3.2.1 重大动物疫情的确认依据

(1) 境外发生或疑似发生重大动物疫情以国际组织或区域性组织、各国或地区政府发布或通报的疫情信息为确认依据。

(2) 境内发生或疑似发生重大动物疫情以我国农业部发布或通报的疫情信息为确认依据。

(3) 检验检疫工作中发现或疑似发生重大动物疫情以质检总局指定实验室的诊断结果为确认依据。

3.2.2 疫情诊断程序

3.2.2.1 怀疑为重大动物疫情

根据动物的临床症状、病理学变化和流行病学规律，经专家现场诊断是否怀疑为重大动物疫情。

3.2.2.2 疑似重大动物疫情

由各直属局指定的具备相应生物安全措施的实验室，按照有关标准或有关双边检疫协定(含检疫条款、议定书、备忘录等)进行检测，并根据检测结果确定为重大动物疫情疑似病例。

3.2.2.3 确诊

发现重大动物疫情疑似病例的，必须将检测样品送质检总局指定的实验室，做病原分离与鉴定，鉴定结果作为重大动物疫情的确诊依据。确诊结果立即报质检总局和当地人民政府。

3.3 预警

进出境重大动物疫情预警分为三类：

一类(A类)：境外发生重大动物疫情或者疑似重大动物疫情时的紧急预防措施。

二类(B类)：境内发生重大动物疫情或者疑似重大动物疫情时的紧急预防措施。

三类(C类)：出入境检验检疫工作中发现重大动物疫情或者疑似重大动物疫情时的紧急预防措施。

4 应急响应

应急响应包括预案启动、处置实施和行动终止三个阶段。

发生一类(A类)疫情预警，疫情有可能传入并危害动物安全和人体健康时，质检总局会同有关部门联合发布公告或发布进出境重大动物疫情警示通报，采取紧急预防措施。

发生二类(B类)疫情预警，疫情有可能传出国境时，根据疫情范围和严重程度，质检总局配合有关部门启动与《国家突发重大动物疫情应急预案》相适应的紧急预防措施。

发生三类(C类)疫情预警时，质检总局或直属局根据情况启动本应急预案。

4.1 预案启动

质检总局负责启动全国范围的紧急预防、应对和应急措施；直属局负责启动本辖区内或下属分支机构辖区范围内的紧急预防、应对和应急措施。

4.2 处置实施

4.2.1 一类(A类)疫情预警时的紧急预防措施

(1) 在毗邻疫区的边境地区和入境货物主要集散地区开展疫情监测。

(2) 对来自预案涉及的人畜共患病疫区国家和地区的入境人员，应填写健康声明卡，必要时出示有关传染病的预防接种证书、健康证明或其他有关证件。对患有或疑似染病的人，分别采取隔离、留验或其他预防控制措施，并及时通知当地卫生行政主管部门。

(3) 停止签发从疫区国家或地区进口相关动物及其产品的《进境动植物检疫许可证》,废止已经签发的《进境动植物检疫许可证》。

(4) 禁止直接或间接从疫区国家或地区输入相关动物及其产品。对已运抵口岸尚未办理报检手续的,一律作退回或销毁处理;对已办理报检手续,尚未放行的,应加强对相关疫病的检测和防疫工作,经检验检疫合格后放行。

(5) 禁止疫区国家或地区的相关动物及其产品过境。对已进入我国境内的来自疫区国家或地区的相关过境动物及其产品,派检验检疫人员严格监管,押运到出境口岸。运输途中发现重大疫情或疑似重大疫情的,按照上述(2)中的有关措施处理。

(6) 禁止邮寄或旅客携带来自疫区的相关动物及其产品进境。加强对旅客携带(包含托运,下同)物品和邮寄物品的查验,加大对来自疫区的入境旅客携带物的抽查比例,一经发现来自疫区的相关动物及其产品,一律作退回或销毁处理。

(7) 加强对来自疫区运输工具的检疫和防疫消毒。对途经我国或在我国停留的国际航行船舶、飞机、火车、汽车等运输工具进行检验检疫,如发现有来自疫区的相关动物及其产品,一律作封存处理;其交通员工自养的伴侣动物,必须装入完好的笼具中,不得带离运输工具;其废弃物、泔水等,一律在出入境检验检疫机构的监督下作无害化处理,不得擅自抛弃;对运输工具和装载容器的相关部位进行防疫消毒。必要时,对入境旅客的鞋底实施消毒处理。

(8) 加强与海关、公安边防等部门配合,打击走私进境动物或动物产品等违法活动,监督对截获来自疫区的非法入境动物及其产品的销毁处理。

(9) 毗邻国家或者地区发生重大动物疫情时,根据国家或者当地人民政府的规定,配合有关部门开展受疫情威胁边境地区的易感动物的紧急免疫,建立有效免疫防护带;关闭相关动物交易市场,停止边境地区相关动物及其产品的交易活动。

(10) 进境的相关动物及其产品不得途经疫区国家或地区,或者在疫区国家或地区中转。否则视为来自疫区的动物及其产品。

(11) 当境外发生重大动物疫情并可能传入国内时,质检总局可以视情况报请国务院下令封锁有关口岸。

4.2.2 二类(B类)疫情预警时的紧急预防措施

(1) 加强出口货物的查验,停止办理来自疫区和受疫情威胁区的相关动物及其产品的出口检验检疫手续。停止办理出口检验检疫手续的货物种类和疫区范围按有关国家或地区发布的暂停我国动物或动物产品进口相关通报执行。

(2) 对在疫区生产的出口动物产品及其加工原料,已办理通关手续正在运输途中的应立即召回。

(3) 加强与当地动物防疫部门的联系、沟通和协调,了解疫区划分、疫情控制措施及结果、诊断结果等情况,配合做好疫病控制工作。

(4) 暂停使用位于疫区的进出境相关动物临时隔离检疫场。对正在使用的,按照国家有关规定处理。

(5) 过境相关动物的运输路线不得途经疫区。已经进入疫区的,应按照国家有关疫区动物运输的规定处理,并采取严格防疫措施。

(6) 加强对非疫区出口养殖场、屠宰和加工企业的监督管理,加强出口前的检查和养殖场的疫情监测,保证出口动物及其产品的健康、安全。

(7) 对实行免疫政策的非疫区出口动物及其产品,要确保能够满足进口国家或者地区的检疫卫生要求。进口国家和地区有非免疫要求的,不得出口已经免疫的动物及其产品。

(8) 在应对措施执行期间,相关直属局应及时向总局指挥中心办公室报告境内重大动物疫情检验检疫应对措施实施情况。

4.2.3 三类(C类)疫情预警时的紧急预防措施

4.2.3.1 经初步诊断怀疑为重大动物疫情时的应急措施

(1) 暂停办理相关动物及其产品的出入境检验检疫手续,过境动物或动物产品暂停运输。

(2) 确定控制场所和控制区域。

(3) 封锁控制场所。严格限制人员、其他动物和产品、病料、器具、运输工具和其他可能受污染的物品等进出控制场所,严禁无关人员和车辆出入控制场所,所有必须出入控制场所的人员和车辆,必须经检验检疫机构批准，经严格消毒后，方可出入，并且实行出入登记制度。对控制场所内的所有运载工具、用具、圈舍、场地、饲料和用水等进行彻底消毒；对动物粪便、垫料等可能受污染的物品进行无害化处理。

（4）采集病料送直属局指定的实验室进行诊断。

4.2.3.2 经诊断为重大动物疫情疑似病例后的应急措施

（1）样品必须以最快的方式送质检总局或农业部认可的实验室进行确诊。

（2）协助当地畜牧兽医主管部门，对控制区域采取封锁措施，做好疫情控制和扑灭工作。

4.2.3.3 对确诊为重大动物疫情后的应急措施

（1）对进境或者过境动物及其动物产品，确诊为进境动物一类传染病的，按照《畜禽病害肉尸及其产品无害化处理规程》国家标准（GB/T 16548—1996）规定的处理方法，对全群或者整批动物产品作扑杀或者销毁处理。确诊为其他疫病的，扑杀销毁所有确诊动物。对过境动物的运输工具、装载容器、被污染场地等进行严格消毒。

（2）对出境动物，配合有关部门，按照国家有关规定进行扑杀销毁处理。扑杀销毁过程必须采取严格的防疫措施，包括采用防止渗漏的容器盛装扑杀动物的尸体，运载器具必须严格消毒等。对动物的粪便、垫料、饲料等可能受污染的物品进行无害化处理。

（3）控制场所和控制区域做彻底消毒处理。

（4）进境动物、过境动物和进出口动物产品的控制场所和控制区域经彻底消毒后可以解除封锁控制。出境动物控制场所经彻底消毒后，按照国家规定的期限解除疫情封锁措施。

（5）有关直属局指挥中心向总局指挥中心书面报告处理结果。开展流行病学调查，向境内产地畜牧兽医行政主管部门反馈疫情信息，或由质检总局向出口国家或地区政府检疫部门反馈疫情信息。

4.2.3.4 有关国家或地区检疫部门通报我国出口动物及其产品中检出重大动物疫情时的应急措施。

（1）总局指挥中心组织有关专家对进口国的检验检疫结果进行确认，发布预警通报。

(2) 有关检验检疫机构根据预警通报,对出口动物的饲养场、出口食用动物和动物产品注册或备案饲养场、生产加工单位等进行流行病学溯源调查。

(3) 经流行病学调查,发现或疑似重大动物疫情的,及时启动相应的应急措施。

4.3 行动终止

根据下列情况,总局指挥中心或直属局指挥中心发布进出境重大动物疫情解除通报(附件 3),终止预案的实施。

(1) 有关国家或地区政府主管部门和国际相关组织宣布解除重大动物疫情或者疑似重大动物疫情并经我国确认。

(2) 对境内重大动物疫情或者疑似重大动物疫情,根据农业部发布的疫情解除通报。

(3) 对检验检疫工作中发现的重大动物疫情或者疑似重大动物疫情,按规定程序经最终诊断确认为非重大动物疫情,或者通过采取有关应急措施,经考核验收,确认疫情已消除时。

(4) 有关国家或地区检疫主管部门通报从我国进口的动物或动物产品中检出重大疫情后,经跟踪调查和疫情监测未发现重大疫情,或通过采取有关应急措施,经考核验收,确认疫情已消除时。

4.4 安全防护

采取预防、应对和应急等措施时,工作人员应采取必要的个人防护措施,离开疫区前必须经过彻底的消毒,定期进行体检。

5 应急保障

5.1 人员保障

各直属局在重大动物疫情应急预案实施期间,安排人员 24 小时值班,保障信息畅通。各主要负责人员和各单位之间要保持畅通的通讯联系,保证协调一致,责任确定到人。

5.2 物资保障

各直属局建立预防、应对和应急等措施物资储备库,指定专门部门负责管理。重点储备防护用品、消毒设施、消毒药品、诊断试剂、通讯工具等物品。

(1) 进出境重大动物疫情防治应选择有效的消毒方法和消毒

药剂。

常用的消毒方法：金属设施设备可采取火焰、熏蒸等消毒方式；圈舍、场地、车辆等可采用消毒液清洗、喷洒等消毒方式；饲料、垫料等可采取深埋发酵处理或焚烧处理等消毒方式；粪便等可采取堆积密封发酵或焚烧处理等消毒方式；人员可采取淋浴消毒；人员的衣帽鞋等可采取浸泡、高压灭菌等方式处理。

常用消毒剂包括：氯制剂、碘制剂、过氧乙酸、复合酚制剂、烧碱、甲醛、高锰酸钾等。

(2) 进出境重大动物疫情应急常用物资。

包括：国家正式批准生产和使用的疫苗，诊断试剂及其设备、消毒药品和消毒器械、销毁处理器具、个人防护用品、防疫车、办公用品、通讯工具等。

5.3 经费保障

各直属局须确保重大动物疫情预防、应对和应急等工作所需经费。实施扑杀销毁动物、无害化处理或实施紧急强制免疫接种时所涉及的费用，按照国家有关规定处理。

5.4 技术保障

质检总局建立重大动物疫病诊断重点实验室，负责进出境动物重大疫病的诊断。各直属局应加强实验室建设，配备必要的检测设备，建立动物疫病诊断实验室，负责本辖区内动物重大疫病的现场诊断和实验室检测。各直属局应成立重大动物疫病专家组，负责现场诊断，必要时可请系统外的专家参加工作。质检总局定期举办各种重大动物疫病检测技术培训，提高全系统重大动物疫病的检验检疫技术水平。

6 宣传、培训和演习

各口岸检验检疫机构应当通过网站、广播、电视等新闻媒体，开展形式多样的进出境动物检验检疫法律法规和动物重大疫病的危害和防治知识的宣传与普及，提高全社会防疫意识。

质检总局和各直属局要对参与进出境重大动物疫情预防、应对和应急等工作的有关人员进行基础知识、防护知识、处理方法、检测方法和设备使用进行培训，并按照预案组织实战演习，以检验、改善和强化各项应急处理能力及各部门协同作战能力。

7 附则

7.1 国际合作

加强与世界粮农组织（FAO）、国际动物卫生组织（OIE）等相关国际组织及有关国家的联系，密切关注国际重大动物疫情信息和动态，跟踪和掌握国际发展动向，加强技术交流与合作，及时研究制定应对措施并不断完善各种检测方法，增强对重大动物疫情应急处置能力。

7.2 奖惩与责任

各级检验检疫机构对进出境重大动物疫情应急处置做出贡献的单位和个人给予表彰和奖励。对不认真贯彻实施本预案，违反预案或者玩忽职守，造成疫情扩散或者传入传出，给国家财产和人民生命造成损失的，将依法追究相关人员的法律责任。

7.3 名词术语解释

进境重大动物疫情是指境外发生或流行，或在进境动物检疫工作中检出或发现《中华人民共和国进境动物一、二类传染病、寄生虫病名录》中的一类传染病以及具有重要公共卫生意义的人畜共患病。

出境重大动物疫情是指境内发生或流行，或在出境检验检疫中发现或疑似农业部根据《中华人民共和国动物防疫法》公布的一类动物疫病以及具有重要公共卫生意义的人畜共患病。

进境动物一类传染病包括口蹄疫、非洲猪瘟、猪水泡病、猪瘟、牛瘟、小反刍兽疫、蓝舌病、痒病、牛海绵状脑病、非洲马瘟、高致病性禽流感、新城疫、鸭瘟、牛肺疫、牛结节疹共15种疫病。上述所列的疫病名录如有修订，按新公布的名录执行。新发生的重大疫病按照质检总局有关规定执行。

相关动物是指具体动物疫病的易感动物，相关动物产品是指具有传播疫病风险的易感动物的产品。

疫区和受威胁区的概念按照国家有关规定执行。

控制场所是指进境动物（临时）隔离检疫场或进境动物产品贮存库；出境动物饲养场或临时隔离检疫场，或出境动物产品生产、加工、存放单位及原料动物的饲养场；过境动物或动物产品的运输工具。

控制区域是指一旦由于控制场所管理不严,而造成疫情可能扩散的区域。

7.4 预案管理与更新

各直属局应及时总结预案实施过程中发现的问题和不足,提出科学、合理的改进建议。

质检总局每年组织动物疫病防治专家对重大动物疫情应急预案进行评审,及时修改和更新本预案。

7.5 制定与解释部门

本预案由质检总局制定并负责解释。

7.6 预案施行时间

本预案自发布之日起施行。

附件 1

进出境重大动物疫情信息预警表

报告单位： 报告时间： 编号：

<table>
<tr><td colspan="3">重大动物疫情种类</td><td colspan="5"></td></tr>
<tr><td colspan="3">信息来源</td><td colspan="5">□OIE □FAO □WHO □区域性组织或有关国家或地方政府机构：
□农业部 □ 卫生部
□检验检疫</td></tr>
<tr><td colspan="3">信息发布方式</td><td colspan="5">□官方网站 □公告 □农业部兽医公报 □ 其他：</td></tr>
<tr><td rowspan="10">信息具体内容</td><td colspan="7">□ 随附信息原文及译文</td></tr>
<tr><td colspan="7">□ 检验检疫情况</td></tr>
<tr><td colspan="2">检疫类别</td><td colspan="5">□出境检疫 □进境检疫 □过境检疫 □疫情监测 □其他:随附有关说明</td></tr>
<tr><td colspan="2">报检单号</td><td></td><td>货物种类</td><td></td><td>报检数量</td><td></td></tr>
<tr><td colspan="2">报检单位</td><td colspan="3"></td><td>输入/出国家/地区</td><td></td></tr>
<tr><td colspan="2">样品种类/数量</td><td colspan="5"></td></tr>
<tr><td rowspan="2">检疫方法</td><td colspan="6">现场检疫</td></tr>
<tr><td colspan="6">实验室检验</td></tr>
<tr><td colspan="2">诊断结果</td><td colspan="5">□怀疑 □疑似病例 □确诊</td></tr>
<tr><td colspan="2">处理意见</td><td colspan="5"></td></tr>
<tr><td colspan="4">填报人：</td><td colspan="4" rowspan="3">签报人：
（单位盖章）
年 月 日</td></tr>
<tr><td colspan="4">电话：</td></tr>
<tr><td colspan="4">传真：</td></tr>
</table>

备注：1. 编号原则：直属局代码＋年代后两位数＋三位数流水号。

2. OIE：世界动物卫生组织，FAO：联合国粮农组织，WHO：世界卫生组织。

3. 本表应随附有关内容的原始材料、试验报告等。

附件 2

进出境重大动物疫情警示通报

编号：

<table>
<tr><td>发布单位</td><td>质检总局或直属检验检疫局</td><td>发布时间</td><td></td></tr>
<tr><td>发往单位</td><td colspan="3">各直属检验检疫局或分支局</td></tr>
<tr><td>疫情种类</td><td colspan="3"></td></tr>
<tr><td>通报内容</td><td colspan="3">通报疫情信息来源，启动《进出境重大动物疫情应急处置预案》，提出对检验检疫机构的要求。</td></tr>
<tr><td colspan="2">填报人：</td><td colspan="2" rowspan="4">签发人：

（单位盖章）
年 月 日</td></tr>
<tr><td colspan="2">核报人：</td></tr>
<tr><td colspan="2">电话：</td></tr>
<tr><td colspan="2">传真：</td></tr>
</table>

备注：编号原则：CIQYQTB+年代后两位数+三位数流水号。

附件 3

进出境重大动物疫情解除通报

编号：

<table>
<tr><td>发布单位</td><td>质检总局或直属检验检疫局</td><td>发布时间</td><td></td></tr>
<tr><td>发往单位</td><td colspan="3">各直属检验检疫局或分支局</td></tr>
<tr><td>疫情种类</td><td colspan="3"></td></tr>
<tr><td>通报内容</td><td colspan="3">通报疫情解除的根据，终止《进出境重大动物疫情应急处置预案》。</td></tr>
<tr><td colspan="2">填报人：</td><td colspan="2" rowspan="4">签发人：

（单位盖章）
年　月　日</td></tr>
<tr><td colspan="2">核报人：</td></tr>
<tr><td colspan="2">电话：</td></tr>
<tr><td colspan="2">传真：</td></tr>
</table>

备注：编号原则：CIQYQJCTB＋年代后两位数＋三位数流水号。

关于防止哈萨克斯坦禽流感传入我国的公告

（2005 年 8 月 15 日农业部、国家质检总局 2005 年第 531 号公告）

2005 年 8 月 10 日，哈萨克斯坦农业部确认在巴甫洛达尔州和被哈萨克斯坦州 H5N1 型禽流感。为防止该病传入我国，保护我国畜牧业安全，根据《中华人民共和国进出境动植物检疫法》等有关法律法规的规定，公告如下：

一、禁止直接或间接从哈萨克斯坦输入禽类及其产品，停止签发从哈萨克斯坦进口禽类及其产品的《进境动植物检疫许可证》，撤销已经签发的《进境动植物检疫许可证》。

二、来自哈萨克斯坦的禽类及其产品已运抵口岸尚未报检的，一律作退回或者销毁处理；已经接受报检的，进行禽流感检测，检验结果合格方可放行。

三、禁止邮寄或旅客携带来自哈萨克斯坦的禽类及其产品进境，一经发现，一律作退回或销毁处理。

四、在途经我国或在我国停留的国际航行船舶、飞机和火车等运输工具上，如发现有来自哈萨克斯坦的禽类及其产品，一律作封存处理；其交通员工自养自用的禽类，必须装入完好的笼具中；其废弃物、泔水等，一律在出入境检验检疫机构的监督下作无害化处理，不得擅自抛弃。

五、对海关、边防等部门截获的走私入境的来自哈萨克斯坦的禽类及其产品，一律在出入境检验检疫机构监督下作销毁处理。

六、凡违反上述规定者，由出入境检验检疫机构依照《中华人民共和国进出境动植物检疫法》有关规定处理。

七、各出入境检验检疫机构、各级动物防疫监督机构要分别依照《中华人民共和国进出境动植物检疫法》和《中华人民共和国动物防疫法》的有关规定，密切配合，做好检疫、防疫和监督工作。

八、本公告自发布之日起执行。

关于输墨梨有关要求的公告

（2005 年 9 月 20 日国家质检总局 2005 年第 142 号公告）

2005 年 9 月 12 日，中国与墨西哥正式签署了《中国梨输往墨西哥植物检疫要求的议定书》，该议定书自双方签署之日起正式生效。主要要求如下：

一、输墨梨应产自中国山东、河北、新疆、陕西、安徽省和北京市等 6 个省市。

二、输墨梨应符合墨西哥植物检疫法律法规，不带有墨方关注的 14 种检疫性有害生物。

三、除新疆香梨外，其他输墨梨应在生长期间采取果实套袋措施。

四、输墨梨果园、包装厂应在出入境检验检疫机构注册，并由中墨双方共同指定。果园、包装厂应采取有效的病虫害综合防治措施，以避免和控制墨方关注的检疫性有害生物发生。

五、加工后的输墨梨应在 0 ℃±0.5 ℃下专库存放 40 天。如果出口第 1 年没有发现食心虫害虫，从第 2 年开始，该冷藏措施将取消。

六、输墨梨包装箱应用英文标出产区（省）、果园或其注册号、包装厂或其注册号及输往墨西哥等信息。

七、出入境检验检疫机构应按 2％抽样比例对输墨梨实施出口前检验检疫，合格后出具植物检疫证书。2 年后，如果未发现检疫问题，则抽样比例降低到 1％。

八、输墨梨进境口岸为：Manzanillo、Veracruz、Tuxpan 和 Lazaro Cardenas。

九、在项目开始前，墨方将派检疫官员来华考察，并根据考察情况批准本项目的实施。墨方考察相关费用由中方产业界承担。

其他要求按《中国梨输往墨西哥植物检疫要求的议定书》的规定执行。

特此公告。

关于动物和动物产品出口日本有关事项的公告

（2005 年 9 月 29 日国家质检总局 2005 年第 143 号公告）

日本劳动厚生省于 2005 年 9 月开始实施进口动物申报制度，为保证中国有关动物和动物产品顺利出口日本，现就有关事项公告如下：

一、该制度涉及的动物和动物产品包括：陆栖哺乳动物（偶蹄类、奇蹄类、食肉类、灵长类、翼手类和兔科属日本农林水产省检疫对象的动物除外）、鸟类、啮齿类、鼠兔科（非家兔和野兔）动物和啮齿类、兔类动物胴体及标本。

二、该制度对规定的商品实施进境许可，上述动物和动物产品在日本入境前必须向日本劳动厚生省进行入境申报，获得日本劳动厚生省颁发的进境许可证后方可进入日本境内（具体内容可在国家质检总局网站 www. aqsiq. gov. cn 动植物检验检疫专栏查询）。

三、国家质检总局已经将中国啮齿类动物及其胴体、标本生产企业向日本劳动厚生省推荐备案（企业名单在国家质检总局网站 www. aqsiq. gov. cn 动植物检验检疫专栏查询），目前只有列入名单的企业可以向日本出口啮齿类动物及其胴体、标本。

四、自公告之日起，凡出口到日本的上述动物和动物产品均需附带动物卫生证书。

关于防止巴西 O 型口蹄疫传入我国的公告

（2005 年 10 月 13 日农业部、国家质检总局 2005 年第 565 号公告）

2005 年 10 月 9 日，巴西农业畜牧食品供应部向 OIE 紧急报告，南部南马托格罗索州（State of Mato Grosso do Sul）发生了 1 起 O 型口蹄疫，估计最初感染时间为9月26日。为防止该病传入我国，保护我国畜牧业安全，根据《中华人民共和国进出境动植物检疫法》等有关法律法规的规定，公告如下：

一、禁止直接或间接从巴西输入偶蹄动物及其产品，停止签发从巴西进口偶蹄动物及其产品的《进境动植物检疫许可证》，撤销已经签发的从巴西进口偶蹄动物及其产品的《进境动植物检疫许可证》。

二、2005年9月26日后启运的来自巴西的进口偶蹄动物及其产品，一律作退回或销毁处理。2005年9月26日前启运的来自巴西Bahia、Espírito Santo、Goiás、Mato Grosso、Mato Grosso do Sul、Minas Gerais、Paraná、Rio de Janeiro、São Paulo、Sergipe、Tocantins和the Federal District等12州的偶蹄动物及其产品，进行口蹄疫（O型）检测，检验合格后方可放行。

三、禁止邮寄或旅客携带来自巴西的偶蹄动物及其产品进境。经发现，一律作退回或销毁处理。

四、对途经我国或在我国停留的国际航行船舶、飞机和火车等运输工具，如发现有来自巴西的偶蹄动物及其产品，一律作封存处理；其废弃物、泔水等，一律在出入境检验检疫机构的监督下作无害化处理，不得擅自抛弃。

五、对海关、边防等部门截获的走私入境的来自巴西的偶蹄动物及其产品，一律在出入境检验检疫机构的监督下作销毁处理。

六、凡违反上述规定者，由出入境检验检疫机构依照《中华人民共和国进出境动植物检疫法》及其实施条例有关规定处理。

七、各出入境检验检疫机构、各级动物防疫监督机构要分别依照《中华人民共和国进出境动植物检疫法》及其实施条例和《中华人民共和国动物防疫法》的有关规定，密切配合，做好检疫、防疫和监督工作。

本公告自发布之日起执行。

关于中国苹果、梨向墨西哥出口的公告

（2005 年 10 月 25 日国家质检总局 2005 年第 154 号公告）

根据中国与墨西哥签署的《中国苹果输墨植物检疫要求的议定书》、《中国梨输墨植物检疫要求的议定书》有关规定，经墨方专家对我国苹果、梨果园和包装厂检验检疫管理进行考察预检，近期，墨方确认，经中国出入境检验检疫机构注册的果园、包装厂生产的苹果、梨，允许向墨西哥出口。具体检验检疫要求和注册果园、包装厂名单可在质检总局网站上查询，或向当地出入境检验检疫机构咨询。

特此公告。

关于批准莆田进口木材检疫除害处理区投入使用的函

（2005 年 11 月 4 日国家质检总局国质检动函[2005]871 号）

福建省人民政府：

为落实我局与你省《关于建立紧密工作联系机制　促进福建扩大出口备忘录》，支持地方经发展，防止林木有害生物随进口原木传入，2004 年 9 月我局同意在莆田市秀屿港建立进口木材检疫除害处理区。2005 年 10 月 27 日，我局组织了林业、环保和检验检疫系统的专家对该项目进行了验收，认为该除害处理区布局设计合理、处理技术先进、熏蒸系统运转正常、试验杀虫效果良好，达到国内领先和国际先进水平，符合安全、环保的要求，具备对进口原木进行大规模检疫除害处理的能力。现正式批准莆田进口木材检疫除害处理区投入使用，对经我局确认在境外不能实施有效除害处理的进口原木在该区进行检疫处理。

请你省有关部门和企业配合福建检验检疫局做好对处理区的监督管理和有害生物的监测与防控，确保原木检疫处理有效、安全。

关于印发《进出境高致病性禽流感疫情应急处置实施方案》的通知

（2005 年 11 月 18 日国家质检总局国质检动[2005]438 号）

各直属检验检疫局：

根据《进出境重大动物疫情应急处置预案》，总局对 2004 年下发的《高致病性禽流感疫情进出境检验检疫应急预案（试行）》进行了修改和完善，形成了《进出境高致病性禽流感疫情应急处置实施方案》。现印发该实施方案，请各局结合工作实际，认真组织学习，并贯彻实施。

一、依据

根据《进出境重大动物疫情应急处置预案》和《口岸应对突发公共卫生事件及核与辐射恐怖事件处置预案》，制订本应急实施方案。

二、适用

本实施方案适用于对境内外发生或流行以及进出境检验检疫工作中检出或发现高致病性禽流感或者疑似高致病性禽流感疫情的应急处置。

三、组织指挥体系及职责

（一）组织指挥体系。

进出境高致病性禽流感应急指挥体系由质检总局、事发地直属出入境检验检疫局（以下简称直属局）和事发地分支出入境检验检疫机构（以下简称分支机构）三级指挥中心组成，由总局指挥中心统一领导。

1. 总局指挥中心及办公室：总局成立进出境高致病性禽流感应急指挥中心（简称总局指挥中心），由总局主管领导担任总指挥，各有关司局负责人任成员，在总指挥的统一领导下实施紧急预防、应对和应急行动，总局指挥中心办公室设在质检总局动植物检疫监管司。

2. 直属局指挥中心：直属局成立进出境高致病性禽流感应急指挥中心（简称直属局指挥中心），组长由直属局主要领导担任。

3. 现场指挥中心：分支机构成立分支机构进出境高致病性禽流感应急指挥中心（简称现场指挥中心），组长由分支机构主要领导担任。

（二）职责分工。

1. 总局指挥中心：负责贯彻执行党中央、国务院关于高致病性禽流感防治工作的有关指示、会议和文件精神；制订进出境高致病性禽流感应急实施方案；指导各直属局指挥中心的工作，领导和指挥进出境高致病性禽流感应急处置工作，采取措施对进出境人员、动物、动物产品和其他相关货物及运输工具等实行应急防控；决定启动和终止本方案；研究确定对外口径和相关重大科研课题；协调各部门应对进出境高致病性禽流感应急力量和相关资源；监督检查各直属局的应急处置工作。

2. 总局指挥中心办公室：负责承办总局指挥中心的具体工作事宜，指导组建直属局指挥中心；收集、整理有关境内外疫情动态及相关信息，向指挥中心报告全系统高致病性禽流感应急工作情况；组织实施质检总局进出境高致病性禽流感应急实施方案；协调本系统应对进出境高致病性禽流感相关设备、试剂的配备及使用；培训本系统进出境高致病性禽流感应急专业技术力量。

3. 直属局指挥中心：负责组织协调有关部门实施辖区内进出境高致病性禽流感应急工作；决定方案在辖区内的启动和终止；负责传达总局指挥中心下达的指令，组织落实有关实施方案；指导现场指挥中心的工作；组织、协调、调动辖区内应对进出境高致病性禽流感的人力和物力资源，开展应急处置工作；随时向总局指挥中心汇报情况和提出有关工作建议。

4. 现场指挥中心：具体落实上级指挥中心下达的各项指令和任务；组织、协调、配合当地政府有关部门做好各项应急工作；随时向上级指挥中心汇报有关情况，特殊情况下可直接向总局指挥中心报告和提出建议。

四、信息报告、通报

（一）信息报告。

1. 总局指挥中心办公室负责进出境高致病性禽流感的信息报告，并通过总局网站等及时通报情况和发布指挥中心指令。

2. 中国检验检疫科学研究院和珠海出入境检验检疫局负责国际和全国范围内高致病性禽流感信息的收集、整理、分析、上报，在信息收集整理后1小时内报总局指挥中心办公室。

3. 各直属局应指定专人，负责收集、整理和上报本辖区内出入境检验检疫工作中发现的高致病性禽流感信息，并在发现疫情1小时内报总局指挥中心办公室。在高致病性禽流感严重流行时，各重点防控地区的直属局指挥中心应当按照总局指挥中心的要求，积极参与或者协调本地区的防治工作，每日上报本地防治工作及疫情情况。

4. 各出入境检验检疫分支机构工作中发现重大或者疑似高致病性禽流感疫情的，应在发现疫情2小时内将疫情逐级上报至直属局。

（二）疫情信息的通报。

高致病性禽流感疫情信息统一由总局对外发布。总局组织对疫情信息进行分析，根据分析结果，对境外发生的疫情，由动植司负责起草禁止相关动物及其产品出入境的公告；对境内发生或者检验检疫工作中发现的疫情，动植物检疫监管司负责起草向全系统和境内相关单位的通报，食品安全局负责起草向境外及驻华使馆等单位的通报。发生人禽流感疫情，由卫生检疫监管司负责起草加强口岸人员卫生检疫查验、防止疫情传入传出的通知或公告。

五、疫情确认依据

（一）境外疫情。

境外发生或疑似发生高致病性禽流感以国际组织或区域性组织、各国或地区政府发布或通报的疫情信息为确认依据。

（二）境内疫情。

境内发生或疑似发生高致病性禽流感以我国农业部和卫生部发布或通报的疫情信息为确认依据。

（三）检疫发现。

检验检疫工作中发现或疑似发生高致病性禽流感以质检总局指定实验室的诊断结果为确认依据。

六、疫情诊断

（一）怀疑为高致病性禽流感。

禽类动物急性发病死亡，脚鳞出血，鸡冠发绀或者出血，头部水肿，肌肉和其他组织器官广泛性严重出血，符合上述临床和组织病理学指标，可判定怀疑为高致病性禽流感。

（二）疑似高致病性禽流感。

符合怀疑为高致病性禽流感的诊断指标，非免疫活禽经过血清学试验，如H5或者H7血凝抑制试验（HI）效价在2^4及其以上；免疫家禽，使用H5或者H7的RT-PCR等特异性分子生物学方法诊断为阳性，可判定为疑似高致病性禽流感。

（三）确诊。

符合疑似高致病性禽流感的诊断指标，检测样品送国家禽流感参考实验室，做病原分离与鉴定，鉴定结果确诊是否是高致病性禽流感。

（四）人员的疫情判定。

按照《关于印发〈口岸人禽流感卫生检疫应对指导方案〉的通知》（国质检卫[2005]423号）的有关要求进行。

七、应急响应

（一）方案启动。

总局负责启动全国范围的紧急预防、应对和应急措施；直属局负责启动本辖区内或下属分支机构辖区范围内的紧急预防、应对和应急措施。

（二）处置实施。

1. 境外发生高致病性禽流感时（一类），总局联合有关部门发布禁止从疫情发生国家或者地区进口禽类及其产品的公告或者警示通报。各有关检验检疫机构应采取下列紧急预防措施：

(1) 在毗邻疫区的边境地区和入境货物集散地区开展疫情监测，并及时向总局指挥中心办公室汇报监测结果。

（2）停止签发从疫区国家或地区进口禽类及其产品的《进境动植物检疫许可证》，废止已经签发的《进境动植物检疫许可证》。对从其他地区进境的禽类及其产品，要根据检验检疫能力、仓储能力等，严格把好初审关。

（3）禁止直接或间接从疫区国家或地区输入相关禽类及其产品，对已运抵口岸尚未办理报检手续的，一律作退回或销毁处理；对已办理报检手续，尚未放行的，应对禽流感 H5 和 H7 的检测，加强防疫措施，经检验检疫合格后放行。

（4）禁止疫区国家或地区的相关禽类及其产品过境。对已进入我国境内的来自疫区国家或地区的相关过境动物及其产品，派检验检疫人员严格监管，押运到出境口岸。

（5）禁止邮寄或旅客携带来自疫区的相关禽类及其产品进境。加强对旅客携带（包含托运，下同）物品和邮寄物品的查验，加大对来自疫区的入境旅客携带物、邮寄物的抽查比例，X 机检查抽查比例最高可以达到 100%。一经发现来自疫区的相关动物及其产品，一律作退回或销毁处理。

（6）加强对来自疫区运输工具的检疫和防疫消毒。对途经我国或在我国停留的国际航行船舶、飞机、火车、汽车等运输工具进行检验检疫，如发现有来自疫区的相关禽类及其产品，一律作封存处理；其交通员工自养的禽类动物，必须装入完好的笼具中，不得带离运输工具；其废弃物、泔水等，一律在出入境检验检疫机构的监督下作无害化处理，不得擅自抛弃；对运输工具和装载容器的相关部位进行防疫消毒；对上下交通工具人员、入境旅客的鞋底实施消毒处理。

（7）加强与海关、公安边防等部门配合，打击走私进境禽类或禽类产品等违法活动，加大冷库的清查整顿工作力度，监督对截获来自疫区的非法入境禽类及其产品的销毁处理。

（8）毗邻国家或者地区发生高致病性禽流感时，根据国家或者当地人民政府的规定，配合有关部门开展受疫情威胁边境地区的易感动物的紧急免疫，建立有效免疫防护带；关闭相关动物交易市场，停止边境地区相关禽类及其产品的交易活动。

（9）允许进境的相关禽类及其产品不得途经疫区国家或地区，

不得在疫区国家或地区中转，否则视为来自疫区的禽类及其产品。允许进口的禽类产品必须遵循“四原”（即原货柜、原包装、原铅封、原正本卫生证书）的规定，加强对证书真伪的鉴别，加强进境查验和禽流感检测。对装运禽类及其产品的运输工具、外包装严格消毒，禽类经隔离检疫合格、禽产品100%入库查验合格后放行。

（10）当境外发生高致病性禽流感并可能传入国内时，视情况可提请总局报请国务院下令封锁有关口岸。

（11）在入境口岸显著位置，张贴警示通报，提请广大群众注意并遵守相关规定。

2. 境内发生高致病性禽流感疫情时（二类），根据农业等部门发布的疫情信息，总局发布警示通报，各有关检验检疫机构应采取下列紧急预防措施：

（1）疫情发生地的直属检验检疫部门，立即启动高致病禽流感应急方案，及时向总局指挥中心办公室汇报疫情最新动态以及所在地人民政府所采取的防控措施等最新情况。

（2）加强出口禽类及其产品的查验，增加对禽流感H5和H7的抽样比例，停止办理来自禽流感疫区和受疫情威胁区的相关禽类及其产品的出口检验检疫手续（经等效或高于中心温度70 ℃至少1分钟的处理标准加工的禽类产品，如熟制禽肉、禽肉骨粉、皮蛋、咸蛋、蛋粉等禽蛋制品，羽绒服、羽绒被等羽绒羽毛制品、达到国家标准的水洗羽绒羽毛、禽羽毛粉等除外）。停止办理出口检验检疫手续的货物种类和疫区范围按有关国家或地区发布的暂停我国动物或动物产品进口相关通报执行。

（3）对在疫区生产的出口禽类产品及其加工原料，已经运抵出境口岸的应就地封存，已办理通关手续正在运输途中的应立即召回。

（4）加强与当地动物防疫部门的联系、沟通和协调，了解疫区划分、疫情控制措施及结果、诊断结果等情况，配合做好疫病控制工作。

（5）暂停使用位于疫区、受威胁地区的进出境禽类动物临时隔离检疫场。

（6）过境相关禽类的运输路线不得途经疫区。已经进入疫区的，应按照国家有关疫区动物运输的规定处理，并采取严格防疫措施。

(7) 加强对非疫区出口养殖场、备案场、屠宰和加工企业的监督管理,加大监督检查的频率,加强出口前的检查和养殖场的疫情监测,保证出口动物及其产品的健康、安全。

(8) 对实行免疫政策的非疫区出口动物及其产品,要确保能够满足进口国家或者地区的检疫卫生要求。进口国家和地区有非免疫要求的,不得出口已经免疫的动物及其产品。

(9) 向出口禽类及其产品生产加工企业通报有关疫情和境外检疫政策,指导并帮助企业合理地组织、调整并安排好生产、加工和出口。

(10) 在出境口岸张贴宣传单,旅客、交通员工携带禽类及其产品出境应当向检验检疫机关申报。

(11) 在应对措施执行期间,相关直属局应及时向总局指挥中心办公室报告境内高致病性禽流感检验检疫应对措施实施情况。

3. 在检验检疫过程中发现高致病性禽流感疫情时(三类),有关直属检验检疫局应采取下列措施:

(1) 经初步诊断怀疑为高致病性禽流感时的应急措施:

① 暂停办理相关禽类及其产品的出入境检验检疫手续,过境禽类或产品暂停运输。

② 确定控制场所和控制区域。

③ 封锁控制场所。严格限制人员、其他动物和产品、病料、器具、运输工具和其他可能受污染的物品等进出控制场所,严禁无关人员和车辆出入控制场所,所有必须出入控制场所的人员和车辆,必须经检验检疫机构批准,经严格消毒后,方可出入,并且实行出入登记制度。对控制场所内的所有运载工具、用具、圈舍、场地、饲料和用水等进行彻底消毒;对动物粪便、垫料等可能受污染的物品进行无害化处理。

④ 采集病料送直属局指定的实验室进行诊断。

(2) 经诊断为高致病性禽流感疑似病例后的应急措施:

① 样品必须以最快的方式送总局或农业部认可的实验室进行确诊。

② 协助当地畜牧兽医主管部门，对控制区域采取封锁措施，做好疫情控制和扑灭工作。

（3）对确诊为高致病性禽流感后的应急措施：

① 对进境或者过境禽类及其产品，确诊为高致病性禽流感的，按照《畜禽病害肉尸及其产品无害化处理规程》国家标准(GB/T 16548—1996)规定的处理方法，对全群禽类或者整批产品作扑杀或者销毁处理，对运输工具、装载容器、被污染场地等进行严格消毒，同时采取与境外发生高致病性禽流感（一类）时相同的应对措施。

② 对出境禽类及产品，要暂停相关家禽注册或者备案养殖场、禽产品加工企业产品出口，配合有关部门按照国家有关规定进行扑杀销毁处理。扑杀销毁过程必须采取严格的防疫措施，包括采用防止渗漏的容器盛装扑杀动物的尸体、胴体或内脏，运载器具、屠宰加工车间必须严格消毒等。对动物的粪便、垫料、饲料等可能受污染的物品进行无害化处理。同时，采取与境内发生高致病性禽流感疫情时（二类）相同的应急措施。

③ 控制场所和控制区域作彻底消毒处理。

④ 进境禽类、过境禽类和进出口禽类产品的控制场所和控制区域经彻底消毒后可以解除封锁控制。出境禽类控制场所经彻底消毒后，按照国家规定的期限解除疫情封锁措施。

⑤ 有关直属局指挥中心向总局指挥中心书面报告处理结果。开展流行病学调查，向境内产地畜牧兽医行政主管部门反馈疫情信息，或由总局向出口国家或地区政府检疫部门反馈疫情信息。

4. 有关国家或地区检疫部门通报我国出口禽类及其产品中检出高致病性禽流感时（四类），应采取如下应急措施：

（1）总局指挥中心组织有关专家对进口国的检验检疫结果进行确认，发布预警通报。

（2）有关检验检疫机构根据预警通报，对出口禽类的饲养场、生产加工单位等进行流行病学溯源调查。

（3）经流行病学调查，发现或疑似高致病性禽流感的，及时启动相应的应急措施，采取与境内发生高致病性禽流感疫情时（二类）相同的应急措施。

5. 发生人禽流感疫情时，总局根据世界卫生组织、卫生部发布的疫情信息，发布警示公告，各有关检验检疫机构应按照《口岸人禽流感卫生检疫应对指导方案》采取紧急预防措施。

（三）行动终止。

根据下列情况，总局指挥中心或直属局指挥中心发布进出境高致病性禽流感解除通报，终止方案的实施：

1. 有关国家或地区政府主管部门和国际相关组织宣布解除高致病性禽流感或者疑似高致病性禽流感并经我国确认。

2. 对境内高致病性禽流感或者疑似高致病性禽流感，根据农业部发布的疫情解除通报。

3. 对检验检疫工作中发现的高致病性禽流感或者疑似高致病性禽流感，按规定程序经最终诊断确认为非高致病性禽流感，或者通过采取有关应急措施，经考核验收，确认疫情已消除时。

4. 有关国家或地区检疫主管部门通报从我国进口的禽类或产品中检出高致病性禽流感疫情后，经跟踪调查和疫情监测未发现疫情，或通过采取有关应急措施，经考核验收，确认疫情已消除时。

八、安全防护

采取预防、应对和应急等措施时，工作人员应采取必要的个人防护措施：

（一）穿戴合适的防护用品。

1. 防护服：应符合 GB 19082—2003《医用一次性防护服技术要求》，由帽子、上衣、裤子组成，可为连体或者分体，穿脱方便，结合部严密，弹性收口，具有良好防水、抗静电和无皮肤刺激性。

2. 手套：医用一次性手套。

3. 口罩：应符合 GB 19083—2003《医用防护口罩技术要求》，具有鼻夹，具有良好表面抗湿性，对皮肤无刺激。

4. 防护目镜。

5. 胶靴或者可消毒的保护性脚套：防水、防污染。

（二）洗手和淋浴。

密切接触禽类及其产品的人员要保持勤洗手，进出养殖场要用消毒药水消毒洗手,最好能淋浴。

（三）体检。

密切关注个人健康状况,定期体检。

（四）实验室安全防护。

必须严格按照《病原微生物实验室安全管理条例》的规定开展实验室工作,相关实验要在相应生物安全等级的实验室开展,并且要严格执行实验操作程序。未经许可,严禁引进或者外传高致病性禽流感病毒。

九、应急保障

（一）人员保障。

各有关直属局在高致病性禽流感应急预案实施期间,要重点加强一线工作,要安排人员 24 小时值班,保障信息畅通。各主要负责人员和各单位之间要保持畅通的通讯联系,保证协调一致,责任确定到人。

（二）物资保障。

各直属局要按照平战结合的原则,建立预防、应对和应急等措施物资储备,指定专门部门负责管理。重点储备防护用品、消毒设施、消毒药品、诊断试剂、通讯工具等物品。

1. 常用消毒方法和消毒药剂。

常用的消毒方法:金属设施设备可采取火焰、熏蒸等消毒方式;圈舍、场地、车辆等可采用消毒液清洗、喷洒等消毒方式;饲料、垫料等可采取深埋发酵处理或焚烧处理等消毒方式;粪便等可采取堆积密封发酵或焚烧处理等消毒方式;人员可采取淋浴消毒;人员的衣帽鞋等可采取浸泡、高压灭菌等方式处理。

常用消毒剂包括:氯制剂、碘制剂、过氧乙酸、复合酚制剂、烧碱、甲醛、高锰酸钾等。

2. 应急常用物资:国家正式批准生产和使用的疫苗、诊断试剂及其设备、消毒药品和消毒器械、销毁处理器具、个人防护用品、防疫车、办公用品、通讯工具等。

（三）经费保障。

各直属局须确保高致病性禽流感预防、应对和应急等工作所需经费。实施扑杀销毁动物、无害化处理或实施紧急强制免疫接种时所涉及的费用，按照国家有关规定处理。

（四）技术保障。

各直属局应加强实验室建设，配备必要的检测设备，建立动物疫病诊断实验室，负责本辖区内动物重大疫病的现场诊断和实验室检测。各直属局应成立重大动物疫病专家组，负责现场诊断，必要时可请系统外的专家参加工作。继续加强人禽流感检测方法、检测标准的研究，探索快捷、准确、经济的检测方法，完善检测技术。

总局定期举办高致病性禽流感检测技术培训，提高全系统检验检疫技术水平，设立检验检疫系统禽病重点实验室，按照规定开展高致病性禽流感血清学和分子生物学等检测。

（检验检疫系统的禽病重点实验室有北京、广东、山东局禽病实验室。国家禽流感参考实验室在哈尔滨兽医研究所。）

十、宣传、培训和演习

宣传要按照分工归口管理，总局及直属局要加强对高致病性禽流感的宣传管理工作，通过网站、广播、电视等新闻媒体，开展形式多样的进出境动物检验检疫法律法规、高致病性禽流感危害和防治知识的宣传与普及，正确引导舆论导向，提高全社会防疫意识。总局宣传工作由办公厅统一管理。

总局和各直属局要对参与进出境高致病性禽流感预防、应对和应急等工作的有关人员进行基础知识、防护知识、处理方法、检测方法和设备使用进行培训，并按照预案组织实战演习，以检验、改善和强化各项应急处理能力及各部门协同作战能力。

十一、国际合作

加强与世界粮农组织（FAO）、国际动物卫生组织（OIE）、世界卫生组织（WHO）以及地区性组织及有关国家的联系、配合，密切关注国际高致病性禽流感信息和动态，跟踪和掌握国际发展动向，加强技术交流与合作，及时研究制定应对措施并不断完善各种检测方法，增强对高致病性禽流感应急处置能力。

十二、奖惩与责任

各级检验检疫机构对进出境高致病性禽流感应急处置做出贡献

的单位和个人给予表彰和奖励。对不认真贯彻实施本方案，违反方案或者玩忽职守，造成疫情扩散或者传入传出，给国家财产和人民生命造成损失的，将依法追究相关人员的法律责任。

关于同意进口尼日利亚木薯干的通知

（2005年11月18日国家质检总局国质检动[2005]442号）

各直属检验检疫局：

总局与尼日利亚农业部植物检疫局已就尼日利亚木薯干输华检验检疫条件和植物检疫证书达成一致(见附件)。

自即日起，尼日利亚可按上述要求对华出口木薯干。请各局按照有关规定，做好进境尼日利亚木薯干检验检疫工作。

附件：1. 尼日利亚木薯干输华检验检疫条件

2. 尼日利亚植物检疫证书样本

附件1

尼日利亚木薯干输华检验检疫条件

一、输华木薯干须符合中国有关检验检疫法律法规要求，不带下列中方关注的检疫性有害生物：谷斑皮蠹 *Trogoderma granaruim* Everts，大谷蠹 *Prostephanus truncates* Horn，刺蒺藜草 *Cenchrus echinatus* L.。

二、在木薯干收获和加工过程中，尼方采取去皮、清杂等措施，保证输华的木薯干不带土块、有害生物、植物病残体等。

三、输华木薯干在出口前须经过熏蒸处理，熏蒸药剂不得直接施于货物表面，具体技术指标如下：

熏蒸剂	浓度	时间	温度
磷化氢	2.5 g/m^3	168 h	≥21 ℃
溴甲烷	96 g/m^3	48 h	≥21 ℃

四、输华木薯干的农药和重金属残留必须符合中国有关法律法规的要求。

五、尼日利亚官方部门须对输华木薯干进行检验检疫，合格后出具植物检疫证书。并在证书中注明：该批货物符合中国法律法规要求，不带中方关注的检疫性有害生物和土壤。

六、木薯干到达入境口岸时，中方将进行检验检疫。如果发现不符合以上要求，将对该批货物采取检疫处理、退货、销毁等措施，并视严重程度决定是否采取暂停进口的措施。

七、中方将根据进境检验检疫情况和尼日利亚植物疫情发生状况，适时开展评估审查，并调整上述检验检疫条件。

附件2

SAMPLE

ORIGINAL

Agric. 45

A №　6191

PLANT QUARANTINE SERVICE

FEDERAL DEPARTMENT OF AGRICULTURE

PHYTOSANITARY CERTIFICATE

PSC. NO.....................

TO:　National Plant Protection Organisation of ....

Description of Consignment

Name and address of exporter: ....

....

Name and address of consignee: ....

....

Name and description of Package: ....

....

Distinguishing marks: ....

Description of Plant or Plant Product or parts thereof:

....

Name of Plant (Botanical and Common)/Quantity:..

Place of Origin:..

Means of conveyance (air, sea, rail, road)

(Give particulars of vessel if known):..

Point of entry (Airport/Seaport/Land border): ....

Date of shipment:..

This is to certify that the plants, plant products or other regulated articles described herein have been inspected and / or tested according to official procedures and are considered to be free from the quarantine pests specified by the importing contracting party, including those for regulated non-quarantine pests.

Additional Declaration

....

....

Disinfestation and / or Disinfection Treatments

Date.......................... Treatment ....

Chemical (active ingredient).......................... Duration / Temperature ....

Concentration ....

Additional information..

Place of Issue..

Date of Issue ....

Name of Authorized Officer ....

Signature ....

关于中国苹果获准输往秘鲁、斐济的公告

（2005 年 12 月 7 日国家质检总局 2005 年第 174 号公告）

根据中国与秘鲁签署的《中国苹果输秘植物检疫要求的议定书》有关规定，秘鲁专家对我国苹果果园和包装厂的检验检疫管理进行了考察预检。近期，秘鲁确认，经中国出入境检验检疫机构注册的果园、包装厂生产的苹果，允许向秘鲁出口。

经质检总局与斐济检验检疫部门协商，我国的苹果、梨可以向斐济出口。

具体检验检疫要求和注册果园、包装厂名单可在国家质检总局网站上查询，或向当地出入境检验检疫机构咨询。

特此公告。

关于印发《进口大豆期货交割检验检疫监督管理要求（试行）》的通知

（2005 年 12 月 22 日国家质检总局国质检动函[2005]1004 号）

各直属检验检疫局：

为防止有害生物传入，合理引导企业进口大豆，活跃和规范大豆期货市场，总局批复大连商品交易所在大连、南通、日照、深圳 4 个口岸设立了进口大豆期货交割仓库。为规范进口大豆进出期货交割仓库的检疫监管，现将《进口大豆期货交割检验检疫监督管理要求（试行）》印发你们，请遵照执行。

附件

进口大豆期货交割检验检疫监督管理要求（试行）

为规范我国进口大豆期货交割检验检疫监督管理工作，防止疫情传入，根据《进出境动植物检疫法》及其实施条例的有关规定制定

本监管要求。本监管要求适用于经国家质检总局指定的口岸入境并通过大连商品交易所进行期货交割业务的大豆商品。

一、进口大豆期货交割库的确定

1. 设立进口大豆期货交割库的口岸,由大连商品交易所提出,经国家质检总局同意后,作为期货交割大豆指定入境口岸。

2. 在指定入境口岸所在地的仓储库点经大连商品交易所推荐,向所在地直属检验检疫局提出作为进口大豆期货交割库的申请。

3. 直属检验检疫局按“进口大豆指定期货交割仓库申请要求与程序”(附件1)进行考核。考核合格的,批准为进口大豆期货交割库。

二、进口大豆进入期货交割库

进口大豆进入期货交割库按如下要求和程序进行:

1. 用于期货交割的进口大豆应按有关规定办理《中华人民共和国进境动植物检疫许可证》。

2. 进口大豆到达口岸后须经检验检疫,合格后方可进入期货交割库。

3. 用于期货交割的进口大豆进入交割库前,货主或其代理人应填报“进口大豆期货交割入/出库联系单”(附件2)(以下简称联系单),经大连商品交易所初审,检验检疫机构核准同意后,货主或其代理人凭“联系单”到指定期货交割库办理大豆入库手续。

4. 进口大豆期货交割库根据“联系单”办理进口大豆入库手续,并及时将入库数量等有关情况向检验检疫机构报告。进入期货交割库的大豆,未经检验检疫机构允许不得调出期货交割库。

三、进口大豆调出期货交割库

进口大豆调出期货交割库按如下要求和程序进行:

1. 期货交割库的进口大豆,只能调往经检验检疫机构考核合格的大豆加工企业进行加工,否则不得出库。

2. 期货交割进口大豆在直属检验检疫局辖区内加工的,大豆加工企业应填报“联系单”,经大连商品交易所初审、检验检疫机构核准后,凭“联系单”到指定期货交割库办理大豆出库手续。

3. 期货交割进口大豆调往直属检验检疫局辖区以外加工的,大豆加工企业应向调入地直属检验检疫局申请办理“进口期货大豆准许调入通知单”（附件3），并填报“联系单”，经大连商品交易所初审、调出地检验检疫机构核准后，向指定期货交割库办理大豆出库手续。进口大豆期货交割库应及时将出库数量、流向等有关情况向所在地检验检疫机构报告。大豆调出地直属检验检疫局应及时通知调入地直属检验检疫局进行监管。

4. 对于已完成期货交易并按规定办理完交割出库手续但尚未出库的进口大豆，需要再次进行期货交易的，应重新申请办理“联系单”。

四、进口大豆期货交割库的监督管理

1. 检验检疫机构按照《出入境粮食和饲料检验检疫管理办法》等相关规定的要求，监督交割库建立防疫措施和制度，做好监管工作。

2. 检验检疫机构依法对期货交割进口大豆的装卸、运输、加工、储藏、下脚料处理等环节实施监督管理。

3. 检验检疫机构应督促大连商品交易所要求进口大豆期货交割库遵守相关的法律法规，建立有效的措施和制度，积极配合检验检疫机构的考核、检验检疫及监督管理。

五、违规处理

凡违反本办法规定的交割仓库或大豆加工企业，视其情节轻重，直属检验检疫局将予以限期整改或取消其进口大豆期货交割库资格等处理，并对情节严重者，依据有关法律法规予以处罚。

附件1

进口大豆指定期货交割仓库申请要求与程序

一、依据：

《中华人民共和国进出境动植物检疫法》及其实施条例。

二、具备条件：

1. 申请单位符合我国动植物检验检疫要求。

2. 具备符合动植物防疫和公共卫生要求的基础设施。

3. 具备完善的管理制度和防疫措施。

三、实施机关：

受理与审核机构：国家质检总局指定口岸所在地直属检验检疫局。

四、程序：

1. 申请单位应由大连商品交易所推荐，并提交相关材料（具体材料目录见附件1-1）。

2. 直属检验检疫局根据大连商品交易所推荐和申请单位提交的材料，作出受理或不予受理的决定，并按规定出具书面凭证。

3. 受理申请后，检验检疫机构对申请材料进行审查，并对申请单位进行实地考核。

4. 直属检验检疫局根据审核情况，作出是否批准作为指定期货交割仓库的决定，并及时通知申请单位和大连商品交易所。

五、审查期限：

自受理之日起20个工作日内作出是否批准作为指定期货交割仓库的决定。

附件1-1

申请单位须提交的材料目录

1. 书面申请报告；
2. 填写进口大豆指定期货交割仓库登记备案表；
3. 申请单位法人资格证明（复印件）；
4. 指定期货交割库的平面图及相关照片；
5. 出入库程序；
6. 管理制度和防疫措施。

附件 1-2

进口大豆指定期货交割仓库登记备案表

指定期货交割仓库全称______________________________

指定期货交割仓库主管部门____________________________

指定期货交割仓库注册编号____________________________

年　月　日

<table>
<tr><td>指定期货交割仓库全称</td><td colspan="3"></td></tr>
<tr><td>指定期货交割仓库主管单位</td><td></td><td>经营性质</td><td></td></tr>
<tr><td>指定期货交割仓库地址</td><td></td><td>建库时间</td><td>年　月</td></tr>
<tr><td>负责人姓名</td><td></td><td>电话
传真</td><td></td></tr>
<tr><td>指定期货交割仓库占地面积</td><td colspan="3">仓库总面积　　平方米
其中筒仓面积　　平方米
库房面积　　平方米
场地面积　　平方米</td></tr>
<tr><td>储存量</td><td colspan="3">吨　其中　筒仓　　吨
库房　　吨
场地　　吨</td></tr>
<tr><td>指定期货交割仓库人员情况</td><td colspan="3">职工人数　　名，其中保管/检验人员　　/名</td></tr>
<tr><td>保管员情况</td><td colspan="2"></td><td>电话</td></tr>
<tr><td>检验室负责人情况</td><td colspan="2"></td><td>电话</td></tr>
<tr><td>检验人员情况</td><td colspan="2"></td><td>电话</td></tr>
<tr><td>检验室设施</td><td colspan="3"></td></tr>
<tr><td>检验能力</td><td colspan="3"></td></tr>
<tr><td>备注</td><td colspan="3"></td></tr>
</table>

筒仓、库房/库棚结构	
场区地面结构	
库场周围环境	
库场区内环境	
库场运输道路	
消防设施状况	
登记检查结果	
复查检查结果	

抽查结果	年 月 日
抽查结果	年 月 日
抽查结果	年 月 日
抽查结果	年 月 日

附件 2

进口大豆期货交割入/出库联系单

编号：

<table>
<tr><td>联系事由</td><td colspan="3">1. 入库　2. 出库　3. 变现后再次入库</td></tr>
<tr><td>申请入/出库单位名称</td><td colspan="3"></td></tr>
<tr><td>申请入/出库单位地址</td><td colspan="3"></td></tr>
<tr><td>申请入/出库数量</td><td></td><td>仓库名称</td><td></td></tr>
<tr><td colspan="2">联系出入库单位联系电话：</td><td colspan="2">传真：</td></tr>
<tr><td colspan="4">大连商品交易所初审意见：

签字印章
日期　年　月　日</td></tr>
<tr><td colspan="4">直属检验检疫局审核意见：

签字印章
日期　年　月　日</td></tr>
<tr><td colspan="4">备注：1. 本联系单有效期限为 30 天、只作为办理进口大豆期货交割入/出库业务的联系单据，不能作为入/出库证明。
2. 本联系单一式五联。
第一联：出入境检验检疫机构留存。
第二联：大连商品交易所留存。
第三联：指定期货交割库留存。
第四联：申请入/出库单位留存。
第五联：加工厂留存。</td></tr>
</table>

附件 3

进口期货大豆准许调入通知单

申请单位(印章)

编号:

申请单位名称:
申请单位地址/邮编: /
联系人/电话: /
申请调入数量:
调入加工厂名称:
调入地直属检验检疫局审核意见: 年 月 日

关于启用向南非出口狗咬胶(源自猪皮、牛皮)兽医卫生证书的通知

(2006 年 1 月 27 日国家质检总局国质检动函[2006]57 号)

各直属检验检疫局:

经协商,总局已与南非农业部就中国向南非出口狗咬胶(源自猪皮、牛皮)兽医卫生证书样本(见附件,电子版可在总局内网下载)达成一致意见。自通知发布之日超,请各局严格按兽医卫生证书的要求对向南非出口的狗咬胶进行检疫并出证,确保出口产品的卫生质量。

附件:1. 中国向南非出口狗咬胶证书样本——来自牛皮

2. 中国向南非出口狗咬胶证书样本——来自猪皮

附件 1

中华人民共和国出入境检验检疫
ENTRY-EXIT INSPECTION AND QUARANTINE
OF THE PEOPLE'S REPUBLIC OF CHINA

正 本
ORIGINAL

动物卫生证书

编号 No. ________

ANIMAL HEALTH CERTIFICATE

（向南非出口源自牛皮的热处理狗咬胶）

For heat treated bone shaped bovine hides to South Africa

发货人名称及地址
Name and Address of Consignor ________

收货人名称及地址
Name and Address of Consignee ________

货物种类
Description of product ________

包装数量
Number of packaging units ________

重量
Weight ________

储存期
Storage life ________

产品来源动物种类
Product manufactured from(species) Bovine hides

唛头标记
Marking of packaging ________

生产厂商（名称、地址、注册号）
Approval number, name and address of manufacturing plant ________

检验日期
Date of Inspection ________

包装材料种类
Nature of packing ________

启运地
Place of Dispatch ________

发货日期
Date of Dispatch ________

到达国家/地区
Country/Region of Destination ________

运输工具
Means of Conveyance ________

集装箱号码
Container number ________

铅封号
Seal number ________

本签字兽医官证明上述货物
I, the undersigned official veterinarian, certify that the products described above:

来自在中国出生、饲养的动物，这些动物在兽医主管部门批准的屠宰场屠宰。

were manufactured from animals born and raised in the country of origin and were slaughtered at an establishment in the country of origin which is approved by the veterinary authorities;

来自经宰前宰后检查临床健康，无传染病症状的动物，且这些动物不是因为这疫病消灭计划而扑杀的动物。
were derived from animals which have been subjected to ante-and post-mortem examination and did not show any sign of infectious or contagious diseases and which were not slaughtered in any disease eradication campaign;

不含羊源性成分。
does not contain any material of ovine or caprine origin.

在兽医主管部门批准的加工厂生产，加工厂名称和注册号____________________，生产过程在能充分保证原料和终产品不受污染的卫生条件下进行；已采取有效措施保证微生物和卫生标准及处理效果；产品上已标注出健康证明和标识。
were manufactured at establishment name and number…………………………………………………………approved by the veterinary authorities; and takes place under adequate hygienic conditions, which preclude contamination of raw materials and finished products; and where efficient and adequate checks are carried out to ensure maintenance of microbiological and hygiene standards, and efficacy of treatment; and where appropriate health marking and identification of products are carried out;

使用兽医主管部门认可的程序进行生产，确保处理的有效性。
were manufactured using procedures approved by the veterinary authorities and were properly applied to ensure effficacy of treatment;

已经进行了充分的热处理以杀灭病原，特别是沙门氏菌和肠杆菌。在储存和检测期间按以下标准随机抽样：
have been subjected to a heat treatments sufficient to destroy pathogenic agents, especially Salmonella and Enterobacteriaceae, and random samples were taken during srorage and tested with the following standards:

沙门氏菌：

Salmonella: absence in 25 g, n=5, c=0, m=0, m=0. (free of Salmonella)

肠杆菌：

Enterobacteriaceae: n=5, c=2, m=10, M=3×10^2 in lg.

有标识证明产品来自认可的加工厂。

bear a mark proving that they come from approved establishments;

本证书有效期 60 天。

This certificate is valid for 60 days.

* * * * * * * *

印章　　签证地点 Place of Issue ____________ 签证日期 Date of Issue ________

Official Stamp

官方兽医 Official Veterinarian ________ 签　名 Signature ___________

中华人民共和国出入境检验检疫机关及其官员或代表不承担签发本证书的任何财经责任。No financial liability shall attach to the entry-exit inspection and quarantine authorities of the P. R. of China or to any officer or representative of the authorities with respect to this certificate.

附件 2

中华人民共和国出入境检验检疫
ENTRY-EXIT INSPECTION AND QUARANTINE
OF THE PEOPLE'S REPUBLIC OF CHINA

正 本
ORIGINAL

动物卫生证书

编号 No. ________

ANIMAL HEALTH CERTIFICATE

（向南非出口源自猪皮的热处理狗咬胶）

For heat treated bone shaped porcine hides to South Africa

发货人名称及地址
Name and Address of Consignor ________

收货人名称及地址
Name and Address of Consignee ________

货物种类
Description of product ________

包装数量
Number of packaging units ________

重量
Weight ________

储存期
Storage life ________

产品来源动物种类
Product manufactured from(species) Porcine hides

唛头标记
Marking of packaging ________

生产厂商（名称、地址、注册号）
Approval number, name and address of manufacturing plant ________

检验日期
Date of Inspection ________

包装材料种类
Nature of packing ________

启运地
Place of Dispatch ________

发货日期
Date of Dispatch ________

到达国家/地区
Country/Region of Destination ________

运输工具
Means of Conveyance ________

集装箱号码
Container number ________

铅封号
Seal number ________

本签字兽医官证明上述货物

I, the undersigned official veterinarian, certify that the products described above:

来自在中国出生、饲养的动物，这些动物在兽医主管部门批准的屠宰场屠宰。

were manufactured from animals born and raised in the country of origin and were slaughtered at an establishment in the country of origin which is approved by the veterinary authorities;

来自经宰前宰后检查临床健康,无传染病症状的动物,且这些动物不是因为这疫病消灭计划而扑杀的动物。
were derived from animals which have been subjected to ante-and post-mortem examination and did not show any sign of infectious or contagious diseases and which were not slaughtered in any disease eradication campaign;

不含牛、羊源性成分。
does not contain any material of bovine ,ovine or caprine origin.

在兽医主管部门批准的加工厂生产,加工厂名称和注册号____________________,生产过程在能充分保证原料和终产品不受污染的卫生条件下进行;已采取有效措施保证微生物和卫生标准及处理效果;产品上已标注出健康证明和标识。
was manufactured at establishment name and number ………………………………………………approved by the veterinary authorities;and takes place under adequate hygienic conditions,which preclude contamination of raw materials and finished products; and where efficient and adequate checks are carried out to ensure maintenance of microbiological and hygiene standards,and efficacy of treatment;and where appropriate health marking and identification of products are carried out;

使用兽医主管部门认可的程序进行生产,确保处理的有效性。
was manufactured using procedures approved by the veterinary authorities and were properly applied to ensure effficacy of treatment;

已经进行了充分的热处理以杀灭病原,特别是沙门氏菌和肠杆菌。在储存和检测期间按以下标准随机抽样:
have been subjected to a heat treatments sufficient to destroy pathogenic agents, especially Salmonella and Enterobacteriaceae, and random samples were taken during srorage and tested with the following standards:

沙门氏菌：

Salmonella: absence in 25 g, n=5, c=0, m=0, M=0. (free of Salmonella)

肠杆菌：

Enterobacteriaceae: n=5, c=2, m=10, M=3×10^2 in lg.

有标识证明证明产品来自认可的加工厂。

bear a mark proving that they come from approved establishments;

本证书有效期 60 天。

This certificate is valid for 60 days.

* * * * * * * *

印章　　签证地点 Place of Issue ____________ 签证日期 Date of Issue ________

Official Stamp

官方兽医 Official Veterinarian ________ 签　　名 Signature ____________

中华人民共和国出入境检验检疫机关及其官员或代表不承担签发本证书的任何财经责任。No financial liability shall attach to the entry-exit inspection and quarantine authorities of the P. R. of China or to any officer or representative of the authorities with respect to this certificate.

关于认可中检集团澳门有限公司对经澳门中转内地水果实施预检验的通知

（2006年1月27日国家质检总局国质检动函[2006]58号）

各直属检验检疫局：

根据《进境水果检验检疫监督管理办法》的有关规定，现就经澳门中转内地水果有关检验检疫事项通知如下：

一、经专家实地考核，总局已认可中国检验认证集团澳门有限公司对经澳门中转内地的水果在澳实施预检验。主要工作是对水果种类、产地及“三原”（原证书、原集装箱和原包装）进行确认。经确认合格的，中检集团澳门公司对集装箱加施封识（样本见附件1），出具确认证明书（样本见附件2），并及时将证书等有关信息传送给入境口岸检验检疫机构。经澳门中转内地水果是指在澳门特别行政辖区内转换运输工具进入内地的水果。

二、水果经澳门中转到达内地口岸时，各局应先核查由中检集团澳门有限公司出具的确认证明书及所注信息，以及封箱标识是否完好。核查合格后方可按有关规定实施检验检疫。

三、各局要加强与中检集团澳门有限公司的联系与沟通，确保经澳门中转内地水果的质量和安全。

附件：1. 澳门中检封识标记

2. 澳门中检动植物及动植物产品检验/确认证明书样本

附件1

封识标记

澳门中检公司每条封识都有三个标记：

1. 六位数字组成的封识号，如下图：“010064”

2. 中文标记“澳门中检”

3. 英文标记“CIMC”

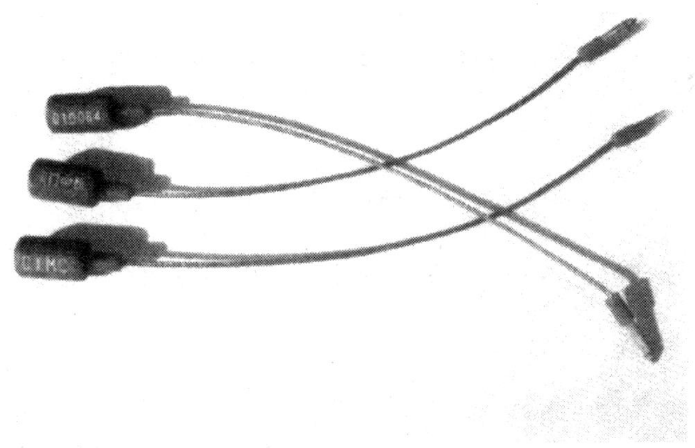

附件 2

中國檢驗認證集團澳門有限公司
CCIC MACAU COMPANY LIMITED

正本
ORIGINAL

澳門新口岸宋玉生廣場181-187號光輝商業中心4樓
電話：853-725706　傳真：853-725709

檢驗證書
CERTIFICATE

編號：
NO

日期：
Date

动植物及动植物产品检验/确认证明书

发货人（商号）：

收货人（商号）：

货物名称	原产地	原证书号	包装	数量/重量

检验日期：　　检验地点：

运输方式：　　到达口岸：

集装箱号：　　原封识号：

中检封识号：

检验结果：

证书样板

附件页数：

中國檢驗認證集團澳門有限公司
CCIC MACAU COMPANY LIMITED

说明：1.凭此证书向指运地检验检疫机构报检。
2.本证书自签发日之起7天内有效。
3.本公司仅对查验内容负责。

This certificate is given to the best of our knowledge and belief without prejudice and our intervention does not release sellers/buyers/shippers/carriers/underwriters from their contractual obligations.

0405722

关于暂停从伊拉克进口禽类及其产品的紧急通知

（2006 年 2 月 7 日国家质检总局国质检明发[2006]11 号）

各省、自治区、直辖市检验检疫局，宁波、厦门、深圳、珠海检验检疫局：

2006 年 2 月 2 日，伊拉克农业部兽医局向世界动物卫生组织(OIE)通报其境内鸡、鹅、火鸡和鸭发生 H5 亚型禽流感，估计最初感染时间为 2006 年 1 月 18 日。为防止该病传入我国，保护我国畜牧业安全、根据《中华人民共和国进出境动植物检疫法》等有关法律法规的规定，现紧急通知如下：

一、暂停直接或间接从伊拉克输入禽类及其产品，停止签发从伊拉克进口禽类及其产品的《进境动植物检疫许可证》，撤销已经签发的从伊拉克进口禽类及其产品的《进境动植物检疫许可证》。

二、2006 年 1 月 18 日(含 1 月 18 日)后启运的来自伊拉克的禽类及其产品，作退回或销毁处理。2006 年 1 月 18 日前启运的，经检测禽流感合格后放行。

三、要加强对来自伊拉克入境人员的体温检测、健康申报、医学巡查等工作，对申报或现场查验发现有发热、咳嗽、头痛、全身不适等症状的人员要仔细排查，对可疑病倒要及时送指定医疗机构进一步诊疗；对密切接触者要发放《就诊方便卡》，以便医疗机构对持有《就诊方便卡》者给予优先诊疗。

四、禁止邮寄或旅客携带来自伊拉克的禽类及其产品进境，一经发现，一律作退回或销毁处理。

五、在途经我国或在我国停留的国际航行船舶、飞机和火车等运输工具上，如发现有来自伊拉克的禽类及其产品，一律作封存处理；其交通员工自养自用的禽类，必须装入完好的笼具中；其废弃物、泔水等，一律在出入境检验检疫机构的监督下作无害化处理，不得擅自抛弃。

六、凡截获非法进境的来自伊拉克的禽类及其产品，一律在就近的出入境检验检疫机构监督下作销毁处理。

七、本通知自发布之日起执行，在执行过程中如遇问题，请及时报告总局。

关于禁止从沙特 尼日利亚进口禽类及其产品的紧急通知

（2006 年 2 月 10 日国家质检总局国质检明发[2006]12 号）

各省、自治区、直辖市检验检疫局、宁波、厦门、深圳、珠海检验检疫局：

2006 年 1 月 28 日，沙特卫生部发布公告称，沙防疫部门 1 月 24 日在对一处猎隼养育中心检查中发现 5 只隼呈 H5 型禽流感病毒阳性，进一步的确诊工作正在进行中。2006 年 2 月 6 日，尼日利亚联邦农业和农村发展部向世界动物卫生组织（OIE）通报，2006 年 1 月 10 日，尼境内一家饲养鸵鸟和鹅的商业性养殖场发生禽类死亡，现已经 OIE 参考实验室确诊为 H5N1 亚型高致病性禽流感。为防止禽流感传入我国，保护我国畜牧业安全，根据《中华人民共和国进出境动植物检疫法》等有关法律法规的规定，现紧急通知如下：

一、禁止直接或间接从沙特、尼日利亚输入禽类及其产品，停止签发从沙特、尼日利亚进口禽类及其产品的《进境动植物检疫许可证》，撤销已经签发的从沙特、尼日利亚进口禽类及其产品的《进境动植物检疫许可证》。

二、2006 年 1 月 24 日（含 1 月 24 日）后启运的来自沙特的禽类及其产品和 2006 年 1 月 10 日（含 1 月 10 日）后启运的来自尼日利亚的禽类及其产品，一律作退回或销毁处理。2006 年 1 月 24 日前启运的来自沙特的禽类及其产品和 2006 年 1 月 10 日后启运的来自尼日利亚的禽类及其产品，经禽流感检测合格后方可放行。

三、要加强对来自沙特、尼日利亚入境人员的体温检测、健康申报、医学巡查等工作,对申报或现场查验发现有发热、咳嗽、头痛、全身不适等症状的人员要仔细排查,对可疑病例要及时送指定医疗机构进一步诊疗;对密切接触者要发放《就诊方便卡》,以便医疗机构对持有《就诊方便卡》者给予优先诊疗。

四、禁止邮寄或旅客携带来自沙特、尼日利亚的禽类及其产品进境,一经发现,一律作退回或销毁处理。

五、在途经我国或在我国停留的国际航行船舶、飞机和火车等运输工具上,如发现有来自沙特、尼日利亚的禽类及其产品,一律作封存处理;其交通员工自养自用的禽类,必须装入完好的笼具中;其废弃物、泔水等,一律在出入境检验检疫机构的监督下作无害化处理,不得擅自抛弃。

六、凡截获非法进境的来自沙特、尼日利亚的禽类及其产品,一律在就近的出入境检验检疫机构监督下作销毁处理。

七、本通知自发布之日起执行 ,直至另行通知为止。

关于暂停从印度进口禽类及其产品的紧急通知

(2006 年 2 月 20 日国家质检总局国质检明发[2006]15 号)

各省、自治区、直辖市检验检疫局,宁波、厦门、深圳、珠海检验检疫局:

2006 年 2 月 18 日,印度官方部门称印度中西部一村庄农场 5 万多只鸡死亡,其中部分死鸡的样本经该国中央邦首府的实验室证实,含有 H5N1 亚型禽流感病毒。为防止禽流感传入我国,保护我国畜牧业安全,根据《中华人民共和国进出境动植物检疫法》等有关法律法规的规定,现紧急通知如下:

一、禁止直接或间接从印度输入禽类及其产品,停止签发从印度进口禽类及其产品的《进境动植物检疫许可证》,撤销已经签发的从印度进口禽类及其产品的《进境动植物检疫许可证》。

二、2006年2月18日(含2月18日)后启运的来自印度的禽类及其产品一律作退回或销毁处理。2006年2月18日前启运的来自印度的禽类及其产品,经禽流感检测合格后方可放行。

三、要加强对来自印度入境人员的体温检测、健康申报、医学巡查等工作,对申报或现场查验发现有发热、咳嗽、头痛、全身不适等症状的人员要仔细排查,对可疑病例要及时送指定医疗机构进一步诊疗;对密切接触者要发放《就诊方便卡》,以便医疗机构对持有《就诊方便卡》者给予优先诊疗。

四、禁止邮寄或旅客携带来自印度的禽类及其产品进境,一经发现,一律作退回或销毁处理。

五、在途经我国或在我国停留的国际航行船舶、飞机和火车等运输工具上,如发现有来自印度的禽类及其产品,一律作封存处理;其交通员工自养自用的禽类,必须装入完好的笼具中;其废弃物、泔水等,一律在出入境检验检疫机构的监督下作无害化处理,不得擅自抛弃。

六、凡截获非法进境的来自印度的禽类及其产品,一律在就近的出入境检验检疫机构监督下作销毁处理。

七、本通知自发布之日起执行,直至另行通知为止。

关于防止埃及口蹄疫传入的公告

(2006年2月28日农业部、国家质检总局2006年第618号公告)

2006年2月15日,埃及农业部向世界动物卫生组织(OIE)紧急报告,在其境内8个省的牛和水牛共发生了18起口蹄疫,初步诊断为A型口蹄疫,同时怀疑也存在SAT2型口蹄疫。估计最初感染时间为1月12日。为防止该病传入我国,保护我国畜牧业安全,根据《中华人民共和国进出境动植物检疫法》等有关法律法规的规定,公告如下:

一、禁止直接或间接从埃及输入偶蹄动物及其产品,停止签发从埃及进口偶蹄动物及其产品的《进境动植物检疫许可证》，撤销已经签发的从进口偶蹄动物及其产品的《进境动植物检疫许可证》。

二、2006年1月12日后启运的来自埃及的偶蹄动物及其产品，一律作退回或销毁处理。2006年1月12日前启运的来自埃及的偶蹄动物及其产品，进行口蹄疫（A型、SAT2型）检测，检验合格后方可放行。

三、禁止邮寄或旅客携带来自埃及的偶蹄动物及其产品进境。一经发现，一律作退回或销毁处理。

四、对途经我国或在我国停留的国际航行船舶、飞机和火车等运输工具，如发现有来自埃及的偶蹄动物及其产品，一律作封存处理；其废弃物、泔水等，一律在出入境检验检疫机构的监督下作无害化处理，不得擅自抛弃。

五、对海关、边防等部门截获的走私入境的来自埃及的偶蹄动物及其产品，一律在出入境检验检疫机构的监督下作销毁处理。

六、凡违反上述规定者，由出入境检验检疫机构依照《中华人民共和国进出境动植物检疫法》及其实施条例有关规定处理。

七、各出入境检验检疫机构、各级动物防疫监督机构要分别依照《中华人民共和国进出境动植物检疫法》及其实施条例和《中华人民共和国动物防疫法》的有关规定，密切配合，做好检疫、防疫和监督工作。

本公告自发布之日起执行。

关于有关国家爆发禽流感疫情的公告

（2006年3月1日农业部、国家质检总局2006年第619号公告）

近期，尼日利亚、埃及、印度、尼日尔、阿尔巴尼亚、阿塞拜疆、法国等国家相继向世界动物卫生组织（OIE）紧急报告在其境内发生H5N1亚型高致病性禽流感，伊拉克紧急报告在其境内发生H5亚型禽流感。为防止高致病性禽流感传入我国，保护我国畜牧业安全，根据《中华人民共和国进出境动植物检疫法》等有关法律法规的规定，现公告如下：

一、禁止直接或间接从尼日利亚、埃及、伊拉克、印度、尼日尔、阿尔巴尼亚、阿塞拜疆、法国等国家输入禽类及其产品，停止签发从这些国家进口禽类及其产品的《进境动植物检疫许可证》，撤销已经签发的《进境动植物检疫许可证》。

二、2006年1月10日(含1月10日)后启运的来自尼日利亚的禽类及其产品，2006年1月17日(含1月17日)后启运的来自埃及的禽类及其产品，2006年1月18日(含1月18日)后启运的来自伊拉克的禽类及其产品，2006年1月27日(含1月27日)后启运的来自印度的禽类及其产品，2006年2月13日(含2月13日)后启运的来自尼日尔的禽类及其产品，2006年2月16日(含2月16日)后启运的来自阿尔巴尼亚的禽类及其产品，2006年2月22日(含2月22日)后启运的来自阿塞拜疆的禽类及其产品，2006年2月23日(含2月23日)后启运的来自法国的禽类及其产品，一律作退回或销毁处理。

三、2006年1月10日前启运的来自尼日利亚的禽类及其产品，2006年1月17日前启运的来自埃及的禽类及其产品，2006年1月18日前启运的来自伊拉克的禽类及其产品，2006年1月27日前启运的来自印度的禽类及其产品，2006年2月13日后启运的来自尼日尔的禽类及其产品，2006年2月16日前启运的来自阿尔巴尼亚的禽类及其产品，2006年2月22日前启运的来自阿塞拜疆的禽类及其产品，2006年2月23日前启运的来自法国的禽类及其产品，经禽流感检测合格后方可放行。

四、禁止邮寄或旅客携带来自上述国家的禽类及其产品进境，一经发现，一律作退回或销毁处理。

五、在途经我国或在我国停留的国际航行船舶、飞机和火车等运输工具上，如发现有来自上述国家的禽类及其产品，一律作封存处理；其交通员工自养自用的禽类，必须装入完好的笼具中，其废弃物、泔水等，一律在出入境检验检疫机构的监督下作无害化处理，不得擅自抛弃。

六、对海关、边防等部门截获的走私入境的来自上述国家的禽类及其产品，一律在出入境检验检疫机构监督下作销毁处理。

七、凡违反上述规定者，由出入境检验检疫机构依照《中华人民共和国进出境动植物检疫法》有关规定处理。

八、各出入境检验检疫机构、各级动物防疫监督机构要分别依照《中华人民共和国进出境动植物检疫法》和《中华人民共和国动物防疫法》的有关规定，密切配合，做好检疫、防疫和监督工作。

本公告自发布之日起执行。

关于斯洛伐克 匈牙利 波黑 瑞士 格鲁吉亚 塞尔维亚发现野生候鸟感染高致病性禽流感的紧急通知

（2006 年 3 月 3 日国家质检总局国质检明发[2006]20 号）

各省、自治区、直辖市检验检疫局，宁波、厦门、深圳、珠海检验检疫局：

近日，斯洛伐克、匈牙利、波黑、瑞士、格鲁吉亚、塞尔维亚分别发现其境内野生候鸟感染 H5N1 亚型高致病性禽流感。为防止该病传入我国，保护我国畜牧业安全，根据《中华人民共和国进出境动植物检疫法》等有关法律法规的规定，现紧急通知如下：

一、禁止直接或间接从上述国家输入观赏鸟、野生鸟类及其产品，停止签发从上述国家输入观赏鸟、野生鸟类及其产品的《进境动植物检疫许可证》，撤销已经签发的从上述国家输入观赏鸟、野生鸟类及其产品《进境动植物检疫许可证》。

二、对来自上述国家的其他禽类及其产品（经等效或高于中心温度 70 ℃至少 1 分钟的处理标准加工的禽类产品除外，如熟制禽肉、禽肉骨粉、皮蛋、咸蛋、蛋粉等禽蛋制品，羽绒服、羽绒被等羽绒羽毛制品、达到国家标准（GB/T 17685—1999）的水洗羽绒羽毛、禽羽毛粉），须符合我国检疫和卫生要求，经禽流感检测合格后方可放行。

三、加强对来自上述国家入境人员的体温检测、健康申报、医学巡查等工作，对申报或现场查验发现有发热、咳嗽、头痛、全身不适等症状的人员要仔细排查，对可疑病例要及时送指定医疗机构进一步诊疗；对密切接触者要发放《就诊方便卡》，以便医疗机构对持有《就诊方便卡》者给予优先诊疗。

四、加强对来自上述国家旅客携带物、邮寄物的检查，一经发现上述国家的禽类及其产品，一律作退回或销毁处理。

五、在途经我国或在我国停留的国际航行船舶、飞机和火车等运输工具上，如发现有来自上述国家的禽类及其产品，一律作封存处理；其交通员工自养自用的禽类，必须装入完好的笼具中；其废弃物、泔水等，一律在出入境检验检疫机构的监督下作无害化处理，不得擅自抛弃。

六、凡截获非法进境的来自上述国家的禽类及其产品，一律在就近的出入境检验检疫机构监督下作销毁处理。

七、本通知自发布之日起执行，直至另行通知为止。

关于瑞典发生疯牛病的警示通报

（2006 年 3 月 17 日国家质检总局国质检动函[2006]147 号）

各直属检验检疫局：

据世界动物卫生组织（OIE）通报，证实瑞典发生疯牛病（BSE）。根据农业部和原国家出入境检验检疫局第 143 号公告，现将瑞典列入发生疯牛病国家名录。为保护我国畜牧业生产安全和人体健康，请各局认真执行第 143 号公告以及农业部和国家质检总局第 407 号公告，严防疯牛病传入我国。

关于进一步加强进境皮毛检验检疫工作的通知

（2006年3月24日国家质检总局国质检动函[2006]156号）

各直属检验检疫局：

为了防止动物传染病、寄生虫病的传入，做到科学施检、监管有效，现就进一步加强进境皮毛检验检疫有关事项通知如下：

一、要加强对进境皮毛定点加工、储存企业的考核认可和年度审核工作。要把加工企业的防疫条件和环保设施作为考核重点。加工企业的污水排放，必须符合环保部门的要求并取得相应的许可证。确保定点企业达到制度完善、管理规范、工艺先进、防疫到位、环保达标等要求。对不符合要求或整改仍达不到要求的不予办理定点或取消定点资格。

二、要加强对进境生皮、原毛的检疫审批工作。要依据总局核定的企业年加工、储存量，严格初审和核销。

三、要加强对入境皮毛的现场查验工作和加工、储存过程中的后续监管工作，严格证单审核，确保货证相符。对发现下列情况的货物要在检验检疫机构指定的场所封存，并采取相应检疫处理措施：

（一）检查发现夹带动物尸体、粪便、土壤的，须在检验检疫部门指定的场所，对夹带物及被污染的货物进行无害化处理，对货物采取能杀灭病原体的检疫除害处理方法（如高温、熏蒸等）进行处理。

（二）检疫发现并鉴定为禁止入境的危险性的杂草籽，对货物须采用有效的检疫除害处理方法（如高温、熏蒸）处理。

（三）检疫发现带有昆虫或虫卵的，对货物须采用溴甲烷或环氧乙烷等熏蒸除害处理。

（四）如无法实施有效检疫除害处理的，货物作退货或销毁处理。

四、对现场检查发现货证不符的，应按相关法规处理。对需要实施定点加工处理的皮毛产品，须在检验检疫部门批准后，运往定点企业加工。

五、进境皮毛的检验检疫项目按总局相关规定执行。进境大、中动物整张原生皮的采样:按照进境整张原生皮的总张数在1至50张,全部采样;51至100张,按进境总张数的10%采样;101至500张,按进境总张数的5%采样;501至1 000张,按进境总张数的3%采样;1 000张以上按进境总张数的1%采样。其他进境皮毛的采样一律按照《出入境动物检疫采样》GB/T 18088—2000标准执行。采样过程中,要保证样品具有代表性,要优先采集有疑似病变的部位。

六、对进境洗净毛、绒、羽毛羽绒类产品实施检验检疫时,按照《关于明确洗净毛、绒和洗净羽毛羽绒判定原则等有关问题的通知》(质检动函[2005]64号)的规定执行。对进境洗净落毛,如含油脂率、杂质单项超标,可结合生产加工工艺、现场检查和实验室检测结果等情况进行综合判定。

七、加强对企业生产、加工、储存过程的监督管理,各定点企业要建立加工档案,完整记录货物加工情况,防止未按防疫和加工工艺要求处理加工过程的废弃物和下角料;防止将入境货物中途出售或转运非定点企业加工。要加强监督检查的力度,如发现违规的,取消定点加工企业的定点加工、储存资格,并按有关规定进行处理。

八、货物入境口岸和目的地检验检疫机构应加强对转关、调离货物信息的通报与交流,建立通报、沟通机制,保证有效监管,共同做好进境皮毛的检验检疫和监督工作。

各局在执行过程中如遇问题,请及时上报总局。

联 系 人:刘金龙

联系电话:010-82261913

传　　真:010-82260156

电子邮件:liujl@aqsiq.gov.cn

关于防止喀麦隆、缅甸禽流感传入的公告

（2006年3月24日农业部、国家质检总局2006年第628号公告）

2006年3月12日，喀麦隆畜牧，渔业和动物产业部向世界动物卫生组织（OIE）通报，2月21日，喀麦隆境内三家饲养鸭的商业性养殖场发生H5N1亚型高致病性禽流感。2006年3月12日，缅甸畜牧和渔业部向世界动物卫生组织（OIE）通报，3月9日，缅甸境内一家商业性养禽场发生H5N1亚型高致病性禽流感。3月17日，以色列农业和乡村发展部向OIE紧急通报，3月16日以色列境内四家火鸡养殖场发生H5N1高致病性禽流感。3月20日，阿富汗农业、畜牧和食品部向OIE紧急通报，3月2日以来阿富汗境内发生13起H5N1高致病性禽流感。为防止高致病性禽流感传入我国，保护我国畜牧业安全，根据《中华人民共和国进出境动植物检疫法》等有关法律法规的规定，现公告如下：

一、禁止直接或间接从喀麦隆、缅甸、以色列、阿富汗输入禽类及其产品，停止签发从喀麦隆、缅甸、以色列、阿富汗进口禽类及其产品的《进境动植物检疫许可证》，撤销已经签发的从喀麦隆、缅甸、以色列、阿富汗进口禽类及其产品的《进境动植物检疫许可证》。

二、2006年2月21日（含2月21日）后启运的来自喀麦隆的禽类及其产品，2006年3月9日（含3月9日）后启运的来自缅甸的禽类及其产品，2006年3月16日（含3月16日）后启运的来自以色列的禽类及其产品，2006年3月2日（含3月2日）后启运的来自阿富汗的禽类及其产品，一律作退回或销毁处理。2006年2月21日前启运的来自喀麦隆的禽类及其产品，2006年3月9日前启运的来自缅甸的禽类及其产品，2006年3月16日前启运的来自以色列的禽类及其产品，2006年3月2日前启运的来自阿富汗的禽类及其产品，经禽流感检测合格后方可放行。

三、禁止邮寄或旅客携带来自喀麦隆、缅甸、以色列、阿富汗的

禽类及其产品进境,一经发现,一律作退回或销毁处理。

四、在途经我国或在我国停留的国际航行船舶、飞机和火车等运输工具上,如发现有来自喀麦隆、缅甸、以色列、阿富汗的禽类及其产品,一律作封存处理;其交通员工自养自用的禽类,必须装入完好的笼具中,其废弃物、泔水等,一律在出入境检验检疫机构的监督下作无害化处理,不得擅自抛弃。

五、对海关、边防等部门截获的走私入境的来自喀麦隆、缅甸、以色列、阿富汗的禽类及其产品,一律在出入境检验检疫机构监督下作销毁处理。

六、凡违反上述规定者,由出入境检验检疫机构依照《中华人民共和国进出境动植物检疫法》有关规定处理。

七、各出入境检验检疫机构、各级动物防疫监督机构要分别依照《中华人民共和国进出境动植物检疫法》和《中华人民共和国动物防疫法》的有关规定,密切配合,做好检疫,防疫和监督工作。

本公告自发布之日起执行。

关于防止约旦禽流感传入的公告

(2006 年 4 月 3 日农业部、国家质检总局 2006 年第 633 号公告)

2006 年 3 月 23 日,约旦农业部向世界动物卫生组织(OIE)通报,3 月 23 日约旦境内在家禽中发生 H5N1 亚型高致病性禽流感。为防止高致病性禽流感传入我国,保护我国畜牧业安全,根据《中华人民共和国进出境动植物检疫法》等有关法律法规的规定,现公告如下:

一、禁止直接或间接从约旦输入禽类及其产品,停止签发从约旦进口禽类及其产品的《进境动植物检疫许可证》,撤销已经签发的从约旦进口禽类及其产品的《进境动植物检疫许可证》。

二、2006 年 3 月 23 日(含 3 月 23 日)后启运的来自约旦的禽类及其产品,一律作退回或销毁处理。2006 年 3 月 23 日前启运的来自约旦的禽类及其产品,经禽流感检测合格后方可放行。

三、禁止邮寄或旅客携带来自约旦的禽类及其产品进境，一经发现，一律作退回或销毁处理。

四、在途经我国或在我国停留的国际航行船舶、飞机和火车等运输工具上，如发现有来自约旦的禽类及其产品，一律作封存处理；其交通员工自养自用的禽类，必须装入完好的笼具中，其废弃物、泔水等，一律在出入境检验检疫机构的监督下作无害化处理，不得擅自抛弃。

五、对海关、边防等部门截获的走私入境的来自约旦的禽类及其产品，一律在出入境检验检疫机构监督下作销毁处理。

六、凡违反上述规定者，由出入境检验检疫机构依照《中华人民共和国进出境动植物检疫法》有关规定处理。

七、各出入境检验检疫机构、各级动物防疫监督机构要分别依照《中华人民共和国进出境动植物检疫法》和《中华人民共和国动物防疫法》的有关规定，密切配合，做好检疫、防疫和监督工作。

本公告自发布之日起执行。

关于防止人感染高致病性禽流感的公告

（2006 年 4 月 4 日国家质检总局 2006 年第 46 号公告）

据世界卫生组织（WHO）报道，2003 年至今，出现人禽感流疫情国家增至 9 个（柬埔寨、印度尼西、泰国、越南、中国、伊拉克、土耳其、阿塞拜疆和埃及），截至 4 月 4 日，全球共有 191 人感染高致病性禽流感，其中 108 人死亡。为防止禽流感传播，保护出入境人员的健康安全，现公告如下：

一、来自发生疫情国家的人员，如有发热、咳嗽、头痛、全身不适等症状的，入境时应当向出入境检验检疫机构申报。检验检疫机构要加强对入境人员体温检测、健康申报、医学巡查等工作，对申报或现场查验发现有上述症状的人员要仔细排查，对可疑病例要发放《就诊方便卡》，持有《就诊方便卡》可得到优先诊治。

二、前往发生疫情国家的人员，可以向出入境检验检疫机构及其国际旅行卫生保健中心了解该地区的疫情，或登陆国家质检总局网站卫生检疫与旅行健康专栏查询相关信息。检验检疫机构应向出入境人员提供禽流感防治知识宣传资料，增强出入境人员的防病意识。旅行中或旅行后发现禽流感相关症状者，应立即就医，并在入境时向检验检疫机构申报。

三、出境人员应尽量避免前往有疫情发生的地区或疫点，若确需前往，建议应了解和掌握禽流感的预防方法，采取适当防护措施：要避免接触禽流感患者、染病家禽及其粪便或沾染了粪便的灰土、泥土；避免食用生的或未煮熟的禽类；在疫情爆发点、禽类养殖、销售、屠宰、加工场所要采取戴口罩等防护措施；勤洗手；对禽流感病毒可能污染的区域、物品进行消毒处理；发现有流感样症状要及时就诊。

关于印发《进出境重大植物疫情应急处置预案》的通知

（2006 年 4 月 5 日国家质检总局国质检动[2006]134 号）

各直属检验检疫局：

现将《进出境重大植物疫情应急处置预案》印发你们，请结合实际，认真贯彻执行。

进出境重大植物疫情应急处置预案

1 总则

1.1 目的

（1）预防口岸发生重大植物疫情。

（2）在进出境检验检疫工作中发现重大植物疫情时，质检系统能够在最短时间内采取有效紧急处置措施，最大限度地减少损失，保障农林业生产和生态环境安全，保护人民身体健康。

（3）在境内外发生或流行重大植物疫情时，防止通过我国口岸传出、传入。

1.2 工作原则

统一指挥，分级管理，各司其职；

快速反应，高效处置，规范有序；

整合资源，分工协作，信息共享。

1.3 编制依据

根据《中华人民共和国进出境动植物检疫法》及其实施条例、《植物检疫条例》和其他相关的法律、法规及规定。

1.4 适用范围

本预案适用于对境内外发生或流行以及进出境检验检疫工作中发现重大植物疫情的应急处置。

2 组织指挥体系及职责

2.1 组织指挥体系

进出境重大植物疫情应急指挥体系由质检总局、事发地直属出入境检验检疫局（以下简称直属局）和事发地分支出入境检验检疫机构（以下简称分支机构）三级指挥中心组成，由总局指挥中心统一领导。

2.1.1 总局指挥中心及办公室

质检总局成立总局进出境重大植物疫情应急指挥中心（简称总局指挥中心），由质检总局主要领导担任总指挥，各有关司局负责人任成员，在总指挥的统一领导下实施紧急预防和应急行动，总局指挥中心办公室设在质检总局动植物检疫监管司。

2.1.2 直属局指挥中心

直属局成立直属局进出境重大植物疫情应急指挥中心（简称直属局指挥中心），组长由直属局主要领导担任。

2.1.3 现场指挥中心

分支机构成立分支机构进出境重大植物疫情应急指挥中心（简称现场指挥中心），组长由分支机构主要领导担任。

2.2 职责分工

2.2.1 总局指挥中心

负责贯彻执行党中央、国务院关于重大植物疫情防治工作的有关指示、会议和文件精神；发布进出境重大植物疫情应急实施方案；指导各直属局指挥中心的工作，领导和指挥进出境重大植物疫情应急处置工作，采取措施对进出境植物、植物产品和其他相关货物及运输工具等实行应急防控；决定启动和终止本预案；研究确定对外口径和相关重大应急科研课题；协调各部门应对进出境重大植物疫情应急力量和相关资源；监督检查各直属局的应急处置工作。

2.2.2 总局指挥中心办公室

负责承办总局指挥中心的具体工作事宜，指导组建直属局指挥中心；收集、整理有关境内外重大植物疫情动态及相关信息，向指挥中心报告全系统进出境重大植物疫情应急工作情况。

组织起草和实施质检总局进出境重大植物疫情应急实施方案；协调本系统应对进出境重大植物疫情相关物品的配备及使用；培训本系统进出境重大植物疫情应急专业技术力量。

2.2.3 直属局指挥中心

负责组织协调有关部门实施辖区内进出境重大植物疫情应急工作；决定预案在辖区内的启动和终止；负责传达总局指挥中心下达的指令，组织落实有关实施方案；指导现场指挥中心的工作；组织、协调、调动辖区内应对进出境重大植物疫情的人力和物力资源，开展应急处置工作；随时向总局指挥中心汇报情况和提出有关工作建议。

2.2.4 现场指挥中心

具体落实上级指挥中心下达的各项指令和任务；组织、协调、配合当地政府有关部门做好各项应急工作；随时向上级指挥中心汇报有关情况，特殊情况下可直接向总局指挥中心报告情况和提出建议。

3 信息报告、疫情分析与通报、预警

3.1 信息报告

质检总局建立对涉及进出境重大植物疫情的应急报告制度和信息报告网络，通过网络系统及时向上级报告；质检总局通过网络系统及时通报情况，发布指令。

质检总局指定中国检验检疫科学研究院负责国际和全国范围内重大植物疫情信息的收集、整理、分析、上报，填写《进出境重大植物疫情信息预警表》(附件1)，在信息收集整理后1小时内报质检总局。

各直属局应指定本单位重大植物疫情信息员，负责收集、整理和上报本辖区内出入境检验检疫工作中发现的重大植物疫情信息，并在发现疫情1小时内填写《进出境重大植物疫情信息预警表》报质检总局。各直属局在疫情监测过程中，如发现疑似重大植物疫情，应在1小时内向质检总局报告，中国检验检疫科学研究院应立即派专家赴现场调查，经核实为重大植物疫情的，直属局应在确认后1小时内填写《进出境重大植物疫情信息预警表》报质检总局。在重大植物疫情严重流行时，各直属局指挥中心应当按照总局指挥中心的要求，积极参与或者协调本地区的防治工作，每日上报本地防治工作及疫情情况。

各出入境检验检疫分支机构工作中发现重大或者疑似重大植物疫情的，应当填写《进出境重大植物疫情信息预警表》，并在发现疫情1小时内将疫情逐级上报至直属局。

鼓励有关单位和个人在发现疑似重大植物疫情时向所在地检验检疫机构报告。接到报告的检验检疫机构应当依照本规定立即派专家进行核实，采取必要的控制措施，并及时报告调查情况。

疫情信息统一由质检总局对外发布。质检总局对影响严重的进出境重大植物疫情，应当及时向国务院报告，同时通报国务院有关部门和省级人民政府。

3.2 疫情分析与通报

质检总局组织分析疫情信息，确认为重大植物疫情的，向有关国家，境内外相关企业以及出入境检验检疫机构发布进出境重大植物疫情警示通报(附件2)，或者发布禁止相关植物及其产品出入境的公告。

3.2.1 重大植物疫情的确认依据

(1) 境外发生重大植物疫情以国际组织或区域性组织、各国或地区政府发布或通报的疫情信息为确认依据。

(2) 境内发生重大植物疫情以我国农业部或国家林业局发布或通报的疫情信息为确认依据。

(3) 出入境检验检疫工作中发现的重大植物疫情以质检总局发布的疫情信息为确认依据。

3.2.2 出入境检验检疫工作中发现的重大疫情确认程序

3.2.2.1 疑似重大植物疫情

由各直属局指定的实验室，根据有害生物特征及植物或植物产品被害状，按照有关标准或质检总局的鉴定检测方法进行检验，并根据检验结果确认为疑似重大植物疫情。

3.2.2.2 确认

发现疑似重大植物疫情的，事发地直属局指挥中心必须将样品送质检总局指定的实验室，由质检总局指定专家进行复核鉴定或检测，鉴定或检测结果作为重大植物疫情的确认依据。确认结果立即报质检总局和当地人民政府。

3.3 预警

进出境重大植物疫情预警分为三类：

一类(A类)：境外发生重大植物疫情时的紧急预防措施。

二类(B类)：境内发生重大植物疫情时的紧急预防措施。

三类(C类)：出入境检验检疫工作中发现重大植物疫情时的紧急预防措施。

4 应急响应

应急响应包括预案启动、处置实施和行动终止三个阶段。

发生一类(A类)疫情预警，疫情有可能传入并危害农林业生产安全、生态环境和人体健康时，质检总局会同有关部门联合发布公告或发布进出境重大植物疫情警示通报，采取紧急预防措施。

发生二类(B类)疫情预警，疫情有可能传出国境时，根据疫情范围和严重程度，质检总局配合有关部门启动相适应的紧急预防措施。

发生三类(C类)疫情预警时，质检总局或直属局根据情况启动本应急预案。

4.1 预案启动

质检总局负责启动全国范围的紧急预防、应对和应急措施；直属局负责启动本辖区内或下属分支机构辖区范围内的紧急预防、应对和应急措施。

4.2 处置实施

4.2.1 一类(A类)疫情预警时的紧急预防措施

(1) 在毗邻疫区的边境地区和入境货物主要集散地区开展疫情监测。

（2）停止签发从疫区国家或地区进口相关植物及其产品的检疫许可证，废止已经签发的有关检疫许可证。

（3）禁止直接或间接从疫区国家或地区输入相关植物及其产品；对已运抵口岸尚未办理报检手续的，一律作退运或销毁处理；对已办理报检手续，尚未放行的，应加强对相关有害生物的检测和防疫工作，经检验检疫合格后放行。

（4）禁止疫区国家或地区的相关植物及其产品过境。对已进入我国境内的来自疫区国家或地区的相关过境植物及其产品，派检验检疫人员严格监管到出境口岸。运输途中发生重大植物疫情的，立即采取除害处理或销毁措施。

（5）禁止邮寄或旅客携带来自疫区的相关植物及其产品进境。加强对旅客携带物品和邮寄物品的查验，加大对来自疫区的入境旅客携带物的抽查比例，一经发现来自疫区的相关植物及其产品，一律作销毁处理。

（6）加强对来自疫区运输工具和装载容器的检疫和防疫消毒。对途经我国或在我国停留的国际航行船舶、飞机、火车、汽车等运输工具进行检疫，如发现有来自疫区的相关植物及其产品，一律作封存处理；其交通员工种养的植物，不得带离运输工具；其废弃物、泔水等，一律在出入境检验检疫机构的监督下作无害化处理，不得擅自抛弃；对运输工具和装载容器的相关部位进行防疫消毒。

（7）加强与海关、公安边防等部门配合，打击走私进境植物或植物产品等违法活动，监督对截获来自疫区的非法入境植物及其产品的销毁处理。

（8）毗邻国家或者地区发生重大植物疫情时，根据国家或者当地人民政府的规定，配合有关部门建立有效隔离区；关闭相关植物、植物产品交易市场，停止边境地区相关植物及其产品的交易活动。

（9）当境外发生重大植物疫情并可能传入国内时，质检总局可以视情况报请国务院下令封锁有关口岸。

4.2.2 二类（B类）疫情预警时的紧急预防措施

（1）加强出口货物的查验，停止办理来自疫区和受疫情威胁区的相关植物及其产品的出口检验检疫手续。停止办理出口检验检疫手续的货物种类和疫区范围，按有关国家或地区发布的暂停我国相关植物或植物产品进口的通报和我国农业部或国家林业局发布的疫情信息执行。

(2) 对在疫区生产的出口植物、植物产品，已办理通关手续正在运输途中的应立即召回。

(3) 加强与当地农业、林业部门的联系、沟通和协调，了解疫区划分、疫情控制措施及结果、检测结果等情况，配合做好疫情控制工作。

(4) 暂停使用位于疫区的进出境相关植物隔离检疫圃。对正在使用的，按照国家有关规定处理。

(5) 加强对非疫区出口种植场、果园、包装厂的监督管理和疫情监测，加强出口前的检查，保证出口植物及其产品的安全。

(6) 相关直属局应及时向总局指挥中心办公室报告境内重大植物疫情检验检疫应对措施实施情况。

4.2.3 三类(C类)疫情预警时的紧急预防措施

4.2.3.1 在进境植物检疫过程中发现重大植物疫情时，应采取如下紧急控制措施：

(1) 质检总局会同有关部门联合发布公告或发布进境重大植物疫情警示通报。

(2) 质检总局向输出国家或地区通报发现的疫情，并要求提供疫情详细信息和采取的改进措施。

(3) 暂停办理相关植物及其产品的入境检验检疫手续，过境植物或植物产品暂停运输。

(4) 确定控制场所和控制区域。对控制场所采取封锁措施，严禁无关人员和运输工具出入控制场所。所有出入控制场所的人员和运输工具，必须经检验检疫机构批准，经严格消毒后，方可出入。

(5) 对控制场所内相关的植物及其产品，在检验检疫机构的监督指导下进行检疫除害处理。

(6) 对控制场所内所有可能感染的运载工具、用具、场地等进行严格消毒；对可能受污染的物品进行检疫除害处理；

(7) 质检总局及时将截获的重大植物疫情向农业部和国家林业

局通报，共同采取控制措施，防止疫情进一步扩散。

4.2.3.2 在实施出境植物检疫或在实施有害生物监测过程中发现重大植物疫情时，应采取如下紧急控制措施：

（1）禁止有重大植物疫情的寄主及其产品出境。根据有害生物特性，确定控制场所区域范围，并对控制场所周围一定范围内的出口植物种植场所、植物产品生产加工及储存场所进行疫情监测；对发现疫情的种植、生产、加工及储存植物和植物产品的场所，在应急处置预案终止前，暂停其生产或加工的植物及其产品出口。

（2）当疫情可能扩散时，出入境检验检疫机构应向当地农林主管部门通报疫情并配合农林部门对控制区域实施控制措施。

4.2.3.3 有关国家或地区检疫主管部门通报从我国进口的植物或植物产品中检出重大植物疫情时的应急措施。

（1）总局指挥中心组织有关专家对进口国家或地区的检验检疫结果进行确认，发布预警通报。

（2）有关检验检疫机构根据预警通报，应组织技术专家对出口植物的种植地、出口植物产品生产加工单位等进行重大植物疫情的溯源调查。

（3）经调查，发现重大植物疫情的，按4.2.3.2的要求及时启动应急措施。

4.3 行动终止

根据下列情况，总局指挥中心或有关直属局指挥中心发布进出境重大植物疫情解除通报（附件3），终止预案的实施。

（1）有关国家或地区政府主管部门和国际相关组织宣布解除重大植物疫情并经我国确认。

（2）对境内重大植物疫情，根据农业部或国家林业局发布的疫情解除通报。

（3）对检验检疫工作中发现的重大植物疫情，通过采取有关应急措施，经调查监测，确认疫情已消除时。

（4）有关国家或地区检疫主管部门通报从我国进口的植物或植物产品中检出重大疫情后，经跟踪调查和疫情监测未发现重大疫情，或通过采取有关应急措施，经调查监测，确认疫情已消除时。

4.4 安全防护

采取预防、应对和应急等措施时，工作人员应采取必要的个人防护措施，离开疫区前必须经过彻底的消毒。

5 应急保障

5.1 人员保障

进出境重大植物疫情应急指挥体系相关单位在重大植物疫情应急预案实施期间，安排人员 24 小时值班，保障信息畅通。各主要负责人员和各单位之间要保持畅通的通讯联系，保证协调一致，责任确定到人。

5.2 物资保障

质检总局和直属局建立预防、应对和应急等措施物资储备库，指定专门部门负责管理。重点储备防护用品、消毒药剂和设施、农药、熏蒸药剂及器械、检测试剂、通讯工具及运输工具等。

5.3 经费保障

质检总局和直属局每年应针对重大植物疫情的防范、监测、处置、相关技术设备的配置提供专项资金，以保障工作的顺利实施。

5.4 技术保障

质检总局建立重大植物疫情重点实验室，负责进出境重大植物疫情的鉴定、检测与确认。各直属局应加强实验室建设，配备必要的检测设备，建立或指定植物有害生物鉴定检测实验室，负责本辖区内重大植物疫情的现场检验和实验室检测。必要时可请系统外的专家参加工作。质检总局定期举办各种重大植物有害生物鉴定、检测及除害处理技术培训，提高全系统重大植物有害生物的检验检疫技术水平。

6 宣传、培训和演习

各地检验检疫机构应当通过网站、广播、电视等媒体，开展形式多样的进出境植物检验检疫法律法规和重大植物疫情的危害和防治知识的宣传与普及，提高全社会防疫意识。

质检总局和直属局要对参与进出境重大植物疫情预防、应对和应急等工作的有关人员进行基础知识、防护知识、处理方法、检测方法和设备使用进行培训，并按照预案组织实战演习，以检验、改善和强化各项应急处理能力及各部门协同作战能力。

7　附则

7.1　国际合作

加强与联合国粮农组织(FAO)、国际植物保护公约(IPPC)等相关国际组织及有关国家的联系,密切关注国际重大植物疫情信息和动态,跟踪和掌握国际发展动向,加强技术交流与合作,及时研究制定应对措施并不断完善各种检测方法,增强对重大植物疫情应急处置能力。

7.2　奖惩与责任

各级检验检疫机构对进出境重大植物疫情应急处置做出贡献的单位和个人,以及对提供疑似重大植物疫情的单位和个人给予表彰和奖励。对不认真贯彻实施本预案,违反预案或者玩忽职守,造成疫情扩散或者传入传出,给国家财产和人民生命造成损失的,将根据情节依法追究相关人员的行政或法律责任。

7.3　名词术语解释

重大植物疫情是指境外已经爆发而我国尚未分布或局部分布但得到有效控制的,有可能传入我国,或在进出境植物检验检疫工作中检出或发现的,将对农、林业生产、生态环境或人身健康造成严重危害的植物疫情。

疫区和受威胁区的概念按照国家有关规定执行。

控制场所是指实施进出境植物检验检疫的相关场所,包括种植地、加工、存储、查验等场所。

控制区域是指一旦由于控制场所管理不严,而造成疫情可能扩散的区域。

7.4　预案管理与更新

直属局应及时总结预案实施过程中发现的问题和不足,提出科学、合理的改进建议。

质检总局每年组织有关专家对重大植物疫情应急预案进行评审,及时修改和更新本预案。

7.5　制定与解释部门

本预案由质检总局制定并负责解释。

7.6　施行时间

本预案从发布之日起施行。

附件 1

进出境重大植物疫情信息预警表

报告单位：　　　　　　　　　　　　　　　　报告时间：

编号：

<table>
<tr><td colspan="2">重大植物疫情种类</td><td colspan="5"></td></tr>
<tr><td colspan="2">信息来源</td><td colspan="5">□IPPC　□FAO　□区域性组织或有关国家或地方政府机构；
□农业部　□国家林业局
□检验检疫</td></tr>
<tr><td colspan="2">信息发布方式</td><td colspan="5">□官方网站　□公告　□其他：</td></tr>
<tr><td rowspan="10">信息具体内容</td><td colspan="6">□随附信息原文及译文</td></tr>
<tr><td colspan="6">□检验检疫情况</td></tr>
<tr><td>检疫类别</td><td colspan="5">□出境检疫　□进境检疫　□过境检疫　□疫情监测
□其他：随附有关说明</td></tr>
<tr><td>报检单号</td><td></td><td>货物种类</td><td></td><td>报检数量</td><td></td></tr>
<tr><td>报检单位</td><td colspan="3"></td><td>输入/出国家/地区</td><td></td></tr>
<tr><td>样品种类/数量</td><td colspan="3"></td><td></td><td></td></tr>
<tr><td rowspan="2">检疫方法</td><td colspan="5">现场检疫</td></tr>
<tr><td colspan="5">实验室检验</td></tr>
<tr><td>检测结果</td><td colspan="5">□疑似　□确认</td></tr>
<tr><td>处理意见</td><td colspan="5"></td></tr>
<tr><td colspan="2">填报人：</td><td colspan="5" rowspan="3">签报人：
（单位盖章）
年　月　日</td></tr>
<tr><td colspan="2">电话：</td></tr>
<tr><td colspan="2">传真：</td></tr>
</table>

备注：1. 编号原则：直属局代码＋年代后两位数＋三位数流水号。

2. IPPC：国际植物保护公约，FAO：联合国粮农组织。

3. 本表应随附有关内容的原始材料、检测鉴定报告等。

附件 2

进出境重大植物疫情警示通报表

编号：

<table>
<tr><td>发布单位</td><td>质检总局或直属检验检疫局</td><td>发布时间</td><td></td></tr>
<tr><td>发往单位</td><td colspan="3">各直属检验检疫局或分支局</td></tr>
<tr><td>疫情种类</td><td colspan="3"></td></tr>
<tr><td>通报内容</td><td colspan="3">通报疫情信息来源，启动《进出境重大植物疫情应急处置预案》，提出对检验检疫机构的要求。</td></tr>
<tr><td colspan="2">填报人：</td><td colspan="2" rowspan="4">签发人：

（单位盖章）
年　月　日</td></tr>
<tr><td colspan="2">核报人：</td></tr>
<tr><td colspan="2">电话：</td></tr>
<tr><td colspan="2">传真：</td></tr>
</table>

备注：编号原则：CIQYQTB＋年度后两位数＋三位数流水号。

附件 3

进出境重大植物疫情解除通报表

编号：

<table>
<tr><td>发布单位</td><td>质检总局或直属检验检疫局</td><td>发布时间</td><td></td></tr>
<tr><td>发往单位</td><td colspan="3">各直属检验检疫局或分支局</td></tr>
<tr><td>疫情种类</td><td colspan="3"></td></tr>
<tr><td>通报内容</td><td colspan="3">通报疫情解除的根据，终止《进出境重大植物疫情应急处置预案》。</td></tr>
<tr><td colspan="2">填报人：</td><td colspan="2" rowspan="4">签发人：

（单位盖章）
年　月　日</td></tr>
<tr><td colspan="2">核报人：</td></tr>
<tr><td colspan="2">电话：</td></tr>
<tr><td colspan="2">传真：</td></tr>
</table>

备注：编号原则：CIQYQJCTB+年度后两位数+三位数流水号。

关于捷克 英国发现野生禽鸟感染高致病性禽流感的紧急通知

（2006年4月14日国家质检总局国质检动函[2006]201号）

各直属检验检疫局：

近日获悉，捷克、英国分别在其境内死亡天鹅体内检出H5N1亚型高致病性禽流感病毒。为防止该病传入我国，保护我国畜牧业安全，根据《中华人民共和国进出境动植物检疫法》等有关法律法规的规定，现紧急通知如下：

一、禁止直接或间接从捷克、英国输入观赏鸟、野生鸟类及其产品，停止签发从捷克、英国输入观赏鸟、野生鸟类及其产品的《进境动植物检疫许可证》，撤销已经签发的从捷克、英国输入观赏鸟、野生鸟类及其产品《进境动植物检疫许可证》。

二、2006年3月20日（含3月20日）后启运的来自捷克的观赏鸟、野生鸟类及其产品，2006年3月30日（含3月30日）后启运的来自英国的观赏鸟、野生鸟类及其产品，一律作退回或销毁处理。2006年3月20日前启运的来自捷克的禽类及其产品，2006年3月30日前启运的来自英国的禽类及其产品，须按进口检疫要求经禽流感检测合格后方可放行。

三、对来自捷克、英国的家禽及其产品（经等效或高于中心温度70℃至少1分钟的处理标准加工的禽类产品除外，如禽肉骨粉、皮蛋、咸蛋、蛋粉等禽蛋制品，羽绒服、羽绒被等羽绒羽毛制品、达到国家标准（GB/T 17685—1999）的水洗羽绒羽毛、禽羽毛粉），经禽流感检测合格后方可放行。

四、加强对来自捷克、英国入境人员的体温检测、健康申报、医学巡查等工作，对申报或现场查验发现有发热、咳嗽、头痛、全身不适等症状的人员要仔细排查，对可疑病例要及时送指定医疗机构进一步诊疗；对密切接触者要发放《就诊方便卡》，以便医疗机构对持有

《就诊方便卡》者给予优先诊疗。

五、加强对来自捷克、英国旅客携带物、邮寄物的检查，发现捷克的禽类及其产品的，一律作退回或销毁处理。

六、在途经我国或在我国停留的国际航行船舶、飞机和火车等运输工具上，如发现有来自捷克、英国的禽类及其产品，一律作封存处理；其交通员工自养自用的禽类，必须装入完好的笼具中；其废弃物、泔水等，一律在出入境检验检疫机构的监督下作无害化处理，不得擅自抛弃。

七、凡截获非法进境的来自捷克、英国的禽类及其产品，一律在就近的出入境检验检疫机构监督下销毁处理。

八、本通知自发布之日起执行，废止时间另行通知。

关于布基纳法索 德国发生高致病性禽流感的公告

（2006年4月19日农业部、国家质检总局2006年第639号公告）

2006年4月3日，布基纳法索动物资源部向世界动物卫生组织（OIE）通报，3月1日布基纳法索境内在家禽中发生H5N1亚型高致病性禽流感。2006年4月6日，德国食品、农业和消费者权益保护部向世界动物卫生组织通报，4月5日德国境内一家火鸡养殖场发生H5N1亚型高致病性禽流感。为防止高致病性禽流感传入我国，保护我国畜牧业安全，根据《中华人民共和国进出境动植物检疫法》等有关法律法规的规定，现公告如下：

一、禁止直接或间接从布基纳法索、德国输入禽类及其产品，停止签发从布基纳法索、德国进口禽类及其产品的《进境动植物检疫许可证》，撤销已经签发的从布基纳法索、德国进口禽类及其产品的《进境动植物检疫许可证》。

二、2006年3月1日（含3月1日）后启运的来自布基纳法索的禽类及其产品,2006 年 4 月 5 日(含 4 月 5 日)后启运的来自德国的禽类及其产品,一律作退回或销毁处理。2006 年 3 月 1 日前启运的来自布基纳法索的禽类及其产品,2006 年 4 月 5 日前启运的来自德国的禽类及其产品,经禽流感检测合格后方可放行。

三、禁止邮寄或旅客携带来自布基纳法索、德国的禽类及其产品进境,一经发现,一律作退回或销毁处理。

四、在途经我国或在我国停留的国际航行船舶、飞机和火车等运输工具上,如发现有来自布基纳法索、德国的禽类及其产品,一律作封存处理;其交通员工自养自用的禽类,必须装入完好的笼具中,其废弃物、泔水等,一律在出入境检验检疫机构的监督下作无害化处理,不得擅自抛弃。

五、对海关、边防等部门截获的走私入境的来自布基纳法索、德国的禽类及其产品,一律在出入境检验检疫机构监督下作销毁处理。

六、凡违反上述规定者,由出入境检验检疫机构依照《中华人民共和国进出境动植物检疫法》有关规定处理。

七、各出入境检验检疫机构、各级动物防疫监督机构要分别依照《中华人民共和国进出境动植物检疫法》和《中华人民共和国动物防疫法》的有关规定,密切配合,做好检疫、防疫和监督工作。

本公告自发布之日起执行。

关于对英国新城疫解禁的公告

(2006 年 4 月 19 日农业部、国家质检总局 2006 年第 640 号公告)

鉴于英国已符合世界动物卫生组织(OIE)关于无新城疫国家的要求,自本公告发布之日起,允许从英国进口符合中国相关法律法规规定的有关禽类及其产品。但须履行必要的检验检疫准入程序。进口的有关动物产品应是在本公告发布日之后生产加工的。

农业部与国家质量监督检验检疫总局联合公告第 526 号同时废止。

关于扩大台湾水果、蔬菜和水产品准入种类的公告

（2006 年 4 月 19 日国家质检总局 2006 年第 58 号公告）

根据有关法律法规的规定，自 2006 年 5 月 1 日起，允许产自台湾地区进入大陆的水果种类从 18 种增加到 22 种，具体包括：菠萝、香蕉、番荔枝、木瓜、杨桃、芒果、番石榴、莲雾、槟榔、橘、柚、枣、椰子、枇杷、梅、李、柿子、桃、柠檬、橙、火龙果、哈密瓜；允许产自台湾地区的蔬菜 11 种进入大陆，具体种类为：莴苣、丝瓜、清江菜、小白菜、苦瓜、芋头、甘蓝、花椰菜、胡萝卜、洋葱、山葵；允许来自台湾渔船自捕的水产品输往福建，参照大陆自捕渔船做法，凭公海自捕鱼许可证、贸易合同、发票等资料向检验检疫部门报检，不再要求提供台湾主管部门出具的卫生证书。

特此公告。

关于允许美国水果从深圳蛇口、盐田港入境的通知

（2006 年 4 月 29 日国家质检总局国质检动函[2006]259 号）

深圳检验检疫局：

经中美双方协商，自 2006 年 5 月 1 日起，增加深圳蛇口港和盐田港两个海运口岸作为已获得检疫准入的美国水果（柑橘、葡萄、苹果、樱桃、李子）的入境口岸。为确保进境美国水果检验检疫质量和安全，现就有关要求通知如下：

一、请你局对此事予以高度重视，在蛇口、盐田局配备水果检验

检疫技术力量，组织有关业务人员，认真研究上述美国水果输华检疫议定书，明确进境检验检疫要求，并做好现场查验及实验室检测准备工作。

二、严格按照进境水果检验检疫操作规程对进境美国水果实施检验检疫，经检验检疫不合格的，要按照有关规定进行处理，并保留现场及实验室检疫相关图像记录。

三、请将有关情况通知相关水果进出口企业。

执行中若发现问题，请及时向总局报告。

关于科特迪瓦发生高致病性禽流感的公告

（2006 年 5 月 15 日农业部、国家质检总局 2006 年第 648 号公告）

2006 年 4 月 25 日，科特迪瓦向世界动物卫生组织（OIE）紧急报告，3 月 30 日在阿比让发生 H5N1 亚型高致病性禽流感。为防止高致病性禽流感传入我国，保护我国畜牧业安全，根据《中华人民共和国进出境动植物检疫法》等有关法律法规的规定，现公告如下：

一、禁止直接或间接从科特迪瓦输入禽类及其产品，停止签发从科特迪瓦进口禽类及其产品的《进境动植物检疫许可证》，撤销已经签发的《进境动植物检疫许可证》。

二、2006 年 3 月 30 日（含 3 月 30 日）后启运的来自科特迪瓦的禽类及其产品，一律作退回或销毁处理。2006 年 3 月 30 日前启运的来自科特迪瓦的禽类及其产品，经禽流感病毒检测合格后方可放行。

三、禁止邮寄或旅客携带来自科特迪瓦的禽类及其产品进境，一经发现，一律作退回或销毁处理。

四、在途经我国或在我国停留的国际航行船舶、飞机和火车等运输工具上，如发现有来自科特迪瓦的禽类及其产品，一律作封存处理;其交通员工自养自用的禽类,必须装入完好的笼具中,其废弃物、泔水等,一律在出入境检验检疫机构的监督下作无害化处理,不得擅自抛弃。

五、对海关、边防等部门截获的非法入境的来自科特迪瓦的禽类及其产品,一律在出入境检验检疫机构监督下作销毁处理。

六、凡违反上述规定者,由出入境检验检疫机构依照《中华人民共和国进出境动植物检疫法》有关规定处理。

七、各出入境检验检疫机构、各级动物防疫监督机构要分别依照《中华人民共和国进出境动植物检疫法》和《中华人民共和国动物防疫法》的有关规定,密切配合,做好检疫、防疫和监督工作。

本公告自发布之日起执行。

关于英国发生H7N3亚型低致病性禽流感疫情的紧急通知

(2006年5月17日国家质检总局国质检动函[2006]297号)

各直属检验检疫局:

2006年4月29日,英国向世界动物卫生组织(OIE)通报,诺福克郡一家农场4月20日出现禽流感疫情,4月28日确诊为H7N3亚型低致病性禽流感疫情。为防止该病传入我国,保护我国畜牧业安全,根据《中华人民共和国进出境动植物检疫法》等有关法律法规的规定,现紧急通知如下:

一、停止签发从英国诺福克郡进口禽类及其产品的《进境动植物检疫许可证》,撤销已经签发的从英国诺福克郡进口禽类及其产品的《进境动植物检疫许可证》。

二、2006年4月20日(含4月20日)后启运的来自英国诺福克郡的禽类及其产品,一律作退回或销毁处理。2006年4月20日前启运的来自英国诺福克郡的禽类及其产品，经禽流感病毒检测合格后方可放行。

三、禁止邮寄或旅客携带来自英国诺福克郡的禽类及其产品进境，一经发现，一律作退回或销毁处理。

四、在途经我国或在我国停留的国际航行船舶、飞机和火车等运输工具上，如发现有来自英国诺福克郡的禽类及其产品，一律作封存处理；其交通员工自养自用的禽类，必须装入完好的笼具中，对废弃物、泔水等，一律在出入境检验检疫机构的监督下作无害化处理，不得擅自抛弃。

五、对海关、边防等部门截获的非法入境的来自英国诺福克郡的禽类及其产品，一律在出入境检验检疫机构监督下作销毁处理。

六、凡违反上述规定者，由出入境检验检疫机构依照《中华人民共和国进出境动植物检疫法》有关规定处理。

本通知自发布之日起执行，废止时间另行通知。

关于严防越南、缅甸口蹄疫传入我国的紧急通知

（2006 年 5 月 17 日国家质检总局国质检动函[2006]301 号）

各直属检验检疫局：

据有关方面消息，2005 年越南 37 个省发生口蹄疫，病死家畜达 3 万多头。2006 年以来，越南前江、隆安两省发现口蹄疫疑似病例。4 月 20 日，林同省发生口蹄疫疫情，截至 4 月 25 日，该省已有 3 586 头家畜被感染。越南南部、中部和北部多个省先后发生口蹄疫，疫情有进一步向全国蔓延的趋势。越兽医部门初步认定此次疫情是由 A 型口蹄疫病毒引起。越南在历史上发生过 O 型、亚洲 I 型和 A 型 3 个亚型的口蹄疫。最近，缅甸北部掸邦第一特区果敢县东

山区石园子和户板市一带发生口蹄疫疫情，疫点距我国清水河口岸和芒卡口岸20公里左右。

为防止越南、缅甸口蹄疫疫情传入我国，保护我国畜牧业安全，根据《中华人民共和国进出境动植物检疫法》等有关法律法规的规定，现紧急通知如下：

一、禁止直接或间接从越南、缅甸输入偶蹄动物及其产品。

二、禁止邮寄或旅客携带来自越南和缅甸的偶蹄动物及其产品进境，一经发现，一律作退回或销毁处理。

三、在途经我国或在我国停留的国际航行船舶、飞机和火车等运输工具上，如发现有来自越南和缅甸偶蹄动物及其产品，一律作封存处理，对废弃物、泔水等，一律在出入境检验检疫机构的监督下作无害化处理，不得擅自抛弃。

四、对海关、边防等部门截获的非法入境的来自越南和缅甸偶蹄动物及其产品，一律在出入境检验检疫机构监督下作销毁处理。

五、云南、广西检验检疫局要继续密切关注越南、缅甸口蹄疫动态，及时将有关情况上报总局，并加大对来自越南、缅甸的进境货物、运输工具、旅客携带物品、邮寄物品的监管力度，加严查验。要与海关、公安、农业、商务、工商等部门密切协作，加强对偶蹄动物源性产品加工企业、集贸市场、冷库和边境贸易、边民互市、边民携带物的监督管理，加强边境地区的疫情监测，配合做好建立免疫隔离带工作，严厉打击非法进口活动。

六、凡违反上述规定者，由出入境检验检疫机构依照《中华人民共和国进出境动植物检疫法》有关规定处理。

本通知自发布之日起执行，废止时间另行通知。

关于印发阿根廷输华非人类食用鱼粉鱼油兽医卫生证书样本的通知

（2006年5月22日国家质检总局国质检动函[2006]309号）

各直属检验检疫局：

总局已与阿根廷共和国农业与食品卫生质量局就阿根廷输华非人类食用鱼粉鱼油的兽医卫生证书的内容和格式达成了一致，证书样本见附件。

阿根廷输华非人类食用鱼粉鱼油必须随附该兽医卫生证书，请依照证书样本做好口岸核查工作。

附件：阿根廷输华非人类食用鱼粉鱼油卫生证书样本

附件

REPÚBLICA POPULAR CHINA

REPUBLICA ARGENTINA
ARGENTINE REPUBLIC
SECRETARIA DE AGRICULTURA, GANADERIA, PESCA Y ALIMENTACION
SECRETARIAT OF AGRICULTURE, LIVESTOCK, FISHERIES AND FOOD
SERVICIO NACIONAL DE SANIDAD Y CALIDAD AGROALIMENTARIA
NATIONAL SERVICE FOR AGRIFOOD HEALTH AND QUALITY
CERTIFICADO SANITARIO
HEALTH CERTIFICATE

Para la exportación de HARINAS Y ACEITES DE PESCADO
To export FISH MEAL AND FISH OIL

País exportador: **REPÚBLICA ARGENTINA**
Exporting country: **ARGENTINA REPUBLIC**

País importador: **REPÚBLICA POPULAR CHINA**
Importing country: **PEOPLE´S REPUBLIC OF CHINA**

I. IDENTIFICACIÓN DE LA MERCADERÍA
I. IDENTIFICATION OF MERCHANDISE

Naturaleza de la proteína/producto procesado:
Nature of the processed protein or product:
(especie) (species)

Naturaleza del embalaje
Nature of packaging:

Número de paquetes
Number of packages:

Peso Neto
Net weight:

Nro. de referencia del lote de producción
Batch production reference number:

II. ORIGEN DE LA MERCADERIA
II. ORIGIN OF MERCHANDISE

Nombre, dirección y número oficial del establecimiento autorizado de origen y depósito:
Name, address and official number of the approved establishment of origin and store:

III. DESTINO DE LA MERCADERÍA
III. DESTINATION OF MERCHANDISE

El producto será enviado desde:
The product will be sent from:
(lugar de carça)(place of loading)

Hasta / To:
(pais y lugar de destino) (country and place of destination)

Por el medio de transporte:
By the following means of transport:
(nº de vuelo o nombre de la embarcación) (the flight number or the name of ship)

Nº contenedor:
Container No.:

Precinto Nº
Seal No.

Nombre y dirección del exportador
Name and address of consignor:

Nombre y dirección del destinatario
Name and address of consignee:

IV. DECLARACIÓN CERTIFICACIÓN SANITARIA

IV. DECLARATION ATTESTATION OF HEALTH

El veterinario oficial, abajo firmante, certifica que las harinas/aceites de pescado:
The official veterinarian, below signatory, it certifies that the fishmeal/ fishoil:

1.Han sido elaboradas en establecimientos habilitados por el SENASA para exportar que cuentan con Servicio Veterinario Oficial permanente.
1.Has been elaborated in establishments enabled by the SENASA to export that they have permanent Official Veterinary Service.

2.Han sido producidas en plantas habilitadas exclusivamente para la producción de harinas/aceites de pescado y en las cuales no se utilizó materia prima de ningún otro animal que no sea pescado.
2.Has been produced in processing plants exclusively authorized to fish meal/fish oil production, and where no material of animal origin other that fish has been used.

3.Han sido elaboradas con temperaturas superiores a los 100ºC durante al menos 15 minutos y por lo tanto no son vehiculizadoras de enfermedades infecto-contagiosas.
3.Has been treated with temperatures over 100.°C, for more than 15 minutes and therefore it is not carrier of contagious diseases

4.Han sido elaboradas a partir de materias primas de animales capturados en las zonas de pesca de la República Argentina.
4. Have been prepared with raw material obtained from animals that have been captured at fishing zones in Argentina Republic

5.No presentan sustancias que puedan ser tóxicas si se destinan a consumo animal.
5.They do not present substances that can be toxic if they are dedicated to consumption animal.

6. Los análisis microbiológicos demuestran ausencia de Salmonella en 25 gr y la concentración máxima de hongos es menor de $3x10^3$ ufc/g.
6.The microbiological tests demonstrate absence of Salmonella in 25 gr. and the mould is less than $3x10^3$ cfu/g)

7.Han sido elaboradas exclusivamente con pescado
7.They have been elaborated exclusively with fish

8.No son aptas para consumo humano
8.They are unfit for human consumption

9. Se han acondicionado en envases nuevos de primer uso.
9. *They have been packed in first use containers*

10.Para su transporte, fueron colocadas en un contenedcr adecuado que ha sido lavado y desinfectado con productos autorizados por SENASA.
10. *They have been containerized in a suitable packing material, which have been washed and disinfected with SENASA-approved products for transport.*

Hecho en: .... el..........................
Done at: on

Firma del veterinario oficial
Signature of the Official Veterinarian

Sello oficial
Official seal

SERVICIO NACIONAL DE SANIDAD
Y CALIDAD AGROALIMENTARIA

关于博茨瓦纳发生口蹄疫的公告

（2006年5月24日农业部、国家质检总局2006年第651号公告）

2006年5月4日，博茨瓦纳农业部向世界动物卫生组织（OIE）通报，博茨瓦纳 Selibe Phikwe 地区发生南非2型口蹄疫，感染牛187头，最初感染时间为4月11日。为防止博茨瓦纳口蹄疫疫情传入我国，保护我国畜牧业安全，根据《中华人民共和国进出境动植物检疫法》等有关法律法规的规定，公告如下：

一、禁止直接或间接从博茨瓦纳输入偶蹄动物及其产品，停止签发从博茨瓦纳进口偶蹄动物及其产品的《进境动植物检疫许可证》，撤销已经签发的从博茨瓦纳进口偶蹄动物及其产品的《进境动植物检疫许可证》。

二、2006年4月11(含4月11)日后启运的来自博茨瓦纳的进口偶蹄动物及其产品，一律作退回或销毁处理。2006年4月11日前启运的来自博茨瓦纳的偶蹄动物及其产品，进行口蹄疫病毒（南非2型）检测，检验合格后方可放行。

三、禁止邮寄或旅客携带来自博茨瓦纳的偶蹄动物及其产品进境。一经发现，一律作退回或销毁处理。

四、对途经我国或在我国停留的国际航行船舶、飞机和火车等运输工具，如发现有来自博茨瓦纳的偶蹄动物及其产品，一律作封存处理，对废弃物、泔水等，一律在出入境检验检疫机构的监督下作无害化处理，不得擅自抛弃。

五、对海关、边防等部门截获的非法入境的来自博茨瓦纳的偶蹄动物及其产品，一律在出入境检验检疫机构的监督下作销毁处理。

六、凡违反上述规定者，由出入境检验检疫机构依照《中华人民共和国进出境动植物检疫法》及其实施条例有关规定处理。

七、各出入境检验检疫机构、各级动物防疫监督机构要分别依照《中华人民共和国进出境动植物检疫法》及其实施条例和《中华人民共和国动物防疫法》的有关规定，密切配合，做好检疫、防疫和监督工作。

本公告自发布之日起执行。

关于同意进口法国水洗羽绒羽毛和宠物食品及接受相关卫生证书的通知

（2006 年 6 月 7 日国家质检总局国质检动函[2006]363 号）

各直属检验检疫局：

2005 年 8 月至 11 月法国 3 个省发生新城疫，2006 年 2 月 23 日法国又发生高致病性禽流感，总局与农业部先后发布联合公告禁止进口法国禽类及其产品。鉴于适当的加工工艺可有效杀灭禽流感、新城疫等病毒，现总局与法国农业食品渔业和乡村事务部已就法国输华宠物食品和水洗羽绒羽毛等热加工处理产品的检疫要求和启用新版卫生证书达成一致意见（证书样本见附件，实际贸易时证书将盖有样本证书印章中的任意一个），同意从法国进口水洗羽绒羽毛，同意从已注册的法国企业进口宠物食品（目前仅注册 ROYALCANIN 一家公司）。总局 2005 年下发的《关于法国对华出口宠物食品卫生证书问题的通知》（质检动函[2005]125 号）所附宠物食品证书同时废止。

自本通知发布之日起，请各地检验检疫机构开始受理上述两种产品进境动植物检疫许可证的申办和进境报检，货物入境时对随附证书进行核查。

附件：1.《法国向中国出口羽绒羽毛卫生证书》样本

2.《法国向中国出口宠物食品卫生证书》

附件1

ORIGINAL O DUPLICATA O Nombre total de duplicatas délivrés / 官方发出副本总数:

<table>
<tr><td rowspan="2">Nom et adresse de l'expéditeur / 发货人名称和地址：</td><td>Certificat N° / 证书号：</td></tr>
<tr><td rowspan="2">**REPUBLIQUE FRANÇAISE**
MINISTERE DE L'AGRICULTURE ET DE LA PECHE
Certificat Sanitaire pour l'exportation de plumes et duvets vers la République Populaire de CHINE
法国农业及渔业部
向中国出口羽毛和羽绒卫生证书</td></tr>
<tr><td>Nom et adresse de l'établissement de traitement / 加工企业名称和地址：</td></tr>
<tr><td rowspan="2">Nom et adresse du destinataire / 收货人名称和地址：</td><td>Services vétérinaires de / 当地兽医部门：</td></tr>
<tr><td>Lieu d'expédition / 发货地：</td></tr>
<tr><td>Identification du moyen de transport / 运输方式：</td><td>Lieu de destination / 目的地：</td></tr>
<tr><td colspan="2">IDENTIFICATION DES PRODUITS / 产品详情
- Désignation de la marchandise / 产品名称：
……………………………………………………
- Nature de l'emballage / 包装方式：
……………………………………………………
- Quantité / 数量
……………………………………………………
- Poids net / 净重：……………………………………………………</td></tr>
</table>

ATTESTATION SANITAIRE / 卫生证明

1. Les plumes et duvets ont été lavés avec un détergent et rincés à l'eau pendant au moins une heure.
   羽毛和羽绒经去污剂洗涤并在水中漂洗至少一小时。

2. L'établissement de transformation n'est pas situé dans une zone soumise à restriction en raison de l'IAHP ou de la maladie de Newcastle.
   加工企业位于禽流感、新城疫非疫区。

3. Les plumes et duvets ont subi une stérilisation à plus de 100 degrés Celsius pendant au moins 25 minutes.
   羽毛和羽绒经至少 100℃高温消毒至少 25 分钟。

4. Après stérilisation, les plumes et les duvets ont été manipulés et conditionnés dans du matériel neuf ou stérilisé et n'ont pas été mis en contact avec d'autres produits de façon à éviter toute recontamination ou tout endommagement de l'emballage.
   消毒后的羽毛和羽绒用新的或消毒过的包装材料包装，且没有与任何其他产品接触，以避免产品被污染和产品包装破损。

Je soussigné vétérinaire officiel certifie que les plumes et duvets décrits ci-dessus remplissent les conditions sanitaires précédemment citées. 我，官方兽医，证明上述羽毛和羽绒符合前面所附的兽医卫生条件。 Lieu / 地点 …………………………　　Date / 日期 …………… Signature et cachet personnel du vétérinaire officiel* *官方兽医的签字和个人名章**	Cachet officiel* / 官方印章 SERVICES VETERINAIRES - NAME OF DEPARTEMENT REPUBLIQUE FRANCAISE - MINISTERE DE L'AGRICULTURE - DIRECTION DES SERVICES VETERINAIRES N°

* Le cachet officiel et la signature du vétérinaire officiel doivent être reportés sur chacun des feuillets séparés ; la couleur doit être différente de celle de l'impression.

* 官方印章和官方兽医签字应出现在证书的每一页；颜色应区别于印刷的颜色。

CN PEP MAI 06　　1/1

附件2

ORIGINAL O DUPLICATA O Nombre total de duplicatas délivrés / 官方发出副本总数:

<table>
<tr><td rowspan="2">Nom et adresse de l'expéditeur / 发货人名称和地址：</td><td>Certificat N°/ 证书号：</td></tr>
<tr><td>REPUBLIQUE FRANÇAISE
MINISTERE DE L'AGRICULTURE ET DE LA PECHE
Certificat Sanitaire pour l'exportation de petfoods
vers la République Populaire de CHINE
法国农业及渔业部
向中国出口宠物食品卫生证书</td></tr>
<tr><td rowspan="2">Nom et adresse du destinataire / 收货人名称和地址：</td><td>Services vétérinaires de / 当地兽医部门：</td></tr>
<tr><td>Lieu d'expédition / 发货地</td></tr>
<tr><td>Identification du moyen de transport / 运输方式：</td><td>Lieu de destination / 目的地:</td></tr>
<tr><td colspan="2">IDENTIFICATION DES PRODUITS / 产品详情
- Type(s) de produit(s) et technique(s) de traitement thermique(s) / 产品种类和热处理工艺:
……………………………………………………
……………………………………………………
……………………………………………………
……………………………………………………
……………………………………………………</td></tr>
</table>

- Nature de l'emballage / 包装方式 : ……………………………………………………………

- Quantité / 数量 : ……………………………………………………………

- Poids net / 净重 : ……………………………………………………………

PROVENANCE DES PRODUITS / 产地

- Numéro(s) d'agrément(s) sanitaire(s) de(s) établissement(s) d'origine / 产品生产企业的卫生批准号:

……………………………………………………………

Je soussigné vétérinaire officiel certifie que les petfoods décrits ci-dessus remplissent les conditions sanitaires qui suivent. 我，官方兽医，证明上述宠物食品符合后面所附的兽医卫生条件。 Lieu / 地点 ……………………… Date / 日期 …………… Signature et cachet personnel du vétérinaire officiel* *官方兽医的签字和个人名章**	Cachet officiel* / 官方印章*

* Le cachet officiel et la signature du vétérinaire officiel doivent être reportés sur chacun des feuillets séparés ; la couleur doit être différente de celle de l'impression.

* 官方印章和官方兽医签字应出现在证书的每一页；颜色应区别于印刷的颜色。

CN AA MAI 06 1/2

CERTIFICAT SANITAIRE / 兽医卫生证书 N°

ATTESTATION SANITAIRE / *兽医卫生证明*

1. Les matières premières sont issues de France ou d'un autre pays, auquel cas elles sont arrivées dans l'établissement agréé accompagnées d'un certificat sanitaire attestant du respect de la réglementation communautaire et des exigences du présent certificat.
   生产原料来源于法国或其他国家，在后一种情况下，生产原料到达批准的生产企业时应附有卫生证书，证明其产品符合共同体法规以及本卫生证书的要求。

2. Les matières premières ne contiennent pas d'ingrédients provenant de ruminants.
   生产原料不含反刍动物源性成分。

3. Durant le processus de transformation, aucune matière première provenant d'animaux d'espèces non identifiées n'a été ajoutée.
   加工过程中没有添加任何不明种类的动物性原料。

4. Les produits ont été fabriqués sous la supervision des services vétérinaires français, sont conformes aux normes sanitaires françaises pour l'alimentation animale et sont autorisés à être vendus librement en France.
   产品在法国兽医部门的监督下生产，符合法国饲料卫生标准，并允许在法国自由销售。

5. Les produits sont emballés dans des matériaux neufs et solides.
   产品由全新且不易破损的材料包装。

6. Les matières premières et les ingrédients ajoutés, ainsi que le nom de l'établissement agréé à l'exportation vers la Chine, sont indiqués sur l'emballage extérieur du produit.
   产品外包装标明产品的原料、添加成分以及被批准向中国出口的生产企业名称。

7. Les produits ont été analysés dans des laboratoires autorisés par les services vétérinaires français en utilisant des méthodes de test approuvées (PCR), dont les résultats montrent que les produits ne contiennent pas d'élément provenant de ruminant.
产品经法国兽医部门认可的实验室，用中法双方认可的检测方法(PCR)进行检测，结果不含反刍动物源性成分。

8. Les produits ont été traités thermiquement (minimum 70°C à cœur pendant au moins une minute) de façon à détruire effectivement les agents pathogènes de maladies animales. Le type de traitement précisant le couple temps/température appliqué par type de produit est mentionné en page 1.
产品经过热处理（产品中心温度至少 70°C，至少一分钟），以便有效杀灭动物病原体。不同种类产品的相关处理方式的说明在本文件的第一页，并且标出了处理的时间/温度。

FIN DU CERTIFICAT / *END OF THE CERTIFICATE*

ATTESTATION DU TRANSPORTEUR – 承运方证明

9. Les moyens de transport (y compris les containers) sont nettoyés et désinfectés avant l'utilisation. Durant le transport, des mesures efficaces ont été prises pour éviter la contamination croisée avec d'autre alimentation animale.
运输工具（含集装箱）在使用前进行了清洗消毒。在产品运输过程中采取了有效措施，防止与其他动物饲料交叉感染。

Signature et cachet du transporteur 承运方签名和盖章

关于吉布提发生禽流感的公告

（2006 年 6 月 10 日农业部、
国家质检总局 2006 年第 669 号公告）

2006 年 5 月 27 日，吉布提农牧海洋部向 OIE 紧急报告，4 月 6 日，吉布提市 Boulaos 区内的 1 家养禽场发生 H5N1 亚型禽流感。为防止高致病禽流感传入我国，保护我国畜牧业安全，根据《中华人民共和国进出境动植物检疫法》等有关法律法规的规定，现公告如下：

一、禁止直接或间接从吉布提输入禽类及其产品，停止签发从吉布提进口禽类及其产品的《进境动植物检疫许可证》，撤销已经签发的《进境动植物检疫许可证》。

二、2006 年 4 月 6 日（含 4 月 6 日）后启运的来自吉布提的禽类及其产品，一律作退回或销毁处理。2006 年 4 月 6 日前启运的来自吉布提的禽类及其产品，经禽流感病毒检测合格后方可放行。

三、禁止邮寄或旅客携带来自吉布提的禽类及其产品进境，一经发现，一律作退回或销毁处理。

四、在途经我国或在我国停留的国际航行船舶、飞机和火车等运输工具上，如发现有来自吉布提的禽类及其产品，一律作封存处理；其交通员工自养自用的禽类，必须装入完好的笼具中，其废弃物、泔水等，一律在出入境检验检疫机构的监督下作无害化处理，不得擅自抛弃。

五、对海关、边防等部门截获的非法入境的来自吉布提的禽类及其产品，一律在出入境检验检疫机构监督下作销毁处理。

六、凡违反上述规定者，由出入境检验检疫机构依照《中华人民

共和国进出境动植物检疫法》有关规定处理。

七、各出入境检验检疫机构、各级动物防疫监督机构要分别依照《中华人民共和国进出境动植物检疫法》和《中华人民共和国动物防疫法》的有关规定，密切配合，做好检疫、防疫和监督工作。

本公告自发布之日起执行。

关于苏丹、匈牙利发生禽流感的公告

（2006 年 6 月 19 日农业部、国家质检总局 2006 年第 674 号公告）

近日，苏丹畜产部向世界动物卫生组织（OIE）紧急报告，3 月 25 日在其境内 3 家养禽场发生 H5N1 亚型高致病性禽流感；匈牙利农业与农村发展部向 OIE 紧急报告，6 月 4 日，在其境内的 1 家养鹅场发生 H5 亚型高致病性禽流感。为防止高致病性禽流感传入我国，保护我国畜牧业安全，根据《中华人民共和国进出境动植物检疫法》等有关法律法规的规定，现公告如下：

一、禁止直接或间接从苏丹、匈牙利输入禽类及其产品，停止签发从苏丹、匈牙利进口禽类及其产品的《进境动植物检疫许可证》，撤销已经签发的《进境动植物检疫许可证》。

二、2006 年 3 月 25 日（含 3 月 25 日）后启运的来自苏丹的禽类及其产品和 2006 年 6 月 4 日（含 6 月 4 日）后启运的来自匈牙利的禽类及其产品，一律作退回或销毁处理。2006 年 3 月 25 日前启运的来自苏丹的禽类及其产品和 2006 年 6 月 4 日前启运的来自匈牙利的禽类及其产品，经禽流感病毒检测合格后方可放行。

三、禁止邮寄或旅客携带来自苏丹、匈牙利的禽类及其产品进境，一经发现，一律作退回或销毁处理。

四、在途经我国或在我国停留的国际航行船舶、飞机和火车等运输工具上，如发现有来自苏丹、匈牙利的禽类及其产品，一律作封存处理；其交通员工自养自用的禽类，必须装入完好的笼具中，其废弃物、泔水等，一律在出入境检验检疫机构的监督下作无害化处理，不得擅自抛弃。

五、对海关、边防等部门截获的非法入境的来自苏丹、匈牙利的禽类及其产品，一律在出入境检验检疫机构监督下作销毁处理。

六、凡违反上述规定者，由出入境检验检疫机构依照《中华人民共和国进出境动植物检疫法》有关规定处理。

七、各出入境检验检疫机构、各级动物防疫监督机构要分别依照《中华人民共和国进出境动植物检疫法》和《中华人民共和国动物防疫法》的有关规定，密切配合，做好检疫、防疫和监督工作。

本公告自发布之日起执行。

关于同意进口阿根廷宠物食品、法国种猪、南非生牛皮及接受相关卫生证书的通知

（2006年6月26日国家质检总局国质检动函[2006]451号）

各直属检验检疫局：

经协商，总局已分到就从阿根廷进口宠物食品、从法国进口种猪、从南非进口生牛皮的检疫要求和卫生证书与相关国家达成了一致意见。（证书样本见附件1、2、3。法国种猪证书样本上加盖有两个官方印章，实际签证时每份证书将只加盖其中任一个印章）。

请各地检验检疫机构自本通知发布之日起开始受理阿根廷宠物食品（需来自总局备案的加工厂，名单见附件4）、法国种猪、南非生牛

皮等三种产品进境动植物检疫许可证的申请和进境报检，并对随附证书进行核查。

总局2005年下发的《关于印发德国输华明胶南非输华生牛皮检疫证书样本的通知》(国质检动函[2005]851号)中所附南非输华生牛皮卫生证书同时废止。

附件1

PEOPLE´S REPUBLIC OF CHINA

REPUBLICA ARGENTINA
ARGENTINE REPUBLIC
SECRETARIA DE AGRICULTURA, GANADERÍA PESCA Y ALIMENTOS
SECRETARIAT OF AGRICULTURE, LIVESTOCK FISHERIES AND FOOD
SERVICIO NACIONAL DE SANIDAD Y CALIDAD AGROALIMENTARIA
NATIONAL SERVICE AGRIFOOD HEALTH AND QUALITY
CERTIFICADO SANITARIO / SANITARY CERTIFICATE

Para la exportación de ALIMENTOS PARA MASCOTAS cuyos ingredientes no proceden de animales artiodáctilos
FOR THE EXPORTATION OF PET FOOD with ingredients of Non-Cloven Hoofed Animals

País exportador / Exporting Country: **REPUBLICA ARGENTINA**
Ministerio / Ministry: **DE ECONOMÍA Y PRODUCCION**
Departamento / Department: **SERVICIO NACIONAL DE SANIDAD y CALIDAD AGROALIMENTARIA**

I. IDENTIFICACIÓN DE LA MERCADERÍA / IDENTIFICATION OF GOODS:

Nombre comercial del producto / Comercial name of the product: ....

....

Embalaje / Packaging: ....

Cantidad / Quantity: ....

Peso / Weigth: ....

Lote / Lot: ....

Vida útil / Storage life: ....

Especies animales a partir de las cuales se originó el producto / The animal species which the product originated from: ....

....

Marcas del embalaje / Parking of packaging: ....

Número de aprobación / Approval number: ....

Fecha de inspección / Date of inspection: ....

Tipo de materiales de embalaje / Nature of packaging materials: ....

II. PROCEDENCIA DE LA MERCADERIA / ORIGIN OFF GOODS

Nombre, dirección(es) y número oficial del establecimiento elaborador / Name address (es) and official approval number(s) of the manufacturing plant:

....

III. DESTINO DE LA MERCADERÍA / DESTINATION OF THE GOODS

La mercadería es enviada desde / Goods will be sent from : ....
(lugar de expedición) (place of loading)

Hasta / to: ....
(país y lugar de destino) (country and place of destination)

Por buque / By vessel: ....
(nombre) (name)

avión / plane: ....
(Cía. N° de vuelo y fecha) (fligth number and date)

Precinto/s / Seal(s): ....

Contenedor/es / Container (s): ....
(identificación) (identification)

Nombre y dirección del remitente / Name and address of consignor: ....

....

Nombre y dirección del destinatario / Name and address of consignee: ....

....

IV. CERTIFICACIÓN SANITARIA / SANITARY CERTIFICATION:

THE VETERINARY HEALTH REQUIREMENTS FOR PET FOOD IMPORTED FROM BSE-FREE COUNTRY TO THE PEOPLE'S REPUBLIC OF CHINA

Requisitos sanitarios veterinarios para la importación de alimento para mascotas desde países libres de BSE hacia la República Popular China

El veterinario oficial, abajo firmante, certifica que:
I, the undersigned official veterinarian, hereby certify that:

1. El producto se elaboró a partir animales nacidos y criados en el país de origen y han sido faenados, en establecimientos habilitados por SENASA; y/o las materias primas que conforman los productos derivan de países con equivalente o superior situación sanitaria respecto a enfermedades animales.
1. The product was manufactured from animals which were born and raised in the country of origin and slaughtered at SENASA-approved establishments; and/or the ingredients that conform the products derive from countries having an equivalent or superior health status regarding animal diseases.

2. Las plantas elaboradoras están registradas en la Administración General de Vigilancia de la Calidad, Inspección y Cuarentena de la República Popular China (AQSIQ)
2 The elaborating plants are registered with General Administration of Quality Supervision, Inspection and Quarantine of the People's Republic of China (AQSIQ).

3. El producto se obtuvo a partir de animales que provienen de una zona libre de enfermedades epidémicas relacionadas, y fueron sometidos a un examen ante y post-mortem y no mostraron signos de enfermedades infecciosas o contagiosas y no fueron faenados en campañas de erradicación de enfermedades y no eran animales muertos;
3. The product was derived from animals which came from the area free from related epidemic diseases and have been subjected to ante- and post-mortem examination and did not show any sign of infectious or contagious diseases and which were notslaughtered in any disease eradication campaign and were not dead animals;

4. El producto se elaboró en un establecimiento aprobado por la autoridad sanitaria animal competente y mediante procedimientos que también fueron aprobados por la autoridad sanitaria animal competente;
4. The product was manufactured at establishment approved by the competent animal quarantine authorities and using procedures which were also approved by the competent animal quarantine authorities;

5. El producto se elaboró bajo condiciones higiénicas adecuadas, que evitan la contaminación con materias primas y productos terminados
5. The product was manufactured under adequate hygienic conditions, which preclude contamination of raw materials and finished products

6. Las materias primas que fueron usados para producir el alimento para mascota están libres de animales artiodáctilos.
6. The materials which were used to produce petfood are free from cloven-hoofed animals

7. El producto fue sometido a un tratamiento térmico (70 ℃ y por 30 minutos) suficiente para destruir a agentes patógenos, sobre todo Salmonella y Enterobacterias, a un muestreo aleatorio de por lo menos cinco muestras de cada lote del proceso durante o después del almacenamiento en la planta de proceso, dan los resultados siguientes:

Salmonella: la ausencia en 25g, n=5, c=C, el m=0, M=0.Â (libre de Salmonella);

Enterobacteriaceae: el n=5, el c=2, el m=10, M=3x102 en 1g,

7. The product has been subjected to a heat treatment (70 ℃ and for 30 minutes.) sufficient to destroy pathogenic agents, especially Salmonella and Enterobacteriaceae, a random sampling of at least five samples form each processing batch during or after storage at processing plant and complies with the following standards:

Salmonella: absence in 25g, n=5, c=0, m=0, M=0.Â (free of Salmonella);

Enterobacteriaceae: n=5, c=2, m=10, M=3x10^2 in 1g

8. El nombre del producto, el ingrediente, fecha de elaboración, el nombre del fabricante y otros datos se especifican en el envase.
8. The name of the product, ingredients, manufacture date, the name of manufacture and other information should be specified on the package.

9. Se han tomado las medidas necesarias durante el almacenamiento y transporte para evitar alguna contaminación.
9. Necessary measures have been taken during the storage and transportation to avoid any contamination.

10. Otra información
10. Other information

Periodo de validez del certificado / The valid period of the certificate : 60 días / 60 days.

Hecho en / done at:.. el /on ....

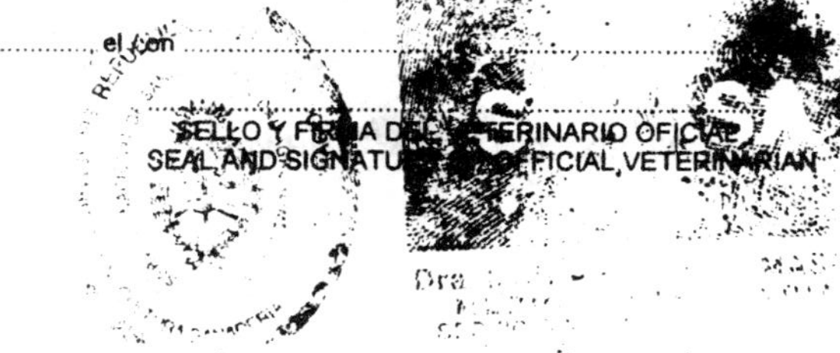

附件2

ORIGINAL □ DUPLICATA / COPY □ Nombre total de duplicatas délivrés / 官方发出副本总数：

Nom et adresse de l'expéditeur / 发货人名称和地址：	Certificat N° / 证书号：
	REPUBLIQUE FRANÇAISE **MINISTERE DE L'AGRICULTURE ET DE LA PECHE** Certificat Sanitaire pour l'exportation de porcs reproducteurs vers la Chine **法国农业及渔业部** 向中国出口种猪卫生证书
Nom et adresse du destinataire / 收货人名称和地址：	Services vétérinaires de / 当地兽医部门：
	Lieu d'expédition / 发货地：
Identification du moyen de transport / 运输方式：	Pays et lieu de destination / 目的地：

IDENTIFICATION DES ANIMAUX / 产品详情

Voir liste jointe si nécessaire (les mentions minimales sont la race, la date de naissance et les marques d'identification individuelles et collectives) / 必要时请参看附页 （基本内容包括品种、出生日期及个体和群体标识）

Race 品种	Date de naissance 出生日期	Identification individuelle 个体标识	Identification collective 群体标识	Nombre d'animaux 动物数量

ANALYSES / 检测

Maladie / 疫病	**Date / 日期 (1)**	**Méthodes /方法**	**Date / 日期 (2)**	**Méthodes / 方法**

Maladie d'Aujesky / 伪狂犬病		□ ELISA		□ Séroneutralisation (SN) / 血清中和试验
Syndrome dysgénésique et respiratoire porcin / 猪蓝耳病		□ ELISA		□ ELISA
Gastroentérite transmissible / 传染性胃肠炎		□ ELISA		□ ELISA
Pleuropneumonie contagieuse du porc / 猪传染性胸膜肺炎		□ ELISA	X	X
Mycoplasma pneumoniae /猪支原体肺炎 (3)		□ ELISA	X	X
Peste porcine classique / 古典猪瘟	X	X		□ Séroneutralisation (SN) / 血清中和试验
Brucellose / 布氏杆菌病	X	X		□ EAT et FC / EAT 和 FC

(1) avant l'entrée en quarantaine / 进入检疫场前 (2) pendant la quarantaine / 检疫期间
(3) 20 prélèvements sur les truies reproductrices de l'élevage d'origine / 输出猪的养殖场抽样检查 20 头种猪

TRAITEMENTS / 处理	
Traitement des animaux / 对动物的处理	**Date / *日期*(2)**
□ Dihydrostreptomycine (25mg/kg) / 应用双氢链霉素（25 mg/kg）	
□ Traitement antiparasitaire / 驱除猪体内、外寄生虫	
Désinfection des palettes, camions et avions utilisés pour le transport /用于运输的铺垫材料、车和飞机的消毒处理	Produit / 所用产品 : …………………… Dilution / 稀释度 : ………………………

Je soussigné vétérinaire officiel certifie que les animaux décrits ci-dessus remplissent les conditions sanitaires qui suivent 我，官方兽医，证明上述动物符合后面所附的兽医卫生条件。 Lieu / 地点…………………… Date / 日期…… …………… Signature et tampon personnel du vétérinaire officiel* 官方兽医的签字和个人名章*	Cachet officiel* / 官方印章* SERVICES VETERINAIRES - NAME OF DEPARTEMENT - REPUBLIQUE FRANCAISE - MINISTERE DE L'AGRICULTURE - DIRECTION DES SERVICES VETERINAIRES N°

* Le cachet officiel et la signature du vétérinaire officiel doivent être reportés sur chacun des feuillets séparés ; la couleur doit être différente de celle de l'impression.

* 官方印章和官方兽医签字应出现在证书的每一页；颜色应区别于印刷的颜色。

CNPCA MAI 06 1/2

CERTIFICAT SANITAIRE / *HEALTH CERTIFICATE* N°

1. La France est indemne de fièvre aphteuse, maladie vésiculeuse, peste africaine et peste porcine classique / 法国没有口蹄疫、猪水泡病、非洲猪瘟和古典猪瘟。

2. Les animaux destinés à l'exportation répondent aux conditions ci-après / 输出的猪符合下列条件：

a) Ils appartiennent à un élevage ou aucun cas de Brucellose, Maladie d'Aujeszky, Tuberculose n'est apparu au cours des deux dernières années, cette exploitation se situant par ailleurs au centre d'une aire d'un rayon de 50 km dans lequel aucun cas de fièvre aphteuse, de peste porcine classique ou de maladie vésiculeuse des suidés n'est apparu au cours des deux dernières années / 输出猪的养殖场过去两年内没有发生过布氏杆菌病、伪狂犬病、结核病，并且在以养殖场为中心周围 50 公里范围内过去两年内没有发生过口蹄疫、古典猪瘟或者猪水泡病。

b) Ils appartiennent à un élevage où les animaux ne sont pas vaccinés à l'égard de la maladie d'Aujeszky et où / 输出猪所在养殖场内的猪没有接种过伪狂犬病疫苗，并且：

- les contrôles trimestriels ont été reconnus négatifs au regard de la maladie d'Aujeszky (test ELISA) / 每 3 个月一次的伪狂犬病检查结果为阴性（ELISA 试验）；

- les contrôles semestriels ont été reconnus négatifs au regard de la peste porcine classique (séroneutralisation ou ELISA) / 每半年一次的古典猪瘟检查结果为阴性 （血清中和试验或 ELISA 试验）。

c) Ils appartiennent à un élevage où / 输出猪的养殖场：

- aucun signe clinique de syndrome dysgénésique et respiratoire porcin n'a été constaté et où aucun résultat sérologique positif n'a été enregistré pour cette maladie depuis deux ans / 在过去 2 年内，没有猪蓝耳病临床症状，并且无血清试验阳性结果。

- aucun signe clinique de dysenterie associée à *Treponema hyodysenteriae* n'a été constaté et où aucun résultat sérologique positif n'a été enregistré pour cette maladie depuis deux ans / 在过去 2 年内，没有猪密螺旋体痢疾临床症状，并且无血清试验阳性结果。

- aucun signe clinique de gastroentérite transmissible, de rhinite atrophique, de maladie de Teschen et mycoplasmose pneumonique du porc n'a été constaté depuis douze mois / 在过去 12 个月内，没有传染性胃肠炎、传染性萎缩性鼻炎、传染性脑脊髓炎、猪支原体肺炎的临床症状。

d) Avant leur entrée dans la quarantaine, ils ont subi un premier examen sérologique qui s'est révélé négatif au regard des tests suivants / *输出的猪进入隔离场前，已进行了针对下述疫病的初次血清试验，结果为阴性：*

- Aujeszky (ELISA) / 伪狂犬病 （ELISA 试验）；
- Syndrome dysgénésique et respiratoire porcin (ELISA) /猪蓝耳病（ELISA 试验）；
- Gastroentérite transmissible (ELISA) / 猪传染性胃肠炎（ELISA 试验）；
- Pleuropneumonie contagieuse du porc (ELISA) / 猪传染性胸膜肺炎（ELISA 试验）；

A cette même date, 20 prélèvements ont été réalisés sur des truies reproductrices de l'élevage d'origine et testés vis à vis de *Mycoplasma pneumoniae* (ELISA). Aucun d'entre eux ne s'est révélé positif / 同一天对 20 头种猪抽样进行针对猪支原体肺炎的 ELISA 试验。试验结果无阳性。

Aucun signe clinique de maladies contagieuses n'a été observé à ce jour sur ces mêmes animaux / 试验当天这些猪无任何传染病临床迹象。

e) Ils ont subi une période d'isolement de 30 jours dans des locaux approuvés par les autorités vétérinaires françaises compétentes et un deuxième examen sérologique, qui s'est révélé négatif au regard des tests suivants / 猪在输出前，已在法国兽医部门批准的隔离检疫场隔离 30 天，进行了针对下列疫病的第二次血清试验，试验结果为阴性：

- Aujeszky (séroneutralisation, négatif pour un titre inférieur au 1/4) /伪狂犬病（血清中和试验，滴度小于 1:4 为阴性）；
- Peste porcine classique (séroneutralisation, négatif pour un titre inférieur au 1/25) / 古典猪瘟（血清中和试验，滴度小于 1:25 为阴性）；
- Brucellose (Epreuve Antigène Tamponé et fixation du complément : titre inférieur à 20 unités internationales) / 布氏杆菌病（缓冲抗原试验和补体结合试验：滴度小于 20 IU/ml）；
- Gastroentérite transmissible (ELISA) / 传染性胃肠炎（ELISA 试验）；
- Syndrome dysgénésique et respiratoire porcin (ELISA) /猪蓝耳病（ELISA 试验）。

Aucun signe clinique de maladies contagieuses n'a été observé à ce jour sur ces mêmes animaux /试验当天这些猪无任何传染病临床迹象。

f) Les animaux destinés à l'exportation ont fait l'objet des traitements suivants / *输出的猪经过了下述治疗：*

- Dihydrostreptomycine (25 mg/kg), / 应用双氢链霉素，剂量为 25 mg/kg 。
- Traitement antiparasitaire avec un produit efficace autorisé par les services vétérinaires français / 用法国兽医部门批准的有效药物驱除猪体内、外寄生虫。

g) Les animaux destinés à l'exportation ont été examinés durant les 24 heures précédant l'expédition et aucun signe de maladie contagieuse n'a été observé / 输出的猪在出发前 24 小时内，经检查是健康的，没有任何传染病的临床迹象。

h) Les aliments et fourrages utilisés pour ces animaux viennent de régions indemnes de la liste A des maldies de l'O.I.E. / 输出动物所用的饲料和草料来自 OIE 国际动物卫生法典规定的 A 类疾病的非疫区。

i) Les palettes, camions, avions utilisés pour le transport des animaux vers la Chine ont été lavés et désinfectés avec un désinfectant officiellement reconnu / 运载猪的底托、车、机舱用法国官方批准的消毒产品进行了清洗和消毒。

附件3

REPUBLIC OF SOUTH AFRICA

Certificate Number:

DEPARTMENT OF AGRICULTURE

Senior Manager, Directorate of Animal Health,
P/Bag X138, Pretoria, 0001

DEPARTEMENT VAN LANDBOU
DIREKTORAAT DIEREGESONDHEID
PRIVAATSAK/PRIVATE BAG X138
2006 -04- 20
PRETORIA 0001
DIRECTORATE OF ANIMAL HEALTH
DEPARTMENT OF AGRICULTURE

VETERINARY CERTIFICATE

EXPORT CERTIFICATE FOR RAW BOVINE HIDES FROM THE REPUBLIC OF SOUTH AFRICA TO THE PEOPLE'S REPUBLIC OF CHINA

1. IDENTIFICATION OF THE RAW BOVINE HIDES		
Hides of:		(animal species)
Description:		
Shipping marks:		
Nature of packaging:		
Number of packages:		
Net Weight:		
Container and Seal Number(s):		

2. ORIGIN OF THE RAW BOVINE HIDES	
Method of processing:	
Name, address and veterinary registration number of the exporting establishment:	

3. DESTINATION OF THE RAW BOVINE HIDES		
The hides will be sent from		**(place of shipment)**
To:		**(place of destination)**
By the following means of transport:		
Name and address of consignor:		
Name and address of consignee:		

4. HEALTH ATTESTATION

I certify that, to the best of my knowledge and belief, the **raw bovine hides** described above:

1.) Come from animals that were free from disease at the time of slaughter.
2.) Originate in and are exported from the O.I.E. recognised Foot and Mouth Disease-free zone of the Republic of South Africa.
3.) Originate in and are exported from an area that has been free from Vesicular Stomatitis, Rinderpest, Peste Des Petits Ruminants, Rift Valley Fever and Sheep / Goat Pox for the preceding 12 months.
4.) Originate in and are exported from an area where Anthrax has not been prevalent for the preceding 6 months.
5.) The **raw bovine hides** have been: dried for 42 days ([2]) **OR** dry-salted or wet-salted for at least 14 days prior to dispatch ([2])
6.) Curing is performed using either marine salt, rock salt or panned salt.
7.) The **raw bovine hides** were loaded into containers that were previously disinfected under official veterinary supervision.

(State Veterinarian) ([1])

(Official date stamp) ([1])

([1]) The signature and stamp must be in a colour different to that of the printing.

([2]) Delete as appropriate

附件 4

ENTERPRISE	FUNCTION	ADDRESS	CITY	PROVINCE
Alagro S. A.	Manufacturer	Ruta Nac. N°5 Km 263,50	9 de Julio	Buenos Aires
Masterfoods Argentina Ltda.	Manufacturer	Calle 505 N°538	Gowland-Mercedes	Buenos Aires
Metrive S. A.	Manufacturer	Av. Antártida Argentina 1024	Salto	Buenos Aires
Procter & Gamble Interamericas LLC Sucursal Argentina	Manufacturer	Calle 9 y 20,Parque Industiral Pilar	Pilar	Buenos Aires
Alimentos Pilar S. A.	Manufacturer	Ruta 34 Km. 2	Pilar	Buenos Aires
Molino Chacabuco S. A.	Manufacturer	Av. Alsina N° 134	Chacabuco	Buenos Aires
Sagema S. A.	Manufacturer	Ex Ruta 7 s/n Casilla de correo 14	Villa Mercedes	San Luis
Royal Canin Argentina S. A.	Manufacturer	Ruta Nac. 3Km. 43,2	Virrey del Pino	Buenos Aires
Asocialcion Cooperativas Argentinas	Manufacturer	Rivadavia s/n°,Puerto Nuevo	San Nicoiás	Buenos Aires
Nestlé Argentina S. A.	Manufacturer	Ruta 11 Km,457	Santo Tomé	Santa Fe
Alimental S. A.	Manufacturer	Bv. San Martin y San Luis	Geeral Deheza	Córdoba

关于西班牙发现野生候鸟感染高致病性禽流感的紧急通知

（2006年7月14日国家质检总局国质检明发[2006]51号）

各省、自治区、直辖市检验检疫局，宁波、厦门、深圳、珠海检验检疫局：

2006年7月7日，西班牙农渔食品部向世界动物卫生组织(OIE)通报，在其境内发现野生候鸟感染H5N1亚型高致病性禽流感。为防止该病传入我国，保护我国畜牧业安全，根据《中华人民共和国进出境动植物检疫法》等有关法律法规的规定，现紧急通知如下：

一、禁止直接或间接从西班牙输入观赏鸟、野生鸟类及其产品，停止签发从西班牙输入观赏鸟、野生鸟类及其产品的《进境动植物检疫许可证》，撤销已经签发的从西班牙输入观赏鸟、野生鸟类及其产品《进境动植物检疫许可证》。

二、对来自西班牙的其他禽类及其产品[经等效或高于中心温度70 ℃至少1分钟的处理标准加工的禽肉骨粉等禽类制品除外，羽绒服、羽绒被等羽绒羽毛制品、达到国家标准(GB/T 17685—1999)的水洗羽绒羽毛、禽羽毛粉]，须符合我国检疫和卫生要求，经禽流感检测合格后方可放行。

三、加强对来自西班牙入境人员的体温检测、健康申报、医学巡查等工作，对申报或现场查验发现有发热、咳嗽、头痛、全身不适等症状的人员要仔细排查，对可疑病例要及时送指定医疗机构进一步诊疗；对密切接触者要发放《就诊方便卡》，以便医疗机构对持有《就诊方便卡》者给予优先诊疗。

四、加强对来自西班牙旅客携带物、邮寄物的检查，一经发现上述国家的禽类及其产品，一律作退回或销毁处理。

五、在途经我国或在我国停留的国际航行船舶、飞机和火车等运输工具上，如发现有来自西班牙的禽类及其产品，一律作封存处理；其交通员工自养自用的禽类，必须装入完好的笼具中；其废弃物、泔水等，一律在出入境检验检疫机构的监督下作无害化处理，不得擅自抛弃。

六、凡截获非法进境的来自西班牙的禽类及其产品，一律在就近的出入境检验检疫机构监督下作销毁处理。

七、本通知自发布之日起执行。

关于调整进出境货物木质包装溴甲烷熏蒸处理技术要求的公告

（2006年7月26日国家质检总局2006年第105号公告）

根据2006年4月国际植物保护公约组织（IPPC）修订的国际植物检疫措施标准第15号《国际贸易中木质包装材料管理准则》中溴甲烷熏蒸处理技术要求，现对国家质检总局2005年第32号公告及第69号局令《出境货物木质包装检疫处理管理办法》中溴甲烷熏蒸处理技术要求作相应调整如下：

溴甲烷熏蒸处理（MB）

一、常压下，按下列标准处理：

温　度	剂量（g/m³）	最低浓度要求（g/m³）			
		2小时	4小时	12小时	24小时
≥21 ℃	48	36	31	28	24
≥16 ℃	56	42	36	32	28
≥11 ℃	64	48	42	36	32

二、熏蒸温度不低于 10 ℃,熏蒸时间不少于 24 小时。熏蒸处理过程中应至少在第 2、4、24 小时时进行熏蒸浓度检测。

本公告施行前已按原溴甲烷熏蒸技术要求处理并加施标识的木质包装,不需按新的技术要求重新进行处理及标识。

本公告自 2006 年 10 月 1 日起施行。

关于允许巴基斯坦芒果、柑橘从广州、深圳口岸入境等问题的通知

(2006 年 7 月 26 日国家质检总局国质检动函[2006]566 号)

各有关检验检疫局:

经中巴双方协商,我局自即日起同意增加广州、深圳口岸为巴基斯坦芒果、柑橘的入境口岸。

根据专家实地考核情况,总局批准新增 Iftekhar Ahmed & Co. 和 Durrani Associates 两家巴基斯坦芒果加工厂(含热水处理设施)为巴基斯坦芒果输华企业。

为此,总局对《巴基斯坦柑橘进境植物检疫要求》(国质检动函[2004]620 号)和《巴基斯坦柑橘进境植物检疫要求》(国质检动函[2006] 31 号)的有关条款作了修订。

请各局严格按照新修订的进境植物检疫要求,做好巴基斯坦芒果、柑橘进境检验检疫及监管工作。执行中如遇问题,请及时报告总局。

关于上网公布进出口水果果园、包装厂名单的通知

（2006年8月2日国家质检总局国质检动函[2006]604号）

各直属检验检疫局：

对果园、包装厂注册并向输入国家通报，是进出境水果检疫议定书规定的一项重要内容。为让一线检验检疫人员及时掌握进出口水果果园、包装厂名单，最近总局网站开辟了“进出口水果果园、包装厂”栏目，并实施动态维护。现就有关事宜通知如下：

一、“进出口水果果园、包装厂”暂时设在总局网站/动植物检验检疫子网站/公共信息栏目下。

二、进出口水果果园、包装厂名单分为“进口水果果园、包装厂名单”和“出口水果果园、包装厂名单”两部分，分别以“国家（地区）＋水果＋果园/包装厂名单”和“输往国家（地区）＋水果＋果园/包装厂名单”方式列出。

三、果园、包装厂名单上网将采取动态调整的原则。今后，总局一般不再通过文件公布果园、包装厂名单。

四、请各局自2006年8月15日起按照网上公布的果园、包装厂、除害处理设施名单，做好进出境水果检验检疫及监管工作。执行中如遇问题，请及时与总局动植司联系。

关于受理进口荷兰牛精液申报及启用相关卫生证书的通知

（2006年8月8日国家质检总局国质检动函[2006]617号）

各直属检验检疫局：

总局已与荷兰王国农业、自然与食品质量部签署关于中国从荷兰输入牛精液的检疫和卫生条件议定书并就兽医卫生证书样本达成一致意见（见附件）。

自本通知发布之日起，请各地检验检疫机构开始受理荷兰牛精液进境动植物检疫许可证的申办和进境申报，货物入境时对随附证书进行核查。

附件

Kingdom of the Netherlands

HEALTH CERTIFICATE

(veterinair Certificaat)

0000000 0

Ministerie van Landbouw, Natuur en Voedselkwaliteit	Ministry of Agriculture, Nature and Food Quality	Ministerium für Landwirtschaft, Natur und Lebensmittelqualität	Ministère de l' Agriculture, de la Nature et de la Qualité des Aliments	Ministerio de Agricultura, Naturaleza y Calidad Alimentaria
Voedsel en Waren Autoriteit	Food and Consumer Product Safety Authority	Niederländischen Behörde für Ernährung und Produktsicherheit	Autorité néerlandaise de surveillance des produits alimentaires et non alimentaires	Autoridad Nacional para la seguridad de los productos de consumo alimentarios y no alimentarios
Gezondheidscertificaat	Health Certificate	Gesundheitsbescheinigung	Certificat Sanitaire	Certificado Sanitario

for bovine semen to be exported from the Netherlands into the People's Republic of China

I. **Identification of the donorbull:**

Name donor	*Date(s) of collection*	*Date of birth of donor*	*Identity code*	*Number of Semen straws*	*Date of entrance at A.I. centre*

II. Identification of the semen:

identification of each dose : ……

seal number on container : ……

diluting method : ……

dilution : ……

density of active spermatozoa : ……

components in the diluent : ……

content of antibiotics : ……

proportions of other ingredie[nts] : ……

III. Origin of semen:

Name and address of the registered AI centre : ……

……

……

Approval number of the registered AI centre : ……

IV. Destination of semen:

The semen will be sent from : ……

to : ……

……

(country and place of destination)

by : ……

(means of transport; route & flight no.)

Name and address of consignor : ……

Name and address of consignee : ....

V. **Health information:**

I, the undersigned official veterinarian of the Netherlands herewith declare that the described consignment of bovine semen satisfies the following requirements:

1. The Netherlands are free from foot and mouth disease, rinderpest, vesicular stomatitis, contagious bovine pleuropneumonia, peste des petits ruminants, lumpy skin disease, Rift Valley Fever, blue tongue and epizootic haemorrhagic disease of deer;

2. The AI centre is located in the province free from native Rabies;

3. For at least the past three years, the AI centre has been free from bovine tuberculosis, bovine brucellosis, enzootic bovine leucosis, paratuberculosis, anaplasmosis, trichomoniasis, campylobacteriosis, mucosal disease (BVD/MD) IBR and leptospirosis;

4. The AI centre has been officially approved and is supervised by the Netherlands competent authority in accordance with the national and EU legislation;

5. The AI centre is located in an area that is included in a national surveillance program conducted in accordance with OIE guidelines for prevention, control and eradication of bovine spongiform encephalopathy (BSE);

6. The AI centre meets the OIE standards for production and processing of semen in accordance with EU Direc[illegible] 88/407/CEE;

7. All resident animals including donor bulls and teasers in AI centre shall be regularly tested in accorda[illegible]utch and European legislation;

8. The donor bulls are:

   a) continuously resident in the AI centres for at least 12 months and have not been used fo[illegible]atural mating since entry into AI centres, and are at least two years old;

   b) born after the date of implementation of the ruminant feed ban (i.e., 08-08-1994) and have [illegible]een fed with feedstuff with the components of mammalian tissue proteins;

   c) if imported, be from countries where, compared with the Netherlands, there [illegible] equivalent or lower BSE risk and an equivalent ruminant feed ban. The donor bulls shall be born after the date on which the ban was impl[illegible]

   d) identified with unique and permanent identification tags and have been [illegible] the Dutch side, enabling the traceability;

   e) within 30 days before the first semen collection, all resident animals includin[illegible]nor bulls and teasers in AI centre are tested for the following diseases in the Netherlands officially approved laboratories:

Diseases	Quarantine requirements
1 Paratuberculosis	ELISA
2 Bovine brucellosis	ELISA or buffered brucella antigen test (BBAT) with negative result (less than 30IU per ml)
3 Bovine tuberculosis	Intradermal tuberculin test (both avian and bovine)
4 Enzootic bovine leucosis	Lymphonodes are not swollen by clinical examination and AGID or ELISA
5 Bovine viral diarrhoea	[illegible]IPX on viral culture of serum, at least 2 passages and at least 6 days per passage
6 Campylobacter fetus	Culture for isolation or IFT on sheath washings
7 Trichomoniasis	Culture for isolation or IFT on sheath washings
8 Infectious bovine rhinotrach[illegible]	Serum neutralization (SN) test (no serum dilution) or ELISA
9 Leptospirosis	Donors shall be tested for Leptospirosis using MAT for serotypes hardjo, pomona, serjoe, autumnalis, canicola, grippotyphosa, ballum and icterohaemorrhagiae

Positive animals shall be removed immediately and all the semen of them cannot be exported to China;

f) clinically healthy with[illegible] before semen collection and until the shipment of its semen the donor bulls remained free from any evidence of diseases mentioned in [illegible] and [illegible].8.e. and any new emerging diseases to which the cattle are susceptible;

9. The semen is collected and handled in accordance with OIE recommended standards and is packed, stored and sealed under the supervision of the accredited veterinarian(s) of the Dutch side;

10. The semen of donor bulls died due to diseases or collected from BSE positive donor(s) cannot be exported;

11. The semen straws are marked with the collection date and donor bull's code;

12. The liquid nitrogen tank and vehicles used for semen storing and transportation are disinfected with valid disinfectants.

VWA Waardemerk

Date of dispatch : ....

....
The official veterinarian (name, signature, official stamp)

exemplaar 1 begeleidt de zending, exemplaar 2 is bestemd voor de exporteur, exemplaar 3 is bestemd voor VWA-archief.

Formuliernummer 802076
VWA/RVV 4208 / 05-2005 Versie 2.0
O-2051745

关于对出口食品、农产品试行免验制度的公告

（2006年10月9日国家质检总局2006年第150号公告）

为鼓励出口食品、农产品生产企业实施以质取胜战略，提高国际竞争力，促进食品、农产品出口，根据《中华人民共和国进出口商品检验法》和《中华人民共和国进出口商品检验法实施条例》的规定，国家质检总局决定对优质出口食品、农产品试行免验制度。获得免验资格的出口食品、农产品，在免验有效期内，出入境检验检疫机构对其实施免验管理。

自公告之日起，出口食品、农产品生产企业可向所在地直属出入境检验检疫局提出免验申请（申请表可在总局网站下载），各直属检验检疫局依据《出口食品、农产品免验管理规定（试行）》（附件）受理出口食品、农产品生产企业的免验申请，并按规定程序办理。

附件

出口食品、农产品免验管理规定（试行）

一、原则

为鼓励出口食品、农产品企业实施以质取胜战略，提高国际竞争力，根据《中华人民共和国进出口商品检验法》第五条和《中华人民共和国进出口商品检验法实施条例》第六条和出口商品免验办法的有关规定，国家质检总局对优质出口食品、农产品实行免验制度。免验工作应遵循以下原则：

（一）鼓励诚信原则：出口食品、农产品免验工作应推动企业诚

信体系建设，激励企业诚实守信、自律守法，维护企业良好信誉，调动和发挥出口企业的积极性和自觉性，切实使企业承担起产品质量第一责任人的义务。

（二）扶优扶强原则：出口食品、农产品免验工作重点是生产规模大、管理水平好、产品质量优、社会认知度高的企业，营造有利于优良企业进一步发展的氛围。

（三）风险管理原则：出口食品、农产品免验工作，应以科学的风险分析为基础，综合考虑企业管理水平、产品特性、输入国要求等诸因素，实施风险分析和分类管理，将风险可控的企业及其产品纳入免验管理范畴。

（四）公开公正原则：出口食品、农产品免验工作的申请、审查、批准、监督管理应公开透明、公平公正，坚持依法行政。

（五）稳步推进原则：鉴于出口食品、农产品的敏感性、复杂性、特殊性，在开展这项工作的过程中，要先行试点、以点带面、逐步推开。

二、免验条件

申请出口免验的生产企业及其生产的食品、农产品应当符合以下条件：

1. 企业取得有效的出口食品卫生注册证书和 HACCP 等认证，具有完善的质量安全自控体系，并能对产品的质量安全进行有效控制；

2. 企业能常年保持正常的出口生产和经营活动，信誉良好，生产规模、出口数量、产品质量安全居行业领先地位，具有很强的影响力和示范性；

3. 出口食品生产加工企业除符合相关法规规定的条件外，须拥有符合要求、能满足出口需求的自属种植或养殖基地；

4. 企业申请出口免验的产品，质量长期稳定，连续三年检验检疫合格率达到百分之百，出口产品未发生质量安全问题；

5. 企业须具有完善检验管理制度和较强的自检能力，其实验室按 ISO/IEC 17025 运行和管理，能满足出口产品相关项目的检测要求。

三、申请与审核程序

（一）申请。申请免验出口食品、农产品的生产企业，按照本管理规定的免验条件，认为符合条件的，可向所在地直属检验检疫局提交相关产品申请及相关证明材料。

（二）初审。直属检验检疫局对企业提交的申请及相关证明材料进行书面审核，符合本管理规定的，予以受理，不符合本管理规定的，不予受理，并通知申请人。初审工作应在收到企业申请材料后 30 天内完成。

受理免验申请后，直属检验检疫局要组成初审小组，对企业及提交的相关证明材料，依照本免验条件进行真实性、有效性、符合性、适宜性的初步审查。

经初步审查符合要求的，由直属检验检疫局向国家质检总局提出推荐意见，推荐意见须经直属检验检疫局局长审核签字；不符合要求的，由直属检验检疫局以书面形式通知申请人。

（三）审查。国家质检总局对直属检验检疫局上报的材料进行审核，符合要求的，组成专家审查组（以下简称审查组）对申请企业进行资格审查。

审查组审查工作应在收到申请材料后 30 天内完成，同时依据审查情况向国家质检总局提交免验审查情况报告，提出是否准予免验的意见。

（四）批准。国家质检总局根据审查组提交的审查报告，对申请企业提出的免验申请进行如下处理：

符合本管理规定的，国家质检总局批准其出口食品、农产品免验，向申请企业颁发《免验证书》，并予以公告。

对不符合本管理规定的，国家质检总局不予批准，并通知直属检验检疫局。

四、监督管理

（一）出口食品、农产品免验证书的有效期为2年。在有效期内，检验检疫机构对企业实施监督管理。有效期满要求续延的，免验企业应当在有效期满3个月前，向所在地检验检疫机构提出免验续延申请，经直属检验检疫局审核后，书面报告国家质检总局组织复核，合格后重新颁发免验证书。

（二）免验食品、农产品出口时，相关企业可凭有效的免验证书、外贸合同、信用证、企业对产品的自检报告等文件到检验检疫机构办理放行、出证手续，产品免于检验检疫，免予检验检疫收费。

（三）直属检验检疫局至少每季度组织一次对出口免验食品、农产品生产企业的全面监督检查。检查企业的质量安全控制体系是否运行正常；监督检查主要涉及食品、农产品安全卫生管理方面的关键控制环节是否得到有效控制。

在日常监督管理过程中，检验检疫机构可根据实际情况，对出口免验的食品、农产品进行适当的抽批检验，并建立相关免验食品、农产品企业的档案。

（四）检验检疫机构实施监督检查时，如发现影响产品一般性质量安全问题，应要求企业及时进行整改。在整改期间，其出口食品、农产品暂停免验。免验企业在整改期限内完成整改后，应向直属检验检疫局提交整改情况的报告，经直属检验检疫局审核合格后，恢复对其免验食品、农产品的免验资格。

（五）凡发现免验企业有下列情形之一的，直属检验检疫局应立即书面报告国家质检总局，由国家质检总局对该企业做出注销免验决定，并予以公告：

1. 企业质量安全控制体系运行出现严重问题，不能保证产品质量安全的；

2. 对重大质量安全事故、隐患隐瞒不报或不采取积极补救措施的；

3. 被进口国检出动植物疫情或有毒有害物质超过有关标准的；

4. 企业连续6个月无免验产品出口的；

5. 发现不符合免验条件等问题，并在6个月内仍不能整改到位的；

6. 假冒免验食品、农产品出口的；

7. 其他违反检验检疫法律法规行为的。

（六）所在地检验检疫机构自收到注销免验决定通知之日起，收回免验证书，并予以公告。被注销免验食品、农产品的企业，不再享受出口食品、农产品免验，3年后方可重新提出免验申请。

（七）实施免验食品、农产品的范围应按国家质检总局批准证书规定范围执行。免验企业不得改变免验食品、农产品的加工工艺和范围，如有改变，应当重新办理免验申请手续。

（八）免验企业应当在每年1月底前，向当地直属检验检疫局提交上一年度免验产品情况报告，其内容包括上年度出口及产品质量安全管理情况等。

（九）申请企业及免验企业违反本管理规定，有弄虚作假、隐瞒欺骗行为的，按照有关法律法规的规定予以处罚。

（十）检验检疫工作人员在考核、审查、批准或者日常监管工作过程中违反本管理规定，滥用职权、玩忽职守、徇私舞弊的，根据情节轻重，按照有关法律法规的规定予以处理。

关于同意进口乌拉圭活牛牛精液牛胚胎及下发相关卫生证书样本的通知

（2006 年 10 月 23 日国家质检总局国质检动函[2006]840 号）

各直属检验检疫局：

总局已与乌拉圭牧农渔业部就从乌拉圭进口活牛、牛精液、牛胚胎的动物卫生证书内容和格式达成一致，证书样本见附件。

自本通知发布之日起，各地检验检疫机构可受理上述 3 种产品进境动植物检疫许可证的申请。

附件：证书样本

附件

REPUBLIC OF URUGUAY
República Oriental del Uruguay
MINISTRY OF LIVESTOCK, AGRICULTURE AND FISHERIES
Ministerio de Ganadería Agricultura y Pesca
GENERAL DEPARTMENT OF LIVESTOCK SERVICES
Dirección General de Servicios Ganaderos
BUREAU OF ANIMAL HEALTH
División de Sanidad Animal

Zoo sanitary Certificate for exportation of cattle for reproduction to China
Certificado Zoosanitario de exportación de bovinos para Reproducción a China.

CERTIFICATE NO.
Certificado N°.:
DATE OF ISSUE
Fecha de emisión:
EXPIRATION DATE
Fecha de-vencimiento:

I. ORIGIN
Origen

COUNTRY
País:
PROVINCE, STATE, DEPARTMENT
Provincia , Estado o Departamento:
NAME OF PLACE WHERE THE ANIMALS ARE LIVING OR HAVE LIVED SINCE DATE OF BIRTH OR DURING THE LAST THREE MONTHS BEFORE THE EXPORTATION DATE.
Nombre del lugar donde los animales viven o han vivido desde la fecha de nacimiento o durante los últimos 3 meses antes de la fecha de exportación.
NAME OF EXPORTER
Nombre del Exportador:
ADDRESS OF EXPORTER
Dirección del exportador:

II. DESTINATION
Destino

COUNTRY OF DESTINATION
País de destino:
NAME OF IMPORTER
Nombre del importador:
ADDRESS OF IMPORTER
Dirección del importador:

III. TRANSPORTATION
Transporte

MEANS OF TRANSPORTATION
Medio de Transporte
PORT OF EMBARKATION
Puerto de embarque
CERTIFICATE NO.
Nº de Certificado

IV. IDENTIFICATION OF THE ANIMALS
Identificación de los animales

NO. OF ANIMALS
Número de animales

No. of Order Nº de órden	No. of Identification Nº de identificación	Breed Raza	Sex Sexo	Age Edad	Observations Observaciones

V. CERTIFICATES
Certificaciones:

V.1.Uruguay officially confirms that it is free from Rinderpest, Contagious Bovine Pleuropneumonia, Lumpy Skin Disease, Blue tongue Disease, Peste des petits ruminants, Vesicular stomatitis, and Bovine Spongiform Encephalopathy. Since August 21, 2001, Uruguay has been free from case of Foot-and-mouth disease.
Uruguay oficialmente confirma que se encuentra libre de Peste Bovina, Pleuroneumonía Contagiosa Bovina, Dermatosis Nodular Contagiosa, Lengua Azul, Peste de los Pequeños Rumiantes, Estomatitis Vesicular, y Encefalopatía Espongiforme Bovina. Desde agosto 21 de 2001 Uruguay ha estado libre de casos de fiebre aftosa.
At the farms of origin of the animals to be exported Foot and mouth disease, anthrax, brucellosis, akabane and anaplasmosis have never occurred during the past 5 years.
El establecimiento de origen los animales a ser exportados Fiebre Aftosa, carbunclo, brucelosis, akabane y anaplasmosis nunca ha ocurrido durante los últimos 5 años.
All animals in the farms of origin have been free from clinical signs of the following diseases for the specific period: Paratuberculosis, Tuberculosis, Enzootic bovine leucosis and Campylobacter fetus for 3 years, Infectious bovine rhinotracheitis, Bovine viral diarrhea, Trichomoniasis, and Toxoplasmosis for 1 year.
Todos los animales en los establecimientos de origen han sido libres de signos clínicos de las siguientes enfermedades para el período especificado: Paratuberculosis, Tuberculosis, Leucosis enzootica bovina, Campilobacteriosis fetal, 3 años, Rinotraqueitis bovina infecciosa, Diarrea viral bovina, Tricomoniasis, and Toxoplasmosis, 1 año

The cattle was tested on the farms of origin for the diseases listed above of this certificate with negative results prior to entry into the approved pre-embarkation isolation facility.

El ganado fue probado en los establecimientos de orígenes por las enfermedades enumerados arriba en este certificado, con resultados negativos antes de entrar en las unidades cuarentenarias aprobadas, previas al embarque.

Prior to export, the animals negative to on-farm testing were quarantined for at least 30 days at a pre-embarkation isolation facility approved for this purpose by MGAP.

Previo a la exportación, los animales negativos fueron cuarentenados al menos por 30 días en aislamiento en establecimiento autorizado por el MGAP.

During the quarantine period, the animals for export have not have contact with animals not intended for export to China except the sentinel animals.

Durante el período de cuarentena, los animales para exportación no han tenido contacto con animales que no estén destinados para China, excepto los animales centinelas

The cattle to be exported was isolated for 30 days under the control of official veterinarians and they are clinically free from any symptoms of infectious or contagious diseases.

Los Bovinos a exportar, fueron aislados por 30 días bajo control veterinario oficial yestán clínicamente libre de síntomas de enfermedades infecciosas o contagiosas.

V.2 SANITARY REQUIREMENTS TO THE FARM OF ORIGIN.

Requisitos sanitarios en el establecimiento de origen.

All the serological tests were done at DILAVE the official national veterinary laboratory.

Todas las pruebas serológicas fueron realizadas en el Laboratorio oficial nacional veterinario, DILAVE.

1.Foot and mouth disease ELISA Test

Fiebre Aftosa : Test de Elisa

2.Tuberculosis intradermal test of the caudal fold, using bovine PPD tube

Tuberculosis Test intradérmico en pliegue ano caudal usando PPD bovina.

3.Paratuberculosis: Elisa Test

Paratuberculosis: Test de Elisa

4.Brucelosis ELISA with negative results; or the buffered plate agglutination test with negative reaction

Brucelosis ELISA con resultados negativos, o el Test de aglutinación de placas bufereada

5.Enzootic Bovine Leucosis: agar gel immunodiffusion (gP antigen) test; or ELISA.

Leucosis Bovina Enzoótica: Test de gel de agar de inmunidifusión (antígeno gP), o Test de ELISA.

6.Bovine virus diarrhea: virus isolation test, with immunoperoxidase staining procedure, or C-ELISA test (antigen capture).

Diarrea Viral Bovina: Test de aislamiento de virus con procedimiento de inmunoperoxidasa, o test C-Elisa (captura de antígeno).

V.3 SANITARY REQUIREMENTS DURING PRE-EMBARKATION PERIOD

Requisitos sanitarios durante el período pre embarque.

1. Treatments: Tratamientos:

The animals were treated for leptospirosis twice with dihydrostreptomycin (25 mg/kg) with interval of 14 days; or once with long acting tetracycline (20 mg/kg).

Los animales fueron tratados por leptospirosis dos veces con dihidroestreptomicina (25 mg/kg) con intervalo cada 14 días, o una vez con tetraciclina de larga duración (20 mg/kg).

The animals were treated for external and internal parasites under the supervision of official veterinarians using drugs approved by MGAP.

Los animales fueron tratados contra parásitos externos e internos bajo la supervisión de veterinarios oficiales utilizando drogas aprobadas por el MGAP.

Were treated with Doramenctin (200mcg/k) 48 hours prior to export. (2)

Fueron tratados dentro de las 48 horas previos al embarque con Doramectina en la concentración de 200 microgramos / kg de peso.

2. Vaccinations: Vacunaciones

All animals were vaccinated with vaccines approved by MGAP at least 20 days prior to export.

Todos los animales fueron vacunados con vacunas aprobadas por el MGAP al menos 20 días previo a la exportación.

2.1Foot-and-mouth disease (type A and O):

The type of vaccine:..........................Date of vaccination:...................

Dosage:...........Manufactory:................Expiring date:........................

Fiebre Aftosa(Tipo A y O):

Tipo de vacuna :..........................Fecha de vacunación:.......................................

Dosis:....................Laboratorio:........................Fecha de vencimiento:....................

2.2Infectious Bovine Rhinotracheitis:

The type of vaccine:..........................Date of vaccination:...................

Dosage:...........Manufactory:................Expiring date:........................

Rinotraqueitis Bovina Infecciosa:

Tipo de vacuna :..........................Fecha de vacunación:...................................

Dosis:...................Laboratorio:.........................Fecha de vencimiento:....................

2.3Anthrax:

The type of vaccine:..........................Date of vaccination:..................

Dosage:...........Manufactory:................Expiring date:.......................

Carbunco Bacteridiano:

Tipo de vacuna :..........................Fecha de vacunación:...................................

Dosis:...................Laboratorio:............ ....Fecha de vencimiento:....................

3.Serological tests: Pruebas serológicas

3.1Foot and Mouth Disease: All animals to be exported ELISA Test.

Date of sampling and testing:...................................

Fiebre Aftosa: Todos los animales a ser exportados Prueba de ELISA

Fecha de muestra y prueba:.......................................

For sentinel animals: virus neutralization test within 7 days before the export

Laboratory.....................Date of sampling and testing:..................................

Para animales centinelas: test de neutralización de virus para tipo O y A dentro de los 7 días antes de la exportación.

Laboratorio:..........................Fecha de muestra y prueba:.......................................

3.2Bovine virus diarrhea C-ELISA test (antigen capture) 7 days after the cattle entering into the isolation facility.

Laboratory:..........................Date of sampling and testing:..................................

Diarrea Viral Bovina: Prueba C-ELISA(captura de antígeno) 7 días luego de entrar en el establecimiento de cuarentena.

Laboratorio:..........................Fecha de muestra y prueba:.......................................

Within 24 hours prior to export, all cattle in the pre-embarkation isolation facility were subject to clinical examination and found to be free of evidence of infectious diseases.

Dentro de las 24 horas previo a la exportación todos los animales fueron examinados clínicamente y encontrado libres de evidencias de enfermedades infecciosas.

All crates, vehicles, ships or aircraft to be used for transportation shall be cleaned and disinfected with disinfectants approved by MGAP.

Fueron limpiados todas las canastas, vehículos, naves o avión usado para el transporte y se desinfectados con desinfectantes aprobados por MGAP

The cattle have not contact with animals of other consignments, and they have not transported through areas with infectious diseases mentioned above.

El ganado exportado no tienen contacto con los animales de otros consignadores, y no son transportados a través de áreas con enfermedades infecciosas mencionadas arriba.

Feed and bedding used during quarantine and transportation were from areas free of diseases mentioned, and meet veterinary health requirements.

Alimentos y camas usadas en la cuarentena y transporte fueron de áreas libre de las enfermedades mencionadas, y reunían los requisitos de salud veterinarios.

Place (Lugar):

Date (Fecha):

Signature (Firma)______________

Official Veterinary/ Veterinario Oficial

REPUBLIC OF URUGUAY
República Oriental del Uruguay
MINISTRY OF LIVESTOCK, AGRICULTURE AND FISHERIES
Ministerio de Ganadería Agricultura y Pesca
GENERAL DEPARTMENT OF LIVESTOCK SERVICES
Dirección General de Servicios Ganaderos
BUREAU OF ANIMAL HEALTH
División de Sanidad Animal

Certificate N°/ N° de Certificado:

Complementary information of the Zoo sanitary Certificate for exportation of cattle for reproduction to China
Información complementaria al Certificado Zoosanitario de exportación de bovinos para Reproducción a China.

1. **Address of Official Laboratory DILAVE is: Camino Maldonado, Ruta 8 Km. 17.500, Montevideo, Uruguay/** La dirección del Laboratorio Oficial DILAVE es: Camino Maldonado Ruta 8 Km. 17.500, Montevideo, Uruguay.

2. **Address of quarantine establishment/** Dirección del establecimiento de cuarentena.

3. **Name, dose, and Laboratory of facilities disinfectant/** Nombre, dosis y laboratorio del desinfectante de las instalaciones.

Place (Lugar):

Date (Fecha):

Signature (Firma)_____________

Official Veterinary/ Veterinario Oficial

REPUBLIC OF URUGUAY
República Oriental del Uruguay
MINISTRY OF LIVESTOCK, AGRICULTURE AND FISHERIES
Ministerio de Ganadẹría Agricultura y Pesca
GENERAL DEPARTMENT OF LIVESTOCK SERVICES
Dirección General de Servicios Ganaderos
"MIGUEL C. RUBINO" VETERINARY LABORATORIES DIVISION
División Laboratorios Veterinarios "MIGUEL C. RUBINO"

RUTA 8, Km. 17 ½ - TEL.: (598-2) 222 10 63- FAX.:(598-2) 222 11 57
E-Mail: reprodilave@dilave.gub.uy
Montevideo – Uruguay

CERTIFICADO PARA LA EXPORTACION DE SEMEN BOVINO DESDE URUGUAY A LA REPUBLICA POPULAR DE CHINA

CERTIFICATE FOR BOVINE SEMEN TO BE EXPORTED FROM URUGUAY TO THE PEOPLE'S REPUBLIC OF CHINA

Número / *Number*:
Expedido el / *Issued on*:
Válido por / *Valid for:*

I – <u>EXPORTADO POR / *EXPORTED BY:*</u>

Nombre y dirección del exportador:
Name and address of consignor:

Nombre del Centro de Colección y Procesamiento de Semen (CCPS):
Name of the Semen Colection Center (CCPS):

Número de Registro del CCPS:
Registration Number of the CCPS:

II – <u>IMPORTADO POR / *IMPORTED BY*</u>

Nombre y dirección del importador:
Name and address of consignee:

III - IDENTIFICACION DEL SEMEN / *SEMEN IDENTIFICATION:*

Nº de orden	**Nombre del Toro** *Bull's Name*	**Raza** *Breed*	**Nº de Identificación** *Identification #:*	**Nº de partida** *# of colection*	**Pajuelas** *Straws*	**Fecha colecta** *Colection date*
1.						
2.						
3.						
4.						
5.						
6.						

IV - CONDICIONES SANITARIAS / *SANITARY CONDITIONS*

Se **CERTIFICA** que fueron cumplidas las siguientes condiciones:
It is certified that the following conditions are fulfilled:

A.- CONDICIONES GENERALES / *GENERAL CONDITIONS:*

A.1) el semen identificado en el item III (xxxx dosis), fue obtenido de toros mantenidos aislados en el Centro de Colección y Procesamiento de Semen (CCPS) ____________________, número de registro ________________, aprobado en fecha ________________, estando bajo la supervisión e inspección regular de la Sección Reproducción del MGAP, y que opera bajo responsabilidad de un Médico Veterinario ACREDITADO por el MGAP..

The semen identified in chapter III (xxxx doses) was collected from bulls isolated in the Semen Collection Center (CCPS)____________________________, registration number________________, approved on (date), under regular inspection and supervision by the Reproduction Section of the MGAP, under the technical and sanitary direction of a Veterinarian authorized by the MGAP.

A.2) El semen fue extraído, tratado y almacenado conforme a lo dispuesto por el anexo 3.2.1.1. de la O.I.E., siempre bajo la supervisión del Médico Veterinario autorizado por el MGAP.
The exported semen was collected and treated according to the animal health standards recommended by the O.I.E, under the supervision from the MGAP authorized veterinarian.

A.3) Cada partida de semen fue envasada en pajuelas, sellado y marcado bajo la supervisión del veterinario autorizado por el MGAP. Las pajuelas son identificadas con el nombre del toro, número de registro, fecha o código de colecta y nombre del CCPS.
Each consignment of semen is strawed, sealed and marked under the supervision from the MGAP authorized veterinarian. Each straw is identified with the bull's name, registration number, date or code of collection date and name of the CCPS.

La identificación completa de las pajuelas es la siguiente:
The identification marks of the semen is as follows:

Nº de orden	**Identificación completa de las pajuelas** ***Complete identification of the straws***
1.	
2.	
3.	
4.	
5.	
6.	

B.- <u>CONDICIONES ESPECIFICAS / *PARTICULAR CONDITIONS*</u>

B.1) En el CCPS no ha existido evidencia clínica de Tuberculosis, Brucelosis, Leucosis Bovina Enzoótica y Paratuberculosis durante los últimos 3 años.
There has been no any clinical evidence of Tuberculosis, Brucellosis, Enzootic Bovine Leucosis and Paratuberculosis at the CCPS during the past 3 years.

B.2) En el CCPS no ha existido evidencia clínica de IBR/IPV, BVD/MD y Leptospirosis durante los últimos 12 meses.
Within 12 months prior to the semen collection,at the CCPS there has been no any clinical evidence of IBR/IPV, BVD/MD and Leptospirosis.

B.3) Los toros donantes y bovinos señuelos han residido en el CCPS al menos durante 6 meses previos a la colección del semen objeto de la presente exportación y nunca han sido utilizados para monta natural desde su arribo al mismo.
The donor bulls and teasers have resided in the CCPS at least 6 months prior to the semen collection and have never been used for natural service since entering the Center.

B.4) Todos los animales residentes en el CCPS se encuentran identificados por una caravana única y permanente para trazabilidad.
The donor bulls and teasers have unique and permanent ear tags for traceability.

B.5) Ninguno de los animales mantenidos en el CCPS. presentó signos clínicos de enfermedades infecciosas con especial referencia a Peste Bovina, Pleuroneumonía Contagiosa Bovina, Dermatosis Nodular Contagiosa, Peste de los Pequeños Rumiantes, Enfermedad de Akabane, Estomatitis Vesicular, Encefalopatía Espongiforme Bovina, Fiebre Aftosa, IBR/IPV, BVD, Leucosis Bovina Enzoótica, Lengua Azul, Tuberculosis, Paratuberculosis, Campylobacteriosis, Tricomoniasis, Brucelosis y Leptospirosis, durante los treinta (30) días anteriores al momento de la colecta del semen exportado así como también en los treinta (30) días posteriores.
During the period from 30 days before the semen collection to 30 days after the semen collection, the donor bulls and teasers show no signs for Rinderpest, Contagious Bovine Pleuropneumonia, Lumpy Skin Disease, Peste des Petits Rumiants, Akabane Disease, Vesicular Stomatitis, Bovine Spongiform Encephalopathy, Foot-and-Mouth Disease, IBR/IPV, BVD/MD, Enzootic Bovine Leucosis, Blue Tongue, Tuberculosis,

Paratuberculosis, Campylobacteriosis, Trichomoniasis, Brucellosis and Leptospirosis.

B.6) Dentro de las 24 horas previas a la colección del semen, todos los animales mantenidos en el CCPS fueron examinados por el Médico Veterinario responsable del Centro, acreditado y autorizado por el MGAP, no presentando síntoma alguno de las enfermedades infecciosas mencionadas en el artículo anterior.
Within 24 hours prior to the semen collection, all animals in the CCPS were clinically examined by the veterinarian authorized by the MGAP, and show no signs of the infectious diseases mentioned above.

B.7) Todos los animales residentes en el CCPS son testeados regularmente con resultado negativo con respecto a / *All animals in the CCPS are regularly tested with negative results for:*

- Fiebre Aftosa: test de ELISA de proteína no estructural, cada 3 meses
  Foot-&-Mouth Disease: non-structural protein ELISA, every 3 months
- IBR/IPV: test de ELISA cada 6 meses
  IBR/IPV: ELISA every 6 months
- Leucosis Bovina Enzoótica: AGID o ELISA cada 6 meses
  Enzootic Bovine Leucosis: AGID or ELISA every 6 months
- BVD/MD: ELISA captura de antígeno cada 6 meses
  BVD/MD: ELISA antigen capture every 6 months
- Tuberculosis: test intradérmico con PPD cada 6 meses
  Tuberculosis: intradermal test using tuberculin PPD, every 6 months
- Paratuberculosis: test de ELISA cada 6 meses
  Paratuberculosis, ELISA test every 6 months

- Brucelosis: test de ELISA cada 6 meses
  Brucellosis: ELISA test every 6 months

B.8) Aquellos toros dadores de semen para la presente exportación fueron sometidos a las anteriores pruebas con resultado negativo en las fechas indicadas:
The bulls donors of the exported semen were tested with negative results on the following dates:

Nº de Orden	Fecha colecta	Fiebre Aftosa	IBR/IPV	TB	ParaTB	Bruc.	Lept.	BVD/MD	LBE
1.									
2.									
3.									
4.									
5.									
6.									

Resultados relevantes de los distintos test sanitarios, acompañan al presente certificado.
The relevant test results are attached to the present certificate.

B.9.- El semen fue envasado en pajuelas de 0.5 ml, con una concentración mínima de 20 millones de espermatozoides en la dosis, presentando al momento de la descongelación un mínimo de 7 millones de espermatozoides viables por dosis.
The semen was strawed in 0.5 ml straws, with a minimum concentration of 20 million spermatozoa/dose, with at least 7 million active spermatozoa/dose after thawing.

B.10.- Los componentes del diluyente y el método de dilución fue:
The components of the diluents and dilution method were:

B.11.- El medio de dilución contiene los siguientes antibióticos:
The antibiotics added to the diluents were:

MEDICO VETERINARIO AUTORIZADO DEL CCPS:
CCPS'S AUTHORIZED VETERINARIAN:

Nombre / *Name:*

Nº REG. MGAP / *REG. MGAP #:*

Firma / *Signature:*

LA SECCION REPRODUCCION DE LA DILAVE, MGAP CERTIFICA QUE /
THE REPRODUCTION SECTION OF THE DILAVE, MGAP CERTIFIES THAT:

- El Centro de Colección y Procesamiento de Semen ____________________ se encuentra registrado, aprobado y regularmente inspeccionado y supervisado por la Sección Reproducción de la División Laboratorios Veterinarios del MGAP.
The CCPS____________________ is registered, approved and regularly inspected and supervised by the Reproduction Section of the Veterinary Laboratories Division of the MGAP.

- El Dr. ____________________, médico veterinario arriba firmante, se encuentra acreditado ante esta Sección como responsable técnico del CCPS.
Dr. ____________________, above signing veterinarian, is authorized by this Section for the technical and sanitary direction of the CCPS.

- El semen bovino objeto de esta exportación atiende las condiciones sanitarias establecidas en el protocolo firmado oportunamente entre la Administración General de Supervisión de la Calidad, Inspección y Cuarentena (AQSIQ) de la República Popular de China y el Ministerio de Ganadería, Agricultura y Pesca (MGAP) del la República Oriental del Uruguay, sobre requerimientos de cuarentena y sanidad animal para semen bovino a ser exportado desde Uruguay a la República Popular de China.
All the conditions established on the Protocol between the Ministry of Livestock, Agriculture and Fisheries of the Oriental Republic of Uruguay and General Administration of Quality Supervision, Inspection and Quarantine of the People's Republic of China on Quarantine and Health requirements form bovine semen to

be exported from Uruguay to the People's Republic of China were thoroughly fulfilled.

- Ha controlado los documentos que avalan lo certificado en el punto B.8, copia de los cuales se adjunta al presente certificado.
  Has controlled the documents that certify the requirements on chapter B.8 and copy of the test results are attached to the present certificate.

- El semen exportado fue mantenido bajo la supervisión de los veterinarios autorizados del MGAP hasta la emisión del presente certificado sanitario.
  The exported semen is kept under the supervision of the veterinarian authorized by the MGAP until the issuance of the present health certificate.

- Ha inspeccionado el bióstato y posteriormente lo ha precintado con el Nº:
  Has inspected the semen cryostatic tank which was sealed with a strap stamped ***XXXXXX***

Nombre / *Name:*

Cargo / *Position:*

Firma / *Signature:*

Fecha / *Date:*

La Dirección de la División Laboratorios Veterinarios "Miguel C. Rubino" deja constancia que el Médico Veterinario arriba firmante es funcionario de esta División, estando habilitado para supervisar el CCPS y refrendar la presente certificación sanitaria.
The "Miguel C. Rubino" Veterinary Laboratories Division *certifies that the Veterinarian signing above is part of the staff of this Division and is authorized to supervise the CCPS and sign the sanitary certification.*

Asimismo **CERTIFICA:**
And CERTIFIES too that:

- Que Uruguay es país oficialmente libre a las siguientes enfermedades: Fiebre Aftosa a virus exóticos (SAT 1, SAT 2, SAT 3 Y ASIA 1), Peste Bovina, Pleuroneumonía Contagiosa Bovina, Estomatitis Vesicular, Lengua Azul, Dermatosis Nodular Contagiosa, Peste de los Pequeños Rumiantes, Enfermedad de Akabane y Encefalopatía Espongiforme Bovina.
  Uruguay is officially free country of Foot-&-Mouth Disease (SAT 1, SAT 2, SAT 3 and ASIA 1), Rinderpest, Contagious Bovine Pleuropneumonia, Vesicular Stomatitis, Blue Tongue, Lumpy Skin Disease, Peste des Petits Rumiants, Akabane Disease and Bovine Spongiform Encephalopathy

- Que desde el 21 de agosto de 2001 Uruguay ha permanecido libre de casos de Fiebre Aftosa.
  Since August 21, 2001, Uruguay has been free of Foot-&-Mouth Disease cases.

- Que URUGUAY es libre de Fiebre Aftosa con vacunación (virus A y O)
  Uruguay is free of Foot-&-Mouth Disease with vaccination (A & O virus)

MINISTERIO GANADERIA, AGRICULTURA Y PESCA - DIVISION DE LABORATORIOS VETERINARIOS - MIGUEL C. RUBINO - DIRECCION GENERAL DE SERVICIOS GANADEROS

Sello oficial
Official stamp

Nombre / *Name:*

Cargo / *Position:* Director

Firma / *Signature:*

Fecha / *Date:*

Certificado Nº:001 / 2005
Página 7 de 7

REPUBLIC OF URUGUAY
República Oriental del Uruguay
MINISTRY OF LIVESTOCK, AGRICULTURE AND FISHERIES
Ministerio de Ganadería Agricultura y Pesca
GENERAL DEPARTMENT OF LIVESTOCK SERVICES
Dirección General de Servicios Ganaderos
"MIGUEL C. RUBINO" VETERINARY LABORATORIES DIVISION
División Laboratorios Veterinarios "MIGUEL C. RUBINO"
RUTA 8, Km. 17 ½ - TEL.: (598-2) 222 10 63- FAX.:(598-2) 222 11 57
E-Mail: *reprodilave@dilave.gub.uy*
Montevideo – Uruguay

CERTIFICADO PARA LA EXPORTACION DE EMBRIONES DESDE URUGUAY A LA REPUBLICA POPULAR DE CHINA

CERTIFICATE FOR BOVINE EMBRYOS TO BE EXPORTED FROM URUGUAY TO THE PEOPLE'S REPUBLIC OF CHINA

Número / *Number*
Expedido el / *Issued on:*
Válido por / *Valid for:*

I – <u>EXPORTADO POR / *EXPORTED BY:*</u>

Nombre y dirección del exportador:
Name and address of consignor:

Nombre del Centro de Colección de Embriones (ECC):
Name of the Embryo Colection Center (ECC):

Número de Registro del ECC:
Registration Number of the ECC:

II – <u>IMPORTADO POR / *IMPORTED BY*</u>

Nombre y dirección del importador:
Name and address of consignee:

III - <u>IDENTIFICACION DE LOS EMBRIONES / *EMBRYOS IDENTIFICATION:*</u>

Nº de orden	Nombre y nº registro donante *Donor's name & reg. number*	Nombre y nº registro toro *Bull's name & reg. number*	Fecha colecta *Colection date*	Pajuelas *Straws*	Embriones *Embryos*
1.					
2.					
3.					
4.					
5.					
6.					

IV - <u>CONDICIONES SANITARIAS / *SANITARY CONDITIONS*</u>

Se **CERTIFICA** que fueron cumplidas las siguientes condiciones:
It is certified that the following conditions are fulfilled:

A.- <u>CONDICIONES GENERALES / *GENERAL CONDITIONS:*</u>

A.1) los embriones identificados en el item III (xxxx embriones), fueron obtenidos de hembras donantes mantenidas aisladas en el Centro de Colección de Embriones (ECC)______________________, número de registro ________________, aprobado en fecha _________________, estando bajo la supervisión e inspección regular de la Sección Reproducción del MGAP, y que opera bajo responsabilidad de un Médico Veterinario ACREDITADO por el MGAP..

The embryos identified in chapter III (xxxx embryos) were collected from female donors isolated in the Embryo Collection Center (ECC)_____________________________, registration number________________, approved on (date), under regular inspection and supervision by the Reproduction Section of the MGAP, under the technical and sanitary direction of a Veterinarian authorized by the MGAP.

A.2) La producción y procesamiento de los embriones en el ECC cumple lo dispuesto por la OIE y de la IETS, siempre bajo la supervisión del Médico Veterinario autorizado por el MGAP.
The production and processing of the embryos in the ECC comply with the standards recommended by the OIE and the IETS, under the supervision from the MGAP authorized veterinarian.

B.- <u>CONDICIONES ESPECIFICAS / *PARTICULAR CONDITIONS*</u>

B.1) En el ECC no ha existido evidencia clínica de Tuberculosis, Brucelosis, Leucosis Bovina

Enzoótica, Paratuberculosis y Campylobacteriosis fetal durante los últimos 3 años.

There has been no any clinical evidence of Tuberculosis, Brucellosis, Enzootic Bovine Leucosis, Paratuberculosis and Campylobacter fetus at the ECC during the past 3 years.

B.2) En el ECC no ha existido evidencia clínica de IBR/IPV, BVD/MD, Clamidiosis y Leptospirosis durante los últimos 12 meses.
Within 12 months prior to the semen collection, at the ECC there has been no any clinical evidence of IBR/IPV, BVD/MD, Chlamydiosis and Leptospirosis.

B.3) Todas las donantes residentes en el ECC se encuentran identificados por una caravana única y permanente para trazabilidad.
All the donors at the ECC have unique and permanent ear tags for traceability.

B.4) Ninguno de los animales mantenidos en el ECC. presentó signos clínicos de enfermedades infecciosas con especial referencia a Peste Bovina, Pleuroneumonía Contagiosa Bovina, Dermatosis Nodular Contagiosa, Peste de los Pequeños Rumiantes, Enfermedad de Akabane, Estomatitis Vesicular, Encefalopatía Espongiforme Bovina, Fiebre Aftosa, IBR/IPV, BVD, Leucosis Bovina Enzoótica, Lengua Azul, Tuberculosis, Paratuberculosis, Campylobacteriosis, Brucelosis, Clamidiosis y Leptospirosis, durante los treinta (30) días anteriores al momento de la colecta de los embriones exportados así como también en los treinta (30) días posteriores.
During the period from 30 days before the embryo collection to 30 days after the embryo collection, the donors at the ECC show no signs for Rinderpest, Contagious Bovine Pleuropneumonia, Lumpy Skin Disease, Peste des Petits Rumiants, Akabane Disease, Vesicular Stomatitis, Bovine Spongiform Encephalopathy, Foot-and-Mouth Disease, IBR/IPV, BVD/MD, Enzootic Bovine Leucosis, Blue Tongue, Tuberculosis, Paratuberculosis, Campylobacter fetus, Brucellosis, Chlamydiosis and Leptospirosis.

B.5) Dentro de las 24 horas previas a la colección de embriones, todos los animales mantenidos en el ECC fueron examinados por el Médico Veterinario responsable del Centro, acreditado y autorizado por el MGAP, no presentando síntoma alguno de las enfermedades infecciosas mencionadas en el artículo anterior.
Within 24 hours prior to the embryo collection, all animals in the ECC were clinically examined by the veterinarian authorized by the MGAP, and show no signs of the infectious diseases mentioned above.

B.6) Las donantes fueron testeadas con resultado negativo con respecto a / *The donors were tested with negative results for:*

- Fiebre Aftosa: test de ELISA de proteína no estructural, dos veces, dentro de los 30 días previos a la primera colección de embriones y 30 días después de la última colección, respectivamente, con un intervalo de por lo menos 21 días.
  Foot-&-Mouth Disease: non-structural protein ELISA twice within 30 days before the first collection of embryos and 30 days after the last collection, respectively, with an interval of at least 21 days.
- IBR/IPV: test de ELISA dentro de los 21-60 días después de la última colección de embriones.
  IBR/IPV: ELISA test within 21-60 days after the last collection of embryos.
- BVD/MD: ELISA captura de antígeno dentro de los 21-60 días después de la última colección de embriones
  BVD/MD: ELISA antigen capture test within 21-60 days after the last collection of

embryos.

- Tuberculosis: test intradérmico con PPD dentro de los 21-60 días después de la última colección de embriones
  Tuberculosis: intradermal test using tuberculin PPD within 21-60 days after the last collection of embryos.
- Paratuberculosis: test de ELISA dentro de los 21-60 días después de la última colección de embriones
  Paratuberculosis, ELISA test within 21-60 days after the last collection of embryos.
- Brucelosis: test de ELISA dentro de los 21-60 días después de la última colección de embriones
  Brucellosis: ELISA test within 21-60 days after the last collection of embryos.

B.7) Las donantes de embriones para la presente exportación fueron sometidas a las anteriores pruebas con resultado negativo en las fechas indicadas:
The donors of the exported embryos were tested with the above mentioned techniques, with negative results on the following dates:

Nº de Orden	**Fecha colecta**	**Fiebre Aftosa**	**IBR/IPV**	**TB**	**ParaTB**	**Bruc.**	**Lept.**	**BVD/MD**
1.								
2.								
3.								
4.								
5.								
6.								

Resultados relevantes de los distintos tests sanitarios, acompañan al presente certificado.
The relevant test results are attached to the present certificate.

B.8.- Cada embrión es confirmado con una zona pelúcida intacta y libre de material adherente por examen microscópico.
Each embryo is confirmed with an intact zona pellucida and free from adherent material by microscopic examination.

B.9.-El semen utilizado para inseminar las vacas donantes satisface las condiciones del protocolo entre MGAP y AQSIQ en los requerimientos de cuarentena y sanidad para el semen de bovinos a ser exportado de Uruguay a la República Popular de China. El semen fue producido en el Centro de Colección y Producción de Semen____________________, nº de registro____________________, o en su defecto, fue importado de (especificar país).
The semen used to inseminate the donor cows met the conditions of the protocol between MGAP and AQSIQ on quarantine and health requirements for bovine semen to be exported from Uruguay to the People's Republic of China. The semen was collected and processed in the Semen Collection Center____________________, registration #:____________, or was imported from (specify country).

B.10:- Todas las donantes fueron inseminadas artificialmente.
All the donors were artificially inseminated.

B.11.- Los embriones fueron envasados en pajuelas identificadas siguiendo las recomendaciones

de la IETS, las cuales fueron selladas y permanecieron bajo supervisión de los veterinarios autorizados por el MGAP hasta la emisión de la certificación sanitaria de exportación.
The embryos were strawed in identified straws according to the IETS requirements, and were sealed and kept under supervision of the authorized veterinarians by MGAP until the issuance of the present health certificate.

B.12.- Los métodos de colección, lavado, tratamiento con tripsina y almacenaje para exportación fueron los siguientes:
The procedures of the collection, washing, treatment with trypsin and storage of the embryos for exportation were:

MEDICO VETERINARIO AUTORIZADO DEL ECC:
ECC'S AUTHORIZED VETERINARIAN:

Nombre / *Name:*

Nº REG. MGAP / *REG. MGAP #:*

Firma / *Signature:*

LA SECCION REPRODUCCION DE LA DILAVE, MGAP CERTIFICA QUE / *THE REPRODUCTION SECTION OF THE DILAVE, MGAP CERTIFIES THAT:*

- El Centro de Colección de Embriones ______________________ se encuentra registrado, aprobado y regularmente inspeccionado y supervisado por la Sección Reproducción de la División Laboratorios Veterinarios del MGAP.
  The Embryo Collection Center ______________________ is registered, approved and regularly inspected and supervised by the Reproduction Section of the Veterinary Laboratories Division of the MGAP.

- El Dr. ______________________, médico veterinario arriba firmante, se encuentra acreditado ante esta Sección como responsable técnico del ECC.
  Dr. ______________________, above signing veterinarian, is authorized by this Section for the technical and sanitary direction of the ECC.

- Los embriones bovinos objeto de esta exportación atienden las condiciones sanitarias establecidas en el protocolo firmado oportunamente entre la Administración General de Supervisión de la Calidad, Inspección y Cuarentena (AQSIQ) de la República Popular de

China y el Ministerio de Ganadería, Agricultura y Pesca (MGAP) del la República Oriental del Uruguay, sobre requerimientos de cuarentena y sanidad animal para embriones bovinos a ser exportados desde Uruguay a la República Popular de China.
All the conditions established on the Protocol between the Ministry of Livestock, Agriculture and Fisheries of the Oriental Republic of Uruguay and General Administration of Quality Supervision, Inspection and Quarantine of the People's Republic of China on Quarantine and Health requirements for bovine embryos to be exported from Uruguay to the People's Republic of China were thoroughly fulfilled.

- Ha controlado los documentos que avalan lo certificado, copia de los cuales se adjunta al presente certificado.
  Has controlled the documents that certify the requirements and copy of the test results are attached to the present certificate.

- Los embriones exportados fueron mantenidos bajo la supervisión de los veterinarios autorizados del MGAP hasta la emisión del presente certificado sanitario.
  The exported embryos were kept under the supervision of the veterinarian authorized by the MGAP until the issuance of the present health certificate.

- Ha inspeccionado el bióstato y posteriormente lo ha precintado con el Nº:
  Has inspected the semen cryostatic tank which was sealed with a strap stamped
  XXXXXX

Nombre / *Name:*

Cargo / *Position:*

Firma / *Signature:*

Fecha / *Date:*

La Dirección de la División Laboratorios Veterinarios "Miguel C. Rubino" deja constancia que el Médico Veterinario arriba firmante es funcionario de esta División, estando habilitado para supervisar el ECC y refrendar la presente certificación sanitaria.
The "Miguel C. Rubino" Veterinary Laboratories Division *certifies that the Veterinarian signing above is part of the staff of this Division and is authorized to supervise the ECC and sign the sanitary certification.*

Asimismo **CERTIFICA:**
And CERTIFIES too that:

- Que Uruguay es país oficialmente libre a las siguientes enfermedades: Fiebre Aftosa a virus exóticos (SAT 1, SAT 2, SAT 3 Y ASIA 1), Peste Bovina, Pleuroneumonía Contagiosa Bovina, Estomatitis Vesicular, Lengua Azul, Dermatosis Nodular Contagiosa, Peste de los Pequeños Rumiantes, Enfermedad de Akabane y Encefalopatía Espongiforme Bovina.

Uruguay is officially free country of Foot-&-Mouth Disease (SAT 1, SAT 2, SAT 3 and ASIA 1), Rinderpest, Contagious Bovine Pleuropneumonia, Vesicular Stomatitis, Blue Tongue, Lumpy Skin Disease, Peste des Petits Rumiants, Akabane Disease and Bovine Spongiform Encephalopathy

- Que desde el 21 de agosto de 2001 Uruguay ha permanecido libre de casos de Fiebre Aftosa.
  Since August 21, 2001, Uruguay has been free of Foot-&-Mouth Disease cases.

- Que URUGUAY es libre de Fiebre Aftosa con vacunación (virus A y O)
  Uruguay is free of Foot-&-Mouth Disease with vaccination (A & O virus)

MINISTERIO GANADERIA, AGRICULTURA Y PESCA - DIVISION DE LABORATORIOS VETERINARIOS - MIGUEL C. RUBINO - DIRECCION GENERAL DE SERVICIOS GANADEROS

Sello oficial
Official stamp

Nombre / *Name:*

Cargo / *Position:* Director

Firma / *Signature:*

Fecha / *Date:*

Certificado Nº:001 / 2005
Página 7 de 7

关于沪台海上小额贸易有关水果检验检疫问题的批复

（2006年11月3日国家质检总局国质检动函[2006]867号）

上海检验检疫局：

你局《关于沪台海上小额贸易的请示》（沪检办[2006]89号）收悉。经研究，同意台湾水果从已批准的沿海台湾渔船停泊点以海上小额贸易方式进入大陆。请你局按照《进境水果检验检疫监督管理办法》及《关于印发〈进口台湾水果有关检验检疫问题处理原则〉的通知》（国质检动函[2005]649号）等有关规定，做好进口台湾水果检验检疫工作。执行中如遇问题，请及时报告总局。

关于部分稻草产品恢复输日和强化检验检疫管理的通知

（2006年11月17日国家质检总局国质检动函[2006]904号）

辽宁检验检疫局：

日方于2006年11月6日起有条件恢复进口中国部分稻草制品（具体要求见附件）。为巩固前阶段工作成果，确保出口产品符合有关要求和进一步实现输日稻草及其产品的全面解禁，现就有关问题通知如下：

一、要高度重视解禁后相关产品出口日本的检验检疫和监管工作。要充分吸取前期输日稻草夹带活虫、动物粪便等事件的教训，认真总结经验，成立专门的领导小组开展有关工作，确保各项制度和措施落实到位，责任到人，避免再次出现违规事件，进而影响到全面解禁工作。

二、要加大对有关企业的监管和处罚力度，合理引导和协助稻草出口协会完善内部管理机制，充分发挥其自我管理、协调、约束机制，切实提高出口企业自律性。

三、日方此次恢复进口草帘和草席的企业有连中远农畜产有限公司、大连三叶饲料有限公司、松原星大饲料有限公司、大连宝琦草业有限公司等4家，其中大连三叶饲料有限公司也准许恢复向日本出口稻草制品。

四、在符合日方有关要求的基础上，所有出口热处理加工厂和原料加工厂均需要完成注册登记后方可恢复出口。对恢复出口产品出具兽医（卫生）证书时应注意：

（一）产地栏注明产品在辽东半岛和松辽平原两个无规定疫病示范区内生产加工的具体地点。

（二）标明加工企业的名称、地址和注册编号。

（三）证书中“用于饲喂动物”的表述修改为“用于园艺或绿化”。

请你局在恢复出口一个月后将有关工作情况报送总局，以便进一步与日方交涉和推动全面解禁。

附件

日方恢复进口部分稻草制品的条件要求

一、在辽东半岛及松辽平原两个无规定疫病示范区生产和加工的草帘和草席。

二、完成“one-way”改造并已经得到日方确认的4家企业（大连中远农畜产有限公司，大连三叶饲料有限公司，松原星大饲料有限公司，大连宝琦草业有限公司）。

三、符合《中华人民共和国向日本出口饲用秸秆和草料的动物卫生要求》和《关于进口中华人民共和国产稻草的植物检疫实施细则》。

关于允许南非柑橘从广州、深圳口岸入境的通知

(2007年1月10日国家质检总局国质检动函[2007]8号)

各直属检验检疫局,中国检验有限公司:

经总局与南非农业部协商,自即日起同意增加广州、深圳口岸为南非柑橘的入境口岸。为此,总局对《南非柑橘进境植物检疫要求》(国质检动函[2006]335号)的有关条款作了修订。请广东、深圳检验检疫局组织有关业务人员认真研究南非柑橘进境检验检疫要求,做好现场查验及实验室检测准备工作。

鉴于南非柑橘在运输途中实施冷处理,请中国检验有限公司对经香港中转内地的南非柑橘的产地及原证书、原集装箱进行确认,不进行开箱检验,而由入境口岸检验检疫机构负责判定冷处理是否有效并实施检验检疫。

执行中如遇问题,请及时报告总局。

关于恢复进口美国加州 Fresno 县柑橘的通知

(2007年1月22日国家质检总局国质检动函[2007]50号)

各直属检验检疫局:

2006年5月美国加利福尼亚州 Fresno 县突发桃实蝇疫情,为防止疫情传入,总局发布了预警通报,暂停从该县进口柑橘。近日,在美方提供疫情铲除证明材料的基础上,按照国际植物检疫措施标准第26号《关于实蝇非疫区的建立》,经我方专家评估,认为美国加州 Fresno 县桃实蝇疫情已得到控制,为实蝇非疫区。因此,总局决定自

即日起恢复美国加利福尼亚州 Fresno 县柑橘向我国出口。

2006 年 7 月 18 日总局发布的《关于暂停进口美国加利福尼亚州 Fresno 县柑橘的警示通报》(国质检动函[2006]535 号)同时废止。

关于防止人高致病性禽流感疫情传播的公告

(2007 年 2 月 26 日国家质检总局 2007 年第 37 号公告)

据世界卫生组织(WHO)报道,2007 年 1 月 1 日至 2 月 3 日,出现人高致病性禽流感(H5N1)病例的国家有埃及 1 例(死亡),尼日利亚 1 例(死亡),印度尼西亚 6 例(5 例死亡)。自发现人感染高致病性禽流感以来,截至 2007 年 2 月 3 日,全球共有 11 个国家(阿塞拜疆、柬埔寨、中国、古布堤、埃及、印度尼西亚、伊拉克、尼日利亚、泰国、土耳其和越南)271 人感染高致病性禽流感,其中 165 人死亡。为防止禽流感传播,保护出入境人员的健康安全,根据《中华人民共和国国境卫生检疫法》及其实施细则的有关规定,现公告如下:

一、来自发生疫情国家的人员,如有发热、咳嗽、头痛、全身不适等症状的,入境时应当向出入境检验检疫机构申报。检验检疫机构要加强对入境人员体温检测、医学巡查等工作,对申报或现场查验发现有上述症状的人员要仔细排查,对可疑病例要发放《就诊方便卡》,持有《就诊方便卡》可得到优先诊治。

二、前往发生疫情国家的人员,可以向出入境检验检疫机构及其国际旅行卫生保健中心了解该地区的疫情,或登陆国家质检总局网站(www.aqsiq.gov.cn)卫生检疫与旅行健康专栏查询相关信息。检验检疫机构应向出入境人员提供禽流感防治知识宣传资料,增强出入境人员的防病意识。旅行中或旅行后发现禽流感相关症状者,应立即就医,并在入境时向检验检疫机构申报。

三、出境人员应尽量避免前往有疫情发生的地区或疫点,若确需前往,建议应了解和掌握禽流感的预防方法,采取适当防护措施:

要避免接触禽流感患者、染病家禽及其粪便或沾染了粪便的灰土、泥土；避免食用生的或未煮熟的禽肉；在疫情暴发点、禽类养殖、销售、屠宰、加工场所要采取戴口罩等防护措施；勤洗手；对禽流感病毒可能污染的区域、物品进行消毒处理；发现有流感样症状要及时就诊。

科威特高致病性禽流感公告

（2007 年 3 月 6 日农业部、国家质检总局 2007 年第 823 号公告）

科威特农渔部向世界动物卫生组织（OIE）报告，2007 年 2 月 13 日起发生的鸡只死亡疫情已确诊为 H5N1 亚型高致病性禽流感。为防止该病传入我国，保护我国畜牧业安全，根据《中华人民共和国进出境动植物检疫法》等有关法律法规规定，现公告如下：

一、禁止直接或间接从科威特输入禽类及其产品，停止签发从科威特进口禽类及其产品的《进境动植物检疫许可证》，撤销已签发的从科威特进口禽类及其产品的《进境动植物检疫许可证》。

二、对 2007 年 1 月 23 日及以后启运的来自科威特的禽类及其产品，一律作退回或销毁处理。对 1 月 23 日前启运的来自科威特的禽类及其产品经禽流感检测合格后方可放行。

三、禁止邮寄或旅客携带来自科威特的禽类及其产品进境，一经发现，一律作退回或销毁处理。

四、对途经我国或在我国停留的国际航行船舶、飞机和火车等运输工具，如发现有来自科威特的禽类及其产品，一律作封存处理；其交通员工自养自用的禽类，必须装入完好的笼具中，其废弃物、泔水等，一律在出入境检验检疫机构的监督下作无害化处理，不得擅自抛弃。

五、对海关、边防等部门截获的非法入境的来自科威特的禽类及其产品，一律在出入境检验检疫机构监督下作销毁处理。

六、凡违反上述规定者，由出入境检验检疫机构依照《中华人民共和国进出境动植物检疫法》有关规定处理。

七、各出入境检验检疫机构、各级动物防疫监督机构要分别依照《中华人民共和国进出境动植物检疫法》和《中华人民共和国动物防疫法》的有关规定，密切配合，做好检疫、防疫和监督工作。

本公告自发布之日起执行。

希腊口蹄疫解禁令

（2007 年 3 月 8 日农业部、国家质检总局 2007 年第 828 号公告）

鉴于希腊已被世界动物卫生组织（OIE）认可为非免疫无口蹄疫国家，并根据我国对希腊口蹄疫疫情状况的风险分析结果，自本公告发布之日起，允许从希腊进口符合中国相关法律法规规定并在本公告发布日后生产和加工的偶蹄动物及其产品。

农业部令 2000 年第 39 号同时废止。

关于防止旅客携带玉米种子等禁止进境物入境的警示通报

（2007 年 3 月 26 日国家质检总局国质检动函[2007]215 号）

各直属检验检疫局：

2007 年 3 月 18 日，珠海检验检疫局拱北办事处检疫人员在口岸旅检现场发现有 16 名澳门“水客”相继携带产自美国染有红色种衣剂的杂交甜玉米种子入境，共计 320 公斤，均未能提供我国相关主管部门的批准文件和美国官方出具的《植物检疫证书》。据了解，该批玉米种子是由“水客”们在澳门受人之托，从澳门关前一辆密封货车上接货，准备带往拱北口岸地下商场某地交货，从中赚取“带工费”。珠海局依法对这批种子作截留销毁处理。

美国玉米种子是《中华人民共和国进境植物检疫禁止进境物

名录》规定的法定禁止进境物,若因科学研究等特殊需要,应事先向国家质检总局申办进境特许审批手续,并持有出口国官方植检机构签发的《植物检疫证书》,如果是转基因玉米种子,还应当按照《进出境转基因产品检验检疫管理办法》的规定,入境时还必须提交《农业转基因生物安全证书》和《农业转基因生物标识审查认可批准文件》等。

根据《出入境检验检疫风险分析预警及快速反应管理规定》,现发布警示通报如下:

一、各局要加大口岸旅检现场入境旅客携带物查验力度,运用多种查验手段,严防入境旅客携带国家禁止携带入境的动植物产品入境。

二、发现旅客携带国家禁止携带入境的动植物产品的,要依法予以截留销毁处理。发现重大问题的,要将有关情况及时上报总局。

三、各局要进一步加强宣传工作,在出入境检验检疫现场的显示屏和旅客通道显目位置显示和张贴有关提示,提醒入境旅客遵守我国相关法律法规的规定,切勿携带国家禁止进境物入境。

关于印发《进境集装箱装运粮谷现场检验检疫操作规程(试行)》的通知

(2007 年 4 月 12 日国家质检总局国质检动[2007]162 号)

各直属检验检疫局:

为确保进境粮谷质量和安全,规范进境集装箱粮谷检验检疫工作,现将《进境集装箱装运粮谷现场检验检疫操作规程(试行)》印发你们,请遵照执行。执行中如遇问题,请及时报告总局。

进境集装箱装运粮谷现场检验检疫操作规程(试行)

1 适用范围

本操作规程适用于集装箱装载的进境小麦、大麦、玉米、大豆、油菜籽(以下简称粮谷)的现场检验检疫。

2 集装箱粮谷查验场地要求

集装箱进境粮谷现场检验检疫须在入境口岸经检验检疫机构指定的场地进行。查验场地应具备一定的防疫和检疫处理条件,卫生条件良好,相对封闭,具有平整的硬质地面和查验专用平台。

3 核对货证是否相符并制定检验检疫方案

审核报检单证,确认货证是否相符。了解货物产地、品种和货物装载、处理、运输情况,根据《出入境粮食和饲料检验检疫管理办法》及输出国家或地区疫情发生情况,制定检验检疫方案。确定现场检验检疫时间、地点、人员。

4 开箱检验检疫

4.1 集装箱密封性查验

对全批集装箱进行密封性查验,要求集装箱表面干燥、清洁、密封性好、无异味,粮谷无撒漏。

4.2 开箱前的准备工作

打开集装箱前,须在箱口铺设编织布或塑料膜,以便对撒漏的粮谷进行清扫和回收。

4.3 安全检查

集装箱开箱前须进行箱内熏蒸剂浓度检测,检测合格后方可开启箱门。熏蒸剂残留量超标的,需运往安全地点进行通风散毒,直至符合安全标准。

开启箱门后,应检查集装箱封口处挡板固定是否牢固,必要时进行加固,防止粮谷突然倾泻造成安全事故。

4.4　确定原始样品扦取数量

同一报检号、同一品种、同一等级的粮谷报检数量少于10 000 吨的，每 500 吨扦取 1 个原始样品，样品量不少于 5 千克，不足 500 吨的按 500 吨计，扦取 1 个原始样品；报检批数量大于 10 000 吨的，以 10 000 吨扦取 20 个原始样品为基数，每个样品量不少于 5 千克，每超过 1 000 吨，增加 1 个原始样品，不足 1 000 吨，按 1 000 吨计扦取 1 个原始样品。

4.5　取样方法的选择

4.5.1　当集装箱内粮谷为散装且箱内剩余空间较大，检验检疫人员可以正常进入并确保能随机扦取到箱内任何部位样品时，可选择人工双套管取样法。

4.5.2　当集装箱内粮谷为散装且箱内剩余空间较小，检验检疫人员无法正常进入集装箱时：

a）若封装挡板采用纸质或其他易于取样工具穿透的材料，可选择深层扦样器取样法；

b）若封装挡板采用木板或其他取样工具难以穿透的材料，可选择灌包后仓库取样法。

4.5.3　若集装箱内粮谷为袋装，应按照 SN/T 0800.1—1999 中袋装粮食、饲料和油料抽样方法操作。

4.6　抽取样品

4.6.1　人工双套管取样法：参照 SN/T 0800.1—1999 中散装粮食、饲料和油料抽样方法操作。

a）集装箱抽检比例

根据每批报检的集装箱数量确定抽检集装箱数量。5 个集装箱以下的，应全部开箱实施检验检疫，进行过筛检疫及抽取检验检疫样品。如果超过 5 个集装箱，则每增加 5 个集装箱增加抽检 1 个，余数不足 5 个集装箱的，应抽检 1 个。过筛检疫及样品中发现异常情况的，可增加开箱数量。

b）集装箱抽样点数量

在抽检的集装箱内随机选取 7 个点抽取样品，尽量保证采样点在集装箱内分布均匀。

4.6.2 深层扦样器取样法:将合适长度的扦样管沿水平方向穿透挡板插入集装箱内,当取样管顶端到达预先确定的第一个取样点后启动深层扦样器电源抽取样品,以后各取样点依此操作。

集装箱抽检比例和抽样点数量同4.6.1。

4.6.3 灌包仓库取样法:参照SN/T 0800.1—1999中袋装粮食、饲料和油料抽样方法操作。仓库应具有平整的硬质地面,卫生条件良好,具有符合防疫条件的相对隔离的灌包场所和专用灌包设备,储存仓库具有足够的仓容。

4.7 现场检验检疫

现场开箱检查的重点是粮谷是否带有土块、病虫草、发霉、结块、变质、水湿、种衣剂种子等有害物质污染,发现有异常情况的,应增加取样点及加大取样量,同时按有关规定处理。如有发霉、变质的粮谷,应立即清除,严重的应停止检验检疫,并对现场进行拍照或录像,做好记录工作。

5 填写现场检验检疫记录

根据现场检验检疫的情况如实填写检验检疫记录。现场检验检疫记录应包括报检号、取样时间、取样依据、取样量、标记及现场检验检疫情况描述,如有异常应做详细记录。

6 实验室检验检疫

填写送样单,将样品送交实验室检验检疫。实验室检验检疫按照《检验检疫工作手册》相关章节执行。

7 复验

报检人对检验检疫机构的检验结果有异议,可向原检验检疫机构或其上级检验检疫机构申请复验,具体按《进出口商品复验办法》(国检检[1993]181号)执行。报检人如对人工双套管取样法或深层扦样器取样法的检测结果有异议,应在进境货物未使用之前向检验检疫机构申请复验。检验检疫机构以灌包仓库取样法复验结果为准。

孟加拉国发生H5N1亚型高致病性禽流感

（2007年4月17日农业部、国家质检总局2007年第849号公告）

2007年3月30日，孟加拉国渔业与畜牧业部向世界动物卫生组织(OIE)报告，其境内达卡专区达卡县萨巴地区(Savar，Hhaka，DHAKA DIV)于2月5日发生H5N1亚型高致病性禽流感。为防止该病传入我国，保护我国畜牧业安全，根据《中华人民共和国进出境动植物检疫法》等有关法律法规的规定，现公告如下：

一、禁止直接或间接从孟加拉国输入禽类及其产品，停止签发从孟加拉国进口禽类及其产品的《进境动植物检疫许可证》，撤销已经签发的从孟加拉国进口禽类及其产品的《进境动植物检疫许可证》。

二、对2007年1月15日后(含1月15日)启运的来自孟加拉国的禽类及其产品，一律作退回或销毁处理；对1月15日前启运的来自孟加拉国的禽类及其产品，经禽流感检测合格方可放行。

三、禁止邮寄或旅客携带来自孟加拉国的禽类及其产品进境，一经发现，一律作退回或销毁处理。

四、对途经我国或在我国停留的国际航行船舶、飞机和火车等运输工具，如发现有来自孟加拉国的禽类及其产品，一律作封存处理；其交通员工自养自用的禽类，必须装入完好的笼具中，其废弃物、泔水等，一律在出入境检验检疫机构的监督下作无害化处理，不得擅自抛弃。

五、对海关、边防等部门截获的非法入境的来自孟加拉国的禽类及其产品，一律在出入境检验检疫机构监督下作销毁处理。

六、凡违反上述规定者，由出入境检验检疫机构依照《中华人民共和国进出境动植物检疫法》有关规定处理。

七、各出入境检验检疫机构、各级动物防疫监督机构要分别依照《中华人民共和国进出境动植物检疫法》和《中华人民共和国动物防疫法》的有关规定，密切配合，做好检疫、防疫和监督工作。

本公告自发布之日起执行。

加纳发生 H5N1 亚型高致病性禽流感

（2007 年 5 月 12 日农业部、国家质检总局 2007 年第 859 号公告）

2007 年 5 月 3 日，加纳食品和农业部向世界动物卫生组织(OIE)通报，其境内首次发生 H5N1 亚型高致病性禽流感。为防止高致病性禽流感传入我国，保护我国畜牧业安全，根据《中华人民共和国进出境动植物检疫法》等有关法律法规的规定，现公告如下：

一、禁止直接或间接从加纳输入禽类及其产品，停止签发从加纳进口禽类及其产品的《进境动植物检疫许可证》，撤销已经签发的从加纳进口禽类及其产品的《进境动植物检疫许可证》。

二、2007 年 4 月 7 日及以后启运的来自加纳的禽类及其产品一律作退回或销毁处理。2007 年 4 月 7 日前启运的来自加纳的禽类及其产品，经禽流感检测合格后方可放行。

三、禁止邮寄或旅客携带来自加纳的禽类及其产品进境，一经发现，一律作退回或销毁处理。

四、在途经我国或在我国停留的国际航行船舶、飞机和火车等运输工具上，如发现有来自加纳的禽类及其产品，一律作封存处理；其交通员工自养自用的禽类，必须装入完好的笼具中，其废弃物、泔水等，一律在出入境检验检疫机构的监督下作无害化处理，不得擅自抛弃。

五、对海关、边防等部门截获的非法入境的来自加纳的禽类及其产品，一律在出入境检验检疫机构监督下作销毁处理。

六、凡违反上述规定者，由出入境检验检疫机构依照《中华人民共和国进出境动植物检疫法》有关规定处理。

七、各出入境检验检疫机构、各级动物防疫监督机构要分别依照《中华人民共和国进出境动植物检疫法》和《中华人民共和国动物防疫法》的有关规定，密切配合，做好检疫、防疫和监督工作。

本公告自发布之日起执行。

关于允许从巴西部分州进口禽类及其产品的公告

（2007 年 5 月 18 日农业部、国家质检总局 2007 年第 860 号公告）

鉴于巴西已向世界动物卫生组织（OIE）报告消灭亚马逊州、南大河州、南马托格罗索州的新城疫疫情，并根据我国对巴西上述三州新城疫疫情状况的风险分析结果，自本公告发布之日起，允许从巴西上述三州进口符合中国相关法律法规规定的禽类及其产品。进口的有关产品应是本公告发布之日后生产加工的。

农业部与国家质量监督检验检疫总局联合公告第 687 号、705 号和国家质检总局国质检明发[2005]46 号同时废止。

关于智利第三区突发地中海实蝇的警示通报

（2007 年 5 月 22 日国家质检总局国质检动函[2007]346 号）

北京、辽宁、天津、上海、江苏、广东、深圳、海南检验检疫局：

最近，智利农业部来函通报，2007 年 4 月上旬智利第三区 Copiapo 城区发现地中海实蝇，已采取紧急防控措施。为防止疫情传入，根据《出入境检验检疫风险预警及快速反应管理规定》和智利水果输华检疫议定书有关规定，现发布关于智利第三区突发地中海实蝇的警示通报：

一、请各局继续密切关注智利地中海实蝇疫情发生动态。

二、2007 年 4 月 1 日后发运的智利第三区葡萄、李子必须按照议定书的要求实施冷处理，未采取有效冷处理的水果不得入境。各局要重点核查来自该区水果冷处理情况，如冷处理无效，则对水果作退运或销毁处理。

三、各局要加大对智利其他区葡萄、李子、苹果、猕猴桃进口检验检疫查验力度，加大抽检件数和现场剖果数量，一旦发现实蝇成虫或幼虫，一律作退货或销毁处理。

四、本警示通报涉及商品 HS 编码为：鲜葡萄 0806100000，鲜李子 0809400000，鲜苹果 0808100000，鲜猕猴桃 0810500000。

五、自总局确认智利第三区疫情根除之前，本警示通报一直有效。

关于允许从匈牙利进口禽类及其产品的公告

（2007 年 5 月 23 日农业部、国家质检总局 2007 年第 861 号公告）

鉴于匈牙利已向世界动物卫生组织（OIE）报告消灭家禽高致病性禽流感疫情，根据我国对匈牙利家禽高致病性禽流感疫情状况的风险分析结果，自本公告发布之日起，允许从匈牙利进口符合中国相关法律法规规定的禽类及其产品。进口的有关产品应是本公告发布之日后生产加工。

农业部与国家质量监督检验检疫总局联合公告第 674 号中针对匈牙利家禽及其产品的相关规定同时废止。

关于做好《进境植物检疫性有害生物名录》实施工作的通知

（2007 年 7 月 3 日国家质检总局国质检动函[2007]516 号）

各直属检验检疫局，检科院，标法中心：

为防范外来植物有害生物传入，确保农林业生产安全，根据《进出境动植物检疫法》及其实施条例的规定，国家质检总局会同农业部、国家林业局对 1992 年发布实施的《进境植物检疫危险性病、虫、杂草名录》进行了修订，形成了《中华人民共和国进境植物检疫性有害生物名录》（以下简称《名录》），已于 2007 年 5 月 28 日正式发布实施。现就做好《名录》实施工作有关事项通知如下：

一、制定发布新《名录》是我国出入境检验检疫工作中的一件大事，意义深远。请各单位务必高度重视，加强领导，精心部署，认真贯彻实施，切实防范外来检疫性有害生物传入，保护我国农林业生产和生态环境安全。

二、根据国际植物检疫措施标准，新修订的《名录》从原来的 84 种增加到现在的 435 种，不再区分一类、二类，扩大了保护面。总局将会同有关部门根据国内外疫情发生变化和口岸疫情截获情况，对《名录》实施动态调整。

三、各局要加强对进境植物、植物产品、植物性包装材料及运输工具、集装箱的检验检疫，发现《名录》所列检疫性有害生物，针对不同情况采取措施：

（一）具备有效除害处理方法且有实施条件的，经除害处理合格后准予入境。

（二）对进境加工的大豆、小麦等植物产品，结合加工、清杂等环节可达到防疫效果的，可在检验检疫机构严密监管下在加工过程中采取除害处理措施。

（三）无有效除害处理方法且不能采取其他疫情控制措施的，一律作退运、转口或销毁处理。

（四）如截获《名录》以外其他有害生物的，经专家风险分析认为是检疫性有害生物的，参照上述原则进行处理。

四、在有害生物风险分析基础上，根据检疫性有害生物在国外发生情况，总局将陆续制定进境寄主植物及其产品在输出国家或地区种植、加工、储运、出口等全过程的风险管理措施，对于尚无有效除害处理方法且难以在进境时检测鉴定的高风险有害生物，将采取禁止其寄主植物、植物产品进境的措施。

五、请检科院牵头，会同标法中心、各直属检验检疫局，尽快整理进境植物检疫性有害生物发生分布范围、寄主植物、生物学特性、鉴定和检测方法、除害处理方法和技术指标等资料，汇总有害生物检疫鉴定、除害处理等国际标准、国家标准和检验检疫行业标准，在总局网站上公布并实施动态维护。同时，要收集相关有害生物标本、标准菌种、毒种，建立检疫性有害生物的实物标本库。要充分发挥系统内外专家的作用，尽快成立不同类别有害生物鉴定专家组。

六、对于新列入《名录》中的有害生物，各单位要按照总局统一部署，抓紧制定检测、鉴定检验检疫行业标准和国家标准。针对不同有害生物、不同寄主植物和植物产品，研发有效、安全、环保的除害处理方法，并制定相应的处理标准。

七、各局要加强辖区内疫情监测和调查，如发现外来植物检疫性有害生物，要及时报告总局并采取控制措施。

八、各局要重视植物检验检疫能力建设，加快培养、锻炼植物检验检疫人才，加强实验室能力建设，采用分子生物学等先进检测手段不断提高植物检疫性有害生物的检测、鉴定水平。

九、要加强与规范检疫性有害生物截获、鉴定、复核、上报、通报管理制度。“植物疫情截获上报系统”要按新《名录》进行统计分析，并及时填写和上报《植物检疫违规通报》，以便总局对外通报。

在执行中如遇问题，请及时报告总局。

附件：中华人民共和国进境植物检疫性有害生物名录

附件

中华人民共和国进境植物检疫性有害生物名录

昆虫

1.
Acanthocinus carinulatus (Gebler)
白带长角天牛

2.
Acanthoscelides obtectus (Say)
菜豆象

3.
Acleris variana (Fernald)
黑头长翅卷蛾

4.
Agrilus spp. (non-Chinese)
窄吉丁(非中国种)

5.
Aleurodicus dispersus Russell
螺旋粉虱

6.
Anastrepha Schiner
按实蝇属

7.
Anthonomus grandis Boheman
墨西哥棉铃象

8.
Anthonomus quadrigibbus Say
苹果花象

9.
Aonidiella comperei McKenzie
香蕉肾盾蚧

10.
Apate monachus Fabricius
咖啡黑长蠹

11.
Aphanostigma piri (Cholodkovsky)
梨矮蚜

12.
Arhopalus syriacus Reitter
辐射松幽天牛

13.
Bactrocera Macquart
果实蝇属

14.
Baris granulipennis (Tournier)
西瓜船象

15.
Batocera spp. (non-Chinese)
白条天牛(非中国种)

16.
Brontispa longissima (Gestro)
椰心叶甲

17.
Bruchidius incarnates (Boheman)
埃及豌豆象

18.
Bruchophagus roddi Gussak
苜蓿籽蜂
19.
Bruchus spp. (non-Chinese)
豆象(属)(非中国种)
20.
Cacoecimorpha pronubana (Hübner)
荷兰石竹卷蛾
21.
Callosobruchus spp. (maculatus(F.)and non-Chinese)
瘤背豆象(四纹豆象和非中国种)
22.
Carpomya incompleta (Becker)
欧非枣实蝇
23.
Carpomya vesuviana Costa
枣实蝇
24.
Carulaspis juniperi (Bouchè)
松唐盾蚧
25.
Caulophilus oryzae (Gyllenhal)
阔鼻谷象
26.
Ceratitis Macleay
小条实蝇属
27.
Ceroplastes rusci (L.)
无花果蜡蚧
28.
Chionaspis pinifoliae (Fitch)
松针盾蚧
29.
Choristoneura fumiferana (Clemens)
云杉色卷蛾
30.
Conotrachelus Schoenherr
鳄梨象属
31.
Contarinia sorghicola (Coquillett)
高粱瘿蚊
32.
Coptotermes spp. (non-Chinese)
乳白蚁(非中国种)
33.
Craponius inaequalis (Say)
葡萄象
34.
Crossotarsus spp. (non-Chinese)
异胫长小蠹(非中国种)
35.
Cryptophlebia leucotreta (Mey-

rick)
苹果异形小卷蛾
36.
Cryptorrhynchus lapathi L.
杨干象
37.
Cryptotermesbrevis (Walker)
麻头砂白蚁
38.
Ctenopseustis obliquana (Walker)
斜纹卷蛾
39.
Curculio elephas (Gyllenhal)
欧洲栗象
40.
Cydia janthinana (Duponchel)
山楂小卷蛾
41.
Cydia packardi (Zeller)
樱小卷蛾
42.
Cydia pomonella (L.)
苹果蠹蛾
43.
Cydia prunivora (Walsh)
杏小卷蛾
44.
Cydia pyrivora (Danilevskii)
梨小卷蛾
45.
Dacus spp. (non-Chinese)
寡鬃实蝇(非中国种)
46.
Dasineura mali(Kieffer)
苹果瘿蚊
47.
Dendroctonus spp. (valens Le-Conteand non-Chinese)
大小蠹(红脂大小蠹和非中国种)
48.
Deudorix isocrates Fabricius
石榴小灰蝶
49.
Diabrotica Chevrolat
根萤叶甲属
50.
Diaphania nitidalis (Stoll)
黄瓜绢野螟
51.
Diaprepes abbreviata (L.)
蔗根象
52.
Diatraea saccharalis (Fabricius)
小蔗螟
53.
Dryocoetes confusus Swaine
混点毛小蠹
54.
Dysmicoccus grassi Leonari

香蕉灰粉蚧

55.

Dysmicoccus neobrevipes Beardsley

新菠萝灰粉蚧

56.

Ectomyelois ceratoniae (Zeller)

石榴螟

57.

Epidiaspis leperii (Signoret)

桃白圆盾蚧

58.

Eriosoma lanigerum (Hausmann)

苹果绵蚜

59.

Eulecanium gigantea (Shinji)

枣大球蚧

60.

Eurytoma amygdali Enderlein

扁桃仁蜂

61.

Eurytoma schreineri Schreiner

李仁蜂

62.

Gonipterus scutellatus Gyllenhal

桉象

63.

Helicoverpa zea (Boddie)

谷实夜蛾

64.

Hemerocampa leucostigma (Smith)

合毒蛾

65.

Hemiberlesia pitysophila Takagi

松突圆蚧

66.

Heterobostrychus aequalis (Waterhouse)

双钩异翅长蠹

67.

Hoplocampa flava (L.)

李叶蜂

68.

Hoplocampa testudinea (Klug)

苹叶蜂

69.

Hoplocerambyx spinicornis (Newman)

刺角沟额天牛

70.

Hylobius pales (Herbst)

苍白树皮象

71.

Hylotrupes bajulus (L.)

家天牛

72.

Hylurgopinus rufipes (Eichhoff)

美洲榆小蠹

73.
Hylurgus ligniperda Fabricius
长林小蠹
74.
Hyphantria cunea (Drury)
美国白蛾
75.
Hypothenemus hampei (Ferrari)
咖啡果小蠹
76.
Incisitermes minor (Hagen)
小楹白蚁
77.
Ips spp. (non-Chinese)
齿小蠹(非中国种)
78.
Ischnaspis longirostris (Signoret)
黑丝盾蚧
79.
Lepidosaphes tapleyi Williams
芒果蛎蚧
80.
Lepidosaphes tokionis (Kuwana)
东京蛎蚧
81.
Lepidosaphes ulmi (L.)
榆蛎蚧
82.
Leptinotarsa decemlineata(Say)
马铃薯甲虫
83.
Leucoptera coffeella (Guérin-Méneville)
咖啡潜叶蛾
84.
Liriomyza trifolii (Burgess)
三叶斑潜蝇
85.
Lissorhoptrus oryzophilus Kuschel
稻水象甲
86.
Listronotus bonariensis (Kuschel)
阿根廷茎象甲
87.
Lobesia botrana (Denis et Schiffermuller)
葡萄花翅小卷蛾
88.
Mayetiola destructor (Say)
黑森瘿蚊
89.
Mercetaspis halli (Green)
霍氏长盾蚧
90.
Monacrostichus citricola Bezzi
桔实锤腹实蝇
91.
Monochamus spp. (non-Chinese)

墨天牛(非中国种)

92.

Myiopardalis pardalina (Bigot)

甜瓜迷实蝇

93.

Naupactus leucoloma (Boheman)

白缘象甲

94.

Neoclytus acuminatus (Fabricius)

黑腹尼虎天牛

95.

Opogona sacchari (Bojer)

蔗扁蛾

96.

Pantomorus cervinus (Boheman)

玫瑰短喙象

97.

Parlatoria crypta Mckenzie

灰白片盾蚧

98.

Pharaxonotha kirschi Reither

谷拟叩甲

99.

Phloeosinus cupressi Hopkins

美柏肤小蠹

100.

Phoracantha semipunctata (Fabricius)

桉天牛

101.

Pissodes Germar

木蠹象属

102.

Planococcus lilacius Cockerell

南洋臀纹粉蚧

103.

Planococcus minor (Maskell)

大洋臀纹粉蚧

104.

Platypus spp. (non-Chinese)

长小蠹(属)(非中国种)

105.

Popillia japonica Newman

日本金龟子

106.

Prays citri Milliere

桔花巢蛾

107.

Promecotheca cumingi Baly

椰子缢胸叶甲

108.

Prostephanus truncatus (Horn)

大谷蠹

109.

Ptinus tectus Boieldieu

澳洲蛛甲

110.

Quadrastichus erythrinae Kim

刺桐姬小蜂

111.
Reticulitermes lucifugus (Rossi)
欧洲散白蚁
112.
Rhabdoscelus lineaticollis (Heller)
褐纹甘蔗象
113.
Rhabdoscelus obscurus (Boisduval)
几内亚甘蔗象
114.
Rhagoletis spp. (non-Chinese)
绕实蝇(非中国种)
115.
Rhynchites aequatus (L.)
苹虎象
116.
Rhynchites bacchus L.
欧洲苹虎象
117.
Rhynchites cupreus L.
李虎象
118.
Rhynchites heros Roelofs
日本苹虎象
119.
Rhynchophorus ferrugineus (Olivier)
红棕象甲
120.
Rhynchophorus palmarum (L.)
棕榈象甲
121.
Rhynchophorus phoenicis (Fabricius)
紫棕象甲
122.
Rhynchophorus vulneratus (Panzer)
亚棕象甲
123.
Sahlbergella singularis Haglund
可可盲蝽象
124.
Saperda spp. (non-Chinese)
楔天牛(非中国种)
125.
Scolytus multistriatus (Marsham)
欧洲榆小蠹
126.
Scolytus scolytus (Fabricius)
欧洲大榆小蠹
127.
Scyphophorus acupunctatus Gyllenhal
剑麻象甲
128.
Selenaspidus articulatus Morgan
刺盾蚧

129.
Sinoxylon spp. (non-Chinese)
双棘长蠹(非中国种)
130.
Sirex noctilio Fabricius
云杉树蜂
131.
Solenopsis invicta Buren
红火蚁
132.
Spodoptera littoralis(Boisduval)
海灰翅夜蛾
133.
Stathmopoda skelloni Butler
猕猴桃举肢蛾
134.
Sternochetus Pierce
芒果象属
135.
Taeniothrips inconsequens (Uzel)
梨蓟马
136.
Tetropium spp. (non-Chinese)
断眼天牛(非中国种)
137.
Thaumetopoea pityocampa (Denis et Schiffermuller)
松异带蛾
138.
Toxotrypana curvicauda Gerstaecker
番木瓜长尾实蝇
139.
Tribolium destructor Uyttenboogaart
褐拟谷盗
140.
Trogoderma spp. (non-Chinese)
斑皮蠹(非中国种)
141.
Vesperus Latreile
暗天牛属
142.
Vinsonia stellifera (Westwood)
七角星蜡蚧
143.
Viteus vitifoliae (Fitch)
葡萄根瘤蚜
144.
Xyleborus spp. (non-Chinese)
材小蠹(非中国种)
145.
Xylotrechus rusticus L.
青杨脊虎天牛
146.
Zabrotes subfasciatus (Boheman)
巴西豆象

软体动物

147.
Achatina fulica Bowdich
非洲大蜗牛

148.
Acusta despecta Gray
硫球球壳蜗牛
149.
Cepaea hortensis Müller
花园葱蜗牛
150.
Helix aspersa Müller
散大蜗牛
151.
Helix pomatia Linnaeus
盖罩大蜗牛
152.
Theba pisana Müller
比萨茶蜗牛
真菌
153.
Albugo tragopogi (Persoon) Schr? ter var. helianthi Novotelnova
向日葵白锈病菌
154.
Alternaria triticina Prasada et Prabhu
小麦叶疫病菌
155.
Anisogramma anomala (Peck)E. Muller
榛子东部枯萎病菌
156.
Apiosporina morbosa (Schweinitz) von Arx
李黑节病菌
157.
Atropellis pinicola Zaller et Goodding
松生枝干溃疡病菌
158.
Atropellis piniphila (Weir) Lohman et Cash
嗜松枝干溃疡病菌
159.
Botryosphaeria laricina (K. Sawada) Y. Zhong
落叶松枯梢病菌
160.
Botryosphaeria stevensii Shoemaker
苹果壳色单隔孢溃疡病菌
161.
Cephalosporium gramineum Nisikado et Ikata
麦类条斑病菌
162.
Cephalosporium maydis Samra, Sabet et Hingorani
玉米晚枯病菌
163.
Cephalosporium sacchari E. J. Butler et Hafiz Khan
甘蔗凋萎病菌

164.
Ceratocystis fagacearum (Bretz) Hunt
栎枯萎病菌

165.
Chrysomyxa arctostaphyli Dietel
云杉帚锈病菌

166.
Ciborinia camelliae Kohn
山茶花腐病菌

167.
Cladosporium cucumerinumEllis et Arthur
黄瓜黑星病菌

168.
Colletotrichum kahawae J. M. Waller et Bridge
咖啡浆果炭疽病菌

169.
Crinipellis perniciosa (Stahel) Singer
可可丛枝病菌

170.
Cronartium coleosporioides J. C. Arthur
油松疱锈病菌

171.
Cronartium comandrae Peck
北美松疱锈病菌

172.
Cronartium conigenumHedgcock et Hunt
松球果锈病菌

173.
Cronartium fusiforme Hedgcock et Hunt ex Cummins
松纺锤瘤锈病菌

174.
Cronartium ribicola J. C. Fisch.
松疱锈病菌

175.
Cryphonectria cubensis (Bruner) Hodges
桉树溃疡病菌

176.
Cylindrocladium parasiticum Crous, Wingfield et Alfenas
花生黑腐病菌

177.
Diaporthe helianthi Muntanola-Cvetkovic Mihaljcevic et Petrov
向日葵茎溃疡病菌

178.
Diaporthe perniciosa?. J. Marchal
苹果果腐病菌

179.
Diaporthe phaseolorum (Cooke et Ell.) Sacc. var. caulivora Athow et Caldwell
大豆北方茎溃疡病菌

180.
Diaporthe phaseolorum (Cooke et Ell.) Sacc. var. meridionalis F. A. Fernandez
大豆南方茎溃疡病菌
181.
Diaporthe vaccinii Shear
蓝莓果腐病菌
182.
Didymella ligulicola (K. F. Baker, Dimock et L. H. Davis) von Arx
菊花花枯病菌
183.
Didymella lycopersiciKlebahn
番茄亚隔孢壳茎腐病菌
184.
Endocronartium harknessii (J. P. Moore) Y. Hiratsuka
松瘤锈病菌
185.
Eutypa lata (Pers.) Tul. et C. Tul.
葡萄藤猝倒病菌
186.
Fusarium circinatum Nirenberg et O'Donnell
松树脂溃疡病菌
187.
Fusarium oxysporum Schlecht. f. sp. apii Snyd. et Hans
芹菜枯萎病菌
188.
Fusarium oxysporum Schlecht. f. sp. asparagi Cohen et Heald
芦笋枯萎病菌
189.
Fusarium oxysporum Schlecht. f. sp. cubense (E. F. Sm.) Snyd. et Hans (Race 4 non-Chinese races)
香蕉枯萎病菌(4 号小种和非中国小种)
190.
Fusarium oxysporum Schlecht. f. sp. elaeidis Toovey
油棕枯萎病菌
191.
Fusarium oxysporum Schlecht. f. sp. fragariae Winks et Williams
草莓枯萎病菌
192.
Fusarium tucumaniae T. Aoki, O ' Donnell, Yos. Homma et Lattanzi
南美大豆猝死综合症病菌
193.
Fusarium virguliforme O' Donnell et T. Aoki
北美大豆猝死综合症病菌
194.
Gaeumannomyces graminis

(Sacc.) Arx et D. Olivier var. avenae (E. M. Turner) Dennis
燕麦全蚀病菌
195.
Greeneria uvicola (Berk. et M. A. Curtis) Punithalingam
葡萄苦腐病菌
196.
Gremmeniella abietina (Lagerberg) Morelet
冷杉枯梢病菌
197.
Gymnosporangium clavipes (Cooke et Peck) Cooke et Peck
榅桲锈病菌
198.
Gymnosporangium fuscum R. Hedw.
欧洲梨锈病菌
199.
Gymnosporangium globosum (Farlow) Farlow
美洲山楂锈病菌
200.
Gymnosporangium juniperi-virginianae Schwein
美洲苹果锈病菌
201.
Helminthosporium solani Durieu et Mont.
马铃薯银屑病菌
202.
Hypoxylon mammatum (Wahlenberg) J. Miller
杨树炭团溃疡病菌
203.
Inonotus weirii (Murrill) Kotlaba et Pouzar
松干基褐腐病菌
204.
Leptosphaeria libanotis (Fuckel) Sacc.
胡萝卜褐腐病菌
205.
Leptosphaeria maculans (Desm.) Ces. et De Not.
十字花科蔬菜黑胫病菌
206.
Leucostoma cincta (Fr. : Fr.) Hohn.
苹果溃疡病菌
207.
Melampsora farlowii (J. C. Arthur) J. J. Davis
铁杉叶锈病菌
208.
Melampsora medusae Thumen
杨树叶锈病菌
209.
Microcyclus ulei (P. Henn.) von Arx
橡胶南美叶疫病菌

210.
Monilinia fructicola (Winter) Honey
美澳型核果褐腐病菌
211.
Moniliophthora roreri (Ciferri et Parodi) Evans
可可链疫孢荚腐病菌
212.
Monosporascus cannonballus Pollack et Uecker
甜瓜黑点根腐病菌
213.
Mycena citricolor (Berk. et Curt.) Sacc.
咖啡美洲叶斑病菌
214.
Mycocentrospora acerina (Hartig) Deighton
香菜腐烂病菌
215.
Mycosphaerella dearnessii M. E. Barr
松针褐斑病菌
216.
Mycosphaerella fijiensis Morelet
香蕉黑条叶斑病菌
217.
Mycosphaerella gibsonii H. C. Evans
松针褐枯病菌
218.
Mycosphaerella linicola Naumov
亚麻褐斑病菌
219.
Mycosphaerella musicola J. L. Mulder
香蕉黄条叶斑病菌
220.
Mycosphaerella pini E. Rostrup
松针红斑病菌
221.
Nectria rigidiuscula Berk. et Broome
可可花瘿病菌
222.
Ophiostoma novo-ulmi Brasier
新榆枯萎病菌
223.
Ophiostoma ulmi (Buisman) Nannf.
榆枯萎病菌
224.
Ophiostoma wageneri (Goheen et Cobb) Harrington
针叶松黑根病菌
225.
Ovulinia azaleae Weiss
杜鹃花枯萎病菌
226.
Periconia circinata(M. Mangin)

Sacc.
高粱根腐病菌
227.
Peronosclerospora spp. (non-Chinese)
玉米霜霉病菌(非中国种)
228.
Peronospora farinosa (Fries: Fries) Fries f. sp. betae Byford
甜菜霜霉病菌
229.
Peronospora hyoscyami de Baryf. sp. tabacina (Adam) Skalicky
烟草霜霉病菌
230.
Pezicula malicorticis (Jacks.) Nannfeld
苹果树炭疽病菌
231.
Phaeoramularia angolensis (T. Carvalho et O. Mendes) P. M. Kirk
柑橘斑点病菌
232.
Phellinus noxius (Corner) G. H. Cunn.
木层孔褐根腐病菌
233.
Phialophora gregata (Allington et Chamberlain) W. Gams
大豆茎褐腐病菌
234.
Phialophora malorum (Kidd et Beaum.) McColloch
苹果边腐病菌
235.
Phoma exigua Desmazières f. sp. foveata (Foister) Boerema
马铃薯坏疽病菌
236.
Phoma glomerata (Corda) Wollenweber et Hochapfel
葡萄茎枯病菌
237.
Phoma pinodella (L. K. Jones) Morgan-Jones et K. B. Burch
豌豆脚腐病菌
238.
Phoma tracheiphila (Petri) L. A. Kantsch. et Gikaschvili
柠檬干枯病菌
239.
Phomopsis sclerotioides van Kesteren
黄瓜黑色根腐病菌
240.
Phymatotrichopsis omnivora (Duggar) Hennebert
棉根腐病菌
241.
Phytophthora cambivora (Pe-

tri) Buisman
栗疫霉黑水病菌
242.
Phytophthora erythroseptica Pethybridge
马铃薯疫霉绯腐病菌
243.
Phytophthora fragariae Hickman
草莓疫霉红心病菌
244.
Phytophthora fragariae Hickman var. rubi W. F. Wilcox et J. M. Duncan
树莓疫霉根腐病菌
245.
Phytophthora hibernalis Carne
柑橘冬生疫霉褐腐病菌
246.
Phytophthora lateralis Tucker et Milbrath
雪松疫霉根腐病菌
247.
Phytophthora medicaginis E. M. Hans. et D. P. Maxwell
苜蓿疫霉根腐病菌
248.
Phytophthora phaseoli Thaxter
菜豆疫霉病菌
249.
Phytophthora ramorum Werres, De Cock et Man in't Veld
栎树猝死病菌
250.
Phytophthora sojae Kaufmann et Gerdemann
大豆疫霉病菌
251.
Phytophthora syringae (Klebahn) Klebahn
丁香疫霉病菌
252.
Polyscytalum pustulans (M. N. Owen et Wakef.) M. B. Ellis
马铃薯皮斑病菌
253.
Protomyces macrosporus Unger
香菜茎瘿病菌
254.
Pseudocercosporella herpotrichoides (Fron) Deighton
小麦基腐病菌
255.
Pseudopezicula tracheiphila (Müller-Thurgau) Korf et Zhuang
葡萄角斑叶焦病菌
256.
Puccinia pelargonii-zonalis Doidge
天竺葵锈病菌

257.
Pycnostysanus azaleae (Peck) Mason
杜鹃芽枯病菌

258.
Pyrenochaeta terrestris (Hansen) Gorenz, Walker et Larson
洋葱粉色根腐病菌

259.
Pythium splendens Braun
油棕猝倒病菌

260.
Ramularia beticola Fautr. et Lambotte
甜菜叶斑病菌

261.
Rhizoctonia fragariae Husain et W. E. McKeen
草莓花枯病菌

262.
Rigidoporus lignosus (Klotzsch) Imaz.
橡胶白根病菌

263.
Sclerophthora rayssiae Kenneth, Kaltin et Wahlvar. zeae Payak et Renfro
玉米褐条霜霉病菌

264.
Septoria petroselini (Lib.) Desm.
欧芹壳针孢叶斑病菌

265.
Sphaeropsis pyriputrescens Xiao et J. D. Rogers
苹果球壳孢腐烂病菌

266.
Sphaeropsis tumefaciens Hedges
柑橘枝瘤病菌

267.
Stagonospora avenae Bissett f. sp. triticea T. Johnson
麦类壳多胞斑点病菌

268.
Stagonospora sacchari Lo et Ling
甘蔗壳多胞叶枯病菌

269.
Synchytrium endobioticum (Schilberszky) Percival
马铃薯癌肿病菌

270.
Thecaphora solani (Thirumalachar et M. J. O'Brien) Mordue
马铃薯黑粉病菌

271.
Tilletia controversa Kühn
小麦矮腥黑穗病菌

272.
Tilletia indica Mitra
小麦印度腥黑穗病菌

273.
Urocystis cepulae Frost
葱类黑粉病菌
274.
Uromyces transversalis (Thümen) Winter
唐菖蒲横点锈病菌
275.
Venturia inaequalis (Cooke) Winter
苹果黑星病菌
276.
Verticillium albo-atrum Reinke et Berthold
苜蓿黄萎病菌
277.
Verticillium dahliaeKleb.
棉花黄萎病菌
原核生物
278.
Acidovorax avenae subsp. cattleyae (Pavarino) Willems et al.
兰花褐斑病菌
279.
Acidovorax avenae subsp. citrulli (Schaad et al.) Willems et al.
瓜类果斑病菌
280.
Acidovorax konjaci (Goto) Willems et al.
魔芋细菌性叶斑病菌
281.
Alder yellows phytoplasma
桤树黄化植原体
282.
Apple proliferation phytoplasma
苹果丛生植原体
283.
Apricot chlorotic leafroll phtoplasma
杏褪绿卷叶植原体
284.
Ash yellows phytoplasma
白蜡树黄化植原体
285.
Blueberry stunt phytoplasma
蓝莓矮化植原体
286.
Burkholderia caryophylli (Burkholder) Yabuuchi et al.
香石竹细菌性萎蔫病菌
287.
Burkholderia gladioli pv. alliicola (Burkholder) Urakami et al.
洋葱腐烂病菌
288.
Burkholderia glumae (Kurita et Tabei) Urakami et al.
水稻细菌性谷枯病菌

289.
Candidatus Liberobacter africanum Jagoueix et al.
非洲柑桔黄龙病菌
290.
Candidatus Liberobacter asiaticum Jagoueix et al.
亚洲柑桔黄龙病菌
291.
Candidatus Phytoplasma australiense
澳大利亚植原体候选种
292.
Clavibacter michiganensis subsp. insidiosus (McCulloch) Davis et al.
苜蓿细菌性萎蔫病菌
293.
Clavibacter michiganensis subsp. michiganensis (Smith) Davis et al.
番茄溃疡病菌
294.
Clavibacter michiganensis subsp. nebraskensis (Vidaver et al.) Davis et al.
玉米内州萎蔫病菌
295.
Clavibacter michiganensis subsp. sepedonicus (Spieckermann et al.) Davis et al.
马铃薯环腐病菌
296.
Coconut lethal yellowing phytoplasma
椰子致死黄化植原体
297.
Curtobacterium flaccumfaciens pv. flaccumfaciens (Hedges) Collins et Jones
菜豆细菌性萎蔫病菌
298.
Curtobacterium flaccumfaciens pv. oortii (Saaltink et al.) Collins et Jones
郁金香黄色疱斑病菌
299.
Elm phloem necrosis phytoplasma
榆韧皮部坏死植原体
300.
Enterobacter cancerogenus (Urosevi) Dickey et Zumoff
杨树枯萎病菌
301.
Erwinia amylovora (Burrill) Winslow et al.
梨火疫病菌
302.
Erwinia chrysanthemi Burkholder et al.
菊基腐病菌

303.
Erwinia pyrifoliae Kim, Gardan, Rhim et Geider
亚洲梨火疫病菌

304.
Grapevine flavescence dorée phytoplasma
葡萄金黄化植原体

305.
Lime witches' broom phytoplasma
来檬丛枝植原体

306.
Pantoea stewartii subsp. stewartii (Smith) Mergaert et al.
玉米细菌性枯萎病菌

307.
Peach X-disease phytoplasma
桃X病植原体

308.
Pear decline phytoplasma
梨衰退植原体

309.
Potato witches' broom phytoplasma
马铃薯丛枝植原体

310.
Pseudomonas savastanoi pv. phaseolicola (Burkholder) Gardan et al.
菜豆晕疫病菌

311.
Pseudomonas syringae pv. morsprunorum (Wormald) Young et al.
核果树溃疡病菌

312.
Pseudomonas syringae pv. persicae (Prunier et al.) Young et al.
桃树溃疡病菌

313.
Pseudomonas syringae pv. pisi (Sackett) Young et al.
豌豆细菌性疫病菌

314.
Pseudomonas syringae pv. maculicola (McCulloch) Young et al
十字花科黑斑病菌

315.
Pseudomonas syringae pv. tomato (Okabe) Young et al.
番茄细菌性叶斑病菌

316.
Ralstonia solanacearum (Smith) Yabuuchi et al. (race 2)
香蕉细菌性枯萎病菌(2号小种)

317.
Rathayibacter rathayi (Smith) Zgurskaya et al.

鸭茅蜜穗病菌

318.

Spiroplasma citri Saglio et al.

柑橘顽固病螺原体

319.

Strawberry multiplier phytoplasma

草莓簇生植原体

320.

Xanthomonas albilineans (Ashby) Dowson

甘蔗白色条纹病菌

321.

Xanthomonas arboricola pv. celebensis (Gaumann) Vauterin et al.

香蕉坏死条纹病菌

322.

Xanthomonas axonopodis pv. betlicola (Patel et al.) Vauterin et al.

胡椒叶斑病菌

323.

Xanthomonas axonopodis pv. citri (Hasse) Vauterin et al.

柑橘溃疡病菌

324.

Xanthomonas axonopodis pv. manihotis (Bondar) Vauterin et al.

木薯细菌性萎蔫病菌

325.

Xanthomonas axonopodis pv. vasculorum (Cobb) Vauterin et al.

甘蔗流胶病菌

326.

Xanthomonas campestris pv. mangiferaeindicae (Patel et al.) Robbs et al.

芒果黑斑病菌

327.

Xanthomonas campestris pv. musacearum (Yirgou et Bradbury) Dye

香蕉细菌性萎蔫病菌

328.

Xanthomonas cassavae (ex Wiehe et Dowson) Vauterin et al.

木薯细菌性叶斑病菌

329.

Xanthomonas fragariae Kennedy et King

草莓角斑病菌

330.

Xanthomonas hyacinthi (Wakker) Vauterin et al.

风信子黄腐病菌

331.

Xanthomonas oryzae pv. oryzae (Ishiyama) Swings et al.

水稻白叶枯病菌
332.
Xanthomonas oryzae pv. oryzicola (Fang et al.) Swings et al.
水稻细菌性条斑病菌
333.
Xanthomonas populi (ex Ride) Ride et Ride
杨树细菌性溃疡病菌
334.
Xylella fastidiosa Wells et al.
木质部难养细菌
335.
Xylophilus ampelinus (Panagopoulos) Willems et al.
葡萄细菌性疫病菌

线虫
336.
Anguina agrostis (Steinbuch) Filipjev
剪股颖粒线虫
337.
Aphelenchoides fragariae (Ritzema Bos) Christie
草莓滑刃线虫
338.
Aphelenchoides ritzemabosi (Schwartz) Steiner et Bührer
菊花滑刃线虫
339.
Bursaphelenchus cocophilus (Cobb) Baujard
椰子红环腐线虫
340.
Bursaphelenchus xylophilus (Steiner et Bührer) Nickle
松材线虫
341.
Ditylenchus angustus (Butler) Filipjev
水稻茎线虫
342.
Ditylenchus destructor Thorne
腐烂茎线虫
343.
Ditylenchus dipsaci (Kühn) Filipjev
鳞球茎茎线虫
344.
Globodera pallida (Stone) Behrens
马铃薯白线虫
345.
Globodera rostochiensis (Wollenweber) Behrens
马铃薯金线虫
346.
Heterodera schachtii Schmidt
甜菜胞囊线虫
347.
Longidorus (Filipjev) Micoletzky (The species transmit viruses)
长针线虫属(传毒种类)

348.
Meloidogyne Goeldi (non-Chinese species)
根结线虫属(非中国种)

349.
Nacobbus abberans (Thorne) Thorne et Allen
异常珍珠线虫

350.
Paralongidorus maximus (Bütschli) Siddiqi
最大拟长针线虫

351.
Paratrichodorus Siddiqi (The species transmit viruses)
拟毛刺线虫属(传毒种类)

352.
Pratylenchus Filipjev (non-Chinese species)
短体线虫(非中国种)

353.
Radopholus similis (Cobb) Thorne
香蕉穿孔线虫

354.
Trichodorus Cobb (The species transmit viruses)
毛刺线虫属(传毒种类)

355.
Xiphinema Cobb (The species transmit viruses)
剑线虫属(传毒种类)

病毒及类病毒

356.
African cassava mosaic virus, ACMV
非洲木薯花叶病毒(类)

357.
Apple stem grooving virus, ASPV
苹果茎沟病毒

358.
Arabis mosaic virus, ArMV
南芥菜花叶病毒

359.
Banana bract mosaic virus, BBrMV
香蕉苞片花叶病毒

360.
Bean pod mottle virus, BPMV
菜豆荚斑驳病毒

361.
Broad bean stain virus, BBSV
蚕豆染色病毒

362.
Cacao swollen shoot virus, CSSV
可可肿枝病毒

363.
Carnation ringspot virus, CRSV
香石竹环斑病毒

364.
Cotton leaf crumple virus, CLCrV
棉花皱叶病毒

365.
Cotton leaf curl virus, CLCuV
棉花曲叶病毒

366.
Cowpea severe mosaic virus, CPSMV
豇豆重花叶病毒

367.
Cucumber green mottle mosaic virus, CGMMV
黄瓜绿斑驳花叶病毒

368.
Maize chlorotic dwarf virus, MCDV
玉米褪绿矮缩病毒

369.
Maize chlorotic mottle virus, MCMV
玉米褪绿斑驳病毒

370.
Oat mosaic virus, OMV
燕麦花叶病毒

371.
Peach rosette mosaic virus, PRMV
桃丛簇花叶病毒

372.
Peanut stunt virus, PSV
花生矮化病毒

373.
Plum pox virus, PPV
李痘病毒

374.
Potato mop-top virus, PMTV
马铃薯帚顶病毒

375.
Potato virus A, PVA
马铃薯 A 病毒

376.
Potato virus V, PVV
马铃薯 V 病毒

377.
Potato yellow dwarf virus, PYDV
马铃薯黄矮病毒

378.
Prunus necrotic ringspot virus, PNRSV
李属坏死环斑病毒

379.
Southern bean mosaic virus, SBMV
南方菜豆花叶病毒

380.
Sowbane mosaic virus, SoMV
藜草花叶病毒

381.
Strawberry latent ringspot virus, SLRSV
草莓潜隐环斑病毒

382.
Sugarcane streak virus, SSV
甘蔗线条病毒
383.
Tobacco ringspot virus, TRSV
烟草环斑病毒
384.
Tomato black ring virus, TBRV
番茄黑环病毒
385.
Tomato ringspot virus, ToRSV
番茄环斑病毒
386.
Tomato spotted wilt virus, TSWV
番茄斑萎病毒
387.
Wheat streak mosaic virus, WSMV
小麦线条花叶病毒
388.
Apple fruit crinkle viroid, AFCVd
苹果皱果类病毒
389.
Avocado sunblotch viroid, ASBVd
鳄梨日斑类病毒
390.
Coconut cadang-cadang viroid, CCCVd
椰子死亡类病毒
391.
Coconut tinangaja viroid, CTiVd
椰子败生类病毒
392.
Hop latent viroid, HLVd
啤酒花潜隐类病毒
393.
Pear blister canker viroid, PBCVd
梨疱症溃疡类病毒
394.
Potato spindle tuber viroid, PSTVd
马铃薯纺锤块茎类病毒

杂草
395.
Aegilops cylindrica Horst
具节山羊草
396.
Aegilops squarrosa L.
节节麦
397.
Ambrosia spp.
豚草(属)
398.
Ammi majus L.
大阿米芹

399.
Avena barbata Brot.
细茎野燕麦
400.
Avena ludoviciana Durien
法国野燕麦
401.
Avena sterilis L.
不实野燕麦
402.
Bromus rigidus Roth
硬雀麦
403.
Bunias orientalis L.
疣果匙荠
404.
Caucalis latifolia L.
宽叶高加利
405.
Cenchrus spp. (non-Chinese species)
蒺藜草(属)(非中国种)
406.
Centaurea diffusa Lamarck
铺散矢车菊
407.
Centaurea repens L.
匍匐矢车菊
408.
Crotalaria spectabilis Roth
美丽猪屎豆
409.
Cuscuta spp.
菟丝子(属)
410.
Emex australis Steinh.
南方三棘果
411.
Emex spinosa (L.) Campd.
刺亦模
412.
Eupatorium adenophorum Spreng.
紫茎泽兰
413.
Eupatorium odoratum L.
飞机草
414.
Euphorbia dentata Michx.
齿裂大戟
415.
Flaveria bidentis (L.) Kuntze
黄顶菊
416.
Ipomoea pandurata (L.) G. F. W. Mey.
提琴叶牵牛花
417.
Iva axillaris Pursh
小花假苍耳
418.
Iva xanthifolia Nutt.

假苍耳

419.

Knautia arvensis (L.) Coulter

欧洲山萝卜

420.

Lactuca pulchella (Pursh) DC.

野莴苣

421.

Lactuca serriola L.

毒莴苣

422.

Lolium temulentum L.

毒麦

423.

Mikania micrantha Kunth

薇甘菊

424.

Orobanche spp.

列当(属)

425.

Oxalis latifolia Kubth

宽叶酢浆草

426.

Senecio jacobaea L.

臭千里光

427.

Solanum carolinense L.

北美刺龙葵

428.

Solanum elaeagnifolium Cay.

银毛龙葵

429.

Solanum rostratum Dunal.

刺萼龙葵

430.

Solanum torvum Swartz

刺茄

431.

Sorghum almum Parodi.

黑高粱

432.

Sorghum halepense (L.) Pers. (Johnsongrass and its cross breeds)

假高粱(及其杂交种)

433.

Striga spp. (non-Chinese species)

独脚金(属)(非中国种)

434.

Tribulus alatus Delile

翅蒺藜

435.

Xanthium spp. (non-Chinese species)

苍耳(属)(非中国种)

备注1:非中国种是指中国未有发生的种;

备注2:非中国小种是指中国未有发生的小种;

备注3:传毒种类是指可以作为植物病毒传播介体的线虫种类。

关于启用向新加坡出口宠物食品新兽医卫生证书的通知

（2007年7月5日国家质检总局国质检动函[2007]526号）

各直属检验检疫局：

根据新加坡对进口宠物食品兽医卫生证书新要求，经国家质检总局与新加坡农业食品兽医局（AVA）协商，已就中国对新加坡出口宠物食品的兽医（卫生）证书达成一致意见。现将该证书样本（见附件）印发给你们。自本通知发布之日起，请严格按照该证书的要求对向新加坡出口的宠物食品实施检验检疫并出具证书。

特此通知。

附件：1. 中国向新加坡出口含牛肉或牛肉制品的宠物食品兽医（卫生）证书样本

2. 中国向新加坡出口不含牛肉或牛肉制品的宠物食品兽医（卫生）证书样本

附件1

CIQ

中华人民共和国出入境检验检疫
ENTRY-EXIT INSPECTION AND QUARANTINE OF THE PEOPLE'S REPUBLIC OF CHINA

兽医（卫生）证书

编号 No.:

VETERINARY (HEALTH) CERTIFICATE

(向新加坡出口含牛肉或牛肉制品的宠物食品)

(For pet food containing beef or beef products exported to Singapore)

发货人名称及地址
Name and Address of Consignor ______________________

收货人名称及地址
Name and Address of Consignee ______________________
(Importer name, address and telephone contact)

品名
Description of Goods ______________________
(Brand name)

报检重量
Weight Declared ________ 产地 Place of Origin ________ 标记及号码 Mark & No.

包装种类及数量
Number and Type of Packages ______________________

集装箱号
Container No. ______________________

铅封号
Seal No. ______________________

加工厂名称、地址及编号（如果适用）
Name, Address and approval No. of the approved Establishment (if applicable) ________

启运地
Place of Dispatch ________ 到达国家及地点
Country and Place of Destination ________

运输工具
Means of Conveyance ________ 发货日期
Date of Dispatch ________

产品用于饲喂
Product is produced for 狗 dog ☐ 猫 cat ☐ 产品类型
Type of product 干粮 dry ☐ 湿粮 wet ☐

生产日期
Production date ________ 储存期
Storage life ________

本签字兽医官证明上述货物
I, the undersigned official veterinarian, certify that the products described above:

1.中国没有疯牛病
China is free from Bovine Spongiform Encephalopathy.

2.来自在中国出生、饲养的动物，这些动物在兽医主管部门批准的屠宰场屠宰。
were manufactured from animals born and raised in the country of origin and were slaughtered at an establishment in the country of origin which is approved by the veterinary authorities;

3.来自经宰前宰后检查临床健康，无传染病症状的动物，且这些动物不是因为疫病消灭计划而扑杀的动物。
were derived from animals which have been subjected to ante- and post-mortem examination and did not show any sign of infectious or contagious diseases and which were not slaughtered in any disease eradication campaign;

4.经过中心温度70℃30分钟或更高要求的工艺处理，以保证处理的有效性。
were manufactured with heat treatment at minimum 70℃ for 30 minutes or more higher requirements to ensure efficacy of treatment;

印刷流水号位置

5.已经进行了充分的热处理以杀灭病原，特别是沙门氏菌和肠杆菌。在储存和检测期间按以下标准随机抽样：
have been subjected to a heat treatments sufficient to destroy pathogenic agents, especially Salmonella and Enterobacteriaceae, and random samples were taken during storage and tested with the following standards:

沙门氏菌：

Salmonella: absence in 25g, n=5, c=0, m=0, M=0. (free of Salmonella)

肠杆菌：

Enterobacteriaceae: n=5, c=2, m=10, $M=3x10^2$ in 1g

6.用全新并经灭菌的包装材料包装，并采取措施以避免受到污染。
The product was packed in new and sterilized packaging and precaution was taken to prevent contamination.

本证书有效期 60 天。
This certificate is valid for 60 days.

* * * * * * * *

印章　　　　签证地点 Place of Issue________________　签证日期 Date of Issue________________

Official Stamp

官方兽医 Official Veterinarian________________　签　　名 Signature________________

中华人民共和国出入境检验检疫机关及其官员或代表不承担签发本证书的任何财经责任。No financial liability shall attach to the entry-exit inspection and quarantine authorities of the P. R. of China or to any officer or representative of the authorities with respect to this certificate.

附件2

中华人民共和国出入境检验检疫
ENTRY-EXIT INSPECTION AND QUARANTINE OF THE PEOPLE'S REPUBLIC OF CHINA

兽医（卫生）证书

编号 No.:

VETERINARY (HEALTH) CERTIFICATE

(向新加坡出口不含牛肉或牛肉制品的宠物食品)

(For pet food without beef or beef products exported to Singapore)

发货人名称及地址
Name and Address of Consignor ____________________

收货人名称及地址
Name and Address of Consignee ____________________
(Importer name, address and telephone contact)

品名
Description of Goods ____________________
(Brand name)

报检重量
Weight Declared ____________　产地 Place of Origin ____________　标记及号码 Mark & No.

包装种类及数量
Number and Type of Packages ____________________

集装箱号
Container No. ____________________

铅封号
Seal No. ____________________

加工厂名称、地址及编号（如果适用）
Name, Address and approval No. of the approved Establishment (if applicable) ______

启运地
Place of Dispatch ______
到达国家及地点
Country and Place of Destination ______

运输工具
Means of Conveyance ______
发货日期
Date of Dispatch ______

产品用于饲喂动物的种类 狗 dog ☐
Product is produced for 猫 cat ☐
产品类型 干粮 dry ☐
Type of product 湿粮 wet ☐

生产日期
Production date ______
储存期
Storage life ______

本签字兽医官证明上述货物
I, the undersigned official veterinarian, certify that the products described above:

1.来自在中国出生、饲养的动物，这些动物在兽医主管部门批准的屠宰场屠宰。
were manufactured from animals born and raised in the country of origin and were slaughtered at an establishment in the country of origin which is approved by the veterinary authorities;

2.来自经宰前宰后检查临床健康，无传染病症状的动物，且这些动物不是因为疫病消灭计划而扑杀的动物。
were derived from animals which have been subjected to ante- and post-mortem examination and did not show any sign of infectious or contagious diseases and which were not slaughtered in any disease eradication campaign;

3.经过中心温度 70℃30 分钟或更高要求的工艺处理，以保证处理的有效性。
were manufactured with heat treatment at minimum 70℃ for 30 minutes or more higher requirements to ensure efficacy of treatment;

4.已经进行了充分的热处理以杀灭病原，特别是沙门氏菌和肠杆菌。在储存和检测期间按以下标准随机抽样：
have been subjected to a heat treatments sufficient to destroy pathogenic agents, especially Salmonella and

印刷流水号位置

Enterobacteriaceae, and random samples were taken during storage and tested with the following standards:
沙门氏菌:
Salmonella: absence in 25g, n=5, c=0, m=0, M=0.　(free of Salmonella)
肠杆菌:
Enterobacteriaceae: n=5, c=2, m=10, $M=3x10^2$ in 1g

5.用全新并经灭菌的包装材料包装，并采取措施以避免受到污染。
The product was packed in new and sterilized packaging and precaution was taken to prevent contamination.

本证书有效期 60 天。
This certificate is valid for 60 days.

* * * * * * * *

印章 签证地点 Place of Issue_______________ 签证日期 Date of Issue_______________

Official Stamp

官方兽医 Official Veterinarian_______________ 签　名 Signature _______________

中华人民共和国出入境检验检疫机关及其官员或代表不承担签发本证书的任何财经责任。No financial liability shall attach to the entry-exit inspection and quarantine authorities of the P R of China or to any officer or representative of the authorities with respect to this certificate.

关于防止捷克禽流感传入我国的公告

（2007年7月23日农业部、国家质检总局2007年第884号公告）

2007年6月21日，捷克波西米亚东部地区发生H5N1亚型高致病性禽流感。为防止该病传入我国，保护我国畜牧业安全，根据《中华人民共和国进出境动植物检疫法》等有关法律法规的规定，公告如下：

一、禁止直接或间接从捷克输入禽类及其产品，停止签发从捷克进口禽类及其产品的《进境动植物检疫许可证》，撤销已签发的从捷克进口禽类及其产品的《进境动植物检疫许可证》。

二、对2007年6月1日及以后启运的来自捷克的禽类及其产品一律作退回或销毁处理；对6月1日前启运的来自捷克的禽类及其产品经禽流感检测合格方可放行。

三、禁止邮寄或旅客携带来自捷克的禽类及其产品进境，一经发现，一律作退回或销毁处理。

四、在途经我国或在我国停留的国际航行船舶、飞机和火车等运输工具上，如发现有来自捷克的禽类及其产品，一律作封存处理；其交通员工自养自用的禽类，必须装入完好的笼具中，其废弃物、泔水等，一律在出入境检验检疫机构的监督下作无害化处理，不得擅自抛弃。

五、对海关、边防等部门截获的非法入境的来自捷克的禽类及其产品，一律在出入境检验检疫机构监督下作销毁处理。

六、凡违反上述规定者，由出入境检验检疫机构依照《中华人民共和国进出境动植物检疫法》有关规定处理。

七、各出入境检验检疫机构、各级动物防疫监督机构要分别依照《中华人民共和国进出境动植物检疫法》和《中华人民共和国动物防疫法》的有关规定，密切配合，做好检疫、防疫和监督工作。

本公告自发布之日起执行。

关于防止美国禽流感传入我国的公告

（2007 年 7 月 23 日农业部、国家质检总局 2007 年第 885 号公告）

2007 年 7 月 11 日，美国弗吉尼亚州（Virginia）一个火鸡场发生 H5N1 亚型低致病性禽流感。为防止该病传入我国，保护我国畜牧业安全，根据《中华人民共和国进出境动植物检疫法》等有关法律法规的规定，公告如下：

一、禁止直接或间接从美国弗吉尼亚州输入家禽及其产品，停止签发从美国弗吉尼亚州进口禽类及其产品的《进境动植物检疫许可证》，撤销已经签发的从美国弗吉尼亚州进口禽类及其产品的《进境动植物检疫许可证》。

二、2007 年 6 月 20 日及以后启运的来自美国弗吉尼亚州的禽类及其产品一律作退回或销毁处理；对 6 月 20 日前启运的来自美国弗吉尼亚州的禽类及其产品经禽流感检测合格方可放行。

三、禁止邮寄或旅客携带来自美国的禽类及其产品进境，一经发现，一律作退回或销毁处理。

四、在途经我国或在我国停留的国际航行船舶、飞机和火车等运输工具上，如发现有来自美国的禽类及其产品，一律作封存处理；其交通员工自养自用的禽类，必须装入完好的笼具中；其废弃物、泔水等，一律在出入境检验检疫机构的监督下作无害化处理，不得擅自抛弃。

五、凡截获非法进境的来自美国的禽类及其产品，一律在就近的出入境检验检疫机构监督下作销毁处理。

六、凡违反上述规定者，由出入境检验检疫机构依照《中华人民共和国进出境动植物检疫法》有关规定处理。

七、各出入境检验检疫机构、各级动物防疫监督机构要分别依照《中华人民共和国进出境动植物检疫法》和《中华人民共和国动物防疫法》的有关规定，密切配合，做好检疫、防疫和监督工作。

本公告自发布之日起执行。

关于防止格鲁吉亚非洲猪瘟传入我国的公告

(2007年7月23日农业部、国家质检总局2007年第886号公告)

近期,格鲁吉亚农业部向世界动物卫生组织(OIE)报告,其境内连续发生非洲猪瘟疫情。为防止该病传入我国,保护我国畜牧业安全,根据《中华人民共和国进出境动植物检疫法》等有关法律法规的规定,公告如下:

一、禁止直接或间接从格鲁吉亚输入猪、野猪及其相关产品,停止签发从格鲁吉亚进口猪及其产品的《进境动植物检疫许可证》,撤销已签发的从格鲁吉亚进口猪、野猪及其产品的《进境动植物检疫许可证》。

二、2007年5月25日及以后启运的来自格鲁吉亚的猪、野猪及其产品,一律作退回或销毁处理;对5月25日前启运的来自格鲁吉亚的猪、野猪及其产品经非洲猪瘟检测合格方可放行。

三、禁止邮寄或者旅客携带来自格鲁吉亚的猪、野猪及其相关产品进境。一经发现,一律作退回或销毁处理。

四、对途经我国或者在我国停留的国际航行船舶、飞机和火车等运输工具,如发现有来自格鲁吉亚的猪、野猪及其相关产品,一律作封存处理;其废弃物、泔水等,一律在出入境检验检疫机构的监督下作无害化处理,不得擅自抛弃。

五、对海关、边防等部门截获的走私入境的来自格鲁吉亚的猪、野猪及其相关产品,一律在出入境检验检疫机构的监督下作销毁处理。

六、凡违反上述规定者,由出入境检验检疫机构依照《中华人民共和国进出境动植物检疫法》及其实施条例有关规定处理。

七、各出入境检验检疫机构、各级动物防疫监督机构要分别依照《中华人民共和国进出境动植物检疫法》及其实施条例和《中华人民共和国动物防疫法》的有关规定，密切配合，做好检疫、防疫和监督工作。

本公告自发布之日起执行。

关于防止德国禽流感传入我国的公告

（2007 年 7 月 23 日农业部、国家质检总局 2007 年第 887 号公告）

德国驻华大使馆通报，2007 年 7 月 6 日，德国纽伦堡发生家禽 H5N1 亚型高致病性禽流感。为防止该病传入我国，保护我国畜牧业安全，根据《中华人民共和国进出境动植物检疫法》等有关法律法规的规定，现公告如下：

一、禁止直接或间接从德国输入禽类及其产品，停止签发从德国进口禽类及其产品的《进境动植物检疫许可证》，撤销 2007 年 6 月 15 日后签发的从德国进口禽类及其产品的《进境动植物检疫许可证》。

二、2007 年 6 月 15 日及以后启运的来自德国的禽类及其产品，一律作退回或销毁处理；对 6 月 15 日前启运的来自德国的禽类及其产品经禽流感检测合格方可放行。

三、禁止邮寄或旅客携带来自德国的禽类及其产品进境，一经发现，一律作退回或销毁处理。

四、在途经我国或在我国停留的国际航行船舶、飞机和火车等运输工具上，如发现有来自德国的禽类及其产品，一律作封存处理；其交通员工自养自用的禽类，必须装入完好的笼具中，其废弃物、泔水等，一律在出入境检验检疫机构的监督下作无害化处理，不得擅自抛弃。

五、对海关、边防等部门截获的非法入境的来自德国的禽类及其产品，一律在出入境检验检疫机构监督下作销毁处理。

六、凡违反上述规定者，由出入境检验检疫机构依照《中华人民共和国进出境动植物检疫法》有关规定处理。

七、各出入境检验检疫机构、各级动物防疫监督机构要分别依照《中华人民共和国进出境动植物检疫法》和《中华人民共和国动物防疫法》的有关规定，密切配合，做好检疫、防疫和监督工作。

本公告自发布之日起执行。

关于做好出口粮食检验检疫工作的通知

（2007年8月8日国家质检总局国质检动函[2007]660号）

各直属检验检疫局：

近期，国家发展改革委和商务部陆续下达了小麦、玉米出口计划配额，由相关公司组织出口。为保障出口粮食的质量和安全，确保粮食及时出运，现就做好出口粮食检验检疫有关事项通知如下：

一、各局要认真贯彻落实全国质量工作会议精神，充分认识现阶段出口粮食质量安全问题的重要性和敏感性，加强领导，精心组织，采取有效措施，确保小麦、玉米、大豆等出口粮食的质量和安全。

二、加强出口粮食农残、真菌毒素等有毒有害物质的监测。各局要积极了解出口粮食产地及农药使用情况、仓储期间气候状况，结合粮食感观检验及进口国标准和要求，实施针对性农药残留、真菌毒素等有毒有害物质检测。检验结果超过进口国标准的，不准出口。

三、做好出口粮食的检验检疫及监管工作。各局要根据粮食仓储、包装情况，按照相应的检验检疫标准和规程实施检验检疫，并组织人力，做好出口粮食生产加工、包装、仓储、运输、装船等各个环节的监管。需要实施检疫除害处理的，要严格监管，确保出口粮食符合进口国检验检疫要求及贸易合同规定。

四、建立粮食来源追溯制度。各局应要求出口企业提供粮食产地、仓储库点、运输路线、港口筒仓、船舱等信息，以便在发现问题时追溯调查。

五、加强沟通与配合。口岸局与产地局要就出口粮食检验检疫情况及流向加强沟通，做好工作衔接。对于符合检验检疫要求的出口粮食，要简化工作环节，提高工作效率，在保证检验检疫质量的前提下快速验放，及时准确出具证书。

关于做好稻草恢复对日出口检验检疫工作的通知

（2007 年 8 月 17 日国家质检总局国质检动[2007]405 号）

辽宁、吉林检验检疫局：

2007 年 8 月 8 日，日方正式解除禁令，允许进口产自我国辽宁、吉林省无规定疫病示范区的饲用稻草，这是继 2006 年 11 月稻草制品恢复对日出口以来，我对日合作的又一重要成果。为做好稻草检验检疫工作，确保输日稻草贸易持续健康发展，现将有关工作要求通知如下：

一、加强领导，落实责任。

输日稻草解禁成果来之不易，各单位要认真总结经验，提高风险防范意识，确保各项制度和措施落实到位，责任到人，确保安全。

二、从源头抓起，全面实施注册登记制度。

检验检疫机构要根据《行政许可法》有关规定，按照输日稻草原料加工厂及热处理企业注册登记管理规定（见附件 1）对出口稻草原料加工厂和热处理企业进行注册登记，实施日常监管和年度审查，并将注册登记名单报总局，由总局统一对外推荐。输日稻草须来自注册登记的原料加工厂和热处理企业，并经检验检疫合格。注册登记管理制度自 2007 年 10 月 1 日起实施。

三、出口稻草的生产经营企业对产品质量安全负责，未经检验检疫合格不得出口。

（一）出口稻草的原料加工厂应加强对原料供应基地的日常管理。原料供应基地要相对稳定，且必须位于无规定疫病示范区域内。要求认真记录施肥、农药使用、手工收割、干燥等情况，建立溯源体系。科学、合理使用化肥、农药等化学投入品，禁止使用我国和日本明令禁止使用的农药，减少残留限量要求严格的化学农药的使用量，严格控制稻草收割前使用化学农药。按照农药和重金属残留监控计划（以下简称“残留监控计划”，见附件2）在饲用原料稻草供应基地配合开展样品采集工作。要防止动物粪便污染原料稻草。一旦发生土壤和灌溉用水污染的事件，必须立即报告所在地检验检疫机构。

（二）原料加工厂要建立并执行原料稻草采购验收制度，审验原料供应基地资格、基地标识及供货证明，并确认饲用稻草原料来自残留监控合格的基地。建立进货、供货台账，记录稻草进货、加工、供货、流向等信息，保证产品的溯源性。认真做好稻草去根去皮去杂物、加工捆包以及储运期间卫生防疫等各项工作，防止稻草受到动物粪便的污染和有害生物的侵染。

（三）热处理企业要确保输日稻草蒸热处理安全、有效。制定质量管理手册，建立溯源体系，确保热处理有效，做好储运环节的消毒防疫，防止处理后的稻草二次污染。热处理企业应联合原料加工厂和原料稻草供应基地，按照残留监控计划有关要求，组织开展饲用稻草农药和重金属残留监控工作。发现销售、出口的饲用稻草存在化学残留超标、热处理无效、工作人员操作违规等安全隐患，应立即主动召回相关产品。

四、各检验检疫机构要实施严格的检验检疫监管制度。

（一）按照《关于印发日本新修订的进口中国产稻草动植物检疫要求的通知》（国质检动函[2002]900号），对辖区内原料稻草供应基地、原料加工企业和热处理企业实施日常监管。发现不符合第三条有关要求弄虚作假、故意违规、隐瞒事实的，将有关单位列入不良记录名单，并依法予以查处。

（二）通过指导、监督及抽查，确保由热处理企业组织实施的残留监控计划及质量管理体系的有效实施。按照残留监控计划，对饲用原料稻草供应基地、原料加工厂、热处理企业的原料稻草、半成品及成品实施农药和重金属残留官方监控。出口前对高风险农药、重金属残留项目以及黄曲霉毒素进行抽检。

（三）对经检验检疫合格的稻草出具植物检疫证书（样本见附件3）和兽医卫生证书（样本见附件4）。

（四）密切关注口蹄疫疫情动态，主动协调地方各级农业兽医行政主管部门，及时掌握无规定疫病示范区有关动物疫病防控数据及相关信息。

五、吉林、辽宁检验检疫局之间要建立业务沟通机制，及时通报输日稻草检验检疫监管情况，共同实施有效监管。

六、要加强对输日稻草生产经营企业的法律法规宣传与培训，提高企业产品质量意识和责任意识，确保出口稻草安全，促进对日出口饲用稻草业务的持续健康发展。

七、在2007年10月1日全面实施注册登记之前为过渡期。过渡期内按照现行监管模式对输日稻草实施检验检疫，并在出口前要对饲用稻草的农药残留、重金属及黄曲霉毒素进行检测，合格后方可出口。

附件1

输日稻草原料加工厂及热处理企业注册登记管理规定

一、注册登记考核条件

（一）输日稻草原料加工厂申请注册登记应符合以下条件：

1. 厂区具有必要防疫设施，确保原料稻草清洁，且没有被偶蹄类动物的排泄物、分泌物及其他物污染。

2. 明确原料稻草来源，可证明厂区内堆放的原料稻草及加工捆包均来自辽宁、吉林省无规定疫病示范区。

3. 具有相对稳定的输日原料稻草供应基地。

4. 原料稻草加工、打捆设施运转良好，可对原料稻草实施有效去根去皮等操作。

5. 配备有质量管理技术人员。有从业人员培训计划。

（二）输日稻草热处理设施申请注册登记应符合《关于进口中华人民共和国产稻草的植物检疫实施细则》及《中华人民共和国向日本出口饲用秸秆和草料的动物卫生要求》相关条件。

二、注册登记申请

（一）输日稻草原料加工厂应向所在地直属检验检疫局申请注册登记，并提交以下材料（一式三份）：

1. 注册登记申请表；

2. 企业法人营业执照（副本）复印件；

3. 企业厂区平面图；

4. 加工打捆设施名称、型号、产地；

5. 签约的热处理企业清单及原料供应合同样本；

6. 原料稻草供应基地名单（名称、地址、亩数及亩产量）；

7. 企业质量保证文件（包括质量方针和目标、组织机构及其职责、质量管理人员的要求、原料收购的要求、环境卫生的要求、原料验收的要求、原料加工的要求、成品储存的要求、装载和运输的要求、程序文件、各种记录样本、保证质量体系有效运行的要求等）。

（二）输日稻草热处理企业应向所在地直属检验检疫局申请注册登记，并提交以下材料（一式三份）：

1.输日稻草热处理企业注册登记申请表；

2.企业法人营业执照副本复印件；

3.企业厂区平面图及热处理设施平面图；

4.合格的原料供应商清单及原料供应合同样本；

5.员工分区着装备案图片；

6.企业质量体系文件；

7.其他应提供的文件。

（三）直属检验检疫局应当对申请材料及时进行审查，并根据下列情况在5个工作日内做出受理或不受理决定，书面通知申请人：

1. 申请材料存在可以当场更正的错误的，允许申请人当场更正；

2. 申请材料不齐全或者不符合法定形式的，应当场或者在5日内一次书面告知申请人需要补正的全部内容，逾期不告知的，自收到申请材料之日起即为受理；

3. 申请材料齐全、符合法定形式或者申请人按照要求提交全部补正申请材料的，应当受理申请。

（四）每一注册登记原料加工厂或者热处理企业使用一个注册

登记编号。

三、审查与决定

（一）直属检验检疫局应在受理申请后5个工作日内组成评审组，对申请注册登记的原料加工厂或热处理设施进行现场评审。评审组应在现场评审结束后5个工作日内向直属检验检疫局提交评审报告。

（二）直属检验检疫局收到评审报告后，应在10个工作日内分别做出下列决定：

1. 经评审合格的，予以注册登记，颁发检验检疫注册登记证，并上报国家质检总局；

2. 经评审不合格的，出具检验检疫注册登记未获批准通知书。

（三）国家质检总局根据日方进境要求，统一向日本政府主管部门推荐注册登记企业。日本政府主管部门确认后，注册登记生效。

四、变更与延续

已注册登记的原料加工厂或热处理设施需要扩建或改造时，应当向所在地检验检疫机构提出书面申请，并提交与变更内容相关的资料（一式三份），在中日双方共同批准后方可进行。设施扩改完成后，经检验检疫机构现场评审、确认合格，并通过日本动物检疫官员现场确认方可生产对日出口产品。

如果已注册登记原料加工厂或热处理企业改变名称、地址，检验检疫机构要及时更新注册登记信息，由总局按照要求将有关信息向日方通报。

五、注册登记证自颁发之日起生效，有效期5年。注册登记有效期满后还需继续从事该业务的原料加工厂或热处理企业，应向所在地检验检疫机构提前申请延期，因各种原因不再从事该业务的，应办理注销手续。

六、直属检验检疫局应在完成注册登记、变更或注销工作后30日内，将辖区内相关信息上报国家质检总局备案。

备注：文中所示表格、证书等具有固定格式文本格式，由直属检验检疫局按照内容要求自行设制。

附件2

输日稻草农药和重金属残留监控计划

一、监控产品

输日饲用稻草。

二、监控农药和重金属残留项目

见附录。

三、实施时间

自该计划下发之日起实施。

四、监控区域

辽宁、吉林省无规定疫病示范区,输日饲用原料稻草供应基地。

五、监控方法

(一)普查阶段(2007年、2008年)

企业监测:稻草热处理企业联合原料加工厂,分别于2007年和2008年稻草收割季节,以原料供应基地为单位,按照平均分布法采集5个点的稻草合并为一个样品,统一送往检验检疫机构指定检测机构,对第二条中规定的所有项目进行一次农药和重金属残留检测。经检测发现农药和重金属残留超出限量标准的,本年度禁止相关基地的稻草用于加工输日饲用稻草。

官方监测:检验检疫机构在原料加工厂和热处理企业,选择原料稻草来源不同的堆垛、热处理前稻草捆包(半成品)及处理后稻草捆包(成品),随机抽取稻草样品,对第二条中规定的所有项目每年进行一次农药和重金属残留检测。原则上,抽取样品要覆盖50%原料稻草供应基地。经检测发现农药和重金属残留超出限量标准的,本年度禁止相关基地的稻草用于加工输日饲用稻草。

检验检疫机构对企业自查及官方抽查中发现残留超标的原因进行调查,并研究制定避免下一年度发生残留超标的措施。

(二)针对性监控(2009年以后)

检验检疫机构组织热处理企业及原料加工厂,根据普查阶段的农药和重金属残留监测结果及基地农药、化肥使用实际情况,筛选提出不同地区有风险的农药和重金属种类名单，报总局同意后指导企业进行针对性的监控和实施官方监控。

（三）信息上报

每年 12 月 31 日前将热处理企业组织实施的残留监控情况和检验检疫机构组织实施的官方监控情况上报质检总局。

六、离境前检测

检验检疫机构根据第五条监测结果，按照报检批次随机抽样对风险较高农药和重金属残留项目进行检测。经检测发现农药和重金属残留超出限量标准的，该批稻草禁止出口，并暂停本年度来自同一原料稻草供应基地的饲用稻草对日出口。

附录

输日稻草农药和重金属残留限量标准

序号	英文名称	中文名称	限量标准（ppm）
1	LINDANE(r-BHC)	林丹	0.4
2	2,4-D	2,4-滴（2,4-二氯苯氧基乙酸）	260
3	BHC	六六六	0.02
4	DDT	滴滴涕（滴滴滴、滴滴伊）	0.1
5	ACEPHATE	乙酰甲胺磷（杀虫灵、磷先发、益土磷、高灭磷、阿西发）	3
6	ATRAZINE	莠去津（草脱净）	15
7	ALACHLOR	甲草胺（拉索，草不绿）	3
8	ALDICARB	涕灭威（得灭克、铁灭克）	1
9	ALDRIN、DIELDRIN	艾氏剂、狄氏剂	0.02
10	IMIDACLOPRID	吡虫啉	6
11	ETHION	乙硫磷（灭蟑灵、益赛昂、乙赛昂、蚜螨立死、1240、爱杀松、灭磷）	20
12	ENDRIN	异狄氏剂	0.01
13	CARTAP、THIOCYCLAM、NSULTAP	杀螟丹、杀虫环	0.7

续表

序号	英文名称	中文名称	限量标准（ppm）
14	CARBARYL	甲萘威（巴利、西维因、胺甲苯、胺苯萘）	250
15	CARBENDAZIM、BENOMYL and THIOPHANATE-METHYL	甲基硫菌灵（多菌灵、苯菌灵、甲基托布津）	10
16	CARBOFURAN	克百威（苯呋丹、呋喃威、呋喃丹、呋灭威、虫螨威、卡巴呋喃、加保扶）	13
17	GLYPHOSATE	草甘膦（草干灵、甘氨膦、镇草宁、芽草膦、农达）	120
18	GLUFOSINATE	草铵磷（草丙磷）	15
19	CHLORPYRIFOS	毒死蜱（陶斯松、乐斯苯、氯蜱硫磷）	13
20	CYANAZINE	氰草津	0.01
21	DICAMBA	麦草畏（麦草威、敌百威）	200
22	DICHLORVOS NALED	敌敌畏和二溴磷	10
23	DIQUAT	敌草快（双快、杀草快）	100
24	CYHALOTHRIN	氯氟氰菊酯（功夫菊酯、氯氟氰菊酯、氟氯氰醚菊酯、拉不达菊酯、赛落宁）	0.6
25	CYFLUTHRIN	氟氯氰菊酯（塞扶宁、百树菊酯、百治菊酯、百树得）	3
26	SIMAZINE	西玛津	9
27	DIMETHOATE	乐果	2
28	DIAZINON	二嗪磷（敌草净、内吸磷、大力松、地亚农、二嗪农、大亚仙农）	10
29	THIABENDAZOLE	噻菌灵	10
30	DELTAMETHRIN、TRALOMETHRIN	溴氰菊酯和四溴菊酯	5
31	TERBUFOS	特丁硫磷（托福松、特丁磷、特丁甲拌磷、虫脱死）	1

续表

序号	英文名称	中文名称	限量标准（ppm）
32	TRICYCLAZOLE	三环唑	5
33	PARAQUAT	百草枯（克芜踪、对草快）	5
34	PARATHION	对硫磷（福利多、1605、巴拉松）	5
35	FIPRONIL	氟虫氰（锐劲特）	0.2
36	FENITROTHION	杀螟硫磷（杀螟送松、速灭虫、速灭松、苏米硫磷、杀螟松）	10
37	FENVALERATE	氰戊菊酯（速灭杀丁、速灭杀得、丰收苯、戊酸氰醚酯、杀灭菊酯、芬化利、敌虫菊酯）	13
38	FENPROPATHRIN	甲氰菊酯（灭扫利、3206）	20
39	BROMOXYNIL	溴苯睛	0.1
40	HEPTACHLOR	七氯（104）	0.02
41	PERMETHRIN	氯菊酯（除虫清、二氯苄菊酯、二氯苯醚菊酯、苄氨菊酯、百灭宁、二氯菊酯、安棉宝）	55
42	BENTAZONE	灭草松（噻草平、苯达松、排草丹、百草克、苯噻氮、苯并硫、二嗪酮）	3
43	PENDIMETHALIN	二甲戊灵（除草通、硝草胺）	0.1
44	PHOSMET	亚胺硫磷（酞胺硫磷、亚氨硫磷、益灭松）	40
45	PHORATE	甲拌磷（福瑞松）	1.5
46	MALATHION	马拉硫磷（马拉松、马拉塞昂、马拉塞嗡、4049）	135
47	METHIDATHION	灭扑磷（超霸、速扑杀、甲噻硫磷、灭虫螨、噻唑磷、灭杀达新、灭大松）	12
48	LEAD	铅	3
49	CADMIUM	镉	1
50	MERCURY	汞	0.4
51	ARSENIC	砷	2
52	AFLATOXIN B1	黄曲霉毒素	0.01

附件 3（1）:

植物检疫证书（样本适用稻草制品）
PHYTOSANITARY CERTIFICATE

发货人名称及地址
Name and Address of Consignor ____________________

收货人名称及地址
Name and Address of Consignee ____________________

品名
Name of Produce ____________ 植物学名
Botanical Name of Plants ********

报检数量
Quantity Declared ____________________

包装种类及数量
Number and Type of Packages ____________________

产地
Place of Origin ____________________

到达口岸
Port of Destination ____________________

标记及号码
Mark & No.
N/M

运输工具
Means of Conveyance ____________ 检验日期
Date of Inspection ____________

兹证明上述植物、植物产品或其他检疫物已经按照规定程序进行检查和／或检验，被认为不带有输入国或地区规定的检疫性有害生物，并且基本不带有其他的有害生物，因而符合输入国或地区的植物检疫要求。

This is to certify that the plants, plant products or other regulated articles described above have been inspected and/or tested according to appropriate procedures and are considered to be free from quarantine pests specified by the importing country/region, and practically free from other injurious pests; and that they are considered to conform with the current phytosanitary requirements of the importing country/region.

杀虫和/或灭菌处理 DISINFESTATION AND/OR DISINFECTION TREATMENT

日期 Date		药剂及浓度 Chemical and Concentration	********
处理方法 Treatment		持续时间及温度 Duration and Temperature	

附加声明 ADDITIONAL DECLARATION

THIS IS TO FURTHER CERTIFY THAT KOMO (RICE STRAW CURTAIN) COVERED BY THIS CERTIFICATE ARE APPARENTLY FREE FROM VARIOUS KINDS OF DISEASES AND PESTS WHICH HAVE NEVER BEEN PRESENT IN JAPAN.

KMBU9033025/CIQ00226347 GLDU0864035/CIQ00226348

DALIAN BAOQI GRASS CO., LTD.

印章 Official Stamp	签证地点 Place of Issue		签证日期 Date of Issue	
	授权签字人 Authorized Officer		签　　名 Signature	

附件3（2）:

植 物 检 疫 证 书（样本适用于草绳）

PHYTOSANITARY CERTIFICATE

发货人名称及地址
Name and Address of Consignor ____________________

收货人名称及地址
Name and Address of Consignee ____________________

品名
Name of Produce RICE STRAW ROPE

植物学名
Botanical Name of Plants *********

报检数量
Quantity Declared ____________________

标记及号码
Mark & No.

N/M

包装种类及数量
Number and Type of Packages ____________________

产地
Place of Origin ____________________

到达口岸
Port of Destination ____________________

运输工具
Means of Conveyance ____________________

检验日期
Date of Inspection ____________________

兹证明上述植物、植物产品或其他检疫物已经按照规定程序进行检查和／或检验，被认为不带有输入国或地区规定的检疫性有害生物，并且基本不带有其他的有害生物，因而符合输入国或地区的植物检疫要求。

This is to certify that the plants, plant products or other regulated articles described above have been inspected and/or tested according to appropriate procedures and are considered to be free from quarantine pests specified by the importing country/region, and practically free from other injurious pests; and that they are considered to conform with the current phytosanitary requirements of the importing country/region

杀虫和/或灭菌处理 DISINFESTATION AND/OR DISINFECTION TREATMENT

日期 Date		药剂及浓度 Chemical and Concentration	********
处理方法 Treatment	VAPOR HEAT TREATMENT	持续时间及温度 Duration and Temperature	4 mins 86 ℃

附加声明 ADDITIONAL DECLARATION

THIS IS TO FURTHER CERTIFY THAT RICE STRAW ROPE COVERED BY THIS CERTIFICATE ARE APPARENTLY FREE FROM VARIOUS KINDS OF DISEASES AND PESTS WHICH HAVE NEVER BEEN PRESENT IN JAPAN.

GLDU7383833/CIQ00226312 GESU4844642/CIQ00226349

GESU5226280/CIQ00226316 TGHU8256552/CIQ00226320 GESU5515507/CIQ00226319

DALIAN SANYE FORAGE CO.,LTD.

印章 Official Stamp	签证地点 Place of Issue	签证日期 Date of Issue
	授权签字人 Authorized Officer	签　名 Signature

附件3(3):

植物检疫证书(样本适用于饲用稻草)
PHYTOSANITARY CERTIFICATE

发货人名称及地址
Name and Address of Consignor ____________________

收货人名称及地址
Name and Address of Consignee ____________________

品名
Name of Produce CUT RICE STRAW

植物学名
Botanical Name of Plants *********

报检数量
Quantity Declared ____________________

标记及号码
Mark & No.
N/M

包装种类及数量
Number and Type of Packages ____________________

产地
Place of Origin ____________________

到达口岸
Port of Destination ____________________

运输工具
Means of Conveyance ____________________

检验日期
Date of Inspection ____________________

兹证明上述植物、植物产品或其他检疫物已经按照规定程序进行检查和／或检验，被认为不带有输入国或地区规定的检疫性有害生物，并且基本不带有其他的有害生物，因而符合输入国或地区的植物检疫要求。

This is to certify that the plants, plant products or other regulated articles described above have been inspected and/or tested according to appropriate procedures and are considered to be free from quarantine pests specified by the importing country/region, and practically free from other injurious pests; and that they are considered to conform with the current phytosanitary requirements of the importing country/region.

杀虫和/或灭菌处理 DISINFESTATION AND/OR DISINFECTION TREATMENT

日期 Date		药剂及浓度 Chemical and Concentration	********
处理方法 Treatment	VAPOR HEAT TREATMENT	持续时间及温度 Duration and Temperature	4 mins 86 ℃

附加声明 ADDITIONAL DECLARATION

THIS IS TO FURTHER CERTIFY THAT CUT RICE STRAW COVERED BY THIS CERTIFICATE ARE APPARENTLY FREE FROM VARIOUS KINDS OF DISEASES AND PESTS WHICH HAVE NEVER BEEN PRESENT IN JAPAN.

TRLU6671678/ CIQ00228539 CCLU6607631/ CIQ00228540 TGHU7502081/ CIQ00228548

CCLU6259454/ CIQ00228547 CCLU6042319/ CIQ00228572

DALIAN CHUEN FARM PRODUCTS CO., LTD.

印章 Official Stamp　签证地点 Place of Issue ________　签证日期 Date of Issue ________

授权签字人 Authorized Officer ________　签名 Signature ________

附件 4（1）：

证书编号

兽医（卫生）证书（样本适用于饲用稻草）

VETERINARY（HEALTH）CERTIFICATE（sample）

发货人名称及地址 Name and Address of Consignor	发货人(中文)发货人地址(中文) 发货人(英文)			
收货人名称及地址 Name and Address of Consignee	收货人(中文)收货人地址(中文) 收货人(英文)			
品名 Description of Goods	品名(中文) 品名(英文)			
报检重量 Weight Declared	货物重量(中文) 货物重量(英文)	产地 Place of Origin	产地(中文) 产地(英文)	标记及号码 Mark & No. 标记及号码
包装种类及数量 Number and Type of Packages	包装件数包装种类(中文) 包装种类(英文)			
集装箱号 Container No.	集装箱号码			
铅封号 Seal No.	铅封号			
加工厂名称、地址及编号（如果适用） Name, Address and approval No. of the approved Establishment (if applicable)	加工厂注册号及名称(中文) 加工厂注册号及名称(英文)			

启运地 Place of Despatch	启运地(中文) 启运地(英文)	到达国家及地点 Country and Place of Destination	到达国家目的地(中文) 到达国家目的地(英文)
运输工具 Means of Conveyance	运输工具(中文) 运输工具(英文)	发货日期 Date of Despatch	发货日期

I certify that the rice straw described above meet the following requirements:

Ⅰ. The rice straw is originally derived from the People's Republic of China.

Ⅱ. The raw material of the rice straw above originated from the regulated animal disease-free zone.

Ⅲ. The rice straw was produced, processed and stored in Jilin or Liaoning province.

Ⅳ. The rice straw is clean and not be tainted or contaminated by excretion, secretion and others derived from cloven-hoofed animals.

Ⅴ. On xxx. xx, 2007, the rice straw was treated with the action of steam for at least 10 minutes and at a minimum temperature of 80℃ in an air-tight chamber.

Ⅵ. The rice straw after being have been subjected to the action of steam, was stored and conducted in such a way as to keep it from being contaminated with any causative agents of animal infectious diseases and not contacted with raw material until shipment to Japan.

Ⅶ. The rice straw may be used for feeding animals.

* * * * * * * *

印章 Official Stamp	签证地点 Place of Issue	签证地点(中文) 签证地点(英文)	签证日期 Date of Issue	签证日期
	官方兽医 Official Veterinarian	官方兽医	签　名 Signature	

附件4(2):

证书编号

兽医(卫生)证书(样本适用于稻草制品)

VETERINARY(HEALTH)CERTIFICATE(sample)

发货人名称及地址 发货人(中文)发货人地址(中文)
Name and Address of Consignor 发货人(英文)

收货人名称及地址 收货人(中文)收货人地址(中文)
Name and Address of Consignee 收货人(英文)

品名 品名(中文)
Description of Goods 品名(英文)

报检重量 Weight Declared	货物重量(中文) 货物重量(英文)	产地 Place of Origin	产地(中文) 产地(英文)	标记及号码 Mark & No. 标记及号码
包装种类及数量 Number and Type of Packages	包装件数包装种类(中文) 包装种类(英文)			
集装箱号 Container No.	集装箱号码			
铅封号 Seal No.	铅封号			

加工厂名称、地址及编号(如果适用) 加工厂注册号及名称(中文)
Name, Address and approval No. of the approved Establishment (if applicable) 加工厂注册号及名称(英文)

启运地 Place of Despatch	启运地(中文) 启运地(英文)	到达国家及地点 Country and Place of Destination	到达国家目的地(中文) 到达国家目的地(英文)
运输工具 Means of Conveyance	运输工具(中文) 运输工具(英文)	发货日期 Date of Despatch	发货日期

I certify that the rice straw curtain described above meet the following requirements:

Ⅰ. The rice straw curtain is originally derived from the People's Republic of China.

Ⅱ. The raw material of the rice straw curtain above originated from the regulated animal disease-free zone.

Ⅲ. The rice straw curtain was produced, processed and stored in Jilin or Liaoning province.

Ⅳ. The rice straw curtain is clean and not be tainted or contaminated by excretion, secretion and others derived from cloven-hoofed animals.

Ⅴ. On xxx. xx, 2007, the rice straw curtain was treated with the action of steam for at least 10 minutes and at a minimum temperature of 80℃ in an air-tight chamber.

Ⅵ. The rice straw curtain after being have been subjected to the action of steam, was stored and conducted in such a way as to keep it from being contaminated with any causative agents of animal infectious diseases and not contacted with raw material until shipment to Japan.

Ⅶ. The rice straw curtain may be used for horticulture or afforestation.

* * * * * * * *

印章 Official Stamp	签证地点 Place of Issue	签证地点(中文) 签证地点(英文)	签证日期 Date of Issue	签证日期
	官方兽医 Official Veterinarian	官方兽医	签　名 Signature	

关于进一步加强进出境水果检验检疫工作的通知

（2007年8月20日国家质检总局国质检动函[2007]699号）

各直属检验检疫局：

为贯彻落实全国质量工作会议精神，确保进出境水果质量和安全，根据《国务院关于加强食品等产品安全监督管理的特别规定》和《国务院关于加强产品质量和食品安全工作的通知》（国发[2007]23号），现就进一步加强进出境水果检验检疫工作有关问题通知如下。

一、提高认识，高度重视进出境水果检验检疫工作

水果是国际农产品贸易中的重要敏感产品。随着我国种植技术和管理水平的不断提高，出口水果质量安全总体水平逐年提高，但也经常因发现检验检疫问题而被退回或销毁，致使企业利益受损，并影响我国出口产品整体形象。在进口水果中也同样存在重要疫情和农残等安全卫生问题，对我国果业生产安全和消费者健康构成威胁。各局要充分认识做好进出境水果检验检疫工作的重要性、必要性和紧迫性，按照全国质量工作会议精神，加强领导，狠抓落实，确保进出境水果质量和安全符合要求。

二、坚持源头管理，提高出口水果质量和安全水平

（一）全面实施出口水果果园、包装厂注册登记制度。目前，各局已对出口美国、加拿大、澳大利亚、新西兰、日本、韩国以及南美洲和欧洲的水果果园、包装厂实施了注册登记，今年上半年又完成了供香港、澳门的水果果园、包装厂的注册登记。鉴于输往俄罗斯和东南亚一些国家的水果不断发现问题，因此，各局要把输往俄罗斯、东南亚的水果果园、包装厂纳入检验检疫注册登记管理，并及时将注册登记名单报总局备案。自2007年11月1日开始，各局不得接受来自非注册果园和包装厂的水果出口报检。

（二）加强出口水果果园和包装厂检验检疫监督管理。各局要

按照《出境水果检验检疫监督管理办法》、输入国或地区的要求及有关规定，对出口水果果园和包装厂的农用化学品使用和有害生物防治进行指导和监督管理，注册果园和包装厂不得购买、存放和使用我国或输入国家（地区）禁止在水果上使用的化学品。收获前，要抽样进行农残检测，不符合输入国（地区）要求果园的水果不得出口。出口水果包装材料应符合有关卫生安全标准。出口水果果园、包装厂要建立质量管理体系，鼓励实施良好农业规范（GAP）。

（三）加强出口前检验检疫。出口水果应在包装厂所在地检验检疫机构报检，注册果园不在本辖区的，要提供产地供货证明。对来自非注册果园、包装厂的水果，不予受理报检。各局要根据果园、包装厂的疫情和农用化学品使用情况，进行针对性的抽查和检测。未经检验检疫或检验检疫不合格的，一律不准出境。

（四）口岸局与产地局要加强协作配合。产地局要及时将出口水果果园、包装厂注册登记管理、病虫害防控和农残监控等情况通报口岸局，口岸局应及时将口岸查验发现的问题通报产地局，共同采取措施防止不合格水果出境。

三、加强进境检验检疫，确保进口水果质量和安全

（一）完善进境水果口岸检验检疫条件。水果进境口岸应具备足够的现场查验场地和水果保鲜设施，入境口岸检验检疫局应配备相应的专业技术人员和实验室条件，具备开展有害生物鉴定和安全卫生检测的能力。总局将组织专家对现有水果进境口岸检验检疫条件进行审核，不符合条件的将不允许水果从该口岸入境。

（二）严格水果入境口岸查验。各局要按照《进境水果检验检疫监督管理办法》和《检验检疫工作手册》的有关规定，加强对进境水果单证审核、现场开箱检查、冷处理效果核查和实验室检验检疫工作。要加强安全卫生项目检测，扩大监控的水果种类和检测项目，加大进境抽查频率和力度，发现有毒有害物质超标的，一律作退运或销毁处理。有双边检验检疫议定书的，要严格按照议定书的规定查验。对在运输中进行冷处理的，要认真核查冷处理记录和温度探针校正记录。对总局发布警示通报的，要按照要求加严对有关国家和水果的查验。

四、完善进出境水果溯源体系，建立召回制度

（一）完善出境水果溯源体系。各局应对出口的每批水果建立档案，包括产地、果园、包装厂、出境时间、植检证书编号、目的地等信息。出口水果包装厂应建立溯源体系，对每批包装水果的来源和流向进行详细记录，出口水果包装箱上要标明水果种类、产地以及果园、包装厂名称或代码。出口水果果园要建立种植档案，对有害生物防治、农药使用、收获、日常管理等情况进行详细记录。

（二）水果进出口企业要建立进货和销售台账。水果进口企业应如实记录进口水果名称、原产地、数量、进境时间、供货商、检验检疫以及进口水果流向等情况。水果出口企业应如实记录出口水果产地、果园和包装厂名称、数量、出口目的地、出境日期等情况。进货和销售台账保存期限不得少于2年，以便在必要时进行核查。

（三）建立进出境不合格水果召回制度。经检验检疫发现重大安全卫生或检疫问题的，应当向社会公布有关信息，进出口企业应通知销售商停止销售，主动召回有问题的水果，并向检验检疫机构报告。

五、建立诚信档案，提高企业遵纪守法意识

建立进出口水果企业良好和不良记录。进出口企业应对进出口水果的质量安全负责。各局要建立进出口企业良好和不良记录，鼓励企业诚实守信、合法经营。对良好记录的企业，可适当简化检验检疫手续。对不良记录的进出口企业要重点抽查，加严检验检疫。对弄虚作假、伪造单证、逃避检验检疫的企业，要依法进行严厉查处。

六、完善应急预案，提高应对突发事件的能力

完善风险预警和快速反应机制。各局要继续完善应急处置预案，提高工作主动性和预见性，增强敏感性，发现重大植物疫情及安全卫生事件，要做到立即报告、迅速介入、妥善处置。

关于防止高致病性禽流感传入的公告

（2007年8月23日国家质检总局2007年第122号公告）

据世界卫生组织（WHO）报道，近期埃及、印度尼西亚、越南出现

人感染高致病性禽流感病例。截至2007年8月14日，全球共有12个国家320人感染高致病性禽流感，其中193人死亡（病死率60.3%）。为防止高致病性禽流感传播，保护出入境人员的健康安全，根据《中华人民共和国国境卫生检疫法》及其实施细则的有关规定，现公告如下：

一、来自高致病性禽流感流行地区的人员，如有发热、咳嗽、头痛、全身不适等症状的，入境时应主动向出入境检验检疫机构申报。

二、前往高致病性禽流感流行地区的人员，可以向出入境检验检疫机构及其国际旅行卫生保健中心了解该地区的疫情，或登陆国家质检总局网站（www.aqsiq.gov.cn）卫生检疫与旅行健康专栏查询，掌握以下禽流感的预防方法：避免接触禽流感患者、染病禽类及其粪便或沾染了粪便的灰土、泥土；避免食用生的或未煮熟的禽肉；在疫情暴发点、禽类养殖、销售、屠宰、加工场所要采取戴口罩等防护措施；勤洗手；对禽流感病毒可能污染的区域、物品进行消毒处理。旅行中或旅行后发现禽流感相关症状者，应立即就医，并在入境时向检验检疫机构申报。

三、检验检疫机构应向出入境人员提供禽流感防治知识宣传教育，增强出入境人员的防病意识。加强对上述地区入境人员的健康申报、体温检测、医学巡查等工作，对申报或现场查验发现有高致病性禽流感症状的人员要仔细排查，对受染嫌疑人或受染人采取公共卫生观察、隔离、送指定医院诊治等检疫措施，并发放《就诊方便卡》优先诊治。

关于同意在大连长兴岛建立进口木材检疫除害处理区的函

（2007年8月26日国家质检总局国质检动函[2007]718号）

大连市人民政府：

你市《关于建立进口木材检验检疫除害处理区的请示》（大政

[2007]78 号)收悉。根据国家质检总局等五部门 2001 年第 2 号公告及《关于执行进口原木检疫要求有关问题的通知》(国质检联[2001]43 号)的精神,为严防国外林木有害生物传入,保护我国林木资源及生态环境安全,并贯彻落实我局与辽宁省人民政府签署的《关于推动辽宁老工业基地振兴的合作备忘录》,促进地方木材加工业的健康发展,现就有关问题函复如下:

一、我局积极支持你市充分利用国外林木资源,发展和延伸木材加工产业,在有效防范外来有害生物传入的前提下,大力促进地方经济建设。

二、同意你市在长兴岛临港工业区建立进口木材检疫除害处理区并进行封闭管理的初步规划。考虑到原木进口量大,除害处理技术要求高,规划时应充分考虑设有足够的配套检疫和除害处理设施与场地,做到布局合理、技术先进、处理有效、安全环保。项目规划和建设期间,由辽宁检验检疫局、中国检验检疫科学研究院进行技术指导。

三、处理区建成并经我局验收合格后,可承担经我局确认在境外不能实施有效除害处理的进口原木的除害处理,处理过程接受辽宁检验检疫局监督管理。

上述要求望你市在批准立项建设时予以落实。

关于防止亚美尼亚非洲猪瘟传入我国的公告

(2007 年 9 月 3 日农业部、国家质检总局 2007 年第 906 号公告)

近日,亚美尼亚农业部向世界动物卫生组织(OIE)紧急报告,8 月7 日到 24 日,其境内连续发生 6 起非洲猪瘟疫情。为防止该病传入我国,保护我国畜牧业安全,根据《中华人民共和国进出境动植物检疫法》及其实施条例等有关法律法规的规定,公告如下:

一、禁止直接或间接从亚美尼亚输入猪、野猪及其相关产品,停止签发从亚美尼亚进口猪、野猪及其相关产品《进境动植物检疫许可证》,撤销已经签发的《进境动植物检疫许可证》。

二、2007 年 7 月 17 日及以后启运的来自亚美尼亚的猪、野猪及其相关产品一律作退回或销毁处理。对 7 月 17 日前启运的来自亚美尼亚的猪、野猪及其产品经非洲猪温检测合格后方可放行。

三、禁止邮寄或者旅客携带来自亚美尼亚的猪、野猪及其相关产品进境。一经发现,一律作退回或销毁处理。

四、对途经我国或者在我国停留的国际航行船舶、飞机和火车等运输工具,如发现有来自亚美尼亚的猪、野猪及其相关产品,一律作封存处理;其废弃物、泔水等,一律在出入境检验检疫机构的监督下作无害化处理,不得擅自抛弃。

五、对海关、边防等部门截获的走私入境的来自亚美尼亚的猪、野猪及其相关产品,一律在出入境检验检疫机构的监督下作销毁处理。

六、凡违反上述规定者,由出入境检验检疫机构依照《中华人民共和国进出境动植物检疫法》及其实施条例有关规定处理。

七、各出入境检验检疫机构、各级动物防疫监督机构要分别依照《中华人民共和国进出境动植物检疫法》及其实施条例和《中华人民共和国动物防疫法》的有关规定,密切配合,做好检疫、防疫和监督工作。

本公告自发布之日起执行。

关于印发《贯彻落实全国质量工作会议精神做好进出口农产品质量安全专项整治工作的意见》的通知

(2007 年 9 月 20 日国家质检总局国质检动[2007]436 号)

各直属检验检疫局:

现将《贯彻落实全国质量工作会议精神 做好进出口农产品质量

安全专项整治工作的意见》印发你们，请各局结合实际情况，认真贯彻执行。

附件：《贯彻落实全国质量工作会议精神 做好进出口农产品质量安全专项整治工作的意见》

附件

贯彻落实全国质量工作会议精神 做好进出口农产品质量安全专项整治工作的意见

为贯彻落实全国质量工作会议精神，防止动植物疫病疫情和有毒有害物质传入传出，根据《国务院关于加强食品等产品安全监督管理的特别规定》、《国务院关于加强产品质量和食品安全工作的通知》和《国务院办公厅关于印发全国产品质量和食品安全专项整治行动方案的通知》等有关规定和要求，制定进出口农产品质量安全专项整治工作意见。

一、提高思想认识，增强做好进出口农产品质量安全工作的紧迫感和责任感

（一）进出口农产品质量安全关系农民增收、农村稳定和农业生产，关系人体健康，关系对外贸易，关系国家形象。各局要充分认识当前我国农产品进出口面临的严峻形势和难得的发展机遇，进一步提高思想认识，增强做好农产品质量安全专项整治工作的紧迫感和责任感。

（二）各局要积极投身到全国产品质量和食品安全专项整治行动中去，把多年来在进出口农产品检验检疫中遇到的难题和存在的突出问题作为整治工作的主要内容，务求扎实推进，标本兼治，推动进出境动植物检验检疫工作迈上新台阶。

二、坚持源头抓起，构建出口农产品质量安全保障体系

（三）全面实施注册登记制度。在认真总结经验的基础上，将所有出口农产品的种植、养殖、加工、包装、存放单位纳入注册登记范围。从 2007 年 10 月 1 日起，未经注册登记的水生动物养殖场、中转场、稻草加工热处理企业不得出口；从 2007 年 10 月 15 日起，未经注

册登记的饲料、饲料添加剂、宠物食品生产加工企业不得出口；从2007年11月1日起，未经注册登记的果园和包装厂的水果不得出口；从2007年12月1日起，未经注册登记的企业生产的种苗花卉不得出口；从2008年4月1日起，未经注册登记的企业生产加工的其他农产品不得出口。

（四）完善农业投入品使用管理制度。要加强出口农产品产地环境的监测，农产品在种植养殖过程中使用的种苗、农药、化肥、饲料、添加剂、兽药等投入品应符合有关规定，生产企业要建立投入品进货核查和使用的记录。

（五）强化企业第一责任人制度。明确出口农产品的生产经营单位是产品质量安全的第一责任人。出口产品的生产经营单位应当熟悉掌握进口国家和地区质量安全卫生要求，建立质量安全保障体系，保证其生产经营的产品符合进口国或地区的要求。出口企业必须建立产品进货台账，如实记录产品名称、规格、数量、供货商、进货时间等内容；同时建立并执行进货检查验收、索证索票、购销台账制度，审验生产供货企业的经营资格，验明产品的合格证明等。检验检疫机构应加强对企业生产经营活动的指导和监督。

（六）建立和完善全过程监管制度。要建立出口农产品全过程监管措施，加强对农产品的种植、养殖、生产、加工、包装、储存、中转、发运等各个环节的监管、堵塞漏洞，不留死角。

（七）严格出口农产品产地检验检疫责任制度。出口农产品严格实行产地检验检疫，经产地检验检疫合格的产品，产地局要确保所出具的检验检疫单证与货物情况相符。出口农产品及其包装上标有原产地标记的，应当依照《中华人民共和国进出口货物原产地条例》进行标注，如不一致，出入境检验检疫机构应责令改正。产地和离境检验检疫机构要密切配合，建立沟通联系机制，做好从产地到口岸的运输、中转的监督管理，离境口岸检验检疫机构对出口农产品按总局规定进行查验。

（八）建立企业诚信制度。各局应建立和公布出口农产品的生产经营单位良好记录和不良记录，对列入良好记录的生产经营单位，采取简化检验检疫手续。今年年底将公布一批符合条件的出口竹木草制品免验企业名单。对弄虚作假的生产经营单位要加大处罚力度,取消其出口资格,构成非法经营罪或者生产、出口伪劣商品罪等犯罪的,应移送司法机关、依法追究刑事责任。各局要将良好记录和不良记录企业名单及时上报总局备案。

（九）建立安全隐患产品的召回制度。出口农产品的生产企业发现其生产的产品存在安全隐患,可能对人体健康和生命安全造成损害的,应当通知出口商停止出口,告知进口商停止使用,主动召回产品,并向检验检疫部门报告。出口商接到生产企业关于产品存在安全隐患,可能对人体健康和生命安全造成损害的,应当立即停止出口该产品,通知生产企业或者供货商,并向检验检疫部门报告。生产企业和出口商对于存在安全隐患的产品不履行相关义务的,由检验检疫部门责令生产企业召回产品,责令出口商停止出口。

三、严把入境关口,构筑外来有害生物和有毒有害物质防控体系

（十）完善风险分析制度。进一步完善进口农产品风险分析工作,为科学制定进口农产品检验检疫要求提供决策依据,将我国国家技术规范的强制性要求纳入双边签署的协议中。

（十一）强化进口检疫审批制度。要加强对进口敏感动植物及其产品的检疫审批,完善电子审批的初审、批准和监督工作,在检疫许可证中明确进口农产品的检验检疫要求。根据审批情况,及时掌握进口农产品的动态。

（十二）要加强对进口农产品尤其是水果、大豆、小麦、饲料、种子苗木和活动物、木质包装等高风险产品的检验检疫工作,提高动植物病虫害和有毒有害物质的检出率,严禁疫区产品和带土苗木入境。

（十三）建立进口企业备案管理制度。要对进口农产品的收货人或代理人实施备案管理,从 2007 年 12 月 1 日起,只有经过备案管理的收货人或代理人才能申请进口农产品的检疫审批和报检工作。进口农产品的收货人应当如实记录进口产品流向,记录保存期限不得少于 2 年。

（十四）完善生产经营者的诚信制度。建立进口农产品生产经营诚信体系,依据进口农产品生产经营企业的诚信度和质量管理水

平，实行分类管理，对于风险高的产品要加严查验、批批扣检。将进口农产品违规企业包括进货人、报检人、代理人列入不良记录名单。

（十五）严格企业违法责任追究制度。对经查实，进口农产品的生产经营者有弄虚作假行为的，要依法严肃处理，构成犯罪的，依法追究刑事责任。

（十六）完善检疫处理制度。对经检验检疫发现疫情和有毒有害物质的进口农产品，要依法进行无害化处理、退回处理或销毁处理。对非法进口的水果、种苗和胚胎精液等动物遗传物质，要100%进行销毁处理。

四、完善应急机制，切实防范和妥善处置各种突发事件

（十七）在现行《进出境重大动物疫情应急处置预案》和《进出境重大植物疫情应急处置预案》基础上，制定并发布《进出境农产品食品质量安全突发事件应急处置预案》，完善风险预警和快速反应机制，切实防范和妥善处置进出口农产品质量安全突发事件。

（十八）总局设在珠海检验检疫局的动物疫情信息中心和设在检科院的植物疫情信息中心要及时准确收集境内外有关农产品质量安全的信息并研究提出应对建议。

（十九）完善农产品质量安全信息上报制度。生产经营单位在进出口农产品中遇到的问题，尤其是出口产品在境外遭遇的问题，要及时准确地反馈给检验检疫机构，各有关检验检疫机构要帮助协调处理，必要时上报总局对外交涉。

（二十）对进出口农产品检验检疫中发现的问题，总局将向系统发布警示通报，并向输出国有关主管部门通报，要求采取改进措施，避免类似问题再次发生。

五、加强信息宣传，树立和维护我国农产品质量安全良好形象

（二十一）要全面掌握进出口农产品质量安全情况，用事实和数据说明进出口农产品质量安全状况，展示中国农产品生产经营企业规范做法，营造正面、积极的舆论氛围。

（二十二）完善进出口农产品质量安全信息发布制度。要按照规定的程序发布进出口农产品质量安全信息，及时发布查处进出口农产品检验检疫问题和改进措施的信息。一旦发生进出口农产品质

量安全突发事件，要快速反应，核准事实，统一口径，迅速稳妥发布信息。对反映比较集中的问题，要逐一查实，及时澄清，不回避问题。

（二十三）发挥舆论监督作用。要鼓励和支持新闻媒体开展舆论监督，对出口农产品生产经营者的弄虚作假行为和进口农产品发现的突出问题予以曝光。要积极回应境内外媒体对我国进出口农产品质量安全的歪曲和不实报道，加强舆论引导，防止恶意炒作。

六、加强对外磋商，积极应对国外技术性贸易壁垒措施

（二十四）加大对外交涉力度。要旗帜鲜明地反对那些借保护人类生命和动植物健康之名，行贸易保护和歧视之实的行为，及时澄清事实，正面回应，巩固和扩大我国农产品出口。

（二十五）加强国际合作与交流。充分利用总局和主要贸易国家和地区已建立的 SPS 磋商合作机制，加强对话和沟通，以科学的态度妥善解决出现的问题。

（二十六）多渠道多层面开展工作。对我出口农产品遭遇的技术壁垒，要通过技术层面磋商，必要时借助外交、经贸等途径加以推动解决，要善于运用 WTO 规则维护我合法权益。

（二十七）加强反制措施，增加解决问题的筹码。及时发现和收集进口农产品存在的质量安全问题，通过对不合格产品采取无害化、退回、销毁或暂停进口等措施，增加我对外交涉的筹码，争取工作的主动性，推动我国出口农产品遇到问题的解决。

七、加强督促检查，认真落实执法责任追究制度

（二十八）加强督促检查。要深入到产地和口岸一线进行明查暗访，加强对一线工作的监督检查，帮助解决实际问题，确保总局制定的各项措施落实到位。

（二十九）加快农产品质量安全电子监管和信息化建设，不断改进监管手段，依法严厉打击逃漏检行为，防范问题产品进出境。

（三十）落实执法责任制。要严格加强内部管理，提高依法行政水平，全面落实执法责任制和责任追究制。积极探索科学有效的管理体系，努力提高执法把关能力。

关于允许从巴西进口偶蹄动物及其产品的公告

（2007 年 9 月 30 日农业部、国家质检总局 2007 年第 918 号公告）

鉴于世界动物卫生组织（OIE）已认可巴西 Santa Catarina 州为非免疫无口蹄疫地区，Acre 州、Rio Grande do Sul 州、Rondonia 州为注苗无口蹄疫地区，根据我国对巴西上述地区口蹄疫疫情状况的风险分析结果，自本公告发布之日起，允许从巴西上述地区进口符合中国相关法律法规规定并在本公告发布日后生产和加工的偶蹄动物及其产品。

关于加强进出境种苗花卉检验检疫工作的通知

（2007 年 9 月 30 日国家质检总局国质检动函[2007]831 号）

各直属检验检疫局，检科院，标法中心：

种苗花卉是植物检验检疫风险极高的农产品，受到世界各国检验检疫部门的高度关注。为贯彻落实全国质量工作会议精神，确保进出境种苗花卉质量和安全，防止疫情传入传出，根据《国务院关于加强食品等产品安全监督管理的特别规定》、《国务院关于加强产品质量和食品安全工作的通知》和《全国产品质量和食品安全专项整治行动方案》，现就加强进出境种苗花卉检验检疫工作有关要求通知如下：

一、统一思想，提高认识，建立进出境种苗花卉科学管理体系

（一）当前进出境种苗花卉数量大、种类多、贸易方式复杂，时效性要求高，检验检疫监管难度大。各级检验检疫机构要充分认识做好进出境种苗花卉检验检疫工作的重要性、艰巨性、复杂性，用科学

发展观指导检验检疫工作，创造性地开展工作，以适应当前进出境种苗花卉贸易快速发展的需要，切实提高进出境种苗花卉检验检疫工作的有效性，防范有害生物传入传出，保护农林业生产和生态环境安全。

（二）从事出境种苗花卉生产经营企业要建立种苗花卉种植、加工、包装、储运、出口等全过程质量安全保障体系，完善溯源记录，推行节能、节水、环保的生产方式，加强对有害生物的监测与控制，采取有效措施防止病虫害发生与传播扩散。

（三）从事进境种苗花卉生产经营企业要向所在地检验检疫机构备案。检验检疫部门根据种苗花卉风险高低实施分类管理。对风险较高的种苗花卉要派员赴境外产地预检。对少量的科研或资源性引种，特别是引进我国禁止进境的种苗，要进行严格的隔离检疫；要严格控制大批量生产性商业引种，完善进境检疫要求，落实好进境种植条件，定期对种植地进行疫情监测。

（四）从事进出境种苗花卉生产经营企业要建立产品进货和销售台账，且至少保存 2 年。进货台账包括货物名称、规格、数量、来源国家或地区、供货商及其联系方式、进货或进口时间等，销售台账包括货物名称、规格、数量、输入国家或地区、收货人及其联系方式、出口时间等。

二、突出重点，周密部署，对出境种苗花卉生产经营企业全面实施注册登记管理

（五）实施出境种苗花卉基地注册登记制度，推行“公司＋基地＋标准化”管理模式。从事出境种苗花卉生产经营企业，应向所在地检验检疫机构申请注册登记，填写《出境种苗花卉生产经营企业注册登记申请表》（见附件 1）及提交相关证明材料。检验检疫机构要对提交的申请材料进行审核，并按照第（六）条所列要求组织考核。考核合格的，颁发出境种苗花卉生产经营企业检疫注册登记证书（见附件 2），注册登记证书有效期 3 年。

（六）注册登记的具体要求如下：

种植基地要求：1. 应符合我国和输入国家或地区规定的植物卫生防疫要求。2. 近两年未发生重大植物疫情，未出现重大质量安全

事故。3.应建立完善的质量管理体系。质量管理体系文件包括组织机构、人员培训、有害生物监测与控制、农用化学品使用管理、良好农业操作规范、溯源体系等有关资料。4.建立种植档案,对种苗花卉来源流向、种植收获时间,有害生物监测防治措施等日常管理情况进行详细记录。5.应配备专职或者兼职植保员,负责基地有害生物监测、报告、防治等工作。6.符合其他相关规定。

加工包装厂及储存库要求:1.厂区整洁卫生,有满足种苗花卉贮存要求的原料场、成品库。2.存放、加工、处理、储藏等功能区相对独立、布局合理,且与生活区采取隔离措施并有适当的距离。3.具有符合检疫要求的清洗、加工、防虫防病及必要的除害处理设施。4.加工种苗花卉所使用的水源及使用的农用化学品均须符合我国和输入国家或地区有关卫生环保要求。5.建立完善的质量管理体系,包括对种苗花卉加工、包装、储运等相关环节疫情防控措施、应急处置措施、人员培训等内容。6.建立产品进货和销售台账,种苗花卉各个环节溯源信息要有详细记录。7.出境种苗花卉包装材料应干净卫生,不得二次使用,在包装箱上标明货物名称、数量、生产经营企业注册登记号、生产批号等信息。8.配备专职或者兼职植保员,负责原料种苗花卉验收、加工、包装、存放等环节防疫措施的落实、质量安全控制、成品自检等工作。9.有与其加工能力相适应的提供种苗花卉货源的种植基地,或与经注册登记的种植基地建有固定的供货关系。10.符合其他相关规定。

(七)各直属检验检疫局应加快完成出境种苗花卉注册登记工作,将注册名单报总局备案,并在网站上公布。自2007年12月1日起,未获得注册登记的企业,不得从事出境种苗花卉生产经营业务。出境种苗花卉实施产地检验检疫、口岸查验放行制度,来自未实施注册登记生产经营企业的种苗花卉,检验检疫机构不得受理报检,不准出口。

(八)出境种苗花卉生产经营企业应对产品质量安全负责。检验检疫机构要建立出境种苗花卉生产经营企业诚信管理制度,做好良好和不良记录,鼓励企业诚实守信、合法经营。对伪造单证、逃避检验检疫、弄虚作假的企业、报检人或代理人,取消其注册登记资格、报检资格,并按有关规定予以处罚。

三、加大口岸检测、处理力度,提高进出境种苗花卉检验检疫把关效能

（九）要加大对进出境种苗花卉检验检疫把关力度。种苗花卉进境口岸应具备必须的现场查验场所和防疫处理设施,入境检验检疫机构应配备相应专业技术人员和实验室条件,不符合条件的口岸将不允许进口种苗花卉。

（十）要研究开发进出境种苗花卉有害生物快速、准确的检测鉴定方法,特别是植物病原体分子生物学检测方法、试剂,并在全系统推广使用。同时,要规范口岸抽样、查验程序,强化现场查验与实验室检测的协作配合,优化资源配置,改进工作模式,大力提高进出境种苗花卉疫情检出率。

（十一）要加强种苗花卉除害处理方法研究,对温汤药剂浸种、商用种衣剂、包埋剂、药剂植物浸根、栽培介质热处理、鲜活植物熏蒸处理等不同处理方法有效性进行评估、筛选,并及时将相关除害处理方法及技术指标上升为标准并运用到进出境种苗花卉检验检疫实践中,成为降低疫情传入传出和提高产品质量安全水平的有效措施。

（十二）对进境种苗花卉截获的疫情和出境种苗花卉检出输入国家或地区关注的检疫性有害生物,要采取严格的检疫处理措施。对进境种苗花卉截获的疫情,无有效除害处理方法的,一律作退运或销毁处理,并由总局向国外发出违规通报,要求进行调查并采取有效的改进措施。对出境种苗花卉中检出输入国家或地区关注的有害生物,且无有效除害处理方法的,一律不准出境。

四、宣传引导,协作配合,共同把好进出境种苗花卉质量安全关

（十三）各地检验检疫机构要加大宣传力度,将种苗花卉检验检疫有关规定和要求及时通知有关企业,引导种苗花卉企业建立全过程溯源管理体系,从源头抓质量安全,实施良好农业操作规范,提高质量安全管理水平。

（十四）加强与农业、林业部门在种苗花卉检疫审批、隔离检疫、疫情监测、基地管理等方面的沟通与协作,促进信息资源共享,共同

把好进出境种苗花卉质量安全关。进出境种苗花卉基地发现重大植物疫情等质量安全事件，要做到立即报告、迅速介入、妥善处置。

（十五）要严厉打击种苗花卉非法进出境行为，对旅客携带物、邮寄物要加大抽查比例，查获非法进出口种苗花卉的，一律作销毁处理，并依法严厉查处有关责任人。

附件1

出境种苗花卉生产经营企业注册登记申请表

企业名称（中文）：________________

（英文）：________________

地　　址：________________

申请日期：________________

批准注册登记编号：________________

国家质量监督检验检疫总局印制

<table>
<tr><td>企业名称</td><td colspan="5"></td></tr>
<tr><td>地　　址</td><td colspan="3"></td><td>邮编</td><td></td></tr>
<tr><td>主营业务</td><td colspan="5">□出口种子生产加工　□出口种子经营
□出口种球生产加工　□出口种球经营
□出口种薯生产加工　□出口种薯经营
□出口苗木生产加工　□出口苗木经营
□出口花卉生产加工　□出口花卉经营
□其他____________</td></tr>
<tr><td>法人代表</td><td colspan="3"></td><td colspan="2">电话：
手机：</td></tr>
<tr><td>质量主管</td><td colspan="3"></td><td colspan="2">电话：
手机：</td></tr>
<tr><td>企业性质</td><td colspan="5">□国有企业　□民营企业　□股份制企业
□中外合资企业　□外商独资企业　□其它</td></tr>
<tr><td>企业资质</td><td colspan="5">□工商营业执照　□企业代码证　□税务登记证
□进出口经营权　□种子生产许可证
□种子经营许可证　□其他</td></tr>
<tr><td rowspan="5">种植基地</td><td colspan="2">基地地址</td><td colspan="3"></td></tr>
<tr><td colspan="2">基地面积</td><td>亩</td><td>植保员数量</td><td>名</td></tr>
<tr><td>种植种类</td><td colspan="4">□ 种子　□ 种球　□ 种薯
□ 苗木　□ 切花　□ 其他</td></tr>
<tr><td>质量管理体系</td><td colspan="4">□农用化学品使用管理制度
□有害生物监测与控制措施
□质量追溯体系</td></tr>
<tr><td>植保员姓名及培训情况</td><td colspan="4"></td></tr>
<tr><td rowspan="4">加工包装厂</td><td>加工厂面积</td><td></td><td>职工人数</td><td colspan="2"></td></tr>
<tr><td>加工设备数量</td><td>台
（套）</td><td>日加工量</td><td colspan="2"></td></tr>
<tr><td>仓库面积</td><td></td><td>仓库容量</td><td colspan="2"></td></tr>
<tr><td>质量管理体系</td><td colspan="4">□质量追溯体系　□防疫制度
□质量管理记录　□质量监督员</td></tr>
</table>

<table>
<tr><td rowspan="5">企业
实验室</td><td colspan="2">实验室面积</td><td></td><td>检测人员数量</td><td></td></tr>
<tr><td colspan="2">检测设备
数量</td><td>台(套)</td><td>实验室认可</td><td>□是
□否</td></tr>
<tr><td rowspan="2">检
测
项
目</td><td>自检
项目</td><td colspan="3">□病虫害 □发芽率 □纯度
□千粒重 □其他________</td></tr>
<tr><td>委托
项目</td><td colspan="3">□病虫害 □发芽率 □纯度
□千粒重 □其他________</td></tr>
<tr><td colspan="2">检测人员姓名
及培训情况</td><td colspan="3"></td></tr>
<tr><td rowspan="5">产品质量
状况</td><td colspan="4">近两年有无出口产品自检不合格记录</td><td>□有□无</td></tr>
<tr><td colspan="4">近两年有无不合格产品自行销毁记录</td><td>□有□无</td></tr>
<tr><td colspan="4">近两年有无出口产品被退回的情况</td><td>□有□无</td></tr>
<tr><td colspan="4">近两年有无出口产品被销毁情况</td><td>□有□无</td></tr>
<tr><td colspan="4">近两年有无主动召回不合格产品记录</td><td>□有□无</td></tr>
<tr><td>企业承诺</td><td colspan="5">1. 以上申报情况属实、准确无误。
2. 提供的各种资料为现行使用资料，真实、有效。
3. 遵守国家出入境检验检疫法规，接受 CIQ 监督、指导。
法人代表签字： 年 月 日</td></tr>
<tr><td rowspan="2">现场
考核
情况</td><td>考核组成员</td><td colspan="4"></td></tr>
<tr><td colspan="5">考核意见：

考核组长(签字)： 年 月 日</td></tr>
<tr><td>分支检验
检疫机构
初审意见</td><td colspan="5">(盖章)
负责人(签字)： 年 月 日</td></tr>
<tr><td>直属检验
检疫机构
审批意见</td><td colspan="5">(盖章)
负责人(签字)： 年 月 日</td></tr>
<tr><td colspan="6">批准注册登记编号：</td></tr>
</table>

备注：1. 企业资质和实验室资质需提供相关复印件；种植基地及加工包装厂布局需提供示意图；种植基地和加工包装厂质量管理体系须提供有关质量管理文件及相关记录复印件；植保员、质量监督员及企业实验室检测人员，需经培训合格并提供相应的证件复印件。

2. 根据实际情况在 □ 内打“√”，项目中无申报内容的填写“无”。

附件 2

中华人民共和国____出入境检验检疫局出境种苗花卉生产经营企业检疫注册登记证书

编号

生产经营企业名称(中英文):

生产经营企业地址:

经审查,你单位符合出境种苗花卉检验检疫条件,予以注册登记。

注册登记编号:

注册登记种苗花卉种类:

发证日期:　　　　年　　月　　日

有效期至:　　　　年　　月　　日

××××出入境检验检疫局印章

备注:

出境种苗花卉生产企业注册登记编号为:* * * * ZM# # #

* * * *:为检验检疫机构代码(4 位),如 6204,62 为甘肃检验检疫局,04 指酒泉检验检疫局。ZM:种苗。# # #:登记号(3 位)。

关于中国苹果、梨出口南非的公告

（2007 年 10 月 22 日国家质检总局 2007 年第 157 号公告）

经国家质检总局与南非共和国农业部协商，2007 年 2 月双方签署了《中国苹果出口南非检验检疫要求议定书》和《中国梨出口南非检验检疫要求议定书》。南非农业部根据 2007 年 9 月对我国苹果、梨产区实地考核结果，近日作出允许进口我国苹果、梨的决定。自即日起，符合以下检验检疫条件的苹果、梨可以对南非出口：

一、苹果、梨产区包括陕西、山东、河北、辽宁、山西、安徽、河南、甘肃、江苏、北京、天津、新疆、吉林。

二、出口果园和包装厂须在出入境检验检疫机构注册登记，并经南非农业部批准。名单可在质检总局网站上查询。

三、出口果园应按要求对苹果、梨（新疆香梨除外）进行套袋，并对南非关注的检疫性有害生物采取针对性的控制措施。

四、出口水果应在注册的包装厂进行加工、包装和储存，确保出口的苹果、梨符合南非进境检验检疫要求。包装箱上应用英文标明产地，包装厂和果园的名称或注册代码，以及“输往南非共和国”等信息。

五、出入境检验检疫机构按照有关规定和议定书要求，对出口南非的苹果、梨实施检验检疫，合格的签发植物检疫证书。

六、详细要求请向各地出入境检验检疫机构咨询。

特此公告。

关于做好当前出境水果检验检疫工作有关问题的通知

（2007 年 10 月 31 日国家质检总局国质检动函[2007]890 号）

各直属检验检疫局：

根据总局《关于进一步加强进出境水果检验检疫工作的通知》

(国质检动函[2007]699 号),结合近期落实工作情况,现就做好当前出境水果检验检疫有关工作通知如下:

一、关于果园、包装厂注册登记问题。自 11 月 1 日起,获得注册登记的果园和包装厂生产、包装的水果方可出口。各局要按照总局有关规定,进一步加快对果园、包装厂注册登记工作,加大对出口企业的扶持力度,指导企业建立符合要求的果园和包装厂,并及时将获得注册登记的果园和包装厂名单上报,以便在总局网站上公布。

对今年已过收获季节的果园,在企业提供有关果园种植、病虫害控制记录,并经考核合格后,可对果园进行注册登记。

各局要在做好对苹果、梨、柑橘、葡萄等主要水果果园和包装厂注册登记工作的同时,要加快对出口季节性强、种植面积和产量较少的水果(如梅、番荔枝、石榴、灯笼果、人参果、黄皮、鸡蛋果、柠檬、树菠萝、红毛丹等)果园实施注册登记,最迟在 2008 年 4 月 1 日前全部完成。

通过边民互市贸易出境的零星少量水果,经检验检疫合格后放行。

二、关于水果包装箱上标注信息问题。出境水果包装箱上应用中文和英文标明水果种类、产地、果园和包装厂名称或注册号以及检验检疫批次号等信息,以便溯源。

三、关于产地供货证明问题。出境水果应在包装厂所在地检验检疫机构报检。果园和包装厂不在同一业务辖区的,产地检验检疫机构要担负监管责任,及时出具供货证明,离境口岸检验检疫机构受理报检时应审核供货证明,实施检验检疫并出具植物检疫证书。

四、关于通过陆路口岸对俄罗斯出口水果问题。鉴于俄罗斯对植物检疫证书中有关水果种类、数量、运输工具名称和号码等信息填写要求比较严格,输俄水果在产地加工包装后报检的,经产地局检验检疫合格后出具换证凭单,离境口岸检验检疫机构依据换证凭单出具通关单和植物检疫证书,以确保符合俄方要求。俄方需要出具卫生证书的,检验检疫机构应根据农残监控和抽样检测情况出具卫生证书。

五、对于在市场上采购的进口水果再出口问题,出口企业应提供有关进境检验检疫证明复印件，并经离境口岸检验检疫合格后方准出口。

六、口岸局与产地局要加强沟通，密切配合，共同采取措施防止不合格水果出境。

执行中如有问题，请及时报告总局。

特此通知。

关于防止越南霍乱疫情传入我国的公告

（2007 年 11 月 9 日国家质检总局 2007 年第 163 号公告）

据悉，越南暴发霍乱疫情。10 月以来，越南北部河内、河西、兴安、海防、永福、北宁、富寿、太平、海阳、清化、义安、海洋等 12 个省市先后出现霍乱疫情，迄今已有约 1000 人染病。为防止霍乱传入我国，保护前往越南人员的健康安全，根据《中华人民共和国国境卫生检疫法》及其实施细则的有关规定，现公告如下：

一、来自越南的人员，如有呕吐、腹泻等症状的，入境时应立即向出入境检验检疫机构申报。出入境检验检疫机构，尤其是与越南接壤的机构要加强健康申报、体温监测、医学巡查等工作，对申报或现场查验发现有上述症状的人员要仔细排查，对发现的霍乱受染人和受染嫌疑人，以及处于霍乱潜伏期且有症状的人员要依法采取医学措施。

二、出入境检验检疫机构对来自越南的交通工具、货物、集装箱、行李、邮包要严格进行检疫查验，发现被霍乱污染的，要依照《中华人民共和国国境卫生检疫法实施细则》的有关规定，实施消毒、除虫等卫生处理措施。

三、前往越南的人员，可以向出入境检验检疫机构及其国际旅行卫生保健中心了解该地区的疫情，或登陆国家质检总局网站（http://www.aqsiq.gov.cn）“卫生检疫与旅行健康”专栏查询相关信息。

四、霍乱是由霍乱弧菌引起的烈性肠道传染病，发病急、传播快，主要症状为剧烈的腹泻和呕吐，可引起严重脱水、周围循环衰竭和急性肾衰，治疗不及时易死亡。前往越南的人员应注意饮食卫生和个人卫生，在霍乱流行区域避免食（饮）用有可能被污染的食物、饮料和饮用水，如食用不洁的虾酱、生蔬菜和生海鲜等；一旦出现腹泻、呕吐等症状，在使用口服补液纠正脱水的同时，要及时就医，入境时向出入境检验检疫机构申报。

关于防止旅客携带日本牛肉入境的警示通报

（2007 年 11 月 12 日国家质检总局国质检动函[2007]941 号）

各直属检验检疫局：

近日，上海浦东机场检验检疫人员在对来自日本航班的进境旅客携带物进行检疫查验时，从 3 名中国旅客和 5 名日本旅客携带的行李物品中查获 800 公斤牛肉。该批牛肉截获的数量之大创旅检截留违禁物品之最。同日，浦东机场检验检疫人员还从另一架日本航班旅客行李中查获牛肉 160 公斤。日本牛肉售价十分昂贵，通过偷带入境可获得丰厚利润。上述截获的牛肉已依法作扣留、销毁处理。

日本是疯牛病疫区国家，我国禁止日本的牛肉进境。为了保护我国农业生产安全和人民身体健康，根据《出入境检验检疫风险分析预警及快速反应管理规定》，现发布警示通报如下：

一、各局要加大对来自日本航班和船舶的入境旅客携带物查验力度，运用多种查验手段，严防入境旅客携带牛肉入境。

二、发现旅客携带国家禁止携带入境的动植物产品的，要依法予以截留作销毁处理。发现重大问题的，要将有关情况及时上报总局。

三、各局要进一步加强宣传工作，在出入境检验检疫现场的显示屏和旅客通道醒目位置显示和张贴有关提示，提醒入境旅客遵守我国相关法律法规的规定，切勿携带日本牛肉等禁止进境物入境。

四、各局要加强与海关、边防、民航等有关部门的配合，建立防控协作机制，加强对旅客携带物的检验检疫监督管理，严厉打击非法进口活动。

关于加强出口动物和非食用动物产品企业注册管理的通知

（2007年11月15日国家质检总局国质检动[2007]529号）

各直属检验检疫局：

为贯彻落实全国质量工作会议、全国产品质量和食品安全专项整治工作电视电话会议精神以及《国务院关于加强食品等产品安全监督管理的特别规定》（以下简称《特别规定》）、《国务院关于加强产品质量和食品安全工作的通知》（国发[2007]23号）、《全国产品质量和食品安全专项整治方案》和《贯彻落实全国质量工作会议精神，做好进出口农产品质量安全专项整治工作的意见》（国质检动[2007]436号）等文件精神，进一步做好出口动物及非食用动物产品生产、加工、存放企业的注册管理，现就有关事项通知如下：

一、各直属检验检疫局要全面实施对出口动物及非食用动物产品生产、加工、存放企业的注册制度。自2008年4月1日起，确保所有出口的动物、非食用动物产品都必须来自经检验检疫机构注册的生产加工企业。

二、各局要全面对现有注册登记的出口动物及其产品的企业进行清理整顿。按照总局规定，目前已经实施注册管理的动物及其产品生产、加工企业包括：供港澳活猪、活牛、活羊、活禽养殖企业，出口饲料、饲料添加剂、宠物食品加工企业，出口日本和韩国灵长类实验动物的相关单位等。各单位在清理整顿过程中，要严格对照总局有关注册登记的条件和标准，组织人员对上述注册的企业开展拉网式检查，对违法违规企业要注销注册证；对达不到条件、生产经营过程不能落实相关制度和要求，并且经整改仍不达标的企业，要注销其注册证。请各局将清理整顿情况于2007年12月10日前报送总局动植物检疫监管司。

三、要积极开展对其他尚未注册的出口动物及非食用动物产品生产、加工、存放企业的注册工作。本通知第二条所列各项注册工作仍按照现有规定执行,其他新开展的注册项目,按照以下规定办理:

(一)相关企业向检验检疫机构提出申请,并填写《出口动物及其非食用性动物产品生产、加工、存放企业注册申请表》(附件1)。

(二)各直属检验检疫局对企业提供的申请材料进行审查,并按照本通知附件2、附件3、附件4、附件5规定的基本条件,对申请注册的企业组织考核。

(三)各直属检验检疫局要向申请企业反馈注册审核书面意见,对符合条件的企业颁发《出口动物及非食用性动物产品生产、加工、存放企业注册证》(附件6),注册证有效期为3年。对达不到条件的提出整改意见;对未采取整改措施或者整改不合格的不予注册。

(四)企业需要办理延期手续的,应在期满前至少1个月向发证的直属检验检疫局提出申请。

(五)注册证编号规则为:直属局地区代码+DZ+4位流水号码。注册证由各单位根据本通知所附式样印制。

四、各局在办理完注册手续后的10个工作日内,将上述新注册企业情况以电子文件形式报总局动植物检疫监管司备案。报备内容包括注册企业名称和地址、注册企业经营范围、注册编号、注册证有效期及注册企业联系电话等。

五、各局须进一步加强和完善对各注册生产、加工企业的监管,要按照国务院《特别规定》和总局相关规定,要求各注册企业建立和完善兽药、饲料、原辅料等投入品检查验收和登记制度,加强动物疫情、农兽药等化学物和重金属等残留的监测,要定期对注册企业进行检查和开展年审工作,及时纠正生产加工过程中存在的问题,清理不合格注册企业,确实从源头上把好产品质量安全关。

六、所有注册出口动物及非食用动物产品生产、加工、存放企业名单,将在总局网页上公布。对国外有注册或者备案要求的,将由总局统一组织安排注册或者向有关国家或者地区进行通报备案。各局对本辖区注册企业增加或者注销，或者注册企业报备的注册内容发生变化等情况时，必须及时将变化情况报总局动植物检疫监管司。

七、各局要加强对注册企业相关法规、标准的培训和宣传，确保各出口生产、加工、存放企业及时了解我国法律法规规定和相关国家或者地区的进口要求，确保企业按照相关要求组织生产加工活动。

八、要积极探索和开展对各注册企业的分类管理。根据出口注册企业的历史记录、产品质量现状、生产管理和产品质量控制等情况，对企业进行分类管理，使优良企业在检验检疫监管、通关等方面享受总局各项优惠政策。

执行中遇到问题，请及时与总局动植物检疫监管司联系。

联系人：彭志生

电　话：010-82261916

传　真：010-82260156

e-mail：pengzs@aqsiq.gov.cn

附件 1

出口动物及其非食用性动物产品生产、加工、存放企业注册申请表

企业名称:________________________(盖章)

企业地址:________________________

联 系 人:________________________

电　　话:________________________

产品名称:________________________

申请日期:________________________

国家质量监督检验检疫总局编制

<table>
<tr><td>申请单位名称
（中文）</td><td colspan="5"></td></tr>
<tr><td>申请单位名称
（英文）</td><td colspan="5"></td></tr>
<tr><td>申请单位地址</td><td colspan="3"></td><td>邮政编码</td><td></td></tr>
<tr><td>法定代表人</td><td></td><td>联系电话</td><td></td><td>传真</td><td></td></tr>
<tr><td>企业性质</td><td></td><td>企业类别</td><td></td><td>组织机构代码</td><td></td></tr>
<tr><td>经营范围</td><td colspan="5"></td></tr>
<tr><td>出口农产品种类</td><td colspan="2"></td><td colspan="2">用途</td><td></td></tr>
<tr><td>随附文件</td><td colspan="5">□申请单位营业执照
□独立法人资格证明
□动物防疫管理制度
□药残/重金属残留监控制度
□饲养管理制度
□生产和加工过程中投入品查验登记及管理制度
□相关生产、加工设施的平面图和照片等</td></tr>
<tr><td>申请人声明</td><td colspan="5">我单位申请出口动物/非食用性动物产品注册，保证遵守中华人民共和国出入境检验检疫法律法规的规定，提交的申请资料真实、准确，保证配合出入境检验检疫机构开展相关审核和监督申管理工作。

公章：
法定代表人签字：

日期：　　年　月　日</td></tr>
<tr><td colspan="6">＊以下由出入境检验检疫机构填写
资料审核和考核意见：

负责人：
日期：　年　月　日</td></tr>
</table>

附件 2

出境动物养殖场(含动物遗传物质生产中心)注册基本卫生要求

1. 必须具备独立法人资格。

2. 必须具有工商部门颁发的营业执照。

3. 成立以养殖场负责人为组长的动物卫生防疫领导小组。

4. 配有经出入境检验检疫机构培训、考核、认可的兽医。

5. 具有健全的动物卫生防疫制度(包括日常卫生管理制度、疫病防治制度、用药管理制度)和饲养管理制度(包括出口动物入出场管理制度、饲料及添加剂使用管理制度)及相关的记录。

6. 养殖场周围 500 米范围内无其它动物养殖场、兽医院、牲畜交易市场、屠宰场、居民生活区及交通主干道等场所。

7. 场区设置有兽医室和日常防疫消毒及诊疗药械。

8. 养殖场周围设有围墙(围栏或铁丝网),并设有专人看守的大门。

9. 场区整洁,生产区与生活区严格分开。生产区内设有饲料加工及存放区、动物进出场隔离检疫区、饲养区、兽医室、患病动物隔离区、动物粪便及废弃物集中存放区、死亡动物处理区等。不同功能区分开,布局合理。

10. 设有动物入场、出场隔离检疫区,隔离检疫区与饲养区至少间距 50 米。

11. 生产区出入口须设置:

(1) 与门同宽、长 4 米、深 20 厘米的车辆消毒池及喷雾消毒设施;

(2) 更衣室、淋浴室。备有专用工作服、鞋、帽;

(3) 人行通道设有消毒池(垫)。

12. 场区工作人员无结核病、布氏杆菌病等人畜共患病。

13. 具有水、电、照明、防寒防热、通风等设施。养殖场内水源充足,水质符合国家规定的饮用水卫生标准。排放污水达到国家排放标准并取得相关部门的证明。

14. 生产区内不得饲养除出口动物及守卫犬以外的其它动物，用于守卫的犬必须栓养或圈养，并定期接种疫苗。

15. 所用饲料及饲料添加剂等投入品不含违禁药品，符合国家有关规定。

附件 3

出境动物养殖基地注册条件

1. 具有比较完善的动物防疫检疫体系。

2. 具有比较完善的兽医服务体系，平均每个乡镇至少有一名官方兽医负责动物防疫检疫及免疫工作。

3. 具有完成动物疫病和药物残留检测与监测、动物免疫的基础设施和能力。

4. 积极推行良好农业规范等标准化养殖和生产方式。

5. 在过去一年内，辖区未发生世界动物卫生组织(OIE)规定应当通报和农业部规定应当上报的动物疫病。

6. 具有比较完善的动物疫情和药物残留监控体系。制订年度监测计划，监测计划中明确监测项目、抽样时间、检测方法、检测实验室等。能够按照计划开展监测，具有比较完整的监测报告等档案资料。

7. 针对国家规定实施的强制免疫项目，制订免疫计划，计划中包括实施的免疫项目、免疫对象、免疫时间等。能够按照计划组织开展免疫工作，具有免疫记录等档案资料。

8. 按照国家规定，建立疫情报告制度、动物追溯体系等。

附件 4

出境非食用动物产品生产、加工、存放单位注册的基本兽医卫生要求

1. 生产、加工、存放单位必须具备独立法人资格。

2. 必须具有工商部门颁发的营业执照。

3. 成立由单位主要负责人参加的动物卫生防疫工作领导小组，制订完善的动物卫生防疫制度、原料等投入品和产品的出入登记查验制度。

4. 有可供检验检疫机构核查的非食用动物产品和投入品入、出库记录，加工、使用记录和相关的资料。

5. 企业生产、加工设施的选址、布局符合动物卫生防疫要求，有必要的防虫、灭鼠措施和设施。

6. 须有与生产规模相适应的存储库，原料库与成品库分开，不同产地、批次、品种的原料均须分开存放；未经检疫或者检疫不合格的产品不能与检疫合格的产品混放。有专人负责保管。

7. 具有对动物产品的包装物和加工过程中产生的下脚料、废弃物进行无害化处理的能力。

8. 要有与其生产加工相适应的废气废水废物处理设施，并提供县级以上政府环保部门允许排放的证明文件。

9. 有必备的防疫消毒器械、消毒药品和设施。

10. 对从事生产加工的人员，具有防护知识培训计划和防护措施。

11. 有规范的操作规程、流程和加工工艺。

* 对使用动物原料直接加工的狗咬胶、饲料用或者垂钓用冻鱼等出口企业，按照此要求注册。

附件 5

出境(含中转、过境)动物存放企业注册基本卫生要求

1. 具有独立法人资格，具有工商部门颁发的营业执照。

2. 具有完善的动物饲养管理、卫生防疫管理等制度。

3. 配备兽医专业技术人员。

4. 须远离相应的动物饲养场、屠宰加工厂、兽医院及交通主干

道等场所。

5. 四周须有与外界环境隔离的设施,并有醒目的警示标志。

6. 人员进出存放场所的通道要设更衣室,并备有专用工作服、鞋、帽。

7. 具备防疫消毒设施。

8. 具有与存放动物种类和数量相适应的饲养条件,具有安全的防逃逸装置。

9. 设有污水处理和粪便储存和处理设施。

10. 具有捕获和固定动物的设施,所需场地和设施。

11. 应有必要的供水、电、防寒保温及通风等设施,水质符合国家饮用水标准。

附件 6

出口动物及非食用性动物产品生产、加工、存放企业注册证

注册编号(   )

注册企业名称：________________________________

注册企业地址：________________________________

经营范围：________________________________

注册有效期至：________________________________

(直属检验检疫局公章)

××××年××月××日颁发

关于允许从南非进口家禽及家禽产品的公告

（2007 年 11 月 20 日农业部、国家质检总局 2007 年第 933 号公告）

南非已向世界动物卫生组织（OIE）报告消灭家禽高致病性禽流感疫情，根据我国南非高致病性禽流感疫情状况的风险分析结果，自本公告发布之日起，允许从南非进口符合中国相关法律法规规定并在本公告发布之日后生产和加工的家禽及家禽产品。

农业部与国家质量监督检验检疫总局联合公告第 400 号同时废止。

关于防止塞浦路斯 O 型口蹄疫传入我国的公告

（2007 年 11 月 23 日农业部、国家质检总局 2007 年第 934 号公告）

2007 年 11 月 5 日，塞浦路斯农业部向世界卫生组织（OIE）紧急报告，10 月 22 日，塞浦路斯拉纳卡区发生 O 型口蹄疫。为防止该病传入我国，保护我国畜牧业安全，根据《中华人民共和国进出境动植物检疫法》等有关法律法规的规定，公告如下：

一、禁止直接或间接从塞浦路斯输入偶蹄动物及其产品，停止签发从塞浦路斯进口偶蹄动物及其产品的《进境动植物检疫许可证》，撤销已经签发的从塞浦路斯进口偶蹄动物及其产品的《进境动植物检疫许可证》。

二、2007 年 10 月 22 日后（含 10 月 22 日）启运的来自塞浦路斯的偶蹄动物及其产品一律作退回或销毁处理。2007 年 10 月 22 日前启运的来自塞浦路斯的偶蹄动物及其产品，进行口蹄疫病毒 O 型检测，检验合格后方可放行。

三、禁止邮寄或旅客携带来自塞浦路斯的偶蹄动物及其产品进境，一经发现，一律作退回或销毁处理。

四、对途经我国或在我国停留的国际航行船舶、飞机和火车等运输工具，如发现有来自塞清路斯的偶蹄动物及其产品，一律作封存处理；其废弃物、泔水等，一律在出入境检验检疫机构的监督下作无害化处理，不得擅自抛弃。

五、对海关、边防等部门截获的走私入境的来自塞浦路斯的偶蹄动物及其产品，一律在出入境检验检疫机构的监督下作销毁处理。

六、凡违反上述规定者，由出入境检验检疫机构依照《中华人民共和国进出境动植物检疫法》及其实施条例有关规定处理。

七、各出入境检验检疫机构、各级动物防疫监督机构要分别依照《中华人民共和国进出境动植物检疫法》及其实施条例和《中国人民共和国动物防疫法》的有关规定，密切配合，做好检疫、防疫和监督工作。

本公告自发布之日起执行。

关于允许从阿根廷无口蹄疫地区进口偶蹄动物及其产品的公告

（2007 年 11 月 29 日农业部、国家质检总局 2007 年第 935 号公告）

鉴于世界动物卫生组织（OIE）已认可阿根廷南纬 42 度以南地区及北帕塔贡尼亚 B 地区为非免疫无口蹄疫地区、认可阿根廷里奥内格罗省以北地区（但不包括阿根廷北部长度约 2200 公里，宽度为 15 公里的边境区域）为“免疫无口蹄疫区”，根据我国对阿根廷上述地区口蹄疫疫情状况的风险分析结果，自本公告发布之日起，允许从阿根廷无口蹄疫地区（区划图见附件）进口符合中国相关法律法规规定并在本公告发布日后生产和加工的偶蹄动物及其产品。

农业部与国家质量监督检验检疫总局联合公告第 609 号相关规定同时废止。

关于印发《进出境农产品和食品质量安全突发事件应急处置预案》的通知

（2007 年 12 月 3 日国家质检总局国质检动[2007]586 号）

各直属检验检疫局，检科院，标法中心：

为贯彻落实全国质量工作会议精神，加强产品质量和食品安全监管，妥善应对突发事件，现发布《进出境农产品和食品质量安全突发事件应急处置预案》，请结合实际，认真贯彻执行。

进出境农产品和食品质量安全突发事件应急处置预案

1 总则

1.1 目的

快速、高效、有序应对进出境农产品和食品质量安全突发事件（以下简称突发事件），最大限度地控制、减轻和消除突发事件带来的负面影响或损失，保护公众、动植物健康和生态环境安全，维护正常的进出口贸易秩序。

1.2 依据

依据《中华人民共和国进出境动植物检疫法》及其实施条例、《中华人民共和国进出口商品检验法》及其实施条例、《中华人民共和国食品卫生法》、《国家突发公共事件总体应急预案》、《国务院关于加强食品等产品安全监督管理的特别规定》、《国务院关于加强产品质量和食品安全工作的通知》，制定本预案。

1.3 分类分级

根据突发事件性质、严重程度、涉及范围、可控性等因素，一般分四级：特别重大（Ⅰ级）、重大（Ⅱ级）、较大（Ⅲ级）和一般（Ⅳ级）。

其中，特别重大和重大的质量安全事件应具有以下特征：

(1) 进境农产品和食品经检查发现有对公众或动植物健康或生态环境安全造成或可能造成严重影响或威胁,需立即处置的。

(2) 出境农产品和食品被进口国或地区官方通报存在安全卫生问题,已经或可能采取限制措施,对我出口贸易造成重大影响,需立即处置的。

(3) 进出境农产品和食品或国内农产品和食品被媒体报道存在安全卫生问题,引起或可能引起社会高度关注,已经或可能对进出口贸易造成重大影响,需立即处置的。

(4) 质检总局认定的其他特别重大或重大农产品和食品质量安全突发事件。

1.4 适用范围

本预案适用于质检总局及其下属的出入境检验检疫机构在进出境农产品和食品检验检疫工作中突然发生的安全、卫生、质量事件,对公众、动植物健康或生态环境安全和进出口贸易产生重大影响或构成严重威胁,引起或可能引起社会高度关注的特别重大、重大突发事件的应急处理工作。

本预案指导出入境检验检疫系统进出境农产品和食品质量安全较大、一般突发事件应对工作。

进出境重大动物疫情、重大植物疫情的应急处置按照国家质检总局发布的《进出境重大动物疫情应急处置预案》和《进出境重大植物疫情应急处置预案》实施。

1.5 工作原则

统一指挥,分级管理,各司其职;资源整合,分工协作,信息畅通;立即报告,迅速介入,科学研判;团结协作,服从大局,妥善处置。

2 应急组织体系及职责

2.1 组织机构

突发事件应急处置指挥体系由质检总局、直属出入境检验检疫局(以下简称直属局)和出入境检验检疫分支机构(以下简称分支机构)三级指挥中心组成。

2.1.1 总局指挥中心及办公室

质检总局成立突发事件应急处置指挥中心(以下简称总局指挥

中心），由总局领导任组长，各有关司局负责人任成员，统一领导突发事件的应对工作。总局指挥中心办公室设在动植物检疫监管司和进出口食品安全局。

2.1.2 直属局指挥中心

直属局成立突发事件应急处置指挥中心（简称直属局指挥中心），组长由直属局主要领导担任，有关处室和分支机构的负责人参加。

2.1.3 现场指挥中心

分支机构成立突发事件应急处置指挥中心（简称现场指挥中心），组长由分支机构主要领导担任，分支机构有关部门的负责人参加。

2.1.4 专家组

根据实际需要，质检总局和直属局成立应对突发事件专家组，为应急处置工作提供决策建议。

2.2 职责分工

2.2.1 总局指挥中心及办公室

（1）负责贯彻落实党中央、国务院关于突发事件处置的有关指示和要求。

（2）负责判定突发事件，指导和监督检查各直属局指挥中心做好突发事件应急处置工作。

（3）负责突发事件相关信息的收集、整理，掌握相关动态、有关方面的反应、存在的重大问题等，研究提出对外口径和重大科研、标准课题紧急立项意见，适时向新闻媒体通报有关情况，向国务院报告突发事件应急处理进展情况。

（4）负责与农业、商务、卫生、外交、海关、工商、环保、食药、林业等有关部门和相关地方人民政府的沟通，协调各部门应急力量和相关资源，共同做好突发事件应急处理工作。

2.2.2 直属局指挥中心

负责传达贯彻总局指挥中心下达的指令，向地方人民政府报告，在地方政府的领导下，组织协调有关部门实施辖区内突发事件的应急工作；组织落实有关实施方案；指导现场指挥中心工作；随时向总局指挥中心汇报情况和提出有关工作建议。

2.2.3 现场指挥中心

具体落实直属局指挥中心下达的各项指令和任务;组织、协调、配合当地政府有关部门做好相关应急工作;随时向直属局指挥中心汇报有关应急处置情况。

3 监测、预警、报告及信息发布

3.1 监测与预警

质检总局建立统一的进出境农产品和食品质量安全突发事件监测、预警与报告体系,不断完善预测预警机制,加强对监测工作的管理和监督,保证监测质量。各地检验检疫机构负责开展突发质量安全事件的日常监测工作。

质检总局和直属局根据获得的监测信息,及时分析其对公众、动植物健康或生态环境安全造成的危害程度,和对进出口贸易产生的影响程度,可能发展的态势,及时做出预警。

突发事件信息来源主要包括:出入境检验检疫信息、市场调查信息,有关部门发布的信息,输入国家或地区官方机构通报的信息,驻外使馆报回的信息,国际组织发布的信息,国内外媒体相关报道,国内外团体、消费者反馈的信息等。

3.2 报告

(1)各直属局为进出境农产品和食品质量安全突发事件责任报告单位。各直属局要按照有关规定及时、准确地报告突发事件及其处置情况。

(2)各直属局应指定本单位有关部门负责突发事件收集、整理和上报发现的进出境农产品和食品质量安全有关异常信息,如确认为一般突发事件的,按照质检总局有关规定及时处置;如确认为较大以上突发事件的,应当及时填写《进出境农产品和食品质量安全突发事件信息表》(附表),按照分工情况,分别报质检总局动植司或食品局。对于确认为特别重大或重大突发事件的,应立即报告,最迟不得超过4小时。在应急处置过程中,要及时续报有关情况。

(3)任何单位和个人在进出境农产品和食品中发现有关异常情况时,有权向检验检疫机构报告。接到报告的检验检疫机构应当依据本规定立即派员对有关情况进行核实，采取必要的控制措施，并及时向上级机关报告初步调查情况。

3.3 信息发布

突发事件信息披露由质检总局统一对外发布。质检总局对影响严重的突发事件，应当及时向国务院报告，同时通报国务院有关部门和有关省级人民政府以及驻外使馆。

4 应急处置

4.1 预案启动

总局指挥中心办公室对有关信息进行筛选、整理、评估，按照1.3规定判定为重大或特别重大突发事件并报总局指挥中心核定后，总局指挥中心负责启动应急预案。

重大级别以下突发事件应急处理工作由各级检验检疫机构参照本预案负责组织实施。超出本级应急处置能力时，各级检验检疫机构要及时报请上级检验检疫机构提供指导和支持。

4.2 处置实施

根据事态严重程度，有针对性地选择采取但不限于下列应急处置措施：

4.2.1 调查核实

调查核实工作由总局指挥中心办公室负责或由相关直属局指挥中心负责。必要时，总局派工作组进行实地调查。主要包括以下内容：

（1）调查突发事件所涉及农产品和食品的有关情况，包括进出口贸易企业、生产加工企业、进出口国家或地区及有关要求、出入境口岸、进出口批次及数量等基本情况。

（2）调查突发事件所涉及农产品和食品在事发地以外其他地区生产或其他口岸进出口情况，以及有无发现类似安全卫生问题。

（3）对于出现的安全卫生原因，要立即请中国检科院或有关直属局检测中心进行核实、确认，如无检测标准和方法的，要尽快组织专家研究。必要时，与有关国家或地区主管部门联系提供检测技术、方法、标准及样品，或开展合作研究。

（4）了解有关国家或地区主管部门对突发事件的反应及调查情

况，以及国内外主要媒体报道情况。

(5) 在调查核实的基础上，综合评估、分析突发事件造成的各种影响及程度。

4.2.2 通报协调

总局指挥中心根据事态发展，做好以下通报与协调工作。

(1) 及时向国务院报告突发事件有关情况、发展动态、已采取的应急措施，并提出下一步建议。

(2) 及时向国务院相关部门通报情况，协调立场，必要时召开协调会议，共同做好应急处置工作。

(3) 及时向有关驻外使馆通报进展情况，研究驻外使馆报回的国外对突发事件的反应，并提供对外表态口径，积极发挥驻外使馆作用，共同应对突发事件。

(4) 根据突发事件调查、处置进展，适时向媒体通报有关情况，消除公众对突发事件的担心或恐慌，回答有关媒体公众的质疑。未经批准，任何人不得擅自对外发布任何与突发事件有关的信息。

直属局指挥中心要及时将突发事件调查核实及处置情况向地方政府报告，在地方政府领导下组织协调有关部门共同应对突发事件。

4.2.3 采取措施

(1) 在调查核实有关情况，并确定处置方案后，总局指挥中心应立即向直属局指挥中心发布指令(通知、警示通报、公告等)，采取必要措施，最大限度地制止或防止事态进一步扩大。可分情况选择采取以下措施：

对于涉及进境农产品和食品的，暂停相关产品进口，对已运抵口岸尚未办理报检手续或已办理报检手续，尚未放行的，一律作退运或销毁处理；已进入国内市场的，要跟踪调查，采取封存、抽样检测以及召回或销毁等措施；暂停签发有关国家或地区相关动植物检疫许可证，废止已经签发的有关检疫许可；对来自有关国家或地区的相关农产品和食品采取针对性查验，防止不合格产品进口；必要时，会同有关部门调整法定检验检疫商品目录，防止企业逃漏检行为；加强与海关、公安边防等部门配合，打击非法进出境行为。

对于涉及出境农产品和食品的，暂停相关企业有关农产品的出口,已经出口的采取强制召回措施;情节严重的,有关部门吊销企业生产经营许可证;加强对从事相关农产品和食品生产、加工或存放单位的监督检查;加强相关农产品和食品出口检验检疫,防止不合格产品出境;必要时,会同有关部门调整法定检验检疫商品目录,防止企业逃漏检行为。

(2) 根据突发事件应急处置进展情况,总局指挥中心要加强与有关国家或地区主管部门沟通,必要时组团赴有关国家或地区澄清和核实有关问题;认真组织和接待有关国家或地区主管部门专家来华考察,积极配合做好突发事件相关情况的调查。

4.2.4 跟踪评估

总局指挥中心和直属局指挥中心应对突发事件应急处置情况不断进行跟踪,评估效果和作用。

4.3 行动终止

突发事件得到有效处置、事态平息后,经组织专家论证后,总局指挥中心根据突发事件处置情况终止预案。

重大级别以下突发事件得到有效处置后,由各级检验检疫机构根据突发事件处置情况终止预案,并向上一级检验检疫机构报告。

4.4 总结报告

4.4.1 质检总局和有关直属局应对每起突发事件应急处置的及时性、有效性进行专门评估,总结经验和教训,不断提高应对突发事件的能力与水平。

4.4.2 对突发事件暴露出的检验检疫问题及隐患要高度重视,要在应急处置措施基础上不断总结与完善,从法规、制度上建立长效解决办法与机制。根据情况,质检总局可向国务院进一步报告相关情况,提出加强和改进工作的建议。

5 保障措施

5.1 人员保障

参与突发事件应急处置的相关部门应有通畅的沟通联络系统,并有专人负责,保证协调一致,责任到人。

5.2 技术保障

要充分利用中国检科院或有关直属局实验室资源,做好进出境农产品和食品质量安全重大突发事件处置的相关技术支持工作。各直属局应成立相应的专家组，加强实验室建设，配备必要的检测设备，负责本辖区内突发事件的认定、评估和实验室检测工作。质检总局或直属局视情况紧急举办涉及安全卫生检测技术、除害处理培训班，提高应对突发事件技术水平。

5.3 物资保障

质检总局和直属局建立应对突发事件物资储备，保障应急物资的供给。直属局应与地方政府和卫生、工商、农业等主管部门保持良好的沟通与联系，确保在突发事件处置期间提供应急调查、现场处置、医疗救护、监测检验、卫生防护等所需的有关物资设备、设施。

5.4 资金保障

质检总局和直属局应当设立突发事件应急处置专项资金，纳入各级财政预算，以保障应急工作顺利实施。

6 监督管理

6.1 宣传

各地检验检疫机构应当通过网站、广播、电视等新闻媒体，开展形式多样的进出境农产品和食品质量安全的法律法规和相关知识的宣传与普及，提高全民安全卫生意识。

6.2 培训与演练

质检总局和直属局对参与突发事件应急处置工作的有关人员进行基础知识、防护知识、处理方法、检测方法和设备使用等方面培训，并按照预案组织实战演练，以检验、改善和强化各项应急处理能力及各部门协同作战能力。

6.3 奖惩与责任

质检总局对各级检验检疫机构在突发事件应急处置中做出突出贡献的单位和个人给予表彰和奖励。对不认真贯彻实施本预案，违反预案规定或者玩忽职守，给国家财产和人民生命造成重大损失的，将依法追究相关人员的责任。

7 附则

7.1 国际合作

要加强与联合国粮农组织（FAO）、世界卫生组织（WHO）、国际动物卫生组织(OIE)、国际植物保护公约(IPPC)、国际食品法典委员会(CAC)等相关国际组织及有关国家和地区的联系,密切关注国际动植物疫情、安全卫生信息和动态,跟踪和掌握发展动向,加强技术交流与合作,及时研究制定应对措施,不断完善各种检测和处理方法,增强对突发事件的应急处置能力。

7.2 预案管理

质检总局对本预案适时进行评估,并及时修订。

7.3 预案实施时间

本预案自印发之日起实施。

附表

进出境农产品和食品质量安全突发事件信息预警表

填表单位：　　　　　　　　　　　　　　　　　　　　第　号

<table>
<tr><td colspan="2">突发事件级别建议</td><td colspan="4">特别重大（　）；重大（　）；较大（　）；一般（　）</td></tr>
<tr><td colspan="2">产品名称</td><td colspan="2"></td><td>HS编码</td><td></td></tr>
<tr><td colspan="2">生产商名称</td><td colspan="4"></td></tr>
<tr><td colspan="2">是否注册登记</td><td></td><td colspan="2">企业注册编号</td><td></td></tr>
<tr><td colspan="2" rowspan="2">进出口商、经销商或总代理</td><td rowspan="2"></td><td>地址</td><td colspan="2"></td></tr>
<tr><td>电话、传真</td><td colspan="2"></td></tr>
<tr><td colspan="2">原产国</td><td></td><td>数量/重量（吨）</td><td colspan="2"></td></tr>
<tr><td colspan="2">包装规格</td><td></td><td>金额（万美元）</td><td colspan="2"></td></tr>
<tr><td colspan="2">出入境时间</td><td></td><td>出入境口岸</td><td colspan="2"></td></tr>
<tr><td colspan="2">批号/标识</td><td colspan="4"></td></tr>
<tr><td>现场检验监督情况记录</td><td colspan="5">危害描述</td></tr>
<tr><td></td><td>种类</td><td colspan="4">化学 □　物理 □　生物 □　其他 □</td></tr>
<tr><td>处理意见</td><td rowspan="2">检测结果</td><td colspan="4" rowspan="2"></td></tr>
<tr><td></td></tr>
<tr><td colspan="2">填表人：
年　月　日</td><td colspan="4" rowspan="3">负责人签字：
（单位盖章）
年　月　日</td></tr>
<tr><td colspan="2">电话：</td></tr>
<tr><td colspan="2">传真：</td></tr>
</table>

注：本表应随附有关原始材料、检测鉴定报告等。

关于防止纳米比亚口蹄疫传入我国的公告

（2007年12月3日农业部、国家质检总局2007年第939号公告）

2007年11月15日，纳米比亚农业水利和林业部向世界动物卫生组织(OIE)紧急报告，11月7日，CAPRIVI地区发生口蹄疫。为防止该病传入我国，保护我国畜牧业安全，根据《中华人民共和国进出境动植物检疫法》等有关法律法规的规定，公告如下：

一、禁止直接或间接从纳米比亚输入偶蹄动物及其产品，停止签发从纳米比亚进口偶蹄动物及其产品的《进境动植物检疫许可证》，撤销已经签发的从纳米比亚进口偶蹄动物及其产品的《进境动植物检疫许可证》。

二、2007年11月7日后(含11月7日)启运的来自纳米比亚的偶蹄动物及其产品一律作退回或销毁处理。2007年11月7日前启运的来自纳米比亚的偶蹄动物及其产品，进行口蹄疫检验合格后方可放行。

三、禁止邮寄或旅客携带来自纳米比亚的偶蹄动物及其产品进境，一经发现，一律作退回或销毁处理。

四、对途经我国或在我国停留的国际航行船舶、飞机和火车等运输工具，如发现有来自纳米比亚的偶蹄动物及其产品，一律作封存处理；其废弃物、泔水等，一律在出入境检验检疫机构的监督下作无害化处理，不得擅自抛弃。

五、对海关、边防等部门截获的走私入境的来自纳米比亚的偶蹄动物及其产品，一律在出入境检验检疫机构的监督下作销毁处理。

六、凡违反上述规定者，由出入境检验检疫机构依照《中华人民共和国进出境动植物检疫法》及其实施条例有关规定处理。

七、各出入境检验检疫机构、各级动物防疫监督机构要分别依照《中华人民共和国进出境动植物检疫法》及其实施条例和《中华人民共和国动物防疫法》的有关规定，密切配合，做好检疫、防疫和监督工作。

本公告自发布之日起执行。

关于允许从德国进口家猪及其相关产品的公告

（2007年12月7日农业部、国家质检总局2007年第963号公告）

德国已向世界动物卫生组织（OIE）报告消灭家猪古典猪瘟疫情，根据我国有关法律法规规定，自本公告发布之日起，允许从德国进口符合中国相关法律法规规定并在本公告发布之日后生产和加工的家猪及其相关产品。

农业部1997年第16号令同时废止。

关于从法国进口有关生物制品检验检疫问题的通知

（2007年12月29日国家质检总局国质检动函[2007]1063号）

北京、上海出入境检验检疫局：

为满足国内对牛血清等生物制品的需求，确保从法国进口有关生物制品符合我国要求，现就有关检验检疫问题通知如下：

一、根据考核注册结果，允许产自法国生物梅里埃公司（国家质检总局注册号BP-FRA-001）的含牛血清培养基等生物制品对华出口，产品进口时应随附法国官方出具的兽医卫生证书（证书样书本见附件）。

二、对进口货物的收货人及代理人实行备案管理，要求企业建立进口产品流向跟踪制度，有关资料应至少保留2年，并监督企业严格执行。

三、要求进口企业按照规定办理上述产品的进口检疫审批手续，只能申请进口经国家质检总局注册企业生产的相关产品，并在申请时提供注册企业名称和注册编号。

四、上述产品须从北京或上海空港口岸进境，请你局按照有关规定实施检验检疫和监管。

特此通知。

关于新增西班牙、埃及和墨西哥水果入境口岸的通知

（2007 年 12 月 29 日国家质检总局国质检动函[2007]1064 号）

广东、深圳、珠海、厦门检验检疫局，中国检验有限公司：

经与西班牙、埃及和墨西哥检验检疫部门协商，自即日起总局同意增加广州、深圳、珠海、厦门为西班牙、埃及柑橘和墨西哥鳄梨、葡萄的入境口岸，为确保进境水果检验检疫质量和安全，现就有关事项通知如下：

一、入境口岸要规划专门的进境水果查验场地，加强对港口冷库的管理，确保进境水果检验检疫条件和监管措施落实到位。

二、入境口岸检验检疫机构要配备植物检验检疫人员，并组织进行相关培训，使其了解并掌握进境水果检验检疫规定和查验程序，尤其要熟悉掌握进境水果冷处理查验要求。要加强植物检验检疫实验室建设，配备病虫害和农残检测所需的仪器设备，保证进境水果检验检疫工作顺利开展。

三、请中国检验有限公司根据有关信息，对经香港中转内地的冷处理水果产地及原植检证书、原集装箱进行确认，不进行开箱检验，符合要求的出具确认证书。由入境口岸检验检疫机构负责判定冷处理是否有效和实施检验检疫。

四、请将上述情况和要求及时通知相关水果进口企业和港务部门。

请各单位严格按照有关进境水果检验检疫要求，做好口岸查验及监管工作。执行中如遇问题，请及时报告总局。

关于防止人感染高致病性禽流感疫病疫情传播的公告

（2008年1月15日国家质检总局2008年第6号公告）

据世界卫生组织（WHO）报道，近期埃及、越南、印度尼西亚、巴基斯坦、缅甸出现人感染高致病性禽流感病例。截至2007年12月31日，全球共有14个国家349人感染高致病性禽流感，其中216人死亡（病死率61.9%）。为防止人感染高致病性禽流感传播，保护出入境人员的健康安全，根据《中华人民共和国国境卫生检疫法》及其实施细则的有关规定，现公告如下：

一、来自人感染高致病性禽流感流行地区的人员，如有发热、咳嗽、头痛、全身不适等症状的，入境时应主动向出入境检验检疫机构口头申报。

二、前往人感染高致病性禽流感流行地区的人员，可以向出入境检验检疫机构及其国际旅行卫生保健中心了解该地区的疫情，或登陆国家质检总局网站（www.aqsiq.gov.cn）卫生检疫与旅行健康专栏查询，掌握以下禽流感的预防方法：避免接触禽流感患者、染病禽类及其粪便或沾染了粪便的灰土、泥土；避免食用生的或未煮熟的禽肉；在疫情暴发点、禽类养殖、销售、屠宰、加工场所要采取戴口罩等防护措施；勤洗手；对禽流感病毒可能污染的区域、物品进行消毒处理。旅行中或旅行后发现禽流感相关症状者，应立即就医，并在入境时向检验检疫机构申报。

三、检验检疫机构应向出入境人员提供禽流感防治知识宣传教育，增强出入境人员的防病意识。加强对上述地区入境人员的体温检测、医学巡查等工作，对主动申报或现场查验发现有人感染高致病性禽流感症状的人员要仔细排查，对受染嫌疑人或受染人采取公共卫生观察、隔离、送指定医院诊治等检疫措施，并发放《就诊方便卡》优先诊治。

关于进一步加强出境竹木草制品检验检疫监管工作的通知

（2008年2月1日国家质检总局国质检动函[2008]69号）

各直属检验检疫局：

为进一步提高出境竹木草制品质量安全水平，根据《中华人民共和国进出境动植物检疫法》及其实施条例、《中华人民共和国进出口商品检验法》及其实施条例、《国务院关于加强食品等产品安全监督管理的特别规定》（国务院令第503号）、《国务院关于加强产品质量和食品安全工作的通知》（国发[2007]23号）和《关于印发〈贯彻落实全国质量工作会议精神，做好进出口农产品质量安全专项整治工作的意见〉的通知》（国质检动[2007]436号）要求，现就进一步加强出境竹木草制品（木制品检验另文规定）检验检疫监管工作通知如下：

一、提高认识，狠抓源头，全面实施出境竹木草制品生产企业注册登记

（一）充分认识加强出境竹木草制品检验检疫工作的重要性。由于我国出境竹木草制品种类繁多，加工工艺千差万别，生产企业硬件设施、管理水平参差不齐，近年来出境竹木草制品多次因发现活虫和有毒有害物质超标等问题而被输入国家或地区通报，甚至采取暂停进口等措施，给相关产业造成严重损失。各局要高度重视出境竹木草制品的检验检疫工作，采取有效措施确保出境竹木草制品的检验检疫质量。

（二）要督促企业进一步完善以有害生物、有毒有害物质控制和溯源管理等为核心的质量管理体系。加强对原料进厂、生产加工、储运和出口等全过程安全质量把关与控制。

（三）全面实施出境竹木草制品生产企业注册登记。各检验检疫机构要按照《出境竹木草制品生产企业注册登记管理实施细则》（附件一）的要求，对出境竹木草制品生产企业全面实施注册登记考

核,考核合格的颁发注册登记证书,并将名单上报总局备案。自2008年4月1日起,出境竹木草制品应来自注册登记企业,并坚持产地检验检疫、口岸查验的原则,不接受异地报检。

为避免引起出口贸易的剧烈波动,对原来有出口贸易业务,考核过程中发现不构成安全隐患的一般不合格项的,可予以注册登记,同时书面指出不足之处和要求整改的事项,到2008年底年审时按照规定进行审查。对部分出口企业数量较大的地区,如在4月1日之前完成注册登记工作确有困难的,经总局动植司同意,过去有出口业务但尚未完成注册登记的企业允许继续出口,但7月1日以后所有出境竹木草制品必须来自注册登记企业。

二、加强管理,严密监控,不断提高出境竹木草制品检验检疫把关效能

(一)加强对出境竹木草制品企业的防疫管理体系运行情况的监督管理。对出境竹木草制品生产加工工艺进行评估,确保生产、加工、存放等环节符合检疫防疫要求。

(二)各局应监督企业加强对出口竹木草制品原辅料有毒有害物质等安全卫生项目(主要监控项目可参照附件二)的监控力度。对企业使用的人造板、油漆、胶粘剂、防腐剂、染色剂等原辅料应要求必须经有资质的实验室检测,检测不合格的不得使用。

(三)加强产品出口时的抽查检测。根据企业生产批次、原料使用情况合理确定抽检比例,对出口抽检会对成品造成破坏的产品,可根据具体情况,在能真实反映成品状况的条件下,对其使用的原辅料进行检测验证。

三、继续完善出境竹木草制品分类管理评价体系

(一)继续按照《出境竹木草制品检疫管理办法》(总局令第45号)的要求,开展出境竹木草制品的分类管理工作。并将企业使用的原辅料中有毒有害物质的控制能力纳入分类管理的考核内容。

(二)加强质量诚信体系建设,继续推行出口免验管理。鼓励企业诚实守信,合法经营,把企业诚信与分类管理有机结合起来,并在动态管理中不断完善。

附件一

出境竹木草制品生产企业注册登记管理实施细则

一、目的

为规范出境竹木草制品注册登记工作，保证出境竹木草制品检验检疫质量，特制定本实施细则。

二、适用范围

本实施细则适用于出境竹木草制品（包括竹、木、藤、柳、草、芒等）生产、加工、存放企业的注册登记管理。

三、职责

（一）国家质检总局统一管理全国出境竹木草制品生产企业注册登记工作。

（二）直属检验检疫局负责辖区内出境竹木草制品生产企业注册登记的审批、发证和监督管理。

（三）各地检验检疫机构负责辖区内出境竹木草制品生产企业注册登记的受理、考核、日常监督管理及年审。

四、注册登记条件

1. 厂区整洁卫生、道路及场地地面硬化、无积水。

2. 生产加工区与生活区分开或具有有效的隔离措施。

3. 厂区布局合理，原料存放区、生产加工区、包装及成品存放区划分明显，相对隔离。

4. 有独立的成品存放场所，并有相应的防虫、防霉、防鼠设施。成品库干净卫生，产品堆垛整齐，标识清晰。成品与地面、墙面有一定距离。

5. 包装场所防疫设施和卫生状况良好，生产加工场所定期清扫，保持清洁卫生。

6. 加工工艺合理，原则上应包含蒸煮、高温烘干、熏蒸等除害处理工序，具备相应的除害处理设施，如蒸煮染色或蒸煮漂白设施、热处理烘干设施、熏蒸消毒设施等，除害处理设施的处理能力与出口数量相适应。

7. 配备经检验检疫机构培训合格的厂检员，熟悉生产工艺，并能按要求做好相关防疫和自检工作。

8. 配备防虫、防霉、防鼠的药剂和器具。

9. 建立质量管理体系，包括生产管理制度，卫生防疫制度，原辅料、半成品和成品中有毒有害物质控制制度，厂检员管理制度，溯源体系，异常情况报告制度，不合格产品召回制度等。

五、注册登记申请的受理与考核

（一）从事出境竹木草制品生产的企业，应向所在地检验检疫机构提出书面申请，并提交以下一式两份材料：

1.《出境竹木草制品生产企业注册登记申请表》(附件 1)

2. 企业工商营业执照复印件；

3. 组织机构代码证复印件；

4. 企业厂区平面图，要求标示企业的原料存放场所、生产加工车间、包装车间、成品库、除害处理设施等；

5. 生产工艺流程图，包括各环节的技术指标及相关说明等；

6. 除害处理设施情况及相关材料；

7. 生产加工过程中所使用主要原料、辅料清单及经有资质的检测机构出具的合格证明；

8. 企业防疫小组人员名单及相关资格证明材料；

9. 企业质量管理体系文件等。

（二）检验检疫机构对企业提交的申请材料书面审核，符合要求的，接受申请；不符合要求的，一次性告知需要补正的材料，在限定期限内逾期不能补正的，视为撤回申请。

（三）申请材料审核合格后，检验检疫机构应及时组成由 2 人以上（含 2 人）的考核组，依据注册登记条件，对企业进行现场考核。考核情况填入《出境竹木草制品生产企业注册登记考核表》(附件 2)。

（四）经现场考核合格或在限定期限内整改合格的企业，所在地检验检疫机构上报直属检验检疫局审批，符合要求的予以注册登记，并颁发《出境竹木草制品生产企业注册登记证书》(附件3),证书有效期为3年;经现场考核不合格或在整改期限内仍达不到要求的,不予以注册登记,并及时下达《出境竹木草制品生产企业注册登记未获批准通知书》(附件4),书面告知不合格原因,半年内不得重新申请。

(五)所在地检验检疫机构负责对获得注册登记资格的企业日常监管和年度审核。

六、监督管理

(一)注册登记企业出现以下情况之一的,应当向检验检疫机构办理申请换证或变更手续:

1. 注册登记证书满3年有效期;
2. 企业法定代表人发生变化;
3. 厂检员发生变化;
4. 产品种类发生变化;
5. 其他有较大变更情况。

(二)注册登记企业有以下情况之一的,应当向检验检疫机构重新申请注册登记:

1. 企业生产加工工艺发生重大变化;
2. 企业改建、扩建、迁址;
3. 有其他重大变更情况。

(三)出境竹木草制品生产企业出现以下情况之一的,检验检疫机构应责令整改,必要时暂停报检,直至符合要求:

1. 厂区卫生条件和防疫条件不符合要求;
2. 不按规定要求进行除害处理;
3. 出口产品有毒有害物质无法有效控制;
4. 出口产品被检验检疫机构检出质量安全问题;
5. 被输入国家或地区通报检出质量安全问题。

(四)出境竹木草制品生产企业出现以下情况之一的,取消注册登记资格,一年内不得重新申请注册登记:

1. 对发现的问题在限期内不能整改完成;
2. 生产条件发生重大变化,不具备生产合格产品;
3. 一年内未有出口报检或停产一年以上、破产或者被兼并不再生产竹木草制品；

4. 隐瞒或瞒报质量安全问题；

5. 拒不接受检验检疫机构监督管理；

6. 变卖或出借注册登记证书；

7. 伪造和变造注册登记证书；

8. 企业自行提出注销申请；

9. 其他不符合有关检验检疫要求的。

附件 1

出境竹木草制品生产企业注册登记申请表

企业名称＿＿＿＿＿＿＿＿＿＿＿＿＿＿＿＿

申请日期＿＿＿＿＿＿＿＿＿＿＿＿＿＿＿＿

＿＿＿＿＿＿出入境检验检疫局

填 表 说 明

（一）本表用钢笔填写或打印，要求文字简练、清楚，内容真实。

（二）申请表一式二份。

（三）本表含检验检疫部门考核情况由检验检疫考核单位和部门负责填写。

（四）需随申请书附以下资料：

1. 企业工商营业执照复印件；

2. 组织机构代码证复印件；

3. 企业厂区平面图，要求标示企业的原料存放场所、生产加工车间、包装车间、成品库、除害处理设施等；

4. 生产工艺流程图，包括各环节的技术指标及相关说明等；

5. 除害处理设施情况及相关材料；

6. 生产加工过程中所使用主要原料、辅料清单及经有资质的检测机构出具的合格证明；

7. 企业防疫小组人员名单及相关资格证明材料；

8. 企业质量管理体系文件。

<table>
<tr><td rowspan="2">企业名称</td><td colspan="3">（中文名）</td></tr>
<tr><td colspan="3">（英文名）</td></tr>
<tr><td>法定地址</td><td colspan="3"></td></tr>
<tr><td>企业类别</td><td colspan="3">□国有　□集体　□私营　□合资　□独资　□其他</td></tr>
<tr><td>营业执照登记号</td><td></td><td>组织机构代码</td><td></td></tr>
<tr><td>邮　　编</td><td></td><td>E-mail</td><td></td></tr>
<tr><td>法定代表人</td><td></td><td>联系电话</td><td></td></tr>
<tr><td>厂检员</td><td></td><td>联系电话</td><td></td></tr>
<tr><td>厂区面积</td><td></td><td>职工总人数</td><td></td></tr>
<tr><td>生产规模（上一年度产值）</td><td></td><td>产品主要出口国家</td><td></td></tr>
<tr><td>生产产品品种</td><td colspan="3"></td></tr>
<tr><td>加工车间</td><td colspan="3">面积：　　　　　平方米</td></tr>
<tr><td>原料库区</td><td colspan="3">面积：　　　　　平方米</td></tr>
<tr><td>包装区域</td><td colspan="3">面积：　　　　　平方米</td></tr>
<tr><td>成品仓库</td><td colspan="3">面积：　　　　　平方米</td></tr>
<tr><td>加工工艺及除害处理工艺技术指标</td><td colspan="3"></td></tr>
</table>

企业外景（有企业名称牌子）照片	贴照片处（每个栏目可贴多张，不够可加页）
关键生产工序和关键防疫设施照片	贴照片处（每个栏目可贴多张，不够可加页）

注：可根据需要提供更多的企业相关照片，如不够可加页。

原料堆场或仓库照片	贴照片处(每个栏目可贴多张,不够可加页)
主要生产车间照片	贴照片处(每个栏目可贴多张,不够可加页)

<table>
<tr><td>包装车间及成品库照片</td><td>贴照片处(每个栏目可贴多张,不够可加页)</td></tr>
<tr><td>企业提交资料</td><td>□企业工商营业执照复印件;
□组织机构代码证复印件;
□企业厂区平面图;
□生产工艺流程图;
□除害处理设施情况及相关材料;
□生产加工过程中所使用主要原料、辅料清单及经有资质的检测机构出具的合格证明;
□企业防疫小组人员名单及相关资格证明材料;
□企业质量管理体系文件;
□其他需要的资料。</td></tr>
<tr><td colspan="2">申请人声明:
作为产品质量第一责任人,本公司保证遵守国家检验检疫法律法规,合法诚信经营,不断提高自检自控水平。本公司申请出境竹木草制品生产企业注册记,提供的申请资料真实、准确。

法定代表人签名:
(企业公章)
年　月　日</td></tr>
</table>

附件 2

出境竹木草制品生产企业
注册登记考核表

企业名称____________________

产品类别____________________

申请日期____________________

__________**出入境检验检疫局制**

现场考核记录

考核内容		考核结果		简要说明
安全质量管理制度	生产、加工、存放各环节的防疫制度	□有 □无	□符合 □不符合	
	原材料采购、验收制度	□有 □无	□符合 □不符合	
	原料供方的合格评价制度	□有 □无	□符合 □不符合	
	成品、半成品质量安全控制制度	□有 □无	□符合 □不符合	
	产品溯源管理制度	□有 □无	□符合 □不符合	
	厂检员管理制度及职责	□有 □无	□符合 □不符合	
	异常情况报告和纠偏制度	□有 □无	□符合 □不符合	
	不合格产品召回制度	□有 □无	□符合 □不符合	
	其他有关制度	□有 □无	□符合 □不符合	
厂区环境条件	厂区整洁卫生，布局合理	□符合　□不符合		
	厂区道路及生产加工区场地地面平整、硬化	□符合　□不符合		
	加工区与生活区分开，相对隔离	□符合　□不符合		
	原料存放区、生产加工区、包装及成品堆放区划分明显，相对隔离	□符合　□不符合		
	相对独立的成品存放场所	□符合　□不符合		
溯源管理	溯源管理能否实现有效溯源	□是　□否		
	是否建立原料到产品加工的溯源管理台账	□是　□否		
	是否按批次进行生产加工和管理	□是　□否		

续表

考核内容		考核结果	简要说明
防疫设施及有害生物控制	除害处理设施	□蒸煮染色或蒸煮漂白 □热处理烘干 □熏蒸消毒 □其他	
	除害处理设施是否与生产能力相适应	□是 □否	
	是否建有原料单独存放区域	□是 □否	
	原料进厂是否进行检查和验收	□是 □否	
	生产加工区域定期清扫,保持整洁卫生	□是 □否	
	包装场所是否配备防虫、防鼠、防霉设施	□是 □否	□纱门、窗 □其他
	包装场所干净卫生、无杂物堆放	□是 □否	
	成品仓库防虫、防鼠、防霉设施是否完善	□是 □否	□纱门、窗 □其他
	成品仓库干净卫生、无杂物堆放	□是 □否	
	成品仓库区域划分明显,堆垛整齐、标识清晰	□是 □否	
	成品堆放与地面和墙面有一定距离,批次清楚	□是 □否	
	定期进行杀虫、杀菌及灭鼠等防疫工作	□是 □否	
	配备必要的检测仪器	□是 □否	□水分检测仪 □其他
	除害处理记录完整、真实	□是 □否	
	原料验收、防疫消毒等记录完整、真实	□是 □否	

续表

考核内容		考核结果	简要说明
安全卫生控制	建有专用原辅料存放场所	□是　□否	
	建有原辅料进库和使用台账	□是　□否	
	油漆、涂料、胶粘剂、人造板等原辅料进厂进行必要的有毒有害物质验收和检测验证	□是　□否	
	原辅料供应商提供的检测合格报告是否真实、有效	□是　□否	
	对供应商是否进行必要的合格评价	□是　□否	
	原辅料、半成品或成品定期检测有毒有害物质	□有　□无	
	各种验收、检测记录是否真实、有效	□是　□否	
	有卫生要求的竹木草制品是否具备相应的卫生条件	□洗手更衣 □消毒 □其他	
	有卫生要求的竹木草制品包装材料是否符合卫生条件	□是　□否	
厂检员管理	有经过检验检疫机构培训合格的厂检员	□有　□无	
	厂检员熟悉国内外相关法律法规	□是　□否	
	厂检员是否认真履行职责	□是　□否	
不符合情况描述			
考核组意见	□推荐注册登记 □整改合格后予以推荐注册登记 □不予推荐注册登记	考核小组签名	组长： 成员： 日期：

续表

<table>
<tr><td colspan="2">企业意见：

企业负责人签字：　　日期：</td></tr>
<tr><td>跟踪审核情况</td><td>审核人员：　　　年　月　日</td></tr>
<tr><td>所在地检验检疫机构意见</td><td>负责人：
盖章
年　月　日</td></tr>
<tr><td>直属检验检疫机构意见</td><td>负责人：
盖章
年　月　日</td></tr>
</table>

附件 3

出境竹木草制品生产企业注册登记证书

企业名称(中英文):________________________________

____

企业地址:________________________________

经审查,你单位符合出境竹木草制品生产企业注册登记条件,准予注册登记。

登记注册编号: AAAA ZMC BBBB

注册登记产品种类:________________________

发证日期: 年 月 日
有效期至: 年 月 日

_____出入境检验检疫局印章

备注:企业登记注册编号规则:AAAA 为检验检疫机构代码,ZMC 代表竹木草,BBBB 为流水号。

附件 4

出境竹木草制品生产企业注册登记
未获批准通知书

企业名称：____

企业地址：____

经考核，你单位因__________________不符合出境竹木草制品生产企业注册登记条件，不予注册登记。现将你单位申请材料退回。

特此通知

联系人：____________________________

联系电话：__________________________

_____出入境检验检疫局(印章)

附件 5

出境竹木草制品生产企业监管记录

企业名称：

监管项目	监管情况	说明
一、原辅料环节		
1. 原辅料出入库记录是否完整	□是 □否	
2. 生产原料进厂时验收记录是否完整	□是 □否	
3. 生产原料是否定期检查、相关记录是否完整	□是 □否	
4. 对原材料存放期间的防疫措施是否落实到位，并有相应记录	□是 □否	
5. 包装用的辅料(纸箱、塑料袋等)是否单独存放并按成品管理	□是 □否	
二、生产、加工、包装环节		
6. 木胚车间下脚料是否及时清理	□是 □否	
7. 喷漆车间是否有易滋生害虫的下脚料	□是 □否	
8. 对木胚、喷漆车间的防疫措施是否落实到位，并有相应记录	□是 □否	
9. 包装车间纱窗等防疫设施是否保持良好	□是 □否	
10. 包装车间消毒杀虫等防疫措施是否定期进行，并有相应记录	□是 □否	
11. 包装好的产品是否及时运往成品仓库存放	□是 □否	
三、成品存放环节		
12. 成品仓库内成品是否按要求堆放	□是 □否	
13. 成品堆放是否离墙有一定距离，两个批次之间是否有间隔	□是 □否	
14. 成品库纱窗等防疫设施是否保持良好	□是 □否	
15. 成品仓库内是否定期清理卫生、实施消毒杀虫，并做好记录	□是 □否	
16. 成品是否有出入库记录	□是 □否	
四、成品装运环节		
17. 每批产品出口装运前是否预先对集装箱进行彻底清扫，并检查是否有破损	□是 □否	

续表

监管项目	监管情况	说明
五、样品及成品中有毒有害物质检测		
18. 样品送检中间检测机构检测有毒有害物质的报告是否建档	□是 □否	
19. 是否定期对出口的成品抽检送有关检测机构检测有毒有害物质,并有记录	□是 □否	
六、相关检测仪器的管理		
20. 相关检测仪器(如水分测定仪)是否保持良好	□是 □否	
七、厂区防疫管理		
21. 是否定期对全厂区卫生清理、消毒杀虫,并做好记录	□是 否□	
八、厂检员工作		
22. 厂检员是否对拟报检出口成品按一定比例抽检检查,并做好记录	□是 □否	
23. 厂检记录单填写是否真实、完整	□是 否□	
24. 厂检员对生产、加工、存放等环节的防疫措施落实是否监督到位,并做好记录	□是 否□	
九、有关记录、资料的归档		
25. 原料供应商提供的有毒有害物质检测报告、产品抽检检测报告是否及时归档	□是 否□	
26. 防疫方面的有关记录是否及时归档	□是 否□	
27. 整改报告、培训教材等其它书面材料是否及时归档	□是 否□	
经监管,发现 不符合项, 请于 年 月 日前整改完毕。 监管人员: 日期:		
企业代表确认意见: 企业代表签字: 日期:		
整改情况跟踪验证: 监管人员: 日期:		

附件 6

出境竹木草制品生产企业年度考核记录

<table>
<tr><td colspan="2">企业名称</td><td colspan="4"></td></tr>
<tr><td colspan="2">企业地址</td><td colspan="4"></td></tr>
<tr><td colspan="2">注册登记号</td><td></td><td>产品种类</td><td colspan="2"></td></tr>
<tr><td colspan="2">年出口量</td><td></td><td>厂检员数量及姓名</td><td colspan="2"></td></tr>
<tr><td colspan="3">考核内容</td><td>符合</td><td>不符合</td><td>备注</td></tr>
<tr><td rowspan="9">安全质量管理制度运行情况</td><td colspan="2">生产、加工、存放各环节的防疫制度运行良好</td><td></td><td></td><td></td></tr>
<tr><td colspan="2">原料把关验收控制措施运行良好</td><td></td><td></td><td></td></tr>
<tr><td colspan="2">成品、半成品安全质量控制制度运行良好</td><td></td><td></td><td></td></tr>
<tr><td colspan="2">产品能实现有效溯源</td><td></td><td></td><td></td></tr>
<tr><td colspan="2">厂检员履行职责情况良好</td><td></td><td></td><td></td></tr>
<tr><td colspan="2">异常情况报告和纠偏制度运行良好</td><td></td><td></td><td></td></tr>
<tr><td colspan="2">不合格产品能有效实现招回</td><td></td><td></td><td></td></tr>
<tr><td colspan="2">自检不合格产品原因调查、分析及整改措施到位</td><td></td><td></td><td></td></tr>
<tr><td colspan="2">各种管理和操作记录真实有效</td><td></td><td></td><td></td></tr>
<tr><td rowspan="6">防疫设施及有害生物控制</td><td colspan="2">除害处理设施运行正常运行</td><td></td><td></td><td></td></tr>
<tr><td colspan="2">除害处理设施与生产能力相适应</td><td></td><td></td><td></td></tr>
<tr><td colspan="2">生产加工区卫生条件能持续保持</td><td></td><td></td><td></td></tr>
<tr><td colspan="2">晾晒场地面积与生产能力相适应</td><td></td><td></td><td></td></tr>
<tr><td colspan="2">包装场所配备防虫、防霉防疫设施，并持续保持干净卫生、无杂物堆放</td><td></td><td></td><td></td></tr>
<tr><td colspan="2">成品仓库配备防虫、防霉防疫设施，成品仓库干净卫生、无杂物堆放</td><td></td><td></td><td></td></tr>
</table>

续表

考核内容		符合	不符合	备注
防疫设施及有害生物控制	成品仓库区域划分明显,堆垛整齐、标识清晰			
	成品堆放与地面和墙面有一定距离,批次清楚			
	厂区定期进行杀虫、杀菌及灭鼠等防疫工作			
	除害处理记录完成、真实			
	原料验收、防疫消毒等记录完整、真实			
安全卫生控制	油漆、胶粘剂、人造板等原辅料进厂能进行验证和检测			
	原辅料供应商提供的检测合格报告是否真实、有效			
	对发现的不合格原料进行原因调查分析和整改			
	原辅料、半成品或成品定期检测有毒有害物质			
	原料进库和使用记录真实、完整			
	各种验收、检测记录是否真实、有效			
检验检疫情况	厂房、设施是否进行改造和扩建,是否及时申报			
	厂检员是否更换,并及时报告			
	检验检疫日常监管中存在影响检疫质量的重大隐患			
	企业退货或索赔情况			
	企业认证情况			
	有无抽检不合格问题			
	是否实现电子监管			

续表

<table>
<tr><td>不符合情况描述</td><td></td></tr>
<tr><td>考核组意见</td><td>考核人员：　　　　年　　月　　日</td></tr>
<tr><td colspan="2">企业代表确认意见：
企业代表签字：
年　　月　　日</td></tr>
<tr><td>跟踪验证情况</td><td>跟踪验证人员　　　　年　　月　　日</td></tr>
<tr><td>检验检疫机构意见</td><td>单位负责人：
盖章
年　　月　　日</td></tr>
</table>

附件二

出境竹木草制品监控检测要求

原辅料名称		检测项目	检测限量	依据	检测方法	适用的国家或地区
木材胶粘剂	脲醛树脂胶	游离甲醛	≤0.3%	GB/T 14732—2006 GB 18583—2001	GB 18583—2001	所有输入国/地区
	酚醛树脂胶	游离甲醛	≤0.3%			
	三聚氰胺甲醛树脂胶	游离甲醛	≤0.3%			
	白乳胶	游离甲醛	≤0.1%			
溶剂型油漆(限色漆)		可溶性铅	≤90 mg/kg	GB 18581—2001	GB/T 9758—1988	所有输入国/地区
		可溶性镉	≤75 mg/kg			
		可溶性汞	≤60 mg/kg			
		可溶性铬	≤60 mg/kg			
木制产品的油漆涂层		总铅	≤600 mg/kg	16 采访		美国
木板材		砷	不得检出	欧盟 2003/02/EC	BS 5666-3:1991	欧盟
		五氯苯酚	不得检出	欧盟76/769/EEC 91/173/EEC	LMBG35B82.02PA RT8	
人造板	纤维板、刨花板(碎料板),定向刨花板等	甲醛释放量	≤9 mg/100 g(E1 可直接用于室内)	GB 18580—2001	穿孔萃取法 GB/T 17657—1999	所有输入国/地区
			≤30 mg/100 g(E2 必须饰面处理后可允许用于室内)			

续表

原辅料名称		检测项目	检测限量	依据	检测方法	适用的国家或地区
人造板	胶合板、装饰单板贴面胶合板、细木工板等	甲醛释放量	≤1.5 mg/L(E1 可直接用于室内)	GB 18580—2001	干燥器法 GB/T 17657—1999	所有输入国/地区
			≤5.0 mg/L(E2 必须饰面处理后可允许用于室内)			
	饰面人造板(包括浸渍纸层压木质地板、实木复合地板、竹地板、浸渍胶膜纸饰面人造板等)	甲醛释放量	≤0.12 mg/m³		气候箱法 GB 18584—2001	
			≤1.5 mg/L		干燥器法 GB/T 17657—1999	
竹木制刀\叉\铲\勺\筷子\牙签\烧烤串\菜板等未上漆产品的原胚或中间产品		二氧化硫浸出量(以 S02 计)	≤600 mg/kg	GB 19790—2005	GB/T 5009.34—2003	所有输入国/地区
竹木草制品所用布料、革制品等纺织原料		禁用偶氮染料	不得检出	2002/61/EC 欧盟禁用有害偶氮染料指令 GB/T 18885—2002 生态纺织品技术要求		欧盟

备注：在实际工作中应适应国内外标准的更新，采纳最新的标准。

关于加强出口植物产品企业注册登记管理的通知

（2008年2月22日国家质检总局国质检动函[2008]106号）

各直属检验检疫局：

为贯彻落实全国进出境动植物检验检疫工作会议精神，根据《国务院关于加强食品等产品安全监督管理的特别规定》、《国务院关于加强产品质量和食品安全工作的通知》以及《贯彻落实全国质量工作会议精神 做好进出口农产品质量安全专项整治工作的意见》（国质检动[2007]436号），现将加强出口植物产品注册登记管理工作的要求通知如下：

一、各局要在做好出口水果、种苗花卉、饲料企业注册登记基础上，进一步实施对出口粮食（包括稻谷、小麦、大麦、黑麦、玉米、大豆、油菜籽、薯类等）、烟叶（包括烤烟、香料烟、白肋烟、烟梗、烟末、烟草薄片等）加工、仓储企业注册登记制度。确保自2008年4月1日起，所有出口植物产品都来自经检验检疫机构注册登记的企业。

二、对已实施注册登记管理的水果、种苗花卉、饲料等产品生产、加工、经营，各局要对照相关注册登记条件要求进行清理复查，不符合注册条件的要立即整改，整改后仍达不到注册条件的，要注销其注册资格。请各局于2008年4月1日前将清理复查情况报送总局动植司，以便在总局网站上更新获得注册登记企业名单。

三、本通知第二条所列各项产品的注册登记工作程序仍按现有规定执行。出口粮食仓储、烟叶加工、仓储企业注册登记按照以下要求办理；其他未列明的植物产品生产、加工、存放企业的注册登记工作，参照现有注册登记程序及要求开展有关工作。

（一）企业向检验检疫机构提出申请，填写《出口植物产品生产、加工、存放企业注册登记申请表》（附件1），并提交相关材料。

（二）直属检验检疫局对企业提供的申请材料进行审查，并按照本通知附件2、3规定的基本要求，对申请注册登记的企业组织考核。

（三）对符合注册登记条件的企业颁发《出口植物产品生产、加工、存放企业注册登记证书》（附件4），证书有效期为3年；对达不到条件的提出整改意见，不整改或者整改不合格的不予注册登记。

（四）注册登记证书有效期满需要办理延期手续的，企业应在期满前至少1个月向发证的直属检验检疫局提出申请。

（五）粮食仓储企业注册登记证编号规则为：检验检疫机构代码（4位）＋LS＋3位流水号码，烟叶加工、仓储企业注册登记证编号规则为：检验检疫机构代码（4位）＋YY＋3位流水号码，其他植物产品注册登记证编号规则为：检验检疫机构代码（4位）＋ZC＋3位流水号码。注册登记证书由各直属局根据本通知所附式样印制。

四、各局在办理完注册登记手续当月内，将新注册登记企业情况以电子文件形式报总局动植物检疫监管司备案。报备内容包括注册登记企业名称和地址、注册登记企业经营范围、注册登记编号、注册登记证有效期及注册企业联系电话等。

五、各局须进一步加强和完善对各注册企业的监管，要按照国务院特别规定和总局相关规定，要求各注册企业建立和完善农药、原辅料等投入品检查验收和登记制度，加强植物疫情、农用化学品残留及重金属污染的监测，定期对注册企业进行检查和年审工作，及时纠正生产加工过程中存在的问题，清理不合格注册企业，从源头上把好产品质量安全关。

六、所有注册出口植物产品生产、加工、存放企业名单将在总局网页上公布。对国外有注册登记或者备案要求的，将由总局统一组织安排向有关国家或者地区进行通报备案。各局对本辖区注册企业增加或者注销，或者注册企业报备的注册内容发生变化等情况时，应及时将变化情况报总局动植物检疫监管司。

七、各局要加强对注册登记企业相关法规、标准的培训和宣传，帮助企业及时了解我国法律法规规定和相关国家或者地区的进口要求，确保企业按照相关要求组织生产、加工及仓储活动。

八、各局要积极探索和开展对各注册企业的分类管理。根据出口注册企业的历史记录、产品质量现状、生产管理和产品质量控制等情况，对企业进行分类管理，使优良企业在检验检疫监管、通关等方面享受总局各项优惠政策。

执行中遇到问题，请及时与总局动植物检疫监管司联系。

附件：1. 出口植物产品生产、加工、存放企业注册登记申请表

2. 出口粮食仓储企业注册登记要求

3. 出口烟叶加工、仓储企业注册登记要求

4. 出口植物产品生产、加工、存放企业注册登记证书

附件 1

出口植物产品生产、加工、存放企业注册登记申请表

企业名称：______________________（盖章）

企业地址：______________________

产品名称：______________________

申请日期：______________________

批准注册登记编号：______________

国家质量监督检验检疫总局编制

<table>
<tr><td>企业名称(中文)</td><td colspan="3"></td></tr>
<tr><td>企业名称(英文)</td><td colspan="3"></td></tr>
<tr><td>企业地址</td><td></td><td>邮编</td><td></td></tr>
<tr><td>法人代表</td><td></td><td>电话/传真</td><td></td></tr>
<tr><td>企业性质</td><td></td><td>企业类别</td><td></td></tr>
<tr><td>组织机构代码</td><td></td><td>经营范围</td><td></td></tr>
<tr><td>植物产品类别</td><td></td><td>植物产品种类</td><td></td></tr>
<tr><td>随附文件</td><td colspan="3">□申请单位营业执照
□税务登记证
□有害生物监测与控制措施
□农用化学品残留监控制度
□企业监管员及实验室人员资质
□生产、加工、包装、储运、出口情况介绍及示意图、照片等
□______________________________</td></tr>
<tr><td>企业承诺</td><td colspan="3">我单位申请出口植物产品注册登记,以上申报情况及随附材料准确无误,真实有效。我单位将遵守我国出入境检验检疫法律法规,接受检验检疫机构检查和监督。

法人代表签名:　　　　　　　　盖章:
日期:</td></tr>
<tr><td colspan="4">以下由出入境检验检疫机构填写</td></tr>
<tr><td colspan="4">资料审核及实地考核情况:</td></tr>
</table>

附件 2

出口粮食仓储企业注册登记要求

一、具有法人资格，在工商行政管理部门注册，持有《企业法人营业执照》，并具有粮食仓储经营的资格。

二、仓储区域布局合理，不得建在有碍粮食卫生和易受有害生物侵染的区域，仓储区内不得兼营、生产、存放有毒有害物质。具有足够的粮食储存库房和场地，库场地面平整、无积水，货场应硬化，无裸露土地面。

三、在装卸、验收、储存、出口等全过程建立仓储管理制度和质量管理体系，并运行有效。仓储企业的各台账记录应清晰完整，能准确反映出入库粮食物流信息及在储粮食信息，具备追溯性。台账在粮食出库后保存期限至少 2 年。

四、建立完善的有害生物监控体系，制定有害生物监测计划及储存库场防疫措施（如垛位间隔距离、场地卫生、防虫计划、防虫设施等），保留监测记录；制定有效的防鼠计划，储存库场及周围应当具备防鼠、灭鼠设施，保留防鼠记录；具有必要的防鸟设施。

五、制定仓储粮食检疫处理计划，出现疫情时应及时上报检验检疫机构，在检验检疫机构的监管下由检验检疫机构认可的检疫处理部门进行除害处理，并做好除害处理记录。

六、建立质量安全事件快速反应机制，对储存期间及出入库时发现的撒漏、水湿、发霉、污染、掺伪、虫害等情况，能及时通知货主、妥善处理、做好记录并向检验检疫机构报告，未经检验检疫机构允许不得将有问题的货物码入垛内或出库。

七、仓储粮食应集中分类存放，离地、离墙、堆垛之间应保留适当的间距，并以标牌示明货物的名称、规格、发站、发货人、收货人、车号、批号、垛位号及入库日期等。不同货物不得混杂堆放。

八、应具备与业务量相适应的粮食检验检疫实验室，实验室具备品质、安全卫生常规项目检验能力及常见仓储害虫检疫鉴定能力。

九、配备满足需要的仓库保管员和实验室检验员。经过检验检疫机构培训并考核合格，能熟练完成仓储管理、疫情监控及实验室检测及检疫鉴定工作。

出口粮食中转、暂存库房、场地、货运堆场等设施的所属企业，应符合以上二、四、五、六、七条要求。

附件 3

出口烟叶加工、仓储企业注册登记要求

一、出口烟叶加工企业注册登记要求

（一）具有法人资格，在工商行政管理部门注册，持有《企业法人营业执照》，并具有烟叶及其副产品经营的资格。

（二）具有健全的质量管理体系，有完整的生产加工过程产品质量控制记录，获得质量体系认证或者具备相应的质量保证能力，且运行有效。

（三）了解原料烟叶产地、种植期间的质量和安全状况，并对原料烟种植安全卫生管理提出要求，并提供技术指导和协助。

（四）具有完善的厂区及周边有害生物监测体系，监测人员应经过检验检疫机构培训，监测设施齐备，具有监测计划、监测记录及检疫处理预案等。

（五）产品所使用的原料、辅料、添加剂应符合进口国家或地区法律、行政法规的规定和强制性标准。

（六）产品形成一定的规模，产品质量稳定，信誉良好，企业诚信度高。

（七）具有原料进货和产品销售台账，且至少保存至成品出口后2年。进货台账包括货物名称、规格、等级、数重量、批次号、来源地区、供货商及其联系方式、进货时间、除害处理时间、药剂及浓度等，销售台账包括货物名称、规格、等级、数量、批次号、进口国家或地区、收货人及其联系方式、加工时间、出口时间、除害处理时间、药剂及浓度等。在出口烟叶及其副产品的外包装和厂检合格单上标明检验检疫批次编号，完善溯源记录。

（八）符合其他相关规定。

二、出口烟叶仓储企业注册登记要求

（一）具有法人资格，在工商行政管理部门注册，持有《企业法人营业执照》，并具有烟叶及其副产品经营的资格。

（二）仓储场地应保持整洁、仓库密闭情况良好，检疫处理场所和设施等应符合安全防护措施要求。

（三）国内销售烟草、出口烟草应分区分仓存放，出口烟草按种类堆垛整齐，并注明检验检疫批次号、数重量、生产厂、等级、生产年份，对已加工的烟草和未加工的烟草应分仓仓储。

（四）建立烟草仓储害虫监控体系，监测人员应经过检验检疫机构培训，监测设施齐备，具有监测计划、监测记录及检疫处理预案等，定期将本单位仓储的虫情发生情况及所采取的防疫处理措施上报当地检验检疫机构。

（五）仓库能够进行温、湿度监测与控制，仓库温湿度数据能够记录，确保适应烟叶及其副产品储存安全的温度和湿度，必要时采取降温、排湿措施。

（六）符合其他相关规定。

三、出口烟叶中转、暂存场所注册登记要求

（一）仓储场地应保持整洁，具有防雨、防潮、防虫设施。

（二）出口烟草应按种类、检验检疫批次号分别堆码、堆垛整齐。

（三）具有有效的烟草仓储害虫监测措施，监测记录和检疫处理预案。

（四）符合其他相关规定。

附件 4

出口植物产品生产、加工、存放企业注册登记证书

注册编号（　　　）

注册企业名称：________________

注册企业地址：________________

经营范围：________________

注册登记有效期至：________________

（直属检验检疫局公章）

××××年××月××日颁发

关于允许从法国德塞夫勒省进口家禽及家禽产品的公告

（2008年3月13日农业部、国家质检总局2008年第999号公告）

法国已向世界动物卫生组织（OIE）报告消灭德塞夫勒省（Deux Severs）新城疫疫情，根据我国对法国德塞夫勒省新城疫疫情状况的风险分析结果，自本公告发布之日起，允许从法国德塞夫勒省进口符合中国相关法律法规规定并在本公告发布之日后生产和加工的家禽及家禽产品。

农业部与国家质量监督检验检疫总局联合公告第730号同时废止。

关于允许从丹麦进口禽类及其产品的公告

（2008年3月13日农业部、国家质检总局2008年第1000号公告）

丹麦食品和兽医局已向世界动物卫生组织（OIE）报告消灭高致病性禽流感疫情，根据我国对丹麦高致病性禽流感疫情状况的风险分析结果，自本公告发布之日起，允许从丹麦进口符合中国相关法律法规规定并在本公告发布之日后生产和加工的禽类及其产品。

农业部与国家质量监督检验检疫总局联合公告第652号同时废止。

关于防止土耳其高致病性禽流感传入我国的公告

（2008年4月2日农业部、国家质检总局2008年第1010号公告）

2008年3月18日，土耳其农业和乡村事务部向世界动物卫生组织（OIE）紧急报告，其境内EDIRNE地区发生H5N1亚型高致病性禽流感。为防止高致病性禽流感传入我国，保护我国畜牧业安全，根据《中华人民共和国进出境动植物检疫法》等有关法律法规的规定，现公告如下：

一、禁止直接或间接从土耳其输入禽类及其产品，停止签发从土耳其进口禽类及其产品的《进境动植物检疫许可证》，撤销已经签发的《进境动植物检疫许可证》。

二、2008年3月18日（含3月18日）后启运的来自土耳其的禽类及其产品一律作退回或销毁处理。2008年3月18日前启运的来自土耳其的禽类及其产品，经禽流感检测合格后方可放行。

三、禁止邮寄或旅客携带来自土耳其的禽类及其产品进境，一经发现，一律作退回或销毁处理。

四、在途经我国或在我国停留的国际航行船舶、飞机和火车等运输工具上，如发现有来自土耳其的禽类及其产品，一律作封存处理；其交通员工自养自用的禽类，必须装入完好的笼具中，其废弃物、泔水等，一律在出入境检验检疫机构的监督下作无害化处理，不得擅自抛弃。

五、对海关、边防等部门截获的非法入境的来自土耳其的禽类及其产品，一律在出入境检验检疫机构监督下作销毁处理。

六、凡违反上述规定者，由出入境检验检疫机构依照《中华人民共和国进出境动植物检疫法》有关规定处理。

七、各出入境检验检疫机构、各级动物防疫监督机构要分别依照《中华人民共和国进出境动植物检疫法》和《中华人民共和国动物防疫法》的有关规定，密切配合，做好检疫、防疫和监督工作。

本公告自发布之日起执行。

关于做好重点产品质量专项整治有关木制品检疫工作的通知

（2008年4月14日国家质检总局国质检动函[2008]207号）

各直属检验检疫局：

近年来，我国出口木制品多次因被输入国家或地区发现活虫而遭通报，并引起对我熏蒸体系有效性的质疑。同时，国外输入我国的木制品带虫率高，全国各口岸多次截获大家白蚁、双钩异翅长蠹、长林小蠹等检疫性有害生物。为进一步落实全国质检系统重点产品质量专项整治行动电视电话会议和《关于深入开展部分重点产品质量专项整治行动的通知》（国质检执[2008]80号）的精神，提高进出口检疫工作的有效性，防止有害生物跨境传播，促进木制品进出口贸易的健康发展，现就做好进出口木制品检疫工作通知如下：

一、做好进出口木制品检疫工作是“全国部分重点产品质量专项整治行动”的重要组成部分。各直属局要高度重视，统一部署，精心组织，保证专项整治行动的目标任务如期、圆满完成。

二、通过专项整治，要实现出口木制品生产企业100％注册登记，100％建立出口企业质量管理体系，100％签订《产品质量安全承诺书》，进口木制品发现有害生物100％实施退货、销毁或除害处理。

三、各直属局要将木制品的专项整治工作与正在开展的出境竹木草制品注册登记工作有机结合起来，对辖区相关生产企业的数量、管理状况、设施条件、加工工艺和出口情况进行全面的摸底清查，以专项整治和注册登记为契机，督促企业建立包括有害生物控制和溯源管理在内的质量管理体系，加强对原料进厂、除害处理、生产加工、储运和出口等全过程安全质量把关与控制。切实解决木制品携带有害生物的问题，全面提升企业安全质量意识、管理水平和出口产品质量。

2008年7月10日前，各局将通过注册登记的竹木草制品生产企业名单报总局，以便上网对外公布。

四、专项整治期间要加大对违规企业的调查和惩治力度，对质量安全控制体系运行无效、出口产品离境前被检出有害生物、因产品质量问题遭国外通报、退货、销毁的，要责令企业整改或暂停出口，涉及失信等严重违法违规的，要取消注册登记资格。出口免验企业出现上述情况的，取消免验资格。

五、专项整治期间要加大对进口木制品的检疫查验力度，尤其要重点查验来自泰国、印度尼西亚、老挝、马来西亚、澳大利亚等国的产品，发现有害生物100％实施退货、销毁或除害处理，并及时上报和对外通报。

六、通过专项整治，要探索建立进出境木制品的检验检疫监督管理科学、有效的长效机制。进一步提升进出境木制品生产企业的监管水平和应对突发事件应急处置能力。要加大对生产企业的帮扶，积极推进企业出口免验，扶持优良企业做大做强。

请各局于10月20日前上报进出口木制品检疫专项整治工作总结。

联系人：楼军文，010-82261918。

关于同意天津原木处理区采用真空熏蒸处理方法的批复

（2008年4月15日国家质检总局国质检动函[2008]212号）

天津检验检疫局：

你局《关于天津原木处理区拟采用真空熏蒸处理方法的请示》（津检动植食检测中心函[2008]118号）收悉。经研究，同意你局关于采用真空熏蒸处理作为天津原木检疫除害处理区方法的建议。请你局认真督促企业制订详细设计方案，建设前经过充分论证，以便建成后有效运行。

关于加强熏蒸除害处理检疫监管工作的通知

（2008年4月30日国家质检总局国质检动函[2008]262号）

各直属检验检疫局：

为落实《全国质检系统保障奥运安全工作的会议》精神，进一步加强对熏蒸除害处理工作的监管，确保安全有效，现就有关工作通知如下：

一、熏蒸除害处理不仅关系到严把国门，防止有害生物传入传出，而且关系到人身财产安全，各级检验检疫机构当前务必高度重视熏蒸除害处理的安全监管工作，将其作为确保奥运安全的大事来抓。

二、各级检验检疫机构立即组织对熏蒸除害处理监管工作开展自查自纠，对熏蒸除害处理单位资质、人员资格、药剂管理、操作规程进行一次排查，完善管理措施，消除安全隐患。

对除害处理操作不规范的单位，限期整改；对存在严重安全隐患不适合从事熏蒸处理的单位，要停业整顿直至取消其熏蒸处理资格。

三、经批准具备从事熏蒸除害处理资格的单位，操作人员必须持证上岗，做好个人防护，严格遵守操作规程，并指定专人负责熏蒸药剂的管理，记录药剂采购、使用和核销等情况。

熏蒸除害处理现场必须设置明显的警示标志，并向有关单位和人员通报安全注意事项。

四、在熏蒸除害处理完毕散气结束之前，严禁没有佩戴防护面具的人员进入相关区域或进行有关操作。

五、对于需要在锚地实施船舶熏蒸处理的，必须在熏蒸处理结束并完全散气达到安全要求后，船舶方可靠驳作业。

六、各级检验检疫机构必须严格按照有关规定监督除害处理单位按照规程进行操作，严密监管熏蒸药剂，并对处理效果进行验证检查，确保熏蒸除害处理安全、有效。一旦发生任何安全事故，在启动预案妥善处置的同时要立即报告总局。

关于允许从美国部分州进口禽类及其产品的公告

（2008 年 7 月 1 日农业部、国家质检总局 2008 年第 1055 号公告）

鉴于美国已向世界动物卫生组织（OIE）报告消灭康涅狄格州、罗得岛、宾夕法尼亚州、西弗吉尼亚州、内布拉斯加州的低致病性禽流感疫情，根据我国对上述五州低致病性禽流感疫情状况的风险分析结果，决定自本公告发布之日起，允许从美国上述五州进口符合中国相关法律法规规定并在本公告发布日后生产和加工的禽类及其产品。

农业部与国家质量监督检验检疫总局联合公告第 257、280、703、848、897 号同时废止。

关于防止美国低致病性禽流感传入我国的公告

（2008 年 7 月 1 日农业部、国家质检总局 2008 年第 1056 号公告）

2008 年 6 月 1 日，美国国家兽医实验室确认在阿肯色州一商业养鸡场发生 H7N3 低致病性禽流感疫情。为防止美国低致病性禽流感传入我国，保护我国畜牧业安全，根据《中华人民共和国进出境动植物检疫法》等有关法律法规规定，公告如下：

一、禁止直接或间接从美国阿肯色州输入禽类及其产品，停止签发从美国阿肯色州进口禽类及其产品的《进境动植物检疫许可证》，撤销已经签发的《进境动植物检疫许可证》。

二、对 2008 年 6 月 1 日及以后启运的来自美国阿肯色州的禽类及其产品，一律作退回或销毁处理；对 5 月 9 日前启运的来自美国阿肯色州的禽类及其产品经禽流感检测合格方可放行。

三、禁止邮寄或旅客携带来自美国的禽类及其产品进境,一经发现,一律作退回或销毁处理。

四、对途经我国或在我国停留的国际航行船舶、飞机和火车等运输工具,如发现有来自美国的禽类及其产品,一律作封存处理;其交通员工自养自用的禽类,必须装入完好的笼具中;其废弃物、泔水等,一律在出入境检验检疫机构的监督下作无害化处理,不得擅自抛弃。

五、对海关、边防等部门截获的非法入境的来自美国的禽类及其产品,一律在出入境检验检疫机构监督下作销毁处理。

六、凡违反上述规定者,由出入境检验检疫机构依照《中华人民共和国进出境动植物检疫法》有关规定处理。

七、各出入境检验检疫机构、各级动物防疫监督机构要分别依照《中华人民共和国进出境动植物检疫法》和《中华人民共和国动物防疫法》的有关规定,密切配合,做好检疫、防疫和监督工作。

本公告自发布之日起执行。

关于同意在岚山口岸建立进口木材检疫除害处理区的函

(2008 年 7 月 2 日国家质检总局国质检动函[2008]497 号)

山东省人民政府:

《山东省人民政府转报〈日照市人民政府关于在岚山口岸设立进境木材检疫除害处理区的请示〉的函》(鲁政字[2007]212 号)收悉。根据国家质检总局等五部门 2001 年第 2 号公告及《关于执行进口原木检疫要求有关问题的通知》(国质检联[2001]43 号),经我局组织专家考察,现就有关问题函复如下:

一、我局积极支持你省充分利用国外林木资源,发展和延伸木材加工产业,在有效防范外来有害生物传入的前提下,大力促进地方经济建设。

二、同意你省在日照市岚山口岸建立进口木材检疫除害处理区并进行封闭管理的初步规划。鉴于原木进口量大,除害处理技术要求高,规划时应充分考虑设有足够的配套检疫和除害处理设施与场地，做到布局合理、技术先进、处理有效、安全环保。项目规划和建设期间，由山东检验检疫局进行技术指导。

三、处理区建成并经我局验收合格后，可承担经我局确认在境外不能实施有效除害处理的进口原木的除害处理，处理过程接受山东检验检疫局监督管理。

专此函复。

关于印发《出口农产品免验工作规范》的通知

（2008 年 7 月 18 日国家质检总局国质检动[2008]356 号）

各直属检验检疫局：

为鼓励出口农产品企业实施以质取胜战略，提高我国农产品国际竞争力，总局试行了农产品出口免验制度，对促进农产品出口起到了积极的推动作用。为进一步规范出口农产品免验的受理、审查、批准和监管工作，根据《关于对出口食品、农产品试行免验制度的公告》（2006 年第 150 号），总局制定了《出口农产品免验工作规范》，现印发你们，请认真执行，做好出口农产品免验工作。

出口农产品免验工作规范

为进一步规范出口农产品免验的申请、受理、审查、批准和监督管理工作，保证出口农产品质量，根据国家质检总局 2006 年第 150 号公告《关于对出口食品、农产品试行免验制度的公告》（以下简称 2006 年第 150 号公告）的规定，制定本工作规范。

一、免验条件

申请出口农产品免验的企业应当具备以下条件：

（一）具备独立法人资格，能独立承担法律责任；

（二）过去 3 年内没有违反法律法规的不良记录；

（三）能常年保持正常的出口生产和经营活动，信誉良好，生产规模、出口数量、产品质量安全居行业领先地位，具有很强的影响力和示范性；

（四）取得质量管理体系认证证书，具有完善的质量安全自控体系，并能对产品的质量安全进行有效控制；

（五）具备完善的生产、加工、存放等环节的检疫防疫管理体系，生产工艺、设施符合检疫防疫要求；

（六）申请出口免验的农产品，质量长期稳定，连续3年检验检疫合格率达到100%，权威检测机构抽检合格率达到100%，出口产品未发生质量安全问题；

（七）具有按照ISO/IEC 17025标准运行和管理的实验室，或与具备相关资质的实验室签署委托检验合同，能满足出口农产品相关项目的检测需要。

（八）检验检疫机构规定的其他条件。

二、申请

企业应当在每年3月底前向所在地直属检验检疫局提出免验申请，并提交以下材料（一式4份）：

（一）《出口农产品免验申请表》；

（二）《企业法人营业执照》和《企业组织机构代码证》复印件；申请免验农产品如须取得其他主管部门行政许可的，必须提供相应的行政许可证复印件；

（三）厂区及生产车间平面图及主要设施照片、生产工艺流程图；

（四）质量管理体系认证证书及相关体系文件（包括质量手册、程序文件目录、组织机构图、检疫防疫制度、质量检验管理制度、溯源管理制度、合格供应商评价制度、产品安全质量控制的主要项目及标准等）；

（五）申请免验产品最近3年每年的产量、产值、销售量、出口批次、出口量、创汇、纳税、利润、自主品牌出口份额及其处于全国、行业或地区领先地位的情况；

（六）所在地检验检疫机构对申请免验产品出具的检验检疫合格率连续3年达到100%，无出口质量安全问题以及无违反检验检疫法律法规及相关规定的不良记录的证明文件；

（七）经所在地检验检疫机构确认的不属于生产企业责任而引起的质量异议、索赔和退货等情况的原因分析等材料；

（八）自检自控实验室或委托实验室的资质证明及开展检测的项目与出口需求的适应情况；

（九）主要原辅材料合格供应商名录及评价情况；

（十）企业获得荣誉证书的复印件。

三、受理

直属检验检疫局对企业提交的申请及相关证明材料进行书面审核，填写《出口农产品免验材料审查记录表》，根据下列情况在5日内作出受理或者不予受理决定，并书面通知申请人：

（一）申请材料存在可以当场更正的错误的，允许申请人当场更正。

（二）申请材料不齐全的，应当当场或者在5日内出具《出口农产品免验申请材料补正告知书》一次性告知申请企业需要补正的全部内容。申请企业未能在规定期限内补正的，视为撤回申请。

材料审核不合格的，不予受理，出具《出口农产品免验申请不予受理通知书》。

（三）申请材料齐全或者申请人按照要求提交全部补正申请材料的，受理申请，并出具《出口农产品免验申请受理通知书》。

四、审查

（一）直属检验检疫局初审。

直属检验检疫局应在每年6月底前完成初审工作，对企业及提交的相关证明材料的真实性、有效性、符合性、适宜性进行初步审查。

初审不合格的，直属检验检疫局在《出口农产品免验申请表》中签署“初审不合格、不予上报”的初审意见，并出具《出口农产品免验申请初审不合格通知书》告知申请企业。

初审合格的，直属检验检疫局在《出口农产品免验申请表》中签署“初审合格、同意上报”的推荐意见，将申请材料一式2份报国家质检总局。推荐意见须经直属检验检疫局主管领导审核签字。

（二）总局组织审查。

质检总局负责组织和实施出口免验企业的现场审查工作，每年9月底前完成。组织审查组，由3至5人组成，实行组长负责制，签发现场审查通知书。审查组成员应熟悉出口农产品免验的有关政策和工作程序，掌握该农产品检验检疫技术和质量管理要求。申请人所在地检验检疫机构人员不参加审查组。

根据申请免验农产品的技术特性和实际需要，可以邀请系统外具有一定资质的专家参加审查组的工作。

现场审查一般按见面会、现场审查、审查组内部会、总结会等程序进行。

1. 见面会。

审查组召开由申请单位负责人以及主要部门负责人参加的见面会。

2. 现场审查。

审查组应当采取现场检查、查阅记录和相关证明文件、抽样验证、提问等多种方式进行，填写《出口农产品免验现场审查记录表》。

3. 审查组内部会。

主要汇总审查情况，对不符合项进行讨论和确定，根据不符合项数量及其对产品影响程度得出“审查合格”、“审查基本合格，存在需改进的不符合项”或“审查不合格”的结论。

4. 总结会。

审查组召开由申请单位负责人及主要部门负责人参加的总结会，向企业反馈审查情况，填写《出口农产品免验现场审查反馈记录表》。对“审查基本合格，存在需改进的不符合项”的，提出整改要求和验证时限。整改时限不超过15日。整改验证由直属检验检疫局进行，并报告质检总局动植司。

审查组应在结束现场审查后10日内依据审查情况向国家质检总局提交出口农产品免验审查报告，提出是否准予免验的建议。

五、批准

国家质检总局根据审查组的审查报告和直属检验检疫局对企业整改情况的验证报告，于每年10月对申请企业提出的免验申请作出决定。

对符合要求的，将其列入出口农产品免验企业资格的候选名单，通过国家质检总局网站向社会进行为期 15 日的公示。根据公示情况，做出是否批准免验资格的决定。予以批准的，颁发《免验证书》，并上网公布；不符合要求的，不予批准，并由所在地直属检验检疫局出具《出口农产品免验未获批准通知书》告知申请企业。

六、监督管理

（一）出口农产品免验证书的有效期为 3 年。有效期满要求续延的，免验企业应当在有效期满当年的 3 月底前，向所在地直属检验检疫局提出免验续延申请。经直属检验检疫局参照本规范四（二）规定的程序进行审核后，书面报告国家质检总局，合格的颁发新的免验证书。有效期满未提出续延申请以及审核、复核不符合条件的企业，不再享受免验资格。

（二）直属检验检疫局每年至少组织 1 次对出口免验企业的监督检查。所在地检验检疫机构负责日常监督检查，并应根据实际情况进行适当的抽批检查，每年不少于 1 次。监督检查过程中，检验检疫机构应当做好记录并填写《出口农产品免验企业监督检查记录表》，建立相关免验农产品企业的档案。

（三）检验检疫机构实施监督检查时，如发现影响产品一般性质量安全问题，应以书面方式及时通知企业进行整改。免验企业整改期限不超过 3 个月，在整改期间，其出口农产品暂停免验。免验企业在整改期限内完成整改后，向直属局提交整改情况报告，经直属局审核合格后，恢复免验资格。

（四）检验检疫机构在监督检查过程中，发现免验企业有下列情形之一的，应当立即书面报告国家质检总局，由国家质检总局对该企业做出注销免验决定：

1. 企业质量安全管理与防疫控制体系运行出现严重问题，不能保证产品质量安全的；

2. 对重大质量安全事故隐患隐瞒不报或不采取措施积极补救的；

3. 被进口国或地区检出动植物疫情、有毒有害物质超过有关标准或产品质量不符合要求的；

4. 企业连续12个月无免验产品出口的；

5. 发现不符合免验条件等问题，并在3个月内仍不能整改到位的；

6. 假冒免验农产品出口的；

7. 企业的组织、生产、经营状况、加工工艺和范围等发生重大变化又未向检验检疫机构申报的；

8. 其他违反法律法规行为的。

被注销免验资格的企业，不再享受出口农产品免验，3年后方可重新提出免验申请。

（五）实施免验农产品的范围应当按照国家质检总局批准证书规定的范围执行。发现有以下情况之一的，应当重新办理免验申请手续：

1. 免验农产品的加工工艺和范围变更的；

2. 企业名称、法定代表人变更的，组织、生产、经营状况发生重大变化的；

3. 生产地点变更的。

（六）免验企业应当在每年1月底前，向所在地直属检验检疫局提交上一年度免验产品情况报告，其内容包括上年度出口及产品质量安全管理与防疫控制体系运行、产品质量等情况。

直属检验检疫局每年2月向国家质检总局书面报送上年度免验企业情况，其内容包括出口情况及与上年度同期对比，对企业的监督抽查和日常管理等方面。

（七）申请企业及免验企业违反本规范规定，有弄虚作假、隐瞒欺骗行为的，按照有关法律法规的规定予以处罚。

检验检疫工作人员在考核、审查、批准或者日常监管工作过程中违反本规范规定，滥用职权、玩忽职守、徇私舞弊的，根据情节轻重，按照有关法律法规予以处理。

附件：1. 出口农产品免验申请表

2. 出口农产品免验材料审查记录表

3. 出口农产品免验申请材料补正告知书

4. 出口农产品免验申请不予受理通知书
5. 出口农产品免验申请受理通知书
6. 出口农产品免验申请初审不合格通知书
7. 出口农产品免验现场审查通知书
8. 出口农产品免验现场审查记录表
9. 出口农产品免验现场审查情况反馈表
10. 出口农产品免验未获批准通知书
11. 出口农产品免验企业监督检查记录表
12. 出口农产品免验企业整改及暂停免验通知书

附件 1

出口农产品免验申请表

产品名称：________________________

HS 编 码：________________________

企业名称：________________________

企业代码：□□□□□□□□□□

填表日期：　　　　年　　月　　日

（企业公章）

国家质量监督检验检疫总局　印制

填 表 说 明

1. 此表用于出口农产品生产企业申请出口产品免验资格时填写,一式四份。

2. 申请表可从质检总局网站动植司出口农产品免验专栏中下载,在电脑上填写、打印。或填写纸质申请表,填写时须用钢笔或签字笔,并使用碳素或者蓝黑墨水,字迹工整、清楚。

3. 如表格中有关内容填写不下,或有需要说明的其他问题,可另行附纸填写。

4. 企业经济类型包括:国有、集体、个体、私营、联营、股份、外资、港澳台资及其他企业。

5. 表格中的有关数据和情况应据实填写。

一、企业基本情况

<table>
<tr><td>企业名称</td><td colspan="3"></td></tr>
<tr><td>通讯地址</td><td colspan="3"></td></tr>
<tr><td>邮政编码</td><td></td><td>联系人</td><td></td></tr>
<tr><td>法定代表人</td><td></td><td>联系电话</td><td></td></tr>
<tr><td>企业注册资金（万元）</td><td></td><td>联系传真</td><td></td></tr>
<tr><td>企业年产值（万元）</td><td></td><td>企业年利税（万元）</td><td></td></tr>
<tr><td>经济类型</td><td colspan="3">□国有□集体□个体□私营□联营□股份□外资□港澳台资□其他</td></tr>
<tr><td>企业组织结构情况（包括下属公司、控股公司及股份比例等）</td><td colspan="3"></td></tr>
<tr><td>申请产品名称</td><td></td><td>注册商标</td><td></td></tr>
</table>

<table>
<tr><td>规格型号</td><td colspan="3"></td></tr>
<tr><td>申请产品年产值(万元)</td><td></td><td>申请产品年出口情况(万元)</td><td></td></tr>
<tr><td>产品执行标准</td><td></td><td>与国家标准行业标准的关系</td><td>□严于
□等同于
□低于</td></tr>
<tr><td>申请免验产品生产厂及地点、生产厂的产量情况</td><td colspan="3"></td></tr>
</table>

二、出口农产品质量安全控制情况

企业信誉、生产规模、出口量、出口国家	
出口农产品原料种、养殖情况	
企业质量安全自控体系建设及运行情况	
企业自检实验室资质、能力	
企业获得注册登记和体系认证等情况	
三年来，申请免验产品的质量安全水平	

三、审批意见

<table>
<tr><td>直属检验检疫局受理时间</td><td>年　月　日</td></tr>
<tr><td colspan="2">直属检验检疫局意见：

主管领导签字：　　　　年　月　日
（局章）</td></tr>
<tr><td colspan="2">国家质检总局动植司审查意见：

司长签字：　　　　年　月　日
（公章）</td></tr>
<tr><td colspan="2">备注：</td></tr>
</table>

附件 2

出口农产品免验材料审查记录表

企业名称：

序号	资　料　名　称	是否齐全及符合规定形式	备　注
1	申请表		
2	国家有关部门颁发的生产经营许可证件(复印件，如:《企业法人营业执照》等)		
3	厂区平面图、生产车间平面图、主要设施照片		
4	生产工艺流程图(工艺说明，注明产品主要技术参数、防疫关键环节及技术指标)		
5	质量管理体系认证证书及相关体系文件复印件		
6	申请免验产品生产和出口规模以及处于全国、行业或地区领先地位等的证明材料		

续表

企业名称：

<table>
<tr><th>序号</th><th colspan="2">资 料 名 称</th><th>是否齐全及符合规定形式</th><th>备 注</th></tr>
<tr><td>7</td><td colspan="2">检验检疫机构出具的合格率和无不良记录证明材料</td><td></td><td></td></tr>
<tr><td>8</td><td colspan="2">不属于生产企业责任的退货、索赔等情况证明材料</td><td></td><td></td></tr>
<tr><td>9</td><td colspan="2">自检自控实验室或委托实验室的资质证明，检测能力与出口需求的适应情况</td><td></td><td></td></tr>
<tr><td>10</td><td colspan="2">主要原辅材料合格供应商名录及评价情况</td><td></td><td></td></tr>
<tr><td>11</td><td colspan="2">企业获得荣誉证书的复印件</td><td></td><td></td></tr>
<tr><td rowspan="11">12</td><td rowspan="11">质量管理体系文件主要内容</td><td>质量管理方针、目标、组织机构及相应职责分工等</td><td></td><td></td></tr>
<tr><td>生产加工管理制度</td><td></td><td></td></tr>
<tr><td>质量检验管理制度</td><td></td><td></td></tr>
<tr><td>产品安全质量控制的主要项目及标准</td><td></td><td></td></tr>
<tr><td>生产、加工、存放等环节检疫防疫制度</td><td></td><td></td></tr>
<tr><td>原辅料质量控制制度</td><td></td><td></td></tr>
<tr><td>溯源管理制度</td><td></td><td></td></tr>
<tr><td>厂(质)检员职责及管理制度、实施监督的制度</td><td></td><td></td></tr>
<tr><td>异常情况跟踪及处置制度</td><td></td><td></td></tr>
<tr><td>相关法律法规及技术标准受控清单</td><td></td><td></td></tr>
<tr><td>相关记录表式</td><td></td><td></td></tr>
<tr><td colspan="5">评价意见：</td></tr>
</table>

审查人		复核人	

附件 3

出口农产品免验申请材料补正告知书

______________________:

经审查,你单位提交的《出口农产品免验申请》材料不齐全(不符合法定形式),请自即日起__________日内作如下补正:

1. ____

2. ____

3. ____

特此告知。

出入境检验检疫局(章)

年　　月　　日

附件 4

出口农产品免验申请不予受理通知书

______________________:

经审查,你单位提出的出口农产品免验申请,不符合国家质检总局关于出口农产品免验管理规定,不予受理。

特此通知。

出入境检验检疫局(章)

年　　月　　日

附件 5

出口农产品免验申请受理通知书

______________________：

经审查，你单位提出的出口农产品免验申请，符合国家质检总局关于出口农产品免验管理规定，予以受理。

特此通知。

出入境检验检疫局（章）
年　　月　　日

附件 6

出口农产品免验申请初审不合格通知书

______________________：

根据国家质检总局关于出口农产品免验管理规定，我局组织初审组于__________年______月______日至__________年______月______日对你单位提出的出口农产品免验申请进行了初审，认为你单位不符合出口农产品免验管理规定的条件。

附：初审情况反馈表。

特此通知。

出入境检验检疫局（章）
年　　月　　日

附件 7

出口农产品免验现场审查通知书

__________检验检疫局：

根据国家质检总局关于出口农产品免验管理规定的程序，决定对你局辖区____________________单位提出的出口农产品免验申请实施现场审查，现将有关事项通知如下：

一、审查组成员：

姓　名	性别	工　作　单　位	联系电话	备　注
		检验检疫局		组长
		检验检疫局		
		检验检疫局		
		检验检疫局		
		检验检疫局		

二、审查时间

__________年______月______日至__________年______月______日。

三、审查要求：

1. 请你局通知被审查单位，要求在生产状态下接受现场审查。

2. 在审查和跟踪验证过程中，请你局积极配合并要求申请单位配合做好相关工作。

3. 请你局主动与审核组长联系安排审查事宜。

特此通知。

国家质检总局动植司（章）

年　　月　　日

附件 8

出口农产品免验现场审查记录表

<table>
<tr><td>企业名称</td><td colspan="2"></td><td colspan="3">审查日期</td><td></td></tr>
<tr><td>地　　址</td><td colspan="2"></td><td colspan="3">邮　　编</td><td></td></tr>
<tr><td>法定代表人</td><td colspan="2"></td><td colspan="3">电　　话</td><td></td></tr>
<tr><td>申请产品种类</td><td colspan="2"></td><td colspan="3">注册商标</td><td></td></tr>
<tr><td>审查组长</td><td colspan="2"></td><td colspan="3">审查人员</td><td></td></tr>
<tr><td rowspan="2">审查内容</td><td rowspan="2">序号</td><td rowspan="2">审查要点</td><td colspan="3">审查意见</td><td rowspan="2">备　注</td></tr>
<tr><td>符合</td><td>不符合</td><td>待整改</td></tr>
<tr><td rowspan="6">一、企业基本情况</td><td>1</td><td>常年保持正常出口</td><td></td><td></td><td></td><td>上一年度出口额
万美元
批次　批</td></tr>
<tr><td>2</td><td>自主品牌出口所占出口比例</td><td></td><td></td><td></td><td></td></tr>
<tr><td>3</td><td>生产与出口规模、产品质量在行业的领先地位</td><td></td><td></td><td></td><td>上一年度产值
万元人民币</td></tr>
<tr><td>4</td><td>出口产品连续三年检验检疫合格率达到100%，权威检测机构抽检合格率达到100%，未发生质量安全问题</td><td></td><td></td><td></td><td></td></tr>
<tr><td>5</td><td>在分类管理中的管理类别，企业获得的荣誉证书</td><td></td><td></td><td></td><td>证书名称：
颁发单位：</td></tr>
<tr><td>6</td><td>未出现因企业责任而产生的质量问题</td><td></td><td></td><td></td><td></td></tr>
</table>

	7	质量管理体系及其他管理体系认证				体系名称：
	8	完善的质量安全和检疫防疫控制的组织机构及其职责、权限				
	9	质量方针和目标体现质量安全及检疫防疫控制要求，有明确的质量安全和防疫控制主要项目和标准				
	10	完善的检疫、防疫控制制度				
	11	完善的质量安全控制制度和生产、加工、存放等环节的管理制度				
二、质量管理体系、防疫控制体系及其运行情况	12	完善的作业指导书和记录表格				
	13	文件批准、发布、修改、归档等有明确规定				
	14	各项记录清晰、规范完整、妥善保管				
	15	质量安全和防疫控制体系的有效运行				
	16	工艺、设施、人员符合质量安全、检疫防疫要求				
	17	有效的质量安全检测体系（建立自检自控实验室并按ISO/IEC 17025运行或委托具有相关资质与能力的实验室）				
	18	定期校准检验、测量设施，以保证设施的正常使用				

三、资源管理	19	建立培训计划				
	20	满足人员培训资质的人力配备				培训合格的厂(质)检员人
	21	对相关人员进行法律法规、产品标准的培训,并有培训记录				
	22	生产、加工、存放及工作场所和环境清净、整洁、管理有序,区域及主要工序(岗位)标识明显、规范				
	23	建立主要生产设备、检测设备清单				
	24	生产设备、检测设备保持完好和有效				
四、生产、加工、存放过程的控制	25	建立产品要求及合同评审程序,并有完整的记录				
	26	有相应的工艺要求(含主要技术参数)、防疫措施及作业指导书				
	27	操作人员掌握工艺要求、防疫措施和作业指导书,并按其要求进行操作				
	28	产品要求变更时,按规定更改相关文件,并及时传递到有关部门				
	29	按采购原料、半成品的质量控制程序进行操作				
	30	按规定选择了合格供应商并进行动态评价,所采购的原辅材料来自合格供应商				

四、生产、加工、存放过程的控制	31	对产品的搬运、包装、贮存作出明确规定，包装及其所用材料满足出入境检验检疫有关要求				
	32	产品贮存的场所、仓库及管理明确检验检疫和防疫的有关规定				
	33	执行产品出入库的管理规定执行，相应记录齐全				
五、不合格产品的控制	34	建立不合格产品的控制程序				
	35	对不合格产品的标识、记录、评价、隔离和处理等作出规定				
	36	不合格产品的标识、存放、记录及处理等符合规定要求				
	37	对不合格产品进行原因分析，并采取纠正措施				
	38	对潜在的不合格原因进行分析，并采取有效的预防措施				
	39	产品生产过程有检验状态标识，成品具有可追溯性				

审查情况描述(可另附页)：

审查情况评定：

□ 符　合

经现场审查，认为该单位 □ 基本符合 国家质检总局规定的出口农产品免验条件。

□ 不符合

审查组长(签名)：

审查组成员(签名)：

年　　月　　日

附件 9

出口农产品免验现场审查情况反馈表

<table>
<tr><td>被审查企业</td><td colspan="3"></td></tr>
<tr><td>所　属　局</td><td></td><td>审查时间</td><td></td></tr>
<tr><td>审查组长</td><td></td><td>审查组成员</td><td></td></tr>
<tr><td colspan="4">审查情况：</td></tr>
<tr><td colspan="4">不符合项：</td></tr>
<tr><td colspan="4">现场审查结论：
□审查合格
□审查基本合格，存在需改进的不符合项
□审查不合格</td></tr>
<tr><td colspan="4">整改要求：</td></tr>
<tr><td colspan="2">申请企业代表签字（盖章）
200　年　　月　　日</td><td colspan="2">审查组成员（签字）
200　年　　月　　日</td></tr>
</table>

注：上述各项不够填写时可另附页。

附件 10

出口农产品免验未获批准通知书

______________________：

根据国家质检总局关于出口农产品免验管理规定的条件和程序，我局组织审查组于__________年__________月__________日至__________年__________月__________日对你单位提出的出口农产品免验申请进行了审查，认为你单位不符合出口农产品免验管理规定的条件。

附：现场审查情况反馈表。

特此通知。

出入境检验检疫局（章）

年　　月　　日

附件 11

出口农产品免验企业监督检查记录表

<table>
<tr><td>企业名称</td><td colspan="2"></td><td>法定代表人</td><td colspan="2"></td></tr>
<tr><td>批准免验时间</td><td colspan="2">年 月 日</td><td>本次监管为</td><td colspan="2">年度第 次</td></tr>
<tr><td>监管组长</td><td></td><td>监管组成员</td><td></td><td>监管时间</td><td>年 月 日</td></tr>
<tr><td colspan="6"></td></tr>
<tr><td colspan="6">监 管 内 容 与 记 录</td></tr>
<tr><td colspan="6">1. 质量安全管理与防疫控制体系有效运行情况
好 □ 较好 □ 一般 □
2. 生产加工存放过程检验检疫记录、检测报告、不合格控制记录
齐全真实 □ 较健全 □ 一般 □
3. 执行法律法规情况
好 □ 一般 □ 违反 □
4. 质量安全及防疫方面的隐患
无 □ 潜在 □ 严重 □
5. 重大质量事故
无 □ 已发生 □
6. 国外客户信息反馈情况
好 □ 一般 □ 不良 □
7. 免验产品出口情况
正常 □ 间断 □ 已停止 □
(停止起始于 年 月 日)
8. 企业机制、机构、管理体系变化情况
无变更 □ 有变更 □
(变更内容：)
9. 生产设备、防疫处理设施、检测仪器设备运行情况
正常 □ 不正常 □
10. 免验农产品的品种、主要原材料组成、供应商是否改变
无 □ 有 □
11. 免验农产品技术参数、工艺流程、生产与检测能力是否变化
无 □ 有一般变化 □ 重大变化 □
(有变化的内容：)
12. 生产加工存放环境是否整洁、管理有序，符合质量安全和防疫条件情况
符合 □ 一般 □ 差 □</td></tr>
</table>

监管评价与发现的问题：	
整改要求：	
监管结论：	
被监管单位代表（签字） 年　月　日	监管组长（签字） 年　月　日

附件 12

出口农产品免验企业整改及暂停免验通知书

____________________：

根据国家质检总局关于出口农产品免验管理规定，我局在________年________月________日对你单位实施了监督检查，共发现________个质量安全和疫情控制方面的问题（见附件监管记录），请你单位自即日起的3个月内完成整改，整改结束后向我局提交书面整改报告，并由我局进行现场验证。整改期内，你单位出口农产品暂停免验资格。

特此通知。

出入境检验检疫局（章）

年　月　日

允许从英国进口符合相关规定的偶蹄动物及其产品的公告

（2008年7月25日国家质检总局、农业部2008年第89号公告）

鉴于世界动物卫生组织（OIE）已认可英国为非免疫无口蹄疫国家，根据我国对英国口蹄疫疫情状况的风险分析结果，自本公告发布之日起，允许从英国进口符合中国相关法律法规规定并在本公告发布日后生产和加工的偶蹄动物及其产品。

农业部与国家质量监督检验检疫总局联合公告第896号同时废止。

关于加强进境木材检验检疫监管工作的意见

（2008年9月2日国家质检总局国质检动函［2008］620号）

各直属检验检疫局：

为进一步防止林木有害生物随进口木材传入，维护社会公共利益和贸易各方的合法权益，确保检验检疫工作质量，现就加强进口木材检验检疫监管工作提出以下意见：

一、加强进口木材有害生物风险分析工作

加强对输出国家或地区疫情信息的收集整理，掌握有害生物种类、发生情况及木材传带有害生物风险。对主要输出国家的木材可能携带的有害生物进行风险分析，根据风险评估的结果，分类制定进境检疫要求，提高检疫工作的针对性。

二、加强进口木材检疫证书的确认和核查工作

进一步加强与有关国家合作，开展进口木材检疫证书格式和内容的确认工作。各级检验检疫机构须按照2001年第2号联合公告及总局相关规定，严格审核进口原木随附的植物检疫证书，保证货证相符。发现证书不符或涉嫌假冒等情况的，不予受理报检，并及时向总局报告。

三、加强进口木材的检验检疫和处理工作

属于法定检验的进口木材必须实施批批检验，未经检验合格的不允许销售使用。

加强现场检疫和处理，防止林木有害生物传入。发现检疫性、关注的有害生物或其他不符合有关规定情况的，按规定实施相应的检疫除害处理。需要进入木材检疫除害处理区（以下简称"除害处理区"）的海运散装原木要在锚地实施表层检疫，发现原木表面有活虫的，应立即实施表层处理。

加强除害处理区的监管，充分发挥除害处理区的作用。认真总结已建成的除害处理区运行的经验，严格制定建设除害处理区的条件，规范除害处理区的进境原木检验检疫监督管理工作。对已允许进入除害处理区的进口木材，应严格按照总局的相关规定要求进行安全有效的检疫处理。

各局要及时上报进口木材检验检疫工作中发现的问题，以便采取相应措施，提高进口木材质量。

四、加强进口木材监督管理

来自松材线虫疫区（美国、加拿大、墨西哥、葡萄牙、日本、韩国）的针叶木，进口后须进行有效的热处理后才能调运和销售，以防松材线虫的传播。木材加工区和除害处理区等特殊监管区域应建立严格的审核制度，对进出区的原木实施有效监控。对进口量大的地区，逐步开展境外预检、疫情调查、监装等措施，降低有害生物传入风险，提高进口木材质量。

检验检疫机构要加强对检尺单位考核管理，对其检验过程实施监督。需对外出证索赔的，应在合同规定的索赔期限内对外出证，并要求货主保留足够具有代表性的样品和货物。如果对材种有争议，进口商可委托有资质的单位作材种鉴定。

加强对除害处理单位、除害处理区的经营单位和木材加工区内企业的管理，督促其严格按照除害处理工作规范和安全操作规程开展除害处理业务。对存在质量和安全隐患又不能及时整改的除害处理单位要坚决停止其从事除害处理工作的资质。加强除害处理过程的监管，确保处理效果和安全。

五、加强疫情监测，提高重大疫情应急处置能力

在进口木材口岸、除害处理区、木材定点加工企业以及进口木材集散地开展疫情监测工作，逐步建立有效的疫情监测监控体系，及时掌握林木有害生物发生情况。检疫及监测过程中发现重大植物疫情的，应立即启动重大植物疫情应急处置预案，全面提高重大植物疫情应急处置能力。

六、加强队伍建设和技术储备，提高技术保障水平

各级检验检疫机构要加强技术人员培训，充实现场查验力量，增加必要的设备投入，严格按照总局检验检疫工作手册、规范和相关文件的规定进行现场查验。

加强检验检疫技术和装备研究。加强检疫鉴定、处理和查验技术研究，研制处理设施、木材现场检疫的工具和辅助设施，提高检验检疫处理技术水平。

加强信息技术应用和标准化工作。利用信息技术，提高有害生物鉴定技术和风险分析能力，搭建电子信息与鉴定技术结合的平台，推广有害生物远程鉴定技术。

遵守蒙特利尔议定书的规定，积极开展溴甲烷替代技术的研究，尽快形成相应的技术标准投入使用，达到安全、环保和高效的口岸除害处理能力。

以上意见，请认真组织实施。

关于加强进出口饲料三聚氰胺监控的紧急通知

（2008 年 9 月 17 日国家质检总局国质检动函[2008]644 号）

各直属检验检疫局：

为落实 9 月 14 日全国质检系统食品安全工作紧急电视电话会议的精神，确保进出口饲料和饲料添加剂（以下简称饲料）的质量安全卫生，现就有关要求紧急通知如下：

一、严格按照《关于进一步加强进出口饲料和饲料添加剂检验检疫和监督管理的通知》（质检动函[2008]35 号）等有关文件的规定，加大出口饲料注册登记企业的监管力度，加强进口饲料的查验，做到科学管理，严密监管，将各项检验检疫措施落实到位，责任到人。

二、加大进出口饲料三聚氰胺的监控力度。近期，对出口鱼粉、植物源性蛋白、含植物源性成分的宠物食品及其他蛋白类饲料要提高三聚氰胺的抽样比例和监测频率，对有关出口注册登记企业要加大监管力度，发现企业有存放、使用三聚氰胺及其他禁用原、辅料行为的，坚决取消其注册登记资格，并按照有关规定对货物进行处理。对进口饲用乳清粉、鱼粉等蛋白类饲料，也要加大三聚氰胺的监控力度，发现问题的，应及时报总局动植司。

三、严格落实企业第一责任人制度。各局应加大监督力度，指导出口注册登记企业建立自检自控、原料验收等制度，督促企业认真履行产品质量安全第一责任人义务。要严格落实问责制，对日常生产中发现的重大安全质量问题，企业应按照有关规定及时报告检验检疫机构并采取有效措施，对隐瞒不报或弄虚作假的，坚决取消注册登记资格，并按照有关规定予以处罚。

总局近期将组织对重点地区的部分出口饲料注册登记企业进行抽查，并对检验检疫和监管措施的落实情况进行督察。

四、加强与海关的联网核查，加大对伪造检验检疫证书、逃避检验检疫非法进出口饲料行为的打击力度。对发现的问题，要追查到底，要将违规企业列入不良记录企业名单；对触犯刑法的，要依法移交司法机关处理。

执行中遇有问题和建议，请及时报总局。

关于批准太仓进口木材检疫除害处理区投入使用的函

（2008年9月17日国家质检总局国质检动函[2008]647号）

江苏省人民政府：

为扶持地方经济发展，防止林木有害生物随进口原木传入，2006年6月我局同意在江苏太仓港建设进口木材检疫除害处理区。2008年9月5日，我局组织了林业、环保和检验检疫系统的专家对该项目进行了验收，认为该除害处理区布局设计合理、处理技术先进、熏蒸系统运转正常、试验杀虫效果良好，达到国内领先和国际先进水平，符合安全、环保的要求，具备对进口原木进行大规模检疫除害处理的能力。现正式批准太仓进口木材检疫除害处理区投入使用，允许来自俄罗斯、美国阿拉斯加的原木在该区进行检疫处理。

请你省有关部门和企业配合江苏检验检疫局做好对处理区的监督管理和有害生物的监测与防控，确保原木检疫处理有效、安全。

关于防止美国禽流感传入我国的公告

（2008年9月27日国家质检总局、农业部2008年第110号公告）

2008年9月3日，美国农业部向世界动物卫生组织紧急报告，爱达荷州（IDAHO）一家养禽场发生H5N8亚型低致病性禽流感。为防止美国低致病性禽流感传入我国，保护我国畜牧业安全，根据《中华人民共和国进出境动植物检疫法》等有关法律法规的规定，公告如下：

一、禁止直接或间接从美国爱达荷州输入禽类及其产品，停止签发从美国爱达荷州进口禽类及其产品的《进境动植物检疫许可证》，撤销已经签发的《进镜动植物检疫许可证》。

二、对 2008 年 9 月 3 日及以后启运的来自美国爱达荷州的禽类及其产品，一律作退回或销毁处理；对 9 月 3 日前启运的来自美国爱达荷州的禽类及其产品经禽流感检测合格方可放行。

三、禁止邮寄或旅客携带来自美国的禽类及其产品进境，一经发现，一律作退回或销毁处理。

四、对途经我国或在我国停留的国际航行船舶、飞机和火车等运输工具，如发现有来自美国的禽类及其产品，一律作封存处理；其交通员工自养自用的禽类，必须装入完好的笼具中；其废弃物、泔水等，一律在出入境检验检疫机构的监督下作无害化处理，不得擅自抛弃。

五、对海关、边防等部门截获的来自美国的非法入境禽类及其产品，一律在出入境检验检疫机构监督下作销毁处理。

六、凡违反上述规定者，由出入境检验检疫机构依照《中华人民共和国进出境动植物检疫法》有关规定处理。

七、各出入境检验检疫机构、各级动物防疫监督机构要分别依照《中华人民共和国进出境动植物检疫法》和《中华人民共和国动物防疫法》的有关规定，密切配合，做好检疫、防疫和监督工作。

本公告自发布之日起执行。

关于防止多哥禽流感传入我国的公告

（2008 年 10 月 16 日国家质检总局、农业部 2008 年第 115 号公告）

2008 年 9 月 18 日，多哥农业部向世界动物卫生组织（OIE）紧急报告，9 月 9 日其境内发生 H5N1 亚型高致病性禽流感。为防止高致病性禽流感传入我国，保护我国畜牧业安全，根据《中华人民共和国进出境动植物检疫法》等有关法律法规的规定，现公告如下：

一、禁止直接或间接从多哥输入禽类及其产品，停止签发从多哥进口禽类及其产品的《进境动植物检疫许可证》，撤销已经签发的《进境动植物检疫许可证》。

二、2008 年 9 月 9 日(含 9 月 9 日)后启运的来自多哥的禽类及其产品一律作退回或销毁处理。2008 年 9 月 9 日前启运的来自多哥的禽类及其产品，经禽流感检测合格后方可放行。

三、禁止邮寄或旅客携带来自多哥的禽类及其产品进境，一经发现，一律作退回或销毁处理。

四、在途经我国或在我国停留的国际航行船舶、飞机和火车等运输工具上，如发现有来自多哥的禽类及其产品，一律作封存处理；其交通员工自养自用的禽类，必须装入完好的笼具中，其废弃物、泔水等，一律在出入境检验检疫机构的监督下作无害化处理，不得擅自抛弃。

五、对海关、边防等部门截获的非法入境的来自多哥的禽类及其产品，一律在出入境检验检疫机构监督下作销毁处理。

六、凡违反上述规定者，由出入境检验检疫机构依照《中华人民共和国进出境动植物检疫法》有关规定处理。

七、各出入境检验检疫机构、各级动物防疫监督机构要分别依照《中华人民共和国进出境动植物检疫法》和《中华人民共和国动物防疫法》的有关规定，密切配合，做好检疫、防疫和监督工作。

本公告自发布之日起执行。

关于防止俄国猪瘟传入我国的公告

(2008 年 11 月 19 日国家质检总局、农业部 2008 年第 125 号公告)

2008 年 10 月 24 日，俄罗斯联邦兽医与植物卫生监督局向总局和世界动物卫生组织(OIE)通报，在俄罗斯斯塔夫罗波尔边疆地区(Stavropolsky Kray，俄罗斯欧洲部分)2 家农场发生非洲猪瘟疫情，涉及易感染动物 900 头，发病 161 头，死亡 127 头。2008 年 10 月 29 日，俄罗斯农业与食品部向 OIE 报告，6 月 28 日至 10 月 2 日，北奥塞梯-阿兰共和国（RESPUBLIKA SEVERNAYA OSETIYA）发生 18 起非洲猪瘟，涉及的易感染动物有家猪 3 224 头和部分野猪，其中 1 472 头家猪和 2 头野猪发病，死亡家猪 1 469 头、野猪 2 头，销毁家猪 9 973 头。为防止该病传入我国，保护我国畜牧业安全，根据《中华人民共和国进出境动植物检疫法》及其实施条例等有关法律法规的规定，公告如下：

一、禁止直接或间接从俄罗斯输入猪、野猪及其产品，一经发现，一律作退回或销毁处理；停止签发从俄罗斯进口猪、野猪及其产品的《进境动植物检疫许可证》，撤销已经签发的《进境动植物检疫许可证》。

二、禁止邮寄或旅客携带来自俄罗斯的猪、野猪及其产品进境。一经发现，一律作退回或销毁处理。

三、对途经我国或在我国停留的国际航行船舶、飞机和火车等运输工具，如发现有来自俄罗斯的猪、野猪及其产品，一律作封存处理；其废弃物、泔水等，一律在出入境检验检疫机构的监督下作无害化处理，不得擅自抛弃。

四、对海关、边防等部门截获的来自俄罗斯的猪、野猪及其产品，一律在出入境检验检疫机构监督下作销毁处理。

五、凡违反上述规定者，由出入境检验检疫机构依照《中华人民共和国进出境动植物检疫法》及其实施条例有关规定处理。

六、各出入境检验检疫机构、各级动物防疫监督机构要分别依照《中华人民共和国进出境动植物检疫法》及其实施条例和《中华人民共和国动物防疫法》的有关规定，密切配合，做好检疫、防疫和监督工作。

本公告自发布之日起执行。

关于进一步做好进出口饲料三聚氰胺监控有关问题的通知

（2008 年 12 月 5 日国家质检总局国质检动函[2008]810 号）

各直属检验检疫局：

为促进饲料进出口贸易健康发展，根据目前国内外对食品和饲料中三聚氰胺的管理政策，结合进出口饲料和饲料添加剂（以下简称饲料）中三聚氰胺的监测情况，现就有关问题通知如下：

一、进一步加强出口饲料三聚氰胺的监控

近期，美国对从中国进口的宠物食品和部分品种的饲料采取了自动扣留和三聚氰胺检测的措施；欧盟各国已经加强了从中国进口饲料三聚氰胺的检查，法国、英国对从中国进口的饲料添加剂实行批批扣留、三聚氰胺强制检测。由于近期从中国出口的部分豆制品中检出三聚氰胺，欧盟 12 月 5 日开始对从中国进口的饲用和食用豆制品采取批批扣留检测三聚氰胺的措施；日本也要求进口商对从中国进口的饲料（包括宠物食品）实施三聚氰胺的自主检查。同时，有关检验检疫机构在出口饲料监控过程中仍发现部分产品因原料污染而检出三聚氰胺。

各局要认真落实《关于进一步加强进出口饲料和饲料添加剂检验检疫和监督管理的通知》（质检动函[2008]35 号）等有关文件的规定，积极督促、指导和检查出口饲料注册登记企业建立健全质量管理体系，尤其是原辅料合格供应商的评价和原料验收制度，杜绝三聚氰胺污染随原辅料流入加工环节；要根据风险分析，准确把握饲料生产加工的安全风险关键点，有针对性地进行重点监管。

二、严格执行饲料中三聚氰胺合格判定标准

（一）进口。

对进口饲料和饲料原料，三聚氰胺检测等于或高于 2.0 mg/kg

的判定为不合格，有关货物作退回或销毁处理。

（二）出口。

出口饲料，应符合进口国家或地区对三聚氰胺的控制要求。目前，欧盟和香港地区采用 2.5 mg/kg 的判定标准，美国使用检测方法的检测限是 0.25 mg/kg，日本采用 10.0 mg/kg 的判定标准。有关国家或地区标准和要求的最新动态请到质检总局网站动植物检验检疫专栏查询。

进口国家或地区尚无要求的，三聚氰胺检测低于 1.0 mg/kg 的，在排除生产过程人为添加和原料污染后，生产或出口企业出具进口国家或地区尚无三聚氰胺控制标准的证明文件，同时提供出口产品质量安全承诺书后，可以允许出口。产品在国外的通关情况，须及时通报有关检验检疫机构。

三、妥善处理三聚氰胺检测不合格情况

出口饲料三聚氰胺检测不符合要求的，应立即责令停止有关产品出口，封存有关货物并进行排查，系生产过程人为添加的，取消有关出口企业注册登记资格，并按照有关规定进行处罚；系原料污染所致的，应立即封存有关原料，责令生产企业进行整改，直至建立有效的原料供应商评价和原料验收制度后，方可允许恢复出口。恢复出口 3 个月内，对出口饲料实施批批三聚氰胺的检测，如仍发现三聚氰胺问题，取消注册登记资格，3 个月未发现问题的，可恢复至常态监测。

封存的有关产品和原料书面移交当地政府饲料主管部门进行处理。

四、饲料中三聚氰胺检测方法要求

进出口饲料中三聚氰胺检测方法的检测限应低于进口国家或地区的限量标准。没有限量标准的，检测方法的检测限应低于0.5 mg/kg。

五、进出口饲料三聚氰胺问题报告和公布要求

有关检验检疫机构在发现三聚氰胺问题后，应于 4 小时内报有关直属检验检疫局，直属检验检疫局在核实情况后，4 小时内报总局，同时向当地政府饲料主管部门通报。未经总局同意，进出口饲料在查验和日常监管中发现的三聚氰胺问题及有关调查、处理情况不得对外公布。

执行中遇有问题和建议，请及时报总局。

关于加强进出口饲料和饲料添加剂二恶英监控的紧急通知

（2008 年 12 月 12 日国家质检总局国质检动函[2008]825 号）

各直属检验检疫局：

近日，爱尔兰发生猪肉污染二恶英事件，爱尔兰政府已经宣布召回今年 9 月 1 日以后生产的所有猪肉制品。经初步调查，导致污染的原因是猪饲料生产过程污染二恶英。欧盟等国家自 1999 年比利时二恶英事件后，已经加大了对食品和饲料中二恶英污染的监控。近 2 年来，我出口个别批次的饲料添加剂也曾被欧盟通报检出二恶英超标。为保护国内畜牧业生产和消费者健康，避免出口饲料添加剂出现二恶英问题，现就有关问题紧急通知如下：

一、暂停从爱尔兰进口饲料、饲料添加剂和饲料原料。自 2008 年12 月 9 日起，停止受理从爱尔兰进口饲料产品的报检，已经报检尚未通关的饲料产品，应抽样进行二恶英的检测，检测合格的方可允许进口。

二、加大进口饲料和饲料添加剂二恶英的监控。近期，应针对性地对进口动物油脂、鱼油等单一饲料以及氨基酸、维生素、矿物元素类等饲料添加剂开展二恶英的监测。

三、做好出口饲料添加剂二恶英的监控。要按照《关于进一步加强进出口饲料及饲料添加剂检验检疫和监督管理的通知》（质检动函[2008]35 号）要求，在风险分析的基础上，将二恶英有计划地纳入到出口饲料和饲料添加剂的安全卫生监控计划中去，同时要求有关出口生产企业根据风险分析结果开展二恶英的自检自控。

四、二恶英限量标准和检测。出口饲料和饲料添加剂二恶英检测应符合进口国家或地区的要求。对进口饲料和饲料添加剂，二恶英限量要求暂时采用欧盟的执行限量标准(附件)。有关二恶英检测问题可以与中国检验检疫科学研究院联系，联系人：仲维科，联系电话：010-85767344。

各局在进出口监控过程中发现的阳性情况，要按照有关要求和程序及时上报总局。

执行中遇有问题和建议，请及时告总局。

附件

欧盟对饲料产品中二恶英的执行限量标准

物质 Substances products	饲料产品 Feedingstuffs	含12%水分饲料产品中的最大限量 Maximum content relative to a feedingstuff with a moisture content of 12%
二恶英 Dioxin	所有植物源性饲料，包括植物油及副产品 All feed materials of plant origin, including vegetable oil and byproducts	0.50 ng WHO-PCDD/FTEQ/kg
	矿物粘合剂(高岭土、二水硫酸钙、蛭石、钠沸石-响石、人造铝酸钙和沉积源性斜发沸石)残留成分 Minerals Binders (kaolinitic clay, calcium sulphate dihydrate, vermiculite, natrolite-phonolite, synthetic calcium aluminates and clinoptilolite of sedimentary origin) Trace elements	0.75 ng WHO-PCDD/FTEQ/kg
	动物脂肪，包括奶脂肪、蛋脂肪 Animal fat, including milk fat and egg fat	1.2 ng WHO-PCDD/FTEQ/kg
	其它陆生动物产品，包括奶和奶制品、蛋和蛋制品 Other land animal products, including milk and milk products and eggs and egg products	0.50 ng WHO-PCDD/F-TEQ/kg
	鱼油 Fish oil	4.5 ng WHO-PCDD/FTEQ/kg
	鱼和其它海洋动物产品及其副产品(鱼油除外) Fish, other marine animals, their products and by-products with the exception of fish oil	1.0 ng WHO-PCDD/FTEQ/kg

续表

物质 Substances products	饲料产品 Feedingstuffs	含12%水分饲料产品中的最大限量 Maximum content relative to a feedingstuff with a moisture content of 12%
二恶英 Dioxin	配合饲料(毛皮动物和鱼饲料除外)Compound feedingstuffs, with the exception of feedingstuffs for fur animals and feedingstuffs for fish	0.4 ng WHO-PCDD/FTEQ/kg
	鱼饲料 Feedingstuffs for fish	1.5 ng WHO-PCDD/FTEQ/kg

关于印发《进口美国苜蓿饲草卫生与植物卫生要求》的通知

(2008年12月29日国家质检总局国质检动函[2008]868号)

各直属检验检疫局:

为规范进境美国苜蓿饲草动植物检疫工作,根据有害生物风险分析结果,总局制订了《进口美国苜蓿饲草卫生与植物卫生要求》,并与美方就植物卫生证书的格式与内容达成一致,现正式印发(见附件)。请各局自2009年2月1日起,按照上述要求对进口美国苜蓿饲草实施检验检疫。

执行中如遇问题,请及时向总局报告。

附件

进口美国苜蓿饲草卫生与植物卫生要求

一、中方关注的检疫性有害生物及动物疫病

(见附件1)

二、装运前要求

(一)种植采收。

1. 饲草原料种植、晾晒及储存场所应与动物饲养场、牧场隔离,

确保没有被偶蹄类动物的排泄物、分泌物及其他物污染。

2. 苜蓿草收割、翻晒、田间捆包、捆包捡拾、田间运输及田边堆垛等过程,应避免混杂根、土壤及其他杂物。

3. 在生长和收获期对输华饲草的种植农场实施有效的监测、预防和有害生物综合管理措施,以避免和控制附件1所列中方关注的检疫性有害生物的发生。

(二) 加工储藏。

1. 输华苜蓿草须来自经美国动植物检疫局(以下简称"APHIS")注册登记的加工厂,并符合以下条件:

——建立有效溯源体系;

——保持加工区及设备清洁,防止交叉污染。

2. 饲草在压缩打捆包前应进行表面去杂、去污。并确保符合以下要求:

——不带有第一条所列中方关注的检疫性有害生物;

——不带有螨类、软体动物等有害生物;

——不带有饲草根和籽粒等植物残体以及其他植物残体;

——不带有土壤及动物粪便。

3. 如在加工输华苜蓿饲草前,设施已用于加工非出口用饲草,应彻底清扫压缩加工设备和加工场地。

4. 输华饲草在装运前须存放在具有以下条件的储藏设施中:

——具有相对独立的封闭空间;

——出入口采取防护措施,防止有害生物二次污染;

——设施地面光洁、易清扫,具有排水设施,以便实施清扫和消毒处理。

5. 饲草不得与不用于出口的其他产品在同一仓库中储存。储藏设施应进行定期清扫,以保证环境干净卫生。

(三) 离境前检疫。

1. 装运输华苜蓿草的集装箱应干净卫生,必要时应对集装箱进行清扫,并针对动物疫病对集装箱进行彻底消毒。

2. APHIS应按照本规定对输华苜蓿饲草在离境前进行抽样检疫。经检疫合格的,按照国际标准要求格式出具官方植物检疫证书,注明饲草的品名（如“苜蓿饲草”）、重量、目的地、发货人及收货人的名称及地址、集装箱号、加工厂的名称（加工厂注册号可在“识别标志Distinguishing Mark”栏注明）以及在“产地（Origin）”栏内注明产地州和县；经检疫发现活的虫体，应不准许输往中国或经熏蒸除害处理合格后准许向中国出口（处理指标见附件2）。对于离境前实施熏蒸处理的，APHIS还应在证书中注明所采取化学药剂熏蒸处理的浓度及持续时间等信息。

APHIS要在出具的植检证书附加声明中注明：“该批货物经检疫，符合中国关于进境苜蓿草的卫生和植物卫生要求，不带有中方关注的检疫性有害生物”。

APHIS出具植检证书式样见附件3。

3. 每批货物的每个集装箱内应至少有一个包装标志，注明加工厂名称、注册号码和“输往中华人民共和国”字样。

三、进境检疫

（一）证书核查。

检查APHIS出具植检证书是否符合第二条第（三）项有关规定。

核查进境美国苜蓿饲草是否附有国家质检总局颁发的《进境动植物检疫许可证》。

（二）货物检查。

按照上述第二条（二）项2款有关规定，对进境苜蓿饲草实施多点抽样开包检查，并根据需要送样至实验室进行适生条件下的培养检疫。

四、不符合要求处理

发生以下任一情况，可实施熏蒸、退运或销毁处理：

（一）无APHIS出具的植物检疫证书，或证书填写不规范；

（二）不符合第二条（二）项2款有关规定。

发现上述违规情况，中方将根据严重程度采取暂停相关加工厂、产区、整个项目等追加措施。

附件：1. 中方关注的检疫性有害生物及动物疫病

2. 苜蓿饲草熏蒸技术要求

3. APHIS出具植检证书式样(略)

附件1

中方关注的检疫性有害生物及动物疫病

序号	学　名	中文名
昆虫		
1	*Bruchophagus roddi*	苜蓿籽蜂
2	*Frankliniella occidentalis*	西花蓟马
3	*Helicoverpa zea*	谷实夜蛾
4	*Liriomyza trifolii*	三叶草斑潜蝇
5	*Naupactus leucoloma*	白缘象甲
6	*Mayetiola destructor*	黑森瘿蚊
真菌		
7	*Phymatotrichum omnivorum*	瘤梗孢根腐病菌
8	*Phytophthora megasperam* f. sp. *medicaginis*	疫霉根腐病菌
9	*Verticillium albo-atrum*	黄萎病菌
细菌		
10	*Clavibacter michiganense* subsp. *insidiosum*	枯萎病菌
11	*Xylella fastidiosa*	矮化病菌
病毒		
12	Alfalfa enation rhabdovirus	苜蓿耳突病毒
13	Peanut stunt virus	花生矮化病毒
14	Tobacco ringspot virus	烟草环斑病毒
15	Tomato ringspot virus	番茄环斑病毒
线虫		
16	*Ditylenchus dipsaci*	鳞球茎茎线虫
17	*Xiphinema americanum*	美洲剑线虫

续表

序号	学　名	中文名
杂草		
18	*Amaranthus blitoides*	北美苋
19	*Cenchrus echinatus*	刺蒺藜草
20	*Convolvulus arvensis*	田旋花
21	*Cuscuta campestris*	菟丝子
22	*Cuscuta epithymum*	菟丝子
23	*Emex australis*	南方三棘果
24	*Lolium temulentum*	毒麦
25	*Orobanche minor*	小列当
26	*Setaria parviflora*	幽狗尾草
27	*Solanum carolinense*	北美刺龙葵
28	*Solanum elaeagnifolium*	银毛龙葵
29	*Sorghum halepense*	假高粱

动物疫病：

1. 蓝舌病(Bluetongue)
2. 牛海绵状脑病(Bovine spongiforme encephalopathy)
3. 水泡性口炎(Vesicular stomatitis)
4. 马传染性贫血(Equine Infectious Anaemia)
5. 马脑脊髓炎(Equine Encephalomyelitis)
6. 马沙门氏菌流产(Sakmonellosis)
7. 西尼罗河热(West Nile Fever)

附件 2

苜蓿饲草熏蒸技术要求

方案 1. 常压下用磷化氢熏蒸

温度	剂量 (g/m³)	最低浓度(g/m³)			
		0.5 小时	2 小时	24 小时	168 小时
10 ℃或以上	2.12	1.59	1.06	0.53	0.53

方案 2. 溴甲烷熏蒸

在温度为 15 ℃(59 ℉)或以上时,常压下 32 g/m^3、持续 16～24 小时,真空下 40 g/m^3、持续 3 小时。

关于同意进口摩洛哥柑橘的函

(2009 年 1 月 7 日国家质检总局国质检外函[2009]7 号)

摩洛哥王国农业与海洋渔业部:

根据中摩双方 2008 年 3 月 26 日在拉巴特签署的《关于摩洛哥柑橘出口中国植物检疫要求议定书》规定,应贵方邀请,我局专家于 2008 年 10 月下旬前往贵国对输华柑橘产区、果园、包装厂及冷处理设施进行实地考核,检查疫情发生及控制情况。中方对贵方的接待和安排表示感谢。现就考察情况向贵方反馈如下:

一、根据专家考察结果,中方认为贵国输华柑橘果园,包装厂的管理总体上符合议定书要求,自即日起,中方同意进口贵国符合议定书要求的柑橘。

二、请贵方严格执行议定书的有关规定、对中方关注的有害生物制订有效的监测和控制措施,并对柑橘生产、包装、储存、装运及冷处理过程予以监管和指导,使柑橘种植者、加工、冷处理及储运企业准确了解议定书内容,对输华柑橘实施检验检疫并出具植物检疫证书,确保输华柑橘符合中方检验检疫要求。

三、按照议定书规定,请贵方尽快提供注册登记的输华柑橘果园、包装厂名单,及植物检疫证书样本 50 份,以便中方入境口岸核查。

顺致敬意。

关于同意深圳湾和大铲湾为进口水果指定入境口岸的批复

（2009年1月8日国家质检总局国质检动函[2009]9号）

深圳检验检疫局：

你局《关于申请增加进口水果入境口岸的函》（深检植函[2008]81号）收悉。根据你局报送的材料，结合总局专家实地考核情况，现批复如下：

一、同意深圳湾和大铲湾作为进口水果指定入境口岸。

二、在入境口岸要规划专门的进口水果查验场地，完善对港口冷库和除害处理设施的管理，增设电子视频监控，确保进境水果查验、存放条件和防疫措施落实到位。

三、加强植物检验检疫实验室建设，在入境口岸要补充有关仪器设备。要配备足够的现场查验和实验室检测专业技术人员，并做好业务培训，严格依照进境水果检验检疫规定及查验程序，做好进口水果检验检疫及监管工作，防止疫情及有毒有害物质传入。

四、加强对水果进口企业的检验检疫法律法规的宣传和培训。

关于防止菲律宾雷斯顿埃博拉病毒传入我国的公告

（2009年1月14日国家质检总局、农业部2009年第6号公告）

2008年11月底，菲律宾政府向联合国粮农组织、世界卫生组织、世界动物卫生组织正式通报，从菲律宾吕宋岛4家猪场检出雷斯顿埃博拉病毒，这是首次在家畜中发现埃博拉病毒。为防止该病传入我国，根据《中华人民共和国进出境动植物检疫法》及其实施条例、《中华人民共和国国境卫生检疫法》及其实施细则等有关法律法规的规定，公告如下：

一、禁止直接或间接从菲律宾输入猪及其产品；已运抵口岸的一律作退回或销毁处理。

二、禁止邮寄或旅客携带来自菲律宾的猪及其产品进境，一经发现，一律作退回或销毁处理。

三、对途经我国或在我国停留的国际航行船舶、飞机和火车等运输工具，如发现有来自菲律宾的猪及其产品，一律作封存处理；其废弃物、泔水等，一律在出入境检验检疫机构的监督下作无害化处理，不得擅自抛弃。

四、对海关、边防等部门截获的走私入境的来自菲律宾的猪及其产品，一律在出入境检验检疫机构监督下作销毁处理。

五、来自菲律宾的人员，如发现有发热、肌痛、出血、皮疹等症状的，入境时应主动向检验检疫机构口头申报，入境后出现上述症状的，应当立即就医，并向医生说明近期的旅行史，以便及时得到诊断和治疗。

六、前往菲律宾的人员，应尽量避免食用猪肉及猪产品，避免与病畜及排泄物接触；避免到养猪场、屠宰场等相关场所，旅行中一旦发现有发热、肌痛、出血、皮疹等相关症状的，应尽快就医。

七、凡违反上述规定者，由出入境检验检疫机构依照《中华人民共和国进出境动植物检疫法》及其实施条例和《中华人民共和国国境卫生检疫法》及其实施细则有关规定处理。

八、各出入境检验检疫机构、各级动物防疫监督机构要分别依照《中华人民共和国进出境动植物检疫法》及其实施条例、《中华人民共和国国境卫生检疫法》及其实施细则和《中华人民共和国动物防疫法》的有关规定，密切配合，做好检疫、防疫和监督等相关工作。

九、本公告自发布之日起执行。

关于防止尼泊尔高致病性禽流感传入我国的公告

（2009 年 2 月 6 日国家质检总局、农业部 2009 年第 13 号公告）

2009 年 1 月 16 日，尼泊尔农业与合作部向世界动物卫生组织（OIE）紧急报告，2009 年 1 月 8 日，尼泊尔梅吉县（MECHI）发生1起H5N1 亚型高致病性禽流感。为防止该病传入我国，保护我国畜牧业安全，根据《中华人民共和国进出境动植物检疫法》及其实施条例等法律法规的规定，公告如下：

一、禁止直接或间接从尼泊尔输入禽类及其产品，停止签发从尼泊尔进口禽类及其产品的《进境动植物检疫许可证》，撤销已经签发的《进境动植物检疫许可证》。

二、对 2009 年 1 月 16 日（含 1 月 16 日）后启运的来自尼泊尔的禽类及其产品，一律作退回或销毁处理；对 2009 年 1 月 16 日前启运的来自尼泊尔的禽类及其产品，经禽流感检测合格后方可放行。

三、禁止邮寄或旅客携带来自尼泊尔的禽类及其产品进境，一经发现，一律作退回或销毁处理。

四、对途经我国或在我国停留的国际航行船舶、飞机和火车等运输工具，如发现有来自尼泊尔的禽类及其产品，一律作封存处理；其交通员工自养自用的禽类，必须装入完好的笼具中；其废弃物、泔水等，一律在出入境检验检疫机构的监督下作无害化处理，不得擅自抛弃。

五、对海关、边防等部门截获的来自尼泊尔的非法入境禽类及其产品，一律在出入境检验检疫机构监督下作销毁处理。

六、凡违反上述规定者，由出入境检验检疫机构依照《中华人民共和国进出境动植物检疫法》及其实施条例有关规定处理。

七、各出入境检验检疫机构、各级动物防疫监督机构要分别依照《中华人民共和国进出境动植物检疫法》及其实施条例和《中华人民共和国动物防疫法》的有关规定，密切配合，做好检疫、防疫和监督工作。

本公告自发布之日起执行。

关于印发《马拉维烟叶进境植物检疫要求》的通知

（2009 年 2 月 10 日国家质检总局国质检动函[2009]62 号）

各直属检验检疫局：

根据中马签署的《关于马拉维烟叶输华植物检疫要求协议》的规定，总局已正式允许马拉维烟叶进口。现将《马拉维烟叶进境植物检疫要求》印发你们，请遵照执行。执行中如遇问题，请及时与总局联系。

马拉维烟叶进境植物检疫要求

一、法律法规依据

《中华人民共和国进出境动植物检疫法》、《中华人民共和国进出境动植物检疫法实施条例》、《中华人民共和国国家质量监督检验检疫总局与马拉维共和国农业与食品安全部关于马拉维烟叶输华植物检疫要求协议》（2008 年 3 月 25 日在北京签署）。

二、允许进境的商品名称

经初烤、复烤的烟叶。包括烤烟（英文名：flue-cured tobacco leaves）和白肋烟（英文名：burley tobacco leaves）。

三、允许的产地

马拉维全境。

四、关注的检疫性有害生物名单

烟霜霉病(*Peronospora tabacina*)

烟草甲(*Lasioderma serricorne*)

五、装运前要求

(一)产地管理。

马方应在烟草产区采取有效监测措施,确保烟草产区为烟霜霉病非疫区。如发现烟霜霉病,马方应立即通知中方,并暂停向中国出口烟叶。

(二)加工及储运要求。

烟叶不得带有烟霜霉病及其他检疫性有害生物、植物残体及土壤。

如果发现烟草甲等活虫,马方须在启运前对货物采取熏蒸等检疫措施。

在加工和运输过程中,马方应采取必要措施,防止混入其他国家的烟叶。

(三)包装要求。

烟叶应采取安全密封包装,避免感染烟霜霉病及其他检疫性有害生物。每个包装箱上应注明烟叶类型、产地、收获年份、加工厂等信息。

烟叶包装材料应干净、卫生,并符合中国植物检疫要求。

盛装烟叶的集装箱应干净,不带土壤和其他外来物质。

(四)植物检疫证书要求。

马方应对输华烟叶进行出口检验检疫,对符合中方检疫要求的,应按国际植物保护组织有关标准签发植物检疫证书,并在植物检疫证书附加声明中注明:"The consignment is in compliance with requirements described in the Agreement of Phytosanitary Requirements for the Export of tobacco leaves from Malawi to China signed in Beijing on March 25,2008,and is free from tobacco blue mold and other quarantine pests and soil"(本批烟叶符合2008年3月25日在北京签署的《关于马拉维输华烟叶植物检疫要求协议》的规定,不带烟霜霉病等检疫性有害生物及土壤)。

证书样本见附件。

六、进境要求

（一）证书核查。

1. 核查植物检疫证书是否符合本要求第五条第（四）项的规定。

2. 核查进境烟叶是否附有总局颁发的《进境动植物检疫许可证》。

（二）进境检验检疫。

根据《检验检疫工作手册》植物检验检疫分册有关规定，对进境烟叶实施检验检疫。

七、不符合要求的处理

（一）如发现输华烟叶不是产自马拉维境内，该批烟叶将不准入境。

（二）如检出烟霜霉病菌，对该批烟叶作退货或销毁处理，同时总局将立即暂停马拉维烟叶输华，中马双方将开展有关调查，以查明原因并采取有效的改进措施。

（三）如检出其他活的检疫性有害生物或其他违规情况，根据《中华人民共和国进出境动植物检疫法》及其实施条例的有关规定，采取退货、销毁或其他检疫处理措施。

八、其他检验要求

根据《中华人民共和国食品卫生法》和《中华人民共和国进出口商品检验法》的有关规定，安全卫生项目应符合我国相关安全卫生标准。

附件

马拉维植物检疫证书样本

№ 010567

MALAWI GOVERNMENT

PLANT PROTECTION SERVICES

PHYTOSANITARY CERTIFICATE

Number: ....

Plant Protection Organization of ....

To: Plant Protection Organization (s) of ....

I. DESCRIPTION OF CONSIGNMENT

Name and address of exporter: ....

Declared name and address of consignee: ....

Number and description of packages: ....

Distinguishing marks: ....

Place of origin: ....

Declared means of conveyance: ....

Declared point of entry: ....

Name of produce and quantity declared. ....

Botanical name of plants: ....

This is to certify that the plants, plant products or other regulated articles described herein have been inspected and/or tested according to appropriate official procedures and are considered to be free from quarantine pests specified by the importing contracting party and do conform with the current phytosanitary requirements of the importing contracting party, including those for regulated non-quarantine pests.

II. ADDITIONAL DECLARATION

....

....

....

....

....

....

III. DISINFESTATION AND/OR DISINFESTATION TREATMENT

Date .... Treatment .... Chemical (active ingredient) ....

Duration and temperature ....

Concentration ....

Additional information ....

....

....

....

Place of issue ....

(Stamp of Organization) Name of Authorized Officer M.D Tembo

Head of Plant Protection Services
Bvumbwe Agricultural Research Station
2008 -07- 01
P.O. Box 5748, Limbe, Malawi

Date: .... Signature: ....

C.R.S.

关于防止加拿大低致病性禽流感传入我国的公告

（2009年2月13日国家质检总局、农业部2009年第14号公告）

2009年1月24日，加拿大食品检验署向世界动物卫生组织紧急报告，不列颠哥伦比亚省（BritishColumbia）1家火鸡养殖场发生H5亚型低致病性禽流感，涉及的易感动物57 339只已全部销毁。为防止加拿大低致病性禽流感传入我国，保护我国畜牧业安全，根据《中华人民共和国进出境动植物检疫法》等有关法律法规规定，公告如下：

一、禁止直接或间接从加拿大不列颠哥伦比亚省输入禽类及其产品，停止签发从加拿大不列颠哥伦比亚省进口禽类及其产品的《进境动植物检疫许可证》，撤销已经签发的《进境动植物检疫许可证》。

二、对2009年1月24日及以后启运的来自加拿大不列颠哥伦比亚省的禽类及其产品，一律作退回或销毁处理；对1月24日前启运的来自加拿大不列颠哥伦比亚省的禽类及其产品经禽流感检测合格方可放行。

三、禁止邮寄或旅客携带来自加拿大的禽类及其产品进境，一经发现，一律作退回或销毁处理。

四、对途经我国或在我国停留的国际航行船舶、飞机和火车等运输工具，如发现有来自加拿大的禽类及其产品，一律作封存处理；其交通员工自养自用的禽类，必须装入完好的笼具中；其废弃物、泔水等，一律在出入境检验检疫机构的监督下作无害化处理，不得擅自抛弃。

五、对海关、边防等部门截获的来自加拿大的非法入境禽类及其产品，一律在出入境检验检疫机构监督下作销毁处理。

六、凡违反上述规定者，由出入境检验检疫机构依照《中华人民

共和国进出境动植物检疫法》有关规定处理。

七、各出入境检验检疫机构、各级动物防疫监督机构要分别依照《中华人民共和国进出境动植物检疫法》和《中华人民共和国动物防疫法》的有关规定，密切配合，做好检疫、防疫和监督工作。

本公告自发布之日起执行。

关于防止法国低致病性禽流感传入我国的公告

（2009 年 2 月 13 日国家质检总局、农业部 2009 年第 15 号公告）

2009 年 2 月 4 日，法国农渔部向世界动物卫生组织紧急报告，旺代省（Vendee）1 家养鸭场发生 H5N3 亚型低致病性禽流感，涉及的易感动物 5 022 只，已全部销毁。为防止法国低致病性禽流感传入我国，保护我国畜牧业安全，根据《中华人民共和国进出境动植物检疫法》等有关法律法规规定，公告如下：

一、禁止直接或间接从法国旺代省输入禽类及其产品，停止签发从法国旺代省进口禽类及其产品的《进境动植物检疫许可证》，撤销已经签发的《进境动植物检疫许可证》。

二、对 2009 年 2 月 4 日及以后启运的来自法国旺代省的禽类及其产品，一律作退回或销毁处理；对 2 月 4 日前启运的来自法国旺代省的禽类及其产品经禽流感检测合格方可放行。

三、禁止邮寄或旅客携带来自法国的禽类及其产品进境，一经发现，一律作退回或销毁处理。

四、对途经我国或在我国停留的国际航行船舶、飞机和火车等运输工具，如发现有来自法国的禽类及其产品，一律作封存处理；其交通员工自养自用的禽类，必须装入完好的笼具中；其废弃物、泔水等，一律在出入境检验检疫机构的监督下作无害化处理，不得擅自抛弃。

五、对海关、边防等部门截获的来自法国的非法入境禽类及其产品,一律在出入境检验检疫机构监督下作销毁处理。

六、凡违反上述规定者,由出入境检验检疫机构依照《中华人民共和国进出境动植物检疫法》有关规定处理。

七、各出入境检验检疫机构、各级动物防疫监督机构要分别依照《中华人民共和国进出境动植物检疫法》和《中华人民共和国动物防疫法》的有关规定,密切配合,做好检疫、防疫和监督工作。

本公告自发布之日起执行。

关于加强和规范凭祥口岸进境水果检验检疫工作的通知

(2009 年 3 月 18 日国家质检总局国质检动函[2009]113 号)

广西出入境检验检疫局:

近年来,每年有 30 多万吨、10 多种越南水果经广西凭祥浦寨边贸点进入我国并销往全国各地。越南植物疫情复杂,水果质量安全水平参差不齐。凭祥浦寨边贸点查验场地不足,设施条件简陋,与每天大量进口的水果数量种类极不适应,存在严重安全隐患。为防止检疫性有害生物和有毒有害物质传入,保护我国农林业生产安全和消费者身体健康,现就加强和规范凭祥边贸点进境水果检验检疫工作通知如下。

一、高度重视越南输华水果检验检疫工作。目前,凭祥浦寨边贸点已成为我国进境水果数量最大的口岸,进境后的水果销往全国各地,一旦出现疫情和质量安全问题,影响十分严重。因此,加强和规范浦寨边贸点进境水果检验检疫工作,对于确保全国进境水果质量安全具有十分重要的意义。国务院决定今年在全国开展“质量和安全年”活动,总局将进境水果质量安全作为专项整治重点内容之一。你局要高度重视进境水果质量安全工作,把加强和规范浦寨边贸点进境水果检验检疫工作列为你局今年的工作重点。

二、加强同地方政府沟通和协商,落实进境水果专用查验场地。

你局要及时向地方政府反映情况，定期向地方政府通报进境水果出现的检验检疫问题，加大沟通与协商力度，督促地方政府尽快在浦寨边贸点规划和建立进境水果查验场地、专用查货台和配套冷库。进境水果必须进入查验场地，经检验检疫合格后，方可进入交易场所进行销售。今后，总局将根据浦寨边贸点的查验场地和条件审批进口水果的数量。

三、加大对凭祥口岸检验检疫技术力量的投入，提高疫情和有毒有害物质检出率。加强凭祥局植物检验检疫实验室建设，配备进口水果检验检疫必须的仪器设备和实验室检测人员，加大水果检验检疫技术培训力度。要严格按照总局有关规定，结合实际情况，制定科学有效的检验检疫程序和有毒有害物质监测计划。提高进境水果疫情截获率，加大有毒有害物质抽查检测力度。截获检疫性有害生物或检出安全卫生项目不合格的水果，要按有关规定作除害处理、退运或销毁处理。重要情况要及时向总局报告。

四、加强水果进口企业的管理。加大宣传力度，使企业了解相关检验检疫政策法规，严格执行进境动植物检疫审批规定。进口企业要建立进货和销售台账。对现有申请办理检疫许可证的企业进行清理，不符合有关要求的，暂停或取消申请资格。要建立企业诚信档案，对于违规情况严重的进口企业和代理公司，要采取相应的处罚措施，甚至暂停其进口或代理报检资格。

五、密切与越方边境口岸检验检疫机构的沟通。定期向越方通报进境水果检验检疫情况和出现的问题，督促越方进一步加强输华水果果园、包装厂和出口企业的管理，提高输华水果质量安全水平。

六、加强督促检查，落实执法责任制和责任追究制。加强内部管理，提高依法行政水平，积极探索科学有效的管理方式，提高执法把关能力，落实总局各项进境水果检验检疫规定和要求，确保进境水果质量安全。

请你局尽快落实上述要求，并将有关情况及时向总局报告。

关于向韩国出口水生动物有关事项的通知

（2009 年 3 月 18 日国家质检总局质检办动函[2009]180 号）

各直属检验检疫局，中国检验检疫科学院：

韩国是我国水生动物出口的主要市场，出口量超过水生动物出口总量的三分之一。2008 年 12 月 22 日，韩国颁布实施了新的《水生动物疾病管理法》，对进口到韩国的水生动物提出了新的检疫要求。为了保证对韩水生动物贸易的平稳顺利开展，现就有关事项通知如下：

一、认真组织学习韩国新法规，落实检疫措施。各局对韩国实施的新法规要高度重视，要在总局已经组织的培训班基础上，及时把新法规及其检疫要求通知到各出口注册养殖企业，并认真研究韩国新的法规内容，结合当地情况，制定和落实监管措施，保证出口水生动物满足韩国检疫要求，保证贸易的平稳开展。

二、加强出口水生动物疫情监控和检疫。韩国规定实施检疫的水生动物疫病 25 种，经与韩国初步协商，目前对中国免除执行石鲷虹彩病毒、真鲷虹彩病毒、传染性胰脏坏死病、病毒性神经坏死病、传染性皮下造血器官坏死病等 5 种疫病的检疫。对韩国所列的其他20 种检疫项目，各局要根据本地出口水生动物品种和疫情现状、病原特点等，相应开展疫病监测和出口检疫，根据监测结果有针对性地开展检疫工作。监测结果要定期报送总局动植物检疫监管司。

三、统一规范动物卫生证书格式和评语。经与韩国协商同意，对韩国出口水生动物按照本通知所附的格式和评语出具《动物卫生证书》，并从 2009 年 5 月 1 日起全面使用新的证书，总局 2005 年《关于印发对韩出口水生动物证书样本的通知》（国质检动函[2005]796 号）同时废止。2009 年 5 月 1 日之前，按照总局动植司下发的

《关于向韩国出口水生动物临时性措施的通知》(质检动函[2009]38号)要求出证。在出具动物卫生证书时,需要注明出口水生动物的用途、学名、野生或者养殖等内容,并且根据动物来源和用途,相应选择证书评语。

四、加强检疫方法和标准的研究和制修订工作。检科院和深圳检验检疫局等水生动物检疫协作组单位要进一步加强对韩国法规和检疫项目的研究,按照检疫项目、检疫方法、检疫标准三明确的要求,建立和完善相关检疫方法及其标准,为落实相关措施提供技术保障。

五、各单位要针对韩国实施的新法规和新要求,加强对实施过程中相关问题及信息的收集和上报工作,以便总局准确研判。

其他事宜,仍按照现有规定执行。

关于印发加拿大对华出口食用活水生动物卫生证书样本的通知

(2009年3月24日国家质检总局国质检动函[2009]130号)

各直属检验检疫局:

根据进口食用活水生动物检验检疫卫生要求,总局确认了加拿大向中国出口食用活水生动物的卫生证书。现将该证书样本印发你们,请按照证书样本开展加拿大对华出口食用水生动物的口岸验证工作。

另,证书样本可在总局动植司子网和“国外官方检疫证书分析及验证识别管理系统”中查询。

附件:加拿大对华出口食用活水生动物卫生证书样本

附件

Canadian Food Inspection Agency　　Agence canadienne d'inspection des aliments　　Num. Ref:

产品来源和卫生检验证书 ORIGIN AND HYGIENE CERTIFICATE / CERTIFICAT D'ORIGINE ET D'HYGIÈNE

用于加拿大向中华人民共和国出口的供人食用的鲜活水产品

For live fish intended for export for human consumption from Canada to the People's Republic of China

Relatif aux poissons vivants provenant du Canada et destinés à être exportés vers la République populaire de Chine aux fins de consommation humaine

输出国： Country of export: Pays d'exportation:	加拿大 Canada Canada	生产国： Country of production: Pays de la transformation:	加拿大 Canada Canada	主管当局： Competent authority: Autorité compétente:	加拿大食品检验署 Canadian Food Inspection Agency (CFIA) Agence canadienne d'inspection des aliments (ACIA)

I. 水产品识别细节 / Details identifying the fishery products / Identification des produits de la pêche :

品名 Commodity Name Nom de la marchandise	物种（学名） Species (scientific name) Espèce (nom scientifique)	包装箱数 Number of Packages Nombre d'unités d'emballage	净重 Net weight Poids nets

储藏和运输的温度要求：
Requisite storage and transport temperature:
Température d'entreposage et de transport requise: ____________

编号 / 生产日期：
Code number/Production date:
No. de code/ Date de production ____________

II. 水产品来源 / Origin of the fishery products / Origine des produits de la pêche :

捕捞区域 / Fishing Region/ Région de la pêche: (Please check one of the 4 choices below / Veuillez choisir l'un des quatre choix ci-dessous)

淡水养殖 / freshwater aquaculture d'eau douce ☐　　海水养殖 / ocean aquaculture de mer ☐

淡水野生（捕捞）/ freshwater wild (caught) / sauvage capturé en eau douce ☐　　海水野生（捕捞）/ ocean wild (caught) / sauvage capturé en mer

加拿大食品检验署注册的向中国出口产品的企业、工厂船只、冷藏或冷冻船只的名称及注册号：/
Name(s) and registration number(s) of establishment(s), factory vessel(s), or cold store(s) or freezer vessel(s) registered by the CFIA for export to the People's Republic of China / Nom(s) et numéro d'agrément de l'établissement, navires-usines, entrepôts frigorifiques ou bateaux congélateurs agréés par l'ACIA pour l'exportation vers la République populaire de Chine

____

____

III. 水产品出口目的地 / Destination of the fishery products / Destination des produits de la pêche :

产品发运 / The products are dispatched / Les produits de la pêche sont expédiés:

从 / from/de : ____________　　封印号 / container seal no./ no. vignette de sécurité: ____________

(发货地 / Place of dispatch/Lieu d'expédition)

____

(发货人名称和地址 / Name and address of consignor / Nom et adresse de l'expéditeur)

至 / to/à

(目的地国家和地点 / Country and place of destination / Pays et lieu de destination)

(目的地收货人名称和地址 / Name of consignee and address at place of destination / Nom du destinataire et adresse du lieu de destination)

运输方式如下：
by the following means of transport:
par le moyen de transport suivant :

(船只名称，集装箱号，航班号，卡车、火车车皮号) name of vessel, container no., flight no., truck, railway car no. / nom du navire, no. de conteneur, no. vol, no. wagon)

IV. 检验检疫证明 / Health attestation/Attestation sanitaire

官方检验人员兹证明：
The official inspector hereby certifies that the fishery products specified above/ l'inspecteur officiel certifie que les produits de la pêche désignés dessus:

(1). 上述水产品在生产过程中没有使用结晶紫、孔雀石绿、噁喹酸和氯霉素。/Crystal violet, malachite green, oxolinic acid, and chloramphenicol were not used during the production of the fish. /Le violet cristal, le vert malachite, l'acide oxolinique et le chloramphénicol n'ont pas été utilisés pendant la production des poissons.
(2). 上述水产品中的药物残余量未超过中国的限定标准。/ The fish does not exceed Chinese standards for residues of drugs. / Les poissons ne contiennent pas de résidus de médicaments en quantité supérieure aux limites imposées par les exigences de la Chine.
(3). 按照国际标准，这些产品中不含达到有害程度的重金属。/ The products do not contain harmful levels of heavy metals in accordance with international standards./ Les produits ne contiennent pas de métaux lourds en quantité pouvant être nuisible, conformément aux normes internationales.
(4). 按照国际标准，鲜活双壳软体贝类不含达到有害程度的海洋生物毒素。/ Live bivalve molluscan shellfish do not contain harmful levels of marine biotoxins in accordance with international standards./ Les mollusques bivalves vivants ne contiennent pas de biotoxines marines en quantité pouvant être nuisible, conformément aux normes internationales.
(5). 按照国际标准，这些产品中不含达到有害程度的细菌。/ The products do not contain harmful levels of bacteria in accordance with international standards./ Les produits ne contiennent pas de bactéries en quantité pouvant être nuisible, conformément aux normes internationales.
(6). 出口之前未发现传染性动物疾病或寄生虫病的临床症状。/ No clinical symptoms of contagious animal disease or parasitic disease have been observed before export. / Aucun symptôme de maladie animale contagieuse ou de maladie parasitaire n'a été observé avant l'exportation.
(7). 上述水产品可供人食用。/ The fish are acceptable for human consumption./ Les poissons sont propres à la consommation humaine.

签发于/ Done at/ Fait à

(地点/Place/Lieu)

(日期/Date)

官方检验人员签名 / Signature of official inspector/Signature de l'inspecteur officiel

官方印章/ Official stamp/Sceau officiel

(签字人大写姓名、职务和资格 / Name in capitals, capacity and qualifications of person signing / Nom en majuscules, titre et qualifications du signataire)

CFIA/ACIA 5584 (2009/03)

Canadä

关于泰国启用新版植物检疫证书的通知

（2009年3月24日国家质检总局国质检动函[2009]131号）

各直属检验检疫局：

近日，泰国农业合作部致函总局，泰方已于2009年2月24日起启用新版植物检疫证书（附件1）和转口植物检疫证书（附件2）。新版证书第16项“Stamp of organization”机构印章采用印刷形式，不再是人工加盖。其他内容与旧版证书相同。2009年6月30日之前，旧版植物检疫证书仍然有效。新版植物检疫证书可在“国外官方检疫证书分析及验证识别管理系统”查询。请各局做好进口泰国植物及其产品检疫证书核查工作。

附件：1. 泰国新版植物检疫证书样本

2. 泰国新版转口植物检疫证书样本(抄送单位无附件)

附件 1

ORIGINAL

Sample

แบบ พ.ก. ๗-๑
Form P.Q. 7-1

Department of Agriculture
Ministry of Agriculture and Cooperatives, Bangkok, Thailand
Phytosanitary Certificate

Plant Protection Organization of Thailand

No. ....

TO : Plant Protection Organization (s) of ....

1. Name and address of exporter :	2. Declared name and address of consignee :	
3. Number and description of packages :	4. Distinguishing marks :	
5. Place of origin :	6. Declared means of conveyance :	7. Declared point of entry :
8. Name of produce and quality declared :	9. Botanical name of plants :	

This is to certify that the plants , plant products or other regulated articles described herein have been inspected and/or tested according to appropriate official procedures and are considered to be free from the quarantine pests specified by the importing contracting party and to conform with the current phytosanitary requirements of the importing contracting party , including those for regulated non - quarantine pests.

Additional Declaration

Disinfestation and/or Disinfection Treatment

10. Date :	11. Treatment :	12. Chemical (active ingredient) :
13. Duration and temperature :	14. Concentration :	15. Additional information :
16. Stamp of organization : DEPARTMENT OF AGRICULTURE	17. Place of issue : 18. Date :	19. Name and signature of authorized officer :

NOTE : No financial liability with respect to this certificate shall attach to the Ministry of Agriculture and Cooperatives, Thailand or to any of its officers or representatives of that Ministry.

แบบ พ.ก. ๗-๒
Form P.Q. 7-2

Department of Agriculture
Ministry of Agriculture and Cooperatives, Bangkok, Thailand

Attachment Sheet for Phytosanitary Certificate

This is the attachment sheet for Phytosanitary Certificate No. .... Date...

For official use only

Signature of authorized officer

(　　　　　　　　　　　　　　　　)

附件 2

ORIGINAL

Sample

แบบ พ.ก. ๘-๑
Form P.Q. 8-1

Department of Agriculture
Ministry of Agriculture and Cooperatives, Bangkok, Thailand
Phytosanitary Certificate for Re-Export

Plant Protection Organization of Thailand

TO : Plant Protection Organization (s) of ....

No. ....

1. Name and address of exporter :	2. Declared name and address of consignee :	
3. Number and description of packages :	4. Distinguishing marks :	
5. Place of origin :	6. Declared means of conveyance :	7. Declared point of entry :
8. Name of produce and quality declared :	9. Botanical name of plants :	

This is to certify that the plants or plant products described above were imported into Thailand from ....
covered by Phytosanitary Certificate No. .... original ☐ certified true copy ☐ of which is attached to this certificate; That they are packed ☐ repacked ☐ in original ☐ new ☐ containers, that based on the original phytosanitary certificate ☐ and additional inspection ☐ they are considered to conform with the current phytosanitary regulations of the importing country, and that during storage in Thailand the consignment has not been subjected to the risk of infestation or infection.

Additional Declaration

Disinfestation and/or Disinfection Treatment

10. Date :	11. Treatment :	12. Chemical (active ingredient) :
13. Duration and temperature :	14. Concentration :	15. Additional information :
16. Stamp of organization : DEPARTMENT OF AGRICULTURE	17. Place of issue : 18. Date :	19. Name and signature of authorized officer :

NOTE : No financial liability with respect to this certificate shall attach to the Ministry of Agriculture and Cooperatives, Thailand or to any of its officers or representatives of that Ministry.

แบบ พ.ก. ๘-๒
Form P.Q. 8-2

Department of Agriculture
Ministry of Agriculture and Cooperatives, Bangkok, Thailand

Attachment Sheet for Phytosanitary Certificate for Re-Export

This is the attachment sheet for Phytosanitary Certificate for Re-Export No. .... Date..............................

For official use only

Signature of authorized officer

( )

关于防止美国肯塔基州低致病性禽流感传入我国的公告

(2009年4月17日国家质检总局、农业部2009年第28号公告)

2009年3月31日,美国农业部向世界动物卫生组织紧急报告,肯塔基州的1家商业养鸡场发生H7N9亚型低致病性禽流感。涉及的易感动物20 000只已全部销毁。为防止美国低致病性禽流感传入我国,保护我国畜牧业安全,根据《中华人民共和国进出境动植物检疫法》等有关法律法规的规定,公告如下:

一、禁止直接或间接从美国肯塔基州输入禽类及其产品,停止签发从美国肯塔基州进口禽类及其产品的《进境动植物检疫许可证》,撤销已经签发的《进境动植物检疫许可证》。

二、对2009年3月31日及以后启运的来自美国肯塔基州的禽类及其产品,一律作退回或销毁处理。对3月31日前启运的来自美国肯塔基州的禽类及其产品,经禽流感检测合格后方可放行。

三、禁止邮寄或旅客携带来自美国的禽类及其产品进境,一经发现,一律作退回或销毁处理。

四、在途经我国或在我国停留的国际航行船舶、飞机和火车等运输工具,如发现有来自美国的禽类及其产品,一律作封存处理;其交通员工自养自用的禽类,必须装入完好的笼具中,其废弃物、泔水等,一律在出入境检验检疫机构的监督下作无害化处理,不得擅自抛弃。

五、对海关、边防等部门截获的非法入境的来自美国的非法入境的禽类及其产品,一律在出入境检验检疫机构监督下作销毁处理。

六、凡违反上述规定者,由出入境检验检疫机构依照《中华人民共和国进出境动植物检疫法》有关规定处理。

七、各出入境检验检疫机构、各级动物疫病预防控制机构、动物卫生监督机构要分别依照《中华人民共和国进出境动植物检疫法》和

《中华人民共和国动物防疫法》的有关规定，密切配合，做好检疫、防疫和监督工作。

本公告自发布之日起执行。

关于下发意大利输华牛皮和绵羊、山羊生皮兽医卫生证书样本的通知

（2009年4月24日国家质检总局国质检动函[2009]193号）

各直属检验检疫局：

经与意大利卫生部协商，总局分别下发了意大利输华牛皮和绵羊、山羊生皮的兽医卫生证书样本，但由于意方按大区提供不同的证书样本，给贸易和进境检疫带来诸多不便。为此，经与意卫生部协商，意方将统一意大利输华牛皮和绵羊.山羊生皮的兽医卫生证书样本（见附件）。

意大利主管机构将自2009年5月1日起签发新的卫生证书，同时停止使用以往使用的所有旧版牛皮和绵羊、山羊生皮的兽医卫生证书。请各地检验检疫机构认真做好进境货物卫生证书的查验工作，不再受理2009年5月1日后签发的旧版意大利牛皮和绵羊、山羊生皮兽医卫生证书。

另，证书样本可在总局内网（http://10.37.0.1）“国外官方检疫证书分析及验证识别管理系统”中查询。

附件

Ambasciata d'Italia
Pechino

NOTA VERBALE

L'Ambasciata d'Italia in Pechino presenta i suoi complimenti al Dipartimento per la Supervisione della Quarantena degli Animali e delle Piante, Amministrazione Generale per la Supervisione della Qualita', l'Ispezione e la Quarantena della Repubblica Popolare Cinese (AQSIQ) e, con riferimento a quanto concordato nel corso dell'incontro avvenuto a Roma il 12 gennaio u.s. tra il Ministero del Lavoro, della Salute e delle Politiche Sociali (Dipartimento per la Sanita' Pubblica Veterinaria, la Nutrizione e la Sicurezza degli alimenti – Uff. III) e la Delegazione di AQSIQ (composta dal Dr. Dou Shlong, Program Officer Animal Quarantine Division, ed il Dr. Wang Ning dell'Import ed Export Food Safety Bureau) in merito al rilascio del certificato sanitario, da parte dei Servizi veterinari italiani, per le esportazioni in Cina di pelli di origine italiana, ha l'onore di inoltrare, in originale ed in allegato n. 50 modelli del pertinente certificato medesimo stampato su carta filigranata, qui pervenuti tramite le predette competenti Autorita' italiane unitamente alla comunicazione n. 0001314-P-12/03/2009.

Con la suddetta procedura, avverte l'Amministrazione sanitaria italiana, che entrera' in vigore a partire dal 1 aprile 2009 (partite viaggianti escluse), non e' piu' richiesto l'invio, da parte dei Servizi Veterinari territoriali interessati alle esportazioni in oggetto, ne' delle 50 copie del modello di certificato sanitario in questione, ne' dell'elenco e firme dei Veterinari Ufficiali abilitati al rilascio di tale certificato.

Si sarà grati se codesta Amministrazione vorrà cortesemente distribuire il modello di certificato in questione presso le competenti Autorita' di confine cinesi e di dare cortese conferma alla scrivente Ambasciata.

L'Ambasciata d'Italia a Pechino, nel ringraziare per la cortese attenzione al riguardo, si avvale di questa occasione per rinnovare al Dipartimento per la Supervisione della Quarantena degli Animali e delle Piante, Amministrazione Generale per la Supervisione della Qualita', l'Ispezione e la Quarantena della Repubblica Popolare Cinese (AQSIQ) i sensi della sua più alta considerazione.

Pechino, 25 marzo 2009

Amministrazione Generale per la Supervisione della Qualità, l'Ispezione e la Quarantena della R.P.C. (AQSIQ)

- Dipartimento della Cooperazione Internazionale
  Fax: 82260220

e, p.c.:
Ministero degli Affari Esteri della Repubblica Popolare Cinese
Dipartimento Europa
Ufficio V
MOFCOM
Dipartimento per gli Affari Europei-Fax 65198902
PECHINO

关于印发澳大利亚输华食用水生动物卫生证书样本的通知

（2009年4月29日国家质检总局国质检动函[2009]198号）

各直属检验检疫局：

根据进口食用水生动物检验检疫卫生要求，总局确认了澳大利亚向中国出口食用活水生动物的卫生证书。现将该证书样本下发给你们，请按照证书样本开展澳大利亚对华出口食用水生动物的口岸验证工作。

澳大利亚农渔林业部签发该证书时，将由澳大利亚检疫检验局的官员签字并加盖官方印章；同时在证书背面的“野生捕捞/水产养殖”上手工勾划出食用水生动物的来源，签证官员并在手工勾划旁边签字、加盖公章，以示证明。

此证书样本可在总局动植司子网和“国外官方检疫证书分析及验证识别管理系统”中查询。

附件：澳大利亚对华出口食用活水生动物卫生证书样本（抄送单位无附件）

Consigner (Exporter) / 发货人（出口商）		No. 号码
Consignee / 收货人		Australian Government Department of Agriculture, Fisheries and Forestry 澳大利亚农渔林业部 **CERTIFICATE AS TO CONDITION** **卫生状况证书** Certification (competent) authority / 出证主管部门 AUSTRALIAN QUARANTINE AND INSPECTION SERVICE 澳大利亚检验检疫局
Origin/catching zone / 原产地/捕捞区域		
Port of loading / 装货港	Date of departure / 发货日期	Vessel/Aircraft etc. (vessel name, flight number, etc) / 船舶/飞机等（船名、航班号等）
Port of discharge / 卸货港	Final destination / 最终目的地	Country of final destination / 最终目的地国 PEOPLE'S REPUBLIC OF CHINA / 中华人民共和国
Container No./Seal No. / 集装箱号/封识号		

Shipping marks, & numbers 货运标志和号码	No and kind of packages (include declared net weight or count) 包装号码和种类（包括申报的净重或数量）	Description of goods (include processing method, plus common and scientific names of species) Processing establishment /Registration number of processing establishment / Production date 商品规格（包括加工方式，包括商品的品名和学名） 加工企业 / 加工企业注册号 / 生产日期	Total net contents (state unit) 总重量（注明单位）

SAMPLE ONLY

FX46CA - 04/09

Wildcaught/Aquaculture
野生捕捞/水产养殖

This is to certify that:
兹证明：

1. The above fishery products come from an establishment approved by the competent authority.
上述产品来自主管当局注册的企业
2. The products were produced, packed, stored and transported under sanitary conditions, under the supervision of the competent authority.
该产品是在卫生条件下生产、包装、储藏和运输，并置于主管当局监督之下。
3. In accordance with the inspection system regulated by the competent authority, the products were not found to contain pathogenic bacteria, harmful or foreign substances or chemicals.
该产品经主管当局检验检疫，未发现含有害病菌、有毒有害物质和异物以及化学品。
4. Australia maintains a system that meets OIE requirements for the notification of diseases and epidemiological information in aquatic animals. In respect of farmed aquatic animals, these were examined prior to harvesting for processing or transport and found to be healthy.
澳大利亚拥有符合世界动物卫生组织关于水生动物疫病通报要求的体系。养殖水产品在捕捞加工或运输前已接受检验，经检验发现其为卫生健康的。
5. To the best of my knowledge, the products meet veterinary sanitary requirements and are fit for human consumption.
该产品符合兽医卫生要求，适合人类食用。

Stamp / 盖章

SAMPLE ONLY

AQIS Officer / 官方兽医签字

Date of Issue / 签发日期

E 77784

Consigner (Exporter) / 发货人（出口商）

No. 号码

Australian Government
Department of Agriculture, Fisheries and Forestry
澳大利亚农渔林业部

CERTIFICATE AS TO CONDITION
卫生状况证书

Consignee / 收货人

Origin/catching zone / 原产地/捕捞区域

Certification (competent) authority / 出证主管部门
AUSTRALIAN QUARANTINE AND INSPECTION SERVICE
澳大利亚检验检疫局

Port of loading / 装货港

Date of departure / 发货日期

Vessel/Aircraft etc. (vessel name, flight number, etc) / 船舶/飞机等（船名、航班号等）

Port of discharge / 卸货港

Final destination / 最终目的地

Country of final destination / 最终目的地国
PEOPLE'S REPUBLIC OF CHINA / 中华人民共和国

Container No./Seal No. / 集装箱号/封识号

Shipping marks, & numbers 货运标志和号码	No and kind of packages (include declared net weight or count) 包装号码和种类（包括申报的净重或数量）	Description of goods (include processing method, plus common and scientific names of species) Processing establishment /Registration number of processing establishment / Production date 商品规格（包括加工方式，包括商品的品名和学名） 加工企业 / 加工企业注册号 / 生产日期	Total net contents (state unit) 总重量（注明单位）

SAMPLE ONLY

FX46C1 . 04/09

Wildcaught/Aquaculture
野生捕捞/水产养殖

This is to certify that:
兹证明：

1. The above fishery products come from an establishment approved by the competent authority.
   上述产品来自主管当局注册的企业
2. The products were produced, packed, stored and transported under sanitary conditions, under the supervision of the competent authority.
   该产品是在卫生条件下生产、包装、储藏和运输，并置于主管当局监督之下。
3. In accordance with the inspection system regulated by the competent authority, the products were not found to contain pathogenic bacteria, harmful or foreign substances or chemicals.
   该产品经主管当局检验检疫，未发现含有害病菌、有毒有害物质和异物以及化学品。
4. Australia maintains a system that meets OIE requirements for the notification of diseases and epidemiological information in aquatic animals. In respect of farmed aquatic animals, these were examined prior to harvesting for processing or transport and found to be healthy.
   澳大利亚拥有符合世界动物卫生组织关于水生动物疫病通报要求的体系。养殖水产品在捕捞加工或运输前已接受检验，经检验发现其为卫生健康的。
5. To the best of my knowledge, the products meet veterinary sanitary requirements and are fit for human consumption.
   该产品符合兽医卫生要求，适合人类食用。

AQIS Officer / 官方兽医签字

Date of Issue / 签发日期

Stamp / 盖章

SAMPLE ONLY

E 77737

关于进一步加强进出境猪甲型H1N1流感检验检疫工作的通知

（2009年5月4日国家质检总局国质检动[2009]178号）

各直属检验检疫局：

5月2日，加拿大首次在猪身上发现甲型H1N1流感病毒，使国际防控猪甲型H1N1流感形势更为严峻。为进一步做好进出境活猪及非食用猪产品甲型H1N1流感检疫工作，现提出如下要求，请严格执行：

一、要高度重视猪甲型H1N1流感的防控工作，清醒认识疫情出现的新变化，保持高度警惕。我国存在猪甲型H1N1流感传入甚至进一步暴发的可能。各局要充分认识当前猪甲型H1N1流感疫情的复杂性、防控工作的艰巨性，未雨绸缪，充分准备，在做好防止疫情通过人传入的同时，加大工作力度，做好进出境猪甲型H1N1流感检疫工作。

二、要加强组织领导，统一部署，认真落实。在继续认真执行总局近期有关文件要求基础上，针对性地加强进出境猪甲型H1N1流感检疫工作。总局已组建应对猪甲型H1N1流感动物检疫专家组（专家组名单见附件1），为总局科学决策提供技术支撑，请各局为相关专家提供必要的工作保障。总局已研究制定了进出境猪甲型H1N1流感监测检测方案（见附件2），请各局认真组织落实。近期对进口种猪要逐头进行猪甲型H1N1流感检测；出口及供港澳活猪在离境前7天内实施猪甲型H1N1流感的批批检疫。发现疑似阳性结果，按有关规定处理。

三、要切实加强实验室生物安全管理，做好检疫工作中的人员防护。要严格按照《病原微生物实验室安全管理条例》、《农业部办公厅加强“猪流感”A/H1N1病毒实验室活动监管工作的通知》及总局的有关要求，切实加强实验室生物安全管理工作，做好检疫工作人员采样、监测等工作中的人身安全防护工作，防止人感染猪甲型 H1N1 流感。

四、要保持信息畅通，严格信息报送制度。总局将根据工作进展及时维护总局网站"防控甲型 H1N1 流感"专栏及动植司网页，请各局指派专人密切跟踪网页的更新情况，及时落实各项要求。请各局务必保持信息畅通。对监测及检测过程中发现的问题应按有关规定及时报送，未经总局同意任何单位、个人不得擅自发布相关信息。

附件：1. 质检总局应对猪甲型 H1N1 流感动物检疫专家组名单
　　　2. 进出境猪甲型 H1N1 流感监测检测方案（试行）

附件 1

质检总局应对猪甲型 H1N1 流感动物检疫专家组名单

组长：张鹤晓　北京出入境检验检疫局
成员：林祥梅　中国检验检疫科学研究院
　　　韩雪清　中国检验检疫科学研究院
　　　梁成珠　山东出入境检验检疫局
　　　李　健　上海出入境检验检疫局
　　　林志雄　广东出入境检验检疫局
　　　秦智锋　深圳出入境检验检疫局
　　　杨　素　珠海出入境检验检疫局
　　　朱忠武　湖南出入境检验检疫局

附件 2

进出境猪甲型 H1N1 流感监测检测方案（试行）

1　适用范围

本方案适用于进境猪和供港澳活猪注册养殖场甲型 H1N1（A/H1N1）流感病毒的检测和监测。

2 抽样频率

2.1 供港澳猪监测：每个供港澳活猪注册养殖场每季度抽样监测一次，特殊情况可适当增加抽样频率。

2.2 供港澳猪检测：供港澳猪群离境 7 天前抽样一次。

2.3 进口猪检测：于进境后 7 天内逐头对进口活猪采集样品。

3 采样

3.1 样品：猪鼻腔或/和猪血清。

3.2 采样量

3.2.1 供港澳猪监测：每个供港澳活猪注册养殖场对供港澳活猪随机采集 30 头猪的鼻腔拭子，每三个拭子混合为一个样品，即每场 10 个样品。

3.2.2 供港澳猪检测：每个供港澳猪群在离境前 7 天随机采集30 头猪的鼻腔拭子，每三个拭子混合为一个样品，即每群 10 个样品。

3.2.3 进口猪检测：进口猪逐头采集鼻腔拭子，每个拭子为 1 个检测样品。

3.3 采样方法

3.3.1 鼻腔拭子：将灭菌的棉拭子插入猪鼻腔，轻轻擦拭 3～5 次并慢慢旋转，然后将拭子拔出并放入盛有灭菌的 1 mL 0.01mol/L pH7.2 PBS（内含青霉素 10 000 IU/mL，链霉素 10 000 IU/mL）管内。

3.3.2 血清采集：用灭菌采血管采集 5mL，待血液凝固后分离血清。

3.4 样品采集后，在冷藏条件下，于当天送至实验室。

4 检测方法

检测方法包括初筛方法，复核方法和确诊方法。有关方法见附件。

4.1 初筛

初筛方法分为甲（A）型流感病毒通用荧光 RT-PCR 检测方法、RT-PCR 方法、基因芯片检测方法和血清学 HI 检测方法，可根据实际情况选用。

4.1.1 采用甲型流感病毒通用荧光 RT-PCR 或 RT-PCR 或基因芯片诊断试剂盒。

4.1.2 或对猪群采用 HI 进行 H1 亚型抗体监测。每场采样 30 份血清，相隔 14 日后第二次采血，第二次血清抗体滴度高于第一次样品 2 个滴度，可判为可疑猪流感感染猪场（群）。需采鼻腔拭子进行复核。

4.2 复核

对初筛阳性的样品使用“猪流感病毒 H1N1 亚型 RT-PCR 检测方法”或焦磷酸测序技术进行分型检测或总局认可的其它标准方法进行检测。

4.3 确诊

复核阳性样品的确诊采用原复核阳性的样品加阳性猪场（群）重采样品同时送国家指定实验室进行确诊。

5 信息上报

5.1 供港澳动物活猪季度监测完成后，各直属局将供港澳活猪注册饲养场监测结果报总局动植物监管司。监测或检测复核样品出现阳性时，应按规定的形式将检测情况于 48 小时内上报总局动植司。

5.2 进口猪复核样品出现阳性时，应按规定的形式于 2 小时内上报总局动植物监管司。

6 处置

供港澳活猪注册饲养场阳性场和进境猪阳性猪只的处理按照质检总局的要求进行。

监测检测方案附件 1：（初筛方法之一）

A 型流感多重 RT-PCR 检测方法

1 范围

本方法用于 H1、H3、H5、N1 亚型；H5、H7、H9 亚型和 H1、N1 亚型流感病毒核酸检测。

本方法适用于检测动物组织、分泌物和培养物中的 H1、H3、H5、N1 亚型；H5、H7、H9 亚型和 H1、N1 亚型流感病毒核酸。

2 实验室条件

2.1 仪器：台式冷冻高速离心机（＞13 000 r/min）、PCR 仪、涡旋混匀器、电泳仪和水平电泳槽、凝胶成像系统、冰箱、微量可调移液器和相应配套的吸头等。

2.2 样品处理、RNA 提取和 RT-PCR 加模板等操作应该符合相关生物安全操作管理规定的要求，同时注意自身防护。

2.3 从事 RT-PCR 工作的实验室尽可能划分出 RNA 提取区、基因扩增区、电泳区。模板 RNA 提取、PCR 反应液配制和结果观察等应分区或分室进行，实验室运作应从洁净区到污染区单方向进行。

3 试剂

3.1 试剂及试剂盒

3.1.1 Trizol 试剂。

3.1.2 TaKaRa One Step RNA PCR Kit(AMV)。

3.1.3 氯仿、异丙醇。

3.1.4 2%琼脂糖凝胶，见附录 A.1。

3.1.5 50×TAE 电泳缓冲液，见附录 A.2。

3.1.6 SYBR Green Ⅰ 核酸荧光染料。

3.1.7 焦碳酸二乙酯(DEPC)处理的灭菌双蒸水，见附录 A.3。

3.1.8 DNA 分子量标准(DL2000 DNA Marker)。

3.2 引物，见附录 B。

4 操作程序

4.1 样品的采集及处理

4.1.1 样品的采集　病死动物，取肺脏或气管分泌物；待检活猪，用棉拭子采集鼻腔深部分泌物。

4.1.2 样品的保存　样品应放在含有抗生素的磷酸盐缓冲液(pH 7.0～7.4，0.05 mol/L)或 25%～50%的甘油生理盐水内，青霉素(2 000 IU/mL)、链霉素(2 mg/mL)和制霉菌素(1 000 IU/mL)，样品经尽快处理，或置−80 ℃保存。

4.1.3 样品处理

4.1.3.1 棉拭子处理方法

样品在混合器上充分混合后，用高压灭菌镊子将拭子中的液体挤出，室温放置 30 min，取上清液转入无菌的 1.5 mL Eppendorf 管中，编号备用。

4.1.3.2 肌肉或组织脏器处理方法

取待检样品 2.0 g，加入等量灭菌石英砂，于洁净、灭菌并烘干的研钵中充分研磨，加入 10 mL PBS 混匀，4 ℃，3 000 r/min 离心 15 min，取上清液转入无菌的 1.5 mL Eppendorf 管中，编号备用。

4.2 RNA 的提取

4.2.1 设立流感病毒核酸阴、阳性对照。

4.2.2 RNA 提取步骤

(1) 取上清液 200 μL，分别加入 1.5 mL Eppendorf 管内，各加入溶液 A 1.0 mL，反复混匀，冰上放置 5 min。

(2) 加入 200 μL 溶液 B，小心盖上帽盖，用力摇动 Eppendorf 管 15 s，室温放置 5 min。

(3) 12 000 r/min，4 ℃，离心 15 min，可见分为三层，上层水相含 RNA。

(4) 转移水相至一新 Eppendorf 管内，加入等量溶液 C，混匀，室温放置 15 min。

(5) 12 000 r/min，4 ℃，离心 10 min，离心后在 Eppendorf 管边和底部可见有胶样 RNA 沉淀(对于细胞毒而言，可能看不到沉淀)。

(6) 小心吸弃上清，加入 500 μL 溶液 D，小心颠倒以漂洗沉淀及管壁，12 000 r/min，4 ℃，离心 5 min。

(7) 小心吸弃上清，室温干燥 RNA 沉淀 5～10 min。然后加入 10 μL 灭菌的 DEPC 水溶解沉淀，－20 ℃保存备用。

4.3 一步法 RT-PCR 扩增

4.3.1 多重 RT-PCR 检测体系

(1) H1、H3、H5、N1 体系

在 0.2 mL 反应管中依次加入 10 μL onestep RT-PCR buffer (5×)，10 mM dNTP 2.0 μL，Enzyme mix 2.0 μL，RNase inhibitor 0.5 μL，H1、H3、H5、N1 亚型上、下游引物各 0.5 μL(10 μmol/L)，RNA 模板 5 μL，补 RNas-free water 至 50 μL。采用 PCR 仪立即进行 RT-PCR 扩增。

(2) H5、H7、H9、N2 体系

在 0.2 mL 反应管中依次加入 10 μL onestep RT-PCR buffer

(5×),10 mM dNTP 2.0 μL,Enzyme mix 2.0 μL,RNase inhibitor 0.5 μL,H5、H7、H9、N2 亚型上、下游引物各 0.5 μL(10 μmol/L),RNA 模板 5 μL,补 RNas-free water 至 50 μL。采用 PCR 仪立即进行 RT-PCR 扩增。

(3) H1、N1 体系

在 0.2 mL 反应管中依次加入 10 μL onestep RT-PCR buffer (5×),10 mM dNTP 2.0 μL,Enzyme mix 2.0 μL,RNase inhibitor 0.5 μL,H1、N1 亚型上、下游引物各 0.5 μL(10 μmol/L),RNA 模板 5 μL,补 RNas-free water 至 50 μL。采用 PCR 仪立即进行 RT-PCR 扩增。

4.3.2 多重RT-PCR 反应条件

反应条件为:50 ℃ 30 min;95 ℃ 15 min;然后 94 ℃ 30 s,52 ℃ 40 s,72 ℃ 1 min,共 40 个循环;最后 72 ℃延伸 10 min。扩增反应结束后,取出放置于 4 ℃。

4.4 电泳

4.4.1 制备 2%琼脂糖凝胶板,见附录 A.1。

4.4.2 在电泳槽中加入 1×TAE 电泳缓冲液,使液面刚刚没过凝胶。取 5 μL~10 μL 扩增产物分别和适量加样缓冲液混合后,加到凝胶孔。恒压下电泳 30~35 min,将电泳好的凝胶放到凝胶成像系统上观察结果,进行判定并做好试验记录。

5 结果判定

5.1 试验结果成立条件

阳性对照的扩增产物经电泳后,H1、H3、H5、N1 多重 RT-PCR 体系在 602 bp、668 bp、380 bp、328 bp 位置同时出现特异性条带;H5、H7、H9、N2 多重 RT-PCR 体系在 380 bp、641 bp、493 bp、299 bp位置同时出现特异性条带;H1、N1 多重 RT-PCR 体系在 602 bp、328 bp 位置同时出现特异性条带。阴性对照 PCR 产物电泳后没有任何条带,则试验结果成立,否则不成立。

5.2 结果判断

5.2.1 阳性判定

如果样品按照 H1、H3、H5、N1 多重 RT-PCR 体系扩增后的产物在602 bp、668 bp、380 bp、328 bp位置出现特异性条带，判定为相应亚型阳性。如果样品按照H5、H7、H9、N2多重RT-PCR体系扩增后的产物在380 bp、641 bp、493 bp、299 bp位置出现特异性条带，判定为流感病毒相应亚型阳性。如果样品按照H1、N1多重RT-PCR体系扩增后的产物在602 bp、328 bp位置出现特异性条带，判定为相应亚型阳性。

5.2.2 阴性判定

如果在602 bp、668 bp、380 bp、328 bp、641 bp、493 bp、299 bp位置均未出现特异性条带，则判定为流感病毒H1、H3、H5、N1、H7、H9、N2亚型阴性。

附录A 相关试剂的配制

A.1 2%琼脂糖凝胶

琼脂糖(电泳级)	2.0 g
1×TAE电泳缓冲液	加至100 mL

放入100 mL TAE电泳缓冲液(1×)中，加热融化。温度降至60℃左右时，加入5 μL SYBR Green Ⅰ核酸荧光染料，均匀铺板，厚度为3 mm～5 mm。

A.2 50×TAE电泳缓冲液

A.2.1 0.5 mol/L EDTA(pH 8.0)

EDTA	18.61 g
灭菌双蒸水	80 mL
氢氧化钠	调pH值至8.0
灭菌双蒸水	加至100 mL

A.2.2 电泳缓冲液(50×)

Tris碱	242 g
冰乙酸	57.1 mL
0.5mol/L EDTA(pH 8.0)	100 mL
灭菌双蒸水	加至1 000 mL

用时稀释成1×TAE电泳缓冲液。

A.3 灭菌DEPC水

1 000 mL 超纯水中加入 1 mL DEPC，37 ℃静置 1 h，或室温静置过夜，然后 121 ℃高压蒸汽灭菌 15 min。

附件 B 各亚型流感病毒普通特异性引物

见下表，引物浓度均为 10 pmol/μL。

引物编号	序列(5'～3')	片段长度	扩增的片段
H1-F H1-R	GGAGCAATTGAGTTCAGT GACACTCTCCTATTGTGA	602 bp	H1 亚型 HA 基因
H3-F H3-R	TGTTACCCTTATGATGTGCC CCCTGTTGCCAATTTCAGAG	668bp	H3 亚型 HA 基因
H5-F H5-R	AGTGAATTGGAATATGGTAACTG AACTGAGTGTTCATTTTGTCAAT	380 bp	H5 亚型 HA 基因
H7-F H7-R	TCAGGWTCTTCWTTCTATGC TCYCCTTGTGCATTTTGATG	641 bp	H7 亚型 HA 基因
H9-F H9-R	AAGAGAATGGTCCTACATCGT GGATCTTACTCGCAATGTCTG	493 bp	H9 亚型 HA 基因
N1-F N1-R	TCCCACTTGGAATGCAGAAC CACATGCACATTCAGACTCTTG	328 bp	N1 亚型 NA 基因
N2-F N2-R	ATAGCATGGTCCAGCTCAAG ACATGCTGAGCACTTCCTG	299 bp	N2 亚型 NA 基因

注：Y=(C,T),W=(A,T),R=(A,G)。Note：Y=(C,T),W=(A,T),R=(A,G)

监测检测方案附件 2：(初筛方法之二)

A 型流感病毒分型基因芯片检测方法

1 范围

本方法用于 A 型流感病毒全部亚型(H1～H16，N1～N9)核酸检测。

本方法适用于检测和鉴定动物组织、分泌物和培养物中 A 型流感病毒全部亚型(H1～H16,N1～N9)核酸。

2 实验室条件

2.1 仪器:台式冷冻高速离心机(＞13 000 r/min)、PCR 仪、涡旋混匀器、恒温水浴箱、芯片杂交盒、脱色摇床、基因芯片扫描仪、冰箱、微量可调移液器和相应配套的吸头等。

2.2 样品处理、RNA 提取和 RT-PCR 加模板等操作应该符合相关生物安全操作管理规定的要求,同时注意自身防护。

2.3 实验室尽可能划分出 RNA 提取区、基因扩增区、杂交和洗涤及扫描区。模板 RNA 提取、PCR 反应液配制和结果观察等应分区或分室进行,实验室运作应从洁净区到污染区单方向进行。

3 试剂

3.1 试剂及试剂盒

3.1.1 Trizol 试剂。

3.1.2 TaKaRa One Step RNA PCR Kit(AMV)。

3.1.3 氯仿、异丙醇。

3.1.4 基因芯片杂交液,见附录 A.1。

3.1.5 洗涤液Ⅰ、洗涤液Ⅱ、洗涤液Ⅲ,见附录 A.2。

3.1.6 杂交质控探针,见附录 A.3。

3.1.7 焦碳酸二乙酯(DEPC)处理的灭菌双蒸水,见附录 A.4。

3.1.8 DNA 分子量标准(DL2000 DNA Marker)。

3.2 引物和探针,见附录 B。

4 操作程序

4.1 样品的采集及处理

4.1.1 样品的采集　病死动物,取肺脏或气管分泌物;待检活猪,用棉拭子采集鼻腔深部分泌物。

4.1.2 样品的保存　样品应放在含有抗生素的磷酸盐缓冲液(pH 7.0～7.4,0.05 mol/L)或 25%～50%的甘油生理盐水内,青霉素(2 000 IU/mL)、链霉素(2 mg/mL)和制霉菌素(1 000 IU/mL),样品经尽快处理,或置－80 ℃保存。

4.1.3 样品处理

4.1.3.1 棉拭子处理方法

样品在混合器上充分混合后,用高压灭菌镊子将拭子中的液体挤出,室温放置 30 min,取上清液转入无菌的 1.5 mL Eppendorf 管中,编号备用。

4.1.3.2 肌肉或组织脏器处理方法

取待检样品 2.0 g,加入等量灭菌石英砂,于洁净、灭菌并烘干的研钵中充分研磨,加入 10 mL PBS 混匀,4 ℃,3 000 r/min 离心15 min,取上清液转入无菌的 1.5 mL Eppendorf 管中,编号备用。

4.2 RNA 的提取

4.2.1 设立流感病毒核酸阴、阳性对照。

4.2.2 RNA 提取步骤

(1) 取上清液 200 μL,分别加入 1.5 mL Eppendorf 管内,各加入溶液 A 1.0 mL,反复混匀,冰上放置 5 min。

(2) 加入 200μL 溶液 B,小心盖上帽盖,用力摇动 Eppendorf 管 15 s,室温放置 5 min。

(3) 12 000 r/min,4 ℃,离心 15 min,可见分为三层,上层水相含 RNA。

(4) 转移水相至一新 Eppendorf 管内,加入等量溶液 C,混匀,室温放置 15 min。

(5) 12 000 r/min,4 ℃,离心 10 min,离心后在 Eppendorf 管边和底部可见有胶样 RNA 沉淀(对于细胞毒而言,可能看不到沉淀)。

(6) 小心吸弃上清,加入 500 μL 溶液 D,小心颠倒以漂洗沉淀及管壁,12 000 r/min,4 ℃,离心 5 min。

(7) 小心吸弃上清,室温干燥 RNA 沉淀 5~10 min。然后加入 10 μL 灭菌的 DEPC 水溶解沉淀,−20 ℃保存备用。

4.3 多重不对称 RT-PCR 扩增

4.3.1 多重不对称 RT-PCR 扩增体系

4.3.1.1 引物混合比例

25 对引物分为 4 组。第 1 组包括 H1、H3、H5、H6、H7、H9、N1

和 N2，其中 H5 和 H7 亚型的上游引物为 0.65 μL，下游引物为 1.3 μL，N2 亚型的上游引物为 0.6 μL，下游引物为 1.2 μL，其余亚型的上游引物均为 0.5 μL，下游引物均为 1 μL；第 2 组包括 H2、H4、H8、H10、H11、H13、H15 和 H16，每个亚型的上游引物均为 0.5 μL，下游引物均为 1 μL；第 3 组包括 H14、N4、N6、N7 和 N9，其中 N7 上游引物 0.65 μL，下游引物为 1.3 μL，其余亚型上游引物均为 0.5 μL，下游引物均为 1 μL；第 4 组包括 H12、N3、N5 和 N8，其中 N5 上游引物为 0.6 μL，下游引物为 1.2 μL，其余亚型上游引物均为 0.5 μL，下游引物均为 1 μL。

4.3.1.2 RT-PCR 反应体系

每个样品分 4 个管进行 RT-PCR。在 0.2 mL PCR 反应管中依次加入 onestep RT-PCR buffer(5×)10 μL，10 mM dNTP 2.0 μL，Enzyme mixture 2.0 μL，RNase inhibitor 0.5 μL，通用引物上游 0.5 μL、下游 5.0 μL，RNA 模板 5.0 μL，按照 4 组引物混合物的用量分别加入引物混合物，补 RNase-free water 至 50.0 μL。置于 PCR 仪立即进行 RT-PCR 扩增。

4.3.2 多重 RT-PCR 反应条件

反应条件：50 ℃ 30 min；95 ℃ 15 min；94 ℃ 20 s，52 ℃ 60 s，72 ℃ 90 s，共 20 个循环；然后 94 ℃ 20 s，70 ℃ 90 s，共 20 个循环；最后 72 ℃ 延伸 10 min。扩增反应结束后，取出放置于 4 ℃。

4.4 电泳基因芯片的杂交、洗涤与扫描

4.4.1 杂交

①扩增产物 5.2 μL(4 组 RT-PCR 产物各取 1.3 μL)、杂交质控探针 0.8 μL 和杂交液 6 μL 于 0.2 mL PCR 管中，混匀。②95 ℃变性 5 min，立即冰浴 3 min，4 000 r/min 离心 5～10 s，将离心管放回冰浴。③在杂交盒的沟槽中加入 200 μL 蒸馏水以防止杂交体系蒸发，将芯片正面向上放入盒中。④将已变性的杂交样品从冰盒中取出，用枪头轻轻吹吸 3～5 次。⑤取 7 μL 杂交混合液加到探针点阵区，迅速盖上盖片和杂交盒并密封。⑥将杂交盒水平放入 52 ℃预热的水浴锅中，杂交 2.5 h。

4.4.2 洗涤

①杂交结束后，立即将芯片取出，放入预热至 45 ℃的洗涤液Ⅰ中，100 r/min 振荡 5 min，相同条件重复一次。②取出芯片，放入预热至 45 ℃的洗涤液Ⅱ，100 r/min 振荡 5 min，相同条件重复一次。③取出芯片，放入洗液Ⅲ中，100 r/min 室温振荡 5 min。④将芯片在无水乙醇中浸提几次，然后把芯片放入芯片盒中，1 000 r/min 离心 5 min。

4.4.3 扫描

用基因芯片扫描仪(波长 532 nm，PMT60%，激光能量 90%，扫描仪参数不做硬性规定)进行芯片扫描。

5 结果判定

5.1 检测结果成立条件

A 型流感病毒基因芯片点样阳性参照(QC)和杂交阳性参照(PC)，经杂交扫描后出现特异性荧光信号，同时点样 buffer 参照(NC)和空白参照(N)无荧光信号，则检测结果成立，否则结果不成立，须重新试验。

5.2 结果判断

5.2.1 阳性判定

在试验结果成立的前提下，如果样品 RT-PCR 产物经杂交后，在各自的位置上(见下图)出现特异性荧光信号，则判定为 A 型流感病毒各个亚型。每个亚型有 2～4 条探针，每条探针有 2 个重复位点，出现 2 个或 2 个以上荧光信号者判为阳性；1 个荧光信号判为可疑，进行重复试验再次读判，如果仍出现 1 个荧光信号，就判为阴性。如果只有 HA 或者只有 NA 位点出现荧光信号，或者 2 个以上 HA 或 NA 亚型位点出现荧光信号，都判定为阳性，可采用其他方法进一步验证。

5.2.2 阴性判定

如果在各亚型特异性探针位置上(见下图)均未出现荧光信号，则判定为 A 型流感病毒亚型检测阴性。

QC	QC	H1	H1	H1	H1	NC	NC	H1	H1	H2	H2	QC	QC
H2	H2	H3	H3	H3	H3	H4	H4	H4	H4	H5	H5	H5	H5
H6	H6	H6	H6	H7	H7	H7	H7	H7	H7	H7	H7	H8	H8
H8	H8	H9	H9	H9	H9	H10	H10	H10	H10	H11	H11	H11	H11
NC	NC	H12	H12	H12	H12	PC	PC	H13	H13	H13	H13	NC	NC
H14	H14	H14	H14	H15	H15	H15	H15	H16	H16	H16	H16	N1	N1
N1	N1	N2	N2	N2	N2	N3	N3	N3	N3	N4	N4	N4	N4
N5	N5	N5	N5	N6	N6	N6	N6	N7	N7	N7	N7	N8	N8
QC	QC	N8	B8	N9	N9	NC	NC	N9	N9	NC	NC	QC	QC

QC 点样阳性参照　PC 杂交阳性参照　NC 点样 buffer 参照　N 空白参照

DP(H1～16,N1～9)检测探针

芯片探针排布图

附录 A　相关试剂的配制

A.1　基因芯片杂交液

A.1.1　20×SSC

氯化钠　175.3 g

柠檬酸钠　88.2 g

氢氧化钠　调 pH 值至 7.0

灭菌双蒸水　加至 1 000mL

分装后 121 ℃高压蒸汽灭菌 15 min。

A.1.2　50%(*m*/*V*)硫酸葡聚糖

硫酸葡聚糖　500 g

灭菌双蒸水　加至 1 000 mL

A.1.3 4%(*m*/*V*) SDS

SDS	40 g
氢氧化钠	调 pH 值至 7.2
灭菌双蒸水	加至 1 000 mL

A.1.4 基因芯片杂交液

20×SSC	1.5 μL
50×Denhardt's	1.5 μL
50%(*m*/*V*)硫酸葡聚糖	3.0 μL
%(*m*/*V*)SDS	1.5 μL
ddH_2O	0.7 μL

A.2 洗涤液Ⅰ、洗涤液Ⅱ、洗涤液Ⅲ

洗涤液Ⅰ:2×SSC,0.1%SDS(17.53 g 氯化钠,8.82 g 柠檬酸三钠,调 pH=7,用超纯水定容到 1 000 mL,后加 1 g SDS);洗涤液Ⅱ:0.2×SSC,0.1% SDS(1.753 g 氯化钠,0.882 g 柠檬酸三钠,调 pH=7,用超纯水定容到 1 000 mL,后加 1 g SDS);洗涤液Ⅲ:0.2×SSC(1.753 g 氯化钠,0.882 g 柠檬酸三钠,调 pH=7,用超纯水定容到 1 000 mL)。

A.3 杂交质控

TAMRA 荧光标记的一段寡核苷酸,与芯片上杂交阳性参照(PC)序列互补,用于质控杂交过程。合成后,采用 DEPC 水溶解为 50 μM,−20 ℃保存备用。

A.4 灭菌 DEPC 水

1 000 mL 超纯水中加入 1 mL DEPC,37 ℃静置 1 h,或室温静置过夜,然后 121 ℃高压蒸汽灭菌 15 min。

附录B 各亚型流感病毒普通特异性引物和探针

见下表,引物和探针浓度均为 10 pmol/μL。

B.1 A型流感病毒基因芯片多重不对称 RT-PCR 引物

型别 Types	引物编号 Primer No.	序列(5'～3') Primer Sequence(5'～3')	长度 Length
Universal	PMA-06001-uf PMA-06002-ur	TCACTTGCTTCCGTTGAGG TAMRA-GGTTTCGGATGTTACAGCGT	—
H1	PMA-06003-H1f PMA-06004-H1r	TCACTTGCTTCCGTTGAGGGGAGCAATT-GAGTTCAGTATC TAMRA-GGTTTCGGATGTTACAGCGTGA-CACTCTCCTATTGTGACTG	601 bp
H3	PMA-06005-H3f PMA-06006-H3r	TCACTTGCTTCCGTTGAGGTGTTACCCT-TATGATGTGCC TAMRA-GGTTTCGGATGTTACAGCGTC-CCTGTTGCCAATTTCAGAG	669 bp
H5	PMA-06007-H5f PMA-06008-H5r	TCACTTGCTTCCGTTGAGGAGTGAATTG-GAATATGGTAACTG TAMRA-GGTTTCGGATGTTACAGCGTA-ACTGAGTGTTCATTTTGTCAAT	380 bp
H6	PMA-06017-H6F PMA-06018-H6R	TCACTTGCTTCCGTTGAGGAAGGCACT-TATTGGRTCAGG TAMRA-GGTTTCGGATGTTACAGCGTGTC-CTCTAGTTTCAATCTGTGG	685 bp
H7	PMA-06009-H7f PMA-06010-H7r	TCACTTGCTTCCGTTGAGGTCAGGWTCT-TCWTTCTATGC TAMRA-GGTTTCGGATGTTACAGCGTTCY-CCTTGTGCATTTTGATG	641 bp
H9	PMA-06011-H9f PMA-06012-H9r	TCACTTGCTTCCGTTGAGGAAGAGAATG-GTCCTACATCGT TAMRA-GGTTTCGGATGTTACAGCGTG-GATCTTACTCGCAATGTCTG	493 bp

续表

型别 Types	引物编号 Primer No.	序列(5'～3') Primer Sequence(5'～3')	长度 Length
N1	PMA-06013-N1f PMA-06014-N1r	TCACTTGCTTCCGTTGAGGTCCCACTTG-GAATGCAGAAC TAMRA-GGTTTCGGATGTTACAGCGTCA-CATGCACATTCAGACTCTTG	328 bp
N2	PMA-06015-N2f PMA-06016-N2r	TCACTTGCTTCCGTTGAGGATAGCATG-GTCCAGCTCAAG TAMRA-GGTTTCGGATGTTACAGCGTA-CATGCTGAGCACTTCCTG	299 bp
H2	PMA-06019-H2F PMA-06020-H2R	TCACTTGCTTCCGTTGAGGCGTCATTCT-TCAGGAACATGG TAMRA-GGTTTCGGATGTTACAGCGTGGC-CTTGTTGCTATTTCWGG	229 bp
H4	PMA-06021-H4F PMA-06022-H4R	TCACTTGCTTCCGTTGAGGTTGTTAYC-CATTTGATGTGCC TAMRA-GGTTTCGGATGTTACAGCGT-GTRACTCTTCCAGGGTTGTT	324 bp
H8	PMA-06023-H8F PMA-06024-H8R	TCACTTGCTTCCGTTGAGGAAGGTTGGT-CATACATAGTGG TAMRA-GGTTTCGGATGTTACAGCGTGTC-CTCTTACTAATGGTCTGG	444 bp
H10	PMA-06025-H10F PMA-06026-H10R	TCACTTGCTTCCGTTGAGGGATTGA-CAAGATAAGCACCGG TAMRA-GGTTTCGGATGTTACAGCGTT-TACTYACTCTACTAGGTGCTAT	435 bp
H11	PMA-06027-H11F PMA-06028-H11R	TCACTTGCTTCCGTTGAGGACTTAGAAAT-GTCCCAGCAA TAMRA-GGTTTCGGATGTTACAGCGT-CATTTCCCTCGTCTTTGGC	437 bp
H12	PMA-06035-H12F PMA-06036-H12R	TCACTTGCTTCCGTTGAGGAGTACAAGAA-CACCAGAGATT TAMRA-GGTTTCGGATGTTACAGCGTCTG-GCCATCCGCCTTCTAT	537 bp

续表

型别 Types	引物编号 Primer No.	序列(5'～3') Primer Sequence(5'～3')	长度 Length
H13	PMA-06029-H13F PMA-06030-H13R	TCACTTGCTTCCGTTGAGGGACCCTTCT-GCTCCTCATG TAMRA-GGTTTCGGATGTTACAGCGT-GAAACTGATTGATTCCCCTGG	474 bp
H14	PMA-06037-H14F PMA-06038-H14R	TCACTTGCTTCCGTTGAGGTCTCCCGAC-TAAACTGGCTA TAMRA-GGTTTCGGATGTTACAGCGTCT-GCCGCTCTGATTCCTTAC	247 bp
H15	PMA-06031-H15F PMA-06032-H15R	TCACTTGCTTCCGTTGAGGGACTCCTT-GACTGAGATCTGG TAMRA-GGTTTCGGATGTTACAGCGTAG-TATCACATCTTTGTACCCAC	305 bp
H16	PMA-06033-H16F PMA-06034-H16R	TCACTTGCTTCCGTTGAGGTAAACT-TCTCGTGCTAATCG TAMRA-GGTTTCGGATGTTACAGCGT-GTCTTCAACTTGATCCCTTC	252 bp
N3	PMA-06049-N3F PMA-06050-N3R	TCACTTGCTTCCGTTGAGGGGGAAAGART-GGATGCATGT TAMRA-GGTTTCGGATGTTACAGCGTGTT-GTTGATTCTCATCCAAGG	366 bp
N4	PMA-06039-N4F PMA-06040-N4R	TCACTTGCTTCCGTTGAGGGGAAG-CAATCGACCATGGAT TAMRA-GGTTTCGGATGTTACAGCGTCGA-CACCCATCCATTAGCAT	260 bp
N5	PMA-06051-N5F PMA-06052-N5R	TCACTTGCTTCCGTTGAGGACTGTTATT-GGGTAATGACG TAMRA-GGTTTCGGATGTTACAGCGTT-GCTTGTTTTGGTCCAACCG	459 bp
N6	PMA-06041-N6F PMA-06042-N6R	TCACTTGCTTCCGTTGAGGACCTAATAA-CAATGCTTCGG TAMRA-GGTTTCGGATGTTACAGCGT-CACTCTTCTATATGCTGTGC	246 bp

续表

型别 Types	引物编号 Primer No.	序列(5'～3') Primer Sequence(5'～3')	长度 Length
N7	PMA-06043-N7F PMA-06044-N7R	TCACTTGCTTCCGTTGAGGTGTGCAGAGA-TAAYTGGCA TAMRA-GGTTTCGGATGTTACAGCGTCCG-GAATAGCCTGACCAATT	352 bp
N8	PMA-06045-N8F PMA-06046-N8R	TCACTTGCTTCCGTTGAGGGGGCAMTGAT-GTATGGATGG TAMRA-GGTTTCGGATGTTACAGCGTA-AGAATAGCTCCATCGTGCC	340 bp
N9	PMA-06047-N9F PMA-06048-N9R	TCACTTGCTTCCGTTGAGGTTCTAT-GCTCTCAGCCAAGG TAMRA-GGTTTCGGATGTTACAGCGTTG-GCATACGCATTCAGATTC	310 bp

注：Y=(C,T),W=(A,T),R=(A,G)。Note：Y=(C,T),W=(A,T),R=(A,G)。

B.2 A型流感病毒分型基因芯片探针

A型流感病毒分型基因芯片探针

型别 Subtypes	编号 Probes No.	探针序列(5'～3') Probe sequences(5'～3')
质控 探针 QCP	PBA-08001-ctr1 PBA-08002-ctr2 PBA-08003-ctr3	TAMRA-CCTCAACGGAAGCAAGTGAT NH2-T15-ATCACTTGCTTCCGTTGAGG NH2-GCTGCCTCGGCAAGGAGT-TAMRA
H1	PBA-08004-H1a PBA-08066-H1d PBA-08068-H1f	NH2-T15-TGCTTATGTCTCTGTAGTGTCTTC NH2-T15-AATAGAACCTGGAGACACAATAA NH2-T15-CGAGATATTCCCCAAGACAAGTT
H3	PBA-08007-H3a PBA-08008-H3b	NH2-T15-CCTCGGGGTTACTTCAAAATACG NH2-T15-GGAAGCATTCCCAATGACAAACC
H5	PBA-08011-H5a PBA-08012-H5b	NH2-T15-GTCACCAATAAGGTCAACTCGATC NH2-T15-ACCATAGCAATGAGCAGGGGA
H6	PBA-08025-H6a PBA-08026-H6b	NH2-T15-TGAGATGTTTCCCAAAAGTACATGG NH2-T15-ATGGGAACTGAAAGCATGAATTT

续表

型别 Subtypes	编号 Probes No.	探针序列(5'～3') Probe sequences(5'～3')
H7	PBA-08013-H7a	NH2-T15-CAGACCAAACTCTATGGAAGTGGA
	PBA-08014-H7b	NH2-T15-GTCAAACACAGACAATGCTGCTT
	PBA-08065-H7e	NH2-T15-CAAGGAAAGACCCAGCTCTGATAAT
H9	PBA-08017-H9a	NH2-T15-CAAGACGCCCAATACACAAATAAT
	PBA-08018-H9b	NH2-T15-AAGCATGTTCAGATTCATTCTACAG
N1	PBA-08019-N1a	NH2-T15-AGTTGGTTGACAATTGGAATTTCTG
	PBA-08020-N1b	NH2-T15-CAAGAGTTGGAGGAACAACATACT
N2	PBA-08022-N2a	NH2-T15-GCGTTTGTATCAATGGAACTTGTA
	PBA-08023-N2b	NH2-T15-ATGATGGGAAAGCATGGTTACATG
H2	PBA-08027-H2a	NH2-T15-ACATCAACACTGAATAAGAGGTC
	PBA-08028-H2b	NH2-T15-GAACAAAGGACACTGTACCAGAAT
H4	PBA-08029-H4a	NH2-T15-GACAAAGGTCAACAATGGGGA
	PBA-08030-H4b	NH2-T15-CTTCAACTGACGCAGAACAAA
H8	PBA-08031-H8a	NH2-T15-TGGAGACATCATTTTCTTATGGG
	PBA-08032-H8b	NH2-T15-GCATCTTACAAGAGAATAAGGCTATT
H10	PBA-08034-H10a	NH2-T15-AAAACAACTTTGTGCCTGTGGT
	PBA-08035-H10b	NH2-T15-CACAAGAAAAGAATGATCTGTATGG
H11	PBA-08036-H11a	NH2-T15-CAGTGAAATAGAGGAGAGGATAAACC
	PBA-08037-H11b	NH2-T15-AGAAGGATGCTAAAGGACAATG
H12	PBA-08045-H12a	NH2-T15-TAATCACAGGGAAATCACATGGC
	PBA-08046-H12b	NH2-T15-CACTAGTAAGCACTATATTGGGAA
H13	PBA-08038-H13a	NH2-T15-GGATGAAGATTTACTGGTATTTGATG
	PBA-08039-H13b	NH2-T15-GTTCATGGAGTAGGAAATACAACC
H14	PBA-08047-H14a	NH2-T15-CCATCAAGCGATAATGAGCAAAC
	PBA-08048-H14b	NH2-T15-TCTTATGTCAGGCTCTATCTCTGG
H15	PBA-08040-H15a	NH2-T15-GCATACAATTGACCTTGCAGATTC
	PBA-08041-H15b	NH2-T15-CCGATGTGACGATCAATGTATG
H16	PBA-08043-H16b	NH2-T15-GACAGAACATTAGACCTGCATGAT
	PBA-08044-H16c	NH2-T15-ATCATGAGGACTACAAAGAAGAG
N3	PBA-08049-N3a	NH2-T15-TATGTAGGGACAATTGGAAGGG
	PBA-08050-N3b	NH2-T15-GATAATGATGCAAGTGCCCAGA

续表

型别 Subtypes	编号 Probes No.	探针序列(5'～3') Probe sequences(5'～3')
N4	PBA-08051-N4a	NH2-T15-GGCTATGTATGTAGTGGGATATTTG
	PBA-08052-N4b	NH2-T15-GATGGCACAGGCTCATGTAATAG
N5	PBA-08053-N5a	NH2-T15-GTTTGCCGAGATAATTGGAATGG
	PBA-08054-N5b	NH2-T15-AGGGAGGTCACATTGAAGAGT
N6	PBA-08055-N6a	NH2-T15-GGCAGGAAATATATTAAGGACTCA
	PBA-08056-N6b	NH2-T15-CCAGCTAATAACAGAGCAGAAAC
N7	PBA-08057-N7a	NH2-T15-ATGTTGAAAATACCTAATGCAGG
	PBA-08058-N7b	NH2-T15-AAGGGATTCGGGTTTCTAAATGG
N8	PBA-08060-N8a	NH2-T15-AGCTCCATTGTGATGTGTGG
	PBA-08061-N8b	NH2-T15-AACTTAAATTGGTCAGGATACAGCG
N9	PBA-08062-N9a	NH2-T15-TCATCACCACCCACAGTATACAA
	PBA-08063-N9b	NH2-T15-AGAGCCAGGATGTCGATATGTA

监测检测方案附件3:(初筛方法之三)

A型流感病毒通用荧光RT-PCR检测方法

1 范围

本方法规定了A型流感病毒通用荧光RT-PCR检测的操作方法。

本方法适用于活动物及其产品中A型流感病毒的检测。

2 原理

基质蛋白(M)是维持A型流感病毒形态的结构蛋白，具有特异性，基质蛋白基因是A型流感病毒共有且较保守的特异基因。针对M基因中特定序列，合成一对特异性引物和一条特异性的荧光双标记探针，该探针与A型流感病毒特有的共同基因特异性结合，结合部位位于引物结合区域内。探针的5'端和3'端分别标记不同的荧光素，如5'端标记FAM荧光素，它发出的荧光能够被检测仪器接收，称为报告荧光基团(用R表示)，3'端一般标记TAMRA荧光素，它在近距离内能吸收5'端报告荧光基团发出的荧光信号，称为淬灭荧光基团(用Q表示)。

当PCR反应在退火阶段时，一对引物和一条探针同时与目的基因片段结合，此时探针上R基团发出的荧光信号被Q基团所吸收，仪器检测不到R所发出的荧光信号；当PCR反应进行到延伸阶段时，Taq

酶在引物的引导下，以四种核苷酸为底物，根据碱基配对的原则，沿着模板链合成新链；当链的延伸进行到探针结合部位时，受到探针的阻碍而无法继续，此时的 Taq 酶发挥它的 5'→3'外切核酸酶的功能，将探针水解成单核苷酸，消除阻碍，与此同时标记在探针上的 R 基团游离出来，R 所发出的荧光再不为 Q 所吸收而被检测仪所接收；在 Taq 酶的作用下继续延伸过程合成完整的新链，R 和 Q 基团均游离于溶液中，仪器可继续检测到 R 所发出的荧光信号。随着 PCR 反应的循环进行，PCR 产物与荧光信号的增长呈现对应关系。

3 材料与试剂

3.1 仪器与器材

荧光 RT-PCR 检测仪

高速微型离心机（离心速度 12 000 r/min 以上）

台式高速离心机（离心速度 3 000 r/min）

混匀器

冰箱（2 ℃～8 ℃和－20 ℃两种）

微量可调移液器（10 μL、100 μL、1 000 μL）及配套带滤芯吸头

Eppendorf 离心管（1.5 mL）

3.2 试剂

除特别说明以外，本方法所用试剂均为分析纯，所有试剂均用无 RNA 酶污染的容器（用 DEPC 水处理后高压灭菌）分装。

氯仿；

异丙醇：－20 ℃预冷；

PBS：121±2 ℃，15 min 高压灭菌冷却后，无菌条件下加入青霉素、链霉素各 10 000 IU/mL；

75%乙醇：用新开启的无水乙醇和 DEPC 水（符合 GB 6682—1992 要求）配制，－20 ℃预冷；

A 型流感病毒通用型荧光 RT-PCR 检测试剂盒[1)]：组成、功能及使用注意事项见附录 B。

1）由指定单位提供，如果其它等效产品具有相同的效果，则可使用这些等效产品。

4 抽样

4.1 采样工具

下列采样工具必须经(121±2)℃,15 min 高压灭菌并烘干:

棉拭子、剪刀、镊子、注射器、1.5 mL Eppendorf 管、研钵。

4.2 样品采集

4.2.1 活 A 型

取鼻拭子,采集方法如下:

——取鼻拭子时将拭子深入鼻腔来回刮 2 次~3 次,取鼻腔分泌液;

——将采样后的拭子分别放入盛有 1.0 mL PBS 的 1.5 mL Eppendorf 管中,加盖、编号。

4.2.2 肺等脏器或肌肉组织

待检样品装入一次性塑料袋或其它灭菌容器,编号。

4.2.3 血清、血浆

用无菌注射器直接吸取至无菌 Eppendorf 管中,编号备用。

4.3 样品贮运

样品采集后,放入密闭的塑料袋内(一个采样点的样品,放一个塑料袋),于保温箱中加冰、密封,送实验室。

4.4 样品制备

4.4.1 鼻拭子

样品在混合器上充分混合后,用高压灭菌镊子将拭子中的液体挤出,室温放置 30 min,取上清液转入无菌的 1.5 mL Eppendorf 管中,编号备用。

4.4.2 肺等脏器或肌肉组织

取待检样品 2.0 g 于洁净、灭菌并烘干的研钵中充分研磨,加 10 mL PBS 混匀,4 ℃,3 000 r/min 离心 15 min,取上清液转入无菌的 1.5 mL Eppendorf 管中,编号备用。

4.5 样本存放

制备的样本在 2 ℃~8 ℃条件下保存应不超过 24 h,若需长期保存应置−70 ℃以下,但应避免反复冻融(冻融不超过 3 次)。

5 操作方法

5.1 实验室方法化设置与管理

A型流感病毒通用荧光RT-PCR检测的实验室规范(见附录C)。

5.2 样本的处理

在样本制备区进行。

5.2.1 取 n 个灭菌的1.5 mL Eppendorf管,其中 n 为被检样品、阳性对照与阴性对照的和(阳性对照、阴性对照在试剂盒中已标出),编号。

5.2.2 每管加入600 μL裂解液,分别加入被检样本、阴性对照、阳性对照各200 μL,一份样本换用一个吸头,再加入200 μL氯仿,混匀器上振荡混匀5 s(不能过于强烈,以免产生乳化层,也可以用手颠倒混匀)。于4 ℃、12 000 r/min离心15 min。

5.2.3 取与5.2.1相同数量灭菌的1.5 mL Eppendorf管,加入500 μL异丙醇(-20 ℃预冷),做标记。吸取本方法6.2.2各管中的上清液转移至相应的管中,上清液应至少吸取500 μL,不能吸出中间层,颠倒混匀。

5.2.4 于4 ℃、12 000 r/min离心15 min(Eppendorf管开口保持朝离心机转轴方向放置),小心倒去上清,倒置于吸水纸上,沾干液体(不同样品须在吸水纸不同地方沾干);加入600 μL 75%乙醇,颠倒洗涤。

5.2.5 于4 ℃、12 000 r/min离心10 min(Eppendorf管开口保持朝离心机转轴方向放置),小心倒去上清,倒置于吸水纸上,尽量沾干液体(不同样品须在吸水纸不同地方沾干)。

5.2.6 4 000 r/min离心10 s(Eppendorf管开口保持朝离心机转轴方向放置),将管壁上的残余液体甩到管底部,小心倒去上清,用微量加样器将其吸干,一份样本换用一个吸头,吸头不要碰到有沉淀一面,室温干燥3 min,不能过于干燥,以免RNA不溶。

5.2.7 加入11 μL DEPC水,轻轻混匀,溶解管壁上的RNA,2 000 r/min离心5 s,冰上保存备用。提取的RNA须在2 h内进行PCR扩增;若需长期保存须放置-70 ℃冰箱。

5.3 检测

5.3.1 扩增试剂准备

在反应混合物配制区进行。

从试剂盒中取出相应的荧光 RT-PCR 反应液、Taq 酶，在室温下融化后，2 000 r/min 离心 5 s。设所需荧光 RT-PCR 检测总数为 n，其中 n 为被检样品、阳性对照与阴性对照的和，每个测试反应体系配制见下表。

表 反应体系配制表

试剂	用量
RT-PCR 反应液	15 μL
Taq 酶	0.25 μL

根据测试样品的数量计算好各试剂的使用量，加入到适当体积中，向其中加入 $0.25\times n$ 颗 RT-PCR 反转录酶颗粒，充分混合均匀，向每个荧光 RT-PCR 管中各分装 15 μL，转移至样本处理区。

5.3.2 加样

在样本处理区进行。

在各设定的荧光 RT-PCR 管中分别加入上述样本处理步骤 6.2.7中制备的 RNA 溶液各 10 μL，盖紧管盖，500 r/min 离心 30 s。

5.3.3 荧光 RT-PCR 反应

在检测区进行。

将本方法 5.3.2 中离心后的 PCR 管放入荧光 RT-PCR 检测仪内，记录样本摆放顺序。

循环条件设置：

第一阶段，反转录 42 ℃/30 min；

第二阶段，预变性 92 ℃/3 min；

第三阶段，92 ℃/10 s，45 ℃/30 s，72 ℃/1 min，5 个循环；

第四阶段，92 ℃/10 s，60 ℃/30 s，40 个循环，在第四阶段每个循环的退火延伸时收集荧光。

试验检测结束后，根据收集的荧光曲线和 Ct 值判定结果。

6 结果判定

6.1 结果分析条件设定

直接读取检测结果。阈值设定原则根据仪器噪声情况进行调整，以阈值线刚好超过正常阴性样品扩增曲线的最高点为准。

6.2 质控方法

6.2.1 阴性对照无 Ct 值并且无扩增曲线。

6.2.2 阳性对照的 Ct 值应<28.0，并出现典型的扩增曲线。

否则，此次实验视为无效。

6.3 结果描述及判定

6.3.1 阴性

无 Ct 值并且无扩增曲线，表示样品中无 A 型流感病毒。

6.3.2 阳性

Ct 值≤30，且出现典型的扩增曲线，表示样品中存在 A 型流感病毒。

6.3.3 有效原则

Ct>30 的样本建议重做。重做结果无 Ct 值者为阴性，否则为阳性。

附录 A
（规范性附录）
磷酸盐缓冲生理盐水配方

以下所用试剂均为分析纯。

A.1 A 液

0.2 mol/L 磷酸二氢钠水溶液

$NaH_2PO_4 \cdot H_2O_2$ 7.6 g，溶于蒸馏水中，最后稀释至 1 000 mL。

A.2 B 液

0.2 mol/L 磷酸氢二钠水溶液

$Na_2HPO_4 \cdot 7H_2O$ 53.6 g（或 $Na_2HPO_4 \cdot 12H_2O$ 71.6 g 或 $Na_2HPO_4 \cdot 2H_2O$ 35.6 g），加蒸馏水溶解，最后稀释至 1 000 mL。

A.3 0.01 mol/L、pH7.2 磷酸盐缓冲生理盐水的配制

0.2 mol/L A 液 14 mL

0.2 mol/L B 液 36 mL

加 NaCl 8.5 g，

用蒸馏水稀释至 1 000 mL。

附录 B
（规范性附录）
试剂盒的组成

B.1　试剂盒组成

每个试剂盒可做 48 个检测，包括以下成分：

裂解液	30 mL×1 盒
DEPC 水	1 mL×1 管
RT-PCR 反应液（内含 A 型流感病毒的引物、探针）	750 μL×1 管
RT-PCR 酶	1 颗/管×12 管
Taq 酶	12 μL×1 管
阴性对照	1 mL×1 管
阳性对照（非感染性体外转录 RNA）	1 mL×1 管

B.2　说明

B.2.1　裂解液的主要成分为异硫氰酸胍和酚，为 RNA 提取试剂，外观为红色液体，于 4 ℃保存。

B.2.2　DEPC 水，是用 1% DEPC 处理后的去离子水，用于溶解 RNA。

B.2.3　RT-PCR 反应液中含有特异性引物、探针及各种离子。

B.3　功能

试剂盒可用于动物及其产品（包括鼻拭子、脏器、肌肉组织、血清或血浆等）中 A 型流感病毒的检测。

B.4　使用时的注意事项

B.4.1　在检测过程中，必须严防不同样品间的交叉污染。

B.4.2　反应液分装时应避免产生气泡，上机前检查各反应管是否盖紧,以免荧光物质泄露污染仪器。

RT-PCR 酶颗粒极易吸潮失活,必须在室温条件下置于干燥器内保存,使用时取出所需数量,剩余部分立即放回干燥器中。

附录 C
(规范性附录)
A 型流感病毒通用荧光 RT-PCR 检测方法的实验室规范

C.1 实验室设置要求

实验室设置要求如下:

——实验室分为三个相对独立的工作区域:样本制备区、反应混合物配制区和检测区;

——工作区域须有明确标记,避免不同工作区域内的设备、物品混用;

——每一区域须有专用的仪器设备;

——整个实验过程中均须使用无 RNA 酶的一次性耗材,用到的玻璃器皿使用前须 250 ℃干烤 4 h 以上,以彻底去除 RNA 酶;

——各区域的仪器设备须有明确标记,以避免设备物品从各自的区域内移出,造成不同的工作区域间设备物品发生混淆;

——进入各个工作区域严格遵循单一方向顺序,即只能从样本制备区、扩增反应混合物配制区至检测区;

——在不同的工作区域应使用不同颜色或有明显区别标志的工作服,以便于鉴别;离开工作区时,不得将各区特定的工作服带出;

——实验室清洁时应按样本制备区、扩增反应混合物配制区至检测区的顺序进行;

——不同的实验区域应有其各自的清洁用具以防止交叉污染。

C.2 工作区域仪器设备配置

C.2.1 样本制备区

样本制备区需配置如下仪器设备:

——2 ℃~8 ℃冰箱;

——−20 ℃冰箱;

——高速台式冷冻离心机(4 ℃,12 000 r/min);

——混匀器；

——微量加样器(0.5 μL～10 μL,5 μL～20 μL,20 μL～200 μL,200 μL～1 000 μL)；

——可移动紫外灯(近工作台面)。

C.2.2 反应混合物配制区

样本制备区需配置如下仪器设备：

——2 ℃～8 ℃冰箱；

——－20 ℃冰箱；

——台式离心机(3 000 r/min)；

——混匀器；

——微量加样器(0.5 μL～10 μL,5 μL～20 μL,20 μL～200 μL,200 μL～1 000 μL)；

可移动紫外灯(近工作台面)。

C.2.3 检测区

检测区需配置如下仪器设备：

——荧光 PCR 仪(配计算机)；

——移动紫外灯；

——打印机。

C.3 各工作区域功能及注意事项

C.3.1 样本制备区

样本制备区的功能及注意事项如下：

——标本的保存,核酸提取、贮存及其加入至扩增反应管在样本制备区进行；

——避免在本区内不必要的走动;可在本区内设立正压条件以避免邻近区的气溶胶进入本区造成污染;为避免样本间的交叉污染,加入待测核酸后,必须立即盖严含反应混合液的反应管；

——用过的加样器吸头必须放入专门的消毒(例如含次氯酸钠溶液)容器内;实验室桌椅表面每次工作后都要清洁,实验材料(原始样本、提取过程中样本与试剂的混合液等)如出现外溅,必须作清洁处理并作出记录；

——对实验台适当的紫外照射(254 nm 波长,与工作台面近距离)适合于灭活去污染;工作后通过移动紫外线灯管来确保对实验台面的充分照射。

C.3.2 反应混合物配制区

反应混合物配制区功能及注意事项如下:

——试剂的分装和反应混合液的制备在本区进行;

——用于标本制备的试剂应直接运送至反应混合物配制区,不能经过检测区,在打开含有反应混合液的离心管或试管前,应将其快速离心数秒;

——在整个本区的实验操作过程中,操作者必须戴手套,并经常更换;工作结束后必须立即对工作区进行清洁;本工作区的实验台表面应可耐受诸如次氯酸钠等的化学物质的消毒清洁作用。

实验台表面用可移动紫外灯(254 nm 波长)进行照射。

C.3.3 检测区

检测区功能及注意事项如下:

——RT-PCR 扩增及扩增片段的分析在本区内进行;

——本区注意避免通过本区的物品及工作服将扩增产物带出;为避免气溶胶所致的污染,应尽量减少在本区内的走动;

——完成操作及每天工作后都必须对实验室台面进行清洁和消毒,紫外照射方法与前面区域相同。

如有溶液溅出,必须处理并作出记录。本区的清洁消毒和紫外照射方法同前面区域。

监测检测方案附件4:(复核方法之一)

猪流感病毒 H1N1 亚型 RT-PCR 检测方法

1 范围

本方法用于 H1N1 亚型猪流感病毒核酸检测。

本方法适用于检测猪组织、分泌物和培养物中的 H1N1 亚型猪流感病毒核酸。

2 实验室条件

2.1 仪器:PCR 仪、台式低温高速离心机、电泳仪、电泳槽、冰箱、紫外凝胶成像仪、微量移液器、水浴锅等。

2.2 从事 RT-PCR 工作的实验室尽可能划分出 RNA 提取区、基因扩增区、电泳区。特别注意电泳后的琼脂糖凝胶要及时处理，避免对实验室造成污染。

2.3 注意个人防护和环境保护，含 EB 污染的物品要有专用收集处，并按相关规定作无害化处理。

3 试剂

3.1 试剂及试剂盒

3.1.1 LS TRIzol RNA 提取试剂盒。

3.1.2 氯仿、异丙醇。

3.1.3 1.2 %琼脂糖凝胶，见附录 A.1。

3.1.4 50×TAE 缓冲液，见附录 A.2。

3.1.5 溴化乙锭(EB,10 μg/μL)，见附录 A.3。

3.1.6 焦碳酸二乙酯(DEPC)处理的灭菌双蒸水，见附录 A.4。

3.1.7 DNA 分子量标准(100 bp)。

3.1.8 M-MLV 反转录酶。

3.1.9 RNA 酶抑制剂。

3.1.10 Taq DNA 聚合酶。

3.1.11 dNTP。

3.2 引物，见附录 B。

4 操作程序

4.1 样品的采集及处理

4.1.1 样品的采集　病死猪，取肺脏或气管分泌物；待检活猪，用棉拭子采集鼻腔深部分泌物。

4.1.2 样品的保存　样品应放在含有抗生素的磷酸盐缓冲液(pH 7.0～7.4,0.05 mol/L)或 25%～50%的甘油生理盐水内，青霉素(2 000 IU/mL)、链霉素(2 mg/mL)和制霉菌素(1 000 IU/mL)，样品应尽快处理，或置－70 ℃保存。

4.1.3 样品处理　取待检病料置研磨器中，按 W/V(1∶1)加入 PBS 研磨，将棉拭子置 1 mL 样品采集液管中，充分挤压后弃去拭子。4 ℃ 8 000 转/分钟离心 5 分钟。

4.2 RNA 的提取

4.2.1 设立流感病毒核酸阴、阳性样品对照(由国家禽流感参考实验室提供)。

4.2.2 用 LS TRIzol 试剂提取样品 RNA。250 μL 样品处理液和 750 μL LS TRIzol 置入一个 1.5 mL 离心管,振荡数次,静置 5 分钟;加 200 μL 氯仿,振荡混匀,4 ℃ 12 000 转/分钟,离心 15 分钟;取上清加入 500 μL 异丙醇,静置 10 分钟,4 ℃12 000 转/分钟离心 15 分钟,弃上清,用 DEPC 水配置的 70%乙醇洗涤 1 次,弃去乙醇,沉淀置于 37 ℃温箱烘干。沉淀加适量 DEPC 水溶解。提取的样品 RNA 用于反转录试验或置于－20 ℃保存。

4.3 反转录

4.3.1 取 5 μL RNA,加 1 μL 反转录引物,70 ℃ 5 分钟。

4.3.2 冰浴 2 分钟。

4.3.3 继续加入:

5×反转录反应缓冲液	4 μL
反转录引物(Uni 12)(20 pmol/μL)	1 μL
0.1 mol/L DTT	2 μL
2.5 mmol/L dNTPs	2 μL
M-MLV 反转录酶	0.5 μL
RNA 酶抑制剂	0.5 μL
DEPC 水	10 μL

37 ℃水浴 1 小时,合成 cDNA。取出直接进行 PCR 或置－20℃保存。

4.4 PCR 根据扩增目的片段不同,选择相应的上/下游引物,M-684U/M684-L 是型特异性引物,用于扩增猪流感病毒的 M 基因片段;H1-762U/H1-762L 用于扩增猪流感病毒 H1 亚型血凝素基因,H1-292U/H1-292L 用于扩增甲型 H1N1 流感病毒血凝素基因。

PCR 为 50 μL 体系,包括:

双蒸灭菌水	37.5 μL
反转录产物	4 μL
上游引物	0.5 μL
下游引物	0.5 μL

10×PCR Buffer	5 μL
2.5 mmol/L dNTPs	2 μL
Taq 酶	0.5 μL

首先加入双蒸灭菌水，然后再按照顺序逐一加入上述成分，每一次要加入到液面下。全部加完后，混悬，瞬时离心，使液体都沉降到PCR 管底。扩增两个 H1 亚型基因片段的 PCR 循环参数为 95 ℃预变性 5 分钟；94 ℃变性 45 秒，42.5 ℃退火 45 秒，72 ℃延伸 45 秒，循环 30 次；72℃延伸 6 分钟。M 基因的循环参数为 95 ℃预变性 5 分钟；94 ℃变性 45 秒，55 ℃退火 45 秒，72 ℃延伸 45 秒，循环 30 次；72 ℃延伸 6 分钟。

4.5 电泳

4.5.1 制备 1.2%琼脂糖凝胶板，见附录 A.1。

4.5.2 取 5 μL PCR 产物与 1 μL 加样缓冲液混合，加入琼脂糖凝胶板的加样孔。

4.5.3 加入分子量标准。

4.5.4 盖好电泳仪，插好电极，5 V/cm 电压电泳，30～40 分钟。

4.5.5 紫外凝胶成像仪观察，记录结果。

5 结果判定

5.1 用 M-684U/M-684L 检测，出现大小为 684 bp 扩增片段，判定为猪流感病毒核酸阳性，否则判定为阴性。

5.2 用 H1-762U/H1-762L 检测，出现大小为 762 bp 扩增片段，判定为 H1 亚型猪流感病毒核酸阳性，否则判定为阴性。

5.3 用 H1-292U/H1-292L 检测，出现大小为 292 bp 扩增片段，判定为甲型 H1N1 流感病毒核酸可疑，否则判定为阴性。

附录 A 相关试剂的配制

A.1 1.2%琼脂糖凝胶

琼脂糖	1.2 g
0.5×TAE 电泳缓冲液	加至 100 mL

A.2 50×TAE 电泳缓冲液

A.2.1 0.5mol/L 乙二铵四乙酸二钠(EDTA)溶液 (pH8.0)

二水乙二铵四乙酸二钠	18.61 g
灭菌双蒸水	80 mL
氢氧化钠	调 pH 至 8.0
灭菌双蒸水	加至 100 mL

A.2.2 TAE 电泳缓冲液(50×)

羟基甲基氨基甲烷(Tris)	242 g
冰乙酸	57.1 mL
0.5mol/L 乙二铵四乙酸二钠溶液(pH8.0)	100 mL
灭菌双蒸水	加至 1 000 mL

用时用灭菌双蒸水稀释使用

A.3 溴化乙锭(EB)溶液

溴化乙锭	20 mg
灭菌双蒸水	加至 20 mL

A.4 DEPC 水

超纯水	100 mL
焦碳酸二乙酯(DEPC)	50 μL

室温过夜,121 ℃高压灭菌 15 分钟,分装到 1.5 mL DEPC 处理过的微量管。

附录 B

猪流感病毒 H1N1 亚型 RT-PCR 试验用引物

B.1 反转录引物

Uni 12:5′-AGCAAAAGCAGG-3′,引物浓度为 20 pmol/μL。

B.2 PCR 引物

见下表,引物浓度均为 20 pmol/μL。

B.1 PCR过程中选择的引物

引物名称	引　物　序　列	长度(bp)	扩增目的片段
M-684U	CAAGACCAATCCTGTCACCTC	684	流感病毒 M 基因
M-684L	AAGACGATCAAGAATCCACAA		
H1-762U	TATCAACAATAAGAA	762	H1 亚型猪流感病毒 HA 基因
H1-762L	CAAACATCCAGAAGA		
H1-292U	CATTAATGATAAAGG	292	甲型 H1N1 亚型流感病毒 HA 基因
H1-292L	TCCAGCATTTCTTTC		

关于防止荷兰新城疫传入我国的公告

(2009 年 5 月 13 日国家质检总局、农业部 2009 年第 45 号公告)

2009 年 3 月 25 日,荷兰农业、自然和食品质量部向世界动物卫生组织(OIE)紧急报告,2009 年 2 月 25 日,荷兰海尔德兰省(Gelderland)发生 1 起新城疫疫情。为防止该病传入我国,保护我国畜牧业安全,根据《中华人民共和国进出境动植物检疫法》等有关法律法规的规定,现公告如下:

一、禁止直接或间接从荷兰海尔德兰省输入禽类及其产品,停止签发荷兰海尔德兰省进口禽类及其产品的《进境动植物检疫许可证》,撤销已经签发的《进境动植物检疫许可证》。

二、本公告发布之日及以后启运的来自荷兰海尔德兰省的禽类及其产品一律作退回或销毁处理。本公告发布之日前启运的来自荷兰海尔德兰省的禽类及其产品,经新城疫检测合格后方可放行。

三、禁止邮寄或旅客携带来自荷兰海尔德兰省禽类及其产品进境,一经发现,一律作退回或销毁处理。

四、在途经我国或在我国停留的国际航行船舶、飞机和火车等运输工具上,如发现有来自荷兰海尔德兰省禽类及其产品,一律作封存处理;其交通员工自养自用的禽类,必须装入完好的笼具中,其废弃物、泔水等,一律在出入境检验检疫机构的监督下作无害化处理,不得擅自抛弃。

五、对海关、边防等部门截获的非法入境的来自荷兰的非法入境的禽类及其产品，一律在出入境检验检疫机构监督下作销毁处理。

六、凡违反上述规定者，由出入境检验检疫机构依照《中华人民共和国进出境动植物检疫法》有关规定处理。

七、各出入境检验检疫机构、各级动物疫病预防控制机构、动物卫生监督机构要分别依照《中华人民共和国进出境动植物检疫法》和《中华人民共和国动物防疫法》的有关规定，密切配合，做好检疫、防疫和监督工作。

本公告自发布之日起执行。

关于印发西班牙输华原羊毛卫生证书样本的通知

（2009 年 5 月 15 日国家质检总局国质检动函[2009]264 号）

各直属检验检疫局：

总局已与西班牙方面就西班牙输华原羊毛卫生证书样本达成一致，证书样本见附件。

请各地检验检疫机构根据证书样本认真做好进境货物卫生证书的查验工作。证书样本也可在“国外官方检疫证书分析及验证识别管理系统”(http://10.37.0.1/ciqcert/homepage.htm)中查询。

特此通知，请遵照执行。

附件：证书样本

（抄送单位无附件）

附件

REINO DE ESPAÑA

Ref: ASE - 831
ORD 0209

CERTIFICADO SANITARIO PARA LA EXPORTACIÓN DE LANA SUCIA A LA REPUBLICA POPULAR DE CHINA

向中华人民共和国出口原羊毛卫生证书

HEALTH CERTIFICATE FOR EXPORT OF GREASY WOOL TO THE PEOPLE'S REPUBLIC OF CHINA

Número de certificado / 证书编号 / Certificate number: ________________

País Exportador / 出口国 / Exporting country: **ESPAÑA / 西班牙** / SPAIN

Ministerio competente / 主管部委 / Competent department: **MINISTERIO DE MEDIO AMBIENTE, Y MEDIO RURAL Y MARINO / 西班牙环境、农村和海洋部** / MINISTRY OF THE ENVIRONMENT AND RURAL AND MARINE AFFAIRS

Autoridad Sanitaria Responsable de la certificación / 负责证书的官方卫生机构 / Sanitary Authority responsible for the certification: ....

I.- IDENTIFICACIÓN DE LA MERCANCÍA / 货物认别 / IDENTIFICATION OF THE MERCHANDISE:

Descripción de la mercancía / 货物描述 / Goods description: ……………………………………

……………………………………………………………………………………

Nombre comercial del producto / 货物商业名称 / Commercial Name of the product: ……………………

……………………………………………………………………………………

Tipo de embalaje / 包装类型 / Nature of packaging: ……………………………………

Número de piezas o bultos / 件数或包装数量 / Number of parts or packages: ……………………

Marca del embalaje / 包装上的标志 / Marking of packaging: ……………………………………

Peso neto / 净重 / Net weight: ……………………………………………………

Peso bruto / 毛重 / Gross weight: ……………………………………………………

II.- PROCEDENCIA DE LA MERCANCÍA / 货物来源 / ORIGIN OF THE MERCHANDISE:

Establecimiento de origen / 企业所在地 / Origin establishment:

Nombre / 名称 / Name: ……………………………………………………

Dirección / 地址 / Address: ……………………………………………………

……………………………………………………………………………………

Número de registro oficial / 官方注册号码 / Official registration number: ……………………

1/3

III.- DESTINO DE LA MERCANCÍA / 货物目的地 / MERCHANDISE DESTINATION:

Lugar de envío / 启运地点 / Place of dispatch: ……………………………………

Fecha de envío / 发货日期 / Date of dispatch: ……………………………………

Lugar de destino / 目的地 / Place of destination: ……………………………………

Medio de transporte (Tipo e identificación) / 运输方式（类型和认别） / Means of transport (Type and identification): ……………………………………

……………………………………

Número de precinto / 封识号 / Seal number: ……………………………………

Nombre y dirección del exportador/ 出口商名称和地址 / Name and address of consignor: ……………………

……………………………………

……………………………………

Nombre y dirección del destinatario / 收货人名称和地址 / Name and address of consignee: ……………

……………………………………

……………………………………

IV.- CERTIFICACIÓN SANITARIA / 卫生证明 / HEALTH ATTESTATION:

El veterinario oficial abajo firmante certifica que: / 官方兽医特此证明 / The undersigned official veterinarian hereby certifies that:

1.- **De acuerdo con el Código de la Organización Mundial de Sanidad Animal, OIE, el país exportador está libre de Fiebre aftosa, Estomatitis Vesicular, Peste de los pequeños rumiantes y Fiebre del Valle del Rift / 根据世界动物卫生组织 (OIE) 的标准，出口国无口蹄疫、水泡性口炎、小反刍兽疫及裂谷热** / According to World Organisation for Animal Health, OIE, Code, the exporting country is free from Foot-and-mouth disease, Vesicular stomatitis, Peste des petits ruminants, Rift Valley Fever.

2.- **En las granjas de origen no ha habido casos de Carbunco bacteridiano durante los últimos 6 meses / 在过去 6 个月内，原羊毛来源的原农场无炭疽病例** / There was no Anthrax in the farm of origin during the past 6 months.

3.- **La lana sucia procede de granjas que no tienen establecidas ni restricciones ni se encuentran en zonas de vigilancia debido a enfermedades de declaración obligatoria que puedan ser transmitidas por la lana, de acuerdo con las normas de la OIE / 据世界动物卫生组织（OIE）规定，原羊毛来源的原农场没有因发生可经原羊毛传播、须通报的疾病而受限制或监测 /** The greasy wool originate from farms which has not been established any restriction or surveillance zone due to notifiable diseases which can be transmitted via greasy wool according to OIE rules.

4.- **El producto procede de animales que fueron criados en el país exportador, o bien fueron importados legalmente de un país aprobado por China, y no mostraron ningún signo de enfermedades infecciosas mientras se obtenía la lana / 羊毛应取自在出口国所饲养的，或合法进口自中国认可的其他国家的羊，取毛时供体羊未见任何传染病的临床症状** / The product originated from animals which were raised in the exporting country or legally imported from the country approved by China and didn't show any sign of infectious diseases while the wool was derived.

5.- **En la lana sucia no hay otros objetos evidentes tales como estiércol o tierra / 原羊毛不带有明显的粪便和土壤等杂物** / No other evident objects such as dung and soil in the greasy wool.

6.- **Durante el procesado, almacenaje y el transporte, se han llevado a cabo todas las medidas necesarias para evitar cualquier contaminación cruzada / 原羊毛在加工、储存和运输过程中已采取必要的措施防止交叉污染** / During the processing, storage and transportation, necessary measures have been taken to avoid any cross contamination.

Hecho en / 签发地点 / Done at: ………………………………, **el / 签发日期 / on:** ………………

(Lugar / 地点 / Place) (Fecha / 日期 / Date)

Sello / 官方印章 / Stamp

……………………………………………

……………………………………………

Nombre, cargo y firma del Veterinario Oficial

官方兽医的姓名、职务及签字

Name, qualification and signature of the Official Veterinarian

NOTAS / 注意事项 / NOTES:

- **El presente certificado posee una validez por 3 meses / 该证书有效期为 3 个月** / This certificate is valid for 3 months.
- **La firma y el sello debe ser en un color diferente al de la impresión / 签字与官方印章必须不同于与印刷品的颜色** / The signature and the stamp must be in a colour different to that of the printing.

关于修订加拿大输华贝类兽医卫生证书及相关事宜的通知

(2009 年 6 月 22 日国家质检总局国质检动函[2009]401 号)

各直属检验检疫局：

加拿大向中国出口种用贝类的兽医卫生证书已修改并经总局确认。现将该证书样本转发给你们，请按照此证书样本对加拿大输华种用贝类进行查验。总局 2008 年 3 月 12 日印发的《关于下发从加拿大进口贝类兽医证书样本的通知》(国质检动函[2008]146 号)同时废止。

新的证书适用于从加拿大东海岸和西海岸的大不列颠哥伦比亚省进口种用贝类，目前符合条件并经加拿大食品检验署注册、质检总局备案的加拿大出口企业为 Sea Perfect Cultivated Products(编号 0667)、Island Scallops Ltd(编号 1310)。

新的兽医卫生证书样本可在总局动植司子网站和“国外官方检疫证书分析及验证识别管理系统”上查阅。

关于解除对波兰高致病性禽流感禁令的公告

(2009 年 6 月 22 日国家质检总局、农业部 2009 年第 63 号公告)

波兰农业与农村发展部已向世界动物卫生组织(OIE)报告消灭高致病性禽流感疫情，根据我国对波兰高致病性禽流感疫情状况的风险分析结果，自本公告发布之日起，允许从波兰进口符合中国相关法律法规规定并在本公告发布之日后生产和加工的禽类及其产品。

农业部与国家质量监督检验检疫总局联合公告第 950 号同时废止。

关于印发《泰国水果过境第三国输往中国检验检疫要求》的通知

(2009年7月3日国家质检总局国质检动函[2009]432号)

各直属检验检疫局：

根据2009年6月24日质检总局与泰国农业与合作部签署的《关于泰国水果过境第三国输往中国检验检疫要求议定书》规定和中方专家实地考核情况，总局已正式允许泰国水果过境老挝、越南从广西凭祥友谊关口岸进境。现将《泰国水果过境第三国输往中国检验检疫要求》印发你们，请遵照执行。执行中如遇问题，请及时向总局报告。

泰国水果过境第三国输往中国检验检疫要求

一、法律法规依据

《中华人民共和国进出境动植物检疫法》、《中华人民共和国进出境动植物检疫法实施条例》、《中华人民共和国国家质量监督检验检疫总局与泰王国农业与合作部关于泰国热带水果输华检验检疫条件的议定书》(2004年10月29日签署)、《中华人民共和国国家质量监督检验检疫总局和泰王国农业与合作部关于泰国水果过境第三国输往中国检验检疫要求议定书》(2009年6月24日签署)。

二、允许进境商品名称

罗望子、桔、苹果、番荔枝、橙、柚、木瓜、杨桃、番石榴、红毛丹、莲雾、菠萝蜜、椰色果、菠萝、人参果、香蕉、西番莲、椰子、龙眼、榴莲、芒果、荔枝、山竹。

三、批准的果园和包装厂

过境第三国输往中国的泰国水果的果园、包装厂、发货人须经泰王国农业与合作部(以下简称MOAC)注册登记，必要时向中华人民共和国国家质量监督检验检疫总局(以下简称AQSIQ)提供这些注册的名单。MOAC 向 AQSIQ 通报运输公司名单和集装箱封识样本。上述名单可在总局网站上查询。

四、装运前要求

（一）果园管理。

1. MOAC 应指导果园种植者采取有效的田间病虫害预防和控制措施，将病虫害的影响降至最小程度。MOAC 应对病虫害发生情况进行调查和监测，并向 AQSIQ 通报泰国这些水果上发生的重大疫情和新发生的任何有害生物疫情。

2. MOAC 将对输往中国的芒果进行检疫并证明不带有杨桃实蝇（*Bactrocera carambolae*）、木瓜实蝇（*Bactrocera papayae*）、番石榴实蝇（*Bactrocera correcta*）或桃实蝇（*Bactrocera zonata*）。如果出口芒果来自上述实蝇发生地区，则须由出口方进行有效除害处理。

3. MOAC 应对水果农用化学品的科学使用进行监督管理，并定期实施农残检测，确保符合中国安全卫生法规和标准。

（二）包装厂管理。

1. 输华水果的包装、储藏和装运过程，须在 MOAC 检疫监管下进行，采取适当措施对水果进行挑选、分拣和包装。确保不带昆虫、螨类、枝、叶、土壤和烂果。

2. 水果不得携带 AQSIQ 关注的限定性有害生物，不得带有枝、叶和土壤。荔枝、龙眼枝条长度不超过 15 厘米。

3. 包装好的水果应单独储藏，避免有害生物再次感染。

（三）包装要求。

1. 包装材料应干净卫生、未使用过，符合中国有关植物检疫要求。

2. 每个包装箱上应用英文或中文标出水果种类、产地（省）、果园、包装厂和出口商名称或代码以及“输往中华人民共和国”字样。

（四）证书要求。

1. 水果出口前，MOAC 应实施检验检疫，符合要求的签发植物检疫证书和二氧化硫残留证书（龙眼），并对集装箱加施封识。植物检疫证书附加声明栏中应注明“该批水果符合《泰国热带水果输华检验检疫条件议定书》和《泰国水果过境第三国输往中国检验检疫要求议定书》的规定”，同时注明集装箱号和封识号码。植物检疫证书有效期为 7 天。

2. 泰方出境口岸检验检疫机构(穆达汉植物检疫站)应在货物到达中国入境口岸前，将植物检疫证书中的信息通过传真，EMAIL 等方式通报中国入境口岸检验检疫机构(凭祥出入境检验检疫局)。

五、运输和入境口岸要求

(一) 水果应由冷藏集装箱运输。

(二) 水果过境第三国运输期间，不得开箱，并按以下指定路线运输：穆达汉(泰国)—沙湾拿吉—达沙湾(老挝)—劳宝—河静—清化—河内—谅山(越南)—友谊关(中国)。

(三) 从广西友谊关口岸入境。

六、进境要求

(一) 有关证书和标识的核查。

1. 水果到达中国入境口岸后，入境口岸检验检疫机构将核查有关证书和封识是否符合第四条第 (四)项的要求。

2. 核查进境水果是否附有 AQSIQ 签发的《进境动植物检疫许可证》。

(二) 进境检验检疫。

根据《检验检疫工作手册》植物检验检疫分册第 11 章的有关规定，对进境水果实施检验检疫。

七、不符合要求的处理

(一) 如果发现证书信息与 MOAC 提供的不一致、伪造或证书无效，不得接受报检。

(二) 如果货证不符、或封识被破坏、或混入其他国家的水果，该批货物作退运或销毁处理。

(三) 如果农用化学品残留限量不符合中方法律法规规定的标准、国际食品安全法典委员会或中泰双方商定的标准，或者发现检疫性有害生物等其他违规情况，则按照 2004 年 10 月 29 日签署的《泰国热带水果输华检验检疫条件议定书》第十二条处理。

（四）AQSIQ 及时将上述违规情况通报 MOAC，以便 MOAC 尽快调查原因，并采取改进措施。双方及时友好协商解决出现的问题。如果上述违规情况多次发生，AQSIQ 将暂停进口来自有关果园、包装厂和发货人的水果。如果情况严重，AQSIQ 将暂停泰国水果过境第三国输往中国。

八、其他检验要求

根据《中华人民共和国食品安全法》的有关规定，进境水果的安全卫生项目应符合我国相关安全卫生标准。

附：泰国水果过境第三国输往中国的冷藏集装箱封识样本

附件

泰国水果过境第三国输往中国的冷藏集装箱封识样本

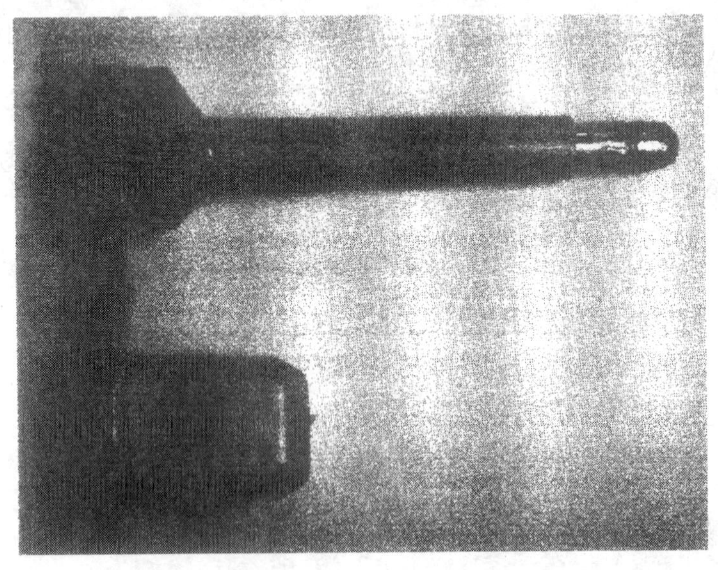

关于印发哥斯达黎加输华牛皮卫生证书的样本的通知

（2009年7月10日国家质检总局国质检动函[2009]455号）

各直属检验检疫局：

总局已与哥斯达黎加农业牧业部就哥斯达黎加输华牛皮卫生证书样本达成一致，证书样本见附件。

自本通知印发之日起，请各地检验检疫机构按照修改后的证书样本对哥斯达黎加输华牛皮进行查验。

另，证书样本也可在“国外官方检疫证书分析及验证识别系统”(http://10.37.0.1/ciqcert/homepage.htm)中查询。

附件：哥斯达黎加共和国向中华人民共和国出口牛皮的兽医卫生证书

（抄送单位无附件）

附件

COSTA RICA

哥斯达黎加共和国

Provisional Ref:

CERTIFICADO SANITARIO VETERINARIO PARA LA EXPORTACIÓN DE CUEROS BOVINOS A LA REPÚBLICA POPULAR DE CHINA

向中华人民共和国出口牛皮的兽医卫生证书

ANIMAL HEALTH CERTIFICATE FOR EXPORTS OF BOVINE HIDES INTO THE PEOPLE'S REPUBLIC OF CHINA

Número de certificado / 证书编号 / *Certificate number*: ____________

País Exportador /出口国 / *Exporting Country*: **COSTA RICA / 哥斯达黎加**

Ministerio competente / 主管部委 / *Competent Ministry*: **MINISTERIO DE AGRICULTURA Y GANADERIA / 哥斯达黎加农业牧业部 / MINISTRY OF AGRICULTURE AND LIVESTOCK.**

Autoridad Sanitaria Responsable de la certificación / 负责证书的官方卫生机构 / *Sanitary Authority responsible for the certification*: SERVICIO NACIONAL DE SALUD ANIMAL NATIONAL SERVICE FOR ANIMAL HEALTH/哥斯达黎加全国动物卫生总局……………………

I.- <u>IDENTIFICACIÓN DE LA MERCANCÍA / 货物认别 / *IDENTIFICATION OF THE MERCHANDISE*</u>:

Pieles de (Especie animal) / 皮革（动物品种） / *Hides and skins of (Animal Species)*: BOVINA BOVINE……

Descripción de la mercancía / 货物描述/ *Goods description*: ……

……

Nombre comercial del producto / 货物商业名称 / *Commercial Name of the product*: ……

COSTA RICAN WET SALTED BOVINE HIDES, CUERO BOVINO SALADO ……

Tipo de embalaje / 包装类型 / *Nature of packaging*: IN PALLET ……

Número de piezas o bultos / 件数或包装数量 / *Number of parts or packages*: ……

Marca del embalaje / 包装上的标志 / *Marking of packaging*: ……

Peso neto / 净重 / *Net weight*: ……

Peso bruto / 毛重 / *Gross weight*: ……

Número de precinto compañia naviera / 封识号/ Shipping company *seal number*. ……

Número de precinto oficial / 封识号/ Official *seal number*. ……

II.- <u>PROCEDENCIA DE LA MERCANCÍA / 货物来源 / *ORIGIN OF THE MERCHANDISE*</u>:

Establecimiento de origen / 企业所在地/ *Origin establishment*:

Número de certificado / 证书编号 / *Certificate number*:	1 / 3

Nombre / 名称 / *Name:* ....

Dirección / 地址 / *Address:* ....

....

Número de registro oficial / 官方注册号码 / *Official registration number:* ....

Fecha de procesado / 加工处理日期 / *Processing date:*

Desde / 自 / *From:* .... **Hasta / 至 /** *To:* ....

III.- DESTINO DE LA MERCANCÍA / 货物目的地 / *MERCHANDISE DESTINATION*:

Lugar de Envío / 货物发出地点 / *Place of Dispatch:* ....

Fecha de Envío / 货物发出日期 / *Date of Dispatch:* ....

Lugar de Destino / 目的地 / *Place of Destination:* ....

Medio de transporte (Tipo e identificación) / 运输方式（类型和认别）/ *Means of transport (Type and identification):* ....

....

Nombre y dirección del exportador / 出口商名称和地址/ *Name and address of consignor:* ....

....

....

Nombre y dirección del destinatario / 收货人名称和地址 / *Name and address of consignee:* ....

....

....

IV.- DECLARACIÓN SANITARIA / 卫生证书/ *HEALTH ATTESTATION*:

El veterinario oficial abajo firmante certifica que / 官方兽医兹证明 /*The undersigned official veterinarian hereby certifies that:*

1) **El país exportador está libre de Fiebre Aftosa, Peste bovina, Dermatosis nodular contagiosa, perineumonía contagiosa bovina, Peste de los Pequeños Rumiantes, y Fiebre del Valle del Rift / 出口国境内无口蹄疫、牛瘟、牛结节诊、传染性牛胸膜肺炎、小反刍兽疫及裂谷热病例。** / *The exporting country is free from Foot and mouth disease, Rinderpest, Lumpy skin disease, Contagious Bovine Pleuropneumonia, Peste des petits ruminants and Rift Valley Fever.*

2) **No se han presentado casos de Estomatitis Vesicular en la finca de origen y de Carbunco Bacteridiano en la región de origen durante los últimos 6 meses. / 在过去六个月内，生牛皮来源的农场没有发生过水泡性口炎和生牛皮来源的地区没有发生过炭疽病例。** /*There was no occurrence of Vesicular Stomatitis in the farm of origin and Anthrax in the region of origin during the past 6 months.*

3) **Los productos fueron elaborados a partir de bovinos nacidos, criados y sacrificados en Costa Rica. / 该产品均源自在哥斯达黎加饲养和屠宰的牛.** / *The products were manufactured from cattle which were raised and slaughtered in Costa Rica.*

4) **El producto procede de fincas en las cuales no se han establecido restricciones o medidas de vigilancia debido a enfermedades de declaración obligatoria que puedan ser transmitidas por los cueros bovinos crudos de acuerdo con la normativa de la OIE. /根据 OIE 规定，皮张来源的原农场没有因发生可经生牛皮传播、须通报的疫病而受限制或监测。** / *The product originates from farms where no restrictions or surveillance zones have been established due to notifiable diseases which can be transmitted via raw bovine hide and skins according to OIE rules.*

5) **Los productos han sido obtenidos de bovinos sacrificados en mataderos aprobados por las autoridades competentes, fueron aprobados en la inspección *ante-* y *post-mortem*, no mostrando signo alguno de enfermedades infecciosas o contagiosas, incluida la estomatitis vesicular. / 该产品所用的牛经过官方兽医或认可兽医的宰前、宰后检验，无任何疾病的临床症状，**

Número de certificado / 证书编号 / *Certificate number:*	2 / 3

包括水泡性口炎。 / *The products have been obtain from cattle which passed the ante- and post-mortem inspections by an official or approved veterinarian, and have been found free from any clinical signs of disease, including Vesicular Stomatitis* .

6) **Los productos han sido sometidos al siguiente tratamiento: / 货物经过了以下加工工艺** / *The products have been submitted to the following treatment:* **(*)**

   a. **Salado en seco durante al menos 14 días antes de la expedición a China /在向中国出口前已经过至少十四天的盐干处理** / *Dry salting for at least 14 days before exporting to China*

   *or/*或

   b. **Salado húmedo durante al menos 14 días antes de la expedición a China / 在向中国出口前已经过至少十四天的盐湿处理** / *Wet salting for at least 14 days before exporting to China or/*或.

   c. **Secado durante al menos 42 días a una temperatura superior a los 20º C** / 经过二十摄氏度以上干燥至少四十二天 / *Drying at least 42 days with temperature above 20º C.º*

7) **Durante el procesado, el almacenamiento y el transporte, se han tomado las medidas necesarias para evitar cualquier tipo de contaminación con productos que no han cumplido con el numeral 6 y no presentan larvas de mosca/ 在加工处理、储存和运输过程中已采取必要措施以避免交叉污染和出现蝇蛆。** / *During the processing, storage and transportation, necessary measures have been taken to avoid any contact with products that are no in compliance with item 6 and did not show maggots.*

8) **En el envío no hay evidencia de otros objetos tales como tierra o estiercol / 在所发出货物里，不带有明显的土壤和粪便等杂物。** / In the consignment there are not evidences of other objects such as soil or dung.

Hecho en / 签发地点 / *Done at:* ...., **el** / 日期 / on: ....

Lugar / 地点 / *Place*) **(Fecha / 日期** / *Date)*

Sello / 官方印章 / *Stamp*

....

....

Nombre, cargo y firma del Veterinario Oficial

官方兽医的姓名,职务及签字

Name, qualification and signature of the Official Veterinarian

<u>NOTAS /注释 / *NOTES*:</u>

El presente certificado posee una validez por 3 meses / 该证书有效期为 3 个月 / *This certificate is valid for 3 months.*

La firma y el sello debe ser en un color diferente al de la impresión / 签字及官方印章的颜色必须不同于印刷品的颜色 / *The signature and the stamp must be in a colour different to that of the printing.*

(*) Táchese lo que no proceda / 划掉不正确的选项 / *Delete as appropriate.*

Número de certificado / 证书编号 / *Certificate number:*	3 / 3

关于从栎树猝死病发生国家或地区进口寄主植物检疫要求的公告

（2009年7月10日国家质检总局2009年第70号公告）

栎树猝死病菌[Phytophthora ramorum，Sudden Oak Death (SOD)]是近年来新发现的一种为害林木和观赏植物的毁灭性真菌病害，可在短期内造成寄主植物大量死亡。该病害在中国没有发生，是中国法律规定禁止进境的检疫性有害生物。为防止栎树猝死病菌传入，保护我国林业、花卉生产及生态环境安全，经有害生物风险分析并征求WTO成员意见，现就从栎树猝死病菌发生国家或地区进口相关寄主植物的检疫要求公告如下。

一、本植物检疫要求适用于从栎树猝死病菌发生国家或地区（名单见附件1）输往中国的寄主植物（名单见附件2）。上述名单将根据疫情发生情况进行动态调整。

二、输华寄主植物（种子、果实及组培苗除外）应产自没有栎树猝死病菌发生的产区。输出国家或地区检验检疫部门应对种植区进行疫情调查监测，对输华寄主植物种植苗圃实施注册登记管理，并向中国国家质量监督检验检疫总局提供符合要求的产区及注册登记种植苗圃名单。

三、出口前，输出国家或地区检验检疫部门应对寄主植物进行栎树猝死病菌项目检测，确保不带该病菌。输华寄主植物附带的栽培介质，应在出口前进行高温灭菌等除害处理。

四、对符合要求的寄主植物，输出国家或地区检验检疫部门应出具植物检疫证书，并在证书附加声明栏中注明："The plants in this shipment originate in (name of registered nursery) where is free of Phytophthora ramorum , and have been tested found free of Phytophthora ramorum prior to export"（本批植物产自没有栎树猝死病菌发生的＊＊＊＊＊注册种植苗圃，出口前检测没有发现栎树猝死病

菌）。

五、必要时，中国国家质量监督检验检疫总局将派专家赴栎树猝死病菌发生国家或地区，核实寄主植物种植苗圃栎树猝死病菌发生情况，并对采取的植物检疫措施进行评估。

六、寄主植物到达中国入境口岸时，出入境检验检疫机构将检查植物检疫证书，确认是否来自注册种植苗圃，并针对栎树猝死病菌进行检测。如发现寄主植物来自发生栎树猝死病菌国家或地区非注册苗圃，或未按上述第四条要求出具植物检疫证书，或检出栎树猝死病菌，将对相关寄主植物采取退运、销毁或暂停进口等措施。

本植物检疫要求自2009年9月1日起实施。

附件1

栎树猝死病菌发生国家或地区名单

德国、荷兰、波兰、西班牙、英国、比利时、法国、意大利、丹麦、瑞典、爱尔兰、斯洛文尼亚、芬兰、瑞士、挪威、立陶宛、美国（暂限加利福尼亚州、俄勒冈州）。

附件2

栎树猝死病菌寄主植物名单

1. *Abies* 冷杉属
2. *Acer* 槭属
3. *Adiantum* 铁线蕨属
4. *Aesculus* 七叶树属
5. *Arbutus* 浆果鹃属
6. *Arctostaphylos* 熊果属
7. *Ardisia* 紫金牛属
8. *Berberis* 小蘖属
9. *Calluna* 帚石楠属
10. *Calycanthus* 夏腊梅属
11. *Camellia* 山茶属
12. *Castanea* 栗属
13. *Castanopsis* 栲属
14. *Cercis* 紫荆属
15. *Ceanothus* 美洲茶属
16. *Cinnamomum* 樟属
17. *Clintonia* 七筋姑属
18. *Cornus* 梾木属
19. *Corylopsis* 蜡瓣花属
20. *Corylus* 榛属
21. *Distylium* 蚊母树属
22. *Drimys* 卤室木属

23. *Dryopteris* 鳞毛蕨属
24. *Eucalyptus* 桉属
25. *Euonymus* 卫茅属
26. *Fagus* 水青冈属
27. *Fraxinus* 白蜡属
28. *Garrya* 丝穗木属
29. *Gaultheria* 白珠树属
30. *Griselinia* 山茱萸属
31. *Hamamelis* 金缕梅属
32. *Heteromeles* 假苹果属
33. *Ilex* 冬青属
34. *Kalmia* 山月桂属
35. *Laurus* 月桂属
36. *Leucothoe* 木藜芦属
37. *Lithocarpus* 石栎属
38. *Lonicera* 忍冬属
39. *Loropetalum* 檵木属
40. *Magnolia* 木兰属
41. *Maianthemum* 舞鹤草属
42. *Manglietia* 木莲属
43. *Michelia* 含笑属
44. *Nerium* 夹竹桃属
45. *Nothofagus* 假山毛榉属
46. *Osmanthus* 木犀属
47. *Osmorhiza* 香根芹属
48. *Parakmeria* 拟单性木兰属
49. *Parrotia* 银缕梅属
50. *Photinia* 石楠属
51. *Physocarpus* 风箱果属
52. *Pieris* 马醉木属
53. *Pittosporum* 海桐属
54. *Prunus* 李属
55. *Pseudotsuga* 黄杉属
56. *Pyracantha* 火棘属
57. *Quercus* 栎属
58. *Rhamnus* 鼠李属
59. *Rhododendron* 杜鹃花属
60. *Rosa* 蔷薇属
61. *Rubus* 悬钩子属
62. *Salix* 柳属
63. *Schima* 木荷属
64. *Sequoia* 红杉属
65. *Syringa* 丁香属
66. *Taxus* 紫杉属
67. *Torreya* 榧树属
68. *Toxicodendron* 漆树属
69. *Trientalis* 七瓣莲属
70. *Umbellularia* 伞桂属
71. *Vaccinium* 越桔属
72. *Vancouveria* 范库弗草属
73. *Viburnum* 荚蒾属

关于印发英国输华食用螃蟹等水生动物卫生证书样本的通知

（2009年7月13日国家质检总局国质检动函[2009]458号）

各直属检验检疫局：

英国向中国出口食用螃蟹、虾（野生捕捞）的卫生证书已经总局确认。现将该证书样本转发给你们，请按照此证书样本对从英国进口的上述产品进行查验。

此卫生证书样本可在总局动植司子网站和“国外官方检疫证书分析及验证识别管理系统”上查阅。

关于印发芬兰输华生牛皮卫生证书样本的通知

（2009年7月21日国家质检总局国质检动函[2009]481号）

各直属检验检疫局：

芬兰农林部对其输华生牛皮卫生证书的表头徽章图案作了修改，证书的其他内容不变，证书样本见附件。

自2009年8月1日起，芬兰官方按修改后的证书样本签发卫生证书，请各地检验检疫机构按照新的证书样本对芬兰输华生牛皮进行查验。

另，证书样本也可在“国外官方检疫证书分析及验证识别系统”(http://10.37.0.1/ciqcert/homepage.htm)中查询。

附件

SUOMI FINLAND

VETERINARY HEALTH CERTIFICATE FOR EXPORT OF RAW BOVINE HIDES AND SKINS FROM FINLAND TO THE PEOPLE'S REPUBLIC OF CHINA

Reference number of the health certificate ______________

1. Competent Central Authority in Finland	2. Competent Local Authority in Finland

I. Identification of consignment
3. Description of the products
4. Quantity and net weight of the products
5. Number and nature of the packages
6. Identification of the packages

7. Name and address of the manufacturing plant
8. Name and address of the place of dispatch
9. Date of dispatch
10. Means of transport
11. Container number and [illegible] number
12. Country and place of destination
13. Name and address of consignor
14. Name and address of consignee

II. Attestation

I, the undersigned Official Veterinarian of Finland hereby certify that:

1. According to OIE code, Finland is free from Foot and mouth disease, Rinderpest, Vesicular stomatitis, Lumpy skin disease, Contagious bovine pleuropneumonia, Peste de ruminants and Rift valley fever;

2. There were no cases of Bluetongue, Anthrax and Rabies in the area of radius of at least 50 km from the original farm, sourcing slaughterhouses, processing plants and the embarkation port during the past 6 months;

3. The products originate from farms which have not been established as a restriction or surveillance zone due to notifiable diseases in cattle in according to OIE [illegible]

4. The products originate from healthy animals which were born or legally imported into Finland and raised in the country for at least 6 months before their slaughtering;

5. The products have been obtained from animals slaughtered in the slaughterhouses approved by the Finnish Food Safety Authority. The animals have undergone ante- and post-mortem inspection and did not show any sign of infectious diseases;

6. The products were treated at the establishment supervised by the Official Veterinarian and have been treated with one of the following procedures:

- either by salt for at least 14 days before exporting to China, or
- dried at least 42 days with temperature above 20°C;

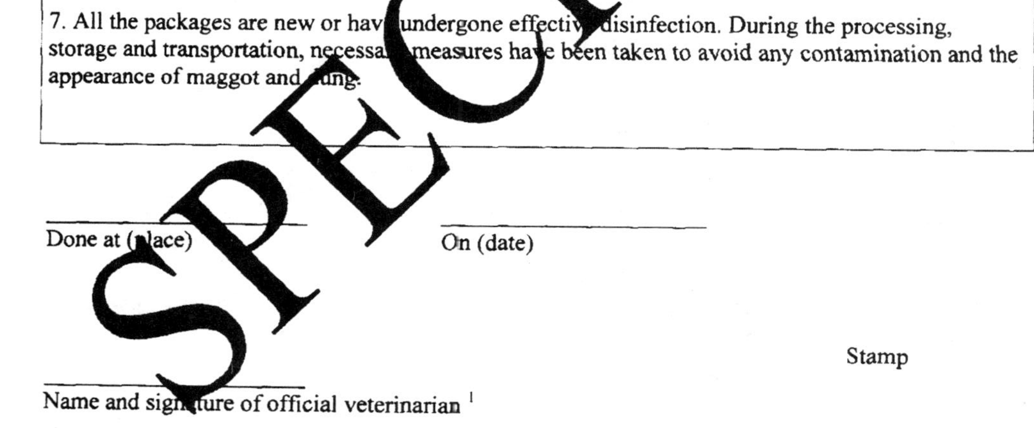

7. All the packages are new or have undergone effective disinfection. During the processing, storage and transportation, necessary measures have been taken to avoid any contamination and the appearance of maggot and fungi.

Done at (place) ________ On (date) ________

Stamp

Name and signature of official veterinarian [1]

[1] The signature and the stamp must be on a colour different to that of the printing

关于印发加拿大输华种用鳗鲡卫生证书样本的通知

（2009 年 8 月 17 日国家质检总局国质检动函[2009]555 号）

各直属检验检疫局：

根据进口水生动物检验检疫卫生要求，总局确认了加拿大向中国出口种用鳗鲡的卫生证书。现将该证书样本印发给你们，请按照证书样本开展加拿大对华出口种用鳗鲡的口岸验证工作。

此证书样本可在总局动植司子网和“国外官方检疫证书分析及验证识别管理系统”中查询。

附件:加拿大输华种用鳗鲡卫生证书样本

附件

Government of Canada | Gouvernement du Canada
Canadian Food Inspection Agency | Agence canadienne d'inspection des aliments

Certificate Reference N°: AQAH-1017-

AQUATIC ANIMAL HEALTH CERTIFICATE

FOR THE EXPORT OF WILD CAUGHT EELS (Anguilla species) TO CHINA

FOR THE PURPOSE OF AQUACULTURE

SECTION 1 - ORIGIN OF AQUATIC ANIMALS

Country of Export: CANADA   Issuing Authority: CANADIAN FOOD INSPECTION AGENCY

Name and Address of Consignor: ______________________________

Catching Region(s): ______________________________

(Country, Region)

SECTION 2 - DESTINATION OF AQUATIC ANIMALS

Country of Destination: CHINA

Name and Address of Consignee: ____________________

SECTION 3 - TRANSPORT INFORMATION

Transport means and identification: ____________ # Packages: ____________

(flight #, waybill #) Identification Label #: ____________

Port(s) of Shipment: ____________ Port(s) of Destination: ____________

SECTION 4 - DESCRIPTION OF CONSIGNMENT

SPECIES:

Common name: ____________ Scientific name: ____________

Quantity of Animals: ____________

Name of Visa Officer: ____________ Date of Visa Issue: ____________

AQAH 1017-(June 10, 2009)-CH

Canadä

Government of Canada | Gouvernement du Canada
Canadian Food Inspection Agency | Agence canadienne d'inspection des aliments

Certificate Reference N°: AQAH-1017-

Inspector Initials

SECTION 5 – CERTIFICATION

A. Certification for export of wild caught eels (Anguilla species) for aquaculture to China:

I, the undersigned, hereby certify that the commodity described in Section 4:

(1) Originates from a country or region that monitors the export aquatic breeding farms in accordance with the Manual of Diagnostic Tests for Aquatic Animals of the World Organization for Animal Health (OIE).

(2) Eels have been tested for and found free of Infectious Pancreatic Necrosis (IPN) and Viral Hemorrhagic Septicaemia (VHS).

(3) Eels have been isolated for at least 14 days before the export. During the isolation period, animals will be visually inspected and found clinically healthy and free of external parasites.

Done at ______________________________ on ______________

(Place) (Date)

Official stamp:

____

(Signature of Official Inspector)

____

(Name in capital letters and title)

Canada

关于印发《试进口菲利普莫里斯公司混配烟片植物检疫要求》的通知

（2009年8月18日国家质检总局国质检动函[2009]563号）

各直属检验检疫局：

应国家烟草专卖局要求，总局派检验检疫人员于2008年10月、2009年6月分别赴马来西亚、比利时，对湖南长沙烟厂、福建龙岩烟厂加工“万宝路”牌卷烟需要从菲利普莫里斯公司（简称菲莫公司）进口的混配烟片及原料烟进行了境外预检。混配烟片是将不同产地来源、不同品种及等级的烟叶，按一定的比例和特定的加工工艺混合配制而成。在风险评估及考察预检基础上，总局同意试进口菲莫公司生产的混配烟片。

现将《试进口菲利普莫里斯公司混配烟片植物检疫要求》印发你们，请遵照执行。如遇问题，请及时向总局报告。

附件

试进口菲利普莫里斯公司混配烟片植物检疫要求

一、进口混配烟片的原料烟，必须产自我国允许进口烟叶的国家或地区。

二、进口混配烟片不得带烟霜霉病菌卵孢子和活的孢囊孢子及菌丝体。进口混配烟片不得带有烟草甲等活体害虫，不得带有假高粱等检疫性杂草，如发现活虫应采取熏蒸等除害处理措施。

三、质检总局将派检验检疫人员赴比利时和/或马来西亚对混配烟片的原料烟叶实施境外集中预检，并对烟叶仓库存放、加工厂生情况进行抽查监管。预检合格的输华烟叶，应与其他烟叶隔离存放、加工和运输。

四、加工后的输华混配烟片应密封包装，并在包装箱上注明烟叶等级、加工厂、生产批号等信息。菲莫公司应对输华混配烟片的来源烟叶、运输、加工等全过程进行记录，并在进境时提供每个混配烟片生产批涉及的原料烟来源产地、收获年份及贮存、加工等情况。

五、输华混配烟片出口前，应经马来西亚官方植物检疫部门检验检疫合格，并出具植物检疫证书。

六、进口混配烟片，须提前办理《进境动植物检疫许可证》。

七、出入境检验检疫机构将对进口的混配烟片实施进境检验检疫和后续监管。如发现来自未经允许的烟叶产地，或检出检疫性有害生物，将采取退运、销毁等措施，严重时将暂停本项目实施。

关于印发意大利输华牛精液健康证书样本的通知

（2009 年 8 月 18 日国家质检总局国质检动函[2009]564 号）

各直属检验检疫局：

根据 2009 年签署的《中华人民共和国国家质量监督检验检疫总局和意大利共和国劳动、卫生和社会政策部关于中华人民共和国从意大利共和国输入牛精液的检疫和卫生条件议定书》，总局已与意大利方面就意大利输华牛精液健康证书样本达成一致，证书样本见附件。

自本通知发布之日起，请各地检验检疫机构根据证书样本认真做好进境货物健康证书的查验工作，原国质检动函[2007]568 号文所附证书样本同时废止。

新证书样本可在“国外官方检疫证书分析及验证识别系统”（http://10.37.0.1/ciqcert/homepage.htm）中查询。

附件

REPUBBLICA ITALIANA – MINISTERO DEL LAVORO, DELLA SALUTE E DELLE POLITICHE SOCIALI

REPUBLIC OF ITALY – MINISTRY OF LABOUR, HEALTH AND SOCIAL AFFAIRS.

Local Veterinary Units n. ....of Region.................

Azienda Unità Sanitaria Locale n............della Regione.................

<table>
<tr><td colspan="2">HEALTH CERTIFICATE
FOR SEMEN OF DOMESTIC ANIMALS OF THE BOVINE SPECIES DESTINED TO BE EXPORTED FROM ITALY TO THE PEOPLE'S REPUBLIC OF CHINA
CERTIFICATO SANITARIO PER LE ESPORTAZIONI DI SPERMA BOVINO DALL'ITALIA VERSO LA CINA</td></tr>
<tr><td>1. State of provenance and competent Authority /Stato di provenienza e Autorità competente: ITALY/ITALIA - Ministry of Labour, Health and Social Affaires - Department of Veterinary Public Health. Food and Nutrition - Ministero del Lavoro. della Salute e delle Politiche Sociali Dipartimento della Sanità Pubblica Veterinaria. degli Alimenti e della Nutrizione.</td><td>2. Health certificate n°/ Certificato sanitario n°:</td></tr>
<tr><td>3. Number of import permit issued by AQSIQ:</td><td></td></tr>
<tr><td colspan="2">A. ORIGIN OF SEMEN/PROVENIENZA DELLO SPERMA</td></tr>
<tr><td colspan="2">4. EU approval number of the collection centre of origin of the consignment corresponding to the compliance of the Centre to the relevant EU Legislation: Directive 88/407/EEC as last amended/ Numero di riconoscimento UE del centro di raccolta da cui proviene lo sperma corrispondente al rispetto da parte del Centro delle relative disposizioni legislative comunitarie. Direttiva 88/407/CEE come da ultimo modificata :</td></tr>
<tr><td>5. Name and address of the collection centre of origin of the consignment/ Nome ed indirizzo del centro di raccolta da cui proviene lo sperma:</td><td>6. Name and address of the consignor/ Nome ed indirizzo dello speditore</td></tr>
<tr><td>7. Country and place of loading/ Stato e luogo di carico:</td><td>8. Means of transport/ Mezzo di trasporto</td></tr>
</table>

B. DESTINATION OF SEMEN/ DESTINAZIONE DELLO SPERMA	
9. State of destination (People's Republic of China)/ Destinazione (Repubblica Popolare Cinese)	10.Name and address of the consignee/ Nome ed indirizzo del destinatario

C. IDENTIFICATION OF SEMEN/ IDENTIFICAZIONE DELLO SPERMA			
11.1 Identification mark of the doses([1])/ Marchi identificativi delle dosi([1])	11.2 Number of doses / Numero di dosi	11.3 Quality of semen([2])/ qualità dello sperma ([2])	11.4 Approval number of the collection centre of origin/ Numero di riconoscimento del centro di raccolta di provenienza

The semen for the entire consignment has been collected within 90 days from the date of first collection of semen, report this date............../ Il seme dell'intera partita è stato raccolto entro 90 giorni dalla data della prima raccolta, riportare tale data.........................

Name and address of performance test units at which the donor bulls were standing/ Nome ed indirizzo delle strutture dove è stato condotto il performance test dei tori donatori.

D. HEALTH INFORMATION/ATTESTAZIONI SANITARIE

12. I, undersigned official veterinarian, certify that/ Il sottoscritto, veterinario ufficiale, certifica che:

12.1. Italy is free from foot-and-mouth disease, rinderpest, vesicular stomatitis, contagious bovine pleuropneumonia, peste des petits ruminants, epizootic haemorrhagic disease of deer, lumpy skin disease and Rift valley fever./ L'Italia è indenne da afta epizootica, peste bovina, stomatite vescicolare, pleuropolmonite contagiosa bovina, malattia emorragica contagiosa del cervo, lumpy skin disease e febbre della valle Rift.

12.1.1. The AI centres for export of semen have been registered and licensed by MH, meet the EU standards and be under regular supervision and examination by MH accredited official veterinarian. The donor bulls have resided in the AI centres for at least 12 months and have not been used for natural service since entering the centres./ I centri di raccolta per l'esportazione sono stati registrati e autorizzati dal Ministero della Salute rispettando gli standard comunitari e sono regolarmente sottoposti a supervisione ed esame da parte di un veterinario ufficiale accreditato dal Ministero della Salute. I tori donatori sono residenti nei centri di raccolta da almeno 12 mesi e non sono stati usati per la monta naturale dal momento dell'entrata nel centro di raccolta.

12.1.2. They show no clinical sign of contagious disease at the time of collection./ Essi non mostrano segni clinici di malattie contagiose al momento della raccolta.

12.1.3. During a period of 5 years prior to the first collection of the semen for export to China up till 45 days after the last collection of the semen for export to China, all animals in the AI centres for export of semen have been free of vesicular stomatitis and rabies./ Nel corso dei 5 anni antecedenti la prima raccolta per l'esportazione verso la Cina fino a 45 giorni dopo l'ultima raccolta di sperma sempre per l'esportazione verso la Cina, tutti gli animali nel centro di raccolta sono rimasti indenni da stomatite vescicolare e rabbia.

12.1.4. The AI centres for exporting semen are located in areas included in a national surveillance program conducted in accordance with OIE guidelines for prevention, control and eradication of bovine spongiform encephalopathy (BSE) and meeting OIE standards for production and processing of semen./ I centri di raccolta per l'esportazione del seme son localizzati in aree comprese in un programma nazionale, realizzato nel rispetto delle linee guida dell'O.I.E per la prevenzione, controllo e l'eradicazione della encefalopatia sppongiforme bovina (BSE) e rispettano gli standard O.I.E per la produzione e la lavorazione dello sperma.

12.1.5. If the AI centre is located in a Bluetongue area, breeding area and collection area have completely vector proven equipments./ Se il centro di inseminazione artificiale si trova all'interno di un'area affetta da bluetongue, la zona di allevamento e quella di raccolta hanno attrezzature completamente a prova di insetto.

12.1.6. There is no serum positive results for Bluetongue in the center during the past one year, and any positive animals found during the pre-entry isolation period has been removed immediately./ Non ci sono stati casi di sieropositività per Bluetongue nel centro durante l'ultimo anno e ciascun animale risultato eventualmente sieropositivi nel corso del periodo di isolamento pre-ingresso nel centro è stato rimosso immediatamente.

12.2. The semen described above was collected from bulls: / lo sperma sopra descritto è stato raccolto da tori:

12.3. which are located in AI centres included in a national surveillance programme in accordance with OIE guidelines for prevention, control and eradication of bovine spongiform encephalopathy (BSE);/ tenuti in centri di raccolta compresi in un programma di sorveglianza nazionale conformemente alle linee guida dell'OIE per la prevenzione, controllo ed eradicazione dell'encefalopatia spongiforme bovina (BSE);

12.3.1. which were born after the July 1994 (date of implementation of the feed-ban) and have not been fed with ruminant protein or feeds containing ruminant protein prohibited under the feed-ban applied in Italy during their lifetime / I tori donatori sono nati dopo il luglio 1994 (data di attuazione del feed-ban) e non sono stati alimentati con proteine di ruminanti o con mangimi contenenti proteine di ruminanti vietate dal feed-ban attuato in Italia durante la loro vita.

12.3.2. If the donor bulls are imported they were introduced from countries that, compared to Italy, have equivalent or lower BSE risk and an equivalent feed-ban in place, be born after the date on which the ban was implemented, and not be bulls imported from herds where BSE has been diagnosed for the previous six year; and have unique and permanent identification tags, so they are traceable. Name of Country of origin if the bulls are imported____________ / Se i tori donatori sono importati sono stati introdotti da Paesi che, rispetto all'Italia, hanno equivalente o più basso rischio per la BSE e un equivalente feed ban in vigore, oltre che essere nati dopo la data nella quale il feed ban è stato effettivamente applicato e non provenire da allevamenti nei quali la BSE è stata diagnosticata nei precedenti 6 anni e avere unici e permanenti marchi di identificazione così da permetterne la tracciabilità. Nome del Paese di origine se i tori sono importati:__________

12.4. The donor bulls do not exhibit any genetic defects and there is no record of genetic defects in their predecessor or offsprings./ I tori donatori non hanno evidenziato alcun difetto genetico e non hanno registrato tali difetti nei loro antenati o nella loro progenie;

12.5. The donor bulls have not produced any progeny exhibiting recessive lethal genes or possible signs of carrying such genes and / I tori donatori non hanno dato origine a progenie con geni letali recessivi o segni di sospetto della presenza di tali geni e:

12.6. In a period of at least three years prior to the first collection of the semen for export to China up till 28 days after the last collection of the semen, all animals in the AI centre were free of clinical signs of the following diseases: tuberculosis, paratubercolosis, brucellosis, enzootic bovine leucosis, and / nel periodo compreso almeno tra i 3 anni antecedenti la prima raccolta del seme destinato all'esportazione verso la Cina e i 28 giorni dopo l'ultima raccolta di seme, tutti gli animali nel centro di raccolta non hanno mostrato segni clinici delle seguenti malattie: tubercolosi, paratubercolosi, brucellosis, leucosis bovina enzootica e,

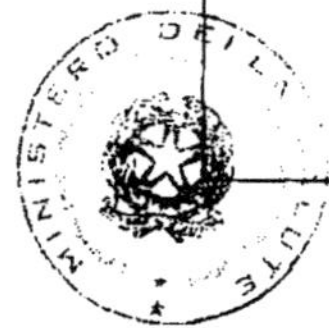

12.7. all animals have been tested negative for tubercolosis prior to entry into the AI centre / tutti gli animali sono stati testati per tubercolosi prima di entrare nel centro di raccolta con esito negativo. Within three months prior to the first collection of the semen for export to China, all animals including teaser animals at the AI centres have been subjected to intradermal test for tuberculosis with negative results: intradermal test at cervical area using bovine and avian tubercolines (PPD), has been intended as negative with reaction is swelling not to exceed 2 mm at the site of injection at 72 hours after injection. Avian Avian tubercolin has been adopted only in case comparative test was needed/ Nei tre mesi antecedenti alla prima raccolta di seme destinato ad essere esportato in Cina, tutti gli animali inclusi i teasers, nel centro di raccolta del seme sono stati sottoposti al test intradermico per la tubercolosi con risultato negativo: questo deve intendersi tale quando nell'area cervicale, usando tubercolina bovina e aviare (PPD), il gonfiore nel punto di inoculo non supera i 2 mm dopo 72 ore dall'iniezione. La tubercolina aviare è stata utilizzata solo nel caso in cui il test comparativo si è reso necessario.
12.8. All animals have been examined for paratubercolosis with negative results prior to entry into the AI centre by ELISA test/ tutti gli animali sono stati esaminati per paratubercolosi con esito negativo prima di entrare nel centro di raccolta utilizzando il test ELISA. 12.8.1. All animals includine teasers animals at the AI centre should be examined by ELISA test at least twice a year wuith negative results / Tutti gli animali inclusi i teasers nel centro di raccolta sono stati esaminati con il test ELISA almeno 2 volte all'anno con esito negativo 12.8.2. Donor animal should be tested by ELISA within 28 days prior to first collection and within 28 days after the last collection/L'animale donatore è stato testato con il metodo ELISA nei 28 giorni antecedenti la prima raccolta e nei 28 giorni dopo l'ultima raccolta con esito negativo
12.9. All animals have been examined for brucellosis with negative result prior to entry into the AI centre / tutti gli animali sono stati testati per brucellosi con esito negativo prima di entrare nel centro di raccolta. Within 28 days prior to the first collection of the semen for export to China, the donor bulls and the teaser animals at the AI centres for export of semen have been subjected to Complement fixation test for brucellosis with negative results (less than 20 IU/ml.)/ Nei 28 giorni antecedenti alla prima raccolta di seme destinato ad essere esportato in Cina, tutti i tori donatori e i teasers, nel centro di raccolta per l'export verso la Cina sono stati sottoposti a un test di fissazione del complemento con risultato negativo (meno di 20 Unità Internazionali fissanti del Complemento).
12.10. All animals have been examined for enzootic bovine leukosis with negative result prior to entry into the AI centre / Tutti gli animali sono stati esaminati per leucosi bovina enzootica con esito negativo prima di entrare nel centro di raccolta.

Within 28 days prior to the first collection of the semen for export to China, the donor bulls and the teaser animals at the AI centres for export of semen have been subjected to enzootic bovine leukosis test with negative results: agar gel immunodiffusion test (p_{24} and gp_{51} antigens) nei 28 giorni antecedenti la prima raccolta di seme destinato ad essere esportato in Cina, tutti i tori donatori e i teasers, nel centro di raccolta per l'export verso la Cina sono stati sottoposti a un test per la leucosi bovina enzootica con esito negativo: test di immunodiffusione in gel di agar (antigeni p_{24} e gp_{51}).

12.11. The bulls should subject to a serological test according to the O.I.E Terrestrial Manual to detect antibody to the BTV group, with negative results, at least every 60 days throughout the collection period and between 21 and 60 days after the final collection for this consignment: or

the bulls should subject to an agent identification test according to the O.I.E Terrestrial Manual on blood samples collected at commencement and conclusion of, and at least every 7 days(virus isolation test) or at least every 28 days (PCR test) during semen collection for this consignment , with negative results./ I tori sono stati sottoposti ad un test sierologico effettuato in conformità con quanto previsto nel "Terrestrial Manual" dell'O.I.E per la rilevazione di anticorpi nei confronti del gruppo BTV, con risultato negativo, almeno ogni 60 giorni durante tutto il periodo di raccolta e tra 21 e 60 giorni dopo l'ultima raccolta per la partita considerate o. I tori sono stati sottoposti ad un test di identificazione in conformità con quanto previsto nel "Terrestrial Manual" dell'O.I.E su campioni di sangue raccolti all'inizio e alla fine del periodo di raccolta e durante lo stesso periodo ogni 7 giorni (per il test di isolamento virale) o almeno ogni 28 giorni (per il test PCR)

12.12. in a period of at least 12 months prior to the first collection of the semen for export to China to 28 days after the last collection of the semen, all animals in the AI centre were free of clinical signs of the following diaseases: BVD/MD, IBR/IPV, trichomoniasis, Campylobacter foetus infection, leptospirosis and/ nel periodo compreso almeno tra 12 mesi antecedenti la prima raccolta del seme destinato all'esportazione verso la Cina e 28 giorni dopo l'ultima raccolta di seme, tutti gli animali nel centro di raccolta non hanno mostrato segni clinici delle seguenti malattie: BVD/MD, IBR/IPV, trichomoniasi, infezioni da Campylobacter foetus, leptospirosi e

12.13. all animals have been tested for persistent BVD/MD infection prior to entry into the AI centres using virus isolation techniques on blood or serum or semen with negative results / tutti gli animali sono stati testati per la ricerca della BVD/MD infezione persistente, prima di entrare nel centro di raccolta, usando tecniche di isolamento virale sul sangue o siero o sul seme con risultato negativo.

12.13.1. The donor bulls and the teaser animals shall be tested at least annually. Animals negative to previous serological tests should be retested to confirm absence of antibodies. Should an animal become serologically positive, every ejaculate of that animal collected since the last negative test should be either discarded or tested for virus with negative results./ I tori donatori e gli animali teasers sono stati testate annualmente. Animali negativi ai precedenti test sierologici sono stati ritestati per confermare l'assenza di anticorpi. Animali divenuti sieropositivi sono stati sottoposti, a partire dall'ultimo test sieronegativo, all'analisi di ciascun eiaculato per la ricerca del virus e ciascuno di questi eiaculati o è stato scartato o è stato utilizzato solo se il risultato era negative

12.13.2. The donor bulls shall be tested by PCR with semen samples collected within 28 days prior to first collection, weekly based during semen production and within 28 days after the last collection./ I tori donatori sono stati testati per mezzo di tecnica PCR su campioni di seme raccolti nei 28 giorni antecedenti la prima raccolta, ogni settimana durante il periodi di produzione del seme e nei 28 giorni dopo l'ultima raccolta .

12.14. All animals were negative to serum neutralisation test for IBR/IPV prior to entry into the AI centre / tutti gli animali erano negativi ad un test di sieroneutralizzazione prima di entrare nel centro di raccolta.

12.14.1. Twenty eight days prior to the first collection of the semen for export to China and twenty eight days after the last semen collection, the donor bulls and the teaser animals were negative to IBR/IPV by serum neutralisation test ($P^{37}{}_{24}$) with undiluted serum / Ventotto giorni prima la prima raccolta di seme per l'export verso la Cina e ventotto giorni dopo l'ultima raccolta di seme, i tori donatori e i teaser erano negativi all'IBR/IPV mediante test di sieroneutralizzazione ($P^{37}{}_{24}$) su siero non diluito.

12.14.2. A sample of 0,1 ml of fresh semen or at least three straws of semen from each ejaculate (as stated for BVD/MD) has been tested for IBR/IPV virus (at least 2 passages to be performed on tissue culture) with negative result./ Un campione di 0,1 ml di seme fresco o almeno tre pagliette di seme da ciascun eiaculato (come stabilito per la BVD/MD) è stato testato per il virus IBR/IPV (almeno 2 passaggi devono essere effettuati su culture tessutali) con risultato negativo.

12.15. All animals have been be examined for trichomoniasis with negative result prior to entry into the AI centre / tutti gli animali sono stati esaminati per tricomoniasi con risultato negativo prima di entrare nel centro di raccolta.

	Twenty eight days prior to the first collection of the semen for export to China and twenty eight days after the last semen collection, the donor bulls and the teaser animals were negative for trichomoniasis by culture test using preputial/vaginal washing / Ventotto giorni prima la prima raccolta di seme per l'export verso la Cina e ventotto giorni dopo l'ultima raccolta di seme. i tori donatori e i teaser erano negativi alla tricomoniasi mediante test culturale effettuato su liquido di lavaggio prepuziale / vaginale.
12.16.	All animals have been examined examined for *Campylobacter Foetus* infection with negative result prior to entry into the AI centre / tutti gli animali sono stati esaminati per infezione da *Campylobacter Foetus* con risultato negativo prima di entrare nel centro di raccolta. Twenty eight days prior to the first collection of the semen for export to China and within twenty eight days after the last semen collection, the donor bulls and the teaser animals were negative for *Campylobacter Foetus* infection by culture test using preputial/vaginal mucus washing / Nei ventotto giorni prima la prima raccolta di seme per l'export verso la Cina e nei ventotto giorni dopo l'ultima raccolta di seme. i tori donatori e i teaser sono risultati negativi all'infezione da *Campylobacter Foetus* mediante test culturale effettuato su liquido di lavaggio del muco prepuziale o vaginale.
12.17.	Within 30 days prior to the semen collection all donor bulls intended to produce semen for export to China received 2 injection of dihydrostreptomycin for leptospirosis therapy at an interval of 14 days. second injection being given within 24 hours before the first collection, with a dose of 25 mg/kg for each injection, or within 30 days prior to and 21 days later after the semen collection, all donor bulls intended to produce semen for export to China were tested twice for leptospirosis using microagglutination test at a sera dilution of 1 in 100 with negative result for the serotypes : hardjo, pomona, canicola, grippotyphosa, icterohaemorrhagiae, Bratislava and Tarassovi / Nei 30 giorni precedenti la raccolta dello sperma destinato ad essere esportato verso la Cina tutti i tori donatori hanno ricevuto 2 iniezioni di diidrostreptomimcina per la terapia della leptospirosi ad un intervallo di 14 giorni, con la seconda iniezione effettuata 24 ore prima della prima raccolta ad una dose di 25 mg/kg per ciascuna iniezione o, nei 30 giorni antecedenti e 21 giorni dopo la raccolta dello sperma, tutti i tori donatori utilizzati per la raccolta dello sperma destinato all'esportazione in Cina sono stati testati due volte per la leptospirosi usando il test di microagglutinazione ad una diluizione di 1:100 con risultato negativo per i sierotipi di leptospira: hardjo, pomona, canicola, grippotyphosa, icterohaemorrhagiae, bratislava e tarassovi .
12.18.	The semen destined to be exported to China is not obtained from dead donor bulls or donor bulls subsequently resulted as BSE positive. / Il seme destinato ad essere esportato verso la Cina non è stato ottenuto da tori donatori morti o risultati successivamente positivi alla BSE:
12.19.	The egg products in the semen extender come from flocks free from Newcastle disease and Avian Influenza and any other disease subjected to notification or if artifical extender is used it is obtained

	without products of animal origin /I prodotti d'uovo contenuti nell'extender dello sperma provengono da allevamenti avicoli indenni da malattia di Newcastle. influenza aviare ed ogni altra malattia soggetta a notifica o. se si utilizzano extender artificiali. questi non contengono prodotti di origine animale.	
12.20.	After collection of semen and until dispatch to China. the said semen shall be stored separately from any other semen not intended for export to China./ Successivamente alla raccolta del seme e fino alla spedizione verso la Cina il seme in oggetto è stato immagazzinato separatamente da qualsiasi altro seme non destinato ad essere esportato verso la Cina. Only sterilised flasks and fresh nitrogen. not previously used for any purpose, are used for the storage./ Per il magazzinaggio e la conservazione del seme in oggetto sono stati utilizzati unicamente contenitori sterili ed azoto liquido nuovi. non preventivamente impiegati per qualsiasi altro scopo.	
12.21.	Antibiotics (specify.................................) have been added to the semen extender in accordance with article 21(8) of the protocol / Sono stati aggiunti antibiotici (specificare ....) conformemente all'articolo 21(8) del protocollo di intesa.	
12.22.	The consignment/s of semen identified in the present certificate have been stored separately from any other semen not intended for export to China. moreover it has been collected, processed, packed. sealed. and transported under supervision of the official veterinarian who has signed the certificate / La partita/e di seme identificate nel presente certificato sono state immagazzinate separatamente da ogni altra partita di seme non destinata all'esportazione verso la Cina.. inoltre sono state raccolte. processate confezionate sigillate e avviate al trasporto sotto la supervisione del veterinario ufficiale che ha firmato il certificato.	
12.23.	Only sterilized flasks and fresh nitrogen, not previously used for any purpose. have been used for the storage of semen destined to be exported toward China / Solo contenitori sterilizzati e azoto fresco non preventivamente utilizzato per qualsiasi scopo sono stati utilizzati per la conservazione del seme destinato ad essere esportato verso la Cina.	
12.24.	In a sheet attached to the present certificate. the inspection and quarantine results of each donor bulls are reported. / In un foglio allegato al presente certificato sono riportati i risultati delle ispezioni e dei test effettuati per ciascun toro donatore	
E. VALIDITY/VALIDITA'		
13. Date and place /Data e luogo	14. Name and qualification of the official veterinarian Nome e qualifica del Veterinario Ufficiale	15. Signature and stamp of the official veterinarian/ Firma e timbro del Veterinario Ufficiale

(1) Corresponding to the identification of the donor animal and date of collection/ Corrispondente all'identificazione dell'animale donatore e data di raccolta

(2) The following information shall be provided: total concentration, (millions/dose) % of total motility post-thawing % progressive motility post-thawing / Le seguenti informazioni devono essere riportate: concentrazione totale (in milioni/dose). % di motilità totale post-scongelamento, % di motilità progressiva post-scongelamento.

关于印发爱尔兰输华牛精液卫生证书样本的通知

（2009 年 8 月 21 日国家质检总局国质检动函[2009]567 号）

各直属检验检疫局：

根据《中华人民共和国国家质量监督检验检疫总局与爱尔兰农渔食品部关于中国从爱尔兰输入牛精液的检疫和卫生条件议定书》，总局已与爱尔兰方面就爱尔兰输华牛精液卫生证书样本达成一致，证书样本见附件。

自本通知发布之日起，请各地检验检疫机构根据证书样本做好查验工作。

附件

Import Permit Number __________ Certificate number __________

ANIMAL HEALTH CERTIFICATE

For the Export of Bovine Semen from the Republic of Ireland to the People's Republic of China

Part A

Consignor(name and full address):	Certificate number:
	Import Permit Number:
	Competent authority: Department of Agriculture, Fisheries and Food
Consignee(name and full address):	Name and address of EU Approved Semen Collection Centre:
Place of loading:	Approval number of EU Approved Semen Collection Centre:
Means of transport: Identification of means of transport:	Place and Country of destination:
Seal number(s) of semen container(s):	Number of Semen Straws

Import Permit Number ____________ Certificate number ________________

Part B

I, the undersigned centre veterinarian approved by the Department of Agriculture, Fisheries and Food for the approved centre identified in Part A, certify that:

1. For the previous 3 years there has been no clinical signs or laboratory record of the presence of the following diseases at the approved centre:

    - Bovine Tuberculosis
    - Bovine Brucellosis
    - Enzootic Bovine Leukosis
    - Bluetongue
    - Paratuberculosis
    - Anaplasmosis
    - Trichmoniasis
    - Campylobacteriosis
    - Mucosal Disease/BVD
    - Infectious Bovine Rhinotracheitis
    - Leptospirosis

2. The donor bulls (identified in Part B (15))

- Have been continuously resident in the approved centre for the previous 12 months and have not been used for natural mating since entry into the approved centre
- Are at least 2 years old
- Have unique and permanent identification tags and are entered into a system providing traceability
- Displayed no clinical signs of disease for the 24 hours preceding collection

3. The donor bulls have either been

- born in Ireland after the date of implementation of the feed ban, 8th of August 1994, and have never been fed with feedstuff containing mammalian tissue proteins

Or

- been imported from countries, when compared to Ireland, have a lower or equivalent risk of BSE and have implemented a similar feed ban on feedstuff containing mammalian tissue proteins, with the bulls being born after this date of implementation.

Import Permit Number ____________   Certificate number ________________

4. The donor bulls have been confirmed free of the following genetic diseases:

- Fishy Off-flavour in milk (Ayrshire)
- 1/29 Robertsonian Translocation (Ayrshire)
- Bovine Leukocyte Adhesion Deficiency (Holstein)
- Complex Vertebral Malformation (Holstein)

5. The donor bulls have been subjected, with a negative result, to the following health checks within 21 to 60 days after the latest collection date specified in Part B (15).

- An ELISA for paratuberculosis,
- An ELISA, CFT or buffered brucella antigen test for bovine brucellosis
- An intradermal tuberculin test
- An AGID test or ELISA for enzootic bovine leucosis
- An ELISA test for BVD virus antigen or an IPX BVD virus culture
- A serum neutralisation test or ELISA for infectious bovine rhinotracheitis
- A MAT for Leptospirosis serovars hardjo, sejro, pomona, canicola, grippotyphosa and icterihemorrhagiae

- For bovine genital campylobateriosis and trichomoniasis, an IFT on or a culture of preputial washings.

Animals with positive results to the above tests, have been removed and such semen collected from them is ineligible for export to China and is no longer stored with semen eligible for export to China.

6. All animals resident in the approved centre have been subjected to the routine health checks laid down in Council Directive 88/407/EEC.

7. During the entire period of collection for this consignment, the donor bulls were subjects to one of the following testing regimes, with negative results, for bluetongue

    a. A serological test performed at least every 60 days throughout the collection period and within 21 – 60 days after the latest collection date specified in Part B (15)

    b. An agent identification test (PCR or virus isolation), performed at the commencement and conclusion of the collection period and also at least every 7 days, in the case of the virus isolation test, or every 28 days, in the case of the PCR test, during the collection period.

8. The semen has been packed into straws marked, at a minimum, with the identification of the donor and the collection date.

Import Permit Number ____________ Certificate number ________________

9. In the case of donor animals which are no longer living, these animals did not die as a consequence of disease (including BSE),

10. All containers and flasks used for storing and transporting semen have been thoroughly cleansed and disinfected prior to use, using an appropriate disinfectant.

11. Antibiotics, as detailed in Part B (15), were added to produce, at a minimum, the following concentration in the final diluted semen;

- 500 IU streptomycin per ml
- 500 IU penicillin per ml
- 150 microgram lincomycin per ml
- 300 microgram spectinomycin per ml

12. Semen for export to China has been stored separately or only with semen of the same health status.

13. During the collection period, the donor bulls have not came into contact with animals of a lower health status.

14. From the time of collection to the dispatch of the shipment, the donor bulls have not shown any evidence of the diseases mentioned in Part B (1) & (5), or any other new emerging disease.

15. The following contains details of the semen consignment for export of each donor bull.

Bull Name	Collection Date	Number of straws	Semen Concentration of straws	Name and Composition of diluents	Antibiotics added	Other ingredients (if applicable)

Centre Veterinarian

Full Name and Address and Veterinary Qualifications in Capitals of Centre Veterinarian

____

____

Signed ____________________ Dated ________

Import Permit Number ____________ Certificate number ____________

Part C

Official Veterinarian Endorsement

I, the undersigned, being an official Veterinarian of the Department of Agriculture. Fisheries and Food of the Republic of Ireland, hereby certify that:

1) The semen transport container was sealed with an official seal prior to shipment and the number of the seal was recorded in Part A of this certificate prior to export.

2) The approved centre, named in Part A. is approved in accordance with "Council Directive 88/407/EEC of 14 June 1988 laying down the animal health requirements applicable to intra- Community trade and imports of deep-frozen semen of domestic animals of the bovine species" by the **Department of Agriculture, Fisheries and Food,** the Competent authority of the Republic of Ireland.

3) The approved centre is under the supervision of the Department of Agriculture, Fisheries and Food,

4) The centre meets the OIE standards for production and processing of semen,

5) The centre is included in a national surveillance program, conducted in accordance with OIE guidelines, for the prevention, control and eradication of bovine spongiform encephalopathy.

6) The Republic of Ireland is free of

- Rinderpest,
- Lumpy Skin Disease,
- Rift Valley Fever,
- Foot and Mouth Disease,
- Vesicular Stomatitis,
- Contagious Bovine Pleuro-pneumonia,
- Q Fever.

Based on the supporting certificate of the approved centre veterinarian in Part B and the declarations made in Part C, Points 1 to 5, the approved centre named in Part A and the consignment of semen listed in Part B (15) meet the criteria specified in the protocol for the export of bovine semen from Ireland to the People's Republic of China.

<u>Official Veterinarian</u>

Name and Official Position in Capitals

____

____

Signed ______________________ Dated ____________

Official Stamp

Import Permit Number ___________ Certificate number ________________

Notes

- One original copy and two duplicate copies shall accompany each consignment of semen. A copy of the certificate shall be retained by the official veterinarian.
- Duplicate Certificates shall be clearly marked using the word "DUPLICATE" and the printed watermark function on Microsoft Word (or equivalent).
- All copies of the certificate shall be signed by both the centre veterinarian and the official veterinarian.
- Each Certificate will bear a unique number generated in accordance with the numbering system utilised by the Department of Agriculture, Fisheries and Food.
- Every Page of this certificate shall be stamped with the stamp of the official veterinarian.
- **This certificate shall be typed. Handwritten (apart from signatures) or altered versions are invalid.**
- The import permit number shall be supplied by the Chinese importer.

关于发布进出口饲料和饲料添加剂风险级别及检验检疫监管方式的公告

（2009 年 8 月 27 日国家质检总局 2009 年第 79 号公告）

根据《进出口饲料和饲料添加剂检验检疫监督管理办法》（国家质检总局第 118 号令）的规定，现将进出口饲料和饲料添加剂风险级别及检验检疫监管方式予以公布（见附件）。国家质检总局将根据风险分析结果适时调整风险级别及检验检疫监管方式并公布，允许进口饲料的国家与地区名单和饲料产品种类名录另行公布。

特此公告。

附件

进出口饲料和饲料添加剂风险级别及检验检疫监管方式

类别	种　　类	风险级别	进口检验检疫监管方式	出口检验检疫监管方式
动物源性饲料	饵料用活动物	Ⅰ级	进口前须申请并取得《进境动植物检疫许可证》；进口时查验检疫证书并实施检疫；对进口后的隔离、加工场所实施检疫监督	符合进口国家或地区的要求
	饲料用（含饵料用）冰鲜冷冻动物产品	Ⅰ级	进口前须申请并取得《进境动植物检疫许可证》；进口时查验检疫证书并实施检疫；对进口后的加工场所实施检疫监督	符合进口国家或地区的要求
	饲料用（含饵料用）水产品	Ⅱ级	进口前须申请并取得《进境动植物检疫许可证》；进口时查验检疫证书并实施检疫	符合进口国家或地区的要求

续表

类别	种类	风险级别	进口检验检疫监管方式	出口检验检疫监管方式
动物源性饲料	加工动物蛋白及油脂:包括肉粉(畜禽)、肉骨粉(畜禽)、鱼粉、鱼油、鱼膏、虾粉、鱿鱼肝粉、鱿鱼粉、乌贼膏、乌贼粉、鱼精粉、干贝精粉、血粉、血浆粉、血球粉、血细胞粉、血清粉、发酵血粉、动物下脚料粉、羽毛粉、水解羽毛粉、水解毛发蛋白粉、皮革蛋白粉、蹄粉、角粉、鸡杂粉、肠膜蛋白粉、明胶、乳清粉、乳粉、蛋粉、干蚕蛹及其粉、骨粉、骨灰、骨炭、骨制磷酸氢钙、虾壳粉、蛋壳粉、骨胶、动物油渣、动物脂肪、饲料级混合油、干虫及其粉等	Ⅱ级	进口前须申请并取得《进境动植物检疫许可证》;进口时查验检疫证书并实施检疫	符合进口国家或地区的要求
	宠物食品和咬胶	Ⅱ级	进口前须申请并取得《进境动植物检疫许可证》;进口时查验检疫证书并实施检疫	符合进口国家或地区的要求
植物源性饲料	饲料粮谷类	Ⅰ级	进口前须申请并取得《进境动植物检疫许可证》;进口时查验检疫证书并实施检疫;对进口后的加工场所实施检疫监督	符合进口国家或地区的要求
	饲料用草籽	Ⅰ级	进口前须申请并取得《进境动植物检疫许可证》;进口时查验检疫证书并实施检疫;对进口后的加工场所实施检疫监督	符合进口国家或地区的要求
	饲草类	Ⅱ级	进口前须申请并取得《进境动植物检疫许可证》;进口时查验检疫证书并实施检疫	符合进口国家或地区的要求

续表

类别	种类	风险级别	进口检验检疫监管方式	出口检验检疫监管方式
植物源性饲料	麦麸类	Ⅰ级	进口前须申请并取得《进境动植物检疫许可证》；进口时查验检疫证书并实施检疫；对进口后的加工场所实施检疫监督	符合进口国家或地区的要求
	糠麸饼粕渣类（麦麸除外）	Ⅱ级	进口前须申请并取得《进境动植物检疫许可证》；进口时查验检疫证书并实施检疫	符合进口国家或地区的要求
	青贮料	Ⅲ级	进口时查验检疫证书并实施检疫	符合进口国家或地区的要求
	加工植物蛋白及植物粉类	Ⅳ级	进口时实施检疫	符合进口国家或地区的要求
配合饲料		Ⅱ级	进口前须申请并取得《进境动植物检疫许可证》；进口时查验检疫证书并实施检疫	符合进口国家或地区的要求
添加剂预混合饲料	含动物源性成分	Ⅱ级	进口前需要申请并取得《进境动植物检疫许可证》；进口时查验检疫证书并实施检疫	符合进口国家或地区的要求
	不含动物源性成分	Ⅳ级	进口时实施检疫	符合进口国家或地区的要求
饲料添加剂	含动物源性成分	Ⅱ级	进口前需要申请并取得《进境动植物检疫许可证》；进口时查验检疫证书并实施检疫	符合进口国家或地区的要求
	不含动物源性成分	Ⅳ级	进口时实施检疫	符合进口国家或地区的要求

关于印发《秘鲁柑橘进境植物检疫要求》的通知

（2009年9月3日国家质检总局国质检动函[2009]596号）

各直属检验检疫局：

根据中秘签署的《秘鲁柑橘输华植物检疫要求议定书》有关规定和中方专家实地考核情况，总局已正式允许秘鲁柑橘进口。现将《秘鲁柑橘进境植物检疫要求》印发你们，请遵照执行。执行中如遇问题，请及时报告总局。

附件

秘鲁柑橘进境植物检疫要求

一、法律法规依据

《中华人民共和国进出境动植物检疫法》、《中华人民共和国进出境动植物检疫法实施条例》、《中华人民共和国国家质量监督检验检疫总局和秘鲁共和国农业部关于秘鲁柑橘输华植物检疫要求议定书》。

二、允许进境商品名称

柑橘，具体种类包括：葡萄柚（*Citrus* × *paradisii*），橘子（*Citrus reticulate*）及其杂交种，橙（*Citrus sinensis*），莱檬（*Citrus aurantifolia*）和塔西提莱檬（*Citrus latifolia*）。

三、果园和包装厂注册

柑橘果园、包装厂应经秘鲁共和国农业部及国家动植物检疫局（SENASA）审核注册，并经中国质检总局（AQSIQ）核准确认。出口季节前，SENASA应向AQSIQ提供注册的输华果园和包装厂名单。

四、关注的检疫性有害生物名单

音加按实蝇 *Anastrepha distincta*、南美按实蝇 *Anastrepha fraterculus*、西印度按实蝇 *Anastrepha obliqua*、山榄按实蝇 *Anastrepha serpentina*、地中海实蝇 *Ceratitis capitata*、咖啡绿软蚧 *Coc-*

cus viridis、菠萝灰粉蚧 *Dysmicoccus brevipes*、双条拂粉蚧 *Ferrisai virgata*、玫瑰短喙象 *Pantomorus cervinus*、木薯绵粉蚧 *Phenacoccus madeirensis*、苏铁褐点并盾蚧 *Pinnaspis aspidistrae*、刺盾蚧 *Selenaspidus articulatus*。

五、针对实蝇的主要措施

（一）葡萄柚、橘子及其杂交种、橙应采取针对实蝇的随航集装箱冷处理。冷处理技术指标如下：

温度范围	处理时间（天）
≤1.11 ℃	15
≤1.67 ℃	17

（二）莱檬和塔西提莱檬不需要冷处理，这些出口收获水果应为绿色。

六、装运前要求

（一）果园管理。

1. 在 SENASA 检疫监管下，柑橘果园应采取有效的监测、预防和有害生物综合管理措施（IPM），避免和控制中方关注的检疫性有害生物发生，并维持果园植物卫生状况。

2. 应 AQSIQ 要求，SENASA 应提供病虫害监测、预防和综合管理措施的有关程序和结果。

3. 采摘时，来自 SENASA 注册产区或果园的水果，不得与未注册产区/果园的水果装在同一箱中。如果发现没有分开，SENASA 应拒绝该批水果出口，并暂停涉及产区、果园和出口商该出口季节向中国出口柑橘。

（二）包装厂管理。

1. 柑橘的加工、包装、储存和运输必须在 SENASA 的检疫监管下进行。

2. 出口柑橘采摘后须经过加氯水浸泡或喷洒、刷洗、杀菌剂处理、打蜡、选果和包装等处理程序，保证不携带中方关注的检疫性有害生物，不带有枝、叶和土壤。

3. 包装好的柑橘应单独储藏，避免受有害生物再次感染。

（三）包装要求。

1. 柑橘包装箱上应用英文标出产地（省份）、果园名称或注册号、包装厂名称或注册号、“秘鲁输往中国”的字样（附件1）。

2. 包装箱应干净卫生、首次使用。包装材料应符合国际木质包装措施标准的要求。

（四）冷处理要求。

1. 对来自不是实蝇非疫区的柑橘，应在柑橘运输途中实施冷处理，以杀灭任何可能存在的实蝇幼虫。

2. 冷处理应按照操作规程在自动制冷集装箱中进行。

（五）植物检疫证书要求。

1. 柑橘启运前，SENASA应实施出口植物检验检疫，对加工过程或加工完成后的果实成品实施抽样查验。在开始出口前2年，抽样比例为2%，如没有发现检疫问题，则随后抽样比例降低到1%。

2. 检验检疫合格后，SENASA签发植物检疫证书，证书“原产地”栏中应注明柑橘生产的省，并在附加声明中用英文注明：“The consignment is in compliance with requirement described in the *Protocol of phytosanitary requirements for the export of citrus from Peru to China* and is free from quarantine pest concern to China”（该批货物符合《秘鲁柑橘输华植物检疫要求议定书》，不带有中方关注的检疫性有害生物）。

3. 实施冷处理的，应将冷处理的温度、处理时间和集装箱号码及封识号在植物检疫证书中注明。

七、进境要求

（一）有关证书核查。

1. 核查植物检疫证书是否符合第六条第（五）项的规定。

2. 核查进境柑橘是否附有国家质检总局颁发的《进境动植物检疫许可证》。

3. 实施冷处理的，核查由船运公司下载的冷处理记录和由SENASA官员签字盖章的“果温探针校正记录”正本。

（二）进境检验检疫。

1. 根据《检验检疫工作手册》植物检验检疫分册有关规定，对进境柑橘实施检验检疫。

2. 经冷处理培训合格的检验检疫人员，对以下冷处理要求进行核查：

（1）核查冷处理温度记录。任何一个果温探针温度记录均须达到选定温度并持续相应时间。

（2）果温探针安插的位置须符合附件1要求。

（3）对果温探针进行校正检查（见附件2）。任何果温探针校正值不应超过0 ℃± 0.3 ℃。温度记录的校正检查应在对冷处理温度记录核查后，初步判定符合冷处理条件的情况下进行。

3. 冷处理无效判定

不符合第七条第（二）项第2点情况之一的，则判定为冷处理无效。

八、不符合要求的处理

（一）经检验检疫发现包装不符合第六条第（三）项有关规定，该批柑橘不准入境。

（二）发现有来自未经SENASA注册的果园、包装厂或冷处理设施生产加工的柑橘，不准入境。

（三）冷处理结果无效的，不准入境。

（四）发现任何活的检疫性有害生物，拒绝该批货物入境。如在来自实蝇非疫区的柑橘中发现地中海实蝇或按实蝇复合种，则暂停相关实蝇非疫区地位，AQSIQ和SENESA将共同评估该产区植物卫生状况，找出产生问题的原因，并采取整改措施，以便重新恢复非疫区地位。

（五）冷处理后货物中截获任何活的地中海实蝇和/或按实蝇复合种，则暂停冷处理项目。双方将调查出现违规的原因，在采取整改措施基础上，通过双方协商解决恢复柑橘进口问题。

九、其他检验要求

根据《中华人民共和国食品安全法》有关规定，进境柑橘的安全卫生项目应符合我国相关安全卫生标准。

附件：1. 果温探针安插的位置

2. 果温探针校正检查方法

附件 1

果温探针安插的位置

1 号探针安插在集装箱内货物首排顶层中央位置；

2 号探针安插在距集装箱门 1.5 米(40 英尺集装箱)或 1 米(20 英尺集装箱)的中央，并在货物高度一半的位置；

3 号探针安插在距集装箱门 1.5 米的左侧，并在货物高度一半的位置；

2 个空间温度探针分别安插在集装箱的入风口和回风口处。

安插位置示意图

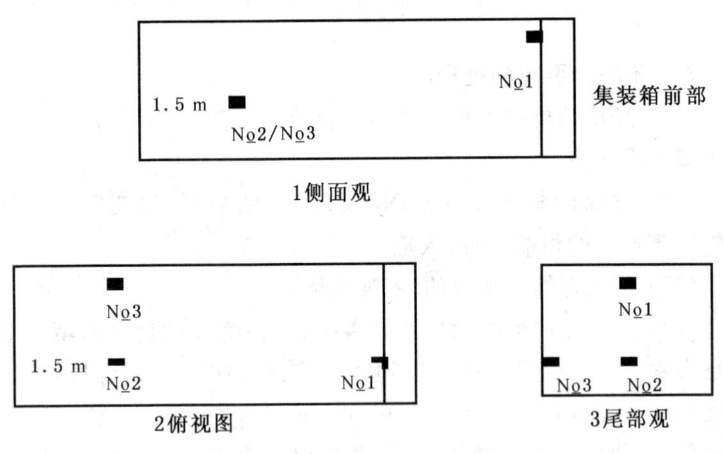

附件 2

果温探针校正检查方法

一、材料及工具

标准水银温度计；手持扩大镜；保温壶；洁净的碎冰块；蒸馏水。

二、果温度探针的校正方法

1. 将碎冰块放入保温壶内，然后加入蒸馏水，水与冰混合的比例约为 1∶1；

2. 将标准温度计和温度探针同时插入冰水中，并不断搅拌冰水，同时用手持扩大镜观测标准温度计的刻度值，使冰水温度维持在0 ℃，然后记录3支温度探针显示的温度读数，重复3次，取平均值。例如：

探　针	第1次读数	第2次读数	第3次读数	校正值
1号	0.1	0.1	0.1	−0.1
2号	−0.1	−0.1	−0.1	+0.1
3号	0.0	0.0	0.0	0.0

关于印发《中国柑橘输往秘鲁植物检疫要求》的通知

（2009年9月8日国家质检总局国质检动函[2009]610号）

各直属检验检疫局：

根据中秘签署的《中国柑橘输往秘鲁植物检疫要求议定书》有关规定，近日秘鲁农业部动植物检疫局通报总局，允许从我国进口柑橘。现将《中国柑橘输往秘鲁植物检疫要求》印发你们，请组织和指导相关企业落实柑橘出口检验检疫要求，并加强监管。执行中如遇问题，请及时报告总局。

中国柑橘输往秘鲁植物检疫要求

一、法律法规依据

《中华人民共和国进出境动植物检疫法》、《中华人民共和国进出境动植物检疫法实施条例》、《中华人民共和国国家质量监督检验检疫总局和秘鲁共和国农业部关于中国柑橘输往秘鲁植物检疫要求议定书》（2008年6月25日草签，2008年11月19日正式签署）。

二、水果名称

葡萄柚(*Citrus*×*paradisi*)、桔子(*Citrus reticulate*)及其杂交种、橙(*Citrus sinensis*)、柠檬(*Citrus limon*)和柚子(*Citrus maxima* 或 *Citrus*. *grandis*)(简称为“柑橘”)。

三、果园和包装厂注册

输秘柑橘果园、包装厂须在出入境检验检疫机构(简称 CIQ)注册,并国家质检总局(简称 AQSIQ),由秘鲁国家动植物检疫局(简称 SENASA)和 AQSIQ 共同批准。出口季节前,AQSIQ 应向 SENASA 提供输往秘鲁的注册果园、包装厂名单。

四、秘鲁关注的检疫性有害生物名单

茶短须螨 *Brevipulpus obovatus*、番石榴实蝇 *Bactrocera correcta*、桔小实蝇 *Bactrocera dorsalis*、桔大实蝇 *Bactrocera minax*、蜜桔大实蝇 *Bactrocera tsuneonis*、木槿曼粉蚧 *Maconellicoccus hirsutus*、桔鳞粉蚧 *Nipaecoccus virdis*、嗜桔粉蚧 *Pseudococcus calceolariae*、桔小粉蚧 *Pseudococcus cryptus*、康氏粉蚧 *Pseudococcus Comstocki*、西非平刺粉蚧 *Rastrococcus invadens* 、柑橘溃疡病菌 *Xanthomenas axonopodis* pv. *Citri* 、柑橘黑斑病菌 *Guignardia critrcarpa*。

五、针对实蝇的主要措施

(一) 葡萄柚、桔子、橙、柠檬,应采取针对实蝇的随航集装箱冷处理。冷处理技术指标如下:

温度范围	≤0.0 ℃	≤0.56 ℃	≤1.11 ℃	≤1.67 ℃	≤2.22 ℃
处理时间(天)	10	11	12	14	16

(二) 柚子不需要冷处理,但必须用塑料膜包裹。

六、装运前要求

(一) 果园管理。

1. 采取有效的疫情监测和有害生物综合管理措施(IPM),以避免和尽量减少秘鲁关注检疫性有害生物的发生,保持果园、包装厂良好植物卫生状况,并做好疫情监测和控制措施记录。

2. 应要求,AQSIQ 向 SENASA 提供疫情监测、预防和综合管理措施的有关程序和结果。

3. 采摘时,来自注册产区或果园的水果,不得与未注册产区或果园的水果装在同一箱中。如果发现没有分开，则该批水果不得出口。如情况严重，CIQ 可暂停相关产区、果园和出口商在本出口季节向秘鲁出口柑橘。

（二）包装厂管理。

1. 采摘后出口水果，须采用加氯水（200 ppm）浸泡或喷洒，刷洗、杀菌剂处理、打蜡、挑选、包装等处理程序，保证不携带秘方关注的检疫性有害生物，不带有枝、叶和土壤。

2. 储存仓库和/或冷藏库应具备适当的植物卫生条件，单独存放输秘柑橘果实，并满足 CIA 制定的相关安全存放措施要求。

3. 上述储存库、冷藏库内柑橘装运运输工具环节，应采取安全防疫措施。

4. CIQ 应对水果加工、包装、储存和运输实施检验检疫监管。

（三）包装要求。

1. 柑橘包装箱上应用英文标出产地（省份），果园名称或注册号、包装厂名称或注册号、“中国输往秘鲁”的字样。

2. 包装箱应是干净卫生、首次使用，木质包装材料应当符合国际木质包装措施标准的要求。

（四）冷处理要求。

1. 对来自不是实蝇非疫区的柑橘，应在柑橘运输途中实施冷处理，以杀灭任何可能存在的实蝇幼虫。

2. 在 CIA 监管下，冷处理应按照操作规程（见附件）在自动制冷集装箱中进行。

七、出境检验检疫

（一）检疫查验要求。

1. CIQ 按照出境水果检验检疫一般工作程序实施现场及实验室检验检疫。

2. 抽样查验可在果实加工过程或对加工完成后的成品进行，在开始出口前 2 年，抽样比例为 2%，如没有发现检疫问题，则随后抽样比例降到 1%。

3. 应当对包装箱上标注的原产地或代码等信息进行核查。不得携带秘方关注的活的有害生物或病原菌可疑症状。

（二）植物检疫证书要求。

1. 检验检疫合格后，签发植物检疫证书，证书"原产地"栏中应注明柑橘生产的省，并在附加声明中用英文注明："The consignment is in compliance with requirement described in the *Protocol of phytosanitary requirements for the export of citrus from China to Peru* and is free from quarantine pest concern to Peru"（该批货物符合《中国柑橘输往秘鲁植物检疫要求议定书》，不带秘方关注的检疫性有害生物）。

2. 实施冷处理的，应将冷处理的温度、处理时间和集装箱号码及封识号在植物检疫证书中注明。

八、不合格情况的处理

（一）如发现柑橘来自未注册果园或包装厂，该批水果不得出境。

（二）如检出任何秘方关注的活的有害生物或病原菌症状，该批水果不得出口。

（三）如检出柑橘溃疡病或其他检疫性有害生物，出口商和 *CIQ* 应立即对产区、包装厂进行评估调查，查明发生原因，采取改进措施，并向总局报告。

附件

运输途中冷处理操作规程

1 集装箱类型

集装箱必须是自身（整体）制冷的运输集装箱，且具有能达到和保持所需温度的制冷设备。

2 记录仪类型

检疫官员应确保采用适当的温度探针和温度记录仪的组合：

2.1 探针温度应在－3.0 ℃到 ＋3.0 ℃之间，精确到±0.1 ℃。

2.2 有足够数量的探针。

2.3 能够记录并贮存处理过程的数据。

2.4 至少每小时记录一次所有探针的温度，记录显示应满足探针要求的精度。

2.5 打印出的温度记录，应对应每个探针记录的时间、温度，并注明记录仪和集装箱号。

3 温度的校正

3.1 必须用核准的标准温度计在塑料容器中用碎冰和净水混合物中校正（每个温度探针校正三次）。

3.2 任何读数超出 0 ℃±0.3 ℃的探针都必须更换。

3.3 必须对每个集装箱出具一份由官方检疫机构或 AQSIQ 授权的检疫官员签字盖章的“果温探针校正记录”，正本须附在随货的植物检疫证书上。

3.4 水果运抵时，SENASA 将使用 4.1 中所述方法对果温探针进行校正检查。

4 温度探针的安插

4.1 包装好的果实应在检疫官员的监管下装入运输集装箱，并确保水果包装箱及堆垛间空气流动畅通。

4.2 每个集装箱至少应安插 3 个果温温度探针，2 个箱体空间温度探针，探针位置为：

(a) 1 号探针（位于果肉内）：安插在集装箱内货物首排顶层中央位置；

(b) 2 号探针（位于果肉内）：安插在距集装箱门 1.5 米（40 英尺集装箱）或 1 米（20 英尺集装箱）的中央，并在货物高度一半的位置；

(c) 3 号探针（位于果肉内）：安插在距集装箱门 1.5 米（40 英尺集装箱）或 1 米（20 英尺集装箱）的左侧，并在货物高度一半的位置；

(d) 2 个空间温度探针分别安插在集装箱的入风口和回风口处。

4.3 冷处理全部过程应须在授权检疫官员监督与指导下进行。

4.4 装箱前的水果需在冷藏室中存放（预冷）至果肉温度达 2 ℃或以下。

4.5 集装箱在装进水果至少 30 分钟前开始制冷。

4.6 集装箱内只能装入同一种水果，水果堆垛高度应相同，以确保空气的流通。

5 集装箱封识

5.1 由经授权的官员,用编码封条对装上货物的集装箱柜门进行封识。

5.2 运输过程中实行冷处理的,封条只能在秘鲁入境口岸由 SENASA 官员开启。

6 温度记录及确认

6.1 运输途中的冷处理是指装运柑橘的集装箱离开输出国到秘鲁第一靠港运输期间进行冷处理。

6.2 可以任何时间启动记录,然而只有所有的果温探针都达到指定的温度时,处理时间才能正式开始计算。

6.3 船运公司应下载冷处理温度记录,并将其提交入境港口的 SENASA。

6.4 一些海上航行可能使得冷处理在船到达秘鲁之前就已完成,可允许在途中下载处理记录并传送到 SENASA 以便审核。但是根据要求,在 SENASA 完成温度探针再校正前,不能认为该处理有效。因此,是否在到达秘鲁之前中止冷处理(如逐渐提升运输温度)是一个商业决定。

6.5 SENASA 将核实处理记录是否符合有关处理要求。

7 文档

7.1 冷处理的温度、处理时间和集装箱号码及封识号必须在植物检疫证书中注明。

7.2 柑橘入境时,需向 SENASA 提供植物检疫证书、冷处理报告、果温探针校正记录。

关于允许进口秘鲁柑橘的函

(2009 年 9 月 8 日国家质检总局国质检外函[2009]612 号)

秘鲁共和国驻华大使馆:

根据中秘双方 2008 年 11 月签署的《秘鲁柑橘输华植物检疫要

求议定书》，在专家风险分析和实地考察基础上，中方认为贵国柑橘出口检验检疫管理情况符合议定书要求，现正式通知贵方，自即日起，允许贵国柑橘输往中国。

希望贵方严格按照议定书要求，加强对输华柑橘检验检疫和监督管理，确保其符合中国进境检验检疫要求。

顺致敬意。

关于印发新西兰输华牛卫生证书样本的通知

（2009 年 9 月 9 日国家质检总局国质检动函[2009]615 号）

各直属检验检疫局：

根据 2009 年签署的《中华人民共和国国家质量监督检验检疫总局和新西兰农林部关于中国从新西兰输入牛的检疫和卫生要求议定书》，总局已与新西兰农林部就新西兰输华牛卫生证书样本达成一致，证书样本见附件。自即日起，请各地检验检疫机构根据本证书样本做好查验工作。

新证书样本可在“国外官方检疫证书分析及验证识别系统”（http://10.37.0.1/ciqcert/homepage.htm）中查询。

附件

Ministry of Agriculture and Forestry, New Zealand
Te Manatu Ahuwhenua, Ngaherehere, Aotearoa

Certificate Number AE 43201

ZOOSANITARY CERTIFICATE

Commodity: CATTLE

To: PEOPLE'S REPUBLIC OF CHINA

Exporting Country: NEW ZEALAND

Competent Authority: MINISTRY OF AGRICULTURE AND FORESTRY

Import Permit Number: ....

I: IDENTIFICATION OF ANIMALS

Identification		Breed	Sex	Age
Permanent	Temporary			

Total number of animals in the consignment: ....

II: ORIGIN OF THE ANIMALS

Name and address of exporter: ....

....

....

Farm of origin of animals: ....

....

III: DESTINATION OF ANIMALS

Port of departure: ....

Scheduled date of export: ....

Name and address of importer: ....

....

....

Means and identification (name/flight number of the vessel/aircraft) of transport: ....

....

Certificate Number AE ....43201.....

IV: SANITARY INFORMATION

VETERINARY CERTIFICATE

I, ..., an Official Veterinarian of the New Zealand Ministry of Agriculture and Forestry, certify, after due enquiry in regard to the animals listed in this Zoosanitary Certificate, that:

1. Country freedom

New Zealand is officially free of Akabane-virus associated disease, anaplasmosis, bluetongue, bovine babesiosis, bovine brucellosis (*Brucella abortus*), lumpy skin disease, bovine spongiform encephalopathy (BSE), chlamydiosis (*Chlamydophila abortus*), contagious bovine pleuropneumonia, epizootic haemorrhagic disease of deer, heartwater, foot-and-mouth disease, Q fever, peste des petits ruminants, rabies, Rift Valley fever, rinderpest, trypanosomiasis and vesicular stomatitis.

2. Cattle for export

The cattle for export have met all of the requirements in this zoosanitary certificate.

3. Farm of origin

3.1 The cattle for export were born and reared in New Zealand and have been resident on the farm of origin for at least 6 months.

3.2 After due enquiry, the farm(s) of origin:

3.2.1 has been officially free of bovine tuberculosis during the previous 3 years.

3.2.2 has not had any clinical cases of Johne's disease, infectious bovine rhinotracheitis (IBR), bovine viral diarrhoea/mucosal disease (BVD/MD), enzootic bovine leukosis (EBL), leptospirosis, toxoplasmosis, anthrax, bovine ephemeral fever, bovine genital campylobacteriosis (*Campylobacter fetus* subsp. *venerealis*) and trichomonosis (*Trichomonas foetus*) during the previous year.

4. Farm of origin testing, examination and vaccination

4.1 On the farms of origin, the cattle for export have been examined and found to be clinically free of the infectious diseases listed in clauses 1 and 3.2 above.

Date of clinical examination: ....

4.2 The cattle intended for export were kept separately from cattle not intended for export to China and were tested, within 30 days prior to entry into the pre-export isolation facilities and with negative results, for the following diseases [1]:

4.2.1 Bovine tuberculosis; the intradermal test using bovine tuberculin (PPD):

either 4.2.1.1 at the caudal fold site (negative is no palpable or visible increase in skin thickness when read at 72 hours);

or 4.2.1.2 at the cervical site (negative is a reaction of less than 2mm at the site of injection 72 hours later).

(Delete as appropriate)

Certificate Number AE ...43201......

Date of test (reading): ....

4.2.2 Johne's disease; the complement fixation test (negative at a 1:5 serum dilution) or ELISA.

Type of test: ....

Date of sampling: ....

Date of testing: ....

Name and address of laboratory: ....

....

4.2.3 Enzootic bovine leukosis (EBL); no enlargement of the **external lymph nodes** on visual examination.

Date of examination: ....

4.2.4 Infectious bovine rhinotracheitis (IBR); an ELISA or a micro-titre serum neutralisation test (negative at a 1:2 dilution).

Type *of* test: ....

Date of sampling: ....

Date of testing: ....

Name and address of laboratory: ....

....

4.2.5 Bovine viral diarrhoea/mucosal disease (BVD/MD); virus isolation or the antigen capture ELISA.

Type of test: ....

Date of sampling: ....

Date of testing: ....

Name and address of laboratory: ....

....

4.3 The cattle that tested IBR negative (as per clause 4.2.4) were vaccinated with an inactivated vaccine as early as possible before entering the pre-export isolation facilities.

Date of vaccination: ....

Name of vaccine: ....

Dosage used: ....

Name of manufacturer: ....

Expiry date of vaccine: ....

Certificate Number AE ....43201.....

4.4 Only the cattle with negative test results were moved into the pre-export isolation facilities.

5. Pre-export isolation testing, examination and treatment

5.1 Prior to export, the cattle intended for export were kept for at least 30 days in MAF-approved pre-export isolation facilities.

Location (physical address of the pre-export isolation facilities): ....

....

5.2 During the isolation period, the cattle for export were examined on a regular basis and found to be free of clinical evidence of the diseases listed in clauses 1 and 3.2.

5.3 During the isolation period, the cattle for export were tested, with **negative results**, for the following diseases:

5.3.1 Johne's disease; the complement fixation test (negative at a 1:5 serum dilution) or ELISA.

Type of test: ....

Date of sampling: ....

Date of testing: ....

Name and address of laboratory: ....

....

5.3.2 Enzootic bovine leukosis (EBL); no enlargement of the external lymph nodes on visual examination, and the agar-gel immunodiffusion (AGID) test or ELISA.

Date of examination: ....

Type of test: ....

Date of sampling: ....

Date of testing: ....

Name and address of laboratory: ....

....

5.3.3 Bovine viral diarrhoea/mucosal disease (BVD/MD); virus isolation or the antigen capture ELISA.

Type of test: ....

Date of sampling: ....

Date of testing: ....

Name and address of laboratory: ....

....

Certificate Number AE ...43201.....

5.4 Any positive testing animals were removed from the pre-export isolation facility immediately and were no longer part of the consignment.

5.5 During the isolation period, the cattle for export were re-vaccinated against infectious bovine rhinotracheitis (IBR) at least 14 days after entering the pre-export isolation facilities with an inactivated vaccine.

Date of vaccination: ....

Name of vaccine: ....

Dosage rate used: ....

Name of Manufacturer: ....

Expiry date of vaccine: ....

5.6 During the pre-export isolation period, the following treatments were carried out under the supervision of a MAF Official Veterinarian:

5.6.1 The cattle for export were treated for:

5.6.1.1 Leptospirosis, using long-acting tetracycline (at the rate of 20 mg/kg).

Date of administration: ....

5.6.1.2 External and internal parasites, using parasiticides registered by the relevant Competent Authority in New Zealand.

Internal parasite treatment:

Name of parasiticide: ....

Date of treatment: ....

Dose rate used: ....

External parasite treatment:

Name of parasiticide: ....

Date of treatment: ....

Dose rate used: ....

6. Examination prior to export

6.1 Within 24 hours prior to the scheduled date of export, all the cattle in the pre-export isolation facilities were examined and found to be healthy and free of evidence of infectious diseases, and were fit for transport.

7. Transport requirements

7.1 All vehicles and crates or pens used on the vessel or aircraft, used for transport of the cattle, were cleaned and treated with an effective disinfectant, which is registered by the relevant Competent Authority in New Zealand.
Information regarding the name and dose rate (concentration) of the disinfectant, and the date and

Certificate Number AE 43201

location of disinfecting is provided in Annex I.

7.2 During pre-export isolation and transportation, the cattle to be exported have not been in contact with animals of other consignments, and have not been transported through restricted areas associated with the occurrence of serious infectious diseases of cattle.

7.3 The feed and bedding used during pre-export isolation and transportation was not restricted from sale due to their association with the occurrence of infectious diseases of cattle.

Signature of Official Veterinarian
New Zealand Ministry of Agriculture and Forestry

Official Stamp and Date

....

Name (type written) and Address:

Note: the Official Veterinarian must sign, date and stamp each page of the veterinary certificate and, where applicable, all documents (e.g. the report of all relevant test results) that form part of the extended health certification.

Notes.

(1) The following measures shall be taken when the following results are obtained:

(i) all test-positive animals to the intradermal test for bovine tuberculosis are ineligible for movement to the pre-export isolation facility. All other animals from the group of the test-positive animal are also ineligible for movement to the pre-export isolation facility, unless the test-positive animal is negative to a subsequent gamma interferon assay;

(ii) if more than 50% of animals from a farm are testing positive to one of the diseases listed in the Annex of this protocol, other than bovine tuberculosis, then none of the animals from that farm shall be exported to China;

(iii) if less than 50% of animals from a farm are testing positive to one of the diseases listed in the Annex of this protocol, other than bovine tuberculosis, then the positive animals shall be removed from the group immediately.

Certificate Number AE ....43201....

ANNEX I – DISINFECTANTS USED

Name of disinfectant	Dose rate (concentration) used	Date of disinfecting	Location of disinfecting

关于印发《进出境水生动物质量安全监测工作规范》的通知

（2009 年 9 月 9 日国家质检总局国质检动[2009]387 号）

各直属检验检疫局：

为了进一步加强水生动物检验检疫工作，规范进出境水生动物质量安全监测工作，总局组织制定了《进出境水生动物质量安全监测工作规范》，现印发你们，请认真贯彻执行。

进出境水生动物质量安全监测工作规范

第一章 总 则

第一条 为了规范进出境水生动物疫情疫病和有毒有害物质监测工作，服务进出境水生动物检验检疫决策，根据《中华人民共和国进出境动植物检疫法》及其实施条例、《进境水生动物检验检疫管理办法》（国家质检总局第 44 号令）、《出境水生动物检验检疫监督管理办法》（国家质检总局第 99 号令）、《出入境动植物检验检疫风险预警及快速反应管理规定实施细则》等规定和要求，制订本工作规范。

第二条 进出境水生动物质量安全监测工作应遵循客观性、可行性、代表性、准确性和及时性原则。

第三条 进出境水生动物质量安全监测范围包括所有进境、出境水生动物以及水生动物养殖水质、相关养殖投入品，监测对象包括水生动物疫病以及影响人体健康的有毒有害物质残留、致病性病原微生物等。

第四条 总局负责监测工作的监督管理，制定和调整国家进出境水生动物质量安全监测计划。

总局水生动物检验检疫协作组负责监测信息的收集、分析，组织开展监测结果的评估，草拟国家进出境水生动物年度监测计划方案，组织水生动物监测实验室的能力验证和人员培训。

各相关直属检验检疫局根据国家进出境水生动物监测计划，制定本地监测工作计划，并组织实施。

第五条 出入境检验检疫机构依法进入水生动物养殖、存放等场所开展监测、调查及监督工作，相关单位应当予以配合。

第六条 总局对进出境水生动物质量安全监测工作定期进行考评，表彰做出显著成绩的单位和人员。

第二章 监测计划

第七条 总局根据评估结果和可利用资源，制定和发布国家进出境水生动物质量安全监测计划。

各直属检验检疫局根据所承担的进出境水生动物检验检疫业务工作情况，在国家进出境水生动物质量安全监测计划基础上，根据工作实际制定本地监测计划。

第八条 监测计划包括年度监测计划、应急监测计划。

年度监测计划属于常规监测，是检验检疫机构年度工作计划的一部分。

应急监测计划是应处置突发事件需要而临时增加的监测任务，所监测的项目是年度监测计划未包含的内容。

第九条 监测计划应包括以下主要内容：监测计划的组织实施单位、监测范围、监测对象、监测项目、监测时间、抽样频率、抽样方法及样品要求、检测方法和标准、检测机构、结果统计和报送等。

第十条 各有关直属检验检疫局组织实施监测计划，相关分支检验检疫机构、检测机构以及进出口企业等根据要求承担具体监测工作。

第十一条 一般养殖用（养殖、繁殖、观赏等用途）进出境水生动物以水生动物疫病为主要监测项目，食用水生动物以有毒有害物质、致病性病原微生物为主要监测项目。连续 2 年监测且符合要求的项目，可不列入下年度监测项目或者降低抽样比例和频率。

第十二条 监测项目确定的原则：

（一）世界动物卫生组织（OIE）规定需要开展的监测项目。

（二）国家有监测和检测要求的项目。

（三）输入国有监测或者检测要求的项目。

（四）无法确定水生动物中是否存在的项目。

（五）日常监测、检测以及境外通报的不合格项目。

（六）公众关注的项目。

（七）影响水生动物质量安全的生存环境因素的变化，包括有毒浮游生物暴发、环境污染、气候异常变化等。

第十三条 监测时间和抽样频率要结合生产和进出口贸易情况确定，要确保监测结果能够反映从繁殖或投苗、生长过程、捕获等整个生产及进出口过程的实际情况，同时要兼顾监测对象、监测项目可能的季节性、地域性、流行性等特点，科学确定。

一般对每个出境水生动物注册养殖场每年抽样监测不低于2次；野生捕捞中转包装出境的水生动物，按水生动物分类（鱼类、甲壳类、软体类）和捕捞区域划分，每个区域每年抽样监测一般不少于2次。进境水生动物按照输出国家或者地区、水生动物分类（鱼、甲壳类、软体类）进行监测，前5批进境水生动物应批批进行抽样监测，进境5批以上的按进口总批次的5%进行抽样监测。

第十四条 抽样方法和样品要求按照国际组织和国家有关抽样标准执行，要确保样品的代表性和不受污染。

第十五条 监测计划中应列明每个项目的检测方法和标准，确保检测方法和标准统一，便于进行监测结果的分析、统计和比较。对国家尚未建立检测方法或者限量标准的，优先采用相关国际组织推荐的方法和标准。

第十六条 监测计划实施的检测机构由各直属检验检疫局推荐，国家质检总局组织考核认可。承担监测检测任务的机构，应当在人员、实验室条件等方面达到相应的条件和水平。

第十七条 各开展监测的单位应按照统一要求定期向总局动植物检疫监管司指定的单位报送监测数据统计、分析报告等信息。

日常进出境检验检疫工作中的检测项目与监测项目一致的，检测数据可作为监测数据的组成部分，一并纳入监测数据上报。

第三章 监测过程

第十八条 各检验检疫机构按照总局和直属检验检疫局下达的监测计划，认真组织落实，确保及时、有效地完成监测工作，并按时上报监测数据统计和分析报告。

第十九条 抽取样品时，要按照监测计划的抽样要求，参照“水生动物监测抽样流程图”，抽取相应样品。样品由检验检疫机构人员抽取，抽样工作要确保样品的代表性，并由抽样人填写抽样单，由样品来源的单位负责人员或其代表签字确认。

抽取的样品应当加施封识，并加贴标签（样品标签式样见附 3）。

第二十条 采集的样品应在规定的时间内送达检测实验室。样品的包装和运送应当符合生物安全及检测的要求，能够防止包装破损、撒漏、样品污染。

第二十一条 检测单位在收到样品后，应按照规定进行登记，认真检查样品的封存状态，并与送样单位联系确认样品接受情况。

对于未按要求进行标识或因变质等原因而不能满足检测要求的样品，检测单位必须通知送样单位重新送样。

第二十二条 检测单位收到样品后，应严格按照规定的流程尽快完成检测，出具检测结果报告，并及时向送样单位反馈。检测实验室不得拒收正常的监测样品或延迟接收监测样品和出具检测结果。一般检测机构应在收到样品之日起 15 个工作日内出具检测结果。

筛选检测结果疑似不合格的，必须进行确证。检测实验室若不具备确证条件，须将疑似样品送达基准实验室或者参考实验室进行确证。

检测实验室对确证不合格的样品，应在确证后 24 小时内将确证结果通知送检单位。

第四章 数据分析和改进措施

第二十三条 各直属检验检局应及时汇总监测数据信息，并对监测结果进行分析，以确认监测工作及时、有效开展。

第二十四条 对监测过程中发现不合格的样品，应在48小时内以书面形式向总局动植物检疫监管司报告。对出境水生动物，组织调查不合格原因，针对不合格原因采取纠正措施和预防措施；对进境水生动物，由总局发布警示通报。

第五章 监测报告

第二十五条 各直属检验检疫局应当在完成监测计划后，认真总结本年度监测工作，分析检测数据，撰写监测报告，阐明本辖区内监控工作存在的主要问题，提出下年度监控工作的意见和建议。

第二十六条 监测报告应当随附监测数据，内容包括监控对象名单、监测项目、抽样时间、监测样品数、监测结果、不合格主要原因等。

第二十七条 各直属检验检疫局当年的监测报告及其数据应以书面和电子文件形式于下年度的1月10日前向总局动植物检疫监管司和水生动物检验检疫协作组组长单位报送。

第二十八条 水生动物检验检疫协作组负责对各单位报送的监测数据、报告进行汇总、分析，形成全国进出境水生动物监测报告，于每年的2月20日前向总局动植物检疫监管司报送上年度监测报告，并对本年度的监测计划进行调整。

第六章 监测资源管理

第二十九条 水生动物检验检疫协作组根据监测工作需要，拟订监测和检测技术培训计划，根据总局批准，组织开展培训工作。

第三十条 总局根据各直属检验检疫局的推荐，组织专家对拟承担监测计划相关检测实验室能力进行考核，并根据考核结果，公布承担检测任务的实验室名单。

第三十一条 监测工作所需的经费，包括抽样、检测、耗材、仪器设备更新、数据统计分析上报、人员培训、样品传递等费用，统一纳入财政经费预算管理。总局将根据各局监测业务工作量核定经费，各级检验检疫机构应专款专用。

第三十二条 总局将加强进出境水生动物监测信息的管理，依照有关规定公开监测信息，提高信息资源利用率。

第七章 监督管理

第三十三条 各级检验检疫机构应当加强监测工作的监督，及时考核监测计划实施情况，研究解决和纠正监测工作中的问题，保证监测目标的实现。

第三十四条 监测中发现重大疫情、影响食用安全的重大污染事件，要按照总局有关突发应急处置预案的要求上报和及时处置。

第八章 附则

第三十五条 本规范相关术语定义如下：

水生动物：生活在水环境中的鱼类、甲壳类、软体类等动物及其精液、卵、受精卵等繁殖材料。

投入品：指水生动物养殖、包装、运输过程中涉及安全、卫生的药物、饲料、饵料、添加剂、疫苗、包装水（冰）等物品。

有毒有害物质：指与人体健康有关的农药残留、兽药残留、金属污染物、生物毒素、放射性污染物等。

第三十六条 进出境两栖类、爬行类动物的监测可参照本规范执行。

附件 1

进出境水生动物监测抽样流程图

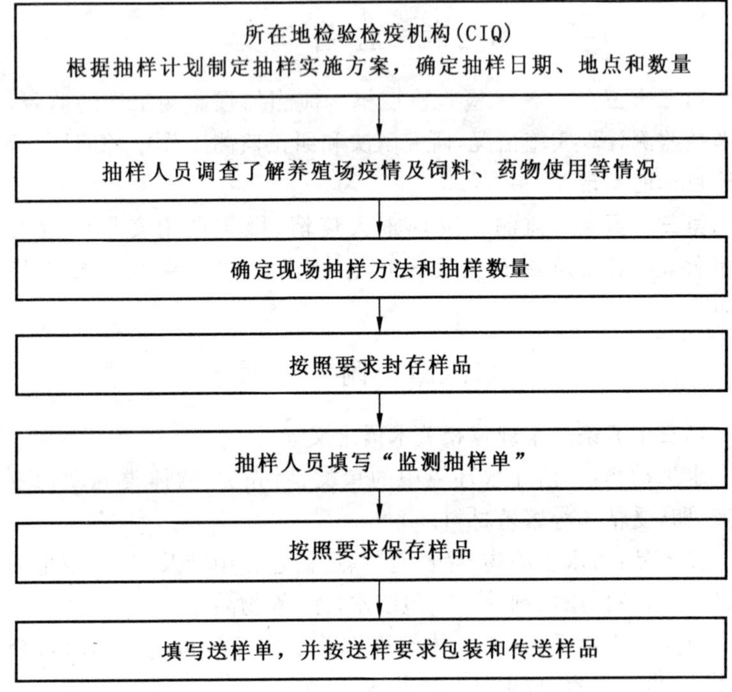

附件 2

进出境水生动物监测抽样单

<table>
<tr><td rowspan="3">被抽样单位基本信息</td><td>境内养殖、中转或者境外出口企业名称、地址</td><td colspan="3"></td></tr>
<tr><td>注册号码</td><td colspan="3"></td></tr>
<tr><td>联系人</td><td></td><td>联系电话</td><td></td></tr>
<tr><td rowspan="3">产品基本信息</td><td>生产情况</td><td colspan="3">人工养殖 或 野生捕捞</td></tr>
<tr><td>生长环境</td><td colspan="3">淡 水 或 海 水</td></tr>
<tr><td>投入品使用情况</td><td colspan="3"></td></tr>
<tr><td rowspan="5">样品情况</td><td>动物种类</td><td></td><td>动物名称</td><td></td></tr>
<tr><td>样品名称</td><td></td><td>抽样日期</td><td></td></tr>
<tr><td>抽样基数</td><td></td><td>样品数量</td><td></td></tr>
<tr><td>包装、保存情况</td><td colspan="3"></td></tr>
<tr><td>运输情况</td><td colspan="3"></td></tr>
<tr><td colspan="2">抽样人签名
年 月 日</td><td colspan="3">被抽样单位
负责人或代表签名
年 月 日</td></tr>
</table>

附件 3

进出境水生动物监测样品标签式样

样品名称		抽样日期	
样品编号		样品重量	
抽样单位			
抽样人		联系电话	

附件 4

进出境水生动物监测样品送检单

<table>
<tr><td>样品编号</td><td colspan="3"></td></tr>
<tr><td>样品名称</td><td></td><td>样品数量</td><td></td></tr>
<tr><td>保存条件</td><td></td><td>运输条件</td><td></td></tr>
<tr><td>检测项目</td><td colspan="3"></td></tr>
<tr><td>送样单位</td><td colspan="3"></td></tr>
<tr><td>送样单位
联系人</td><td></td><td>联系电话</td><td></td></tr>
<tr><td>接受样
品状况</td><td></td><td></td><td></td></tr>
<tr><td colspan="2">送样人：

送样单位：(签字或盖章)
年　月　日</td><td colspan="2">收样人：

收样单位：(盖章)
年　月　日</td></tr>
</table>

注：检测单位接受样品后，应与送样单位联系确认。

附件 5

进境水生动物监测结果统计报表

统计单位(盖章):

序号	产品来源国家或者地区	样品名称	样品编号	抽样时间	检测单位	检测项目	检测方法	依照标准	检测结果	不合格情况描述

报告时间:　　年　月　日

附件6

出境水生动物监测结果统计报表

统计单位(盖章):

序号	产品来源单位或者地区	样品名称	样品编号	抽样时间	检测单位	检测项目	检测方法	依照标准	检测结果	不合格情况描述

报告时间:　　　　年　　月　　日

关于印发芬兰输华牛精液卫生证书样本的通知

（2009年10月10日国家质检总局国质检动函[2009]674号）

各直属检验检疫局：

总局已与芬兰方面就芬兰输华牛精液卫生证书样本达成一致，证书样本见附件。新证书样本可在“国外官方检疫证书分析及验证识别系统”(http://10.37.0.1/ciqcert/homepage.htm)中查询。

自本通知发布之日起，请各地检验检疫机构根据证书样本做好查验工作。

附件：芬兰输华牛精液卫生证书样本

附件

SUOMI  FINLAND

VETERINARY HEALTH CERTIFICATE FOR EXPORT OF BULL SEMEN FROM FINLAND TO THE PEOPLE`S REPUBLIC OF CHINA

Reference number of the health certificate ___________________

1. Competent Central Authority in Finland	2. Competent Local Authority in Finland

I. Identification of semen					
3. Country of collection: **FINLAND**					
4. Description of the consignment:					
Number of semen straws	Dates of collection	Batch numbers	Identification of the donor animal	Breed	Final semen concentration or the density of active spermatozoa

5. Means of transport:

6. Container number and seal number:

7. Name and address of the consignor:

8. Name and address of the consignee:

II. Origin of semen

9. Name and address of the semen collection centre:

10. Approval number of the semen collection centre:

III Destination of semen

11. Country and place of destination:

IV. Attestation

I, the undersigned Official Veterinarian of Finland hereby certify that:

1. According to the OIE code, Finland is free of Foot and mouth disease, Rinderpest, Vesicular stomatitis, Contagious bovine pleuropneumonia, Lumpy skin disease and Rift valley fever.

2. There were no clinical symptoms or làboratory record of following diseases in the AI centre exporting the semen for at least the past three years: Bluetongue, Q fever, bovine tuberculosis, bovine brucellosis, enzootic bovine leucosis, paratuberculosis, anaplasmosis, trichomoniasis, campylobacteriosis, mucosal disease (BVD/MD), IBR and leptospirosis.

3. The AI centre exporting the semen:
   - 3.1. is established with approval of the Ministry of Agriculture and Forestry under the Finnish and European Community legislation and meet the requirements of the protocol between the Chinese and Finnish side;
   - 3.2. is supervised by the Official Provincial Veterinary Officer;
   - 3.3. is located in an area included in a national surveillance program conducted in accordance with OIE guidelines for prevention, control and eradication of bovine spongiform encephalopathy (BSE);
   - 3.4. meets the OIE standards for production and processing of semen.

4. All resident animals including donor bulls and teasers in the AI Centre are regularly tested in accordance with the European Community and Finnish regulation.

5. The donor bulls:

5.1. have been continuously resident in the AI centre for at least 12 months and have not been used for natural mating since entry into the AI centre, and are at least two years old.

5.2. are born after the date of implementation of the feed ban (Aug. 8, 1994) and have never been fed with feedstuff with mammalian tissue proteins.

5.3. if imported, are from countries where, compared with Finland, there are an equivalent or lower BSE risk and an equivalent ruminant feed ban. The donor bulls are born after the date on which the ban was implemented.

5.4. have unique and permanent identification tags, have been registered by the Finnish Food Safety Authority (Evira) and are traceable.

5.5. have been confirmed to be free from the following genetic diseases: Fishy Off-flavour in milk (for Ayrshire), 1/29 Robertsonian Translocation (for Ayrshire), Bovine Leukocyte Adhesion Deficiency (for Holstein) and Complex Vertebral Malformation (for Holstein).

5.6. were clinically healthy within 24 hours before semen collection. During semen collection period, the donor bulls and teasers had no contact with other animals with a lower health status.

6. The donor bulls and teasers have been tested in laboratories officially approved by the Finnish Competent Authority by methods as agreed in the protocol between the Chinese and Finnish side with negative results for (specify the method and date of testing):

6.1. Paratuberculosis ....

6.2. Bovine Brucellosis ....

6.3. Bovine Tuberculosis ....

6.4. Enzootic Bovine Leucosis ....

6.5. Bovine Viral Diarrhoea ....

6.6. Campylobacter fetus ....

6.7. Trichomoniasis ....

6.8. Infectious Bovine Rhinotracheitis ....

6.9. Leptospirosis ....

6.10. Bluetongue ....

6.11. Q Fever ....

7. The semen consignment to be exported to China was collected and handled in accordance with OIE recommended standards and packed, stored and sealed under the supervision of the Official Provincial Veterinary Officer

8. The liquid nitrogen tank and vehicles used for the storing and transportation of the semen were disinfected with valid disinfectants. The semen exported to China was stored in a separate tank or with the semen which fulfil the same requirements.

9. From the beginning of semen collection to its shipment the donor bulls have been free from any evidence of diseases mentioned in point 1 and 2 and any new emerging diseases which the cattle are subjected to. Semen from dead donor(s) due to diseases or semen from BSE positive donor(s) is not exported.

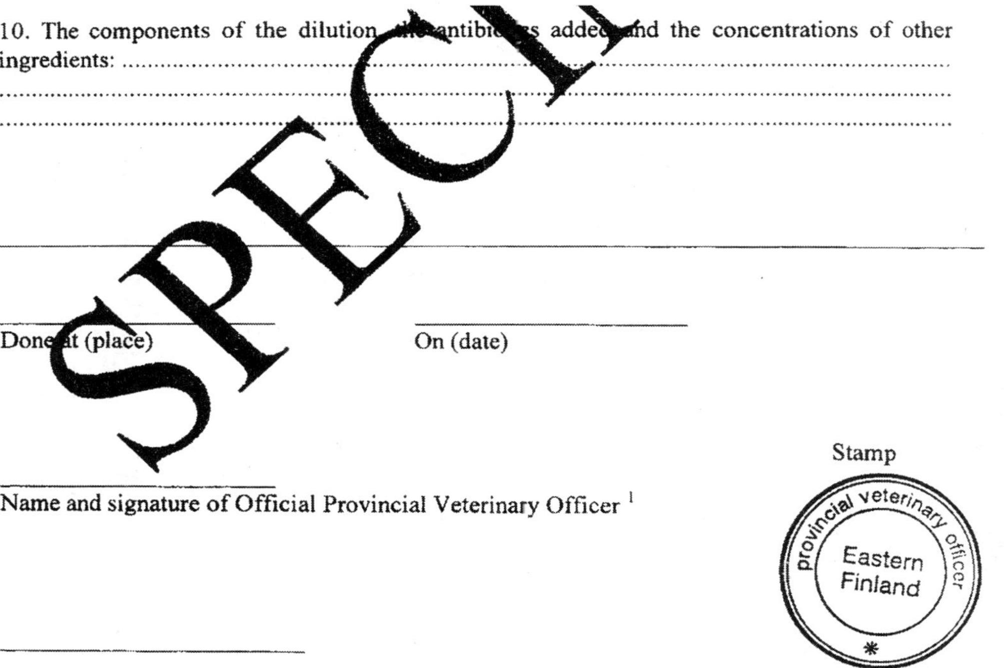

10. The components of the dilution, the antibiotics added and the concentrations of other ingredients: ....
....
....

Done at (place) ____________ On (date) ____________

Stamp

Name and signature of Official Provincial Veterinary Officer [1]

[1] The signature and the stamp must be on a colour different to that of the printing

关于解除巴西部分地区口蹄疫禁令的公告

（2009 年 11 月 3 日国家质检总局、农业部 2009 年第 123 号公告）

鉴于世界动物卫生组织（OIE）已认可巴西部分地区为口蹄疫非疫区，根据我国对巴西口蹄疫疫情状况的风险分析结果，自本公告发布之日起，解除对巴西下述地区的口蹄疫禁令：Santa Catarina 州，Acre 州，Bahia 州（不包括设定的缓冲区和监测区），Espírito Santo 州，Goiás 州，联邦区（Distrito Federal），Minas Gerais 州，Mato Grosso 州，Mato Grosso do Sul 州（不包括设定的缓冲区和监测区），Paraná 州，Rondônia 州（不包括设定的缓冲区和监测区），Rio Grande do Sul 州，Rio de Janeiro 州，Sergipe 州，São Paulo 州，Tocantins 州（不包括设定的缓冲区和监测区）和 Pará 州获得 OIE 认可的中南部地区。巴西口蹄疫区划图见附件。允许巴西上述地区自本公告发布日后生产、加工并符合中国相关法律法规规定的偶蹄动物及其产品进境。

农业部与国家质量监督检验检疫总局联合公告第 565 号中针对巴西上述地区的禁令及第 918 号同时废止。

附件（略）

关于同意试进口法国猕猴桃的函

（2009 年 11 月 4 日国家质检总局国质检外函[2009]712 号）

法兰西共和国农渔业部：

根据中法双方 2008 年 10 月在北京草签的《关于法国猕猴桃输往中国植物检疫要求议定书》规定，应贵方邀请，我局专家于 2008 年 10 月 12 日至 18 日赴贵国猕猴桃产区，对有害生物监测计划、防治措施和输华果园、包装厂、储存和冷处理设施植物卫生条件及检疫管理措施进行实地考察。结合2009年8月18日贵方按议定书要求提供的有害生物监测技术资料，现就有关情况反馈如下：

一、根据专家考察结果及贵方提供的有害生物监测技术资料，我方认为贵国输华猕猴桃果园、包装厂、储存和冷处理设施的生产、管理总体上符合议定书要求，自即日起，我方同意贵国猕猴桃对中国试出口。

二、请贵方严格按照议定书的有关规定，制定有效的有害生物监测计划，并对猕猴桃生产、包装、储存、装运过程和冷处理予以监管和指导，使猕猴桃种植者、包装及出口企业准确了解议定书内容，并加强对出口猕猴桃冷处理过程的监管，确保输华猕猴桃符合中方检验检疫要求。

三、请贵方提供植物检疫证书样本50份，以便我方入境口岸核查。

四、待双方正式签署《关于法国猕猴桃输往中国植物检疫要求议定书》后，贵国猕猴桃按议定书要求正式出口中国。

顺致敬意。

关于进口油菜籽实施紧急检疫措施的公告

（2009年11月9日国家质检总局2009年第101号公告）

近期，出入境检验检疫机构多次从进口加拿大、澳大利亚油菜籽中截获我国进境植物检疫性有害生物——油菜茎基溃疡病菌（*Leptosphaeria maculans*）。专家风险评估认为，该病菌是一种真菌病害，对我国油菜生产安全构成严重威胁。为防止油菜茎基溃疡病等有害生物传入，保护我国农业生产安全，根据《中华人民共和国进出境动植物检疫法》及其实施条例的有关规定，经与加拿大、澳大利亚等有关方面协商，按照WTO有关规则，现发布进口油菜籽紧急检疫措施如下：

一、自2009年11月15日起，贸易商签订进口油菜籽贸易合同前，应向国家质检总局申请办理“进境动植物检疫许可证”。目前，获准对华出口油菜籽的国家为加拿大和澳大利亚，尚未获得油菜籽输华检疫准入资格的国家或地区，由其官方检验检疫部门向中国国家质检总局提出油菜籽输华申请，并提供油菜产区油菜茎基溃疡病等有害生物发生、控制措施等技术资料，经中方专家风险评估，并确定检验检疫要求后，方可允许进口。

二、从加拿大、澳大利亚进口本生产季节收获的油菜籽，实施以下过渡性检疫措施：

（一）从 2009 年 11 月 15 日起，加拿大、澳大利亚官方检验检疫部门应对输华油菜籽实施油菜茎基溃疡病菌批批检测，并在植物检疫证书附加声明栏中注明检测结果。

（二）如检测未发现油菜茎基溃疡病菌，该批油菜籽可正常输往中国。如检测发现油菜茎基溃疡病菌，该批油菜籽可输往中国油菜非主产区海南、广东、广西、福建、河北、辽宁、天津海运口岸，在港口附近经考核符合检疫防疫要求的加工厂定点监管加工。

三、油菜籽到达中国入境口岸时，出入境检验检疫机构将核查植物检疫证书等单证，针对油菜茎基溃疡病菌等检疫性有害生物实施检测。如发现检验检疫问题，将采取退运、转口、销毁或调往其他口岸等措施。

四、自 2010 年新的油菜生产季节开始，加拿大、澳大利亚官方检验检疫部门应对油菜产区进行油菜茎基溃疡病菌等疫情调查监测，建立出口油菜籽分类收获储运体系，确保输华油菜籽不带油菜茎基溃疡病，并在出具的植物检疫证书中注明不带中方关注的油菜茎基溃疡病等检疫性有害生物。

五、进口商和加工企业应采取有效的防疫措施，防止油菜籽及植物残体在接卸、运输等过程中撒漏，并在经检验检疫机构考核合格的加工厂存放、加工。加工过程产生的下脚料要集中存放，在检验检疫机构监管下做焚烧、深埋等处理。进口油菜籽严禁作种用，不得转卖其他企业。

六、出入境检验检疫机构应对进口油菜籽接卸、运输、存放、加工等实施全过程监管，并在进境港口、加工厂周边地区开展油菜茎基溃疡病等外来有害生物的监测与调查，发现油菜茎基溃疡病菌的，应按照《进出境重大植物疫情应急处置预案》等规定做好应急处置和上报工作。

关于印发瑞典输华牛精液卫生证书样本的通知

（2009年11月11日国家质检总局国质检动函[2009]714）

各直属检验检疫局：

总局已与瑞典官方就瑞典输华牛精液卫生证书样本达成一致，证书样本见附件。新证书样本可在“国外官方检疫证书分析及验证识别系统”(http://10.37.0.1/ciqcert/homepage.htm)中查询。

自本通知发布之日起，请各地检验检疫机构根据证书样本做好查验工作。

特此通知。

附件：瑞典输华牛精液卫生证书样本

附件

Kingdom of Sweden 瑞典王国

Swedish Board of Agriculture 瑞典农业委员会

Export Veterinary Certificate 出口兽医证书

for the exportation of bovine semen from Sweden to the Peoples Republic of China

用于从瑞典向中华人民共和国出口牛精液

An official veterinarian shall complete this certificate, which shall be appended the consignment of semen as one original and two duplicate copies.

官方兽医填写本证书，并附加精液托运单，一份原件和两份副本。

Competent authority 主管机关 The Swedish Board of Agriculture 瑞典农业委员会	
Certificate Number 证书号码	Country of origin 原产国
Name and address of exporter 出口商名称和地址	

Name and address of consignee 收货人名称和地址

....

....

Means of transport 运输方式

I. Identification of semen consignment 精液托运识别

Total number of straws 细管总数 ....

Name of donor bull 供精公牛名称	Identification number of donor bull 供精公牛识别号码	Breed 品种	No. of straws 细管号码	Date of collection 收集日期	Batch no. 批号

SJV D198 2009-09

Information printed on each semen straw 每支精液细管上印刷的信息：

II. Destination 目的地

Name and address of semen collection centre 精液收集中心名称和地址

....

....

Registration No. 注册号码 ....

Delivery address 交货地址

....

....

III. Semen Information 精液信息

Componments of the dilution, antibiotics added 精液稀释液成分：

- *not less than 500 IU per ml stremtomycin*
  链霉素在精液中的最后浓度不低于每毫升 500IU
- not less than 500 IU per ml penicillin
  青霉素在精液中的最后浓度不低于每毫升 500IU

- not less than 150ug per ml lincomycin
  林肯霉素在精液中的最后浓度不低于每毫升 150ug
- not less than 300ug per ml spectinomycin
  壮观霉素在精液中的最后浓度不低于每毫升 300μg

- Concentrations of other ingredients
  稀释液中其他成分的浓度

Batch no. 批号	Quantity 数量	Identification - donor code 识别 - 供者代码	Collection date 收集日期	Rate of dilution 稀释率		% motile spermatozoa 活动精子百分率
				Inital concentration spermatozoa/ml 初始浓度 精子/毫升	Final concentration spermatozoa/ml (or the density of active spermatozoa) 最终浓度 精子/毫升	

IV. The Swedish side confirms that the liquid nitrogen tank and vehicles used for semen storing and transportation are disinfected with valid disinfectants. All the semen exported to China be stored in a separate tank or with the semen fulfilling same requirements.

瑞方确认装运精液的器具及运输工具用有效的消毒剂进行消毒处理。所有向中国出口的精液必须单独存放或与相同卫生条件的精液存放。

V. Health information 健康信息

1. Health status of the donor bulls of the semen to be exported: 出口精液供精公牛健康状况：

1.1 Have been continuously resident in the AI centre for at least 12 months and have not been used for natural mating since entry into the AI centre, and be at least two years old.

在人工授精中心至少饲养12个月，并在进入中心后从未用于自然交配。年龄不得小于2岁。

1.2 Be born after the date of implementation of the feed ban (August 8, 1994) and have never been fed with feedstuff with mammalian tissue proteins.

出生于反刍动物饲料禁令实施以后（即1994年8月8日后），从未饲喂含哺乳动物源性蛋白的饲料。

1.3 If imported, be from countries where, compared with Sweden, there are an equivalent or lower BSE risk and an equivalent ruminant feed ban. The donor bulls shall be born after the date on which the ban was implemented.

如为引进的牛，应来自一个与瑞典相同或较低BSE风险的国家，并且该国有等效的反刍动物饲料禁令，且出生于禁令实施之后。

1.4 Have unique and permanent identification tags, have been registered by Swedish side and are traceable.

有唯一、持久的身份标识并经瑞方注册，并可进行溯源追踪。

1.5 Have been confirmed free from the following genetic diseases: Fishy Off-flavour in milk (for Swedish Red), 1/29 Robertsonian Translocation (for Swedish Red), Bovine Leukocyte Adhesion Deficiency (for Holstein) and Complex Vertebral Malformation (for Holstein).

没有下列遗传性疾病：奶中鱼腐臭味病（只针对瑞典红牛）、1/29染色体异位（只针对瑞典红牛）、牛白细胞吸附异常（只针对荷斯坦品种）和多发性脊柱畸形（只针对荷斯坦品种）。

1.6 Within 21-60 days after the last semen collection, the donor bulls and teasers shall be tested for the diseases mentioned in the annex of this Protocol in Swedish officially approved laboratories. The positive animals shall be removed immediately and all the semen of them cannot be exported to China.

在最后一次采精后的21-60天内，供精公牛和试情动物按本议定书附件的要求，采样送瑞典官方认可的实验室进行检疫。若检出本议定书附件规定的疫病阳性，则立即剔除阳性动物，所有阳性动物的精液不得向中国输出。

1.7 Be clinically healthy within 24 hours before semen collection. During semen collection period, the donor bulls and teasers shall not connected with other animals which have lower health situation.

采精前24小时临床检查健康。采精期间，供精公牛和试情动物未与低于其健康状况的牛接触。

2. Health status of the semen collection centre 精液收集中心健康状况

2.1 From the beginning of semen collection to its shipment, the donor bulls have been free from any evidence of disease mentioned in the following:

The Swedish side confirms that, based on OIE standards, Sweden is free of Foot-and-mouth Disease, Rinderpest, Vesicular *stomatitis*, Contagious Bovine Pleuropneumonia, Lumpy Skin Disease and Rift Valley Fever.

瑞方确认根据OIE标准，瑞典境内没有口蹄疫、牛瘟、水泡性口炎、牛传染性胸膜肺炎、牛节结性疹和裂谷热。

The Swedish side confirms that, for at least the past three years, there were no clinical symptoms or laboratory record of following diseases in the AI centres for exporting semen: Blue Tongue, bovine *tuberculosis*, bovine *brucellosis*, *enzootic bovine* leucosis, paratuberculosis, anaplasmosis, trichomoniasis, campylobacteriosis, mucosal disease (BVD/MD), IBR, Q fever and leptospirosis.

瑞方确认出口精液的人工授精中心至少三年内无以下疫病的临床症状或实验室诊断阳性记录：蓝舌病、牛结核病、布氏杆菌病、牛流行性白血病、副结核病、边虫病、滴虫病、胎儿弯杆菌病、牛病毒性腹泻/粘膜病、牛传染性鼻气管炎、Q热和钩端螺旋体的。

VI. Shipping of the semen 精液装运

Marking and Seal No. 标记和密封号码 ....

Date 日期：..

Official stamp: 公章：

STATENS JORDBRUKSVERK OFFICIELL VETERINÄR

....
(Signature of the official veterinarian)
（官方兽医签名）

....
(Name and position of the official veterinarian in block letters)
（官方兽医姓名和职位正楷）

关于解除对英国高致病性禽流感与新城疫禁令的公告

（2009年11月19日国家质检总局、农业部2009年第109号公告）

鉴于英国农业部已向世界动物卫生组织（OIE）报告消灭高致病性禽流感与新城疫疫情，根据我国对英国高致病性禽流感与新城疫疫情状况的风险分析结果，解除农业部与国家质量监督检验检疫总局联合公告第738号、第812号对英国高致病性禽流感和新城疫的禁令。

关于防止英国汉普郡低致病性禽流感传入我国的公告

（2009年11月20日国家质检总局、农业部2009年第110号公告）

根据英国环境、食品和乡村事务部通报，英国汉普郡发生低致病性禽流感疫情，为防止该病传入我国，保护我国畜牧业安全和人体健康，根据《中华人民共和国进出境动植物检疫法》等有关法律法规的规定，现公告如下：

一、禁止直接或间接从英国汉普郡输入禽类及其产品，停止签发从英国汉普郡进口禽类及其产品的《进境动植物检疫许可证》，撤销已经签发的《进境动植物检疫许可证》。

二、自本公告发布之日起启运的来自英国汉普郡的禽类及其产品，一律作退回或销毁处理。

三、禁止邮寄或旅客携带来自英国汉普郡的禽类及其产品，一经发现，一律作退回或销毁处理。

四、在途经我国或在我国停留的国际航行船舶、飞机和火车等运输工具上，如发现有来自英国汉普郡的禽类及其产品，一律作封存处理。其交通员工自养自用的禽类，必须装入完好的笼具中，其废弃物、泔水等，一律在出入境检验检疫机构的监督下作无害化处理，不得擅自抛弃。

五、对海关、边防等部门截获的非法入境的来自英国的禽类及其产品，一律在出入境检验检疫机构监督下作销毁处理。

六、凡违反上述规定者，由出入境检验检疫机构依照《中华人民共和国进出境动植物检疫法》有关规定处理。

七、各出入境检验检疫机构、各级动物疫病预防控制机构、动物卫生监督机构要分别依照《中华人民共和国进出境动植物检疫法》和《中华人民共和国动物防疫法》的有关规定，密切配合，做好检疫、防疫和监督工作。

本公告自发布之日起执行。

关于修订中智水果植物检疫要求的通知

（2009 年 11 月 25 日国家质检总局国质检动函[2009]763 号）

各直属检验检疫局：

近年来，中智双方相继签署了智利苹果、葡萄、猕猴桃、李子、樱桃输华和中国苹果、梨、荔枝、龙眼、柑橘输智植物检疫要求议定书。为进一步规范水果检验检疫工作，同时考虑到智方要求增加水果冷处理备选措施，2009 年 9 月 24 日总局与智利农业部签署了《关于中智水果检疫议定书的补充条款》。为此，现将修订中智水果植物检疫要求通知如下。

一、所有水果包装箱应统一用英文标注“水果种类、出口国家、产地（区或省）、果园名称或其注册号、包装厂及出口商名称”等信息。承载水果包装箱的托盘货物外表应加贴“输往中华人民共和国”或“输往智利共和国”英文标签。

二、来自智利地中海实蝇疫区（管制区）内的苹果、猕猴桃，应实施运输途中集装箱冷处理措施。冷处理指标为：0.5 ℃或以下，连续处理15天或以上。

三、对于空运进口的智利水果，托盘货物应用塑料膜或纸板箱等密封包装，且加施清楚的托盘编号。植物检疫证书上应标明托盘编号。

四、其他植物检疫要求不变。

请各局按照中智水果检疫议定书及上述修订植物检疫要求，做好进口智利水果和向智利出口水果检验检疫工作。

关于防止西班牙新城疫传入我国的公告

（2009年12月11日国家质检总局、农业部2009年第121号公告）

2009年11月27日，西班牙向OIE紧急报告，11月18日，巴斯克地区（PAIS VASCO）的1家农场发生新城疫，为防止该病传入我国，保护我国畜牧业安全和人体健康，根据《中华人民共和国进出境动植物检疫法》等有关法律法规的规定，现公告如下：

一、禁止直接或间接从西班牙巴斯克地区输入禽类及其产品，停止签发从西班牙巴斯克地区进口禽类及其产品的《进境动植物检疫许可证》，撤销已经签发的《进境动植物检疫许可证》。

二、自本公告发布之日起启运的来自西班牙巴斯克地区的禽类及其产品，一律作退回或销毁处理。

三、禁止邮寄或旅客携带来自西班牙的禽类及其产品，一经发现，一律作退回或销毁处理。

四、在途经我国或在我国停留的国际航行船舶、飞机和火车等运输工具上，如发现有来自西班牙的禽类及其产品，一律作封存处理。其交通员工自养自用的禽类，必须装入完好的笼具中，其废弃物、泔水等，一律在出入境检验检疫机构的监督下作无害化处理，不得擅自抛弃。

五、对海关、边防等部门截获的非法入境的来自西班牙的禽类及其产品，一律在出入境检验检疫机构监督下作销毁处理。

六、凡违反上述规定者，由出入境检验检疫机构依照《中华人民共和国进出境动植物检疫法》有关规定处理。

七、各出入境检验检疫机构、各级动物疫病预防控制机构、动物卫生监督机构要分别依照《中华人民共和国进出境动植物检疫法》和《中华人民共和国动物防疫法》的有关规定，密切配合，做好检疫、防疫和监督工作。

本公告自发布之日起执行。

关于《进境动物隔离检疫场使用监督管理办法》配套文件的公告

（2009 年 12 月 14 日国家质检总局、农业部 2009 年第 116 号公告）

根据《进境动物隔离检疫场使用监督管理办法》（中华人民共和国国家质量监督检验检疫总局令第 122 号），现将《进出境动物指定隔离场使用申请表》等配套文件予以公布。

附件1

中华人民共和国
进出境动物指定隔离检疫场使用申请表

一、申请单位

<table>
<tr><td colspan="2">名称：</td><td rowspan="4">本表所填内容真实。保证严格遵守进境动物隔离检疫的有关规定，特此声明。
法人签字盖章：
申请日期：年 月 日</td></tr>
<tr><td colspan="2">地址：</td></tr>
<tr><td>邮编：</td><td>法人代码：　联系人：</td></tr>
<tr><td>电话：</td><td>传真：</td></tr>
</table>

二、隔离检疫场基本情况

<table>
<tr><td colspan="2">名称：</td><td>法人：</td></tr>
<tr><td colspan="2">地址：</td><td>容量：</td></tr>
<tr><td>联系人：</td><td>电话：</td><td>传真：</td></tr>
<tr><td colspan="3">本隔离检疫场上批动物隔离检疫情况</td></tr>
<tr><td>动物名称：</td><td>输出(入)国家或地区：</td><td>数量：</td></tr>
<tr><td>隔离起止时间：</td><td colspan="2">使用单位：</td></tr>
</table>

三、申请隔离检疫的动物情况

名称：	品种：	数量：
产地：	进(出)境时间：	进(出)境口岸：
目的地：	用途：	运输路线及方式：

四、审批意见(以下由审批机关填写)

初审意见： 签字盖章： 日期：　年　月　日	审批意见： 经办：　审核：　签发： 经办日期：　年　月　日

中华人民共和国国家质量监督检验检疫总局　印制

附件 2

中华人民共和国
进出境动物指定隔离检疫场使用证

编号：

<table>
<tr><td rowspan="3">申请单位</td><td colspan="3">名称：　　　　法人代码：</td></tr>
<tr><td colspan="3">地址：　　　　邮政编码：</td></tr>
<tr><td>联系人：</td><td>电话：</td><td>传真：</td></tr>
<tr><td rowspan="3">隔离检疫场</td><td colspan="3">名称：　　　　法人代码：</td></tr>
<tr><td colspan="3">地址：　　　　邮政编码：</td></tr>
<tr><td>联系人：</td><td>电话：</td><td>传真：</td></tr>
<tr><td rowspan="3">动物</td><td colspan="3">品种：　数量：　产地：　用途：</td></tr>
<tr><td colspan="3">进(出)口岸：　　　　目的地：</td></tr>
<tr><td colspan="3">进(出)运输路线：</td></tr>
<tr><td colspan="4">签发：
年　月　日</td></tr>
<tr><td colspan="4">备注：有效期自　年　月　日　至　年　月　日</td></tr>
</table>

中华人民共和国国家质量监督检验检疫总局　印制

附件 3

进境大中动物指定隔离场基本要求

牛、羊指定隔离场应当符合《进境牛羊隔离场建设的要求》(SN/T 1491—2004)标准;猪指定隔离场应当符合《进境种猪临时隔离场建设规范》(SN/T 2032—2007);马、驴等其它大中动物指定隔离场参照牛、羊指定隔离场标准执行。

附件 4

进境小动物指定隔离检疫场基本要求

一、具有完善的动物饲养、卫生防疫等管理制度。

二、配备兽医专业技术人员。

三、须远离相应的动物饲养场、屠宰加工厂、兽医院、居民生活区及交通主干道、动物交易市场等场所至少 3 km。

四、四周必须有实心围墙,能够有效防止人员、车辆和其他动物进入隔离场。如果隔离场具有良好的自然隔离条件,如环山、环水等,可以用铁丝网代替外围墙。

五、隔离场大门及其显著位置须设立隔离检疫警示标志。入口处须设有消毒池(垫)。

六、场内应有必要的供水、电、保温及通风等设施,水质符合国家饮用水标准。

七、场内应分设生活办公区和隔离区,各区之间须有实心墙分隔。隔离区内应包括隔离饲养区(或种蛋孵化区)、病畜禽隔离区、粪便污水处理区、草料区、兽医诊疗室等。

八、与外界及各区间的通道应设有消毒池(垫),用于进出人员脚底和车辆等的消毒设施,通道应避免交叉污染。

九、人员进出隔离区的通道要设更衣室、淋浴室。备有专用工作服、鞋、帽。淋浴室应能满足人员进出洗浴的要求。

十、隔离饲养舍应满足不同动物的生活习性需要,与其他栏舍及外界相对封闭,且有必要的饲喂、饮水、保温、通气等设施,能够满足动物饲养、生存及福利等基本需要。

十一、须配备供存放和运输样品、死亡动物的设备；场内设有死亡动物及废弃物无害化处理设施。

十二、有供检验检疫人员工作和休息的场所，并配备电话、电脑等必要的办公设备。

附件 5

进境陆生野生动物指定隔离检疫场基本要求

一、具有完善的动物饲养管理、卫生防疫等管理制度。

二、配备兽医专业技术人员。

三、须远离相应的动物饲养场、屠宰加工厂、兽医院、居民生活区及交通主干道、动物交易市场等场所。

四、四周须有实心围墙或与外界环境隔离的设施，并有醒目的警示标志。

五、人员进出隔离区的通道要设更衣室。备有专用工作服、鞋、帽。

六、场内具备与申请进境野生动物种类和数量相适应的饲养条件和隔离检疫设施，具有安全的防逃逸装置。

七、场内设有污水处理和粪便储存场所。

八、场内应具有捕捉、保定动物所需场地和设施。

九、场内应有必要的供水、电、保温及通风等设施，水质符合国家饮用水标准。

十、隔离检疫区与生活办公区严格分开。隔离场和隔离舍入口均须设有消毒池(垫)。

十一、场内须配备供存放和运输样品、死亡动物的设备。场内须有死亡动物及废弃物无害化处理设施。

十二、有供检验检疫人员工作和休息的场所，并配备电话、电脑等必要的办公设备。

附件 6

进境演艺、竞技、展览及伴侣动物指定隔离检疫场基本要求

一、具有完善的动物饲养管理、卫生防疫等管理制度。

二、配备兽医专业技术人员。

三、须远离相应的动物饲养场、屠宰加工厂、兽医院、交通主干道及动物交易市场等场所。

四、四周须有与外界环境隔离的设施，并有醒目的警示标志，入口须设有消毒池（垫）。

五、具备与申请进境演艺、竞技、展览及伴侣动物种类和数量相适应的饲养条件和隔离舍，具有安全的防逃逸装置。

六、设有污水和粪便集中消毒处理的场所。

七、有专用捕捉、固定动物所需场地和设施。

八、场内应有必要的供水、电、保温及通风等设施，水质符合国家饮用水标准。

九、配备供存放和运输样品、死亡动物的设备。

十、有供检验检疫人员工作和休息的场所，并配备电话、电脑等必要的办公设备。

附件 7

进境水生动物指定隔离检疫场基本要求

一、具有完善的动物饲养管理、卫生防疫等管理制度。

二、配备水产养殖专业技术人员。

三、须远离其他水生动物养殖场、水产加工厂及居民生活区等场所。

四、四周须有与外界环境隔离的设施，并有醒目的警示标志。

五、具有独立的供水系统及消毒设施。水源无污染，养殖用水应符合我国渔业水域水质标准，并经过滤净化处理。

六、有可靠的供电系统、良好的增氧设备，具备与申请进出境动物种类和数量相适应的养殖环境和条件，必要时还应有可调控水温的设备。

七、排水系统完全独立，并具有无害化处理设施。

八、隔离检疫区与生活区严格分开。隔离场和隔离池舍入口均须设有消毒池（垫）。

九、具有防逃逸设施。

十、配备供存放和运输样品、死亡动物的设备。

十一、有供检验检疫人员工作和休息的场所，并配备电话、电脑等必要的办公设备。

附件 8

进境实验动物隔离场基本要求

实验动物隔离场，应当符合《实验动物环境及设施》(GB 14925—2001)标准；该标准未涉及的其他实验动物参照该标准执行。

附件 9

进出境动物隔离检疫场检验检疫
监管手册

隔离检疫场名称：____________________

隔离检疫场地址：____________________

隔离检疫动物品种：__________________

中华人民共和国国家质量监督检验检疫总局　监制

年　　月　　日

使用和填写说明

一、本手册为检验检疫机构对隔离检疫场实施检验检疫监督的必备资料，是动物隔离检疫期间有关检疫、防疫、消毒等情况的真实记录。

二、本手册必须如实填写，不得涂改，并接受所在地出入境检验检疫机构监督。

三、手册用毕后，须交所在地出入境检验检疫机构存档。如有遗失，须向所在地出入境检验检疫机构申请补发手续。

隔离检疫场简况

隔离检疫场名称____________________________

隔离检疫场地址____________________________

邮政编码__________________________________

法人代表______________联系电话____________

隔离检疫场负责人______联系电话____________

隔离检疫场兽医________ 联系电话____________

CIQ 驻场人员__________ 联系电话____________

门卫人员交接班记录

日期	时间	交班人	交　接　事　项	接班人

注：请按时间顺序填写，交接事项栏不得空写。

值班记录

巡查内容	办公区域	配电设施	锅炉设备	消防设备	草料熏蒸库	动物隔离舍
巡查情况						
记事：						
值班员：　　　年　　月　　日						

巡查内容	办公区域	配电设施	锅炉设备	消防设备	草料熏蒸库	动物隔离舍
巡查情况						
记事：						
值班员：　　　年　　月　　日						

巡查内容	办公区域	配电设施	锅炉设备	消防设备	草料熏蒸库	动物隔离舍
巡查情况						
记事：						
值班员：　　　年　　月　　日						

注：巡查情况用符号标识，○表示正常，△表示非正常。

进出场人员登记表

进场日期	时间	进场人	联系电话	进场事由	会见人	出场时间	批准人员	门卫签字

进出境动物临床检查记录

动物品种：　　　　　　　　　　耳号（♂♀）　　　　　产地：

检查项目、日期	月　日	月　日	月　日	月　日	月　日	月　日	月　日
体温（上午）							
体温（下午）							
心率							
精神状态							
姿态行为							
食欲							
可视黏膜							
消化系统							
呼吸系统							
泌尿生殖系统							
体表							

备注：根据隔离动物情况填写。　　　　临床兽医：________________

CIQ 驻场兽医：

免疫程序

免 疫 程 序

免疫记录表

疫苗名称	疫苗剂量	接种头数	接种方式	接种日期	有效期	兽医签名

药物使用登记表

日期	动物编号	药物名称	给药方式	剂量	用药原因	效果记录	兽医签名

疫病诊治记录表

日期	发病数	动物编号	病症	诊断结果	治疗处理方法	效果	兽医签名

饲料、添加剂使用记录

启用日期	饲料、添加剂名称、批号	生产厂家名称	检验检疫登记备案号	送检日期	检测单位	检验结果

样品采集及检测记录

采样时间	样品数	采样栏舍（池）号	采样人	送检日期	检测单位

防疫消毒记录

日期	药品名称	消毒方式	浓度	消毒对象	消毒处理时间	消毒人员	兽医签字

监 管 记 事

检查时间	检　查　内　容	CIQ 监管人员

关于防止法国德塞夫勒省低致病性禽流感传入我国的公告

（2009 年 12 月 16 日国家质检总局、农业部 2009 年第 122 号公告）

2009 年 11 月 16 日，法国农渔部向 OIE 紧急报告，11 月 13 日，德塞夫勒省（DEUX-SèVRES）的 1 家农场发生 H5 亚型低致病性禽流感，为防止该病传入我国，保护我国畜牧业安全和人体健康，根据《中华人民共和国进出境动植物检疫法》等有关法律法规的规定，现公告如下：

一、禁止直接或间接从法国德塞夫勒省输入禽类及其产品，停止签发从法国德塞夫勒省进口禽类及其产品的《进境动植物检疫许可证》，撤销已经签发的《进境动植物检疫许可证》。

二、自本公告发布之日起启运的来自法国德塞夫勒省的禽类及其产品，一律作退回或销毁处理。

三、禁止邮寄或旅客携带来自法国的禽类及其产品，一经发现，一律作退回或销毁处理。

四、在途经我国或在我国停留的国际航行船舶、飞机和火车等运输工具上，如发现有来自法国的禽类及其产品，一律作封存处理。其交通员工自养自用的禽类，必须装入完好的笼具中，其废弃物、泔水等，一律在出入境检验检疫机构的监督下作无害化处理，不得擅自抛弃。

五、对海关、边防等部门截获的非法入境的来自法国的禽类及其产品，一律在出入境检验检疫机构监督下作销毁处理。

六、凡违反上述规定者，由出入境检验检疫机构依照《中华人民共和国进出境动植物检疫法》有关规定处理。

七、各出入境检验检疫机构、各级动物疫病预防控制机构、动物卫生监督机构要分别依照《中华人民共和国进出境动植物检疫法》和《中华人民共和国动物防疫法》的有关规定，密切配合，做好检疫、防疫和监督工作。

本公告自发布之日起执行。

关于印发《法国猕猴桃进境植物检疫要求》的通知

（2009 年 12 月 18 日国家质检总局国质检动函[2009]847 号）

各直属检验检疫局：

根据中法草签的《关于法国猕猴桃输华植物检疫要求议定书》规定，在我组织专家赴法实地预检考察基础上，总局批准法国猕猴桃试进口。现将《法国猕猴桃进境植物检疫要求》印发你们，请遵照执行。执行中如遇问题，请及时报告总局。

附件：法国猕猴桃进境植物检疫要求

法国猕猴桃进境植物检疫要求

一、法律法规依据

《中华人民共和国进出境动植物检疫法》、《中华人民共和国进出境动植物检疫法实施条例》、《中华人民共和国国家质量监督检验检疫总局和法兰西共和国农业、渔业部关于法国猕猴桃输华植物检疫要求议定书》（2008 年 10 月 21 日草签）。

二、允许进境的商品名称

新鲜猕猴桃果实（学名：*Actinidia chinensis* 和 *Actinidia deliciosa*，英文名：Kiwi fruit）。

三、允许的产地

输华猕猴桃可以来自以下 6 个省：洛特-加龙、朗德、大西洋岸比利牛斯、多尔多涅、热尔、塔恩（Lot-et-Garonne，Landes，Pyrenees-Atlantiques，Dordogne，Gers，Tarn）。省区名单将在质检总局网站上更新。

四、批准的果园和包装厂

输华猕猴桃果园、包装厂、储存和冷处理设施应经法国农业、渔业部（MOAF）在法方注册登记，并经中国国家质检总局（AQSIQ）批准。

五、关注的检疫性有害生物名单

地中海实蝇	*ceratitis capitata*
葡萄花翅小卷蛾	*lobesia botrana*
细卷蛾	*Cochylis molliculana*
卷蛾	*Ditula angustiorana*
黑小卷蛾	*Endothenia nigricostana*
新小卷蛾	*Olethreutes bifasciana*
无花果蜡蚧	*Ceroplastes rusci*

六、装运前要求

（一）果园管理。

1. 在 MOAF 指导下，输华猕猴桃果园应采取有效的监测、预防和有害生物综合管理措施，以避免和控制中方关注的检疫性有害生物发生。

2. 应 AQSIQ 要求，MOAF 向 AQSIQ 提供中方关注的检疫性有害生物的监测报告及综合管理措施的有关程序和结果。

（二）包装厂管理。

1. 包装过程应接受 MOAF 检疫监管，确保输华猕猴桃不带昆虫，螨类，植物枝、叶和土壤，并经感官检查不带有烂果。

2. 输华猕猴桃须与非输华水果分开，单独包装和储藏。

（三）包装要求。

1. 输华猕猴桃必须用符合中国植物检疫要求的干净卫生、未使用过的材料包装。

2. 每个包装箱上应用英文标出产地、果园和包装厂的名称或注册号，并在每个载货托盘上标明“输往中华人民共和国”英文字样。

（四）冷处理要求。

在运输途中，须在法方监管下对输华猕猴桃进行冷处理以杀灭地中海实蝇，冷处理的指标为果肉中心温度 1.1 ℃或以下持续 14 天，或 1.7 ℃或以下持续 16 天，或 2.1 ℃或以下持续 18 天。

（五）植物检疫证书要求。

1. 植检证书附加声明栏中注明：“The consignment has been strictly quarantine inspected and is considered to conform with the requirements described in the protocol of Phytosanitary Require-

ments for the Export of kiwi Fruit from France to China, and is free from the quarantine pests concerned by China"(该批货物已经严格检疫,符合《法国猕猴桃输华植物检疫要求议定书》的要求,不带有中方关注的检疫性有害生物)。证书样本见附件 1(附件 1 略)。

2. 运输途中集装箱冷处理的温度、处理时间、集装箱号码和封识号,必须在植物检疫证书中处理栏内注明。

七、进境要求

(一) 有关证书核查

1. 核查植物检疫证书是否符合本要求第六条第(五)项的规定。

2. 核查进境猕猴桃是否附有国家质检总局颁发的《进境动植物检疫许可证》。

3. 核查由船运公司下载的冷处理记录,以及由 MOAF 官方检疫官员签字盖章的"果温探针校正记录"正本。

(二) 进境检验检疫。

1. 根据《检验检疫工作手册》植物检验检疫分册有关规定,对进境猕猴桃实施检验检疫。

2. 经冷处理培训合格的检验检疫人员,对运输途中冷处理结果进行核查:

(1) 核查冷处理温度记录。任何一个果温探针温度记录均应符合证书注明处理温度技术指标,否则冷处理无效。冷处理的指标为果肉中心温度。

(2) 果温探针安插的位置须符合附件 2 要求。

(3) 对果温探针进行校正检查(方法见附件 3)。任何果温探针校正值不应超过 0 ℃±0.3 ℃。温度记录的校正检查应在对冷处理温度记录核查后,初步判定符合冷处理条件的情况下进行。

3. 冷处理无效判定。

不符合第七条第(二)项第 2 点情况之一的,则判定为冷处理无效。

八、不符合要求的处理

(一) 冷处理结果无效的,不准入境。

(二) 发现包装不符合第六条第(三)项有关规定,则该批猕猴桃不准入境。

（三）发现来自未经指定的果园、包装厂的猕猴桃，不准入境。

（四）发现地中海实蝇活虫，对该批猕猴桃作退货或销毁处理，并暂停法国猕猴桃输华。

（五）发现其他检疫性有害生物，对该批猕猴桃作退货、销毁或检疫处理（仅限于能够进行有效除害处理的情况），并视截获情况暂停相关果园、包装厂猕猴桃输华。

九、其他检验要求

根据《中华人民共和国食品安全法》，进境猕猴桃的安全卫生项目应符合我国相关安全卫生标准。

附件 2

果温探针安插的位置

1 号探针（果内）安插在集装箱内货物首排顶层中央位置；

2 号探针（果内）安插在距集装箱门 1.5 米（40 英尺集装箱）或 1 米（20 英尺集装箱）的中央，并在货物高度一半的位置；

3 号探针（果内）安插在距集装箱门 1.5 米的左侧，并在货物高度一半的位置；

2 个空间温度探针分别安插在集装箱的入风口和出风口处。

果温探针安插位置示意图

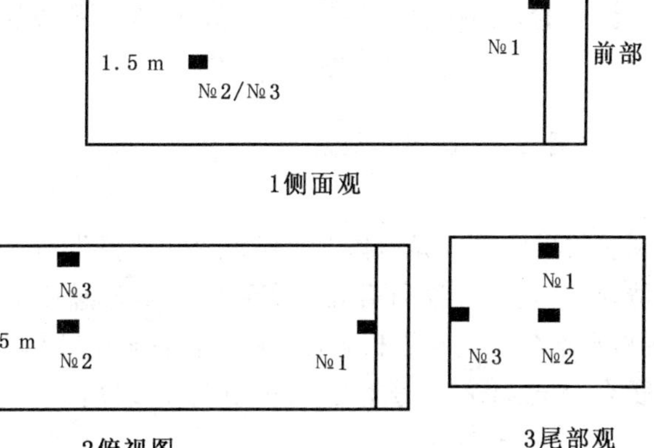

附件 3

果温探针校正检查方法

一、材料及工具

标准水银温度计;手持扩大镜;保温壶;洁净的碎冰块;蒸馏水。

二、果温度探针的校正方法

1. 将碎冰块放入保温壶内,然后加入蒸馏水,水与冰混合的比例约为 1∶1;

2. 将标准温度计和温度探针同时插入冰水中,并不断搅拌冰水,同时用手持扩大镜观测标准温度计的刻度值,使冰水温度维持在0℃,然后记录 3 支温度探针显示的温度读数,重复 3 次,取平均值。例如:

探 针	第 1 次读数	第 2 次读数	第 3 次读数	校正
1 号	0.1	0.1	0.1	−0.1
2 号	−0.1	−0.1	−0.1	+0.1
3 号	0.0	0.0	0.0	0.0

关于解除对智利第五区高致病性禽流感禁令的公告

(2009 年 12 月 23 日国家质检总局、农业部 2009 年第 124 号公告)

智利农牧局已向世界动物卫生组织(OIE)报告消灭高致病性禽流感疫情,根据我国对智利第五区高致病性禽流感疫情状况的风险分析结果,自本公告发布之日起,解除农业部与国家质量监督检验检疫总局联合公告第 210 号对智利第五区高致病性禽流感疫情的禁令。

关于解除对泰国高致病性禽流感禁令的公告

（2009年12月30日国家质检总局、农业部2009年第139号公告）

鉴于泰国农业与合作部已向世界动物卫生组织（OIE）报告消灭高致病性禽流感疫情，根据我国对泰国高致病性禽流感疫情状况的风险分析结果，自本公告发布之日起，解除国家质量监督检验检疫总局与农业部联合公告第127号对泰国高致病性禽流感的禁令。

关于采取进口植物种苗指定入境口岸措施的公告

（2009年12月31日国家质检总局2009年第133号公告）

进口植物种子、苗木、砧木、接穗、插条、球茎、块根等活体植物繁殖材料（以下简称“植物种苗”）传带外来有害生物的检疫风险极高。为有效防范外来有害生物传入扩散，保护我国农林业生产安全，根据《中华人民共和国进出境动植物检疫法》及其实施条例相关规定，参照国际通行做法，经与农业、林业部门协商，对进口植物种苗采取指定入境口岸的措施。现将有关事项公告如下。

一、进口植物种苗口岸应具备现场查验、除害处理、隔离检疫设施等必要条件，所在检验检疫机构应具备相应的实验室检测手段和技术能力。经国家质检总局组织专家实地考核评估，现公布第一批符合条件的进口植物种苗指定入境口岸名单（见附件）。

二、进口商或其代理人进口植物种苗，应当依法办理进境检疫审批，并选择从公布的指定口岸入境。

三、根据口岸条件和贸易需要，国家质检总局将对进口植物种苗指定入境口岸名单实施动态调整。

四、本公告自2010年4月1日起实施。

附件

进口植物种苗指定入境口岸名单

北京市

1. 朝阳口岸
2. 北京首都国际机场

天津市

3. 天津新港

山西省

4. 太原武宿机场

辽宁省

5. 大连大窑湾港

黑龙江省

6. 哈尔滨太平国际机场
7. 黑河港

上海市

8. 外高桥港
9. 浦东国际机场
10. 洋山港

江苏省

11. 连云港
12. 南京港
13. 南京禄口国际机场
14. 苏州工业园保税区

浙江省

15. 杭州萧山国际机场
16. 宁波北仑港

福建省

17. 厦门东渡港
18. 厦门高崎国际机场
19. 福州港
20. 泉州港

江西省

21. 南昌昌北机场

山东省

22. 青岛港
23. 烟台港

河南省

24. 郑州新郑国际机场

湖北省

25. 武汉天河机场

湖南省

26. 长沙黄花机场

广东省

27. 广州黄埔新港
28. 广州白云国际机场
29. 广州新风港
30. 番禺莲花山口岸
31. 佛山南海港
32. 顺德北滘港
33. 顺德勒流港
34. 佛山滘口口岸
35. 高明港
36. 深圳盐田港
37. 深圳沙头角口岸
38. 深圳蛇口港

海南省

39. 海口港

广西壮族自治区

40. 凭祥口岸

云南省

41. 昆明巫家坝国际机场

42. 瑞丽口岸

四川省

43. 成都双流国际机场

甘肃省

44. 兰州中川机场

关于防止美国宾夕法尼亚州、德克萨斯州低致病性禽流感传入我国的公告

（2010年1月15日国家质检总局、农业部2010年第6号公告）

近日，根据美国通报，宾夕法尼亚州和德克萨斯州发生H5亚型低致病性禽流感。为防止该病传入我国，保护我国畜牧业安全和人体健康，根据《中华人民共和国进出境动植物检疫法》等有关法律法规的规定，现公告如下：

一、禁止直接或间接从美国宾夕法尼亚州和德克萨斯州输入禽类及其产品，停止签发从美国宾夕法尼亚州和德克萨斯州进口禽类及其产品的《进境动植物检疫许可证》。

二、自本公告发布之日起启运的来自美国宾夕法尼亚州和德克萨斯州的禽类及其产品，一律作退回或销毁处理。

三、禁止邮寄或旅客携带来自美国的禽类及其产品，一经发现，一律作退回或销毁处理。

四、在途经我国或在我国停留的国际航行船舶、飞机和火车等运输工具上，如发现有来自美国的禽类及其产品，一律作封存处理。其交通员工自养自用的禽类，必须装入完好的笼具中，其废弃物、泔水等，一律在出入境检验检疫机构的监督下作无害化处理，不得擅自抛弃。

五、对海关、边防等部门截获的非法入境的来自美国的禽类及其产品，一律在出入境检验检疫机构监督下作销毁处理。

六、凡违反上述规定者，由出入境检验检疫机构依照《中华人民共和国进出境动植物检疫法》有关规定处理。

七、各出入境检验检疫机构、各级动物疫病预防控制机构、动物卫生监督机构要分别依照《中华人民共和国进出境动植物检疫法》和《中华人民共和国动物防疫法》的有关规定，密切配合，做好检疫、防疫和监督工作。

本公告自发布之日起执行。

关于防止韩国口蹄疫传入我国的公告

（2010 年 1 月 15 日国家质检总局、农业部 2010 年第 7 号公告）

2010 年 1 月 7 日，韩国向 OIE 紧急报告，1 月 2 日，韩国京畿道的 1 家牛场发生口蹄疫。为防止该病传入我国，保护我国畜牧业安全和人体健康，根据《中华人民共和国进出境动植物检疫法》等有关法律法规的规定，现公告如下：

一、禁止直接或间接从韩国输入偶蹄动物及其产品，停止签发从韩国进口偶蹄动物及其产品的《进境动植物检疫许可证》。

二、自 1 月 2 日（含）之后启运的来自韩国的偶蹄动物及其产品，一律作退回或销毁处理。对 1 月 2 日前启运的来自韩国的偶蹄动物及其产品，经口蹄疫检测合格后方可放行。

三、禁止邮寄或旅客携带来自韩国的偶蹄动物及其产品，一经发现，一律作退回或销毁处理。

四、在途经我国或在我国停留的国际航行船舶、飞机和火车等运输工具上，如发现有来自韩国的偶蹄动物及其产品，一律作封存处理。其交通员工自养自用的偶蹄动物，必须装入完好的笼具中，其废弃物、泔水等，一律在出入境检验检疫机构的监督下作无害化处理，不得擅自抛弃。

五、对海关、边防等部门截获的非法入境的来自韩国的偶蹄动物及其产品，一律在出入境检验检疫机构监督下作销毁处理。

六、凡违反上述规定者，由出入境检验检疫机构依照《中华人民共和国进出境动植物检疫法》等有关规定处理。

七、各出入境检验检疫机构、各级动物疫病预防控制机构、动物卫生监督机构要分别依照《中华人民共和国进出境动植物检疫法》和《中华人民共和国动物防疫法》等有关规定，密切配合，做好检疫、防疫和监督工作。

本公告自发布之日起执行。

关于印发荷兰牛胚胎健康证书样本的通知

（2010 年 1 月 19 日国家质检总局国质检动函[2010]28 号）

各直属检验检疫局：

总局已与荷兰方面就荷兰输华牛胚胎健康证书样本达成一致，证书样本见附件。新证书样本可在“国外官方检疫证书分析及验证识别系统”(http://10.37.01/ciqcert/homepage.htm)中查询。

自本通知发布之日起，请各地检验检疫机构根据证书样本认真做好进境货物健康证书的查验工作。

附件：荷兰输华牛胚胎健康证书样本

附件

0000093 4

Koninkrijk der Nederlanden

GEZONDHEIDSCERTIFICAAT
(veterinair certificaat)

Koninkrijk der Nederlanden	Kingdom of The Netherlands	Königreich der Niederlande	Royaume des Pays-Bas	Reino de los Países Bajos
Ministerie van Landbouw, Natuur en Voedselkwaliteit	Ministry of Agriculture, Nature and Food Quality	Ministerium für Landwirtschaft, Natur und Lebensmittelqualität	Ministère de l' Agriculture, de la Nature et de la Qualité des Aliments	Ministerio de Agricultura Naturaleza y Calidad Alimentaria
Voedsel en Waren Autoriteit	Food and Consumer Product Safety Authority	Niederländische Behörde für Ernährung und Produktsicherheit	Autorité néerlandaise de surveillance des produits alimentaires et non alimentaires	Autoridad Nacional para la seguridad de los productos de consumo alimentarios y no alimentarios
Gezondheidscertificaat	Health Certificate	Gesundheitsbescheinigung	Certificat Sanitaire	Certificado Sanitario

Health certificate for the export of bovine embryos from The Netherlands to the People's Republic of China

I. IDENTIFICATION OF THE EMBRYOS

	Identification donor cow	Breed donor cow	Collection date used semen	Collection date embryos	Number of embryos	Identification straw
1						
2						

II ORIGIN OF THE EMBRYOS

		AI centre donor bull	Fa[illegible] donor cow reside	ET station	
1	Name				
	Address				
	(registration) number				
2	Name				
	Address				
	(registration) number				

III DESTINATION OF THE EMBR[illegible]

Name and address consignor

Name and address consignee

IV. HEALTH ATTESTATION

I, the undersigned official veterinarian, certify that:

1. The embryo transfer station from which the embryo's are exported is registered by the veterinary authority of the Peoples Republic of China;

Gedaan te / Done at / Ausgefertigt in / Fait à / Hecho en
op / on / am / le / el:

Handtekening officiële functionaris / Signature of the official functionary / Unterschrift des befugten Beambten / Signature du fonctionnaire officiel / Firma del funcionario oficial:

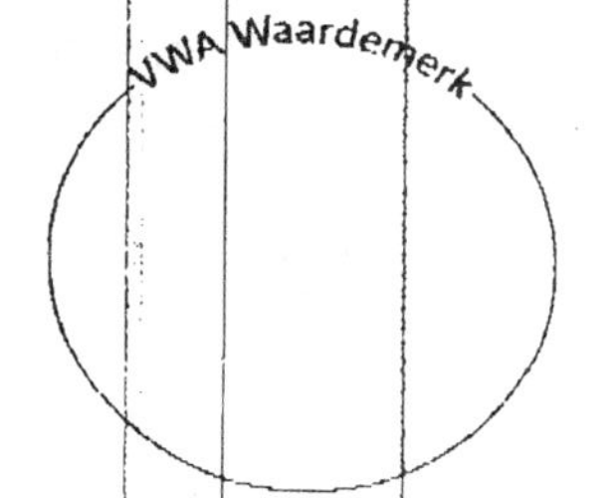

Naam en functie in hoofdletters / Name and qualification in capital letters / Name und Funktion in Grossbuchstaben / Nom et fonction en lettres capitales / Nombre y función con letras mayúsculas:

Koninkrijk der Nederlanden

0000094 3

VERVOLGBLAD GEZONDHEIDSCERTIFICAAT behorende bij nr. . . . .

GEZONDHEIDSCERTIFICAAT
(veterinair certificaat)

Koninkrijk der Nederlanden	Kingdom of The Netherlands	Königreich der Niederlande	Royaume des Pays-Bas	Reino de los Países Bajos
Ministerie van Landbouw, Natuur en Voedselkwaliteit	Ministry of Agriculture, Nature and Food Quality	Ministerium für Land-wirtschaft, Natur und Lebensmittelqualität	Ministère de l' Agriculture, de la Nature et de la Qualité des Aliments	Ministerio de Agricultura Naturaleza y Calidad Alimentaria
Voedsel en Waren Autoriteit	Food and Consumer Product Safety Authority	Niederländische Behörde für Ernährung und Produktsicherheit	Autorité néerlandaise de surveillance des produits alimentaires et non alimentaires	Autoridad Nacional para la seguridad de los productos de consumo alimentarios y no alimentarios
Gezondheidscertificaat	Health Certificate	Gesundheitsbescheinigung	Certificat Sanitaire	Certificado Sanitario

2. The embryo transfer station from which the embryo's originate:
   a. Is under control of the Food and Consumer Product Safety Authority and approved by Dutch and EC regulations
   b. Is located in an area, which is included in a national surveillance program conducted in accordance with OIE guidelines for prevention, control and eradication of BSE;
   c. Has at least one veterinarian who is approved by the Food and Consumer Product Safety Authority to carry out embryo collection, processing and storage;
   d. Has at least one technician trained by an approved veterinarian in order to carry out embryo collection, processing and storage;
   e. Has permanent laboratory facilities where embryo's can be examined, processed and packed;

f. Has farms on the same location where the embryo donor cows are kept and reared;
g. Has embryo storage facilities;
h. Meets the OIE and IETS health requirements and guidelines for production and processing of embryos.

3. The donor cow from which the embryo is obtained:

   a. Is born in The Netherlands or is legally imported into The Netherlands from countries that, compared to The Netherlands, have equivalent or lower BSE risk and an equivalent ruminant feed ban in place, and is born after the feed ban was inforced;
   b. Has been continually at the embryo transfer stations for at least six months prior to embryo collection;
   c. Is born after the implementation of the ruminant feed ban (i.e., after Aug.8, 1994) and hence has never been fed with ruminant protein or feeds containing ruminant protein prohibited under the feed ban in The Netherlands during their lifetime;
   d. Has unique and permanent identification tags for traceability;
   e. Has shown no clinical signs of genetic disease, such as bovine leucocyte adhesion deficiency (BLAD) and Complex Vertebral Malformation (CVM);
   f. Has never been used for natural mating.

4. The bovine embryos all come from a country/region which is free from foot and mouth disease, rinderpest, lumpy skin disease, Rift Valley fever, contagious bovine pleuropneumonia, peste des petits ruminants, vesicular stomatitis, epizootic haemorrhagic disease of deer;
5. The premises of origin and the embryo transfer station are located in a region free of leptospira hardjo and native rabies;

Gedaan te / Done at / Ausgefertigt in / Fait à / Hecho en
op / on / am / le / el:

Handtekening officiële functionaris / Signature of the official functionary / Unterschrift des befugten Beambten / Signature du fonctionnaire officiel / Firma del funcionario oficial:

Naam en functie in hoofdletters / Name and qualification in capital letters / Name und Funktion in Grossbuchstaben / Nom et fonction en lettres capitales / Nombre y función con letras mayúsculas:

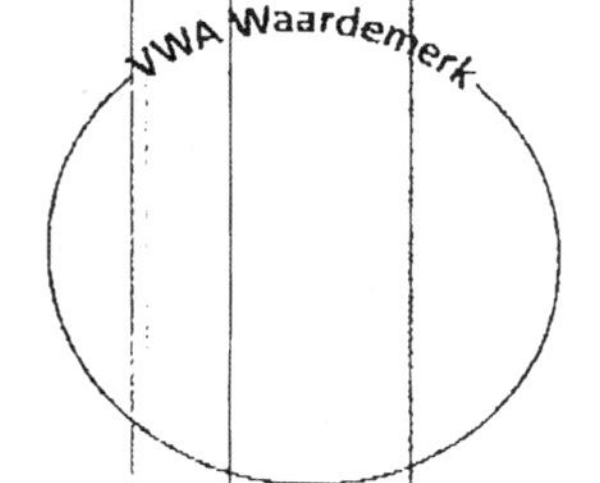

0000095 2

Koninkrijk der Nederlanden

VERVOLGBLAD GEZONDHEIDSCERTIFICAAT behorende bij nr. . . . .

GEZONDHEIDSCERTIFICAAT
(veterinair certificaat)

Koninkrijk der Nederlanden	Kingdom of The Netherlands	Königreich der Niederlande	Royaume des Pays-Bas	Reino de los Países Bajos
Ministerie van Landbouw, Natuur en Voedselkwaliteit	Ministry of Agriculture, Nature and Food Quality	Ministerium für Landwirtschaft, Natur und Lebensmittelqualität	Ministère de l' Agriculture, de la Nature et de la Qualité des Aliments	Ministerio de Agricultura Naturaleza y Calidad Alimentaria
Voedsel en Waren Autoriteit	Food and Consumer Product Safety Authority	Niederländische Behörde für Ernährung und Produktsicherheit	Autorité néerlandaise de surveillance des produits alimentaires et non alimentaires	Autoridad Nacional para la seguridad de los productos de consumo alimentarios y no alimentarios
Gezondheidscertificaat	Health Certificate	Gesundheitsbescheinigung	Certificat Sanitaire	Certificado Sanitario

6. The farms where donor cows reside:
   a. Has been free of bovine tuberculosis, bovine brucellosis and enzootic bovine leucosis for at least 3 years;
   b. Has been free of clinical cases of bluetongue, paratuberculosis, infectious bovine rhinotracheitis/infectious pustular vulvovaginitis (IBR/IPV), bovine viral diarrhoea, campylobacteriosis, trichomoniasis, chlamydiosis, anaplasmosis and leptospirosis hardjo for at least 1 year;
   c. There has been no case of BSE in the farms and the embryo transfer stations of embryo collection centres of the donor cows during the past 5 years;
7. During the embryo collection, the donor cows had no contact with animals that do not have the same health status as is required to collect bovine embryos for export to China;

8. All donor cows and other animals in the herd are, within 24 hours prior to embryo collection, examined by a licensed veterinarian and found to be free from clinical signs of diseases mentioned in attestation 3E, 4, 5, 6 and 7;
9. The donor cows has been tested with a negative result for the following diseases:

Disease	Quarantine requirements	Date	Result
Paratuberculosis	ELISA test between 21-60 days after bovine embryo collection.		
Bluetongue	ELISA test between 21-60 days after bovine embryo collection with negative result OR PCR test on a blood sample taken on the day of embryo collection, with negative result.		
Bovine Viral Diarrhoea / Mucosal disease	On the day of embryo collection, cellular culture of blood or serum for two passages (at least 6 days for each passage) and the cultures shall be checked by immunofluorescence test or immunoperoxidase test; OR PCR test.		

VWA Waardemerk

Gedaan te / Done at / Ausgefertigt in / Fait à / Hecho en
op / on / am / le / el:

Handtekening officiële functionaris / Signature of the official functionary / Unterschrift des befugten Beambten / Signature du fonctionnaire officiel / Firma del funcionario oficial:

Naam en functie in hoofdletters / Name and qualification in capital letters / Name und Funktion in Grossbuchstaben / Nom et fonction en lettres capitales / Nombre y función con letras mayúsculas:

0000096 1

Koninkrijk der Nederlanden

VERVOLGBLAD GEZONDHEIDSCERTIFICAAT behorende bij nr. . . . .

GEZONDHEIDSCERTIFICAAT
(veterinair certificaat)

Koninkrijk der Nederlanden	Kingdom of The Netherlands	Königreich der Niederlande	Royaume des Pays-Bas	Reino de los Países Bajos
Ministerie van Landbouw, Natuur en Voedselkwaliteit	Ministry of Agriculture, Nature and Food Quality	Ministerium für Landwirtschaft, Natur und Lebensmittelqualität	Ministère de l' Agriculture, de la Nature et de la Qualité des Aliments	Ministerio de Agricultura Naturaleza y Calidad Alimentaria
Voedsel en Waren Autoriteit	Food and Consumer Product Safety Authority	Niederländische Behörde für Ernährung und Produktsicherheit	Autorité néerlandaise de surveillance des produits alimentaires et non alimentaires	Autoridad Nacional para la seguridad de los productos de consumo alimentarios y no alimentarios
Gezondheidscertificaat	Health Certificate	Gesundheitsbescheinigung	Certificat Sanitaire	Certificado Sanitario

Infectious Bovine Rhinotracheitis / infectious pustular vulvovaginitis (IBR/IPV)	gB-ELISA or gE-ELISA with negative result between 21-60 days after bovine embryo collection.		
Tuberculosis	tuberculin (PPD) intradermal test between 21-60 days after bovine embryo collection.		
Enzootic Bovine Leucosis	AGID or ELISA test between 21-60 days after bovine embryo collection.		
Bovine Brucellosis	ELISA, or CFT or buffered brucella antigen test (BBAT) with negative result (less than 30IU per ml) between 21-60 days after bovine embryo collection.		

10. Semen used for insemination meets the requirements of the certificate for the export of bovine semen from The Netherlands to the Peoples Republic of China;
11. The bovine embryos:
    a. Are collected, washed, treated with trypsin and stored in accordance with animal health standards recommended by the IETS and the OIE under the supervision of a authorized veterinarian;
    b. Have a confirmed intact zona pellucida and are free of adherent material by microscopic examination;
    c. Are strawed, sealed and marked under the supervision of an authorized veterinarian;
    d. Are kept under the supervision of the authorized veterinarian until the shipment to China.

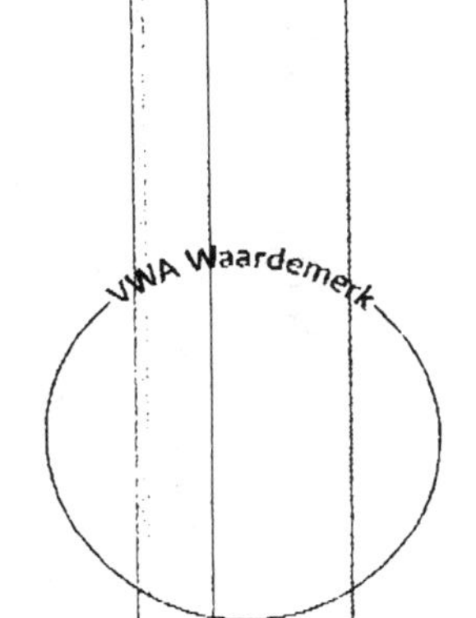

Gedaan te / Done at / Ausgefertigt in / Fait à / Hecho en
op / on / am / le / el:

Handtekening officiële functionaris / Signature of the official functionary / Unterschrift des befugten Beambten / Signature du fonctionnaire officiel / Firma del funcionario oficial:

Naam en functie in hoofdletters / Name and qualification in capital letters / Name und Funktion in Grossbuchstaben / Nom et fonction en lettres capitales / Nombre y función con letras mayúsculas:

关于同意青岛保税区开展境外烟叶仓储转运业务的批复

（2010年2月9日国家质检总局国质检动函[2010]75号）

山东出入境检验检疫局：

你局《关于在青岛保税区开展国外烟叶转运业务有关事宜的请示》（鲁检动[2010]14号）收悉。经研究，现批复如下：

一、鉴于青岛保税区怡坤物流有限公司建立了境外烟叶仓储及转运的管理制度和防疫措施，你局制订了转运烟叶的检验检疫监管措施、应急处置预案及疫情监测方案，同意青岛怡坤物流有限公司开展进口烟叶仓储、转运业务。

二、进入保税区转运仓库的烟叶应来自我国允许进口的国家或地区，进境前需事先办理进境动植物检疫许可证，进境时烟叶包装应完好，储存期间不得开拆或损毁包装。考虑到进入保税区的烟叶储存一段时间后转运出口，因此，从有关国家或地区进口的烟叶可不实施境外预检。

三、请你局指导青岛怡坤物流有限公司落实相关防疫措施，加强对进境烟叶的检验检疫和监管，严防疫情传入。

关于启用丹麦输华食用水生动物和水貂卫生证书的通知

（2010年2月25日国家质检总局国质检动函[2010]92号）

各直属检验检疫局：

总局已与丹麦方面就丹麦输华食用水生动物和水貂卫生证书达成一致（证书样本见附件1和附件2）。请据此对从丹麦进口的食用水生动物和水貂进行证书查验和检验检疫。

证书样本可在“国外官方检疫证书分析及验证识别系统”(http://10.37.0.1/ciqcert/homepage.htm)中查询。

特此通知。

附件:1. 丹麦输华食用水生动物卫生证书样本

2. 丹麦输华水貂卫生证书样本

附件1

Ministry of Food,
Agriculture and Fisheries
Danish Veterinary and Food Administration

0000000

KINGDOM OF DENMARK

OPRINDELSES- OG SUNDHEDSCERTIFIKAT / **CERTIFICATE OF ORIGIN AND HEALTH**

for eksport af mink fra Danmark til Kina
for export of mink from Denmark to People's Republic of China

Certifikatnummer(1):/
Certificate number(1): ____________________

Importtilladelsesnummer:/
Import permit number: ____________________

Eksportland:/
Exporting country: DANMARK/ **DENMARK**

Kompetent central myndighed:/
Competent central authority: FØDEVARESTYRELSEN/ **THE DANISH VETERINARY AND FOOD ADMINISTRATION**

Kompetent udstedende myndighed:/
Competent issuing authority: ____________________

I DYRENES OPRINDELSE / **ORIGIN OF THE ANIMALS**

1. Afsenders navn og adresse:/
Name and address of consignor:

____

____

2. Oprindelsesbedriftens navn, adresse og land:/
Name, address and country of holding of origin:

____

____

Certifikatnummer[1]:/
Certificate number[1]: ____________________

3. Navn og adresse på præ-eksportkarantænefaciliteten:/
Name and address of the pre-export quarantine facility:

____

____

II BESKRIVELSE AF FORSENDELSEN / **DESCRIPTION OF THE CONSIGNMENT**

1. Afsendelsesdato:/
Date of departure: ____________________

2. Samlet antal dyr:/
Total number of animals: ____________________

3 Identifikation af dyrene:/
Identification of the animals:

Race:/ **Breed:**	Køn:/ **Sex:**	Alder:/ **Age:**	Individuel identifikation:/ **Individual identification:**

Om nødvendigt fortsættes der på et vedlagt skema, der er underskrevet og stemplet af embedsdyrlægen eller en godkendt dyrlæge. Tomme rækker skal streges./
Continue if necessary on an attached schedule signed and stamped by the official or approved veterinarian. Empty row must be stroked out.

4. Udgangssted:/
Port of departure: ________________

5. Transportmiddel:/
Means of transport: ________________

(Angiv identifikation af køretøj(er), togvogn(e), fly eller skib/
Specify the identification of road vehicle(s), railway wagon(s), aeroplane or ship)

Certifikatnummer(1):/
Certificate number(1): ______________________

III INFORMATION OM BESTEMMELSESSTEDET / **INFORMATION ABOUT DESTINATION**

1. Modtagerens navn og adresse:/
Name and address of consignee:

____

2. Navn og adresse på bestemmelsesstedet i Kina:/
Name and address of holding of destination in People's Republic of China:

____

IV SUNDHEDSOPLYSNINGER / **HEALTH INFORMATION**

Jeg, undertegnede embedsdyrlæge attesterer herved, at de ovenfor beskrevne mink lever op til alle krav beskrevet i Protokollen om karantæne- og sundhedskrav for mink, der eksporteres fra Danmark til Kina, og at:/
I, the undersigned official veterinarian officer hereby certify concerning that the mink described above meet all requirements of the Protocol on quarantine and health requirements for mink to be exported from Denmark to China, and that:

1. Oprindelsesfarmen i 12 måneder forud for eksporten har været fri for kliniske tilfælde af mink viral enteritis, pseudorabies, Aleutian disease (plasmocytose), hvalpesyge og Asfysia Sublis Lutreolarum (kvælning af unge mink)./
The farm of origin has during the last 12 months been free of clinical cases of viral enteritis of mink, pseudorabies, Aleutian disease of mink. canine distemper and Asphyxia Sublis Lutreolarum (Suffocation of young mink).

2. Dyrene har før eksporten været isoleret 30 dage under forhold, der er godkendt af Fødevarestyrelsen. I eksportisolationen er alle dyr undersøgt og fundet fri for kliniske tegn på infektiøse sygdomme, som mink er modtagelige for. Alle dyr er testet for Aleutian disease (plasmocytose) ved en counter current immunelektroforese (CIEP)-test og fundet negative.(2) Isolationsperioden først må påbegyndes, når en importtilladelse de veterinære myndigheder i Kina foreligger)./
Prior to export, the animals have been isolated for 30 days on premises approved by the Danish Veterinary and Food Administration (DVFA). During export isolation, all animals have been examined
and found to be free of any clinical signs of infectious disease to which the animal species is susceptible to. All animals are tested for Aleutian Disease of mink using the counter current immunoelectrophoresis (CIEP)-test and found negative.(2) The import permit from the veterinary authorities of China must be available before the period of isolation can start.

Sygdom:/ **Disease:**	Dato for prøvetagning:/ **Date of sampling:**	Testdato:/ **Date of testing:**	Navn og adresse på laboratorie(r):/ **Name and address of lab(s):**
Aleutian disease (plasmocytose)/ **Aleutian Disease of mink**			

Certifikatnummer[1]:/
Certificate number[1]: ______________________

3. I karantæneperioden er dyrene ved en klinisk undersøgelse fundet raske og uden kliniske tegn på botulisme type c, hvalpesyge og viral enteritis og de er vaccineret mod botulisme type c, hvalpesyge og viral enteritis./ **During the quarantine period the animals are upon clinical examination found to be healthy with no clinical signs of botulism type c, canine distemper, and viral enteritis and they have been vaccinated against botulism type c, canine distemper, and viral enteritis.**

Sygdom:/ **Disease:**	Vaccineproducentens navn:/ **Name of the producer of the vaccine:**	Vaccinens navn:/ **Name of the vaccine:**	Batch nr.:/ **Batch No.:**	Vaccinationsdato:/ **Date of vaccine:**
Botulisme type c/ **Botulism type c**				
Hvalpesyge/ **Canine distemper**				
Viral enteritis/ **Viral enteritis**				

4. Dyrene, der eksporteres, er i præ-eksport karantæneperioden blevet behandlet mod endoparasitter med officielt godkendte effektive parasitære midler./ **The animals for export have in the pre-export quarantine period been treated against internal parasites with officially approved effective parasiticides.**

Produkt navn:/ **Name of product:**	Det aktive stof:/ **The active ingredient:**	Dosis:/ **Dose:**	Behandlingsdato:/ **Date of treatment:**

5. Dyrene, der eksporteres, er i præ-eksport karantæneperioden blevet behandlet mod ektoparasitter med officielt godkendte effektive parasitære midler./
The animal for export have in the pre-export quarantine period been treated against external parasites with officially approved effective parasiticides.

Produkt navn:/ **Name of product:**	Det aktive stof:/ **The active ingredient:**	Dosis:/ **Dose:**	Behandlingsdato:/ **Date of treatment:**

6. Alle kasser, køretøjer, skibe eller fly, der skal anvendes til transport af dyrene er rengjort og desinficeret med officielt godkendte effektive desinfektionsmidler./
All crates, vehicles, ships or aircrafts to be used for transportation of the animals have been cleaned and disinfected with officially approved effective disinfectants.

7. Foder og strøelse, der anvendes i karantæneperioden og vil anvendes under transporten af dyrene stammer ikke fra områder underlagt officielle restriktioner som følge af epizootiske sygdomme, og det imødekommer veterinære hygiejne krav./
Feed and bedding used during the quarantine period and that will be used during the transportation of the animals does not originate from official restricted areas associated with epizootic disease and it meets veterinary hygienic requirements.

Certifikatnummer[1]:/
Certificate number[1]: ______________________

8. Dyrene, der eksporteres, har ikke og vil ikke komme i kontakt med andre dyr, der ikke stammer fra samme forsendelse, og de vil ikke transporteres igennem områder, der er underlagt officielle restriktioner som følge af epizootiske sygdomme./
The animals for export have not been and will not come in contact with other animals, not of the same consignment and they will not be transported through official restricted areas associated with epizootic diseases

9. Dyrene har gennemgået en klinisk undersøgelse inden for 24 timer forud for eksporten og er fundet raske og fri for kliniske tegn på infektiøse og smitsomme sygdomme./
The animals for export are clinically examined within 24 hours before the exportation, and are found to be healthy and with no clinical signs of infectious and contagious diseases.

V ATTESTERING / CERTIFICATION

Udfærdiget i:/
Done at: ______________________ Dato:/ **Date:** ______________________

Officielt stempel[3]:/
Official stamp[3]:

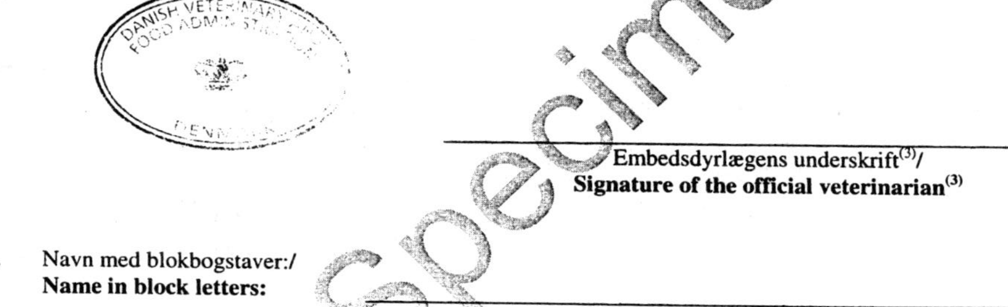

Embedsdyrlægens underskrift[3]/
Signature of the official veterinarian[3]

1. Navn med blokbogstaver:/
Name in block letters:

(1) Certifikatnummeret skal anføres på alle certifikatets sider. / **The certificate number must be applied on all the pages of the certificate.**
(2) Resultatet af den kliniske undersøgelse og laboratorierapportre skal vedhæftes. / **The results of the clinical examination and the laboratory reports must be attached.**
(3) Certifikatet skal stemples og underskrives i en anden farve end det trykte. / **The certificate must be stamped and signed in colour different to the printing.**

附件2

Ministry of Food,
Agriculture and Fisheries
Danish Veterinary and Food Administration

0000000

KINGDOM OF DENMARK

Ministry of Food, Agriculture and Fisheries,
Danish Veterinary and Food Administration

丹麦向中华人民共和国出口食用水生物卫生证书
Sundhedscertifikat for levende akvatiske dyr bestemt for eksport til konsum fra
Danmark til folkerepublikken Kina
Hygiene certificate for live aquatic animals intended for export for human consumption from Denmark to the People's Republic of China

I 水产品识别/Identifikation af produktet/**Identification of the product**:

证书号码/Certifikatnummer/ **No. of certificate**:

输出国/Eksportland/**Country of export**: 丹麦/**Denmark**

生产国/Produktionsland/**Country of production**: 丹麦/**Denmark**

主管当局/Kompetent authoriiet/**Competent authority**: 丹麦兽医和食品局/**Danish Veterinary and Food Administration (DVFA)**

产品名/Handelsnavn/**Trade name**:

物种(学名)/Art (Videnskabeligt artsnavn)/**Species (Scientific name)**

包装数量/Antal kolli/Number of Packages:

净重/Nettovægt/Net weight: kg.

贮存和运输温度/Opbevaring og transport temperatur/Storage and transport temperature: °C

出口日期/Dato for eksport/ Export date:

II 产品来源/Produktets oprindelse/ Origin of the product:
产品来源(请在下面的一个方格内打勾)/Oprindelsesområde (venligst afkryds en af nedenstående 4 bokse/Origin of the product (please check one of the below shown four boxes)

淡水养殖/Ferskvandsakvakultur/Freshwater Aquaculture　　海水养殖/Saltvands opdræt/ Marine culture

淡水野生捕捞/Vildtfanget i ferskvand/ Wild caught in Freshwater　　海水野生捕捞/Vildtfanget hav/Wild caught Ocean

丹麦注册的向中国出口产品的企业、工厂、船只、冷藏或冷冻船只的名称及注册号/Navn- og registreringsnummer på virksomhed(er), fabriksfartøj(er), frysehus (e) eller fiskefartøj(er) med frys registreret af FVST til eksport til folkerepublikken Kina/ **Name and registration number of establishment(s), factory vessel(s), cold store(s) or freezer vessel(s) registered by DVFA for export to the People's Republic of China**

SPECIMEN

III 产品目的地/Destination for produkter/ Destination of products:

产品发货自/Produkterne afsendes fra/**Products are to be dispatched from**:

通过以下运输方式/Med følgende transportmiddel/**By the following means of transport**:

航班、船只和集装箱号/Identifikationsnummer på fragtfly, båd, container etc/ **Identification number aircraft, vessel, container, etc.**:

铅封号/Seglnummer / **No. of container seal**:

发货人名称和地址/Navn og adresse på afsenderen/ **Name and address of consigner**:

目的地国家和地点/Destinations land og bynavn/**Country and place of destination**:

收货人名称和地址/Navn og adresse på modtager/**Name and address of consignee**:

包装方法/Emballeringsform/**Packaging method:**

SPECIMEN

包装数量/Antal kolli/**No. of packaging units**:

IV 检验检疫证明/Sundheds attestation/Health attestations

丹麦兽医和食品局官方检验人员兹证明:/Fødevarestyrelsens officielle inspektør erklærer hermed, for ovennævnte levende akvatiske dyr:/The official DVFA Inspector hereby certifies that the live aquatic animals specified living animals:

1. 没有使用禁止的药物，如结晶紫、孔雀石绿、恶喹酸、氯霉素和激素。其他药物、残留和重金属残留，如砷、汞、镉和铅未超过中国的限定标准./Ingen forbudte stoffer som krystalviolet, malakitgrønt, uritrate, chloromycetin og hormoner har været anvendt. Andre lægemidler, lægemiddel rester og rester af tungmetaller såsom arsen, kviksølv, cadmium og bly overstiger ikke de kinesiske grænseværdier./**No use of prohibited drugs such as crystal violet, malachite green, uritrate, chloromycetin and hormone. Other drugs, residues and residues of heavy metal such as arsenic, mercury, cadmium and lead do not exceed Chinese limitation standards.**

2) 病菌微生物，如大肠杆菌(O157)、沙门氏菌、单核增生性李斯特菌、副溶血性弧菌、霍乱弧菌(O1,O139)在出口前未发现./Sygdomsfremkaldende mikroorganismer som Escherichia coli (O157), Salmonella, Listeria monocytogenes, Vibrio parahaemolyticus og Vibrio cholerae (O1, O139), er ikke fundet forud for eksport./**Pathogenic microorganisms such as Escherichia coli (O157), Salmonella, Listeria monocytogenes, Vibrio parahaemolyticus and Vibrio cholerae (O1,O139) are not found before export.**

3) 出口前未发现人畜共患病或寄生虫病的临床症状./Ingen kliniske symptomer på zoonose eller parasitære sygdomme er blevet observeret før eksport./ **No clinical symptoms of zoonosis or parasitic diseases have been observed before export.**

4) 适合于人类食用/Egner sig til konsum/**Are fit for human consumption.**

签发于/Dato/**Done at**

官方印章/Embedsstempel / **Official stamp**

官方检验人员签名/
Officiel inspektørs underskrift/**Signature of official Inspector**

关于解除对墨西哥、美国和加拿大甲型 H1N1 流感禁令的公告

（2010 年 2 月 23 日国家质检总局、农业部 2010 年第 12 号公告）

根据风险评估的结果，自本公告发布之日起，解除国家质检总局、农业部联合公告 2009 年第 31 号、第 36 号、第 38 号公告对墨西哥、美国、加拿大甲型 H1N1 流感的禁令，允许符合中国检验检疫要求的猪及其产品进口。

关于同意桂林两江国际机场作为进境水果指定口岸的批复

（2010 年 3 月 15 日国家质检总局国质检动函[2010]125 号）

广西检验检疫局：

你局《关于请批准桂林两江国际机场空港口岸作为进境水果指定口岸的请示》（桂检动[2009]225 号）收悉。经总局专家组考核，桂林两江国际机场具备现场查验场地和冷库等设施，配备了相应的植检人员和实验室设备，具有开展有害生物鉴定和安全卫生项目检测能力，依据《进境水果检验检疫监督管理办法》有关规定，同意桂林两江国际机场作为进境水果指定口岸。为确保做好进境水果检验检疫工作，请你局做好以下工作：

一、要尽快完善除害处理设施，增设电子视频监控，加强检验检疫人员业务培训，在机场周边地区，加大外来有害生物监测工作，发现疫情尽早报告，并采取应急控制措施。

二、加强对进口水果企业检验检疫法律法规的宣传与培训，倡导和监督企业遵守我国进境水果检验检疫规定。

三、严格按照相关规定及查验程序，对进境水果实施检验检疫，确保安全。

关于防止不丹高致病性禽流感传入我国的公告

（2010 年 3 月 12 日国家质检总局、农业部 2010 年第 27 号公告）

2010 年 2 月 23 日，不丹农业部向世界动物卫生组织（OIE）紧急报告，2 月 18 日，不丹楚卡县（CHHUKHA）发生 1 起 H5N1 亚型高致病性禽流感。为防止该病传入我国，保护我国畜牧业安全，根据《中华人民共和国进出境动植物检疫法》等有关法律法规的规定，现公告如下：

一、禁止直接或间接从不丹输入禽类及其产品，停止签发从不丹进口禽类及其产品的《进境动植物检疫许可证》。

二、自本公告发布之日起启运的来自不丹的禽类及其产品，一律作退回或销毁处理。

三、禁止邮寄或旅客携带来自不丹的禽类及其产品进境，一经发现，一律作退回或销毁处理。

四、在途经我国或在我国停留的国际航行船舶、飞机和火车等运输工具上，如发现有来自不丹的禽类及其产品，一律作封存处理；其交通员工自养自用的禽类，必须装入完好的笼具中，其废弃物、泔水等，一律在出入境检验检疫机构的监督卜作无害化处理，不得擅自抛弃。

五、对海关、边防等部门截获的非法入境的来自不丹的禽类及其产品，一律在出入境检验检疫机构监督下作销毁处理。

六、凡违反上述规定者，由出入境检验检疫机构依照《中华人民

共和国进出境动植物检疫法》有关规定处理。

七、各出入境检验检疫机构、各级动物防疫监督机构要分别依照《中华人民共和国进出境动植物检疫法》和《中华人民共和国动物防疫法》的有关规定，密切配合，做好检疫、防疫和监督工作。

本公告自发布之日起执行。

关于印发加拿大输华猴和狐猴卫生证书样本的通知

（2010 年 3 月 15 日国家质检总局国质检动函[2010]126 号）

各直属检验检疫局：

总局已与加拿大方面就加拿大输华猴和狐猴的卫生证书达成一致(证书样本见附件)。请据此对从加拿大进口的猴和狐猴进行证书查验和检验检疫。

证书样本可在“国外官方检疫证书分析及验证识别系统”(http://10.37.0.1/ciqcert/homepage.htm)中查询。

特此通知。

附件:加拿大输华猴和狐猴卫生证书样本

(抄送单位无附件)

附件

Government of Canada / Gouvernement du Canada
Canadian Food Inspection Agency / Agence canadienne d'inspection des aliments

REFERENCE NUMBER: ____________

VETERINARY HEALTH CERTIFICATE
EXPORT OF MONKEYS AND LEMURS TO THE PEOPLE'S REPUBLIC OF CHINA

Exporting country: **CANADA**

Competent issuing authority: **CANADIAN FOOD INSPECTION AGENCY**

EXPORTER: ____________

ADDRESS: ____________

IMPORTER: ____________

ADDRESS: ____________

Means of Transportation and Container Identification: ____________

I, the undersigned Official Veterinarian duly authorized by the Government of Canada, certify after due enquiry and to the best of my knowledge and belief, that:

1. The exported animals originate from Canada, a country free of bovine tuberculosis in livestock.

2. The farm of origin has been free from B-virus infection, tuberculosis, salmonellosis and shigellosis for the past 12 months.

3. The animals have been kept in quarantine for at least 30 days on a premises approved by an official veterinarian of the exporting country.

4. During the quarantine period, the animals were tested with negative result for the following diseases:

   4.1 Tuberculosis: intradermal test (bovine and human tuberculin)
   4.2 Salmonellosis: fecal swab for appropriate bacteriologic examination
   4.3 Shigellosis: fecal swab for appropriate bacteriologic examination
   4.4 B-virus: ELISA or PCR

5. During the quarantine period, the animals were treated under the supervision of an official veterinarian of the exporting country, against internal and external parasites with effective parasiticides.

6. Prior to shipment, the non-human primates for export were clinically examined and were found healthy, free from signs of contagious diseases, and fit to travel.

IDENTIFICATION OF ANIMALS:

SPECIES	SEX	QUANTITY	IDENTIFICATION

Date (yyyy-mm-dd)

Official Export Stamp

CANADIAN FOOD INSPECTION AGENCY Government of Canada Canada AGENCE CANADIENNE D'INSPECTION DES ALIMENTS Gouvernement du Canada

Official Veterinarian (in capital letters)
Canadian Food Inspection Agency
Government of Canada

Signature of Official Veterinarian

RDIMS#2273090
HA1990 (FEBRUARY 3, 2010)

PAGE 1 OF 1

Canada

关于实施进口植物种苗指定入境口岸措施有关事项的通知

(2010年3月25日国家质检总局国质检动函[2010]146号)

各直属检验检疫局:

为有效防范外来有害生物随进口植物种苗传入扩散,保护我国农林业生产与生态环境安全,参照国际通行做法,经与农业、林业部门协商,2009年总局发布了《关于进口植物种苗指定入境口岸措施的公告》(2009年第133号),自2010年4月1日起正式实施。现就实施进口植物种苗指定入境口岸措施有关事项通知如下:

一、推行进口植物种苗指定入境口岸措施是今年总局重点工作之一,是防范外来有害生物传入的重要措施。请各局务必高度重视,加强组织领导,遵照公告规定,认真贯彻实施。

二、自2010年4月1日起,进境植物种苗一律从总局公布的指定口岸入境,其他口岸检验检疫机构不得受理进境植物种苗检疫审批、备案、报检。各局应主动向相关企业推荐就近指定口岸进口植物种苗,并做好宣传与解释工作。

三、各局要按照有关规定和要求,加强进境植物种苗检验检疫和后续监管工作。

(一)严格检疫审批及备案。各局应指导相关企业和单位按照指定口岸名称,准确填写进口植物种苗及栽培介质检疫审批申请,并要求进口企业至少在植物种苗进境前10天,按规定办理检疫审批单备案手续。

(二)加强口岸检疫及处理。各局要加强进境植物种苗现场查验、实验室检测,不断提高疫情检出率,并依法采取退运、销毁、有效除害处理等措施。

(三)强化后续监管。各局要结合进境植物种苗风险特点,制定隔离等后续检疫监管工作方案,加强疫情监测与防控。需要隔离检疫的，首先要对相应隔离圃进行考核认可。针对隔离种植的，口岸所在地直属局应与隔离种植地直属局加强沟通和配合，严格落实准调入函制度，及时通报交流口岸查验、实验室检测及后续监管等情况，共同采取措施防范外来有害生物传入扩散。

（四）加强能力建设。各局要会同相关方面，进一步优化进境种苗指定口岸查验现场、除害处理设施、隔离条件，不断提高检测、鉴定及除害处理技术水平，并积极参与相关技术培训、能力验证测试等活动。

四、总局对指定入境口岸实施动态调整，具体措施如下：

（一）对有贸易需求、且认为达到进口植物种苗指定入境口岸条件和专业技术要求（见附件），各局可在每年 7 月 1 日前向总局推荐进境种苗指定口岸。总局将组织专家集中考核评估，符合条件的增加到指定入境口岸名单中。

（二）总局将对指定口岸进口种苗检验检疫工作进行考核，建立与完善工作质量举报、通报制度。指定口岸出现设施条件及检验检疫资源配置弱化、检出率低、工作质量不达标等问题，总局将视情况暂停或取消其进口植物种苗指定入境口岸资格。

五、2010 年 4 月 1 日前已获得进境植物检疫审批许可，且确需从未被指定口岸入境的植物种苗，经有关局制订严格检验检疫工作方案，并报总局批准同意后，可作为过渡措施安排进口。

六、各局要加强对辖区内指定口岸进境植物种苗检验检疫工作的监督与检查。每年 1 月 10 日、7 月 10 日前，要向总局报告指定口岸进口植物种苗检验检疫情况及分析报告，重大情况要及时报告。

联系方式：总局动植司植检处

电话：82261664、1907　传真：82260157

Email：zhijc@aqsiq. gov. cn

附件

进口植物种苗指定入境口岸条件和专业技术要求

一、现场查验人员及场所

1. 人员：口岸检验检疫机构配备有与日常进口业务量相适应的

植检专业人员，至少3名。

专业人员应具备植物保护、森林保护等植物检疫相关专业全日制本科以上学历，且有3年以上植物检验检疫工作经验。

专业人员熟悉进境种苗检疫法规和相关标准，掌握进境种苗现场检疫操作规程。

2. 场地设施：查验场地固定，光线充足，具有能满足进境种苗现场检查的查验设施和取样设备。应安装电子视频监控系统，可对查验的整个过程进行录像。

具备固定的除害处理场地、处理设施，口岸检验检疫机构配有常用的药剂、器械及其贮藏场所，具有检验检疫机构认可资质的熏蒸队伍。

二、植物检疫实验室

指定口岸所在地检验检疫机构，应具备或依托具有一定条件的专业植物检疫实验室。实验室与查验场地距离应不超过1.5小时车程。

1. 实验室资质：从事种苗检测的实验室应通过国家认监委CNAS认可评审，配备相应的仪器、设备。

具备开展昆虫、真菌、病毒、细菌、线虫、杂草等检测业务的资格，具有对真菌、病毒和细菌等开展分子生物检测的能力，通过认证的有害生物检测鉴定项目可以满足进口植物种苗相应检测鉴定要求。

2. 检测鉴定人员：应配备与承担检测鉴定业务相适应的进境植物种苗实验室检测鉴定人员，至少5名。

检测鉴定专业技术人员应具备植物种苗有害生物常规形态学检测鉴定能力，具有3年以上植物检疫工作经验，或具有植物检疫相关专业硕士以上学历。

应特别具有从事真菌、病毒、细菌、线虫等病害的专门检测人员，并掌握运用分子生物学检测方法。

3. 仪器设备：实验室应具有常规形态鉴定所需仪器设备，主要包括生物显微镜、体视显微镜、超净工作台、振荡培养箱、人工气候培养箱、生物安全柜、高压灭菌锅、冰箱、离心机、电子分析天平等；同时还要具备开展分子生物学检测的常规仪器设备，主要包括PCR仪、荧光 PCR 仪、高速离心机、酶标仪、核酸蛋白仪、核酸浓缩仪、超低温冰箱(—80 ℃)、凝胶成像系统、电泳仪等。

三、隔离场圃

口岸附近 1.5 小时车程内具有通过资质认可的国家、专业或地方隔离检疫圃,具备对进境种苗进行隔离检疫的条件。

四、其他

符合总局规定的其他要求。

关于印发匈牙利输华日龄鸭、鹅及其种蛋卫生证书样本的通知

(2010 年 4 月 2 日国家质检总局国质检动函[2010]160 号)

各直属检验检疫局:

总局已与匈牙利方面就匈牙利输华日龄鸭、鹅及其种蛋的卫生证书达成一致(证书样本见附件)。请据此对从匈牙利进口的日龄鸭、鹅及其种蛋进行证书查验和检验检疫。

证书样本可在“国外官方检疫证书分析及验证识别系统”(http://10.37.0.1/ciqcert/homepage.htm)中查询。

特此通知。

附件:匈牙利输华日龄鸭、鹅及其种蛋卫生证书样本

(抄送单位无附件)

附件

Draft　　02.3/60/2010

ORIGINAL / **EREDETI** ☐
COPY / **MÁSOLAT** ☐
Total number of copies issued / **Összes kiállított másolat** ☐

1.1 Name and address of consignor / **A feladó neve és címe**	1.5 Certificate No / **Bizonyítvány száma** **HU**
	Veterinary certificate for day-old ducklings, goslings and hatching eggs of these species, exported from the Republic of Hungary into the People's Republic of China **Állategészségügyi bizonyítvány naposkacsa, -liba és ezen állatfajok keltetőtojásainak Magyar Köztársaságból az Kínai Népköztársaságba történő kiviteléhez**
1.2 Name and address of consignee / **A címzett neve és címe**	1.6 Country of origin / **Származási ország**
	1.7 Certifying country / **Kiállító ország**
1.3 Means of transport / **Szállítóeszköz** (the number of the railway carriage, truck, container, flight-number, name of the ship / **a vasúti vagon, teherautó, konténer száma, repülőgép járatszáma vagy hajó neve**)	1.8 Competent authority of the Republic of Hungary / **A Magyar Köztársaság illetékes hatósága**
	1.9 Point of crossing the border of the People's Republic of China / **A Kínai Népköztársaságba történő határbelépés helye**
1.4 Date and Port of departure / **Az indulás ideje és helye**	

2. Identification of products / A termékek azonosítása

2.1 Name of the product / **A termék megnevezése** ______________________

2.2 Species and breed of poultry / **A baromfi faja és fajtája** ______________________

2.3 Category (Pure line/grandparents/parents/broilers/layers/others) / **Kategória (fajtatiszta/nagyszülőpár/szülőpár/broiler/tojó/egyéb)** ______________________

2.4 Number of birds/eggs / **A madarak/tojások száma** ______________________

2.5 Type of package / **Csomagolás típusa** ______________________

2.6 Number of packages / **A csomagok száma** ______________________

2.7 Identification marks (number of seal) / **Azonosító jegyek (vámzár száma)** ______________________

2.8 Conditions for transport (temperature, humidity) / **A szállítás feltételei (hőmérséklet, páratartalom)** ______________________

3. Origin of the products / A termékek eredete

3.1 Name (No) and address of establishment, approved by the Competent Veterinary Service of the Republic of Hungary
A Magyar Köztársaság illetékes állategészségügyi szolgálata által engedélyezett létesítmény neve (száma) és címe

– hatchery / **keltető** ______________________

– breeding establishment / **tenyésztelep** ______________________

3.2 Administrative–territorial unit / **Közigazgatási–területi egység** ______________________

Draft 02.3/60/2010

4. Health information / Egészségügyi információk

I, the undersigned state/official veterinarian certify that / **Alulírott, állami/hatósági állatorvos tanúsítom, hogy**

4.1 Day-old ducklings and goslings and hatching eggs exported from the Republic of Hungary into the People's Republic of China originate from premises (hatcaeries) and administrative territories of Republic of Hungary officially free from infectious animal diseases, including
A Kínai Népköztársaságba exportálandó naposkacsák és -libák és keltetőtojások származási gazdasága (keltetője) és a Magyar Köztársaság közigazgatási területe fertőző állatbetegségektől hivatalosan mentes, beleértve

- Avian influenza caused by serotypes H5/H7 in poulty in the territory of the Republic of Hungary;
  H5/H7 szerotípusok által okozott madárinfluenzát háziszárnyasokban – a Magyar Köztársaság területén;
- Newcastle disease, high pathogenic avian influenza (caused by serotypes other than H5/H7) in the territory of the Republic of Hungary;
  Newcastle–betegséget, magas pathogenitású madárinfluenzát (H5/H7 szerotípusoktól eltérő törzs által okozott) – a Magyar Köztársaság területén;
- Duck plague in the territory of the Republic of Hungary.
  Kacsapestist – a Magyar Köztársaság területén.

4.2 30 days prior to the date of shipment the parent flocks were tested, a rate of 1 percent, not less than 300 birds, for the following disease with negative result in the laboratory approved by the Hungarian Veterinary Service:
A szülőállományokat a szállítás megkezdése előtt 30 napon belül, az állomány 1 %-ára, de minimum 300 állatra kiterjedően a Magyar Állategészségügyi Szolgálat hivatalos laboratóriumában, az alábbi betegségekre negatív eredménnyel megvizsgálták:

1. Avian influenza caused by serotypes H5/H7 / **Madárinfluenza**
   Hemagglutination inhibiton test for H5 and H7 antigen / **Hemagglutináció gátlási próba H5 és H7 antigénre**
2. Newcastle disease / **Newcastle-betegség**
   (no test required if vaccinated / **nem szükséges az állományok oltása esetén)**
   Hemagglutination inhibition test / **Hemagglutináció gátlási próba**
3. Psittacosis / **Ornitózis (psittacosis)**
   Complement fixation test, less than 1:8 dilution / **Komlplement kötési próba 1:8-nál kisebb higításban**
4. Duck virus enteritis (Duck plague) / **Kacsapestis**
   (no test required if vaccinated / **nem szükséges az állományok oltása esetén)**
   Chick embryo neutralization test / **Csirke embrió neutralizációs próba**
5. Duck virus hepatitis / **Kacsahepatitis**
   (no test required if vaccinated / **nem szükséges az állományok oltása esetén)**
   Chick embryo neutralization test / **Csirke embrió neutralizációs próba**

4.3 Duck and goose parental flocks / **A szülőállományok**

- officially free during the last 12 months from the following diseases Duck plague, Duck virus hepatitis, Fowl pox, Mycoplasmosis, Avian tuberculosis, Spirochaetosis in goose, Gosling plague, Leucocytozoosis and Psittacosis;
  az utolsó 12 hónap folyamán mentesek voltak az alábbi betegségektől Kacsapestis, Kacsahepatitis, Baromfihimlő, Mycoplasmosis, Baromfigümőkór, Spirochaetosis, Derzsy-betegség, Leucocytozoosis, Ornitózis (psittacosis);

- are not under control because of diseases in accordance with OIE code and Hungary animal health laws and regulations during the past 12 months;
  az utolsó 12 hónap folyamán nem álltak zárlat alatt OIE listás és a magyar állategészségügyi jogszabályokban meghatározott betegségek miatt;

- have detailed record of production, vaccination, disease surveillance, drug used and the whole process is under the supervision of the Hungarian Veterinary Srevisce;
  vonatkozásában részletes feljegyzéssel rendelkeznek a termelésről, az elvégzett vakcinázásokról, vizsgálatokról, az alkalmazott gyógyszerekről és a teljes folyamat a Magyar Állategészségügyi Szolgálat ellenőrzése alatt áll;

- have been vaccinated with / **vakcinázása megtörtént az alább részletezett módon,**
  - name,type,dosage of vaccine / a vakcina neve, típusa, adagja

    ……………………………………………………

  - date of vaccination / a vakcinázás ideje

    ……………………………………………………

  - name of manufacturer and expiring date of vaccine / a vakcina gyártó neve, és lejárati ideje

    ……………………………………………………

4.4 Prior to shipment, the animals were examined clinically and found healthy and free of physical defects by veterinarian of the Hungarian Veterinary Service.
Az exportra szánt napos állatokat a szállítás előtt a Magyar Állategészségügyi Szolgálat hatósági állatorvosa klinikailag megvizsgálta és egészségesnek, fizikai hibáktól mentesnek találta.

4.5 Hatching eggs were desinfected by methods adopted in the Republic of Hungary - twice not later than 2 hours after laying and directly before shipment under the supervision of a veterinary officer accredited by the Hungarian Veterinary Service.
A keltetőtojásokat a Magyar Köztársaságban elfogadott módszerrel kétszer fertőtlenítették legfeljebb 2 órával a tojásrakás után és közvetlenül a szállítás előtt, melyet a Magyar Állategészségügyi Szolgálat hatósági állatorvosa ellenőrzött

- name, dosage of desinfectant / a fertőtlenítőszer neve és adagja

  ……………………………………………………

- place of desinfection / a fertőtlenítés helye

  ……………………………………………………

4.6 Hatching eggs and day-old ducklings and goslings are delivered in single-use crates or cages
A keltetőtojásokat és naposkacsákat, -libákat egyszer használatos dobozokban vagy ketrecekben szállítják.

Draft 02.3/60/2010

4.7 The means of transport are desinfected and prepared in accordance with the rules approved in the Republic of Hungary and in the EU under the supervision of a veterinary officer accredited by the Hungarian Veterinary Service.
A szállítóeszközt a Magyar Köztársaságban és az EU-ban elfogadott szabályoknak megfelelően fertőtlenítették és készítették elő, melyet a Magyar Állategészségügyi Szolgálat hatósági állatorvosa ellenőrzött.

4.8 During the transportation, the animals or eggs not contacted with animals which are not of the same consigment, and not passed through the territory affected by serious poultry contagious diseases.
A szállítás során a napos állatok vagy keltetőtojások nem érintkeztek egyéb állatokkal és nem haladtak át baromfi bet[illegible] fertőzött területen.

Place **Kelt** ____________ Date **Dátum** ____________ Official stamp **Hatósági pecsét**

Signature of state/official veterinarian
Az állami/hatósági állatorvos aláírása ____________

Name and position in capital letters
Név és beosztás nagybetűvel DR. HATVANI ZSOLT, HATÓSÁGI ÁLLATORVOS

Signature and stamp by the competent animal health and food cotrol station/ **Az illetékes megyei állategészségügyi és élelmiszerellenőrző állomás által biztosított aláírás és pecsétlenyomat** ____________

Signature and stamp by the Department of Animal Health and Food Cotrol of the Ministry of Agriculture and Rural Development/ **A Földművelésügyi és Vidékfejlesztési Minisztérium Állategészségügyi és Élelmiszerellenőrzési Főosztálya által biztosított aláírás és pecsétlenyomat** ____________

Signature and stamp must be in a different colour to that in the printed certificate
Az aláírásnak és a pecsétnek a bizonyítvány nyomtatásától eltérő színűnek kell lennie

关于解除对比利时低致病性禽流感禁令的公告

（2010 年 4 月 15 日国家质检总局、农业部 2010 年第 41 号公告）

比利时已向世界动物卫生组织（OIE）报告消灭低致病性禽流感疫情，根据我国对比利时低致病性禽流感疫情状况的风险分析结果，自本公告发布之日起，解除农业部与国家质量监督检验检疫总局 2009 年联合公告第 7 号对比利时低致病性禽流感疫情的禁令。

关于下发新的加拿大输华动物皮张、羊毛、非食用明胶和加工猪血产品卫生证书样本的通知

（2010 年 4 月 22 日国家质检总局国质检动函[2010]200 号）

各直属检验检疫局：

加拿大对部分出口动物产品从 2010 年 3 月 1 日开始使用新卫生证书。现将加拿大输华动物皮张、羊毛、非食用明胶和加工猪血产品新的卫生证书样本下发你局，请据此进行证书查验和检验检疫。

证书样本可在“国外官方检疫证书分析及验证识别系统”(http:/10.37.0.1/ciqcer/homepage.htm)中查询。

特此通知。

附件：1. 加拿大输华动物皮张卫生证书样本

2. 加拿大输华羊毛卫生证书样本

3. 加拿大输华非食用明胶卫生证书样本

4. 加拿大输华加工猪血产品卫生证书样本

附件1

Government of Canada / Gouvernement du Canada
Canadian Food Inspection Agency / Agence canadienne d'inspection des aliments

Reference Number / *Numéro de référence*:

Import Permit Number[(1)] / *Numéro du permis d'importation*[(1)]: ____________

VETERINARY HEALTH CERTIFICATE / *CERTIFICAT SANITAIRE VÉTÉRINAIRE*

EXPORT OF (PROCESSED) PORCINE BLOOD PRODUCTS TO CHINA / *EXPORTATION DE SANG PORCIN (TRANSFORMÉ) VERS LA CHINE*

SAMPLE

Consignor (Name and Address): *Exportateur (Nom et adresse):*	**Consignee (Name and Address):** *Importateur (Nom et adresse):*
Processing Plant (Name and Address): *Établissement de transformation (Nom et adresse)*[(1)]: **Establishment Permit Number:** *Numéro de permis de l'établissement*[(1)]:	**Origin of the product(s):** *Origine des produits:* CANADIAN-*CANADIENNE*
Description of product(s): *Description des produits:*	
Type of packaging / *Type de conditionnement*[(1)]:	
Number / *Nombre:*	

Net Weight / ***Poids net:***	
Animal species / ***Espèces animales*** **:**	**PORCINE** / ***PORCINE***
Intended end use / ***Usage final*:**	
Lot-batch production / ***Numéro de lot*** [(1)]**:**	
Container(s) and seal(s) number(s) / ***Conteneur(s) et numéro de scellé(s)*** [(1)]**:**	
Port of Exit / ***Port d'expédition:***	
Port of Entry / ***Port d'entrée*** [(1)]**:**	
Country(ies) of transit / ***Pays de transit*** [(1)] **:**	
Shipping Date on or after (yyyy-mm-dd) / ***Date d'expédition le ou après (aaaa-mm-jj)*:**	
Means of transportation / ***Moyens de transport*:** ☐ **Aircraft** / ***Avion*** ☐ **Ship** / ***Bateau*** ☐ **Truck** / ***Camion*** ☐ **Other** / ***Autre***	**Identification of the mean of transport /** ***Identification du moyen de transport*** [(2)] **:**

[(1)] **If applicable or available/*Si applicable ou disponible.*** [(2)] **Flight number, vessel name, licence truck or other/ *Numéro de vol, nom de bateu, plaque d'immatriculation ou autre.***

Reference Number / *Numéro de référence*: ______________________

Import Permit Number[1] / *Numéro du permis d'importation*[1] : ______________________

I, the undersigned official veterinarian, duly authorized by the Government of Canada, hereby certify, after due enquiry and to the best of my knowledge and belief, that: / *Je, soussigné vétérinaire officiel, dûment autorisé par le gouvernement du Canada, certifie qu'au meilleur de ma connaissance et qu'après enquête, que:*

1. Canada is free of foot-and-mouth disease, rinderpest, classical swine fever and African swine fever. Vaccination against these diseases is prohibited in Canada. / *Le Canada est indemne de fièvre aphteuse, peste bovine, peste porcine classique et peste porcine Africaine. La vaccination contre ces maladies est interdite au Canada.*

2. The porcine blood products have been processed in an establishment operating under permit issued by the Canadian Food Inspection Agency (CFIA) which is dedicated to porcine material. / *Le produit a été transformé dans un établissement opérant avec un permis émis par l'agence Canadienne d'inspection des aliments (ACIA) et est dédié à la fabrication de matériel porcin.*

3. The porcine blood products have been processed in an establishment registered with General Administration of Quality Supervision, Inspection and Quarantine of the People's Republic of China (AQSIQ). / *Les produits de sang porcin ont été transformés dans un établissement enregistré avec l'administration générale de la supervision de la qualité, de l'inspection et de la quarantaine de la république populaire de Chine (AQSIQ).*

4. The product originates from animals that have been slaughtered in a slaughterhouse approved by the CFIA and which passed ante mortem and were presented for post mortem inspection by the CFIA. / *Les produits exportés proviennent d'animaux abattus dans des abattoirs approuvés par l'ACIA et qui ont passé l'examen ante mortem et ont été présentés à l'examen post mortem de l'ACIA.*

5. The porcine blood products are exclusively of porcine origin. No material of ruminant origin is included in the preparation of processed porcine blood products. / *Le produit est exclusivement d'origine porcine. Aucun matériel de ruminant n'est inclus dans la préparation de la farine de sang porcin.*

6. The porcine blood products are not mixed with imported material from third countries. The porcine blood products are of Canadian origin. / *Le produit n'est pas mélangé avec du matériel importé de pays tiers. Le produit de sang porcin est d'origine Canadienne.*

7. Each shipment to China has tested negative for the presence of ruminant DNA with PCR method, in a laboratory approved by the CFIA. / *Chaque cargaison pour la Chine a été testée négative pour la présence d'ADN de ruminant à l'aide de la méthode de PCR et dans un laboratoire approuvé par l'ACIA.*

8. The porcine blood products have been packed using new and unbreakable package materials. / *Le produit de sang porcin a été emballé dans du materiel neuf et solide.*

9. The raw materials and additives used in the porcine blood products have been clearly indicated on exterior package. / *La matière première et les additifs utilisés sont clairement indiqués sur l'emballage extérieur.*

10. The porcine blood products for export have been produced, processed, stored and transported in such a manner as to prevent contamination by communicable animal disease pathogens up to the point of departure from Canada. / *Les produits pour l'exportation ont été produits, transformés, entreposés et transportés de manière à prévenir toute contamination par des agents pathogènes de maladies transmissibles et ce jusqu'au point de départ du Canada.*

Date (yyyy-mm-dd) / *Date (aaaa-mm-jj)*

Official Veterinarian Signature
Signature du vétérinaire officiel

Official Export Stamp
Cachet officiel d'exportation

Name of Official Veterinarian (in capital letter)
Nom du vétérinaire officiel (en lettres majuscules)

PAGE 2 OF / *DE* 2

RDIMS#531933
HA2140 (AMENDED MARCH 1, 2010)

Canada

附件2

Government of Canada / Gouvernement du Canada
Canadian Food Inspection Agency / Agence canadienne d'inspection des aliments

Reference Number / ***Numéro de référence***: ____________________

Import Permit Number[1] / ***Numéro du permis d'importation***[1]: ____________________

VETERINARY HEALTH CERTIFICATE FOR EXPORT OF HIDES AND SKINS TO CHINA

CERTIFICAT SANITAIRE VÉTÉRINAIRE POUR EXPORTATION DE PEAUX EN CHINE

Consignor (Name and Address): *Exportateur (Nom et adresse):*	**Consignee (Name and Address):** *Importateur (Nom et adresse):*
Processing Plant (Name and Address): *Établissement de transformation (Nom et adresse)*[1]: **Establishment Permit Number:** *Numéro de permis de l'établissement*[1]:	**Origin of the product(s):** *Origine des produits:* CANADIAN-*CANADIENNE*
Description of product(s): *Description des produits:*	
Type of packaging / *Type de conditionnement*[1]:	
Number / *Nombre:*	
Net Weight / *Poids net:*	

Animal species / ***Espèces animales*** :	
Intended end use / ***Usage final visé***:	
Lot-batch production / ***Numéro de lot*** [(1)]:	
Container(s) and seal(s) number(s) / ***Conteneur(s) et numéro de scellé(s)*** [(1)]:	
Port of Exit / ***Port d'expédition.***	
Port of Entry / ***Port d'entrée*** [(1)]:	
Country(ies) of transit / ***Pays de transit*** [(1)] :	
Shipping Date on or after (yyyy-mm-dd) / ***Date d'expédition le ou après (aaaa-mm-jj)***:	
Means of transportation / ***Moyens de transport***: ☐ **Aircraft** / ***Avion*** ☐ **Ship** / ***Bateau*** ☐ **Truck** / ***Camion*** ☐ **Other** / ***Autre***	**Identification of the mean of transport** / ***Identification du moyen de transport*** [(2)] :

[(1)] **If applicable or available**/***Si applicable ou disponible.*** [(2)] **Flight number, vessel name, licence truck or other**/ ***Numéro de vol, nom de bateau, plaque d'immatriculation ou autre.***

Reference Number / ***Numéro de référence*:** ____________________

Import Permit Number[1] / ***Numéro du permis d'importation***[1] : ____________________

I, the undersigned Official Veterinarian, designated by the Government of Canada, certify that after due enquiry and to the best of my knowledge and belief, the products described above meet the following requirements: / *Je, soussigné vétérinaire officiel dûment autorisé par le gouvernement du Canada, certifie qu'au meilleur de ma connaissance et après enquête, que les produits décrits ci dessus satisfont les exigences suivantes:*

1. Canada is free from foot-and-mouth disease, vesicular stomatitis, rinderpest, contagious bovine pleuropneumonia, lumpy skin disease, bluetongue (excluding the Okanagan Valley), peste des petits ruminants, Rift Valley fever, swine vesicular disease, classical swine fever, sheep and goat pox, African swine fever and African horse sickness for six (6) months prior to export. Vaccination against these diseases is prohibited in Canada./ *Le Canada était indemne de fièvre aphteuse, stomatite vésiculeuse, peste bovine, pleuropneumonie contagieuse bovine, dermatose nodulaire contagieuse, fièvre catarrhale du mouton (à l'exception de la Vallée de l'Okanagan), peste des petits ruminants, la fièvre de la vallée du Rift, maladie vésiculeuse du porc, peste porcine classique, variole ovine et caprine, peste porcine Africaine, et de la peste équine africaine durant les six (6) mois précédant l'exportation. La vaccination contre ces maladies est interdite au Canada.*

2. Hides and skins originate from animals that were born and reared in Canada or legally imported into Canada. / *Les peaux proviennent d'animaux nés et élevés au Canada ou légalement importés au Canada.*

3. Description of product/ *Description du produit*: ____________________

Either / *Soit*	- Fresh and frozen / *Frais et congelé*	□
Or / *Ou*	- Dried / *Séché*	□
Or / *Ou*	- Dry-salted /*Salé à sec*	□
Or /*Ou*	- Wet-salted / *Salé en saumure*	□

4. The products were obtained, processed, stored and transported in such a manner as to prevent contamination by communicable animal disease pathogens [3]. / *Les produits ont été obtenus, transformés, entreposés et transportés de manière à prévenir toute contamination par des agents pathogènes de maladies transmissibles*[3].

(3) Refers to diseases listed in statement 1 / ***Se réfère aux maladies citées dans la déclaration 1.***

Date (yyyy-mm-dd)/*Date (aaaa-mm-jj)*

Official Veterinarian Signature
Signature du vétérinaire officiel

Official Export Stamp
Cachet officiel d'exportation

Name of Official Veterinarian (in capital letters)
Nom du vétérinaire officiel (en lettres majuscules)

附件3

Government of Canada / Gouvernement du Canada
Canadian Food Inspection Agency / Agence canadienne d'inspection des aliments

Reference Number / *Numéro de référence*: ____________

Import Permit Number[(1)] / *Numéro du permis d'importation*[(1)] : ____________

VETERINARY HEALTH CERTIFICATE FOR EXPORT OF SHEEP WOOLTO CHINA

CERTIFICAT SANITAIRE VÉTÉRINAIRE POUR EXPORTATION DE LAINE DE MOUTON EN CHINE

Consignor (Name and Address): *Exportateur (Nom et adresse):*	Consignee (Name and Address): *Importateur (Nom et adresse):*
Processing Plant (Name and Address) *Établissement de transformation (Nom et adresse)* [(1)]: Establishment Permit Number: *Numéro de permis de l'établissement* [(1)]:	Origin of the product(s): *Origine des produits:* ☐ Canadian-*Canadienne* ☐ Legally imported from / *Légalement importés de* ____________
Description of product(s): *Description des produits:*	
Type of packaging / *Type de conditionnement* [(1)]:	

Item	Description	No of Bales/ *No de Balles*	Gross weight (kg)/ *Poids brut (kg)*	Net weight (kg)/ *Poids net (kg)*

Item	Container/*Conteneur*	Seal/*Sceau*	Shipping marks/*Marques d'expédition*

Animal species / *Espèces animales* :	**OVINE**
Intended end use / *Usage final visé*:	
Lot-batch production / *Numéro de lot* [1]:	
Container(s) and seal(s) number(s) / *Conteneur(s) et numéro de scellé(s)* [1]:	
Port of Exit / *Port d'expédition:*	
Port of Entry / *Port d'entrée* [1]:	
Country(ies) of transit / *Pays de transit* [1] :	
Shipping Date on or after (yyyy-mm-dd) / *Date d'expédition le ou après (aaaa-mm-jj)*:	
Means of transportation / *Moyens de transport*: ☐ Aircraft / *Avion* ☐ Ship / *Bateau* ☐ Truck / *Camion* ☐ Other / *Autre*	**Identification of the mean of transport / *Identification du moyen de transport* [2] :**

[1] **If applicable or available/*Si applicable ou disponible.*** [2] **Flight number, vessel name, licence truck or other/ *Numéro de vol, nom de bateau, plaque d'immatriculation ou autre.***

RDIMS#551637
HA2305 (AMENDED MARCH 1, 2010)

Canadä

Reference Number / *Numéro de référence*: ______

Import Permit Number[(1)] / *Numéro du permis d'importation*[(1)]: ______

I, the undersigned Official Veterinarian, designated by the Government of Canada, certify that after due enquiry and to the best of my knowledge and belief, the products described above meet the following requirements: / *Je, soussigné vétérinaire officiel dûment autorisé par le gouvernement du Canada, certifie qu'au meilleur de ma connaissance et d'après enquête, que les produits décrits ci dessus satisfont les exigences suivantes:*

1. Canada is free from foot-and-mouth disease, vesicular stomatitis, rinderpest, contagious bovine pleuropneumonia, lumpy skin disease, peste des petits ruminants, sheep and goat pox. Vaccination against these diseases is prohibited in Canada./ *Le Canada est indemne de fièvre aphteuse, stomatite vésiculeuse, peste bovine, pleuropneumonie contagieuse bovine, dermatose nodulaire contagieuse, peste des petits ruminants, variole ovine et caprine. La vaccination contre ces maladies est interdite au Canada.*

2. The product originates from sheep in Canada. / *Le produit provident de moutons au Canada.*

3. The products were obtained, processed, stored and transported in such a manner as to prevent contamination by communicable animal disease pathogens[(3)]./ *Les produits ont été obtenus, transformés, entreposés et transportés de manière à prévenir toute contamination par des agents pathogènes de maladies transmissibles*[(3)].

(3) Refers to diseases listed in statement 1 / *Se réfère aux maladies citées dans la déclaration 1.*

______ ______

Date (yyyy-mm-dd) / *Date (aaaa-mm-jj)*

Official Veterinarian Signature / *Signature du vétérinaire officiel*

Official Export Stamp
Cachet officiel d'exportation

CANADIAN FOOD INSPECTION AGENCY
Government of Canada
Canada
Gouvernement du Canada
AGENCE CANADIENNE D'INSPECTION DES ALIMENTS

Name of Official Veterinarian (in capital letters)
Nom du vétérinaire officiel (en lettres majuscules)

附件4

Government of Canada / Gouvernemen du Canada
Canadian Food Inspection Agency / Agence canadienne d'inspection des aliments

Reference Number / ***Numéro de référence*:** ______

Import Permit Number[(1)] / ***Numéro du permis d'importation*[(1)]:** ______

VETERINARY HEALTH CERTIFICATE / *CERTIFICAT VÉTÉRINAIRE*

EXPORT OF INEDIBLE PORCINE GELATINE TO CHINA / *EXPORTATION DE GÉLATINE PORCINE NON-COMESTIBLE VERS LA CHINE*

Consignor (Name and Address): *Exportateur (Nom et adresse):*	**Consignee (Name and Address):** *Importateur (Nom et adresse):*
Processing Plant (Name and Address): *Établissement de transformation (Nom et adresse) :* **Establishment Permit Number:** *Numéro de permis de l'établissement :*	**Origin of the product(s):** *Origine des produits:* **CANADIAN-*CANADIENNE***
Description of product(s): *Description des produits:*	
Type of packaging / *Type de conditionnement* [(1)]:	
Number / *Nombre:*	
Net Weight / *Poids net:*	

Animal species / *Espèces animales* :	**PORCINE / *PORCINE***
Intended end use / *Usage final*:	
Lot-batch production / *Numéro de lot* [1]:	
Container(s) and seal(s) number(s) / *Conteneur(s) et numéro de scellé(s)* [1]:	
Port of Exit / *Port d'expédition:*	
Port of Entry / *Port d'entrée* [1]:	
Country(ies) of transit / *Pays de transit* [1] :	
Shipping Date on or after (yyyy-mm-dd) / *Date d'expédition le ou après (aaaa-mm-jj)*:	
Means of transportation / *Moyens de transport*: ☐ Aircraft / *Avion* ☐ Ship / *Bateau* ☐ Truck / *Camion* ☐ Other / *Autre*	Identification of the mean of transport / *Identification du moyen de transport* [2] :

[1] **If applicable or available/*Si applicable ou disponible.*** [2] **Flight number, vessel name, licence truck or other/ *Numéro de vol, nom de bateu, plaque d'immatriculation ou autre.***

RDIMS#531939
HA2141 (AMENDED MARCH 1, 2010)

Canadä

Reference Number / *Numéro de référence*: ______________________

Import Permit Number(1) / *Numéro du permis d'importation*(1) : ______________________

I, the undersigned official veterinarian, duly authorized by the Government of Canada, hereby certify, after due enquiry and to the best of my knowledge and belief that / *Je, soussigné vétérinaire officiel, dûment autorisé par le gouvernement du Canada, certifie qu'au meilleur de ma connaissance et qu'après enquête, que:*

1. Canada has been free of foot-and-mouth disease, rinderpest, classical swine fever and African swine fever. Vaccination against these diseases is prohibited in Canada. / *Le Canada est indemne de fièvre aphteuse, peste bovine, peste porcine classique, peste porcine Africaine. La vaccination contre ces maladies est interdite au Canada.*

2. The product has been processed in an establishment approved by Certification and Accreditation Administration of the People's Republic of China (CNCA) for export to China. / *Le produit a été produit dans un établissement approuvé pour l'exportation vers la Chine, par l'administration d'accréditation et de certification de la république populaire de Chine (CNCA).*

3. The product for export originates from animals that have been slaughtered in a slaughterhouse which has been registered by the CNCA for export to China and approved by the CFIA to operate. The product has been produced from animals which passed ante mortem and were presented to post mortem inspection by the CFIA./ *Le produit exporté provient d'animaux abattus dans un établissement approuvé par le CNCA pour l'exportation vers la Chine et opérant sous la supervision de l'ACIA. Le produit provient d'animaux n'ayant pas été condamnés à l'examen ante-mortem et ont été présentés à l'inspection post mortem de l'ACIA.*

4. The product is exclusively of porcine origin. No material of ruminant origin is included in the preparation of inedible porcine gelatine. / *Le produit est exclusivement d'origine porcine. Aucun matériel de ruminant n'est inclus dans la préparation de la gélatine porcine non comestible.*

Date (yyyy-mm-dd) / *Date (aaaa-mm-jj)*	Official Veterinarian Signature *Signature du vétérinaire officiel*
Official Export Stamp *Cachet officiel d'exportation*	Name of Official Veterinarian (in capital letter) *Nom du vétérinaire officiel (en lettres majuscules)*

RDIMS#531939
HA2141 (AMENDED MARCH 1, 2010)

Canada

关于下发加拿大输华活猪甲型 H1N1 流感临时卫生证明式样的通知

（2010 年 4 月 28 日国家质检总局国质检动函[2010]204 号）

各直属检验检疫局：

近期，总局已与加拿大食品检验署就输华活猪甲型 H1N1 流感检疫卫生要求达成一致，加拿大输华活猪必须在原有动物卫生证书后随附甲型 H1N1 流感临时卫生证明。现转发该临时卫生证明（见附件）式样，请按此开展口岸核查和检疫。

另，临时卫生证明式样可在“国外官方检疫证书分析及验证识别系统”（http://10.37.0.1/ciqcert/homepage.htm）中查询。

附件

Government of Canada / Gouvernement du Canada
Canadian Food Inspection Agency / Agence canadienne d'inspection des aliments

REFERENCE NUMBER: ____________

SPECIMEN

TEMPORARY ATTESTATION
LIVE SWINE TO CHINA
HA 1358

1) To the best of my knowledge the farm(s) from which the swine for export originate have not reported any animanl cases of A/H1N1 and farms within a 50 km radius of the farm of origin have not reported any cases of animal A/H1N1 flu in the past three months.

2) During the pre-embarkment quarantine nasal swab samples of the swine for export have been tested for H1N1 by PCR, pooling of a maximum of three (3) samples is permitted. Samples have been tested at a laboratorv authorized by the CFIA for this purpose.

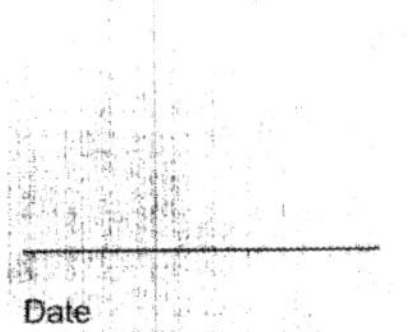

Date

Official Export Stamp

Official Veterinarian
Canadian Food Inspection Agency
Government of Canada

Canada

HA 1358 (PROPOSED MARCH 30, 2010)

关于印发《摩洛哥柑橘进境植物检疫要求》的通知

（2010 年 4 月 29 日国家质检总局国质检动函[2010]207 号）

各直属检验检疫局：

根据中摩签署的《关于摩洛哥柑橘出口中国植物检疫要求议定书》规定，在专家实地预检考察基础上，结合近期摩方提供的补充技术资料，总局已正式允许摩洛哥柑橘进口。现将《摩洛哥柑橘进境植物检疫要求》印发你们，请遵照执行。执行中如遇问题，请及时报告总局。

附件：摩洛哥柑橘进境植物检疫要求

附件

摩洛哥柑橘进境植物检疫要求

一、法律法规依据

《中华人民共和国进出境动植物检疫法》、《中华人民共和国进出境动植物检疫法实施条例》、《中华人民共和国国家质量监督检验检疫总局与摩洛哥王国农业与海洋渔业部关于摩洛哥柑橘出口中国植物检疫要求议定书》（2008 年 3 月 26 日在拉巴特签署）。

二、允许进境的商品名称

新鲜柑橘果实，包括橙（学名：*Citrus sinensis*，英文名：*orange*）、宽皮桔（学名：*Citrus reticulata*，英文名：*mandarin*）、克里曼丁桔（*Citrus clementina*，英文名：*clementine*）、葡萄柚（*Citrus maxima* 和 *Citrus paradisi*，英文名：*grapefruit*），以下简称柑橘。

三、允许的产地

摩洛哥全境。

四、批准的果园和包装厂

柑橘果园、包装厂须经摩洛哥王国农业与海洋渔业部（MAMF）注册，并经中国国家质检总局（AQSIQ）考核批准。每年出口季节前,MAMF 应向 AQSIQ 提供柑橘果园、包装厂名单。名单可在质检总局网站上查询。

五、关注的检疫性有害生物名单

Aceria sheldoni	桔芽螨
Aleurothrixus floccosus	丝毛粉虱
Cacoecimorpha pronubana	荷兰石竹卷蛾
Ceratitis capitata	地中海实蝇
Ceroplastes rusci	无花果蜡蚧
Ectomyelois ceratoniae	石榴螟
Pantomorus cervinus	玫瑰短喙象
Prays citri	桔花巢蛾
Spiroplasma citri	柑橘顽固病菌
Citrus psorosis virus	柑橘鳞皮病毒

六、装运前要求

(一)果园管理。

1. 在 MAMF 监管下,柑橘果园、包装厂应采取有效的监测、预防和有害生物综合管理措施,以避免和控制中方关注的检疫性有害生物的发生,并维持果园和包装厂的植物卫生状况。

2. 应 AQSIQ 要求,MAMF 向 AQSIQ 提供病虫害监测、预防和综合管理措施的有关程序和结果。

3. 输华柑橘果园应监测确保没有玫瑰短喙象发生,或选择对收获后的柑橘果实采取在 21 ℃以上,实施剂量为 32 g/m^3 持续 2 小时的溴甲烷熏蒸处理(如低于 21 ℃,则每降低 5 ℃投药剂量应增加 8 g/m^3,最低处理温度不低于 11 ℃)。

4. 输华柑橘应确保来自石榴螟和桔花巢蛾的非疫生产点(果园)。

(二)包装厂管理。

1. 包装、储藏、冷处理和装运过程,须在 MAMF 严格的检疫监管下进行,保证输华的柑橘不带有昆虫、螨类、烂果、枝、叶和土壤。

2. 柑橘包装前要经过人工选果,剔除有缺陷的果实,并经杀菌、水洗、烘干和打蜡等工序。

3. 输往中国的柑橘与不向中国出口的柑橘应当分开单独包装和储藏，避免有害生物再感染。

(三) 包装要求。

1. 输华柑橘包装材料应干净卫生、未使用过，符合中国有关植物检疫要求。

2. 输华柑橘的每个包装箱上应用英文标明货物名称、产区和产地、国家、果园和包装厂的名称或注册号、包装厂地址，每个发运货物的托盘上用中文标明“本产品输往中华人民共和国”。

(四) 冷处理要求。

须在 MAMF 监管下，在运输途中对输华柑橘进行冷处理以杀灭地中海实蝇，指标为果实中心温度 1 ℃或以下持续 16 天以上。冷处理时间、温度须在植物检疫证书中注明。

(五) 出口前检查。

出口前，MAMF 对每批输华柑橘按 2%比例实施检验检疫。

(六) 植物检疫证书要求。

1. 植检证书附加声明栏中注明："The consignment is in compliance with requirements described in the Protocol of Phytosanitary Requirements for the Export of Citrus Fruit from Morocco to China signed in Rabat on March 26, 2008 and is free from the quarantine pests of concerned to China".(该批货物符合 2008 年 3 月 26 日在拉巴特签署的《摩洛哥柑橘出口中国植物检疫要求议定书》的规定，不带中方关注的检疫性有害生物)。证书样本见附件 1。

2. 冷处理的温度、处理时间、集装箱号码和封识号码必须在植物检疫证书中注明。

3. 如针对玫瑰短喙象进行了溴甲烷熏蒸处理，处理的温度、剂量、时间必须在植物检疫证书处理栏中注明。

4. 每个集装箱有一份由输出国官方检疫机构官员签字盖章的“果温探针校准记录”，正本须附在随货的植物检疫证书上。

七、进境要求

(一) 有关证书核查。

1. 核查植物检疫证书是否符合本要求第六条第(六)项的规定。

2. 核查进境柑橘是否附有国家质检总局颁发的《进境动植物检疫许可证》。

3. 核查由船运公司下载的冷处理记录(运输途中冷处理方式),以及由 MAMF 官方检疫官员签字盖章的“果温探针校正记录”正本。

(二) 进境检验检疫。

1. 根据《检验检疫工作手册》植物检验检疫分册有关规定,对进境柑橘实施检验检疫。

2. 经冷处理培训合格的检验检疫人员,对以运输途中冷处理方式的冷处理结果进行核查:

(1) 核查冷处理温度记录。任何一个果温探针温度记录均应符合证书注明处理温度技术指标,否则冷处理无效。

(2) 果温探针安插的位置须符合附件 2 要求。

(3) 对果温探针进行校正检查(方法见附件 3)。任何果温探针校正值不应超过 0 ℃±0.3 ℃。温度记录的校正检查应在对冷处理温度记录核查后,初步判定符合冷处理条件的情况下进行。

3. 冷处理无效判定。

不符合第七条第(二)项第 2 点情况之一的,则判定为冷处理无效。

八、不符合要求的处理

(一) 冷处理结果无效的,不准入境。

(二) 经检验检疫发现包装不符合第六条第(三)项有关规定,则该批柑橘不准入境。

(三) 有来自未经指定的果园、包装厂的柑橘,不准入境。

(四) 发现第四条中关注的有害生物和其他检疫性有害生物,对该批柑橘作退货、销毁或检疫处理(仅限有有效除害处理的情况),并视截获情况暂停相关果园、加工厂柑橘输华,甚至暂停摩洛哥柑橘输华。

九、其他检验要求

根据《中华人民共和国食品安全法》有关规定,进境柑橘的安全卫生项目应符合我国相关安全卫生标准。

附件1

摩洛哥柑橘植物检疫证书样本

<table>
<tr><td>KINGDOM OF MOROCCO
MINISTRY OF AGRICULTURE AND FISHERIES
NATIONAL OFFICE FOR FOOD SAFETY
PLANT PROTECTION SERVICE</td><td colspan="2">PHYTOSANITARY CERTIFICATE
Original N° :

Plant Protection Service of Morocco:……………….
To : Plant Protection Service of
CHINA

Place of origin :…………………..</td></tr>
<tr><td>Name and adress of exporter:……………………</td><td colspan="2">Declaration means of convoyance :…………………</td></tr>
<tr><td>Name and adress of consignee:…………………..</td><td colspan="2">Declared point of entry:……………………………..</td></tr>
<tr><td colspan="2">Distinguishing marks, number and description of packages, name of produce botanical name</td><td>Declared quantity</td></tr>
</table>

This is to certify that the plants, plant product or other regulated articles described herein have been inspected and/or tested according to appropriate official procedures and are considered to be free from the quarantine pests specified by the import contracting party and to conform with the current phytosanitary requirements of the importing country, including those for regulated non quarantine pests.

They are deemed to be practically free from other pests*.

Additional declaration

"The consignment is in compliance with requirements described in the Protocol of Phytosanitary Requirements for the Export of Citrus Fruit from Morocco to China signed in Rabat on March 26, 2008 and is free from the quarantine pests of concerned to China"

With the pulp core temperature at or below 1°C for not less than 16 days.

Container number :

Container seal number :

Disinfestation and/or disinfection treatment		Place of issuance:……………..
Treatment		Date:…………………………..
Chemical (active ingredient)	Duration and temperature	Name and signature:……………………. Signé: Driss EL MIRI
Concentration :	Date :	Stamp of service
Additional information		

I.A. 13 bis PV

附件 2

果温探针安插的位置

1 号探针安插在集装箱内货物首排顶层中央位置；

2 号探针安插在距集装箱门 1.5 米(40 英尺集装箱)或 1 米(20 英尺集装箱)的中央，并在货物高度一半的位置；

3 号探针安插在距集装箱门 1.5 米的左侧，并在货物高度一半的位置；

2 个空间温度探针分别安插在集装箱的入风口和回风口处。

果温探针安插位置示意图

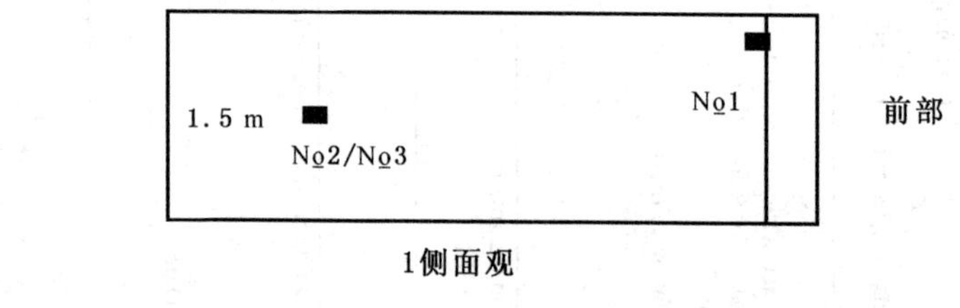

1侧面观

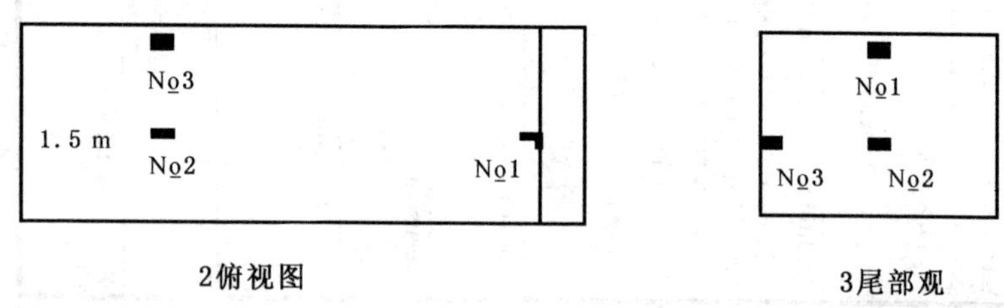

2俯视图

3尾部观

附件 3

果温探针校正检查方法

一、材料及工具

标准水银温度计；手持扩大镜；保温壶；洁净的碎冰块；蒸馏水。

二、果温探针的校正方法

1. 将碎冰块放入保温壶内，然后加入蒸馏水，水与冰混合的比例约为 1∶1；

2. 将标准温度计和温度探针同时插入冰水中，并不断搅拌冰水，同时用手持扩大镜观测标准温度计的刻度值，使冰水温度维持在 0 ℃，然后记录 3 支温度探针显示的温度读数，重复 3 次，取平均值。例如：

探　针	第 1 次读数	第 2 次读数	第 3 次读数	校　正
1 号	0.1	0.1	0.1	−0.1
2 号	−0.1	−0.1	−0.1	+0.1
3 号	0.0	0.0	0.0	0.0

关于防止日本口蹄疫传入我国的公告

（2010 年 4 月 30 日国家质检总局、农业部 2010 年第 45 号公告）

2010 年 4 月 20 日，日本向世界动物卫生组织紧急报告，4 月 7 日，日本 1 家牛场发生口蹄疫。为防止该病传入我国，保护我国畜牧业安全和人体健康，根据《中华人民共和国进出境动植物检疫法》等有关法律法规的规定，现公告如下：

一、禁止直接或间接从日本输入偶蹄动物及其产品，停止签发从日本进口偶蹄动物及其产品的《进境动植物检疫许可证》。

二、自 4 月 7 日（含）之后启运的来自日本的偶蹄动物及其产品，一律作退回或销毁处理。对 4 月 7 日前启运的来自日本的偶蹄动物及其产品，经口蹄疫检测合格后方可放行。

三、禁止邮寄或旅客携带来自日本的偶蹄动物及其产品，一经发现，一律作退回或销毁处理。

四、在途经我国或在我国停留的国际航行船舶、飞机和火车等运输工具上，如发现有来自日本的偶蹄动物及其产品，一律作封存处理。其交通员工自养自用的偶蹄动物，必须装入完好的笼具中，其废弃物、泔水等，一律在出入境检验检疫机构的监督下作无害化处理，不得擅自抛弃。

五、对海关、边防等部门截获的非法入境的来自日本的偶蹄动物及其产品，一律在出入境检验检疫机构监督下作销毁处理。

六、凡违反上述规定者，由出入境检验检疫机构依照《中华人民共和国进出境动植物检疫法》等有关规定处理。

七、各出入境检验检疫机构、各级动物疫病预防控制机构、动物卫生监督机构要分别依照《中华人民共和国进出境动植物检疫法》和《中华人民共和国动物防疫法》等有关规定，密切配合，做好检疫、防疫和监督工作。

本公告自发布之日起执行。

关于防止荷兰低致病性禽流感传入我国的公告

（2010 年 6 月 12 日国家质检总局、农业部 2010 年第 61 号公告）

根据世界动物卫生组织通报，荷兰北布拉班特省（NOORD-BRABANT）一鸡场发生 H7 亚型低致病性禽流感。为防止该病传入我国，保护我国畜牧业安全和人体健康，根据《中华人民共和国进出境动植物检疫法》等有关法律法规的规定，现公告如下：

一、禁止直接或间接从荷兰北布拉班特省输入禽类及其产品，停止签发从荷兰北布拉班特省进口禽类及其产品的《进境动植物检疫许可证》。

二、自本公告发布之日起启运的来自荷兰北布拉班特省的禽类及其产品，一律作退回或销毁处理。

三、禁止邮寄或旅客携带来自荷兰的禽类及其产品，一经发现，一律作退回或销毁处理。

四、在途经我国或在我国停留的国际航行船舶、飞机和火车等运输工具上，如发现有来自荷兰的禽类及其产品，一律作封存处理。其交通员工自养自用的禽类，必须装入完好的笼具中，其废弃物、泔水等，一律在出入境检验检疫机构的监督下作无害化处理，不得擅自抛弃。

五、对海关、边防等部门截获的非法入境的来自荷兰的禽类及其产品，一律在出入境检验检疫机构监督下作销毁处理。

六、凡违反上述规定者，由出入境检验检疫机构依照《中华人民共和国进出境动植物检疫法》有关规定处理。

七、各出入境检验检疫机构、各级动物疫病预防控制机构、动物卫生监督机构要分别依照《中华人民共和国进出境动植物检疫法》和《中华人民共和国动物防疫法》的有关规定，密切配合，做好检疫、防疫和监督工作。

本公告自发布之日起执行。

关于有条件恢复进口疯牛病国家牛油脂的公告

（2010 年 7 月 22 日国家质检总局、农业部 2010 年第 73 号公告）

根据中国有关法律法规，参照世界动物卫生组织的有关标准，经科学评估，自本公告发布之日起，允许符合中国检验检疫要求的仅限于工业用途的疯牛病国家牛油脂（不溶性杂质含量不超过 0.15%）及其产品进口。

农业部与国家质检总局 2004 年 9 月 28 日第 407 号公告中有关牛油脂的要求停止执行。

特此公告。

关于允许从口蹄疫国家进口相关产品的公告

（2010 年 9 月 7 日国家质检总局、农业部 2010 年第 99 号公告）

为防止口蹄疫传入，保护我国畜牧业安全和人体健康，国家质量监督检验检疫总局和农业部曾先后发布公告，禁止从口蹄疫国家或地区进口有关动物及其产品。

根据风险分析评估结果，从即日起取消因口蹄疫而对奶制品采取的禁止进口措施，允许从发生口蹄疫的国家和地区进口来自健康动物、且经过加工处理不能传带口蹄疫病毒的奶制品。进口奶制品必须符合我国有关法律法规的规定，不符合要求的不得入境。

允许旅客携带和邮寄的奶制品仅限于奶粉。

关于进口罗汉松植物检疫措施要求的公告

（2010年11月23日国家质检总局2010年第132号公告）

为防范外来植物有害生物传入扩散，保护我国农林业生产和生态环境安全，根据《中华人民共和国进出境动植物检疫法》及其实施条例等有关规定，在有害生物风险评估基础上，现发布进口罗汉松植物检疫措施要求如下：

一、进口罗汉松（拉丁学名 Podocarpus macrophyllus）不得带有中方关注的检疫性有害生物，并将维持植物移植存活的根部土壤减少到最小程度。

二、罗汉松生产供货企业应在出口国官方植物检疫部门（以下简称 NPPO）的指导下做好以下疫情防控工作。

（一）罗汉松出口前6个月应移植到隔离苗圃内种植。种植前，应对土壤进行有效除害处理。种植期间，企业应调查病虫害发生情况并做好详细记录，及时清除苗圃内病（枯）枝、落叶及杂草，采取喷撒化学药剂等防治措施，保持苗圃良好植物卫生状况。

（二）罗汉松启运前，出口企业应向 NPPO 申请检疫。如发现检疫性有害生物，不得装运；如发现其他有害生物，应实施有效的除害处理措施。尽可能去除罗汉松根部土壤，特别是表层有机质部分，对维持植物存活的土壤进行药剂处理后，再用除害处理合格的栽培介质及包装材料进行包裹。

（三）罗汉松应采用密闭集装箱运输，并采取相关防止疫情传播扩散的措施。

三、罗汉松进口商应与境外生产企业签订供货协议，并在启运前，申请办理《引进苗木检疫审批单》，从国家质检总局（以下简称AQSIQ）批准的指定口岸入境。指定入境口岸应具备隔离查验场所、带土植物除害处理设施等条件。

四、AQSIQ将派植物检疫技术人员对罗汉松实施境外产地疫情调查及预检，并对罗汉松生产供货企业防疫措施进行考核检查。

五、NPPO应对罗汉松生产供货企业实施检疫监管，提前向AQSIQ提供考核合格的企业名单。NPPO应监测调查罗汉松疫情变化，及时向AQSIQ通报疫情发生动态，特别是中方关注的检疫性有害生物发生情况。罗汉松出口前，NPPO应实施检疫，确保符合中国进境植物检疫要求。对检疫合格的货物，出具植物检疫证书，并在证书附加声明中注明："符合中国进口罗汉松植物检疫要求，不带中方关注的检疫性有害生物"。如在出口前实施除害处理，应在证书中注明处理方法，如药剂名称、浓度、处理时间等内容。

六、罗汉松到达中国指定入境口岸后，出入境检验检疫机构应核查检疫审批单、植物检疫证书等单证，实施进境植物检疫，指导监督企业对罗汉松根部土壤实施化学药剂处理。如发现检疫性有害生物，出入境检验检疫机构将采取退运、销毁或除害处理（仅限有有效除害处理方法）等措施，AQSIQ视情况暂停境外罗汉松相关产区、生产企业向中国出口，直至采取有效改进措施为止。

七、进境检疫合格后，罗汉松应在检验检疫机构考核认可的隔离圃隔离种植至少6个月，隔离圃应建立相关档案和记录。出圃时，应及时告知输入地森林检疫机构并主动接受监管。

八、出入境检验检疫机构对进境罗汉松进口、接卸、运输、隔离种植等实施检验检疫监管，在进境口岸、隔离圃周边地区开展植物疫情监测与调查，发现重大疫情，应立即启动《进出境重大植物疫情应急处置预案》，做好应急处置和信息上报工作。

九、本措施要求自发布之日起试行。

关于解除对美国爱达荷州、肯塔基州低致病性禽流感禁令的公告

（2010年12月13日国家质检总局、农业部2010年第140号公告）

鉴于美国向世界动物卫生组织（OIE）报告已消灭爱达荷州、肯塔基州低致病性禽流感疫情，根据我国对美国爱达荷州、肯塔基州低致病性禽流感疫情状况的风险分析结果，自本公告发布之日起，解除国家质量监督检验检疫总局与农业部2008年联合公告第110号、2009年联合公告第28号对美国爱达荷州、肯塔基州低致病性禽流感疫情的禁令。

关于解除对希腊禽流感禁令的公告

（2010年12月15日国家质检总局、农业部2010年第147号公告）

鉴于希腊向世界动物卫生组织（OIE）报告已消灭禽流感疫情，根据我国对希腊禽流感疫情状况的风险分析结果，自本公告发布之日起，解除国家质量监督检验检疫总局《关于暂停从希腊进口禽类及其产品的紧急通知》（国质检明发[2005]89号）对希腊禽流感疫情的禁令。

关于防止加拿大马尼托巴省低致病性禽流感传入我国的公告

（2010年12月15日国家质检总局、农业部2010年第148号公告）

近日，根据世界动物卫生组织（OIE）通报，加拿大马尼托巴省1家火鸡场发生H5N2亚型低致病性禽流感。为防止该病传入我国，保护我国畜牧业安全和人体健康，根据《中华人民共和国进出境

动植物检疫法》等有关法律法规的规定，现公告如下：

一、禁止直接或间接从加拿大马尼托巴省输入禽类及其产品，停止签发从加拿大马尼托巴省进口禽类及其产品的《进境动植物检疫许可证》。

二、自本公告发布之日起启运的来自加拿大马尼托巴省的禽类及其产品，一律作退回或销毁处理。

三、禁止邮寄或旅客携带来自加拿大的禽类及其产品，一经发现，一律作退回或销毁处理。

四、在途经我国或在我国停留的国际航行船舶、飞机和火车等运输工具上，如发现有来自加拿大的禽类及其产品，一律作封存处理。其交通员工自养自用的禽类，必须装入完好的笼具中，其废弃物、泔水等，一律在出入境检验检疫机构的监督下作无害化处理，不得擅自抛弃。

五、对海关、边防等部门截获的非法入境的来自加拿大的禽类及其产品，一律在出入境检验检疫机构监督下作销毁处理。

六、凡违反上述规定者，由出入境检验检疫机构依照《中华人民共和国进出境动植物检疫法》有关规定处理。

七、各出入境检验检疫机构、各级动物疫病预防控制机构、动物卫生监督机构要分别依照《中华人民共和国进出境动植物检疫法》和《中华人民共和国动物防疫法》的有关规定，密切配合，做好检疫、防疫和监督工作。

本公告自发布之日起执行。

关于批准山东青岛流亭机场等为进口植物种苗指定入境口岸的公告

（2010 年 12 月 23 日国家质检总局 2010 年第 157 号公告）

根据国家质检总局《关于采取进口植物种苗指定入境口岸措施的公告》（2009 年第 133 号）的规定，进口植物种苗必须从考核批准的进口植物种苗指定入境口岸进境。应山东青岛流亭机场等口岸的申请，近期国家质检总局组织专家实地考核评估，现就调整进口植物种苗指定入境口岸名单公告如下：

一、批准山东青岛流亭机场、陕西西安咸阳国际机场、广东湛江港、深圳大铲湾港、珠海九洲港为进口植物种苗指定入境口岸。

二、鉴于口岸布局等原因，取消深圳蛇口港作为进口植物种苗指定入境口岸。

三、调整后进口植物种苗指定入境口岸共48个，详细名单见附件。

附件

进口植物种苗指定入境口岸名单（2010年）

北京市

1. 朝阳口岸

2. 北京首都国际机场

天津市

3. 天津新港

山西省

4. 太原武宿机场

辽宁省

5. 大连大窑湾港

黑龙江省

6. 哈尔滨太平国际机场

7. 黑河港

上海市

8. 外高桥港

9. 浦东国际机场

10. 洋山港

江苏省

11. 连云港

12. 南京港
13. 南京禄口国际机场
14. 苏州工业园保税区

浙江省

15. 杭州萧山国际机场
16. 宁波北仑港

福建省

17. 厦门东渡港
18. 厦门高崎国际机场
19. 福州港
20. 泉州港

江西省

21. 南昌昌北机场

山东省

22. 青岛港
23. 烟台港
24. 青岛流亭机场

河南省

25. 郑州新郑国际机场

湖北省

26. 武汉天河机场

湖南省

27. 长沙黄花机场

广东省

28. 广州黄埔新港
29. 广州白云国际机场
30. 广州新风港
31. 番禺莲花山口岸
32. 佛山南海港
33. 顺德北滘港
34. 顺德勒流港

35. 佛山滘口口岸
36. 高明港
37. 湛江港
38. 深圳盐田港
39. 深圳沙头角口岸
40. 深圳大铲湾港
41. 珠海九洲港
海南省
42. 海口港
广西壮族自治区
43. 凭祥口岸
云南省
44. 昆明巫家坝国际机场
45. 瑞丽口岸
四川省
46. 成都双流国际机场
甘肃省
47. 兰州中川机场
陕西省
48. 西安咸阳国际机场